엑셀
2013을
활용한
통계 분석

# 엑셀 2013을 활용한 통계 분석

초판 인쇄일 _ 2014년 11월 14일
초판 발행일 _ 2014년 11월 21일
지음 _ 콘래드 칼버그
옮김 _ 김세희
발행인 _ 박정모
발행처 _ 도서출판 혜지원
주소 _ 서울시 동대문구 장안 1동 420-3호
전화 _ 02)2212-1227
팩스 _ 02)2247-1227
홈페이지 _ http://www.hyejiwon.co.kr

기획 · 진행 _ 엄진영, 배윤주
디자인 _ 이미소
영업마케팅 _ 김남권, 황대일, 서지영
ISBN _ 978-89-8379-836-7
정가 _ 23,000원



이 도서의 국립중앙도서관 출판시도서목록(CIP)은 서지정보유통지원시스템 홈페이지(http://seoji.nl.go.kr)와
국가자료공동목록시스템(http://www.nl.go.kr/kolisnet)에서 이용하실 수 있습니다.(CIP제어번호: CIP2014031017)

# 엑셀 2013을 활용한 통계 분석

| 콘래드 칼버그 저자 · 김세희 역자 |

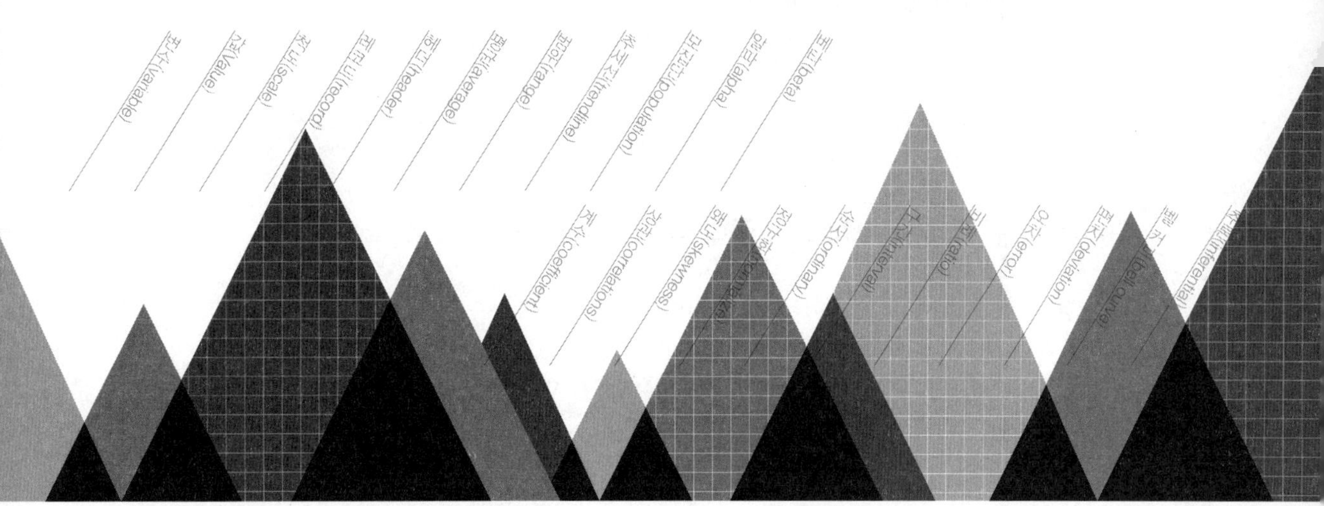

혜지원

# / CONTENTS /

## | 저자에 대하여 |

콘래드 칼버그(Conrad Carlberg)는 대학원 때 운 좋게도 진 글래스로부터 통계학을 배울 수 있는 기회를 얻었으며 그 이후로 통계에 대해 좀 더 배우고자 애써왔다. 그리고 그는 마이크로소프트 엑셀 워크북에 워크시트라는 개념이 들어오기 전부터 엑셀 및 정량적 분석에 엑셀을 사용하는 방법에 대해 책을 써왔다. 이 책은 오랫동안 쓰려고 계획해왔는데, 마침내 쓸 기회가 오게 되어 기쁘게 생각한다.


## | 헌사 |

17년 동안 나를 위해 애써온 토니에게 사랑을 담아 이 책을 바칩니다.


## | 감사의 글 |

나의 과한 위기의식을 기대하지 않았던 체계적인 낙관주의로 해결해주며 이 책의 전반적인 진행을 이끌어준 로레타 에이츠에게 감사하고 싶다. 마이클 터너의 편집에 대해서도 고맙게 생각한다. 여러 가지 바보같은 사건들에도 불구하고 모든 일이 제대로 진행되도복 도와순 키이스 클라인에게도 그리고 모든 일을 통틀어 관리해준 엘라인 윌리 모두에게 감사의 인사를 전한다.

# 들어가며

엑셀을 사용한 통계적 분석에 대해 글을 쓰려는 생각은 전부터 많이 했었지만, 실제 이루지 못했었다. 하지만 마침내 책을 쓸 수 있게 되었다. 책을 쓰는 일은 굉장히 힘들었지만 결국은 해냈고 여기서는 이 책을 쓰면서 결정한 몇 가지 사항에 대한 이유를 설명하고자 한다.


## 통계적 분석에 엑셀 사용하기

필자가 첫 번째 통계학 수업에서 사용했던 책은 600페이지짜리임에도 불구하고 엑셀에 대해서는 조금도 다루지 않았다. 순전히 통계학 내용으로만 600페이지를 채운 것이다. 2001년에는 엑셀에 대한 책을 공동 집필했는데, 통계학적인 내용이 전혀 없는데도 750페이지 정도의 분량이 나왔다. 결국 통계학과 엑셀을 한 권의 책에 압축해서 넣으려면 내용을 취사선택할 수밖에 없었다. 게다가 필자는 이 책이 단순한 도움말 문서로 그치는 것을 바라지 않는다. 도움말은 다른 곳에서도 구할 수 있다. 그래서 여기에서는 우선 통계(혹은 비즈니스)에 대한 주제를 제시하고, 주제의 이론적인 설명, 처리하는 절차, 관련된 이슈, 그 다음 엑셀에서 어떻게 적용할 수 있는지에 대해 차례대로 설명할 것이다.

이 책은 통계책은 아니므로 와이블분포(Weibull distribution)나 로그정규분포(lognormal distribution)에 대한 논의를 다루지는 않는다. 물론 이런 것들은 엑셀에서 통계 함수로 제공하기도 하고 나름 필요할 때도 있지만 한정된 지면이므로 통계적 회귀(statistical regression)같은 실용적인 주제에 집중할 것이다.


### 배경지식과 엑셀에 대해

이 책을 제대로 읽으려면 통계에 대한 배경지식이 얼마나 필요할까? 책의 원래 의도는 통계적 지식이 없는 독자도 이 책을 읽는 데 무리가 없도록 만들고자 했다. 이 책은 무엇인가를 측정하는 여러 가지 방법에 대한 논의로 시작한다. 예를 들어 측정할 때 차의 모델 같은 범주(categories)로 나눌 수도 있고, 1부터 10까지 순위로 나눌 수도 있고, 아니면 온도 같은 숫자로 나누어 볼 수도 있다. 그리고 엑셀은 이러한 여러 가지 측정 방법을 어떻게 다루는지 논의한다.

평균(average)이나 범위(range)같은 기본 통계지식부터 중급 통계기법인 t-검정(t-test), 다중회귀

(multiple regression) 그리고 공분산분석(analysis of covariance)까지 다룬다. 책에서는 평균을 계산하는 것 이상으로 복잡한 지식은 필요하지 않다. 따라서 이 책을 읽기 전 통계학 수업을 들을 필요도 없다.

엑셀 버전의 경우 어떤 버전의 엑셀을 쓰는가에 따라 문제가 발생할 수 있다. 예를 들어 엑셀 97과 엑셀 2003에서는 몇몇 통계 함수 기능이 바뀌었다. 사용자가 엑셀의 기능을 테스트하기 위해 굉장히 극단적인 값을 넣거나, 거의 발생하지 않을 상황으로 테스트하면 함수가 좀 다르게 작동한다.

엑셀 2007에서는 사용자 인터페이스로 리본이 등장했고, 엑셀 2013에도 리본이 있다. 하지만 거의 모든 엑셀의 통계 분석은 워크시트 함수로 하고 메뉴에서 하는 경우는 거의 없다. 그리고 함수 리스트, 함수 이름, 인자 등은 엑셀 97이나 엑셀 2007이나 거의 바뀐 게 없다. 리본에서는 몇 개 다른 점이 생겼는데, 차트에 추세선(trendline)을 그리는 방법 등이 다르다. 이 책은 기존의 메뉴를 사용했을 때의 단계와, 리본을 사용했을 때의 단계의 다른 점에 대해 다룬다.

엑셀 2010에서는 새로운 통계 함수가 몇 개 추가되었는데 그 차이점이 좀 더 뚜렷하다. 예를 들어 엑셀 2007에서는 표준편차(standard deviation)를 계산하기 위해 STDEV()와 STDEVP() 함수를 사용한다. 표본(sample)에 대해 표준편차를 구할 때는 STDEV()를 사용하지만 모집단(population)에 대해 표준편차를 구할 때는 STDEVP()를 사용한다. 여기서 P는 population, 즉 모집단을 말한다. 물론 엑셀 2010, 엑셀 2013에도 여전히 STDEV()와 STDEVP()가 있는데 이 버전에선 상호 호환이 가능하도록 바뀌었다. 그리고 앞으로 나올 버전에서는 점차 없어질 것으로 보인다. 엑셀 2010에서는 호환성을 유지하기 위해 각각 STDEV.S()와 STDEV.P()라고 한다. 여기서 마침표(.)는 각 함수의 이름 뒤에 나온다는 것에 주의하자. 마침표 다음에 문자가 나오면서 각각 표본에 대한 값을 구하는 것인지, 모집단에 대한 값을 구하는 것인지 알려주고 있다.

엑셀 2010에 추가된 다른 함수들은 여전히 엑셀 2013에서도 지원한다. 호환성과 일관성을 유지하지 위해 꽤 많은 사항이 바뀌었는데 이 책에서는 그 차이점과 각각의 버전을 어떻게 잘 사용할 것인지를 다룬다.


## 용어 정리하기

용어는 또 다른 어려운 문제다. 엑셀에서도 그렇고 통계학에서도 마찬가지인데 두 개가 겹치는 영역에서는 더 큰 문제가 된다. 예를 들어 통계학에서 알파($\alpha$, alpha)는 흔히 유의성을 말하며, 두 개 그룹의 평균값 사이에 실제로는 차이가 없음에도 불구하고 차이가 있다고 결론을 내릴 확률을 말한다[1]. 하지만 엑셀에서는 알파의 의미를 약간 표준에서 벗어난 의미로까지 확장했다. 예를 들어 동전 뒤집기를 했을 때 앞면이 나올 확률을 의미하는데, 틀린 것은 아니지만 일반적으로 쓰는 의미는 아니다. 따라서 이해하기 좀 어려울 수 있다.

통계학 용어의 경우 약간이라도 다른 문맥에서는 그 의미가 크게 달라질 수 있다. 예를 들어 베타(β, beta)는 실제로는 차이가 있지만, 별 차이가 없다고 결정할 확률이기도 하다[2]. 또한 회귀방정식(regression equation)에서 계수(coefficient)를 의미할 수도 있다(이 경우 엑셀에서는 m을 사용한다). 또한 이항분포(binomial distribution)와 매우 비슷한 분포의 이름이기도 하다. 이 어떤 것도 엑셀 때문은 아니며 단지 그리스 알파벳 한 개에 여러 의미가 있기 때문에 벌어지는 일이다.

**편리해진 것들**

만약 여러분이 통계 분석을 공부하고자 한다면 적어도 내가 시작했던 때보다는 타이밍이 좋다. 1980년대는 통계를 이해하는데 여러 가지 방해물이 있었다. 어떤 방해물이었는지는 이 책에서 다루도록 하겠다. 필자의 화풀이기는 하지만 엑셀이 어떻게 상황을 좋게 만들었는지 강조하는 의미도 있다.

25년 전이라고 가정해보자. 20개의 숫자를 가지고 가장 기본적인 표준편차를 계산하려고 하는데 컴퓨터를 쓸 수 없다고 생각해보라. 있어봤자 메인 프레임이나 미니컴퓨터이고 이것들은 중요한 일을 하는데 이미 예약이 되어 있기 때문에 심리학 수업 101 과제 따위에는 쓸 수 없다. 그럼 심리학 건물 지하로 내려가 보면, 금속 책상 위에 계산기(adding machine)[3]들이 놓여있는 방이 있다. 그 중 어떤 계산기는 전기로 움직이는 것도 있다. 20개의 숫자를 계산기에 입력할 때는 극도로 주의해야 한다. 그 계산기에는 실행 취소(Undo)나 Ctrl + Z 같은 것은 없기 때문이다. 전기로 움직이는 계산기는 메모리 기능이 있어서 굉장히 인기 있었는데, 이 계산기 숫자를 입력한 다음 제곱해서 메모리에 있는 숫자에 더할 수도 있었다. 이렇게 해서 20개의 숫자로 표준편차를 계산하는데 약 30분이 걸렸다. 매우 지루할 뿐만 아니라 이렇게 하다 보면 왜 이 계산을 하고 있는지 까먹기 일쑤였다. 물론 25년 전의 우리 선생님께선 우리에게 계산기가 있으니 얼마나 운이 좋은가 하시며

---

1 역자 주: 알파(α, alpha) 는 제종 오류(type Ⅰ error)를 일으킬 확률을 말한다. 제종 오류(type Ⅰ error) 는 거짓 양성(false positive)이라고도 하며 '실제로는 없는 것을 있다'라고 하거나 혹은 '참임에도 불구하고 기각'하는 오류이다.
2 역자 주: 베타(β, beta)는 제2종 오류(type Ⅱ error)를 일으킬 확률을 말한다. 제2종 오류(type Ⅱ error) 는 거짓 음성(false negative)이라고도 하며 '실제로는 있는 것을 없다'라고 하거나 '거짓임에도 불구하고 채택'하는 오류이다.
3 역자 주: 25년 전의 계산기는 현재의 디지털 전자 계산기를 의미하지 않는다. 비슷한 이미지는 http://en.wikipedia.org/wiki/Adding_machine를 참고하시오.

예전에는 종이, 연필, 지우개만으로 계산했다고 말해주곤 하셨다.

2013년 현재는 모든 게 다르다. 1980년대 중반 이후로 많은 변화가 있어왔고 로터스 1-2-3(Lotus 1-2-3)이나 마이크로소프트 엑셀을 플로피디스크에 담아 여러분의 개인 컴퓨터에서 수행할 수 있게 되었다. 지금은 그냥 워크시트에 숫자를 입력하던가 아니면 다운로드 받을 수도 있다. 다음 **=STDEV.S(** 이라고 입력하고 숫자가 있는 셀을 마우스로 드래그해서 엔터를 누르면 된다. 예전의 30분이 아니라 이제는 기껏해야 30초면 된다.

몇몇 통계값들은 상대적으로 매우 간단한 개념식(definitional formula)으로 설명할 수 있다. 이 공식들은 매우 직관적이며 통계값들이 의미하는 바에 대한 통찰을 얻을 수 있다. 하지만 이 공식은 종이 위에 표현하거나 아니면 계산기로 다루기에는 어려울 수 있다. 게다가 반올림을 하면서 에러가 일어나거나 실수가 생길수도 있다. 따라서 통계학자들은 계산식(computational formula)을 만들어냈다. 이 공식은 개념적인 공식과 동등하며, 계산기로 계산할 수 있다. 하지만 이런 공식을 쓸 경우 계산은 매우 쉬워져도 때때로 그 의미를 잊어버릴 수도 있다. 제곱한 값을 더하는 데만 열중하다 보면, 이 값이 원래의 평균에서 어떻게 움직이는지 알려고 했던 목적을 잊어버릴 수도 있다. 따라서 엑셀이나 통계 분석을 위한 프로그램을 쓰면 따분한 계산은 프로그램에게 맡기고, 여러분은 숫자가 의미하는 그 자체에만 집중할 수 있다. 통계는 개념이며 단순한 산수가 아니다. 그리고 통계를 그냥 가르쳐서는 안된다.


**잘못된 도구?**

하지만 통계적 계산에 엑셀을 쓰는 것이 맞는 일일까? 사람들은 거의 20년 동안 엑셀의 통계 함수가 부정확하다고 말해왔다. CompuServe의 엑셀포럼과 Usenet 뉴스그룹에는 수많은 사람들이 이 문제로 불평하고 있다. 이 도입 부분을 쓰면서 잠깐씩 웹서핑을 해보니 어떤 사람들은 위키피디아 페이지에 계속 불평을 쓰고, 또 어떤 사람들은 Computational Statistics & Data Analysis 등에 장광설을 늘어놓고 있기도 하다. 물론 나 역시 엑셀의 통계 함수 기능으로 문제를 겪기도 하고, 그로 인해 화가 나기도 한다. 그리고 엑셀이 과거에도, 지금도 여전히 문제되는 부분들이 있다. 예를 들어 F분포의 역을 구하는 함수를 처리하는 방식에는 여전히 문제가 있다. 대부분의 불평은 두 가지로 나뉘는데, 하나는 엑셀이나 통계 분석에 대해 잘못 이해하고 있는 경우, 또 하나는 엑셀이 별로 정확하지 않은 경우다. 이 책을 잘 읽어보면 이런 불평을 피할 수 있을 것이다. 엑셀의 결과가 부정확하다는 불평을 좀 더 자세히 살펴보자. 불평은 대부분 다음과 같은 식이다.

"엑셀 워크시트에 두 개의 다른 공식을 입력했는데, 원래 이 공식은 같은 결과를 보여줘야 한다. 방정식을 대수학적으로 약간 바꾼 것에 불과하기 때문이다. 하지만 엑셀의 결과 값은 서로 다른 값을 보여주고 있다."

사용자가 데이터를 입력했다면, 결과는 소수점 15번째 자리쯤에서 달라질 수 있다. 따라서 이런 경우 두 방정식의 엑셀 결과는 111조 분의 5정도로 달라진 된 셈이다. 아니면 이런 불평을 할 수도 있다.

"F분포의 역을 구하기 위해 FINV(0.025,4198986,1025419)를 사용했는데 결과가 이상하게 나왔다. FINV에 버그가 있는 게 아닌가?"

그런 건 아니다. FINV는 때때로 위와 같은 인자를 주었을 때 #NUM! 에러를 낸다. 하지만 요점은 그게 아니다. 너무 많은 자유도(degree of freedom)를 주면(위의 경우에는 각각 4백만과 백만이 넘는 숫자) 이 경우는 사실상 표본이 아니라 모집단에 대한 질문을 하고 있는 것과 똑같다. 과도한 자유도로 이런 질문을 하는 경우는 질문하는 본인도 통계 개념에 대해 잘 모르고 있다고 볼 수 있다. 엑셀이 좀 더 정확하게 계산해주거나 내부적으로 일관적인 결과가 나오면 좋을까? 물론 그러면 좋겠지만, 엑셀의 통계 기능은 지금으로도 꽤 쓸 만하고 다음과 같은 평을 받고 있다. "소수점 4자리 이하까지 검증하는데는 신뢰하기 어렵지만, 0.001 〈 p 〈 0.999 라면 일반적인 가설을 검증하는데 쓸 만해 보인다."

이 책의 〈6장 통계로 사실 알아보기〉에서 더 자세하게 다루겠지만, 이 주제는 매우 중요하므로 책을 소개하는 부분에서 우선 다루었다. "소수점 4자리 이하까지 검증하는데는 신뢰하기 어렵지만" 같은 말이 얼마나 정확한지는 사실 별 의미가 없다. "통계적으로 의미 있는" 가설이 0.005 수준이 아니라 0.001 수준에서 의미가 있는지 등에 대해 염려하는 것도 별 관계가 없다. 엑셀이 두 개의 가설을 정확하게 구별할 수 있는지 없는지를 걱정하는 것은 어떻게 보면 핵심을 놓치고 있는 것이다.

실제와 복제 가능한 처리효과(treatment effect) 연구에서 여러분이 추구하는 바와 다르게 연구 결과가 나오는 것에 대해 여러 가지로 설명이 가능한데, 그 중 우연도 한 가지 요인이 될 수 있다. 우리가 실험을 할 때는 우연을 배제하기 위해 유의성(significance)이라는 말을 붙인다. 하지만 여러분이 어떻게 연구할지 계획할 때 이미 고려해야 할 다른 가능성일 수도 있을 것이다. 바로 이것이 연구 계획이고, 이를 잘 구현해야 하며 이렇게 함으로써 선택편향(selection bias)이나 불균형한 중도 탈락 같은 설명을 배제할 수 있다. 이러한 선택편향(selection bias)이나 불균형한 중도 탈락 같은 설명은 처리효과를 설명하는 가능한 예일 수 있다. 즉 실제로는 영향을 주지 않았는데도 불구하고 이러한 처리가 영향을 준 것처럼 설명하는 것이다.

아무리 디자인을 잘해도 우연한 결과를 완전히 배제할 수는 없다. 하지만 실험 계획을 잘 세웠고 의미 있는 결과를 얻었으면, 우연을 결과를 설명하는 다른 의견쯤으로 조절할 수 있다. 따라서 데이터를 적절한 통계적 테스트를 통해 처리해야 우연의 영향을 조절할 수 있다. 만약 결과에서 우연을 배제할 수 없으면, 오히려 이를 적극적으로 이용할 수도 있다. 걸리는 결과에 머물기보다는 실험을 한 번 더 해보는 게 낫다. 최소한 엑셀의 F검정이 소수점 다섯째 자리까지 맞는지 걱정하는 것보다는 시간과 자원을 유용하게 쓸 수 있을 것이다.


**주객전도**

스스로 자문해보자. 통계 실험을 계획하는 단계에서 0.005%의 확률로 여러분의 가설을 기각하겠는가? 기준이 너무 느슨한가? 그럼 0.001%는? 얼마나 정확해야 만족할 수 있을까?

엑셀이 0.001에서 0.005%의 확률로 올바른 답을 내지 못할 가능성이 있어서, 이에 여러분의 결과가 영향을 받을지도 모른다면 어떤 생각을 하겠는가? 여러분은 어떻게 실험을 이끌어냈는지, 그리고 어떤 기준을 사용했는지를 명확히 해서 통계적 분석을 해낼 수 있다. 이 실험이 0.001%나 0.002%로 정확한지 걱정하는 것은 별 의미가 없다. 위험을 감수할 때 어떤 원칙을 적용할지가 좀 더 본질적인 바탕이 된다.


〈9장 평균 간 차이를 테스트하기 : 더 많은 이슈〉에서는 이러한 문제에 대해 더 자세하게 다룬다. 하지만 간단하게 추려보면 잘못된 결정을 할 수 있는 위험은 나쁜 결정을 내렸을 때의 단점과 좋은 결정을 내렸을 때의 장점에 따라 결정되는 것이다. 어떤 원칙을 적용할지에 의해서는 결정되지 않는다.


**이 책의 내용**

통계는 크게 두 가지 타입이 있다. 사람들이 흔히 거짓말을 하면서 인용하는 그런 통계가 아니라,

모두 각각의 원전이 있고 적용하는 방법에 대해 논의가 되는 그런 통계 말이다. 각각을 기술(descriptive)통계와 추론(inferential)통계라고 부르겠다.

이전에 통계를 공부해 본 적이 없다고 하더라도 여러분은 이미 평균(average), 범위(range)라는 말에 익숙할 것이다. 이것이 기술(descriptive)통계이며 특정 그룹을 설명한다. 예를 들어 "어떤 구성원의 평균나이는 42세이다", "몸무게의 범위는 105파운드이다", "집 가격의 중간값은 $270,000이다" 등이 있다. 이 외에도 표준편차(standard deviations), 상관(correlations), 왜도(skewness) 등 여러 가지 통계로 기술할 수 있는 용어들이 있다. 5장까지 이러한 기술통계를 자세히 다룰 것이다. 아마 이전에는 생각해보지 않았던 여러 가지 측면을 발견할 수 있을 것이다.

 기술통계를 통해 특정하게 제한된 집합의 특징을 발견해낼 수 있다. 이런 특징은 매우 재미있고 유용하며 그리고 이전에는 알려지지 않았던 것일 수도 있다. 하지만 기술통계로는 세계에 대한 좀 더 나은 이해를 얻기는 힘들 것이다. 이때 추론통계가 필요하다. 추론통계는 기술통계에 바탕을 두고 있지만, 좀 더 넓은 범위에 대해 질문하고 대답을 찾는다. 질문은 다음과 같을 수 있다.

"이 환자 그룹의 수축기 혈압 평균은 135이다. 만약 다른 99명의 집단이 있으면, 허용되는 오차의 범위를 얼마로 해야 할까? 100명중 95명은 허용되는 범위 이내 모집단 평균 안에 속하는가?"
추론통계는 모집단으로부터 뽑은 표본으로부터 모집단에 대해 추론을 해나갈 수 있도록 한다. 따라서 추론통계는 상대적으로 폭이 넓다.

이 책에서는 두 개의 장에서 추론통계를 다뤘다 〈12장 실험 설계와 ANOVA〉에서는 F검정의 성격에 대해 고정된 요인과 임의의 요인이 미치는 영향에 대해 다룬다. 요인설계(factorial designs)의 교차요인(crossed factor)과 내포요인(nested factor)에 대해 검증하고, 요인설계 중 요인의 상태가 F−비(F ratio)의 분모의 제곱평균(mean square)에 영향을 주는지도 알아보자.

통계적 검정력에 대해서는 〈13장 통계적 검정력〉을 모두 할애해서 다루고 있다. 이 장에서는 엑셀의 워크시트 함수를 사용해서 다양한 비중심성 모수(noncentrality parameter)로 F분산을 만드는 방법을 보여주고 있다. (엑셀의 원래 F() 함수는 비중심성 모수를 항상 0으로 가정한다) 이 기능을 사용해서 80년 된 그래프를 빌리지 않고 F검정력을 계산할 수 있다. 하지만 여러분이 사용하는 표본이나 표본이 대표하는 모집단에 대해 몇 가지 가정을 해야, 추론통계로 내린 일반화를 유용하게 사용할 수 있다. 6장에서 이 장의 마지막까지 이와 관련된 이슈와, 이 이슈를 실제 상황에서 어떻게 사용될 것인지 다룰 것이다. 그리고 여기에서 엑셀을 어떻게 유용하게 사용할 것인지도 배울 것이다.

# 01

# 변수(Variable)와
# 값(Value)에 대해

## 1. 변수(Variable)와 값(Value)

엑셀을 이용한 통계 분석에 대한 책이 일반적인 변수(variable)와 값(value)에 대해 설명하면서 시작하다니, 이상하지 않은가? 하지만 변수와 값 그리고 다음 장에서 다룰 측정(measurement)의 척노(scale)는 엑셀에서 데이터를 표현하기 위해 필요한 핵심 개념이다. 그리고 엑셀에서 데이터를 표현하는 방법에 따라 숫자를 어떻게 처리할지도 정해진다.

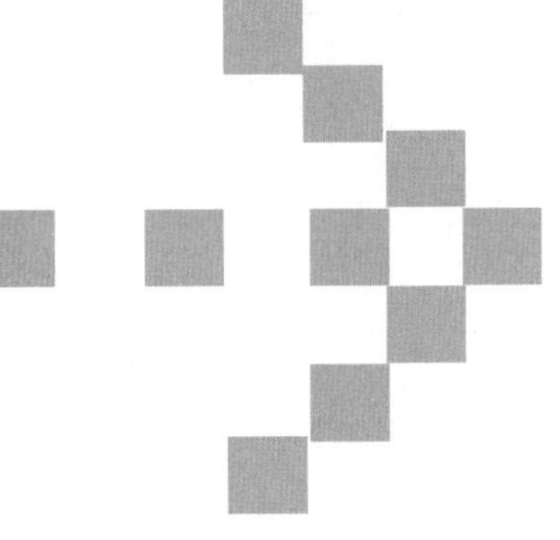

데이터를 적절하게 배치하면 레코드를 쉽게 그룹화할 수 있고 그룹에서 조사가 더 필요한 레코드를 쉽게 뽑아 낼 수 있으며 그래프를 그려 데이터가 무엇을 의미하는지도 쉽게 알아낼 수 있다. 통계값을 테이블과 차트로 적절하게 배치하면 이 숫자들이 무엇을 의미하는지 알 수 있다.

나중에 데이터를 어떻게 처리할지 고려하지 않고 그냥 데이터를 입력하면 추후 분석을 하기가 매우 어려워진다. 엑셀에서는 정말 유연하고 자유롭게 데이터를 입력할 수 있지만 데이터 분석을 하려면 특정 가이드라인을 따라야 한다. 어떤 경우는 엑셀이 원하는 대로 데이터를 입력하지 않으면 분석을 하지 못하는 경우도 있다. 하나의 유용한 배열을 보여주기 위해 다른 열에 다른 값을 넣거나 행에 다른 레코드를 넣어도 크게 문제가 되지는 않는다.

변수(variable)는 사람이나 사물을 설명하는 특성이다. 나이는 여러분을 설명하는 변수가 될 수 있다. 또한 모든 인간 혹은 살아있는 생물, 사물 등 특정 기간 동안 존재하는 모든 것을 설명할 수도 있다. 성도 그렇고, 몸무게라던가, 아니면 차의 브랜드도 그렇다. 데이터베이스에서는 전문용어로 변수를 필드(field)라고 부르는데 엑셀의 어떤 도구에서는 이 용어를 사용하기도 한다. 하지만 통계에서는 일반적으로 변수(variable)라고 한다.

변수는 값(value)을 가진다. 변수 '나이'에 대한 값으로 20이 올 수 있다. 변수 '성'의 값으로 'Smith'가 올 수 있다. 변수 '몸무게'에 130이 올 수도 있고, 변수 '차의 브랜드'의 값이 포드가 될 수 있다. 값은 사람마다, 혹은 사물마다 다를 수 있다. 그래서 variable(변수, 변하기 쉬운)이다.

## ✚ 목록(list, 리스트)에 데이터 기록하기

같은 변수에 속하는 숫자값들을 한 개의 그룹으로 묶어놓는 것도 통계 분석의 한 목적일 수 있다. 예를 들어 20명의 몸무게 데이터를 모아서 그림 1-1처럼 정리해 볼 수 있다.

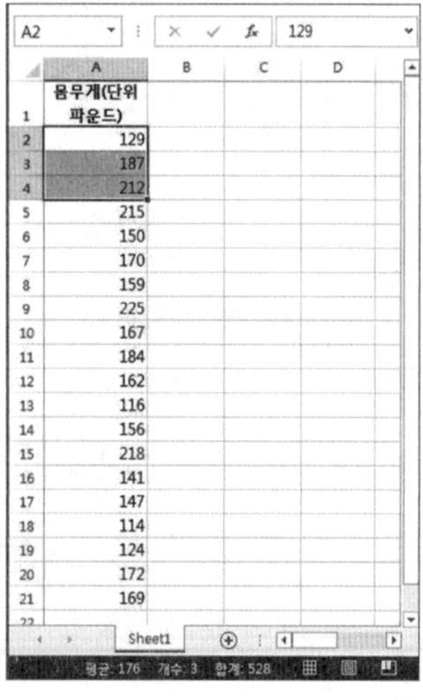

▶▶ **그림 1-1** 엑셀에서 데이터를 처리할 때 이 구조가 이상적이다.

그림 1-1처럼 데이터를 배치해 놓은 것을 엑셀에서는 목록(list, 리스트)이라고 한다. 변수 한 개가 한 열을 차지하고 각 행은 레코드에 해당하며 변수 열과 레코드 행이 교차하는 곳은 셀이라고 한다. 변수는 셀 안에 들어있다(레코드(record)는 각각의 구분되는 객체, 위치, 존재 등이며 리스트는 비슷한 레코드들로 이루어진다. 만약 그림 1-1의 리스트가 한 학급의 학생이라면 학생 한 명이 레코드 한 개가 된다).

리스트에는 항상 헤더(header)가 있는데 보통 변수의 이름이며 열의 가장 상위에 존재한다. 그림 1-1에서 헤더는 A1의 '몸무게(단위 : 파운드)' 이름표이다.



리스트는 워크시트상에 헤더와 값을 비공식적으로 배치한 것에 불과하다. 차트나 피벗 테이블처럼 이름과 특성을 가지는 공식적인 구조는 아니다. 엑셀 2007과 2013 모두 리스트와 비슷한 구조인 테이블(table)이라는 공식적인 구조로 되어 있다. 하지만 테이블에는 리스트에는 없는 부가기능들이 있다. 다음 장에서 테이블에 대해 좀 더 자세히 다루겠다.

그림 1-1과 같은 열이 한 개 밖에 없는 리스트를 써도 몇 가지 간단한 통계 분석을 해 볼 수 있다. 이 값을 모두 마우스로 끌어서 선택한 다음 엑셀의 가장 아랫부분의 상태 바를 보면 평균, 개수, 합계를 구할 수 있다. 가장 빠르면서도 간단한 통계 분석이라고 할 수 있다.



상태 바에서 마우스 오른쪽 버튼을 클릭해보면 이런 간단한 통계값을 보여주지 않도록 바꿀 수도 있다. 상태 바에서 마우스 오른쪽 버튼을 클릭한 다음 필요 없는 아이템을 선택 해제해보자. 하지만 적어도 셀을 두 개 이상 선택하지 않으면 통계값은 보이지 않는다. 그림 1-1에서는 선택된 값들에 대한 평균, 개수 그리고 합계가 보인다.

물론 이 책에서는 변수 한 개짜리 리스트로 수행할 분석들이 많이 있지만 먼저 두 번째 변수 '성별'을 그림 1-1의 리스트에 추가해보자.

| 몸무게(단위 파운드) | 성별 |
|---|---|
| 129 | 여 |
| 187 | 남 |
| 212 | 남 |
| 215 | 남 |
| 150 | 여 |
| 170 | 남 |
| 159 | 여 |
| 225 | 남 |
| 167 | 남 |
| 184 | 남 |
| 162 | 여 |
| 116 | 여 |
| 156 | 여 |
| 218 | 남 |
| 141 | 여 |
| 147 | 여 |
| 114 | 여 |
| 124 | 여 |
| 172 | 남 |
| 169 | 남 |

▶▶ **그림 1-2** 리스트 구조를 쓰면 관련 있는 값들을 쉽게 모아놓을 수 있다.

이제 그림 1–2처럼 두 개의 열이 있는 리스트가 생겼다. 특정 사람에 대한 정보는 모두 특정 레코드에 들어가 있다. 그림 1–2에서 보면 몸무게가 129파운드인 사람은 여자이고(2행), 몸무게가 187파운드인 사람은 남자(3행)이다.

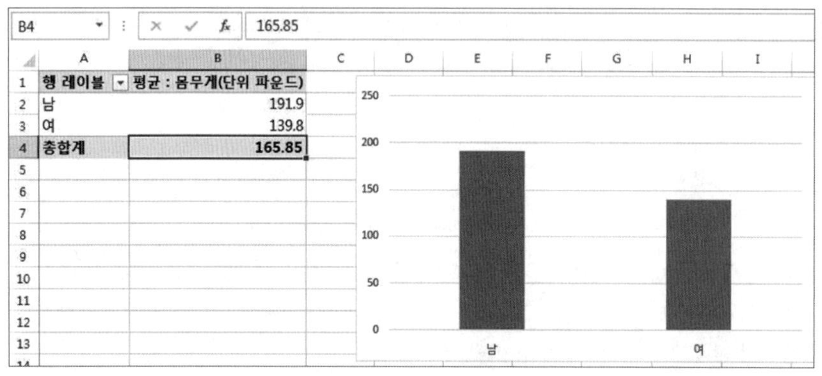


▶▶ **그림 1-3** 피벗 테이블과 피벗 차트로 그림 1–2의 각 레코드를 요약해서 보여줄 수 있다.

리스트 구조를 쓰면 그림 1–3처럼 간단한 분석을 쉽게 할 수 있다. 그림 1–3에서 피벗 테이블

(pivot table)과 피벗 차트(pivot chart)를 보여주고 있다. 이는 통계 분석에 매우 유용하며 방법 또한 간단하다.

그림 1-3에 나오는 피벗 테이블과 피벗 차트를 만들려면 그림 1-2와 같은 간단한 리스트만 있으면 된다. 하지만 그림 1-2의 리스트의 각 레코드에 나와있는 몸무게와 성별 사이에 어떠한 연관 관계가 있어야 그림 1-3과 같은 분석이 가능하다. 그림 1-2의 리스트에서 클릭 몇 번으로 성별에 따른 평균 몸무게를 분석해낼 수 있다.



엑셀 2013에서는 그림 1-3과 같은 차트를 만들려면 총 클릭을 11번 해야 한다. 하지만 리본 탭에서 '추천 피벗 테이블'을 쓰면 클릭을 많이 하지 않아도 된다. 리스트 전체를 클릭하던가 아니면 일부분만 선택해서(예를 들어 A4:B4 셀) 마우스 오른쪽 클릭한 다음 '빠른 분석' 도구를 쓰면 성별에 따른 몸무게 피벗 테이블을 클릭 세 번만에 만들 수 있다.

그림 1-2와 같은 데이터에서는 바로 표준 엑셀 세로 막대형 차트(Column Chart)를 만들 수 없다. 우선 성별에 따라 몸무게의 평균을 구한 다음에 평균값에 적절한 레이블을 붙인 다음 파트를 만들어야 한다. 피벗 차트는 좀 더 빠르고 쉽게 만들 수 있다.

## 2. 측정(measurement)의 척도(scale)

그림 1-2에서 보면 몸무게와 성별은 다르게 측정해서 기록한다. 이것이 통계 분석의 기본이며 엑셀을 사용해서 숫자를 분석하는 이유이기도 하다. 데이터의 차이는 측정의 척도에도 영향을 준다.

### ✚ 범주 척도(Category Scale)

그림 1-2와 그림 1-3에서 변수 '성별'은 범주 척도로 측정하는데, 명목 척도(nominal scale)라고도 한다. 범주 안에 들어가는 다른 값들이 서로 다른 그룹을 의미하며 구분하는 것 말고는 별 의미는 없다. 심리학적·문화적 모든 요인을 모두 제거해 봐도 그림 1-3처럼 여자는 왼쪽에, 남자는 오른

쪽에 써야 하는지에 대한 별다른 이유도 없다. 7월 왼쪽에 6월이라고 쓰는 것이나 마찬가지이다. 또 다른 예를 들어보자. 포드, 제너럴 모터스(GM) 그리고 도요타의 연간 차 생산 대수에 대해 차트를 그려본다고 생각해보자. 자동차 제조사 이름 순서에는 아무 의미가 없다. 그냥 단순히 어떤 범주에 놓느냐 뿐이다. 그림 1-4를 보면 엑셀이 차트에서 데이터를 어떻게 다루는지 나와 있다.

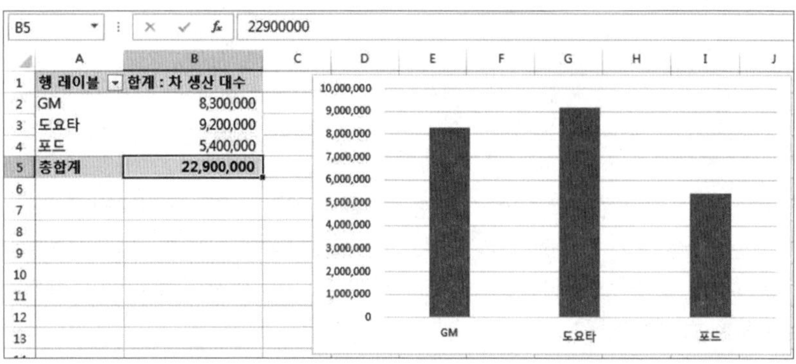

▶▶ **그림 1-4** 엑셀의 세로 막대형 차트(column chart)에서는 항상 가로축에 범주가 나오고, 세로축에 숫자값을 보여준다.

그림 1-4에서 자동차 제조사 범주의 두 가지 측면을 보자.

- 인접한 범주는 서로 동일한 거리로 떨어져 있다. GM과 도요타, 도요타와 포드 사이가 얼마나 떨어져 있는지는 별다른 정보가 되지 않는다.
- 가로축에 자동차 제조사가 어떤 순서로 나왔는지도 별다른 정보가 되지 못한다. GM이 도요타보다 못한 게 아니고, 도요타가 포드보다 못할 게 없다. 여러분이 필요하다면 알파벳 순서로 놓아도 되고, 자동차 생산량 순서대로 그래프를 다시 그려도 된다. 자동차 회사의 이름 자체만으로는 뭔가 순서를 매길 수 있는 고유한 성질이 전혀 없다.

사실 '포드'라는 이름은 여기서 값(value)이 되어야 하지만, 엑셀에서는 이것을 범주(category)라는 이름으로 부르고 값(value)은 숫자에만 사용하고 있다.

그림 1-4 차트의 세로축은 엑셀에서는 값(value) 축이라고 한다. 숫자값을 의미한다.

그림 1-4 차트의 세로축의 위치를 보면 값 축은 실제 숫자와 관련된 정보를 표현하고 있다. 더 많은 차를 생산할수록 바의 높이가 높아진다. 엑셀 행 차트에서 가로축과 세로축은 여러 가지로 다른데, 세로축의 가장 중요한 기능은 숫자로 된 정보를 표시하고, 가로축은 범주를 나타낸다.

일반적으로 엑셀 차트에서 그룹, 범주, 제품 이름 등은 범주 축에 넣고, 각 범주에 해당하는 숫자값은 값 축에 넣는다. 하지만 항상 범주 축이 가로축이어야만 하는 것은 아니다(그림 1-5 참고).

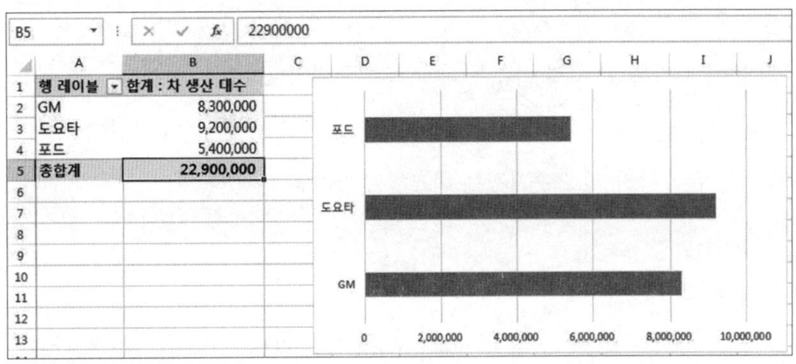

▶▶ **그림 1-5** 행 차트와 달리, 엑셀의 가로 막대 차트는 범주를 세로축에 놓고 숫자값을 가로축에 놓는다.

가로 막대 차트(bar chart)와 세로 막대 차트가 의미하는 내용은 동일하다. 단지 정보의 방향을 90도 돌려서 범주를 세로축에 놓고, 숫자값을 가로축에 놓은 차이만 있다.

필자는 그냥 엑셀 차트를 강조하기 위해 측정 척도를 문제 삼고 있는 것은 아니다. 통계 분석을 할 때는, 여러분의 질문에 따라 여러 가지 기법을 선택할 수 있다. 따라서 여러분이 관심 있는 값을 측정하기 위한 척도에 따라 여러분의 질문 방식이 달라질 수 있다.

예를 들어 여러분이 남성과 여성의 기대수명에 대해 조사하려고 한다고 해보자. 가장 기본적인 질문은 아마 "남성의 평균수명은? 여성의 평균수명은?"이 될 것이다. 이때 두 가지 변수 '성별'과 '나이'를 조사해야 한다. 하나는 범주 변수이고, 하나는 숫자 변수이다. 나중에 다루겠지만 만약 표본에서 얻은 결과를 모집합으로 일반화하려고 할 때 여러분이 범주 변수와 숫자 변수를 사용하고 있으면 t-검정(t-test)을 수행해야 한다.

그림 1-3에서 그림 1-5에 걸쳐 평균이나 합계같이 숫자로 보이는 요약을 볼 수 있는데 이것들은 서로 다른 그룹끼리 비교하고 있다. 이러한 비교는 통계 분석의 매우 중요한 부분이다. 여러분의 표본을 잘 설계하면 아래와 같은 질문에 대해 대답할 수 있다.

- 동종의 직업을 가진 여성과 남성의 월급이 차이가 있을까? 비슷한 직업을 가진 여성과 남성의 평균 임금을 비교해보자.
- 특정 질병을 치료하기 위한 신약이 플라세보(placebo)보다 효과가 있을까? 플라세보를 먹은 사람과 신약을 먹은 사람의 평균 혈압을 비교해보자.
- 공화당원과 민주당원은 특정 정치적 이슈에 대해 서로 다른 입장을 가지고 있을까? 특정 정당을 선호하는지 물어본 다음, 정치적 이슈에 대해 점수를 매겨보라고 해보자.

이런 질문은 주제가 되는 범주에 따라 서로 숫자값을 비교해야 알아낼 수 있다.


## ✚ 숫자 척도(Numeric Scale)

범주 척도는 한 가지밖에 없지만 숫자 척도는 순서(ordinary), 구간(interval), 비례(ratio) 세 가지가 있다. 엑셀 차트에서 값 축에는 어떤 숫자 척도든 사용할 수 있다. 숫자 척도를 설명하면 다음과 같다.

- **순서 척도**(ordinary scale)는 대부분 순위를 말하며, 누가 첫 번째이고, 두 번째, 세 번째인지 등을 말한다. 순위로는 누가 첫 번째인지 알 수 있지만 얼마나 앞서있는지는 알 수 없다. 예선에서 제인이 100m를 10.54초에 달렸고, 메리는 10.83, 엘렌은 10.84에 달렸다고 해보자. 예선이므로 누가 순위 안에 들었는지만 관심 있을 뿐, 각각 얼마나 빨리 뛰었는지는 신경 쓰지 않는다. 따라서 시간 정보를 순서로 변환해서 1, 2, 3위의 숫자를 매긴 후 얼마나 빨리 뛰었는지 기록은 버린다. 순서 척도는 비모수(nonparametrics)라는 통계 분야에서 사용되지만, 이 책에서 대부분 다루는 모수적인 분석에서는 거의 사용하지 않는다.
- **구간 척도**(interval scale)는 경과 시간 등을 측정할 때의 차이를 말한다. 7월 1일의 가장 최고 기온이 화씨 100도였고, 7월 2일의 최고 기온은 화씨 101도, 7월 3일의 최고 기온은 화씨 102도라면 매일 화씨 1도씩 기온이 올라갔다고 알 수 있다. 따라서 구간 척도는 순서 척도보다 더 많은 정보를 줄 수 있다. 예선전의 결과의 순위에서는 제인이 메리보다 빨랐고 메

리가 엘렌보다 빨랐다는 것은 알 수 있다. 하지만 누가 얼마나 빨랐는지 알려면 경과 시간과 구간 척도로 알 수 있다.

- **비례 척도**(ratio scale)는 구간 척도와 비슷하지만 0이라는 지점이 있다는 점이 다르다. 예를 들어 섭씨온도에서는 0도가 열이 완전히 없는 상태를 나타내는 게 아니라 그저 물이 어는 지점을 말한다. 따라서 섭씨 10도가 섭씨 5도보다 두 배로 덥거나 한 것은 아니다. 이것은 섭씨 온도가 비례 척도가 아니라는 말이다. 하지만 켈빈온도(Kelvin temperature)에서는 정말 제로 포인트가 있는데, 해당 온도에서는 분자의 움직임이 없고 열이 전혀 없는 상태를 말한다. 켈빈은 비례 척도를 따르는데 100켈빈은 50켈빈보다 두 배로 따뜻하다. 키나 몸무게도 비례 척도에 해당한다.

구간 척도(혹은 비례 척도)와 순서 척도 사이를 변환하는 것은 한쪽 방향으로만 이루어지므로 별 의미가 없다. 예를 들어 세 명이 100m 경주를 했고 그들의 기록을 비례 척도로 측정한 다음, 결과에 따라 순위를 매겨서 금메달, 은메달, 동메달을 수여했다고 하자. 다음 순위를 기록으로 다시 바꿀 수 없다. 동메달을 딴 사람이 10초 차로 진 것인지 10분 차이로 진 것인지 관계가 없게 된다.

## ✚ 텍스트 값에서 구간값(Interval Value) 알아내기

엑셀은 통계 분석뿐만 아니라 여러 가지 분야에서 사용한다. 하지만 아무리 훌륭한 프로그램이라고 하더라도 여러분의 마음까지 읽을 수는 없다. 여러분이 방금 엑셀에 1, 2, 3을 입력했다면 이것이 요리에 올리브 오일을 몇 스푼을 넣을 것인지를 표시한 것인지, 선거 경선에서 1위, 2위, 3위를 입력한 것인지를 알 수 없다. 첫 번째 경우는 구간 척도에 해당하며 얼마나 많은 기름을 넣을 것인가를 측정하는 것이고, 두 번째 경우는 순서 척도로써 상위 2등을 말한다. 하지만 엑셀에서는 두 가지 경우가 모두 동일한 1, 2, 3일뿐이다.

note_

엑셀은 여러분이 입력한 숫자가 순서 척도인지 구간 척도인지 알 수 없기 때문에 숫자 척도를 사용할 때는 여러분이 알아서 해야 한다. 순서 척도와 구간 척도는 서로 다른 특징이 있다. 순서 척도는 일반적인 종 모양의 정규곡선을 따르지 않는다. 예를 들어 순위는 1위가 하나, 2위가 하나, 3위가 하나 이런 식이므로 평평한 모양의 분포가 된다. 엑셀은 순서값과 구간값을 구분하지 못하므로, 여러분이 알아서 조절해 주어야 자료가 잘못 처리되지 않는다.

텍스트는 또 다른 문제다. 서로 다른 그룹을 가리키기 위해 A, B, C와 같은 문자를 쓸 수 있는데 이 경우 텍스트 값은 명목 척도 혹은 범주 척도에 해당한다. 하지만 그룹 이름을 1, 2, 3과 같이 지정할 수도 있다. 이런 숫자를 명목값(nominal value)으로 지정하려면 워크시트에 입력할 때 아예 텍스트 값으로 입력하면 된다. 예를 들어서 숫자 2를 워크시트의 셀에 텍스트로 입력하려면 앞에 '(아포스트로피)를 붙이면 된다(공식을 입력할 때도 '를 사용하는데 셀 안에서는 사용하지 않는다).

차트를 그릴 때, 엑셀은 복잡한 규칙을 적용해서 숫자가 정말 숫자인지 결정한다(엑셀 2013에서는 추가적인 도구를 써서 이런 결정을 도와주는데 여기에 대해서는 이후에 살펴보겠다). 이러한 규칙은 여러분이 만들고자 하는 차트의 종류와 관계있다. 예를 들어 엑셀에서 꺾은 선형 차트(line chart)를 그리면 가로축에 나오는 숫자를 텍스트인 것처럼 취급한다. 하지만 똑같은 데이터를 가지고 XY 차트를 그리면 엑셀은 가로축의 숫자를 구간 척도의 값으로 취급한다. 다음 장에서 더 자세히 살펴보자.

복잡하겠지만 엑셀은 어떤 경우에는 숫자를 숫자 자체로 다루고 어떤 경우에는 텍스트인 것처럼 다루기도 한다. 하지만 엑셀이 적용하는 규칙은 매우 합리적이므로 나오는 결과를 보면 어떤 의도로 데이터를 다루고 있는지 알 수 있다. 그럼에도 불구하고 엑셀이 처리한 데이터가 의도와 다르게 됐다면 약간 추가 작업이 필요할 수도 있을 것이다. 그림 1-6에서 예제를 보자.

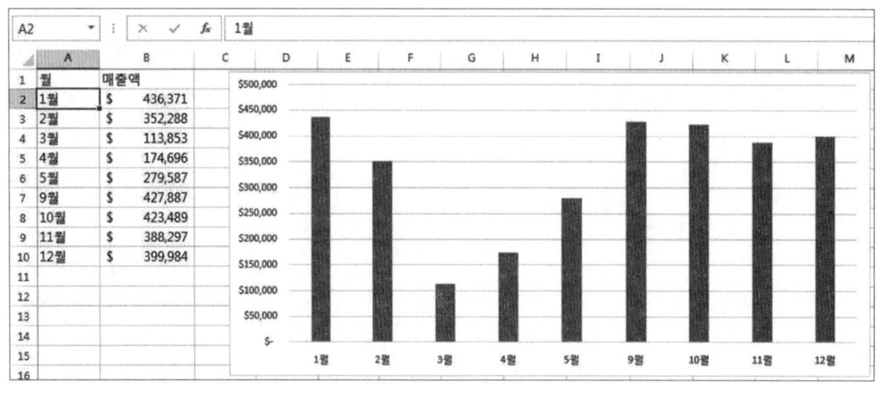

▶▶ **그림 1-6** 모든 월에 대해 데이터를 가지고 있지 않은 상황이다.

만약 여러분이 운영하고 있는 사업이 학교를 대상으로 하고 있다고 가정해보자. 그럼 방학인 6월, 7월, 8월에는 매출이 발생하지 않을 것이다. 그림 1-6에서는 엑셀이 날짜를 범주로 하고 있는데 그림 1-6을 보면 알 수 있듯이 그냥 텍스트로 입력했다. 그림 1-6의 워크시트와 차트를 다음 두 가지 측면에서 보자.

- A2:A10에 입력한 날짜는 텍스트 값으로 입력을 했다. 옆의 공식 입력 상자를 보면 그냥 텍스트로 '1월'이라고 입력한 것이 보인다.
- 그냥 텍스트로 입력하면 엑셀은 이것이 날짜를 의미하는 것인지 알지 못하므로 'GM', '포드', '도요타'처럼 그냥 일반적인 범주로 생각해서 처리한다. 엑셀은 이를 그냥 텍스트로 처리하기 때문에 범주 사이의 간격을 동일하게 만든다. 즉 5월과 4월의 간격이나, 5월과 9월의 간격이 동일하다.

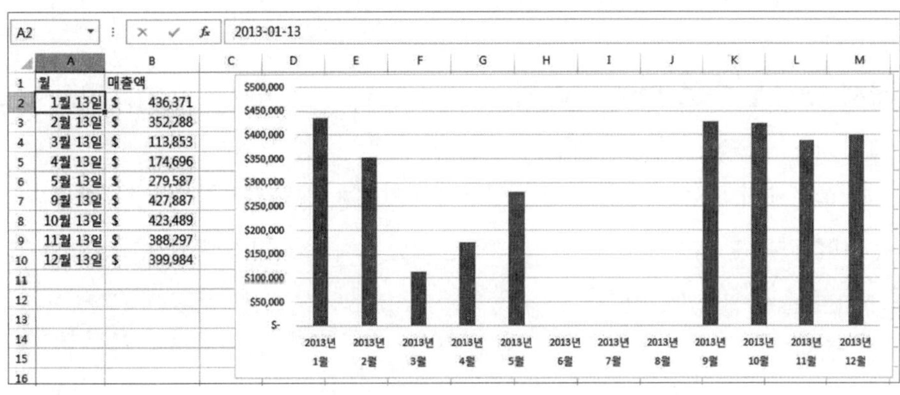

▶▶ **그림 1-7** 매출이 없어서 데이터가 없는 달을 비워서 보여준다.

그림 1-6과 그림 1-7을 비교해보자. 그림 1-7에서는 날짜를 단순한 텍스트가 아니라 실제 의미가 있는 값으로 입력했다.

- 날짜를 입력한 부분을 공식 입력 상자에서 확인해보면, A2셀의 단순히 달의 이름뿐만 아니라 실제 날짜가 들어가 있다. A3:A10도 마찬가지이다.
- 엑셀 차트는 여러분이 워크시트에 입력한 값의 종류에 따라 자동으로 바뀐다. 프로그램은

입력한 숫자가 단순히 텍스트가 아니라 날짜라는 것을 알고, 비록 6월에서 8월에 걸쳐 데이터가 없지만 달에 맞는 간격으로 띄운다. 나중에 해당 달의 데이터가 있으면 들어올 수 있도록 자리를 만든다. 즉 가로축은 단순히 범주 척도가 아니라 숫자 척도로 다루게 된다. 따라서 5월과 9월의 간격은 5월과 4월의 간격보다 4배 정도 떨어지게 된다.

`note_`

엑셀에서 날짜는 단순한 숫자값이다. 즉 1900년 1월 1일로부터 며칠이나 지나는지 계산한다. 여러분이 1/1/14 같은 값을 입력하며 엑셀은 두 개의 '/' 을 보고 이것을 날짜로 여긴다. 엑셀 내부에서는 날짜는 그냥 숫자이지만 mm/yy나 mm/dd/yyyy같은 포맷을 적용해서 보여준다. 워크시트에 적당한 날짜를 입력해본 다음(34/56/78같은 건 안된다) 셀 서식의 표시 형식을 숫자로 해서 소수 자릿수를 0으로 다시 고쳐보자.

## 3. 엑셀에서 숫자 변수로 차트 그리기

엑셀의 차트를 쓰면 숫자 변수를 시각적으로 아름답게 보여주는 차트를 자동으로 만들 수 있다. 이 책에서는 이러한 차트를 많이 사용하는데, 통계적인 개념을 이해하려면 차트로 나타냈을 때 쉽고 좀 더 명확하게 알 수 있기 때문이다.

### ✚ 두 개의 변수로 차트 그리기

이 장의 앞부분에서 한 축은 숫자 변수이고 다른 한 축은 범주 변수인 차트, 세로 막대형 차트(column chart)와 가로 막대형 차트(bar chart)에 대해 다뤘다. 또 비슷한 타입으로 꺾은 선형 차트(line chart)가 있는데 여러 가지 다른 범주에 따라 달라지는 숫자 변수를 쉽게 비교할 수 있다. 주로 사용하는 범주로는 시간을 쓰며 달, 분기, 연도 등을 사용한다. 하지만 엑셀에는 또 특별한 차트가 있는데 XY(분산형) 차트이다. 이것은 두 숫자 변수 사이의 관계를 보여준다. 그림 1-8은 예제이다.

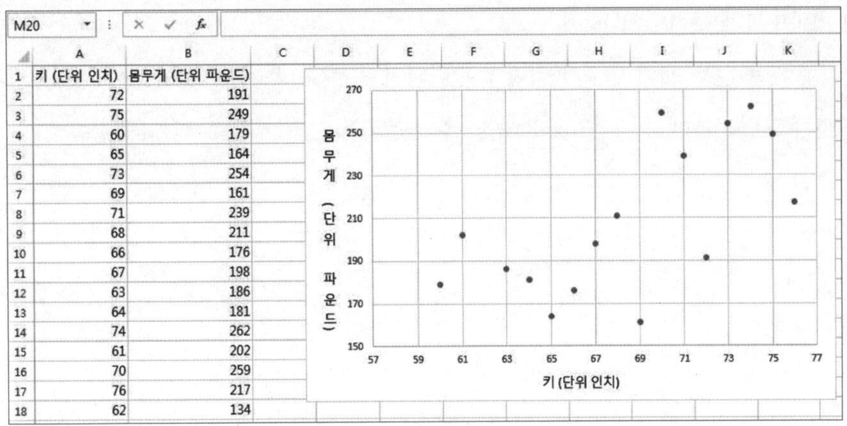



▶▶ **그림 1-8** XY(분산형) 차트. 가로축과 세로축이 모두 값으로 되어 있다.

note_

적어도 1990년대부터 엑셀에서는 이러한 차트를 XY(분산형) 차트라고 불렀다. 버전 2007에서는 XY 차트, 분산형 차트, XY(분산형) 차트라고 용어를 섞어서 사용했다. 이 책에서는 그냥 XY(분산형) 차트 라고 하겠다.

XY(분산형) 차트에서 보이는 마커(점)는 특정 사람이나 물건이 두 숫자 변수에 동시에 해당됨을 나타낸다. 마커의 전반적인 패턴을 보고 두 변수 사이의 관계를 짐작할 수 있나. 이러한 관계에 내해서는 4장 "변수가 어떻게 함께 움직이는가 : 상관(correlation)"에서 자세히 살펴볼 것이다.

예를 들어 그림 1-8에서는 사람들의 키와 몸무게의 상관관계를 알 수 있다. 일반적으로 키가 클 수록 몸무게도 늘어난다. 이렇게 두 변수의 관계에 대한 논의는 앞에서 다뤘던 자동차 제조회사 범주에 따른 생산대수의 평균을 구하는 것과는 매우 다르다. 두 숫자 변수 사이의 관계에 대해 관심 있으면, 다르게 질문을 해봐야 하고 다른 종류의 통계 분석을 사용해야 한다. 키와 몸무게는 어떻게 관련 있을까? 그리고 얼마나 깊은 관계가 있을까? 휴대전화를 오래 사용하면 암에 걸릴 확률이 높아질까? 학교를 오래 다닐수록 돈을 많이 벌게 될까? (만약 그렇다면 초등학교부터 대학원까지 모두 해당될까?) 서로 다른 두 개의 변수가 함께 바뀌는 것[4]에 대한 연구는 실험에 근거한

---

**4** 통계학적으로 이야기하면 covary(함께 바뀌다)로 표현할 수 있다.

다른 종류의 연구이며 통계 분석이 필요하다.

엑셀의 XY(분산형) 차트로 두 개의 변수가 어떻게 관련되어 있는지 상당한 부분을 알아 볼 수 있다. 그림 1-9에서는 그림 1-8에 추세선(trendline)을 추가했다.

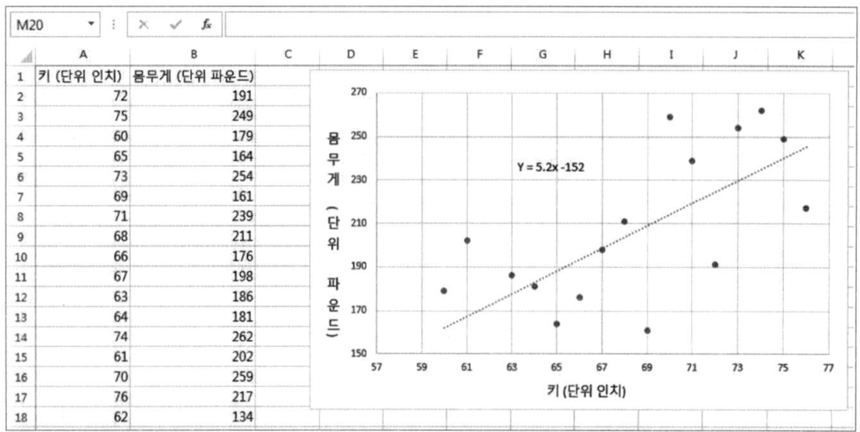


▶▶ **그림 1-9** 추세선(trendline)은 숫자 사이의 상관관계

그림 1-9에서 보이는 대각선을 추세선(trendline)이라고 한다. 여기서 추세선은 키와 몸무게의 관계를 이상적으로 표현하고 있다. 이 추세선은 17개의 표본을 통해 그렸으며 17개의 표본은 차트 상에 마커로 표시되어 있다. 추세선은 다음과 같은 공식에 기반한다.

몸무게 = 5.2×키−152

엑셀은 최소 제곱(least squares)이라는 원칙에 따라 위의 식을 만들어 낸다. 자세한 사항은 4장에서 살펴보자. 서로 다른 키(단위 : inch)의 값 20여 개를 임의로 식에 대입해보면 해당하는 몸무게를 얻을 수 있다. 이것을 가지고 그래프를 그려보면 그림 1-9의 추세선 같은 직선을 구할 수 있다.

계산은 깔끔하고 간단하며, 오류를 포함하지 않는다. 이 공식에 키를 대입하면 예상 몸무게를 구할 수 있고, 이것을 그래프로 그려보면 완전한 직선이 나온다. 하지만 실제 세계에선 오류로부터 자유로울 수 없다. 실제 어떤 사람들은 이 공식에 키를 입력했을 때, 몸무게가 더 나오는 사람도 있고 덜 나오는 사람도 있다(통계 분석에서는 이런 불일치를 오차(error)혹은 편차(deviation)라고 한다). 즉 기계적인 공식에서 나온 숫자가 아닌, 실제 사람으로부터 얻은 데이터로 차트를 그리면 이 차트는 그림 1-8과 그림 1-9처럼 흩어져 있는 모양으로 보인다.

현실은 그 혼돈 자체이지만 통계학자들은 이를 깨끗하게 발라내서 실제 세계 뒤에 숨어있는 일정한 패턴을 찾아내려고 한다. 만약 실제 세계의 측정값이 찾아낸 패턴에 들어맞지 않으면 아래와 같이 여러 가지 설명이 가능하다(이 설명 중 단 하나로 설명되는 것이 아니라, 여러 가지로 설명될 수도 있다).

- 사람이나 사물이 항상 이상적인 수학적 패턴을 만족시킬 수 없다. 그냥 그러려니 하자.
- 측정이 잘 못 되었을 수도 있다. 좀 더 나은 측정 방법을 찾아보자.
- 고려하지 않은 변수가 원인이 되었을 수도 있다. 좀 더 연구해보자.

## 4. 도수분포(Frequency Distribution) 이해하기

앞에서 본 두 개의 변수를 다루는 차트(범주에 따라 값을 보여주는 세로 막대 차트와 두 변수의 관계를 보여주는 XY(분산형) 차트)외에 엑셀에는 한 개의 변수를 다루는 자트가 또 있다. 이것은 도수분포(frequency distribution)를 시각적으로 보여주며 중급 이상 통계 기법의 기초이다. 도수분포(frequency distribution)는 각 변수의 값에 해당하는 항목이 몇 개나 있는지 보여준다. 예를 들면

- 몸무게가 100파운드인 사람의 수, 101파운드인 사람의 수, 102파운드인 사람의 수 등
- 휘발유 1갤론으로 18마일을 갈 수 있는 차의 수, 19마일을 갈 수 있는 차의 수, 20마일을 갈 수 있는 차의 수 등
- $200,001이상 $205,000이하 가격의 주택 수, $205,001 이상 $210,000 이하 가격의 주택 수 등

측정할 때 단위에서 편의상 반올림하기 때문에 결국 도수분포는 특정 그룹별로 숫자를 측정하게 된다. 예를 들면 몸무게가 100.2파운드인 사람이나 100.4파운드인 사람 모두 100파운드 그룹이 되고, 휘발유 1갤론으로 18.8마일을 갈 수 있는 차나 19.2마일을 갈 수 있는 차나 모두 19마일 그룹이 된다. 그리고 $200,001와 $205,000사이의 가격에 들어가는 집은 모두 같은 가격인 것으로 처리한다.

따라서 도수분포로 차트를 그리면 가로축에는 변수의 값이 들어가고, 세로축에는 각각의 그룹에 몇 개의 항목이 있는지 보인다. 그림 1-10은 일반적인 도수분포를 보여준다.

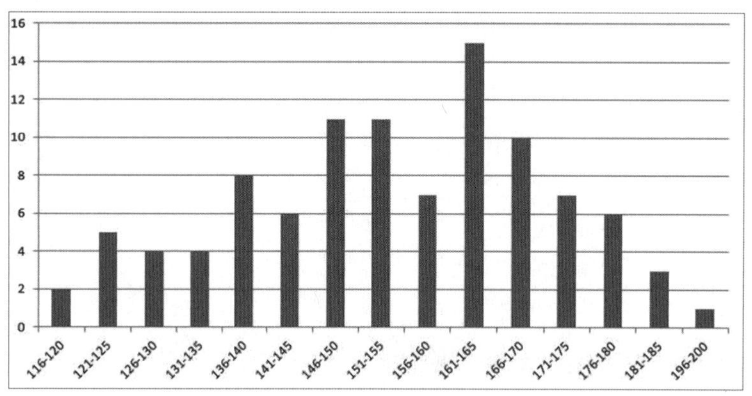

▶▶ **그림 1-10** 일반적으로 대부분의 레코드 그룹은 도수분포에서 중앙에 몰려있게 된다.

도수분포 차트를 보면 변수에 대해 좀 알게 되는 게 있을 것이다. 예를 들어 그림 1-10에서는 100명의 몸무게 표본을 보여주는데 대부분 140파운드와 180파운드 사이에 들어간다. 위 예에서는 175파운드 이상으로 몸무게가 많이 나가는 사람도 있고, 130파운드 이하로 몸무게가 적게 나가는 사람도 있다. 가장 적은 몸무게에서 가장 높은 몸무게의 범위는 116에서 200이며 85파운드 정도 차이가 난다.

표본이 달라지면 그림 1-10과 같은 그림도 달라진다. 예를 들어 그림 1-11에서는 100명의 채식주의자를 표본으로 했다(몸무게의 분포가 그림 1-10의 일반인을 표본으로 한 것보다는 약간 왼쪽으로 이동했다).

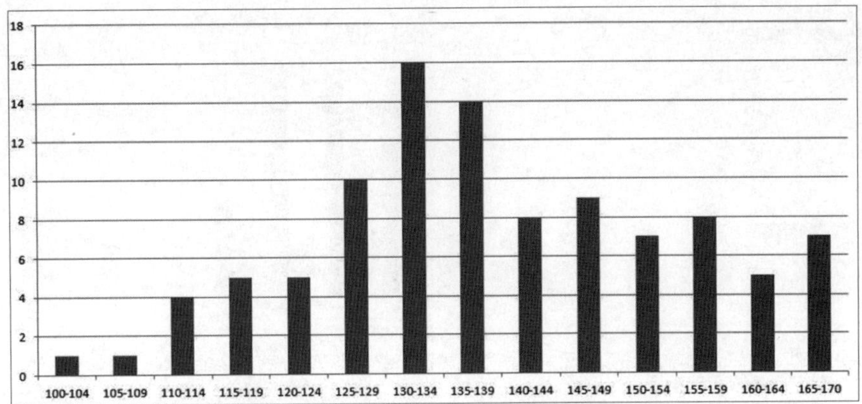

▶▶ **그림 1-11** 그림 1-10과 비교해보면 도수분포의 위치가 왼쪽으로 이동했다.

그림 1-10과 그림 1-11의 도수분포는 거의 좌우 대칭으로 보인다. 일반화해서 보면 정규분포의 벨 커브(bell curve)와 그렇게 차이가 나 보이지 않는다. 정규분포는 굉장히 많은 변수를 설명할 수 있으며 이후 장에서 정규곡선에 대해 계속 다룰 것이다. 흥미 있는 많은 변수를 정규곡선으로 설명할 수 있는 이유이기도 하지만 엑셀이 정규곡선을 여러 가지 면에서 다루고 있기 때문이다.

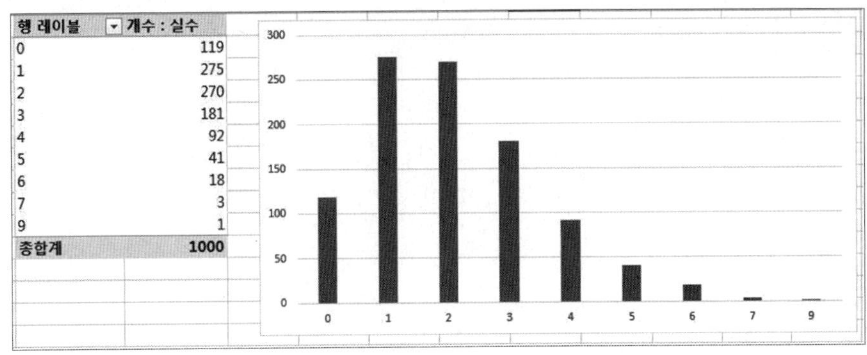

▶▶ **그림 1-12** 도수분포가 오른쪽으로 길게 늘여져 보이는 것을 양의 방향으로 기울었다고 한다(positively skewed).

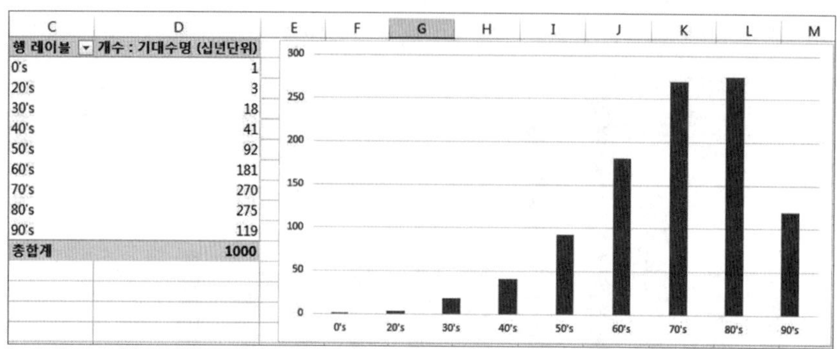



▶▶ **그림 1-13** 도수분포가 왼쪽으로 길게 늘여져 보이는 것을 음의 방향으로 기울었다고 한다(negatively skewed).

변수에 따라 다른 종류의 도수분포 모양이 나타날 수도 있다. 그림 1-12는 오른쪽으로 기울었고 그림 1-13은 왼쪽으로 기울었다.

집의 가격 같은 경우는 양의 방향으로 치우치기 쉬운데 부동산의 가격은 하한선이 있지만(집의 가격이 $0보다 적을 수는 없으니까) 이론적으로 상한선은 없기 때문이다. 따라서 $100,000와 $300,000사이에 집들이 몰려있고 $300,000에서 $400,000사이에 해당하는 집들은 더 적어지고 가격이 올라 갈수록 그 가격에 해당하는 집들이 줄어든다.

제품을 검수하는 기술자가 10,000개의 생산된 타일에서 표본으로 100개를 골라내서 문제가 있는지 세어본다고 하자. 대부분 흠이 없거나 흠이 한 개 혹은 두 개일 것이다. 또 몇 개는 3~4개의 흠이 있을 수 있고, 흠이 5~6개나 있는 것은 그렇게 많지 않을 것이다. 이것 또한 양의 방향으로 기운 분포의 예이며 제조 공정 제어에서 매우 흔한 분포이다.

상한선이 있는 경우보다는 하한선이 있는 경우가 더 흔하기 때문에 음의 방향으로 기운 경우보다는 양의 방향으로 기운 경우가 더 많다. 하지만 음의 방향으로 기운 경우도 있기는 하다. 그림 1-13은 사람들의 수명을 나타낸다. 20대에 죽는 사람은 그렇게 많지 않고 나이가 들수록 죽는 사람이 늘어나게 된다.

### ✚ 도수분포 사용하기

통계 분석에서 도수분포를 사용하면 두 가지 장점이 있다. 변수가 어떻게 분포되는지 시각적으로 잘 보여줄 수 있고, 표본에 기초해서 모집단을 추측해내기가 더 쉽다.

이러한 두 가지 이유는 통계학의 두 가지 줄기인 기술(descriptive) 통계와 추론(inferential) 통계를 쉽게 정의하게 해준다. 기술 통계 측면에서 보면 평균값, 값의 범위, 개수의 백분율 그리고 도수분포 차트 등을 통해 표본을 쉽게 이해하게 해주고 변수가 가능한 범위 안에서 어떻게 움직이는지 쉽게 알 수 있게 해준다.

추론 통계 측면에서 보면 표본에 기초한 도수분포는 모집단에 대해서 추론하기 위해 어떤 분석 도구를 사용해야 할지 결정할 수 있도록 도와준다. 이후 장에서 다루겠지만 잘못된 결론을 내릴 선택을 했을 때 그 확률에 대한 결과를 시각화할 수 있도록 한다.

### – 분포를 시각화하기 : 기술 통계

변수에 대해서 이해하는 것은 대체로 쉽다. 서로 다른 그룹에서 어떻게 움직이는지, 시간이 지나면 어떻게 변하는지, 차트를 보면 어떻게 보이는지도 알 수 있다. 예를 들어 보자. 다음은 정규분포(normal distribution)를 정의하는 식이다.

$$u = (1/\ ((2\pi)^{.5}\sigma\ )e^{\wedge}(-(X-\mu)^2/2\ \sigma^2)$$

그림 1-14는 정규분포를 차트로 보여준다.

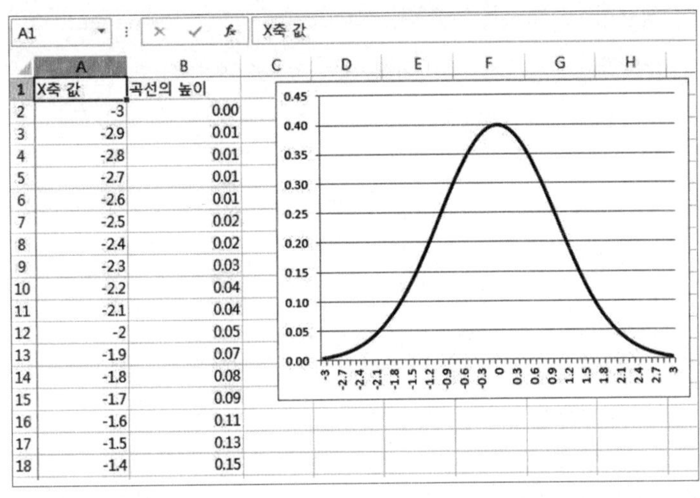

▶▶ **그림 1-14** 흔히 알고 있는 정규곡선(normal curve)은 단순한 도수분포(frequency distribution)이다.

식은 반드시 있어야 하지만 이해하기는 어렵다. 하지만 차트를 보면 정규곡선의 도수분포는 좌우 대칭이며 대부분의 레코드가 중앙에 몰려있다는 것을 알 수 있다.



이 공식은 17세기 프랑스 수학자 Abraham De Moivre가 만들었다. 엑셀에서는
= NORMDIST(1,0,1,FALSE)로 간단하게 쓸 수 있다.

엑셀 2010과 2013에서는
= NORM.S.DIST(1,FALSE)로 쓸 수 있는데, 크게 바뀐 것 중 하나이다.

인간 수명은 구간에서 오른쪽으로 갈수록 볼록한 모양을 하는데(그림 1–13처럼 기운 모양이 된다) 집의 가격은 구간의 왼쪽에서 볼록한 모양이 된다(오른쪽으로 기운 모양). 사람의 키는 중간쯤에서 볼록한 모양이 되므로 좌우 대칭이고 어느 쪽으로도 기울지 않았다.

어떤 통계 분석에서는 데이터가 정규분포를 따른다고 가정하고, 어떤 통계 분석에서는 이 가정을 매우 중요하게 생각한다. 흔한 경우는 아니므로 이 책에서는 여기에 대해 자세히 다루지 않는다. 하지만 기운 분포(skewed distribution)를 분석하려고 할 때는 이것을 정규화(normalize)해서 분석 요구사항에 맞도록 할 수 있음을 주의하자. 일반적으로 엑셀의 SQRT()와 LOG() 함수를 사용해서 음의 방향으로 기운 분포를 정규화하도록 할 수 있다. 그리고 지수 연산자(exponentiation operator, 예를 들어 A2^2 는 A2값을 제곱하는 것을 의미한다)를 써서 양의 방향으로 기운 분포를 정규화할 수 있다.



특정 데이터를 올바르게 가공하는 방법은 시행착오로 얻을 수밖에 없다. 엑셀 해찾기(solver) 추가 기능과 엑셀의 SKEW() 함수를 쓰면 도움이 될 수 있다. 엑셀 해찾기(solver) 추가 기능에 대한 자세한 내용은 2장 "값들은 어떻게 모여 있을까"를 보자. SKEW()에 대한 내용은 7장 "정규분포로 엑셀 사용하기"를 보자. SKEW()를 쓰는 기본 개념은 변경한 데이터의 왜도(skewness, 비대칭도)를 계산하고 해찾기 추가기능이 SKEW()의 결과값을 가장 0에 가깝게 만드는 지수(exponent)를 찾아내도록 한다.

– 모집단을 시각화하기 : 추론통계

도수분포를 연구하는 다른 이유는 표본을 기반으로 얻은 정보를 통해 모집단에 대해 추론할 수 있기 때문이다. 이런 분야를 추론통계라고 한다. 엑셀의 도구(특히 함수와 차트)를 사용해서 표본의 도수분포로부터 모집단의 특성을 추론해내는 방법은 나중에 다루도록 하겠다.


많이 사용되는 예제는 선거의 여론조사이다. 여론조사에서 설문에 응답한 53%의 사람이 스미스를 지지했다고 하면, 이것은 기술통계다. "표본의 53%가 스미스를 지지했다" 여기에는 아무 추론이 들어가지 않는다.

하지만 여론조사의 오차한계(margin of error) 3% 내에서 53%가 지지한다고 하면, 이것은 추론통계다. 표본에서 나온 결과로 더 큰 모집단을 추정하고 있는 것이다. 이때 신뢰도(degree of confidence)를 ±3%라고 하면 50%~56%의 유권자가 스미스를 지지하는 것으로 생각할 수 있다. 만약 오차한계가 6%라고 하면 여론조사원은 더욱 결과에 확신을 가질 수 있을 것이다. 일반적으로 신뢰도의 값이 크면 허용하는 오차한계도 커진다. 만약 여러분이 양궁을 하고 있다고 생각해보자. 목표물을 맞히려면 타깃을 크게 만들면 된다.

이와 유사하게, 여론조사가 99.9% 신뢰할 수 있다고 하면, 오차한계의 값은 너무나 커져서 쓸모없게 된다. 예를 들어 오차한계가 ± 20%라고 해보자. 33%~73%의 유권자가 스미스를 지지한다는 이야기는 너무 뻔해서 신문 머리기사가 되지 못할 것이다. 여론조사원의 예상은 거의 정확하겠지만 말이다.


오차한계는 표본의 도수분포 상황에 영향을 받는다. 위 경우에서는 표본으로부터 모집단으로의 투영(projection)은 원하는 신뢰수준, 표본의 크기, 표본에서 스미스를 선호하는 비율 등에 따라 달라진다. 표본의 크기와 선호하는 비율은 모두 표본에서 나온 답에 의해 정해지는 도수분포에 따라 달라진다.

모집단에 대해 추론하기 위해 표본의 도수분포에 의존하는 것은 선거 여론조사 뿐만은 아니다. 다음은 연구자들이 흔히 하는 질문들이다.


- 지난 분기 기존 주택의 몇 퍼센트가 매매되었을까?
- 2007년 심장약의 부작용에 대해 알려지기 전, 심장약을 복용한 당뇨병 환자 중 혈관 질환이 나타나는 경우는 얼마나 될까? 이 약을 복용하지 않은 사람들에게서 혈관 질환이 일어나는

비율과도 비슷한가?

- 2013년도에 특정 자동차 제조사에서 만든 차 중 표본을 100대를 선택했는데, 이 차들은 고속도로에서 1갤론당 26.5마일의 연비를 가지고 있다. 2013년도 만들어진 다른 차들의 평균 연비도 이와 동일할까? 아니면 26.0마일 이상일까?
- 여러분의 회사는 유리그릇을 만든다. 생산품에서 2% 이상의 결함이 있으면 안된다. 최근 생산된 제품 중에서 100개의 표본을 뽑았는데 5개의 결함이 있었다. 전체 제품에서 1000개를 뽑으면 최대 20개까지의 결함이 있을 확률은 얼마일까?

각 질문에 대답하기 위해서는 특정 통계 절차를 사용해야 하고, 따라서 다른 엑셀 도구를 써야 한다. 하지만 기본 접근 방법은 동일하다. 표본으로부터 도수분포를 만들어서, 표본과 모집단을 비교해야 한다. 이때 모집단의 도수분포는 알려진 것일 수도 있고 이론적인 배경으로 만들어야 할 수도 있다. 엑셀의 함수를 사용해서, 여러분이 사용하고 있는 표본이 모집단을 얼마나 잘 대표하고 있는지 알아낼 수 있다.

## ✚ 표본으로부터 도수분포 만들기

개념적으로 도수분포를 만드는 것은 꽤 쉽다. 표본을 뽑고, 변수에 대한 표본의 값을 측정하면 된다. 그 다음으로는 어떻게 여러분의 의견을 투영하는가에 달려있다.

### − 표본을 나누어 기록하기

관련된 변수의 범위를 관리 가능한 그룹으로 나누는 것부터 시작하자. 예를 들어 100명의 사람들로부터 몸무게를 알아냈다고 하자. 그럼 각 몸무게를 10파운드 단위로 나누는 것이 맞는지 생각해보자. 이렇게 나누어 보면 어떨까? 75~84, 85~94, 95~104로 나누는 식으로 말이다. 다음 그래프 용지에 그림 1−15처럼 숫자를 기록해보자. 그림 1−15의 방법은 그룹 도수분포이며, 컴퓨터를 쓰기 전인 1980년대에는 이렇게 일일이 손으로 기록했다. 하지만 엑셀의 FREQUENCY() 함수를 쓰면 이렇게 일일이 손으로 세지 않고도 각 그룹을 나눌 수 있다.

| | A | B | C | D | E | F | G |
|---|---|---|---|---|---|---|---|
| 1 | | | | | | | |
| 2 | | | | ✓ | | | |
| 3 | | | | ✓ | | | |
| 4 | | | | ✓ | | | |
| 5 | | | ✓ | ✓ | | | |
| 6 | | | ✓ | ✓ | ✓ | | |
| 7 | | | ✓ | ✓ | ✓ | | |
| 8 | | | ✓ | ✓ | ✓ | | |
| 9 | | | ✓ | ✓ | ✓ | | |
| 10 | | | ✓ | ✓ | ✓ | | |
| 11 | | | ✓ | ✓ | ✓ | | |
| 12 | | | ✓ | ✓ | ✓ | | |
| 13 | | | ✓ | ✓ | ✓ | | |
| 14 | | | ✓ | ✓ | ✓ | | |
| 15 | | | ✓ | ✓ | ✓ | | |
| 16 | | ✓ | ✓ | ✓ | ✓ | | |
| 17 | | ✓ | ✓ | ✓ | ✓ | | |
| 18 | | ✓ | ✓ | ✓ | ✓ | | |
| 19 | | ✓ | ✓ | ✓ | ✓ | | |
| 20 | | ✓ | ✓ | ✓ | ✓ | ✓ | |
| 21 | | ✓ | ✓ | ✓ | ✓ | ✓ | |
| 22 | | ✓ | ✓ | ✓ | ✓ | ✓ | |
| 23 | ✓ | ✓ | ✓ | ✓ | ✓ | ✓ | |
| 24 | ✓ | ✓ | ✓ | ✓ | ✓ | ✓ | ✓ |
| 25 | ✓ | ✓ | ✓ | ✓ | ✓ | ✓ | ✓ |
| 26 | ✓ | ✓ | ✓ | ✓ | ✓ | ✓ | ✓ |
| 27 | ✓ | ✓ | ✓ | ✓ | ✓ | ✓ | ✓ |
| 28 | 75 ~ 84 | 85 ~ 94 | 95 ~ 104 | 105 ~ 114 | 115 ~ 124 | 125 ~ 134 | 135 ~ 144 |

▶▶ **그림 1-15** 이렇게 하면 어떻게 하는지 과정을 명확하게 파악할 수 있지만, 이보다 더 쉽고 바른 빠른 방법이 있다.

### – FREQUENCY()로 그룹 짓기

만약 위에서처럼 도수분포표를 만들려면 여러분이 지정한 그룹에 속하는 레코드가 몇 개인지 모두 세야 한다. 엑셀의 FREQUENCY() 함수를 쓰면 이런 힘든 일을 여러분이 직접 하지 않아도 된다. 그룹을 나누는 경계를 지정한 다음 데이터에 대해 FREQUENCY() 함수를 사용하면 된다. 그림 1-16은 데이터를 놓은 한 예를 보여준다.

그림 1-16에서 표본이 되는 사람들의 몸무게는 A행에 있다. C2:C8은 그룹의 위쪽 경계를 말한다. 여기서는 그룹이라고 하지만 엑셀 용어로는 bin(통, 묶음)이라고 한다. 85파운드까지가 한 묶음이고, 86에서 95파운드가 한 묶음, 96파운드에서 105파운드까지가 한 묶음이 된다.

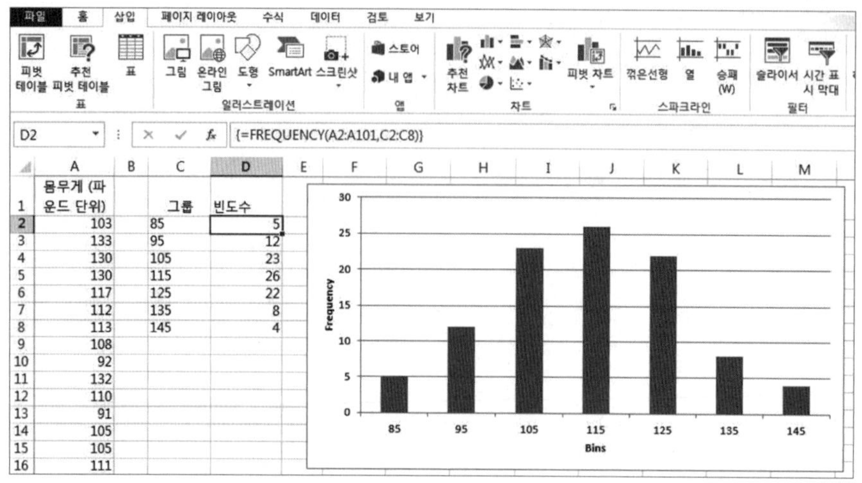



▶▶ **그림 1-16** C2:C8 셀에 있는 값으로 그룹을 나눴다.

> `note_`
>
> 그림 1-16에서는 A1, C1, D1에 행의 이름을 넣어줬는데 사실 이렇게 하지 않아도 된다. 엑셀의 표준 차트를 만들 때는 이렇게 헤더 이름을 넣어주지 않아도 된다. 헤더 이름을 주지 않으면 엑셀은 그냥 계열1, 계열2와 같이 이름을 붙여나간다. 표준 차트 대신 피벗 차트를 만든다면 그림 1-16처럼 A행에 헤더 이름을 줘야 한다.

각 그룹에 해당하는 레코드가 몇 개 있는지 개수는 D2:D8에 보인다. 엑셀에서 작업할 때는 여러분이 직접 숫자를 셀 필요가 없고 엑셀 서식인 배열 수식(array formula)을 사용할 수 있다. 2장에서 더 자세히 다루겠지만 우선 잠깐 그림 1-16같은 과정을 어떻게 만들었는지 설명하겠다.

1. 결과를 보여줄 셀의 영역을 선택한다. 여기에서는 D2:D8에 해당한다.

2. 다음과 같은 식을 입력하자. 단 아직 엔터는 치지 말 것.

=FREQUENCY(A2:A101,C2:C8) 식의 의미는 A2:A101에 있는 레코드를 세서 C2:C8에 정의된 숫자 경계에 따라 나누는 것을 말한다.

3. 식을 다 입력했으면 Ctrl과 Shift키를 동시에 누른 다음 Enter를 클릭한다. 그리고 세 키에서 모두 손을 뗀다. 이렇게 하면 엑셀에게 이 식을 배열 수식(array formula)으로 처리하라고 알려주는 게 된다.

엑셀이 식을 배열 수식으로 처리하면 함수 입력상자에서 식이 { }로 둘러싸여 보인다.

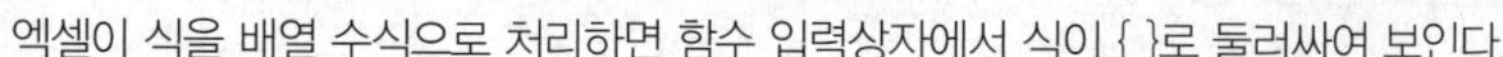

FREQUENCY() 함수에서 데이터와 그룹 인자를 똑같이 사용해도 된다. 즉 =FREQUENCY (A1:A101,A1:A101)처럼 써도 된다. 반드시 배열 수식으로 처리하도록 하자. 이렇게 하면 A1:A101이 모두 고유한 값으로 되어 있고 겹치는 게 없는지 쉽게 알 수 있다.

결과값은 그림 1-16의 D2:D8과 비슷하게 보일 것이다. 물론 실제 A2:A101 데이터와 그룹 경계 값인 C2:C8에 따라 다르다. 이제 도수분포를 만들었으니 차트를 만들어 보자.

이전 버전과 비교해보면 엑셀 2013에서 그림 1-16같은 기본 차트를 더 쉽게 만들 수 있게 되었다. 그림처럼 데이터를 두었을 때 엑셀 2013에서 그래프를 만들려면 다음과 같은 과정을 따른다.

1. 차트를 그릴 데이터를 선택한다. 여기에서는 C1:D8을 선택한다(만약 차트를 그릴 데이터 안에 빈 셀 등이 있으면 차트를 그릴 셀만 선택하도록 한다).
2. '삽입' 탭의 '차트' 부분에서 '추천 차트'를 선택하자.
3. 묶은 세로 막대형 차트(Clustered Column chart)를 선택한 다음 '확인'을 클릭하자.

엑셀 2013에서는 여러 가지 형태로 차트를 그릴 수 있는데, 예를 들어 '삽입' 탭의 '차트' 그룹에서 '세로 막대형 차트 삽입'을 선택해보자. 드롭다운 박스에서 '세로 막대형 차트 더 보기'를 클릭하면 가로 막대형 차트, 꺾인 선형 차트 등 여러 가지 모양의 차트를 선택할 수 있다.

하지만 이전 버전의 엑셀에서는 그렇게 쉬운 작업은 아니다. 데이터가 그림 1-16과 같다면 엑셀 2010에서는 과정이 좀 달라진다.

1. 차트로 그릴 데이터를 선택한다. 여기서는 C1:D8 로 영역을 설정한다.
2. '삽입' 탭을 누르고 '차트' 그룹에서 '세로 막대형'을 클릭한다.
3. '2차원 세로 막대형'을 선택하면 그림 1-17과 같은 차트가 보인다. C행과 D행이 모두 숫자 값이 있어서 엑셀은 이것이 계열이 두 개(하나는 '그룹', 하나는 '빈도수')가 있다고 여긴다.

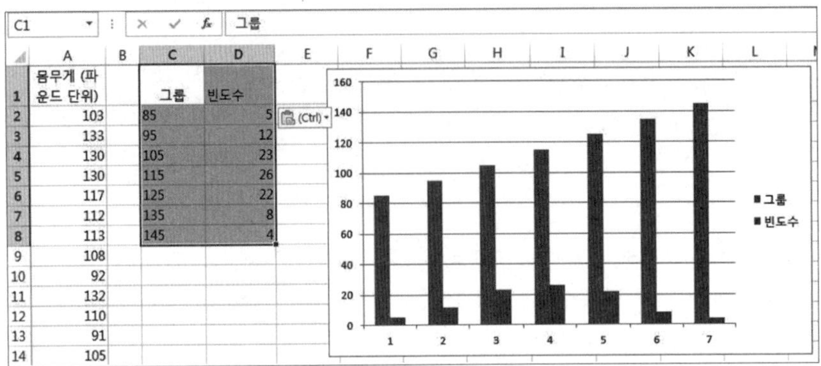



▶▶ **그림 1-17** 두 행의 데이터가 모두 숫자이기 때문에 처음에는 모두 차트에 보인다.

4. 차트를 클릭한 다음 '디자인' 탭에서 '데이터 선택'을 눌러보자. 그림 1-18같은 대화상자가 보인다.

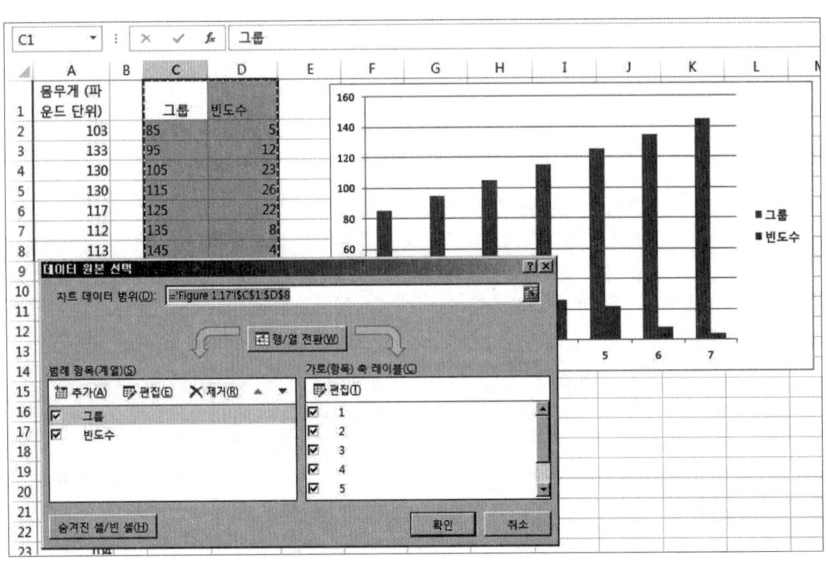



▶▶ **그림 1-18** '데이터 선택' 대화 상자를 사용해서 다른 데이터 계열을 차트에 추가할 수 있다.

5. '가로(항목)축 레이블' 아래 '편집' 버튼을 클릭한다. 새로운 '축 레이블' 대화상자가 보인다. 범위가 가로축이 되도록 C2:C8을 끌어넣기 해서 범위를 선택한다. 다음 '확인'을 누르자.

6. 그림 1-18 왼쪽의 목록 상자에서 '그룹'을 선택한 다음 '제거' 버튼을 눌러서 차트의 계열에서 제거하자. 다음 '확인'을 누르면 차트로 되돌아간다.

7. 원하면 차트의 제목이나 범례를 지워서 차트를 깔끔하게 보이도록 하자.

이제 여기까지 오면 그림 1-16의 차트 모양과 비슷해 보인다.

### – 숫자값을 범주로 사용하기

엑셀 2010과 엑셀 2013에서는 차트를 다룰 때 차이가 있다. 좋은 예로는 바로 숫자값을 범주로 다룰 때 알 수 있다. "두 개의 변수로 차트 그리기"에서는 숫자값을 범주로 다룰 때 일어날 수 있는 혼동을 다루고 있다.

그림 1-16의 예에서 '그룹'과 '빈도수'라는 두 개의 숫자 변수를 보여주고 엑셀의 차트로 만들고 있다. 이 두 변수는 모두 숫자이며 값도 텍스트가 아닌 숫자로 저장되어 있다. 이때 엑셀이 이를 어떻게 다룰지는 여러 가지 방법이 있다.

- 각 행('그룹'과 '빈도수' 변수)를 차트에 그릴 데이터 계열로 다룬다. 시간에 따른 수입과 지출을 모두 차트에 그리거나 할 때 사용할 수 있다. 각 변수를 계열로 다루고, 각 열은 매 시간이 지남에 따라 바뀌는 데이터로 가정한다. '차트 삽입'에서 '묶은 막대형' 차트를 선택하면 이런 형태의 차트를 만들 수 있다.
- 각 열을 데이터 계열로 다룬다. 이때 행은 범주로 처리가 되어 가로축에 보여순다. 이 결과는 '세로 막대형 차트 삽입' 드롭다운 박스의 제일 아래 부분의 '세로 막대형 차트 더 보기'를 클릭해보면 이 결과를 얻을 수 있다.
- '그룹'과 '빈도수' 변수 중 한 변수를 범주로 처리해서 가로축에 보이도록 한다. 그림 1-16에서 보여준 차트가 이런 세로 막대형 차트이며 첫 번째로 추천하는 차트 형태이다.

엑셀 2013에서는 차트를 만들 때 숫자값을 범주로 사용할 가능성이 있다는 것을 고려한다. 엑셀 2010처럼 다른 필요한 단계를 모두 해야 하지 않을 수 있도록 도와준다. 하지만 효과적으로 하려면 간격 변수와 명목 변수의 차이를 인식해야 한다. 그리고 숫자를 범주로 사용했을 때 발생할 수 있는 혼동에 대해서도 알고 있어야 한다.

### – 피벗 테이블로 그룹 짓기

도수분포를 만드는 또 다른 방법은 피벗 테이블이다. 관련된 도구인 피벗 차트는 피벗 테이블에서 나온 분석 결과를 기반으로 한다. 사실 필자는 FREQUENCY()를 쓰는 것보다는 이 방법을 더 선호한다. 기본 작업만 잘해 놓으면 피벗 테이블을 써서 기본적인 도수분포보다 더 나은 분석을 할 수 있다. 하지만 그룹별로 빈도수만 세는 게 목적이라면 FREQUENCY()를 쓰는 게 더 빠르다.

피벗 테이블과 피벗 차트는 2장 이후에서 더 자세히 다루겠지만, 여기서는 도수분포를 만드는 법을 보여주겠다. 우선 피벗 테이블(피벗 차트)을 만들려면 앞에서 FREQUENCY()를 썼을 때처럼 그룹(엑셀의 bin)을 지정해야 하지만 작업이 좀 더 필요하다.

note_

기억을 되살리기 위해 이전 내용에서 FREQUENCY()를 쓸 때는 데이터 행의 제일 윗부분에 헤더를 써도 되고 안 써도 됐다. 하지만 피벗 테이블을 쓰면 헤더를 반드시 써야 한다.

그림 1–16의 표본 데이터 A1:A101부터 시작해보자. 표본 데이터 범위에서 아무 셀이나 선택한 다음 아래의 과정을 따라가 보자.

1. '삽입' 탭을 눌러서 '차트' 그룹의 '피벗 차트'를 클릭하자(엑셀 2013 이전 버전이면 '표' 그룹에서 '피벗 테이블' 드롭다운을 클릭한 다음 리스트에서 '피벗 차트'를 클릭하자). 피벗 차트를 선택하면 피벗 테이블이 자동으로 생긴다. 그럼 그림 1–19와 같은 대화상자를 볼 수 있다.

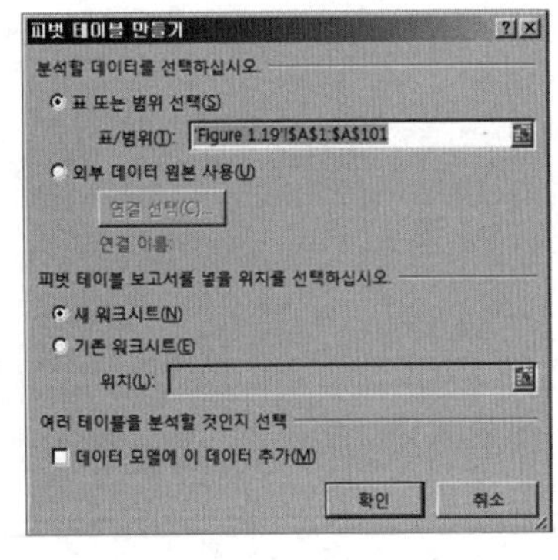

▶▶ **그림 1-19** 데이터가 들어있는 셀의 범위에서 한 개의 셀만 선택한 다음 피벗 차트 만들기를 시작하면 엑셀이 자동으로 인접한 셀을 모두 데이터로 선택하라고 알려준다.

2. '기존 워크시트'에 만들도록 옵션을 바꾸고 '위치'를 클릭해서 비어있는 셀을 선택한다. 테이블이 기존의 다른 값들을 덮어쓰지 않도록 한다.

3. '확인'을 누르면 이제 그림 1-20같이 워크시트가 보인다.

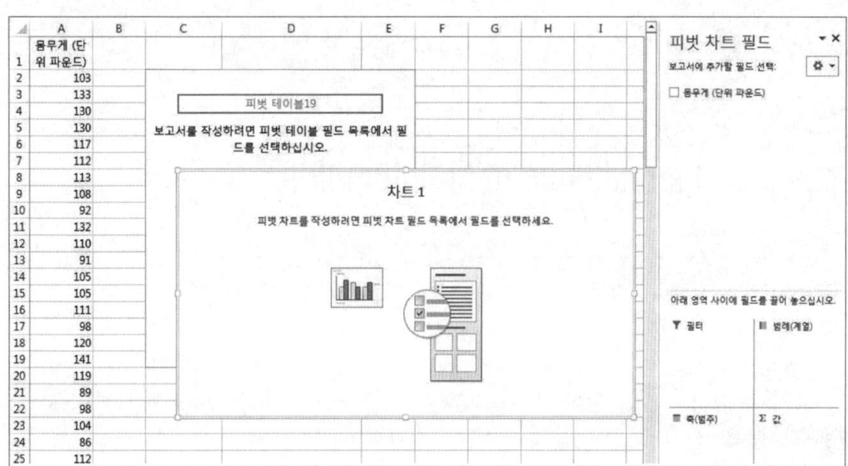

▶▶ **그림 1-20** 보통 필드 한 개를 축 필드(범주)와 요약 값으로 동시에 사용한다.

4. 피벗 테이블 필드 목록에서 '몸무게(단위 : 파운드)'를 선택한 다음 이것을 '행 레이블'로 끌어 놓는다.

5. 피벗 테이블 필드 목록에서 '몸무게(단위 : 파운드)'를 다시 선택한 다음 'Σ 값' 영역으로 끌어 놓는다. Σ 문자는 그리스 문자 시그마의 대문자이며 '요약'을 의미한다. 피벗 테이블에서 'Σ 값'은 평균, 개수, 표준편차, 합계 등 다양한 통계량을 보여주는 곳이지만 기본적으로 숫자의 경우에는 합계를 보여준다.

이제 그림 1-21처럼 피벗 테이블과 피벗 차트가 보인다. 데이터가 있는 셀을 아무거나 골라서 마우스 오른쪽 버튼을 클릭해보자. 여기서는 C2를 선택했다. 단축메뉴에서 '그룹……'을 선택해보자. 그림 1-22처럼 그룹관련 대화상자가 보인다.

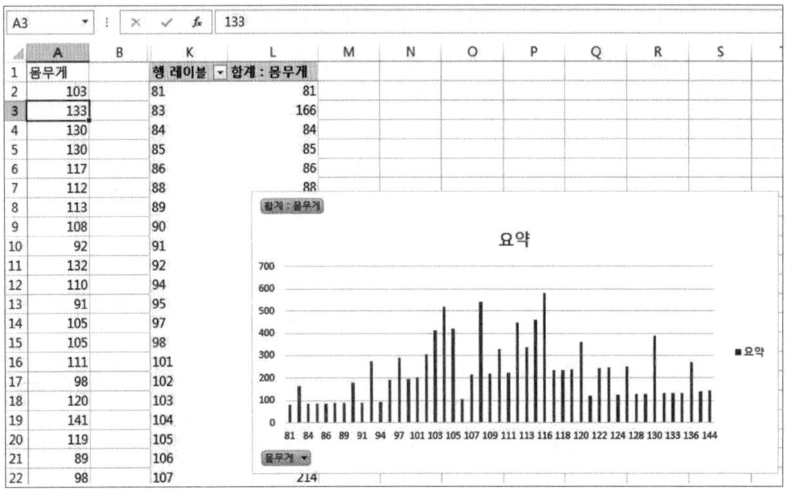



▶▶ **그림 1-21** '몸무게'는 오직 숫자값만 있기 때문에 피벗 테이블에서는 기본적으로 요약으로 합계를 보여준다.

▶▶ **그림 1-22** FREQUENCY() 함수에서 bin(그룹)이라고 하는 그룹을 지을 수 있다.

6. 대화상자에서 '시작'을 81로, '단위'를 10으로 바꾼 다음 '확인'을 클릭하자.

7. 피벗 테이블상에서 '합계 : 몸무게' 아래에 있는 셀을 오른쪽 클릭하자. 단축 메뉴에서 '값 필드 설정……'을 선택한 다음, '값 요약기준'에 나와 있는 리스트에서 '개수'를 선택하고 '확인'을 클릭한다.

피벗 테이블과 피벗 차트가 재구성돼서 그림 1-23처럼 보인다. 피벗 차트와 테이블에서 필드 버튼을 없애려면 차트를 선택한 다음 '분석' 탭을 누르고 '필드 단추' ▶ '모두 숨기기'를 클릭한다.

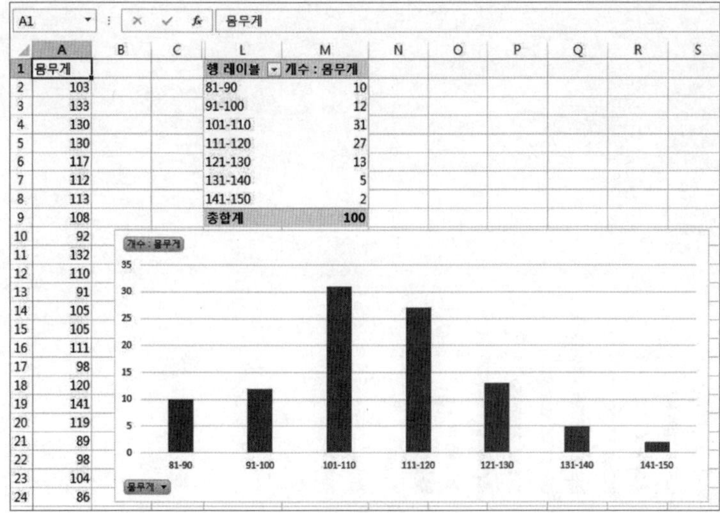



▶▶ **그림 1-23** 표본의 도수분포가 약간 오른쪽으로 기울기는 했지만 정규분포와 매우 비슷하게 보인다.

## – 도수분포로 실험하기

레코드의 숫자가 많아질수록 도수분포가 어떤 모양이 되는지 알아보자. 이 책에서 사용하는 다양한 워크시트와 워크북은 웹사이트(www.quepublishing.com/title/9780789753113)에서 다운로드 받을 수 있다. 1장의 워크북 중 'Figure 1.24' 워크시트는 정규분포를 따르는 모집단으로부터 표본을 뽑아서 사용했다. 다음 그림에서는 표본의 크기가 커지면 커질수록 도수분포가 원래 모집단의 분포에 어떻게 가까워지는지 보여주고 있다.

'Clear records in column A'라고 써 있는 버튼을 클릭하자. A열의 모든 숫자가 지워지고 A1의 헤더만 남는다(피벗 테이블과 피벗 테이블은 그냥 남아있는데 데이터가 바뀐다고 바로바로 반영되지는 않는다). 다음으로 몇 개의 레코드를 추가할 것인지 결정한 다음 결정한 숫자를 D1에 입력하자. 이 숫자는 언제든 바꿀 수 있다.

다음으로 'Add records to chart'를 클릭해보자. 워크북 안에 저장한 비주얼베이직으로 짠 과정들이 수행된다.

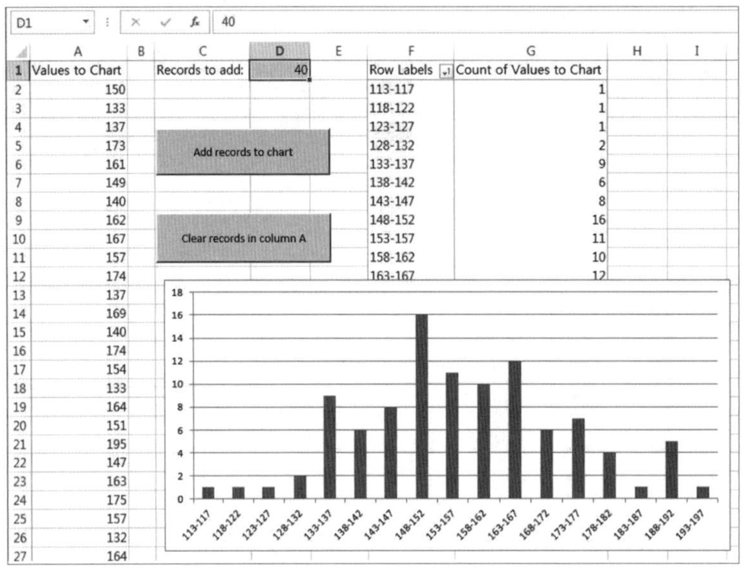



▶▶ **그림 1-24** 이 도수분포는 정규분포를 따르는 모집단에 기반하고 있다.

- 표본은 기반한 정규분포에서 가져온다. 샘플의 개수는 D1에서 지정한 숫자만큼 레코드가 생성된다(기반이 되는 정규분포는 숨겨놓은 워크시트 "Random Normal Values" 안에 따로 저장해 놓았다. 워크시트 탭에서 오른쪽 클릭해서 단축메뉴 중 '숨기기 취소……'를 클릭하면 숨겨놓은 워크시트를 볼 수 있다).

- 레코드 표본은 A열에 추가된다. A열에 다른 레코드가 없으면 셀 A2부터 새 레코드가 입력된다. 만약 이미 A열에 100개의 레코드가 들어가 있었으면 새로운 표본은 A102부터 들어간다.

- 피벗 테이블과 피벗 차트가 갱신된다(엑셀 용어로는 리프레시(refresh)). "Add records to chart"를 계속 누르면 데이터가 계속 추가된다. 레코드의 숫자가 많아지면 차트의 모양은 점점 정규분포에 가깝게 보인다.

실험에서 표본의 크기를 늘리면 위와 같은 현상이 보인다. 표본의 크기가 커지면 커질수록, 원래 모집단의 분포 모습과 비슷해진다. 비슷한 것은 다만 분포의 형태만은 아니다. 평균값이나 분산 값도 비슷해진다. 모든 조건이 동일한 상황이면 모집단과 비슷하기 때문에 표본의 크기가 큰 것을 선호할 것이다.

하지만 이런 방법은 비용효과적인 문제가 있다. 물론 표본의 크기가 커질수록 결과도 정확할 확률이 높아지지만 비용도 함께 높아진다. 많은 이슈가 여기에 관련되어 있는데(이 책도 이 이슈에 대해 다룬다), 어떤 지점까지 하면 실험을 10번 더 한다고 해서 실험에 드는 비용에 비해 결과가 더 정확해 진다고 볼 수 없는 경우가 있다. 수확체감의 법칙(law of diminishing returns)은 통계 분석의 조언 중 하나이다.

이 장에서는 측정의 척도, 엑셀 차트의 축 그리고 도수분포 등에 대해 다뤘다. 2장에서는 실제적인 통계 분석과 중심성향(central tendency, 중심경향성)을 다뤄보자.

# 02

# 값들은 어떻게
# 모여 있을까

숫자값으로 측정하는 그룹이 있으면 우선 그룹의 평균값에 대해 알아보고 싶을 것이다. 무소속 후보들이 대통령에 대해 1부터 10까지 중에서 어떤 점수를 줄까? 미니애폴리스의 주택 평균 시장가격은 얼마일까? 작년에 태어난 남자 아기의 이름 중 가장 인기 있었던 이름은?

각 질문에 대한 답은 보통 평균(average)으로 나타낼 수 있는데, 사실 평균이라는 용어는 매일 쓰기는 하지만 정확한 뜻에 대해서는 모두 제각각 다르게 생각하고 있다. 예를 들어 대통령의 정책 승인에 대해 조사하려고 100명의 무소속 후보에게 질문해서 점수를 1부터 10사이로 매겨 달라고 해보자. 모든 점수를 합산해서 100으로 나누면 이것도 평균이라고 할 수 있다. 더 자세히 말하면, '평균(mean)'이라고 한다.[5]

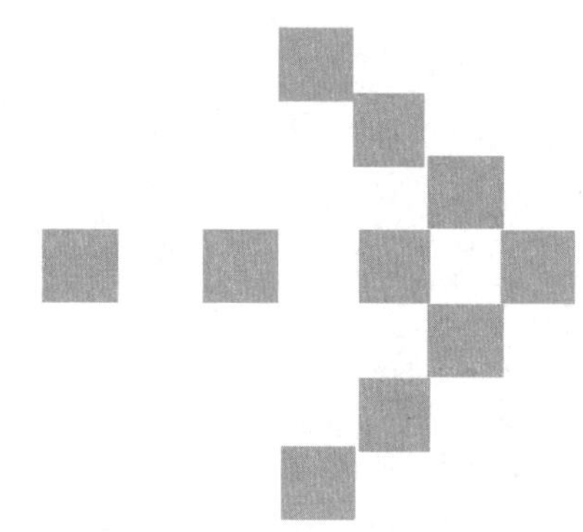

만약 여러분이 미니애폴리스의 주택 평균 시장가격을 알고 싶다면 부동산 협회 등에 문의해봐야 할 것이다. 그러면 아마 중간값(median)을 알려줄 것이다. 사실 평균값을 알기가 어렵기 때문이다. 왜냐하면 주택 중에는 비상식적으로 비싼 집들이 있기 마련인데 그 집들의 가격을 고려해서 계산하면 평균값이 오르기 때문에 여러분이 보통 생각하는 평균값과 달라질 가능성이 높기 때문이다. 중간값(median)은 주택 가격에서 중간에 위치하는 값으로 주택의 절반은 이 값보다 낮은 가격으로, 또 절반은 이 값보다 비싸게 팔림을 의미한다. 평균에서 가격이 얼마나 동떨어져 있는지는 별 상관이 없고, 평균에서 몇 번째로 차이가 있는지를 보아야 한다. 이런 경우 값의 분포는 비대칭이며 이때는 평균값보다 중간값이 더 의미 있다. 만약 어떤 것이 가장 인기 있는지 알아내서 이것을 평균(average)으로 삼겠다고 하면 최빈값(mode)을 고려하고 있는 것이다. 예를 들어 2013년에는 제이콥이라는 이름이 새로 태어난 남자아이의 이름 중 가장 많이 나온 이름이다.

평균(mean), 중간값(median), 최빈값(mode)같은 측정값은 모두 모호하게 평균(average)이라고 여기는 것들이다. 정확히 말하면, 각각은 중심성향(central tendency)을 측정한다. 즉 어떤 사람이나 사물이 어떻게 중심에 몰려있는지 측정한다.

◀ 엑셀의 특별한 기술 두 가지 ▶

통계 분석을 하다 보면 엑셀에서 반드시 사용하는 특별한 기술이 두 가지 있다. 물론 엑셀에서 다른 일을 할 때도 매우 편리하게 이용할 수 있다. 하나는 피벗 테이블, 피벗 차트를 디자인하고 만드는 것이고, 또 하나는 배열 수식(array formula)을 사용하는 것이다. 이 장에서는 대부분의 장을 할애해서 도수분포를 보여주는 피벗 차트를 만들고 시각적으로 어떻게 보여주는지에 대해 다룬다. 1장 "변수(Variable)와 값(Value)에 대해"에서 다뤘던 피벗 테이블에 대해 더 자세하게 다룬다. 그리고 이 장에서는 배열 수식을 사용하는 이유와 이것을 디자인하는 기법에 대해 자세하게 다룬다. 엑셀 도구를 사용하여 이 괴상한 식을 들여다보고 이것이 어떻게 동작하는지 알아볼 것이다. 1장에서 배열 수식에 대해 잠깐 다뤘었다.
엑셀로 통계 분석을 원하는 수준으로 하기 위해서는 피벗 테이블, 피벗 차트 그리고 배열 수식에 익숙해져야 한다. 이 장에서는 중심 성향을 주제로 여러분이 기대했던 것보다 더 많은 테크닉을 다루게 된다. 하지만 이후 더 복잡한 통계 분석을 할 때 쓸모가 많을 것이다. 평균이나 최빈값 계산할 때보다는 중심 극한 정리(central limit theorem)를 배울 때 더 쓸모가 많다.

........................................................................................................

5 역자 주 : 평균(average)과 평균(mean)은 서로 다르다. 두 값을 더해서 2로 나눈 것은 보통 산술 평균(arithmetic mean)이라고 하며 이때는 평균(mean)을 사용한다. 평균(average)은 더 큰 의미이며 대표하는 값을 말한다. 평균(average)에는 평균(mean), 중간값(median), 최빈값(mode)을 모두 포함하고 있는데 산술평균이 대표적이다 보니 일상에서 구분 없이 사용하고 있다.(http://www.differencebetween.net/science/difference-between-average-and-mean/ 참고)

# 1. 평균(mean) 계산하기

여러분이 통계에 대해 읽거나 말할 때, 평균(mean)이라는 단어가 나오면 이는 전체 합을 개수로 나눈 것을 의미한다. 예를 들어 가족의 전체 키를 합해서 가족 수로 나눈 것이고, 또 동네 주유소의 모든 기름값을 합한 다음 주유소 개수로 나눈 것이고, 야구에서 타자가 몇 번 쳤는지 횟수를 배트 수로 나눈 것이 바로 평균이다.

통계학적 의미에서 평균(mean)은 매우 편리하고 귀중한 방식이다. 단 평균(average)과는 구별해서 써야 하는데, 평균(average)은 앞에서도 다루었듯이 평균(mean), 중앙값(median), 최빈값(mode)을 모두 포함하는 더 모호한 개념이다. 따라서 엑셀에서 MEAN()대신 AVERAGE()라는 이름을 쓰는 것은 매우 수치스러운 일이다. 어쨌든 그림 2-1에서는 엑셀을 사용해서 평균(mean)을 구하는 것을 보여준다.

| B13 | : × ✓ fx | =AVERAGE(B2:B11) | | |
|---|---|---|---|---|
| | A | B | C | D |
| 1 | 주유소 | 갤론당 가격 | | |
| 2 | Padua & Alamosa | $ 3.68 | | |
| 3 | Towne & Baseline | $ 2.95 | | |
| 4 | Union & Professor | $ 4.43 | | |
| 5 | Forest & Professor | $ 3.97 | | |
| 6 | Elm & Elmwood | $ 4.14 | | |
| 7 | Park & College | $ 4.02 | | |
| 8 | 72nd & Wadsworth | $ 3.11 | | |
| 9 | 9th & Lafayette | $ 3.70 | | |
| 10 | 76th & Umatilla | $ 4.21 | | |
| 11 | 123rd & Huron | $ 2.76 | | |
| 12 | | | | |
| 13 | Mean price per gallon | $ 3.70 | | |

▶▶ **그림 2-1** AVERAGE() 함수로 인자의 평균을 계산하고 있다.

엑셀 워크시트 함수들이 공통으로 가지고 있는 요소를 이해하면 엑셀로 통계 분석을 할 때도 유용하게 쓸 수 있다. 엑셀에는 통계 관련 워크시트 함수가 100개 넘게 있고, 다른 종류의 함수들보다도 훨씬 많다. 여기에서 엑셀 워크시트 함수의 요소, 그리고 특히 통계 함수에 대해 더 자세하게 다루도록 하겠다. 시작은 그림 2-1에 나온 평균을 계산하는 것부터 해보자.

## ✚ 함수, 인자, 결과 이해하기

그림 2-1에 나온 함수 AVERAGE()는 통계 워크시트 함수의 전형적인 예이다.


### – 워크시트 함수 정의하기

엑셀 워크시트 함수, 줄여서 함수(function)라고 하자. 함수는 마이크로소프트사의 프로그래머가 여러분의 시간, 노력을 아끼고 실수를 하지 않게 하기 위해 만든 식(formula, 수식, 공식)이다.

> `note_`
>
> 공식적으로 엑셀의 식(formula)은 워크시트 셀에 입력하는 표현식이며 '='으로 시작한다. 예를 들어 =3+4는 식이다. 식 안에는 경우에 따라 함수를 사용할 수 있으며 AVERAGE()를 예로 들면, =AVERAGE(A1:A20) + 5를 할 수 있다. 이 식에서는 AVERAGE() 함수를 사용했다. 하지만 워크시트 함수 자체도 식이다. 결과값 대신 함수 이름과 인자를 사용하는 것뿐이다(다음 부분에서 인자에 대해 다루겠다).

엑셀에 AVERAGE() 함수가 없다고 가정해보자. 이때 그림 2-1의 셀 B13과 같은 결과를 얻으려면 B13에 아래처럼 입력해야 한다.

    =(B2+B3+B4+B5+B6+B7+B8+B9+B10+B11) / 10

아니면 엑셀에 SUM()과 COUNT()만 있고 AVERAGE()는 없으면 아래처럼 쓸 수도 있다.

    =SUM(B2:B11)/COUNT(B2:B11)

하지만 엑셀에는 AVERAGE() 함수가 있으므로 다음처럼 입력하면 된다.

    =AVERAGE(B2:B11)

엑셀에는 통계 함수, 수학 함수, 재무 함수 등 여러 가지 함수가 있지만 그냥 워크시트 함수

(worksheet function)라고 하면 미리 만들어놓은 식을 의미한다. 함수의 결과는 보통 다른 값들에 따라 달라진다.

### – 인자 정의하기

위에서 함수의 결과는 '다른 값'들에 따라 달라진다고 했는데 이를 인자(argument)라고 한다. 함수에게 넘겨주는 값을 거창하게 일컫는 용어이며 다른 말로 하면 미리 만들어놓은 식에 주는 값이다. 예를 들면 =AVERAGE(B2:B11)에서 B2:B11은 셀의 범위를 나타내며 여기에서는 함수의 인자로 사용되었다. 인자는 함수 이름 뒤에 나오는 괄호 안에만 써줘야 한다.

셀 영역 한 개가 인자 한 개에 해당한다. B2:B11은 셀 10개에 해당하고 값도 10개가 있지만 그래도 한 개의 인자다. AVERAGE(B2:B11,C2:C11)는 인자가 두 개 있다. 하나는 B열의 영역에 있는 10개 값이고, 다른 하나는 C열 영역에 있는 값 10개이다(엑셀의 PI()같은 함수는 인자를 주지 않는다. 하지만 괄호는 반드시 써야 한다).



> 엑셀 2013에서는 함수에 최대 255개의 인자를 지정할 수 있다(엑셀 2003에서는 30개까지만 지정할 수 있었다). 이 말은 여러분이 함수에 최대 255개의 값만 줄 수 있다는 게 아니다. AVERAGE (A1:A1048576) 같은 경우는 한 개의 인자로 백만 개가 넘는 셀에 대해서 계산한다.

엑셀의 통계 함수와 수학 함수는 인자로 워크시트 셀의 영역을 받는다. SUM(A2:A10) 같은 경우를 생각해보자. 어떤 함수는 추가로 인자를 받아서 분석을 더 자세한 수준으로 할 수 있도록 도와준다. 이런 함수에 대해서 더 자세한 내용은 추후 다루겠지만 1장에서 이미 나왔던 FREQUENCY( )가 좋은 예이다.

    =FREQUENCY(B2:B11,E2:E6)

그림 2-1의 데이터인 갤론당 휘발유 가격을 5개의 그룹으로 나누어보자. $1보다 작은 그룹, $1과 $2 사이의 그룹, $2와 $3 사이의 그룹 같은 식이다. 이러한 그룹의 상한선을 입력해보자. E2:E6

셀에 $1, $2, $3, $4와 같이 입력하면 된다(B2:B11을 입력한다. 엑셀에서는 '데이터 배열(data array)'이라고 한다). 그리고 두 번째 인자는 어떤 기준으로 그룹을 나눌지 경계값을 알려준다(여기서는 E2:E6에 해당한다. 엑셀에서 bins array이라고 한다).

FREQUENCY() 함수의 경우처럼 인자들의 쓰임새는 다르다. 데이터 배열은 그룹으로 나눌 값의 범위를 말하며, bins array는 데이터를 나눌 기준을 말한다. =SUM(A1, A2, A3) 같은 함수와는 좀 다른데 SUM() 함수는 각각의 인자를 모두 더해서 총합을 구한다. 워크시트 함수를 잘 쓰려면 각 함수의 인자의 성질을 잘 알고 있어야 한다.

이런 면에서 엑셀은 많은 도움을 줄 수 있는데 여러분이 워크시트상의 셀에서 함수 이름을 입력하기 시작하면 $f_x$모양이 왼쪽에 나오는 팝업상자가 보일 것이다. 그리고 여태까지 입력한 함수 이름이 보인다. $f_x$를 두 번 클릭하면 팝업상자는 함수 이름과 인자 이름이 나오는 것으로 바뀐다. 그림 2-2는 사용자가 FREQUENCY()를 입력하기 시작할 때의 화면이다.

<table>
<tr><td>SUM</td><td>▾</td><td>⋮</td><td>✕</td><td>✓</td><td>fx</td><td colspan="4">=FREQUENCY(</td></tr>
<tr><td></td><td colspan="3">A</td><td></td><td colspan="2">E FREQUENCY(data_array, bins_array)</td><td>G</td><td>H</td></tr>
<tr><td>1</td><td colspan="3">주유소</td><td colspan="2">갤론당 가격</td><td></td><td></td><td></td><td></td></tr>
<tr><td>2</td><td colspan="3">Padua & Alamosa</td><td>$</td><td>3.68</td><td></td><td>1</td><td>=FREQUENCY(</td><td></td></tr>
<tr><td>3</td><td colspan="3">Towne & Baseline</td><td>$</td><td>2.95</td><td></td><td>2</td><td></td><td></td></tr>
<tr><td>4</td><td colspan="3">Union & Professor</td><td>$</td><td>4.43</td><td></td><td>3</td><td></td><td></td></tr>
<tr><td>5</td><td colspan="3">Forest & Professor</td><td>$</td><td>3.97</td><td></td><td>4</td><td></td><td></td></tr>
<tr><td>6</td><td colspan="3">Elm & Elmwood</td><td>$</td><td>4.14</td><td></td><td>5</td><td></td><td></td></tr>
<tr><td>7</td><td colspan="3">Park & College</td><td>$</td><td>4.02</td><td></td><td></td><td></td><td></td></tr>
<tr><td>8</td><td colspan="3">72nd & Wadsworth</td><td>$</td><td>3.11</td><td></td><td></td><td></td><td></td></tr>
<tr><td>9</td><td colspan="3">9th & Lafayette</td><td>$</td><td>3.70</td><td></td><td></td><td></td><td></td></tr>
<tr><td>10</td><td colspan="3">76th & Umatilla</td><td>$</td><td>4.21</td><td></td><td></td><td></td><td></td></tr>
<tr><td>11</td><td colspan="3">123rd & Huron</td><td>$</td><td>2.76</td><td></td><td></td><td></td><td></td></tr>
<tr><td>12</td><td colspan="3"></td><td></td><td></td><td></td><td></td><td></td><td></td></tr>
<tr><td>13</td><td colspan="3">Mean price per gallon</td><td>$</td><td>3.70</td><td></td><td></td><td></td><td></td></tr>
</table>

▶▶ **그림 2-2** 분류할 데이터는 data_array이고 기준으로 삼을 데이터는 bins_array이다.

때때로 엑셀에서는 인자의 순서를 매우 중요하게 여긴다. 이전 예를 들어보면 다음과 같이 인자의 순서를 바꿔서 bins_array를 먼저 두면 그 결과는 판이하게 달라진다.

    =FREQUENCY(E2:E6,B2:B11)

FREQUENCY() 함수처럼 인자들의 역할이 서로 다르면 순서가 매우 중요하다. 만약 인자들의 역할이 똑같으면 순서는 상관없다. 예를 들어 SUM() 함수의 인자는 모두 더하는 수이므로 =SUM(A2:A10,B2:B10)와 =SUM(B2:B10,A2:A10)은 동일하다.



이제 함수 용어의 마지막으로 반환값을 알아보자. 여러분이 전달해준 인자를 가지고 함수가 계산을 마치고 나면 함수를 입력했던 셀에 결과를 보여준다. 이 과정을 '결과를 반환한다(return)'라고 한다. 예를 들어 AVERAGE() 함수는 인자의 평균을 반환한다.

## ✚ 식, 결과, 포맷 이해하기

식, 식의 결과 그리고 워크시트상에서 결과값이 어떻게 보일지 구분할 수 있어야 한다. 필자의 지인 중 하나는 이렇게 구분하는 것에 대해 전혀 신경 쓰지 않다가 가장 기본적인 컴퓨터 용어 과정에서 낙제했다.

그 친구는 원래 시험에서 워크시트 셀에 있는 두 숫자를 식을 사용해서 더한 다음 그 결과를 다른 셀에 보여줘야 했다. 더할 숫자는 A1, A2셀에 각각 11과 14였는데 그 친구는 '식'과 '식의 결과'를 구분하지 못해서 그냥 A3에 25를 입력해버렸다. 원래는 =A1+A2라는 식을 써야 한다. 친구는 시험에 떨어지고 난 다음 "식을 쓰지 않은 걸 어떻게 알 수 있는 거야?"하고 놀랐다.

뭐라고 말해줘야 하나? 참고로 그 친구는 법대 대학원을 준비하고 있었다. 이 장의 앞부분에서 다음 식을 간단한 통계 함수 예로 보여줬다.

=AVERAGE(B2:B11)

사실 이것이 식이다. 엑셀의 식은 =(등호)로 시작한다. 이 식은 함수 이름(여기서는 AVERAGE)과 인자(여기서는 B2:B11)로 구성된다. 보통의 경우에서는 워크시트 셀에 식을 입력하면 엑셀은 다음과 같이 반응한다.

- 포함된 다른 식과 인자를 포함한 식 자체. 수식 상자에 보인다.
- 식의 결과. 여기에서는 함수의 반환값이며 식을 입력한 셀에 보인다.
- 여러분이 지정한 셀 서식 때문에 결과값이 셀에 정확하게 안 보일 수도 있다. 예를 들어 셀

서식에서 소수점 자릿수를 제한해 놓았으면 결과값이 정확한 값으로 보이지 않을 것이다.

여기에서 '보통의 경우'라고 했는데 왜냐하면 우선 몇 가지 필요한 과정이 있기 때문이다(그림 2–3을 보자). 이제 워크시트의 세 가지 측면에 대해 살펴보자. 식 자체가 보이고, 결과값이 보이고 그리고 결과값이 다른 모양으로 보인다.

| MeanPrice | =AVERAGE(B2:B11) |
| --- | --- |

| | A | B | C | D |
| --- | --- | --- | --- | --- |
| 1 | 주유소 | 갤론당 가격 | | |
| 2 | Padua & Alamosa | $    3.68 | | |
| 3 | Towne & Baseline | $    2.95 | | |
| 4 | Union & Professor | $    4.43 | | |
| 5 | Forest & Professor | $    3.97 | | |
| 6 | Elm & Elmwood | $    4.14 | | |
| 7 | Park & College | $    4.02 | | |
| 8 | 72nd & Wadsworth | $    3.11 | | |
| 9 | 9th & Lafayette | $    3.70 | | |
| 10 | 76th & Umatilla | $    4.21 | | |
| 11 | 123rd & Huron | $    2.76 | | |
| 12 | | | | |
| 13 | 갤론당 평균 가격 | $    3.70 | | |
| 14 | | | | |
| 15 | | 3.697 | | |

▶▶ **그림 2-3** 수식 바에는 왼쪽에 이름 상자가 있고,
오른쪽에는 식 상자가 있다.

### – 식을 보여 준다

식 상자에 식 자체가 보인다. 하지만 원한다면 셀 B13이나 B15에 셀 보호를 걸어서 식을 숨길 수도 있다. 아니면 워크시트 자체에 시트 보호 기능을 걸면 식 상자에 식이 나타나지 않는다. 이렇게 하지 않으면 보통 식 상자에 여러분이 입력한 식이나 셀에 입력한 값이 보인다.

### – 결과값을 보여 준다

식을 입력한 셀에 식의 결과값이 보인다. 그림 2–3에서 셀 B13과 B15에는 10개의 주유소에 대한 갤론당 휘발유 가격의 평균값을 보여주고 있다. 하지만 셀에는 식 대신 결과만 보인다. '수식' 탭의 '수식 분석' 그룹에 보면 '수식 표시'라는 버튼이 있는데 이 토글 버튼을 클릭하면 값에서 식, 식에서 값으로 전환할 수 있다. 아니면 '파일' 탭에서 '옵션'을 선택한 다음 '고급' 옵션을 선택해보자. 그 다음 아래로 내려서 '이 워크시트의 표시 옵션'을 선택한 다음 '계산 결과 대신 수식을 셀에 표시'의 체크박스에 체크하면 된다.

### – 동일한 결과, 다른 모양

그림 2-3에는 셀 B15와 B13에 동일한 식을 입력했지만 결과값이 다르게 보인다. 사실 두 식 모두 결과값은 3.697이다. 하지만 셀 B13의 표시 형식은 통화이며 미국 통화의 표시는 소수점 아래 두 자리까지만 보여준다. 따라서 통화 표시 형식을 쓰면 여러분의 운영체제는 알아서 이를 소수점 두 자리로 맞춘다. 아니면 셀을 선택한 다음 '홈' 탭 ▶ '표시 형식' 그룹에서 '자릿수 늘림'이나 '자릿수 줄임'을 선택해서 소수점 자리를 원하는 대로 바꿀 수 있다.

## ✚ 차이를 최소화하기

평균(mean)은 중급이나 상급 이상의 통계 분석에서는 중간값(median)이나 최빈값(mode)보다 더욱 의미 있는 특징을 가진다. 그 특징은 각 측정값이 측정값의 평균으로부터 얼마나 떨어져 있는지와 관계있다. 만약 여기 10개의 숫자가 있다고 해보자. 그걸 친척들의 나이라고 해보자. 아무 숫자나 하나 뽑아서 10개의 숫자에서 그 숫자를 뺀 다음, 그 숫자를 모두 제곱해 보자. 그리고 제곱한 숫자를 모두 더해 보자.

만약 여러분이 골랐던 숫자, 즉 10개의 숫자에서 모두 뺄셈을 해보는 그 숫자가 모든 나이의 평균이었다면 제곱한 숫자의 합은 가장 최소화 될 것이다(즉 최소제곱, least square이다). 만약 평균이 아닌 다른 값을 골라서 각 값에서 뺀 다음 제곱해서 더했으면 이 값은 어떻게든 평균을 골랐을 때보다 클 것이다. 이는 많은 통계 분석에서 매우 중요한 특징이며 이 책에서도 자세히 다루겠다.

그림 2-4에서는 A2:A11에 10명의 키(단위 : inch)를 보여주고 있다.

| G2 | ▾ | : | ✕ ✓ $f_x$ | 0 | | | |
|---|---|---|---|---|---|---|---|

| | A | B | C | D | E | F | G |
|---|---|---|---|---|---|---|---|
| 1 | 키(단위 인치) | A2:A11의 평균 | 키와 평균키의 차이 | 차이의 제곱 | | | 해찾기의 시작값 |
| 2 | 73 | | | | | | 0 |
| 3 | 72 | | | | | | |
| 4 | 62 | | | | | | |
| 5 | 67 | | | | | | |
| 6 | 73 | | | | | | |
| 7 | 68 | | | | | | |
| 8 | 62 | | | | | | |
| 9 | 70 | | | | | | |
| 10 | 65 | | | | | | |
| 11 | 76 | | | | | | |
| 12 | | | | | | | |
| 13 | | | 차이의 제곱의 합 | 0 | | | |

▶▶ **그림 2-4** B, C, D열은 여러분이 입력해야 하는 값의 자리로 예정해 놓았다.

뒤에 나오는 그림 2-6과 같이 B, C, D열을 채워야 한다. 그림 2-4의 셀 C2:C11은 실제 값과 평균의 차이이다. 만약 B열에 평균이 들어가면 D13의 차이를 제곱한 값의 합은 가장 작아질 것이다.

이제 엑셀의 해찾기(Solver)를 사용해보자.

### – 해찾기(Solver)에 대해

해찾기(solver)는 엑셀의 추가 기능이다. 이 기능은 오피스 설치 디스크나 엑셀을 다운로드받은 곳으로부터 설치할 수 있다. 어떤 값이 특정 결과로 나오는지 알고 싶을 때 값을 원래 값으로 돌려보기 위해 해찾기(solver)를 사용할 수 있다.

예를 들어 워크시트상에 숫자 10개가 있는데 그 평균이 25라고 해보자. 만약 평균값이 25가 아니라 30이 되려면 10번째 숫자는 얼마여야 할까? 해찾기로 10번째 숫자를 알아낼 수 있다. 일반적으로는 입력하는 수를 알고 있고 이 수로 결과값을 얻으려고 한다. 하지만 반대로 결과값을 알고 있고, 어떤 값을 입력해야 할지 알아낼 때는 해찾기가 도와줄 수 있다. 앞에서 들은 예는 매우 간단한 예지만 해찾기를 어디에 써야 하는지 잘 알려주고 있다. 특정 결과값이 나오기 위해 어떤 입력값을 넣어야 하는지를 해찾기가 도와줄 것이다.

다른 엑셀 도구인 목표값 찾기(Goal Seek)를 사용할 수도 있다. 하지만 목표값 찾기(Goal Seek)보다는 해찾기(solver)가 더 많은 옵션을 줄 수 있다. 예를 들어 목표값 찾기(Goal Seek)를 쓰면 득정 결과에 대한 해만을 찾는 반면 해찾기를 쓰면 결과를 최소화하거나 최대화하는 해도 찾을 수 있다. 여기서는 차이의 제곱합을 가장 최소화하는 값을 찾을 예정이므로 해찾기(solver)를 쓰는 편이 더 좋다.

### – 해찾기 기능을 설치하기

컴퓨터에 미리 해찾기를 설치하고 사용하고 있을 수도 있으나, 다시 자세히 알아보기로 하자. 엑셀 2003, 2007 모두 동일하게 우선 '데이터' 탭을 클릭해서 '분석' 그룹이 있는지 보자. 여기에 '해찾기' 버튼이 있으면 된 것이다(엑셀 2003 이전 버전에서는 해찾기를 찾으려면 '도구' 메뉴에서 찾아야 한다). '데이터' 탭이나 '도구' 메뉴에 해찾기가 안 보이면 다음 과정을 따라가 보자. 엑셀 2007과 2013까지 모두 동일하다.

1. '파일' 탭에서 '옵션'을 선택하자.

2. 옵션의 내비게이션 바에서 '추가 기능'을 선택하자.

3. 오른쪽 패널의 제일 아래쪽에서 '관리'의 드롭다운 메뉴 값을 'Excel 추가 기능'으로 선택한 다음 '이동'을 클릭하자.

4. '추가 기능' 대화상자가 보인다. '해찾기 추가 기능'의 체크박스를 클릭한 다음 '확인'을 클릭하자.

이제 '데이터' 탭의 '분석' 그룹에 '해찾기'가 보일 것이다. 엑셀 2003이나 그 이전 버전을 쓰고 있으면 '도구' 메뉴에서 '추가 기능'을 선택한 다음 4번 과정부터 수행하자.

'데이터' 탭 ▶ '분석' 그룹에서(이전 버전 같으면 '도구' 메뉴에서) '해찾기' 버튼이 안 보이거나 4번 과정의 '추가 기능' 대화상자에서 해찾기 기능이 안 보이면 엑셀을 설치할 때 해찾기 기능이 설치가 안된 것이다. 설치를 다시 해야 하는데 보통 '제어판'의 '프로그램'에서 수행한다.

어떤 운영체제를 쓰고 있는가에 따라 순서는 좀 다르지만 '마이크로소프트 오피스'의 특성을 바꿔야 한다. + 기호를 클릭해서 엑셀 옵션을 확장한 다음 '추가 기능' 옵션도 확장한다. 드롭다운에서 '해찾기'를 클릭한 다음 '내 컴퓨터에서 실행'을 선택한다. 다음 설치를 완료한다. 지금까지의 4개 과정을 모두 완료하면 '해찾기' 기능을 사용할 수 있다.

**– 해찾기를 위해 워크시트 설정하기**

그림 2–4에서 A2:A11에 값을 입력해놓았다. 이제 다음 절차를 진행해보자.

1. 셀 G2에 아무 숫자나 입력해보자. 그림 2–4에서 이 값은 0인데 10, 1066, 3.1416 등 마음대로 입력해보자. 이 과정을 모두 마치고 나면 입력하고 나면 A2:A11의 평균값이 모두 이 값으로 바뀌게 될 것이다.

2. 셀 B2에 다음 식을 입력해보자.

   =$G$2

3. B2의 식을 복사해서 B3:B11에 붙여넣기하자. 셀 주소에서 $ 기호는 고정된 참조를 의미하므로 B2:B11의 각 셀의 식은 모두 동일하다.

4. 셀 C2에 다음 식을 입력하자.

   =A2 – B2

5. C2의 식을 복사해서 C3:C11에 붙여넣기하자. 이제 C2:C11은 각 측정값에서 여러분이 G2에 입력한 값을 뺀 값이 된다.

6. 셀 D2에 다음 식을 입력하자. ^(캐럿)은 지수연산자이며 C2의 값을 제곱해서 반환해준다.

  **=C2^2**

7. D2의 식을 복사해서 D3:D11에 붙여넣기하자. 이제 D2:D11에는 각 측정값에서 G2값을 뺀 다음 제곱한 값이 들어간다.

8. 차이의 제곱값을 모두 합하기 위해 셀 D13에 다음 식을 입력하자.

  **=SUM(D2:D11)**

9. 이제 '해찾기'를 시작하자. 셀 D13을 클릭한 다음 '데이터' 탭 ▶ '분석' 그룹 ▶ '해찾기' 버튼을 클릭하면, 그림 2-5과 같은 해찾기 대화상자가 보인다.

10. 차이의 제곱합을 가장 최소화하는 게 목적이므로 라디오 버튼 '최소'를 선택한다.

11. '해찾기'를 시작했을 때 클릭해서 활성화한 셀이 D13이었으므로 '목표 설정'값으로 D13이 보인다. '변수 셀 변경'을 클릭해서 G2를 선택한다. 해찾기를 하면 이 셀의 값을 바꾼다. '해찾기'를 클릭하자.

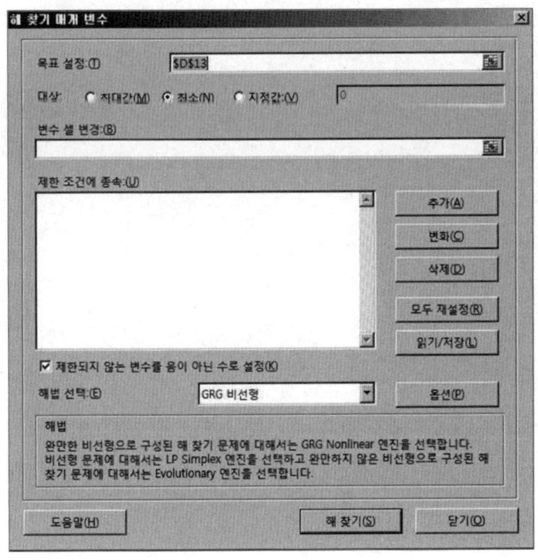


▶▶ **그림 2-5** '목표 설정' 필드는 해찾기가 최대화, 최소화, 특정 값으로 설정할 셀을 설정한다.

해찾기는 이제 G2의 값을 가지고 다른 값들을 살펴본다. 내부 의사 결정 규칙으로 D13의 값을 최소화시키는 값을 찾는다. 값을 찾고 나면 해찾기는 '해찾기 결과' 대화상자를 보여준다. 해찾기 해를 보여줄지, 아니면 이전 값으로 돌려놓을지 결정한 다음 '확인'을 클릭한다.

그림 2-4의 데이터를 사용하면 해찾기는 G2의 값을 68.8로 바꾼다(그림 2-6). 워크시트를 설정해놓은 방식 때문에 평균값이 B2:B11에 보인다. 차이는 C2:C11, 제곱한 값은 D2:D11에 보인다. 그리고 제곱한 값을 합한 값은 D13에 보이고 이 값은 가장 최소화되었으며, G2의 값이 바로 가장 최소화시킨 값이다. 통계용어로는 최소제곱(least square)라고 하며 A2:A22의 평균과 동일하다.



| | A<br>키(단위 인치) | B<br>A2:A11<br>의 평균 | C<br>키와 평균키<br>의 차이 | D<br>차이의 제곱 | E | F | G<br>해찾기의<br>시작값 | H | I | J | K | L | M |
|---|---|---|---|---|---|---|---|---|---|---|---|---|---|
| 2 | 73 | 68.8 | 4.2 | 17.64 | | | 68.8 | | | | | | |
| 3 | 72 | 68.8 | 3.2 | 10.24 | | | | | | | | | |
| 4 | 62 | 68.8 | -6.8 | 46.24 | | | | | | | | | |
| 5 | 67 | 68.8 | -1.8 | 3.24 | | | | | | | | | |
| 6 | 73 | 68.8 | 4.2 | 17.64 | | | | | | | | | |
| 7 | 68 | 68.8 | -0.8 | 0.64 | | | | | | | | | |
| 8 | 62 | 68.8 | -6.8 | 46.24 | | | | | | | | | |
| 9 | 70 | 68.8 | 1.2 | 1.44 | | | | | | | | | |
| 10 | 65 | 68.8 | -3.8 | 14.44 | | | | | | | | | |
| 11 | 76 | 68.8 | 7.2 | 51.84 | | | | | | | | | |
| 12 | | | | | | | | | | | | | |
| 13 | | | 차이의 제곱<br>의 합 | 209.6 | | | | | | | | | |
| 14 | | | | | | | | | | | | | |

▶▶ **그림 2-6** G2의 값을 A2:A11의 평균값과 비교해보자.

위의 예에 대해 좀 더 알아보자.

- 이것은 표본숫자가 몇 개이던, 얼마나 크던 간에 잘 동작한다. 숫자를 더 입력한 다음, 차이의 제곱을 구하고, 해찾기로 합을 최소화시키는 값을 찾아보자. 결과값은 항상 원래 샘플의 평균이 된다.
- 이것은 그저 예일 뿐이지 증명이 아니다. 최소제곱을 가장 작게 만드는 값은 평균이라는 증명은 그다지 어렵지 않으며 여러 곳에서 찾아볼 수 있다.
- 여기에서는 차이(difference)와 제곱한 차이(squared difference)라고 부르고 있지만, 사실 통계학적으로는 편차(deviation)와 표준편차(standard deviation)이라는 말이 더 일반적이다.

하지만 이 방법은 평균을 구하는 방법 중 가장 복잡한 방법일 것이다. 더 간단한 방법으로는 AVERAGE()를 쓰면 된다. 하지만 여기에서 해찾기를 쓰는 두 가지 이유가 있다.

- 표본의 평균값과 제곱한 편차를 최소화하는 개념의 상관관계를 알고 있으면 상관(correlation), 회귀(regression) 그리고 다른 선형 모델(linear model) 등을 이해할 때 훨씬 편리하다.
- 이전에 엑셀의 해찾기를 써본 적이 없으면 한 번 써본 데 의의가 있다.

엑셀의 함수와 식을 이해시키기 위해 간단한 통계 함수인 AVERAGE()를 사용했다. 이 기초는 엑셀의 수학이나 통계 함수 그리고 다른 함수에도 적용되는 개념이다. 다른 함수에서 여기에서 나오지 않은 개념을 알아야 할 때는 그때 가서 다루겠다. 하지만 여기에서 나온 개념보다는 훨씬 더 제한된 사용방법일 것이다.

이제 중심성향(central tendency)을 측정하는 다른 방법인 중간값(median)을 알아보자.


## 2. 중간값(median) 계산하기

관찰값 그룹에서 중간값은 흔히 관찰값을 순서대로 늘어놓았을 때 가장 중간에 있는 값을 말한다고 알고 있다. 좀 부정확하기는 하지만 대체로 맞는 이야기다. 또 다른 예를 들면 엑셀의 도움말에서는 관찰값의 절반은 중간값보다 아래에 있고, 관찰값의 절반은 중간값보다 위에 있다고 한다. 필자가 옛날에 수강했던 통계학 교과서에도 그렇게 나와 있다. 하지만 틀렸다. 여러분의 관찰값이 1, 2, 3, 4, 5라고 해보자. 가장 중간에 있는 값은 3이다. 하지만 숫자의 절반은 이 숫자보다 아래에 있고, 숫자의 절반은 이 숫자보다 위에 있는 게 아니다. 중간값을 기준으로 동일한 개수의 관찰값이 나뉘어 있다고 말해야 옳다. 앞의 예를 들면, 두 개의 관찰값은 3보다 아래에 있고, 두 개의 관찰값은 3보다 위에 있다고 해야 한다.

만약 관찰값의 개수가 짝수라고 해보자. 이때는 중간값을 기준으로 절반은 아래에, 절반은 위에 있다고 하는 게 정확하다. 하지만 관찰값의 개수가 짝수라면 이때는 중간에 오는 레코드가 없으므로 중간값이 되는 특정 값이 없다. 이전 예에 값을 하나 더해서 관찰값이 1, 2, 3, 4, 5, 6이라고 해보자. 가운데에 오는 레코드는 없다. 아니면 관찰값을 1, 2, 3, 3, 3, 4라고 해보자. 3 중 하나가 중간값이지만 어떤 3이 중간에 오는 값인지 알 수 없다.

엑셀에서는 짝수의 레코드에서 중간값을 계산하기 위해 중간에 오는 두 개의 숫자의 평균을 구한다. 위의 예에서 3과 4의 평균은 3.5이므로 엑셀은 1, 2, 3, 4, 5, 6의 중간값을 3.5로 계산한다. 이렇게 해서 개수가 짝수인 관찰값이 있는 경우에서도 중간값을 기준으로 레코드를 정확하게 반씩 나눈다.



중간에 겹쳐있는 수가 나오거나 레코드의 숫자가 짝수일 때 중간값을 계산하는 다른 방법도 있다. 하나는 겹쳐있는 값들의 그룹을 보간(interpolation)하는 방법인데 엑셀에서 쓰는 방법이 더 간단하고 계산하기도 쉽다. 그리고 보간했을 때의 값은 65.7이고 엑셀에서 구한 중간값은 65.5라고 하면 오히려 혼동을 일으킬 수 있다.

MEDIAN() 함수의 문법은 AVERAGE() 함수와 같다. 그림 2-7의 데이터에 대해 중간값을 구하려면 다음과 같이 입력한다.

    =MEDIAN(A2:A61)

## ✚중간값을 쓰기로 결정하기

중심성향을 측정하는 값 중에서 중간값(median)은 평균(mean)보다 좀 더 설명하기 쉽다. 예를 들어 그림 2-7에서는 기운 분포(skewed distribution)가 어떤 것인지 잘 보여주고 있다. 즉 이 분포는 비대칭이다. 대부분의 값이 왼쪽에 몰려있고, 오른쪽에는 값이 별로 없다(물론 기우는 것은 어떤 방향으로든 기울 수 있다. 여기서는 단지 오른쪽으로 기운 것뿐이다). 이런 분포는 대부분 주택 가격의 분포이며 분포의 모양이 이렇게 때문에 대부분의 부동산 산업 리포트 등에서는 평균 대신 중간값을 사용한다.

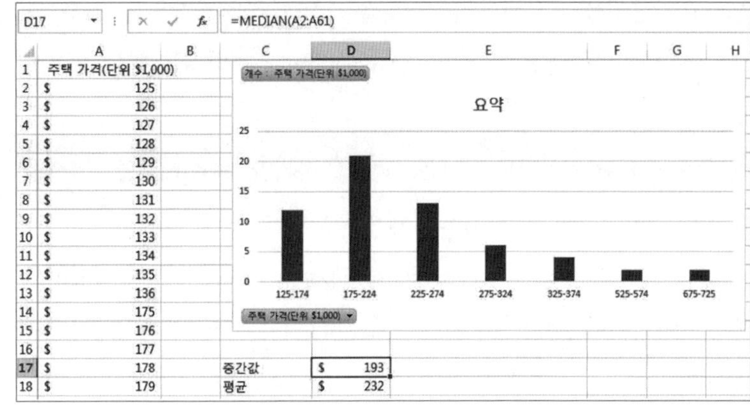



▶▶ **그림 2-7** 비대칭적인 분포에서는 평균과 중간값이 다르다.

그림 2-7에서 보면 주택 가격의 중간값은 $193,000이고 평균값은 $232,000이다. 중간값은 관찰값의 개수에 따라 다르고, 평균값은 관찰값의 크기에 따라 다르다. 만약 주중에 가장 비싼 집의 가격이 또 $100,000 올랐고 다른 집들의 가격은 그대로라고 해보자. 중간값은 여전히 변화가 없을 것이다. 집의 가격 분포에서 50% 위치에 있기 때문이다. 50%대의 순위만 중요하지, 가장 비싼 집이나 싼 집의 가격과는 관련이 없다. 이와 대조적으로, 가장 비싼 집의 가격이 오르면 평균값(mean)은 변화가 생긴다. 그림 2-7에서 가장 비싼 집의 가격이 $120,000 오르면 평균은 $2,000 오르지만, 중간값은 변화가 없다.

중간값은 이렇게 잘 변하지 않는 특성이 있기 때문에 집의 가격이나 이와 비슷한 데이터의 중심경향을 측정할 때 더 선호하는 측정값이다. 그리고 분포가 기울거나 치우치면 중간값은 중심경향이 어떻게 변했는지 더 잘 알려준다. 그림 2-7을 보자. 어떤 측정치가 일반적인 집의 가격을 더 잘 보여주는 것 같은가? 평균값인 \$232,000인가? 아니면 중간값인 \$193,000인가? 주관적인 판단에 따라 다르겠지만 대부분의 사람들은 \$232,000대신 \$193,000이 더 일반적인 주택 가격이라고 생각할 것이다.

## 3. 최빈값(mode) 계산하기

평균을 계산할 때는 그룹 안의 모든 값을 계산해서 중심경향을 측정한다. 중간값은 값의 순위를 매겨 중간에 있는 값을 가지고 중심경향을 측정한다. 최빈값(mode)은 다른 방법을 택하는데 어떤 값이 가장 많이 등장했는지를 사용한다.

 이 정보는 1장에서 사용한 FREQUENCY() 정보로 얻을 수 있다. 하지만 MODE() 함수를 쓰면 가장 많이 등장했던 값만을 반환해준다. 그리고 좀 더 빠르게 사용할 수 있다. 이 장에서도 다루겠지만 MODE()를 쓰는 데는 별 작업이 필요 없지만 FREQUENCY()를 쓰면 해줘야 할 작업이 좀 더 많다. 그림 2-8처럼 특정 영역의 셀에 숫자값이 있다고 해보자. 다음 식은 이 범위에서 가장 여러 번 등장했던 숫자를 반환해준다(그림 2-8에서 셀 C1에 식을 입력했다).

    =MODE(A2:A21)

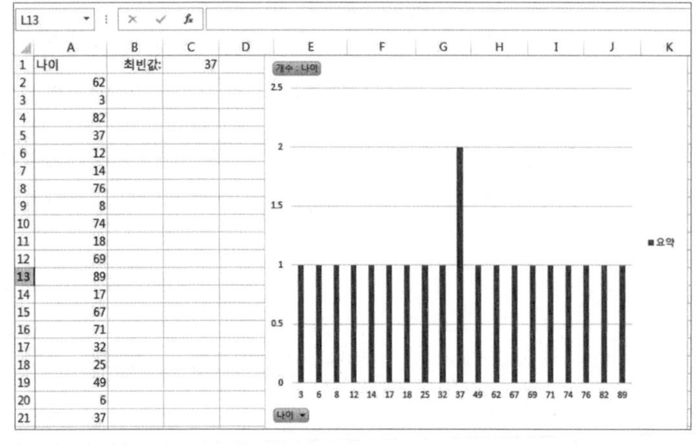

▶▶ **그림 2-8** 엑셀의 MODE() 함수는 오직 숫자 값에만 쓸 수 있다.

그림 2-8의 피벗 차트는 동일한 정보를 시각적으로 보여준다. C1에 입력한 함수에서 반환하는 값은 피벗 차트에서 보이는 가장 많이 등장한 수와 같다. 하지만 여러분은 보통 숫자값에서 최빈값에 대해서는 그다지 신경 쓰지 않는다. 여러분과 같은 동네에 사는 사람들의 나이를 알아내거나 아니면 좋아하는 축구팀 선수들의 몸무게를 알아내거나, 아니면 여러분 딸의 학급에 있는 다른 동급생들의 키를 알아낼 수도 있다. 여러분이 알고 있는 그룹에서 가장 흔한 나이, 몸무게, 키 등을 알아낼 수도 있다(이 책의 후반부에서 다루는 추론통계에서는 소위 준거 분포(reference distribution)의 최빈값이 주요 관심사이다. 하지만 여기에서는 더 흔하게 발생하는 문제에 대해 다루고 있다). 하지만 일반적인 경우에는 사람들의 키, 아이리스의 꽃받침 조각 길이, 혹은 바위의 나이 등의 최빈값을 알아낼 필요가 없다.

여러 가지 이유 중에서 숫자 값을 쓰면 아무래도 작은 차이에 대해 쉽게 기록할 수 있다. 조는 33세이고 제인은 34세이다. 데이브는 230파운드이고 도널드는 232파운드이다. 제이크는 47인치이고 주디는 48인치이다. 18에서 20명 정도의 사람을 임의로 모으면 아마 대부분 모두 나이도 다르고 몸무게도 다르고 키도 다를 것이다. 여러분이 생각할 수 있는 사물이나 측정값도 마찬가지다.

이런 경우는 가장 빈도 수가 많은 나이, 몸무게, 키를 알아내는 게 어떤 의미가 있을까? 평균이나 중간값은 괜찮다. 하지만 여러분이 다니는 클럽에서 27세가 가장 흔하고 다음은 26세, 다음은 28세가 가장 많다는 게 어떤 의미일까?

측정한 변수 값이 숫자이고 그룹화하지 않았을 경우 최빈값은 거의 쓸모 없는 통계량이다. 데이터가 명목형 데이터(nominal data)일 때, 즉 1장에서 다뤘던 자동차 제조사별 브랜드나, 남자 어린이의 이름 혹은 정치적인 선호도와 같은 데이터에서는 최빈값이 의미가 있다. 여러분이 명목형 데이터를 다룰 때는 최빈값이 유일한 의미 있는 측정값이다. 2013년에 태어난 남자아이의 이름 중 가장 많은 이름은 제이콥이었다. 이 통계량은 몇몇 사람들에게나 흥미 있을 것이다. 그런데 제이콥, 마이클, 에단의 평균값은 무엇일까? 엠마, 이자벨, 에밀리의 중간값은? 최빈값은 명목형 데이터의 중심성향(central tendency)을 측정하는 의미 있는 유일한 값이다.

하지만 엑셀의 MODE() 함수는 명목형 데이터에 대해서는 동작하지 않는다. 각각 다른 이름이 값으로 들어가 있는 영역을 인자로 주면 MODE() 함수는 #N/A 에러를 발생한다. 만약 숫자 목록들 사이에 일부 텍스트 값이 들어가 있으면 MODE()는 이 값들을 무시한다.

필자는 여기서 엑셀이 거의 일어나지도 않을 경우에 대한 통계 분석기능을 제공하는 데 대해 불만을 털어놓고 싶다. 항상 일어나는 경우에 대해서는 지원하지도 않으면서(예를 들어 엑셀에서는 4학년 그룹에서 가장 흔한 키가 얼마인가하는 문제를 다루는 데 반해 "지난주에 가장 많이 팔린 자동차 모델은 무엇인가?"하는 문제는 다루지 못한다).

그림 2-9에서는 MODE()와 관련된 문제를 해결하는 방법에 대한 몇 가지 예를 보여주고 있다.

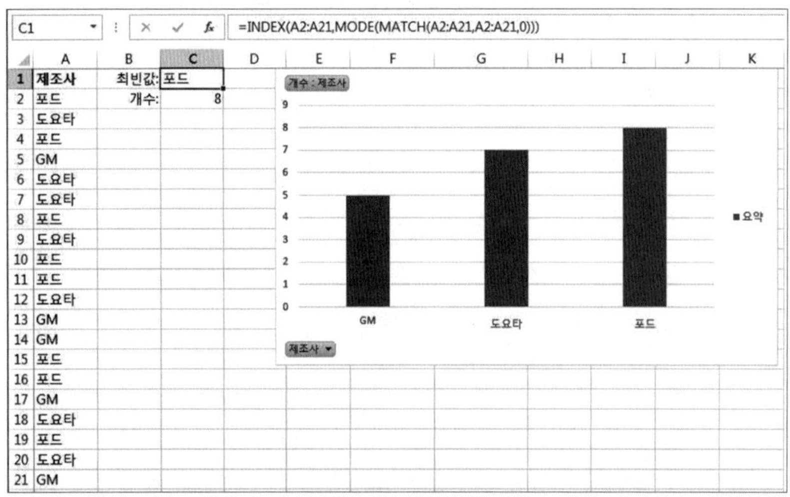


▶▶ **그림 2-9** MODE()는 구간 척도나 순서 척도를 쓸 때보다는 범주 척도를 쓸 때 유용하다.

그림 2-8의 피벗 차트(수많은 값 가운데 단 한 개의 값만 삐죽 솟아오른 모양의 차트)에 비하면 그림 2-9의 차트는 훨씬 정보를 많이 주고 있다. 최빈값의 관점에서 포드가 도요타를 약간 상회하고 있고, GM에 대해서는 많이 상회하고 있다(사실 이 리포트는 중고차 딜러에게서 흔히 볼 수 있는 진짜 데이터다!).

다음에 나오는 몇몇 과정은 1장의 피벗 차트 만드는 법과 거의 비슷하거나 똑같다. 비록 반복이기는 하지만 앞에서 나온 것의 복습이다. 피벗 차트와 피벗 테이블을 어떻게 만드는지 다시 한 번 살펴보기로 하자. 중요한 점은 예에서 나온 가로축은 명목 척도(nominal scale)를 사용했다. 최빈값에서는 사실 순서가 별 의미가 없기 때문에, 분포의 형태는 임의로 나온다. 그림 1-21과 그림 1-23에서의 차트는 분포가 정규분포인지 기운분포인지 보여주는 게 목적이었다. 그리고 간격 변수를 이용해서 분포를 보여주므로, 가로축의 왼쪽에서부터 오른쪽까지의 값의 순서가 매우 중요하다.

그림 2-9와 같은 피벗 차트를 만들려면 다음과 같은 과정을 따라하자.

1. 엑셀에서 데이터들의 자리를 잡자. 첫 번째 열의 필드(A1)에는 필드 이름이 들어가고 필드 이름 아래의 셀(A2:A21)에는 값이 들어간다. 그리고 목록과 인접한 셀은 비어있는 편이 좋다.

2. 목록에서 셀을 선택한다.

3. '삽입' 탭 ▶ '차트' 그룹 ▶ '피벗 차트' 버튼을 클릭하면 그림 2-10과 같은 대화상자가 보인다.

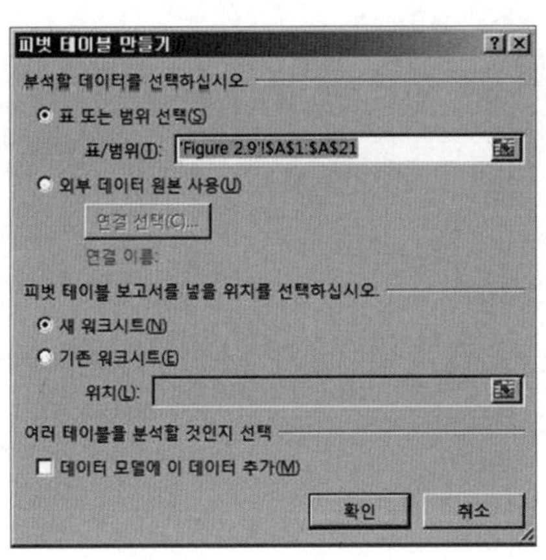

▶▶ **그림 2-10** 대화상자에서 사용할 데이터의 위치를 새로 지정하거나, 제안하는 데이터를 바로 사용할 수 있다. 그리고 피벗 테이블의 시작 위치도 지정할 수 있다.

4. 피벗 차트 버튼을 클릭하기 전 2번 과정에서 셀을 선택했으면 엑셀이 자동으로 '표 또는 범위 선택'에서 목록의 범위를 넣어준다. 만약 제대로 데이터가 보이지 않으면 직접 버튼을 클

릭해서 데이터 영역을 입력하던가, 주소값을 입력하자. 데이터의 위치는 자동으로 '표 또는 범위 선택'에서 보인다.

5. 기존 워크시트에 피벗 차트와 피벗 테이블을 보여주려면 '기존 워크시트'를 선택하고 '위치' 에서 버튼을 클릭해야 한다. 다음 데이터 오른쪽의 비어 있는 셀(오른쪽이나 아래 인접한 다 른 셀들도 비어 있어야 한다)을 클릭한다. 이렇게 하면 피벗 테이블이 기존 데이터를 덮어써 도 되는지 물어보지 않는다. '확인'을 클릭하면 그림 2-11처럼 차지할 위치가 보인다.

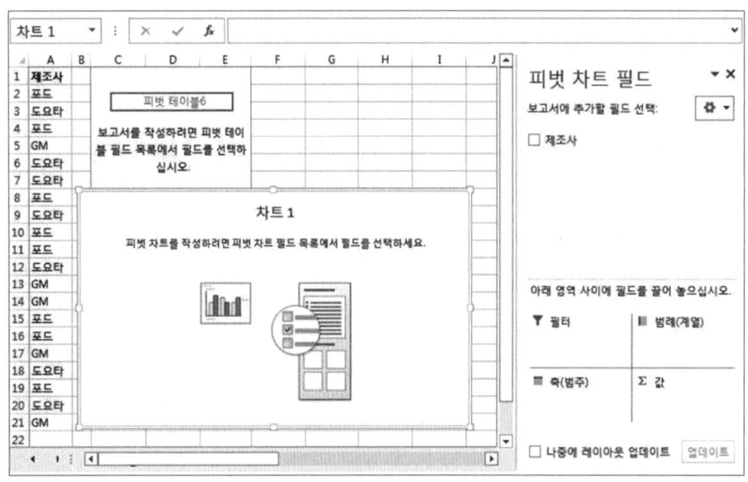

▶▶ **그림 2-11** 피벗 테이블 필드 목록 창이 자동으로 보인다.

6. 피벗 테이블 필드 창의 목록에서 여러분이 관심 있는 필드를 끌어서 아래쪽 창의 적당한 곳에 놓자. 이 예에서는 '제조사'를 '축(범주)'과 'Σ 값'에 끌어다 놓자. 피벗 테이블 필드 창에 필드 값을 끌어놓으면 이에 기반한 피벗 테이블과 피벗 차트는 즉시 리프레시 되어서 값이 바 뀐다. 그림 2-9와 동일한 데이터를 사용했으므로 피벗 차트는 거의 동일한 모양으로 보일 것 이다.

데이터를 포함한 피벗 테이블을 만들 때 활성화되어 있는 셀에 따라 엑셀은 두 개 중 한 개의 상황을 가정한다.

첫 번째, 빈 셀에서 시작했으면 엑셀은 여러분이 피벗 테이블을 만들려는 위치가 가장 왼쪽 상단 코너라고 생각한다. 따라서 엑셀은 '표/범위'에 활성화되어 있는 셀의 주소를 넣는다.

두 번째, 값이나 식을 포함하고 있는 셀에서 시작했으면 엑셀은 이 셀이 피벗 차트나 피벗 테이블의 자료 데이터가 될 소스의 부분이라고 생각한다. 엑셀은 인접해있는 데이터 셀의 경계까지 모두 찾아낸 다음 '표/범위'에 찾아낸 주소를 넣어준다(따라서 1번 과정에서도 이야기했듯이 데이터 말고는 인접한 셀은 비어 있어야 한다). 이 결과는 그림 2-10에서 볼 수 있다.

이 분석에 대해 다음과 같은 몇 가지 점을 좀 더 알아보자.

- 최빈수(mode)는 정당, 상품 브랜드, 요일, 지역과 같은 범주에 적용했을 때 매우 유용하다. 엑셀의 워크시트 함수에는 텍스트 값에 대한 최빈수를 반환해주는 함수도 있어야 하지만 실제로는 없다. 다음 장에서는 숫자와 텍스트 값에 대해 모두 최빈값을 반환하는 워크시트 식을 만드는 방법을 살펴보겠다.

- 카테고리가 몇 개 없으면 피벗 차트를 만들어서 각 범주에 대해 해당하는 값이 몇 개나 있는지 보여주는 것을 고려해보자. 각 카테고리당 해당하는 요소가 몇 개 있는지 보여주는 피벗 차트를 잘 쓰면 다른 사람들에게 데이터를 더 쉽게 보여줄 수 있다(카테고리가 굉장히 많을 때는 사실 어떤 차트를 써도 별 소용이 없다. 시각적으로 복잡해 보이는 것은 전달하고자 하는 메시지를 오히려 방해한다. 이런 경우에는 비슷한 카테고리를 합치거나 생략해서 줄여야 한다).

- 표준 엑셀 차트에서 범주당 인스턴스가 몇 개 있는지 보여 주려면 사전 작업을 해야 한다. 차트를 만들기 전에 각 범주에 대해 인스턴스 개수를 세야 하는데 사실 이것이 피벗 테이블이 하는 일이다. 일일이 범주에 대한 숫자를 센 테이블을 만든 다음 이것을 가지고 표준 차트를 그리는 것보다는 피벗 테이블과 피벗 차트를 쓰는 편이 훨씬 빠르다.

- 최빈값(mode)은 범주 이름과 같은 명목형 데이터를 쓸 때 중심성향을 측정할 수 있는 오직

하나의 의미 있는 측정값이다. 중간값(median)을 쓰면 값을 순서대로 세워야 한다. 즉 작은 키에서 큰 키로 세우던가, 싼 집에서 비싼 집 순으로 세우던가, 가장 느린 것에서부터 빠른 순으로 세우는 등 기준이 있어야 한다. 1장에서 소개했던 척도(scale)의 종류에 따라 나눠보면 중간값을 구하려면 적어도 순서 척도(ordinary scale)를 써야 하는데 범주는 대부분 명목 척도(nominal scale)이지 순서 척도가 아니다. '포드', 'GM', '도요타' 등의 값으로 나타내는 범주에는 평균값도 없고 중간값도 없다.

## ✛ 식으로 범주당 최빈값을 얻어내기

엑셀의 MODE() 함수는 텍스트 값을 인자로 주면 제대로 작동하지 않는다. 다음은 워크시트 식을 사용해서 최빈값을 알아내는 방법이다. 텍스트 데이터 세트에서 어떤 텍스트가 가장 많이 등장했는지 알아낼 수도 있다. 여러분의 데이터에서 얼마나 많은 최빈값의 인스턴스가 있는지 알아내는 식을 입력하는 방법도 배울 것이다.

이전 피벗 차트에서 텍스트 값의 최빈값을 얻어내는 식은 다음과 같다.

=INDEX(A2:A21,MODE(MATCH(A2:A21,A2:A21,0)))

텍스트 값이 A2:A11에 있다고 해보자(영역은 A2:A21처럼 열일 수도 있고, A2:Z2같이 행일 수도 있다. 하지만 A2:Z21처럼 행과 열이 여러 개 있으면 제대로 동작하지 않을 것이다).

엑셀에 대해 잘 모르면 위의 식이 전혀 이해되지 않을 것이다. 필자는 엑셀을 1994년부터 써왔고 이 식을 만들기도 했지만 때때로 왜 이것이 최빈값을 구해주는지 이해하려면 한참을 쳐다봐야 한다. 따라서 이 식이 복잡해 보여도 걱정하지 말자. 계속 보면 어쨌든 이해하게 될 것이고, 그 중에 계속 텍스트의 최빈값을 구하기 위해 이 함수를 사용할 것이다. 단지 A2:A21을 여러분이 사용하고자 하는 영역으로 바꾸면 된다. 간단히 위의 식은 다음처럼 동작한다.

• MATCH() 함수는 값의 배열에서 위치를 반환한다. 이 위치는 각각의 값이 언제 처음 나왔는지를 가리킨다. MATCH()의 세 번째 인자 0은 맞는 값을 찾을 때는 완전히 정확한 값으로 찾으며 배열을 정렬할 필요는 없다는 의미이다. A2:A21 데이터에서 보면 '포드'에 대해서는 MATCH()는 1을 반환한다(첫 번째에 나왔으므로). '도요타'는 2, 'GM'은 4를 반환한다.

- MATCH()의 결과를 MODE()가 이용한다. 이 예에서 MODE()에게는 20개 값을 전달하게 된다. 그 값은 1, 2, 4등이다. MODE()는 이 숫자 중 가장 많이 등장한 숫자를 반환한다.

- MODE()의 결과는 INDEX()의 두 번째 인자가 된다. 첫 번째 인자는 데이터 자체이다. 두 번째 인자는 배열의 어느 위치를 봐야 하는지 알려준다. 배열의 첫 번째 값은 '포드'이다. 만약 'GM'이 가장 많이 등장했던 단어라고 하면 MODE()는 4를 반환하고 INDEX()는 4를 사용해서 배열에서 'GM'을 찾는다.


**– 배열 수식으로 값을 세기**

최빈값을 알아내려면(여기서는 '포드'를 예로 들어보자) 해당하는 인스턴스가 몇 개 있는지 알아야 한다. 이 절에서는 배열 수식(array formula)을 사용하여 인스턴스의 개수를 세는 방법을 알아보자. 그림 2–9에서도 볼 수 있지만 셀 C2에서는 가장 많이 등장한 텍스트가 실제 몇 번 등장했는지 등장 횟수를 보여주고 있다. 개수를 세는 식은 다음과 같다.


    =SUM(IF(A2:A21=C1,1,0))


이 식은 배열 수식이므로 입력할 때 Ctrl+Shift+Enter를 함께 입력해야 한다. 이 수식이 배열 수식인지 알려면 함수 입력상자를 보면 된다. 식은 { }로 둘러싸여서 보인다.


    {=SUM(IF(A2:A21=C1,1,0))}


하지만 여러분이 임의로 { }를 입력하면 안된다. 만약 그렇게 하면 엑셀은 이것을 식이 아니라 텍스트로 처리한다. 다음은 식이 어떻게 동작하는지 보여준다. 그림 2–9에서 셀 C1에는 '포드'라는 값이 들어가 있다. 배열 수식의 일부분인 다음 식은 A2:A21의 범위에서 '포드'와 일치하는 값이 있는지 검사한다.


    A2:A21=C1


A2:A21에는 셀이 20개가 있으므로 이 식은 TRUE와 FALSE로 된 배열을 반환한다. 셀의 값이

'포드'이면 TRUE이고 '포드'가 아니면 FALSE이다. 배열은 다음과 같이 보인다.

{TRUE;FALSE;TRUE;FALSE;FALSE;FALSE;TRUE;FALSE;TRUE;TRUE;FALSE;FAL
SE;FALSE;TRUE;TRUE;FALSE;FALSE;TRUE;FALSE;FALSE}

A2의 값은 '포드'이므로 첫 번째 테스트한 결과는 참이다. 그리고 배열의 첫 번째 값은 TRUE가
된다. A3은 '포드'가 아니므로 테스트 결과는 거짓이다. 따라서 배열의 두 번째 값은 FALSE이다.
이런 식으로 계속 반복해보자.



TRUE와 FALSE로 된 배열은 이 배열 수식의 중간 결과이다(그리고 계산하면서 중간 결과는 계속 생긴다).
그리고 일반적으로 사용자는 결과값만 필요하므로 이런 중간 결과는 보여주지 않는다. 중간 결과를 보
고 싶으면 '수식 분석' 그룹의 도구를 이용하자. 좀 더 자세한 정보는 "식 안을 들여다보기"를 보자.

이제 식 부분이 아닌 TRUE와 FALSE로 된 배열로 돌아와서 문제를 풀어보자. IF() 함수의 첫 번
째 인자로 배열을 사용했다. 엑셀의 IF() 함수는 세 가지 인자를 필요로 한다.

- 첫 번째 인자는 참(TRUE)이나 거짓(FALSE)이 될 수 있는 값이다. 이 경우 배열에서 각 값
  에 해당하며 A2:A21=C1에서 반환한 값이다.
- 두 번째 인자는 만약 첫 번째 인자가 참이라면 IF() 함수가 반환해야 하는 값을 의미한다.
  여기서는 1을 반환한다.
- 세 번째 인자는 만약 첫 번째 인자가 거짓이라면 IF() 함수가 반환해야 하는 값을 의미한다.
  여기서는 0을 반환한다.

IF() 함수는 배열의 각 값을 검사하여 이 값이 참인지 거짓인지 본다. 이 예에서는 배열의 값이 참
이면 IF()는 1을 반환하고, 거짓이면 0을 반환한다. 따라서

IF(A2:A21=C1,1,0)

는 첫 번째 배열의 참/거짓 값에 따라 여기에 해당하는 1과 0으로 된 배열을 반환한다. 배열은 다음과 같이 보인다.

{1;0;1;0;0;0;1;0;1;1;0;0;0;1;1;0;0;1;0;0}

여기서 1은 셀A2:A21에서 '포드'의 위치에 해당하고, 0은 '포드'가 아닌 위치에 해당한다. 최종적으로 이 배열을 SUM() 함수에 넘겨서 배열의 값을 모두 더하도록 한다. 여기서 합은 8이다.

**– 배열 수식 복습하기**

배열 수식이 최빈값인 '포드'를 어떻게 세는지 다시 복습해보자.

- 이 식의 목적은 최빈 카테고리에 해당하는 '포드'가 몇 번 등장했는지 개수를 센다. 최빈 카테고리인 '포드'는 셀 C1에 보인다.
- 식의 가장 안쪽 부분 A2:A21=C1은 20개의 TRUE/FALSE로 된 배열을 반환한다. TRUE/FALSE는 A2:A21의 셀 20개의 값이 셀 C1의 값과 동일한지 여부로 결정한다.
- IF() 함수는 TRUE/FALSE 배열을 검사해서 TRUE면 1, FALSE면 0으로 된 다른 배열을 반환한다.
- SUM()은 1과 0으로 된 배열을 받아서 값을 모두 합한다. 결과값은 결국 A2:A21셀 중에서 셀 C1과 같은 값을 가진 것이 몇 개 있는지 세었으므로 A2:A21에서 가상 낳이 등장한 텍스트가 몇 번 나왔는지 센 것이 된다.

**– 배열 수식 사용하기**

엑셀에서 배열 수식을 사용하는 여러 가지 이유가 있지만 가장 중요한 두 가지 이유는 우선 배열을 입력해서 이것을 처리하는 함수를 지원하기 때문이고, 또 하나는 1개 이상의 값에 대해 처리하도록 하기 위해서이다.

**● 함수 수용하기**

배열 수식을 쓰는 중요한 이유는 배열을 입력해서 이를 제대로 처리하는 함수를 만들기 위해서이다. 예를 들어 FREQUENCY() 함수는 하한선과 상한선 사이 값의 개수를 세는데, 이 함수는 배열 수식으로 입력해야 한다("인자 정의하기"를 참고하자). 또 다른 배열 수식을 이용하는 함수로는 LINEST()가 있는데 여기에 대해서는 이후에 계속 다루게 된다.

FREQUENCY()와 LINEST() 모두 다른 함수들과 함께 사용되면서 값으로 된 배열을 워크시트로 반환한다. 이 배열을 수용하기 위해 함수의 결과를 보여주기 위해 필요한 영역을 선택해야 한다(얼마나 많은 열과 행을 선택할지는 함수에 대한 지식과 경험으로 알 수 있다). 다음 그냥 엔터를 치는 게 아니라 Ctrl+Shift+Enter를 쳐서 배열 수식을 입력해야 한다. Ctrl+Shift+Enter는 수식을 배열 입력(array entering)한다고 말한다.

### ● 함수의 인자 수용하기

원래는 인자를 한 개만 받는 함수이지만 여기에 배열로 된 인자를 넘겨서 배열 수식을 사용할 수도 있다. 이런 예는 그림 2-9의 셀 C2 IF() 함수가 있다. 이 함수는 보통 첫 번째 인자로 한 개의 조건값을 받는다. 하지만 여기서는 첫 번째 인자로 TRUE와 FALSE로 된 배열을 받도록 했다.

    =SUM(IF(A2:A21=C1,1,0))

일반적으로 IF() 함수는 첫 번째 인자로 값 한 개만을 받는다. 예를 들어 셀 B1에 다음 식을 입력한 다음 엔터를 쳐보자. A1에 2014라는 값이 있으면 C2에 "Current"를 보여주고 그렇지 않으면 B1에 "Past"를 보여준다.

    =IF(A1=2014,"Current","Past")

엔터를 입력해서 일반식을 사용하듯 식을 입력할 수 있는데, IF()의 첫 번째 인자로 2014라는 값 한 개만을 주고 있기 때문이다. 하지만 최빈값의 개수를 세는 예에서는 다음처럼 입력했다.

    =SUM(IF(A2:A21=C1,1,0))

여기에서 IF()의 첫 번째 인자는 TRUE와 FALSE값으로 된 배열이다. 엑셀에게 IF()의 인자로 값 한 개가 아닌 값의 배열을 주고 있다는 것을 알리기 위해 이 식을 입력할 때는 그냥 엔터가 아니라

Ctrl+Shift+Enter를 입력해야 한다.

### – 식 안을 들여다보기

엑셀에는 식이 기대한 대로 동작하지 않을 때나, 식 안에서 어떤 일이 일어나고 있는지 알고 싶을 때 사용할 수 있는 몇 가지 편리한 도구들이 있다. 다음 몇 가지 경우를 보면 전체 식에서 일부분만 떼서 결과를 중간중간 확인할 수 있다.

### ● 수식 계산 사용하기

엑셀 2002 이후 버전을 사용하고 있으면, '수식 계산' 도구를 사용할 수 있다. 우선 식을 포함하고 있는 셀을 선택해야 한다. 그 다음 '수식 계산'을 시작해보자. 엑셀 2007에서 2013이면 '수식' 탭 ▶ '수식 분석' 그룹 ▶ '수식 계산'을 사용한다. 엑셀 2002에서 2003이면 '도구'를 선택한 다음 '수식 분석' ▶ '수식 계산'을 선택한다. 이 장에서 논의한 배열 수식이 들어있는 셀을 선택한 다음 '수식 계산'을 클릭하면 그림 2-12같은 창이 보인다.

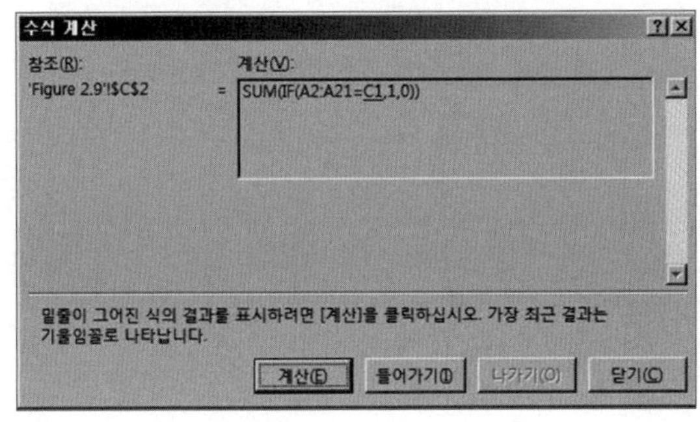

▶▶ **그림 2-12** '수식 계산'은 선택한 셀에서 입력한 그 대로의 식을 보여주면서 시작한다.

이제 '계산'을 클릭하면 엑셀은 식을 계산하기 시작하며 그림 2-13처럼 보인다. '계산'을 다시 클릭하면 C1으로 A2:A21을 테스트한 결과가 그림 2-14처럼 보인다.

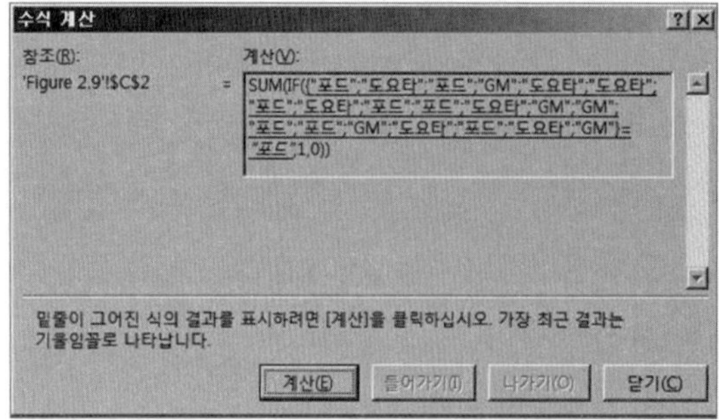



▶▶ **그림 2-13** 식 안의 값들을 A2:A21과 C1의 실제
값으로 바꿔준다.

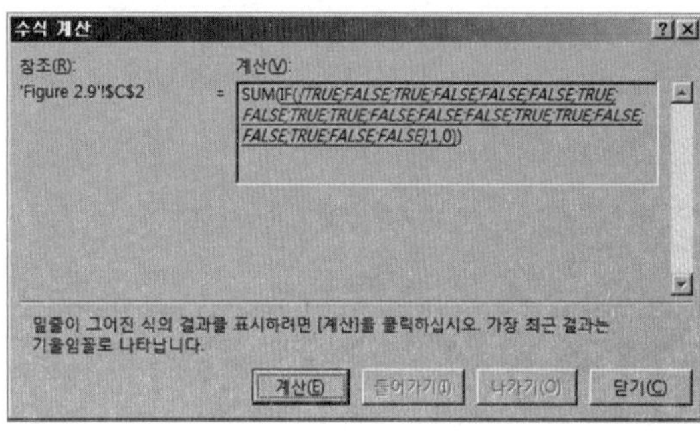



▶▶ **그림 2-14** 셀의 배열이 셀의 내용에 따라 TRUE/
FALSE의 배열로 바뀐다.

'계산'을 다시 클릭하면 IF()의 결과를 표시하는 창이 보인다. 그림 2-15에서는 TRUE가 1로
FALSE가 0으로 바뀐다.

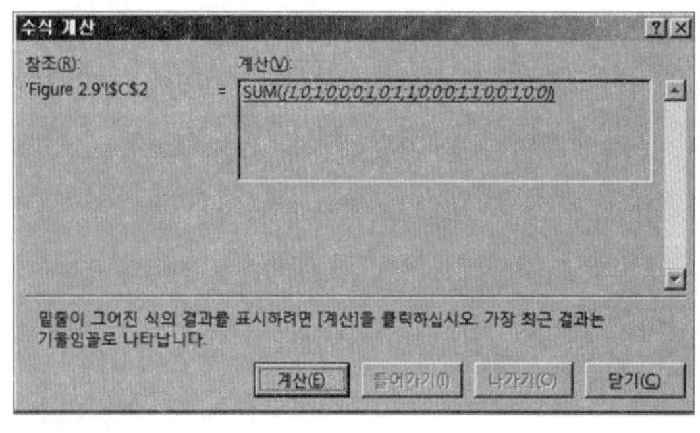



▶▶ **그림 2-15** 각각의 1은 셀 C1의 값과 일치하는 셀
을 의미한다.

마지막으로 '계산'을 클릭하면 최종 결과가 보인다. 그림 2-16에서는 SUM() 함수가 배열에서 1을
세서 A2:A21사이에 '포드'가 몇 번 나왔는지 보여준다.

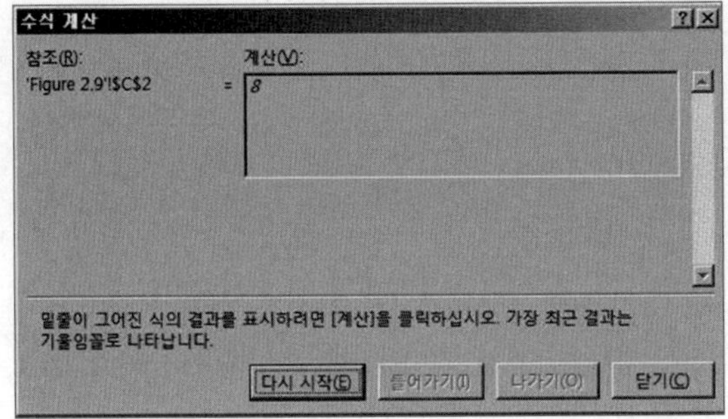



▶▶ **그림 2-16** A2:A21사이에는 '포드'값이 8번 등장
한다.

선호도에 따라 SUMIF()나 COUNTIF()를 쓸 수도 있다. 하지만 배열을 여러 개 써서 조건을 만
드는 복잡한 상황에는 SUM(IF())를 쓰는 편이 더 유연하다.

● **재계산한 키를 사용하기**

윈도우 버전의 엑셀에서는 식을 (들여다)보는 또 다른 방법이 있다. F9키를 이용하는 방법이다.
자동 재계산을 꺼 놓았을 때, F9키는 계산을 수행한 후 그 계산 결과를 다시 재계산하는데 사용할
수 있다. 만약 F9키의 기능이 이게 다라면 매우 제한적일 것이다. 하지만 이 기능으로 식의 일부
분만을 계산할 수 있다. 워크시트에 다음과 같은 배열 수식이 있고 그림 2-9처럼 인자를 주었다
고 가정해보자.

   =SUM(IF(A2:A21=C1,1,0))

이 식을 포함한 셀이 활성화되어 있으면 수식 상자 안에 식이 보인다. 마우스로 A2:A21=C1 부분
을 끌어보자. 하이라이트되어 있는 상태에서 F9를 누르면 그림 2-17과 같이 결과가 보인다.

▶▶ **그림 2-17** TRUE/FALSE 배열이 그림 2-14의 배열과 동일하다.

엑셀 식은 세미콜론으로 행을 나누고 쉼표로 열을 나눈다. 그림 2-17의 배열은 모두 다른 행에 나
눠져 있으므로 TRUE/FALSE도 모두 세미콜론으로 나눠져 있다. 만약 원래 값이 다른 열에 위치
해 있었다면 TRUE/FALSE는 모두 쉼표로 나눈다.

엑셀 2002나 이후 버전에서는 '수식 계산'을 써서 수식 계산이 이루어지는 과정을 볼 수 있다. 이
와 별도로 윈도우 버전 엑셀에서는 F9키를 써서 엑셀 식의 부분이 어떻게 중간 결과가 나오는지
빨리 볼 수 있다.


## 4. 중심성향(central Tendency)에서 변이성(Variability)까지

이 장에서는 값의 집합에서 중심성향을 측정하는 세 가지 주요 측정값에 대해 살펴보았다. 중심
성향은 특정 표본이나 모집단에서 매우 중요한 특성이다. 하지만 변이성(variability) 또한 중심성
향 못지않게 중요하다. 평균(mean)을 통해서는 값이 어디를 중심으로 모이는지 알 수 있고 표준편
차나 관련된 통계량으로는 값이 얼마나 흩어져 있는지 알 수 있다. 두 가지를 모두 알아야 하는데
3장에서 변이성을 알아보기로 하자.

# 03

# 변동(variability) :
# 값이 어떻게 흩어지는가?

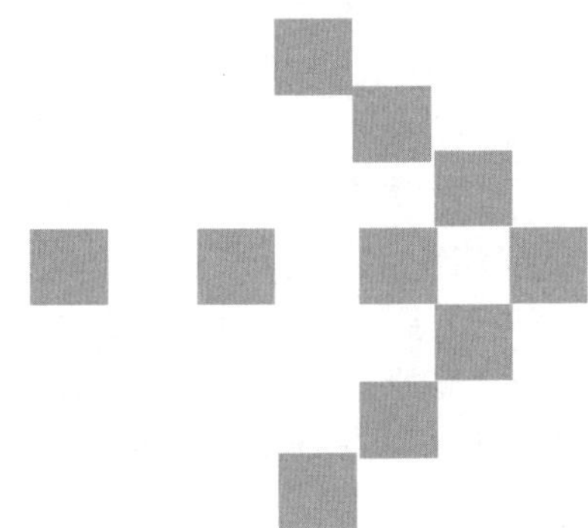

2장에서는 중심성향을 측정하는 방법에 대해 자세하게 다뤘다. 값이 나름의 척도에 따라 흩어져 있을 때 어떤 값이 그룹을 대표하는 가장 전형적인 값인가에 대해 알아내는 방법을 보았다. 쉽게는 평균값(average)이 가장 흥미 있는 측정값일 것이고, 값들이 어떻게 모여 있지 않는지 알아보는 값은 그다지 흥미를 끌지 않는다. 하지만 값의 중심성향을 알아내려면 이런 변동값에 대해 이해해야 한다.

예를 들어서 사람들은 이웃한 집들의 가격의 범위보다는 중간값에 대해 더 관심이 있을 것이다. 하지만 범위(range)는 평균과 함께 변이(variability, 변동)를 측정하는 한 방법이다. 예를 들어서 이웃한 집들의 가격에서 중간값이 $250,000이라고 해보자. 집의 가격, 즉 가장 비싼 집과 가장 싼 집의 차이가 $300,000이라고 하자. 이 분포가 얼마나 기울어져있는지 모르기 때문에 정확히 예측할 수는 없지만, 아마 집의 가격 범위는 대강 $100,000에서 $400,000사이라고 생각할 것이다. 하지만 가장 비싼 집과 가장 싼 집의 차이가 $100,000이라고 해보자. 그러면 집의 가격 범위는 $200,000에서 $300,000 사이가 될 것이다. 이전 예에서는 이웃집들이 오두막에서 고급주택까지 있었다고 한다면 이 예에서는 이웃하는 집들의 크기나 품질들이 상대적으로 차이가 안 난다고 할 수 있다.

단순히 평균값만 아는 것으로는 충분하지 않다. 평균값이 의미가 있으려면 표본의 얼마나 많은 값들이 평균값에서 떨어져 있는지도 알아야 한다.

## 1. 범위(range) 안에서 변동(variability, 변이) 측정하기

도수분포에서 중심성향을 측정하는 세 가지 방법이 있었던 것처럼 변동을 측정하는데도 여러 가지 방법이 있다. 바로 표준편차(standard deviation)와 분산(variance)인데 이 두 가지는 밀접하게 관련되어 있으며 이 장에서 알아본다.

변동(variability)을 측정하는 또 다른 방법은 범위(range)이다. 집합의 가장 최대값에서 최소값을 뺀 값인데, 도수분포에서 범위를 알고 있으면 데이터를 입력할 때 오류가 발생하는 것을 막을 수 있다. 예를 들어 체온 데이터를 가지고 있는데, 100명의 체온을 쟀다고 가정해보자. 만약 최대값에서 최소값을 뺀 값이 섭씨 475도라고 한다면 누군가 체온 기록을 할 때 소수점 한 자리를 뺀 것이라고 짐작할 수 있다. 아마도 36.4로 기록해야 하는데 364로 잘못 썼을 것이다.

범위(range)는 많은 통계 분석에 사용하기에는 그다지 적절하지 않은 특징을 가지고 있다. 하지만 계산하기 쉽기 때문에 종종 쓸 때도 있다.

note_

전통적으로 통계 처리 제어(제조업의 품질관리 기법)에서는 변동을 측정하기 위한 측정치로 범위를 매우 선호한다. 이 분야의 전문가들은 표준편차는 제조 기계의 특징과 인간의 실수로 인해 영향을 받을 수 있다고 주장한다. 표준편차를 계산하기 위해서는 모든 숫자를 다 고려해야 하고, 물론 그 숫자 중에는 특이하게 혼자 튀는 데이터가 있기 마련이다. 하지만 범위도 때때로 발생하는 문제에 대해서 매우 민감하게 반응하므로 이를 찾아내서 수정해야 한다.

변동을 측정하기 위해 범위(range)를 쓸 때 몇 가지 단점이 있기는 하지만 데이터의 성질을 이해하기 위해 계산해 보는 것은 쓸만하다. 예를 들어서 그림 3-1의 도수분포는 범위를 통해 쉽게 설명할 수 있다. 상당한 수의 관찰값들의 분포의 각 끝 부분에 보이므로 값이 약 범위 34정도의 수를 차지한다고 알 수 있다. 그림 3-2는 좀 다른 그림인데 극단적인 값 한 개가 보여서 전체 데이터에서 변동성을 왜곡하고 있다.

범위의 크기는 분포에서 가장 작은 값과 큰 값에 따라 달라진다. 최대값이나 최소값이 바뀌지 않으면 범위는 바뀌지 않는다. 도수분포 안의 모든 값이 바뀌어도 범위는 전혀 변하지 않을 수 있다. 고르게 분포되어 있건, 특정 값에 데이터들이 몰려있건 간에 최대값, 최소값이 바뀌지 않으면 범위에는 변화가 없다.

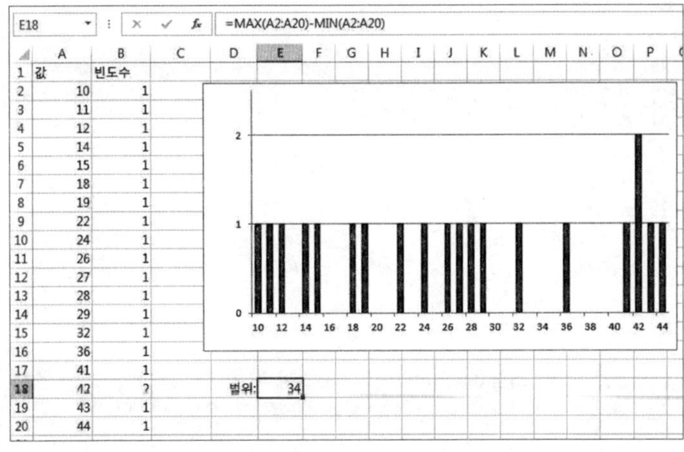

▶▶ **그림 3-1** 분포는 대체로 좌우 대칭이며 이때는 범위가 유용한 설명 방법일 수 있다.

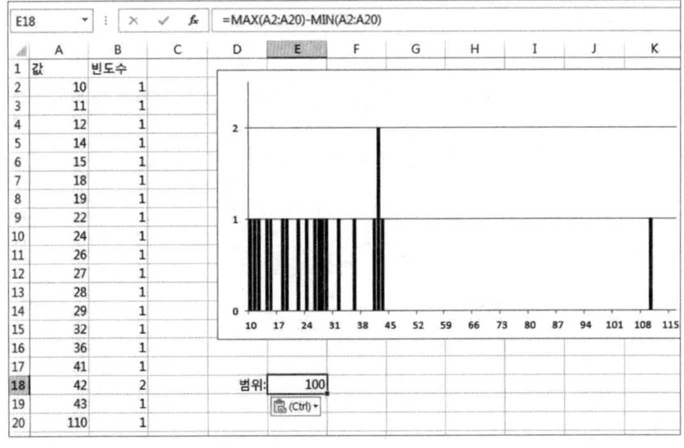

▶▶ **그림 3-2** 특정한 값만이 분포의 끝 부분에 보이므로 이 경우 범위는 분포를 제대로 설명할 수 없다.

그리고 범위의 크기는 도수분포의 값의 개수가 몇 개인가에 따라 크게 달라진다. 그림 3-3에서는 표본의 크기가 변함에 따라 범위의 값과 표준편차의 값을 비교했다. 모집단에 가까울수록 표준편차의 값은 15가 된다.

표본의 크기가 5가지로 변할 동안 평균과 표준편차는 그다지 심하게 바뀌지 않지만, 범위는 표본의 크기가 2에서 20이 되는 동안 27에서 58로 거의 2배로 바뀌었다. 표본에서 모집단의 성질을 유추해내려고 하는 상황이면 이런 상황은 그다지 바람직하지 않다. 모집단 값의 변동성을 측정하려 할 때 이것이 표본의 크기에 따라 달라지는 상황을 원하지는 않을 것이다.

| | A | B | C | D | E | F |
|---|---|---|---|---|---|---|
| 1 | | 110 | 71 | 84 | 99 | 72 |
| 2 | | 83 | 85 | 67 | 70 | 128 |
| 3 | | | 94 | 89 | 89 | 97 |
| 4 | | | 116 | 79 | 104 | 104 |
| 5 | | | 98 | 108 | 100 | 102 |
| 6 | | | | 109 | 124 | 118 |
| 7 | | | | 85 | 75 | 88 |
| 8 | | | | 81 | 75 | 130 |
| 9 | | | | 112 | 102 | 105 |
| 10 | | | | 119 | 109 | 122 |
| 11 | | | | | 88 | 110 |
| 12 | | | | | 111 | 80 |
| 13 | | | | | 82 | 96 |
| 14 | | | | | 114 | 109 |
| 15 | | | | | 112 | 98 |
| 16 | | | | | | 87 |
| 17 | | | | | | 118 |
| 18 | | | | | | 99 |
| 19 | | | | | | 99 |
| 20 | | | | | | 84 |
| 21 | | | | | | |
| 22 | 평균 | 96.5 | 92.8 | 93.3 | 96.9 | 102.3 |
| 23 | 표준편차 | 19.1 | 16.6 | 17.3 | 16.3 | 15.8 |
| 24 | 범위 | 27 | 45 | 52 | 54 | 58 |

▶▶ **그림 3-3** 표본의 크기가 B열에서는 2개였는데, F열에서는 20개가 되었다. 해당하는 통계량은 열 22~24에 보인다.

그림 3-3과 같은 현상이 나타나는 이유는 표본의 크기가 늘어날 때 상대적으로 크거나 작은 값만 가져올 수 있기 때문이다(정규 곡선을 따르는 분포의 경우 이런 일이 일반적으로 일어난다). 비록 표본의 크기는 범위에 영향을 줄 수 있지만 표준편차에는 그다지 크게 영향을 주지 않는다. 표준편차는 표본의 모든 값을 고려하지 극단의 값만을 고려하는 게 아니기 때문이다. 엑셀에는 RANGE()에 해당하는 함수가 없다. 범위를 알아내려면 다음과 같은 함수를 사용해보자. 인자로 넘겨주는 범위는 여러분의 데이터에 맞게 조정하기 바란다.

    =MAX(A2:A21) - MIN(A2:A21)

## 2. 표준편차(Standard Deviation)의 개념

어떤 사람이 여러분에게 "당신의 키는 19유니트이다"라고 말했다고 하자. 이 정보에서 어떤 결론을 이끌어 낼 수 있을까? 키가 크다는 말일까? 작다는 말일까? 아니면 보통이라는 걸까? 몇 퍼센트 정도의 사람이 당신보다 큰 것일까?

'유니트'가 얼마나 큰 값을 의미하는지 모르므로 여기서는 아무 결론을 낼 수 없을 것이다. 만약 1유니트가 4인치라면 여러분의 키는 76인치, 즉 6피트 4인치이므로 큰 편이다. 1유니트가 3인치라면 57인치이므로 4피트 9인치로 약간 작은 편이다.

여기서 문제는 표준 '유니트'라는 게 없다는 것이다. 만약 모든 인간의 평균 키가 20유니트라고 해보자. 이때 여러분의 키가 19유니트라면 여러분은 평균보다 좀 작은 셈이다. 하지만 1유니트 작다는 건 얼마나 작다는 말일까? 모집단의 3%만이 키가 19~20유니트 사이라면 평균보다 아주 조금 작은 정도일 것이다. 여러분과 평균 사이에는 모집단의 겨우 3%의 사람들만이 있을 뿐이다. 만약 모집단의 34%의 사람들이 19~20유니트 사이의 키라면 당신은 작은 편에 속한다. 키가 평균 20유니트인 사람에다가 19~20유니트 사이에 들어가는 34%의 사람들이 당신보다 키가 크기 때문이다.

이제 모집단의 평균 키가 20유니트이고, 모집단의 3%의 사람들이 19~20유니트 사이에 있다고 가정해보자. 이제 평균과 키의 변동성을 알고 있기 때문에 '유니트'는 일종의 표준이 된다. 이제 누군가 여러분이 '19유니트만큼 키가 크다'라고 하면 여러분이 알고 있는 표준을 적용해서, 표준보다 약간 작다고 알 수 있다.

### ✚ 표준으로 배치하기

표준편차는 이전 장에서 언급한 가상의 단위 '유니트'와 비슷하게 동작한다. 정규 곡선을 따르는 어떤 도수분포(1장의 변수(Variable)와 값(Value)에서 나온 분포도 포함)에서도 다음이 성립한다.

- 레코드 중 34%가 평균과 평균으로부터 1 표준편차만큼 떨어진 사이에 존재한다.
- 레코드 중 14%가 평균으로부터 1 표준편차와 2 표준편차만큼 떨어진 사이에 존재한다.
- 레코드 중 2%가 평균으로부터 2 표준편차와 3 표준편차만큼 떨어진 사이에 존재한다.

그림 3-4에서 이런 표준을 볼 수 있다.

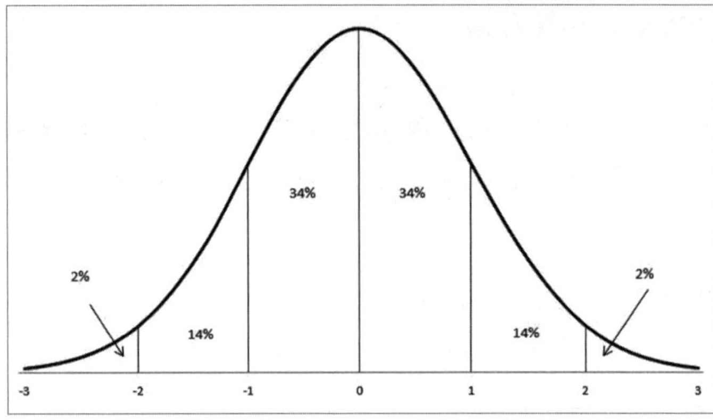



▶▶ **그림 3-4** 이런 비율은 모든 정규 분포에서 찾아볼 수 있다.

그림 3-4의 가로축에 나오는 숫자를 z-점수(z-score)라고 한다. z-점수(z값)로 평균에서 얼마나 표준편차가 많이 떨어져 있는 위치에 레코드가 있는지 알 수 있다. 만약 누군가 여러분의 키가 'z-점수 유니트에서 +1.0이다'라고 하면 여러분의 키가 평균키에서 1 표준편차만큼 높다고 할 수 있다. 이와 비슷하게 여러분의 몸무게가 z-점수 상에서 −2.0이라고 하면, 평균 모두 2 표준편차만큼 아래에 있는 것이다.

z-점수가 도수분포를 가르는 방식을 보면 z-점수가 +1.0이라는 것은 84%의 레코드들이 이보다 아래에 있음을 말한다. 여러분의 키가 z-점수 1.0 이면 다른 관찰값들의 84%보다 키가 큰 것이다. 그 84%에서 평균 아래인 50%가 있고, 나머지 34%는 평균과 1 표준편차 사이에 위치한다. 몸무게가 −2.0z라면 여러분의 몸무게보다 작은 사람은 2%밖에 없는 게 된다.

표준편차(standard deviation)라는 용어를 보자. 여러분이 키에 대해 이야기하던, 몸무게에 대해 이야기하던, IQ에 대해 이야기하던, 총구의 반경에 대해 이야기하던 아무 상관이 없기 때문에 표준(standard)이라는 말이 붙는다. 변수가 정규분포로 되어 있기만 하면 평균에서 1 표준편차 위라면 다른 관찰값의 84%보다 위에 있음을 말한다. 평균에서 2 표준편차 아래로 내려와 있으면 관찰값의 98%보다 아래에 있는 게 된다.

편차(deviation)라는 말은 평균에서의 거리를 뜻한다. 2장에서 제곱한 편차의 합을 최소화시키는 숫자에 대해 다루었던 것을 다시 기억해보자. 좀 더 자세한 사항은 "N−1로 나누기"에서 다루겠지만 우선 배경지식에 대해 좀 더 알아보자.

## ✚ 표준편차 용어의 측면에서 생각하기

몇 가지 예외를 제외하고는 변동을 측정하기 위해 가장 많이 사용하는 방법은 표준편차일 것이다 (그 몇몇의 예는, 이 후에 나오는 분산의 분석과 다중회귀에 들어가면 잔뜩 나오게 된다). 표준편차는 여러분이 관심 가지고 있는 변수와 동일한 측정 단위를 가진다. 만약 여러분이 표본으로 몇 개 차를 가져다 놓고 갤론당 몇 마일을 갈 수 있는지 분포를 알아보려고 한다고 하자. 표준편차가 4mpg(mile per gallon, 갤론당 마일)일 수도 있고, A 제조사의 차들의 평균 마일리지는 4mpg 혹은 B 제조사의 평균 마일리지보다 1 표준편차만큼 높다고 해보자.

"평균키는 69인치이고, 표준편차는 3인치이다"라고 쉽게 말할 수 있고 표준편차가 유용한 이유이다. 평균과 표준편차의 단위가 모두 동일하다.

분산(variance)은 또 다른 문제이다. 이것은 표준편차의 제곱이며 통계 분석의 기본이다. 앞으로 남은 장에서 계속 분산에 대해 다룬다. 하지만 변동을 설명하기 위한 분산의 개념은 말로는 표현이 잘 안된다.

예를 들어 "우리 연구 결과, 자동차의 연비 마일리지는 평균 20mpg, 표준편차는 5mpg다"라고 한다면 여러분은 이 말만 듣고 마일리지가 15mpg인 차는 기름 먹는 하마라는 것을 알 수 있다. 이 연구 결과에 포함된 다른 차들에 비해 하위 84%에 들어간다고 생각할 수 있다.

하지만 "우리 연구 결과, 자동차의 연비 마일리지는 평균 20mpg이고, 분산은 25 제곱 mpg이다"라고 하면 어떤 생각이 들까? "제곱 mpg"는 과연 어떤 의미일까? 하지만 그것이 분산, 즉 표준편차의 제곱이다.

다행히도 표준편차는 좀 더 직관적으로 이해하기 쉽다. 여러분이 B2:B11에 10개의 도요타 자동차의 mpg 정보를 가지고 있고, B12:B21에는 GM 자동차의 mpg 정보를 가지고 있다고 해보자. 두 자동차사의 평균 가솔린 마일리지의 차이는 다음과 같이 나타낼 수 있다.

```
=(AVERAGE(B2:B11) - AVERAGE(B12:B21)) / STDEV(B2:B21)
```

이 엑셀 식은 두 제조사에 대해 평균을 구한 다음, 20대의 차 모두에 대해 구한 표준편차 값으로 나눴다. 그림 3-5를 보자.

| | A | B |
|---|---|---|
| | 제조사 | MPG |
| 1 | 제조사 | MPG |
| 2 | 도요타 | 27.94 |
| 3 | 도요타 | 27.51 |
| 4 | 도요타 | 22.22 |
| 5 | 도요타 | 20.55 |
| 6 | 도요타 | 23.13 |
| 7 | 도요타 | 28.79 |
| 8 | 도요타 | 27.36 |
| 9 | 도요타 | 24.96 |
| 10 | 도요타 | 28.95 |
| 11 | 도요타 | 29.23 |
| 12 | GM | 17.34 |
| 13 | GM | 24.55 |
| 14 | GM | 22.46 |
| 15 | GM | 22.41 |
| 16 | GM | 24.11 |
| 17 | GM | 24.22 |
| 18 | GM | 25.10 |
| 19 | GM | 21.06 |
| 20 | GM | 24.75 |
| 21 | GM | 22.98 |

F20: `=(AVERAGE(B2:B11)-AVERAGE(B12:B21))/STDEV(B2:B21)`

| | |
|---|---|
| 도요타의 평균 | 26 |
| GM의 평균 | 23 |
| 표준편차 | 3 |
| 표준화한 차이 | 1.0 |

▶▶ **그림 3-5** 두 제조사 간 차이를 표준편차 단위로 나타내었다.

그림 3-5에서 두 회사 간의 차이는 표준편차 단위 1이다. 여러분이 표준편차의 개념에 익숙하다면 이것을 보고 "1 표준편차라…꽤 차이가 큰 걸."하고 생각할 것이다. 26mpg 대 23mpg의 차이가 큰지 작은지 생각하지 않아도 된다. 마찬가지로 LDL 콜레스테롤에서 5.6 mmol/L가 높은 건지, 낮은 건지, 일반적인 건지 걱정할 필요가 없다(그림 3-6). 평균은 4.8이고, 5.6은 1 표준편차보다 더 높은 수이므로 아무래도 심혈관 벽이 두꺼워지는 위험이 있을 수 있다고 결론을 낼 수 있다.

F6: `=(F5-F2)/F3`

| | A | E | F |
|---|---|---|---|
| 1 | LDL 측정치 (mmol/L) | | |
| 2 | 5.3 | LDL 평균 | 4.8 |
| 3 | 4.3 | LDL의 표준편차 | 0.6 |
| 4 | 3.2 | | |
| 5 | 5.7 | 내 LDL | 5.6 |
| 6 | 4.6 | 차이/표준 편차 | 1.41 |
| 7 | 3.2 | | |
| 8 | 5.2 | | |
| 9 | 5.0 | | |
| 10 | 4.8 | | |
| 11 | 4.9 | | |
| 12 | 5.1 | | |
| 13 | 4.9 | | |
| 14 | 4.7 | | |
| 15 | 4.6 | | |
| 16 | 4.9 | | |
| 17 | 4.9 | | |
| 18 | 5.0 | | |
| 19 | 4.9 | | |
| 20 | 4.9 | | |
| 21 | 5.0 | | |

▶▶ **그림 3-6** 측정값과 평균의 차이를 표준편차 단위로 나타내었다.

중요한 점은 여러분이 정규분포에 가까운 데이터에 대해 표준편차 단위의 관점에서 볼 때 분포에서 $z$-점수가 대강 어디에 위치하는지 알고 있다는 것이다. $z$-점수가 서로 얼마나 멀리 떨어져 있는지 알기 때문에 평균과 $z$-점수 간의 차이가 큰지 작은지 알 수 있다. 하지만 우선은 표준편차를 계산해보자. 엑셀로 하면 매우 쉽다. 각각의 개인 컴퓨터가 없었던 때는 학생들끼리 서로 구식 계산기로 표준편차를 계산하느라 고생하던 때도 있었지만 지금은 그냥 =STDEV(A2:A21)로 하면 해결된다.

## 3. 표준편차(Standard Deviation)와 분산(Variance) 계산하기

엑셀에서는 표준편차를 계산하기 위해 6개의 함수가 있는데, 우선 워크시트상에서 표준편차를 계산하는 방법은 매우 쉽다. 만약 계산하려는 값이 A2:A21에 있으면 표준편차를 구하기 위해 다음과 같이 입력한다.

=STDEV(A2:A21)

표준편차를 계산하는 다른 함수들은 이 장의 뒷부분인 "엑셀의 변동 함수"에서 논의할 것이다. 표준편차를 제곱하면 분산(variance)이 된다. 값의 변이성을 측정하는 또 다른 중요한 지표다. 엑셀에는 분산을 계산하는 함수도 있다. 그 중 하나는 VAR()이다. 이것의 다른 버전들도 "엑셀의 변동 함수"에서 다루겠다. 표준편차를 계산하는 것과 동일한 방법으로 VAR()를 쓰면 된다.

=VAR(A2:A21)

매우 쉽고 간단하기 때문에 이 간단한 식을 하나하나 파헤쳐보고 싶지 않을 수도 있다. 그러나 이 통계량이 어떻게 정의되는지 살펴보는 게 이해에 도움이 될 것이다.

이 장에서 주된 내용은 표준편차이지만 분산을 자세히 들여다보기로 하자. 분산을 잘 보면 표준편차를 이해하는데도 도움이 된다. 다음 식은 분산의 개념적인 공식이다.

$$S^2 = \sum_{i=1}^{N} (X_i - \overline{X})^2 / N$$

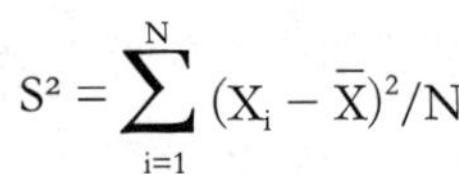


동일한 값을 계산한다고 하더라도 다른 식은 서로 다른 이름을 가진다. 오랜 기간 동안 통계학자들은 위에서 사용한 수식 같은 개념식(definitional formula)을 피해왔는데 위와 같은 공식은 계산하기 힘들기 때문이다. 특히 원 데이터가 정수가 아닌 경우는 더욱 심하다. 대신 계산식(computational formula)을 써왔는데 원 공식의 개념적인 의미를 이해하기는 힘들지만 그래도 실제 계산이 쉬웠기 때문이다. 이제 컴퓨터를 계산에 사용하면서 다른 알고리즘들을 사용하기 시작했다. 이러한 알고리즘들은 정확성을 개선해서 분포의 끄트머리의 숫자도 정확하게 계산할 수 있도록 한다. 결국 전통적인 계산 방식은 대강 추정하는 정도로만 되었다.

여기서는 개념적인 공식을 말로 풀어보았다.

표본값이 있다고 가정하자. 각각의 값은 N이라고 하자. I는 N이 표본 중 몇 번째 값인지 가리킨다. 이제 엑셀의 표준편차 함수는 다음과 같은 단계를 취한다. 그림 3-7을 보면 엑셀을 옛날 구식 계산기인 양 다루면서 계산하는 과정을 볼 수 있다.

1. N값의 평균()을 계산한다. 그림 3-7에서 평균은 셀 C2에 보인다.

2. 각의 N값에서 평균을 뺀다. 차이(편차(deviation)라고도 한다)는 그림 3-7의 셀 E2:E21에 보인다.

3. 편차를 제곱한다. 결과는 셀 G2:G21에 보인다.

4. 제곱한 편차를 모두 합해보자(Σ). 결과는 셀 I2에 있다.

5. N으로 나눠서 제곱한 편차의 평균을 구해보자. 값은 셀 K2에 있다.

| 값 | | Step 1, 평균 | | Step 2, 편차 | | Step 3, 편차의 제곱 | | Step 4, 편차의 제곱의 합 | | Step 5, 편차의 제곱의 평균 / 분산 | | Step 6, 분산의 제곱근/ 표준편차 | |
|---|---|---|---|---|---|---|---|---|---|---|---|---|---|
| 9 | | 56.55 | | -47.55 | | 2261.0025 | | 9596.95 | | 479.85 | | 21.91 | |
| 26 | | | | -30.55 | | 933.3025 | | | | | | | |
| 28 | | | | -28.55 | | 815.1025 | | | | | Check: | | |
| 39 | | | | -17.55 | | 308.0025 | | | | | =STDEVP(A2:A21) | | 21.91 |
| 42 | | | | -14.55 | | 211.7025 | | | | | | | |
| 42 | | | | -14.55 | | 211.7025 | | | | | | | |
| 43 | | | | -13.55 | | 183.6025 | | | | | | | |
| 51 | | | | -5.55 | | 30.8025 | | | | | | | |
| 56 | | | | -0.55 | | 0.3025 | | | | | | | |
| 57 | | | | 0.45 | | 0.2025 | | | | | | | |
| 58 | | | | 1.45 | | 2.1025 | | | | | | | |
| 59 | | | | 2.45 | | 6.0025 | | | | | | | |
| 62 | | | | 5.45 | | 29.7025 | | | | | | | |
| 68 | | | | 11.45 | | 131.1025 | | | | | | | |
| 68 | | | | 11.45 | | 131.1025 | | | | | | | |
| 75 | | | | 18.45 | | 340.4025 | | | | | | | |
| 76 | | | | 19.45 | | 378.3025 | | | | | | | |
| 82 | | | | 25.45 | | 647.7025 | | | | | | | |
| 92 | | | | 35.45 | | 1256.7025 | | | | | | | |
| 98 | | | | 41.45 | | 1718.1025 | | | | | | | |

▶▶ **그림 3-7** 표준편차와 분산을 향한 길고 긴 과정

5개 과정을 통해 분산을 구했다. 이 과정을 따라오면서 분산은 편차의 제곱을 평균한 것임을 알수 있을 것이다. 앞서도 말했지만 이 숫자는 그다지 와닿는 개념은 아니다. 일반적으로 존의 LDL 수치가 평균에 비해 1 분산만큼 높다고 말하지는 않는다. 하지만 분산은 매우 중요한 개념이며 앞으로도 계속 등장하므로 곧 친근해질 것이다.

위의 5개 과정에 또 한 과정을 더해서 분산의 제곱근을 구할 수 있다. 그러면 표준편차를 구할 수있고 그림 3-7의 셀 M2의 21.91이 나온다. 엑셀 식으로는 =SQRT(K2)로 구할 수 있다.

그림 3-7의 셀 N5에도 21.91이 보인다. 사실 이렇게 단계를 밟아오는 것보다는 =STDEVP (A2:A21)를 쓰는 편이 훨씬 쉽다. 하지만 개념을 익히기 위해 찬찬히 제곱하고 더하고 평균을 내는 과정을 한 번만 차례차례 수행해보자.

그림 3-8에서는 그림 3-7의 도수분포를 시각적으로 보여주고 있다. 그림 3-8에서 그래프에 나타나는 각 기둥은 값의 개수를 나타낸다. 그림에서 정규분포를 곡선으로 그려놓았다. 개수를 보면 중앙에 몰려 있는 모양이 정규분포에 근접하게 보인다. 하지만 관찰값의 수가 적기 때문에 완전히 정규분포와 일치해 보이지는 않는다. 그럼에도 불구하고 이 도수분포의 표준편차는 범주 안에 들어가는 값들을 포함하므로 정규분포와 거의 유사해 보인다.

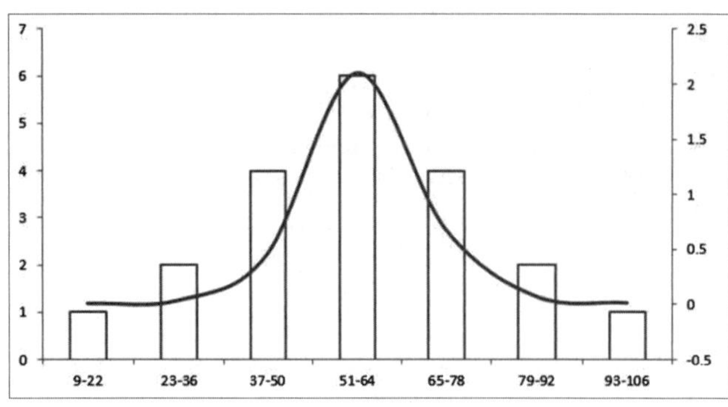



▶▶ **그림 3-8** 도수분포는 근접해가지만 정규분포와 완전히 똑같지는 않다.

예를 들어 이 분포의 평균은 56.55이고 표준편차는 21.91이다. 따라서 z-점수 −1.0(평균에서 1 표준편차만큼 아래의 위치)은 34.64이다. 그림 3−4에서 관찰값의 34%가 평균과 1 표준편차 사이에 오게 된다고 했다.

그림 3−7에서 셀 A2:A21의 값을 보면, 이것 중 6개가 34.64와 56.65사이에 오는 것을 알고 있다. 20개의 관찰값 중 30%면 6개에 해당하며, 34%에 근접한 값이다.

## ✚ 편차를 제곱하기

왜 편차를 제곱한 다음에 합의 제곱근을 구하는 걸까? 만약 편차의 평균을 구하면 그 결과는 항상 0일 것이다. 다음 3개의 값 8, 5, 2가 있다고 해보자. 평균은 5이다. 각각 편차는 3, 0, −3이다. 편차의 합은 0이고, 편차의 평균은 0이 된다. 어떤 숫자를 골라도 결과는 마찬가지이다.

값에 상관없이 편차의 평균이 항상 0이기 때문에 값의 변동성을 측정하는 지표가 될 수 없다. 따라서 더하기 전에 편차를 제곱한다. 숫자를 제곱하면 항상 양수가 되기 때문에 이렇게 해서 합이 0이 되는 것을 막을 수 있다.

물론 제곱하지 않고 편차의 절대값을 사용할 수도 있다. 이렇게 해서 각 편차를 양수로 만든 다음 더하면 제곱해서 더했을 때와 마찬가지로 양수를 얻을 수 있다. 편차의 절대값을 더한 이 수를 평균편차(mean deviation)라고 하며 어떤 사람은 표준편차보다 평균편차가 더 변동성을 잘 계산할 수 있다고 주장한다. 하지만 이런 주장은 이 책의 범위를 벗어나므로 여기에서는 다루지 않는다. 오랫동안 표준편차를 값의 변동성을 측정하는 방법으로 선호해 왔다.

## ✚ 모집단 모수(Population Parameter)와 표본 통계량(Sample Statistic)

모집단을 설명하는 숫자에 대해서는 보통 모수(parameter)라는 용어를 쓰고, 표본을 설명하는 숫자에 대해서는 통계량(statistic)이라는 용어를 사용한다. 따라서 모집단의 평균은 모수이고, 표본의 평균은 통계량이다.

이 책에서는 가능한 기호는 쓰지 않으려고 했지만 어쨌든 기호를 보게 될 것이고 기호가 나오는 곳 중 하나가 바로 엑셀 도움말 문서이다. 전통적으로 모집단을 설명하는 모수에 대해서는 그리스 문자를 쓰고, 표본을 설명하는 통계량에 대해서는 로마 문자를 쓴다. 따라서 표본의 표준편차에 대해서는 s를, 모집단의 표준편차에 대해서는 σ를 사용한다.

모집단에 대해서는 그리스 문자를 쓰고 표본에 대해서는 로마 문자를 쓰는 전통에 따르면 앞서 표본에 대해 분산을 계산하는 식은 모집단에 쓰는 그리스 문자를 사용해서 다시 써야 한다. 모수에 대한 분산의 식은 다음과 같다.

$$\sigma^2 = \sum_{i=1}^{N} (X_i - \mu)^2 / N$$

이 식은 앞에서 나온 표본의 분산을 계산하는 식과 결과적으로는 동일하다. 이 식에서 사용하는 그리스 문자 σ는 '시그마'라고 발음하며 모집단의 표준편차를 의미한다. 따라서 $\sigma^2$은 모집단의 분산을 말한다.

이 식에서는 μ 기호도 사용한다. 그리스 문자로 '뮤'라고 발음하며 모집단의 평균을 의미한다. $\bar{X}$는 '엑스 바'라고 하며 표본집단의 평균을 의미한다(항상 그런 건 아니지만 서로 연관된 그리스 문자, 로마 문자가 각각 모집단과 표본을 나타낸다). 하지만 값의 개수를 나타내는 N은 바뀌지 않는다. 이 값은 모집단의 값도 아니고 표본값도 아니다.

## ✚ N−1로 나누기

분산을 계산하는 이 식에는 사실 문제가 하나 있다. 모집단으로부터 추출한 표본으로부터 분산을 구했을 때, 여기에서 모집단의 분산을 예상하고자 할 때 관련된 문제다. 여러분은 2장에서 편차의 제곱의 합을 최소화시키는 법에 대해 굉장히 길게 다뤘던 것을 기억하는가? 여기에서 바로 그 이유를 설명할 것이다.

2장에 나왔던 평균의 특징에 대해 생각해보자. 표본의 평균을 구한 다음 각 값에서 평균값을 빼보자. 그리고 그 편차를 모두 제곱해서 합해보자. 평균값이 아닌 다른 값을 썼을 때 보다 합한 결과는 가장 작다.

여기 모집단에는 지금 막 만든 10,000개의 피스톤 링이 있다고 해보자. 여기에서 100개의 표본을 뽑아서 링의 직경을 쟀다. 다음 식을 사용해서 링의 직경의 분산을 계산해보자.

$$S^2 = \sum_{i=1}^{N} (X_i - \bar{X})^2 / N$$

표본의 분산값을 정확히 구할 수 있다. 하지만 모집단의 10,000개의 피스톤 링에서 구한 분산보다는 과소평가되어 있을 것이다. 따라서 모집단의 표준편차를 추측하기 위해, 제곱근을 구해도 이렇게 과소평가한 영향이 있을 것이다.

표본에는 당연히 오류가 있기 마련이다. 사실 통계량은 우리가 측정하려고 하는 모수와 정확히 일치하기 어렵다. 만약 모집단에는 학생이 30명 있는데 여기에서 10명의 표본을 뽑아서 나이의 평균을 낸다면 표본 집단의 나이 평균과 모집단의 나이 평균은 다를 것이다.

이와 비슷하게 10,000개의 피스톤 링의 평균 직경과 표본의 평균 직경은 달라질 가능성이 높다. 표본평균은 100개의 표본값에서 계산한다. 따라서 계산 결과는 다음과 같다.

$$\sum_{i=1}^{N} (X_i - \bar{X})^2 / N$$

이 값은 표본평균 $\bar{X}$를 사용하는데 이 값은 다음 결과값보다는 작아질 것이다.

$$\sum_{i=1}^{N} (X_i - \mu)^2 / N$$

여기에서는 모집단의 평균인 $\mu$를 사용한다. 결과는 2장에서 보여줬다.

표본의 관찰값에서 얻은 평균으로 편차를 계산할 때는 표본평균으로부터 얻은 편차의 제곱의 합을 최소화한다. 만약 여기에서 모집단의 평균값을 사용한다면 결과값은 최소가 되지 않고 더 커질 것이다. 표본평균을 사용하는 것이 가장 결과를 최소로 만들기 때문이다. 따라서 표본의 분산(혹은 표준편차)을 사용하여 모집단의 분산(혹은 표준편차)을 측정할 때는 표본 통계량이 모집단 모수의 크기를 과소평가하게 된다.

표본평균이 모집단 평균과 같으면 아무 문제가 없지만 이런 일은 거의 일어나지 않는다.

이렇게 과소평가되는 것을 보완할 수 있는 방법이 있을까? 물론이다. 표본의 분산을 계산하기 위해 다음과 같은 식을 사용했을 것이다.

$$\sum_{i=1}^{N} (X_i - \bar{X})^2 / N$$

하지만 표본으로부터 모집단의 분산을 추측하려고 하면 N−1로 나눠야 한다.

$$\sum_{i=1}^{N} (X_i - \bar{X})^2 / (N - 1)$$

이 식에서 (N−1)을 자유도(degrees of freedom)라고 한다.

표본의 관찰값으로부터 모집단의 표준편차를 추측하는 식은 다음과 같다(이 식은 모분산의 표본 추측 값의 제곱근이다).

$$\sqrt{\sum_{i=1}^{N} (X_i - \bar{X})^2 / (N - 1)}$$

엑셀의 분산함수 도움말을 잘 보면 VAR()라는 함수가 있지만 엑셀 2010과 엑셀 2013에서는 VAR.S() 함수를 추천한다. 이 함수는 표본집단으로부터 분산을 구하며 이 분산은 모집단을 추측하는 값이다. 이 함수에서는 분모로 자유도를 사용한다.

함수의 인자로 모집단 전체를 다 넘겨준다고 하면 엑셀 2010과 엑셀 2013에서는 VARP()나 VAR.P() 함수를 사용하는 게 좋다. 그리고 표본만 가지고 있고 모집단의 분산값을 추측하는 게 목적이 아니라 그냥 표본의 분산만을 계산하려고 하면 VARP()나 VAR.P()를 써도 된다. 이 함수들은 분모로 N−1이 아닌 N을 사용한다.

STDEVP()와 STDEV.P()에 대해서도 마찬가지다. 모집단의 분산을 추정하는 것이 아니라 그냥 표본에서 표준편차만을 계산해낼 때 사용한다. STDEV()나 STDEV.S()는 표본으로부터 모집단의 표준편차를 추정해낼 때 사용한다.

## 4. 추정값(estimate)의 편향(bias, 치우침)

분산을 계산할 때 자유도 N-1 대신 N을 쓰면 통계량이 추정량(estimator)으로 편향된다. 음의 방향으로 편향되는데, 이것이 모집단의 분산을 과소평가하는 것이다. 앞에서도 말했듯 이런 이유로 표본분산에서 모분산을 추정할 때 샘플의 크기가 아닌 자유도를 사용하게 된다. 이렇게 해서 추정량에서 편향(bias)을 제거한다.

이것과 마찬가지로 모집단 표준편차의 추정량에서 편향을 제거하려면 역시 N-1로 나눠주면 된다고 생각할 수 있다. 하지만 편향되지 않은 추정값의 제곱근도 반드시 편향되지 않았다고 볼 수는 없다. 표준편차의 많은 편향은 분모로 N대신 N-1을 쓰면 없어진다. 하지만 약간은 남아 있을 수 있는데 무시할 만한 수준이다.

물론 표본의 크기가 크면 클수록 자유도를 써서 교정하는 부분은 작아진다. 표본의 크기가 100이라면 100으로 나누었을 때나 99로 나누었을 때의 차이는 매우 작다. 하지만 표본의 크기가 10이라면 10으로 나누었을 때와 0로 나누었을 때의 차이는 크다.

마찬가지로 N 대신 N-1을 분모로 썼을 때, 표준편차에 남아있는 편향도는 매우 작아진다. 표준편차는 편향된 추정치로 남아있지만 표본의 크기가 20정도면 편향은 약 1%정도 밖에 안된다. 그리고 표본의 크기가 커지면 커질수록 편향 또한 작아진다.

note.

N이 아니라 N-1로 나눈 모집단 표준편차의 추정값으로 표준편차의 편향을 측정할 수 있다. 정규분포에서 이 식은 모집단 표준편차의 비편향된 추정값이다.
(1 + 1 / [4 * {n - 1}]) * s

### ✚ 자유도(Degrees of Freedom)

분산이나 표준편차를 계산할 때 자유도는 매우 중요하다. 기술통계에서 추론통계로 갈수록 점점 더 중요해진다. 단일 t-검정에서부터 복잡한 다변량 선형회귀(multivariate linear regression)에 이르기까지 어떤 추론분석에서도 이 자유도(Degrees of Freedom, df)를 써서 계산을 하고 결과값이 얼마나 신뢰할 만한지 평가한다. 그리고 이전 부분에서도 다뤘지만 자유도는 표준편차를 이해하는데도 매우 중요하다.


## 5. 엑셀의 변동 함수

엑셀 2010에서는 통계 함수 중 일부분을 재정비하고 이름을 새로 붙였다. 그리고 엑셀 2013에서는 2010의 바뀐 사항을 그대로 가지고 있다. 이전 버전에서 사용하던 함수 이름과의 일관성을 유지하면서 함수 이름 자체에서 함수의 목적을 명확히 하려고 한다.


### ✚ 표준편차 함수

예를 들어 엑셀에는 1995년부터 표준편차 관련된 함수가 2개 있다.

- STDEV() – 이 함수는 인자 목록이 모집단에서 추출한 표본이라고 가정한다. 따라서 분모로 N –1을 사용한다.
- STDEVP() – 이 함수는 인자 목록을 모집단이라고 가정하며 분모로 N을 사용한다.

엑셀 2003버전부터는 표준편차를 구하는 함수가 2개가 추가되었다.

- STDEVA() – 이 함수는 STDEV()와 동일하지만 인자 목록으로 알파벳, 텍스트, 논리값 (Boolean)인 TRUE/FALSE를 받을 수 있다. 텍스트 값과 FALSE는 0이고, TRUE는 1이다.
- STDEVPA() – STDEVA()처럼 텍스트와 논리값을 인자로 받을 수 있다. 인자 목록을 모집단으로 가정한다.

마이크로소프트에서 P는 population, 즉 모집단을 의미한다. 따라서 STDEVP()같이 함수 이름 끝에 P를 붙이는데 이에 비해 STDEVS()는 없다. 이런 상황을 해결하기 위해 엑셀 2010과 2013에서는 새 표준편차 함수를 추가했고 함수 이름 끝에 문자를 추가했다. 이 문자로 함수가 표본을 위한 함수인지 모집단을 위한 함수인지 알 수 있다.


- STDEV.S() – 이 함수는 STDEV와 동일하다. 논리값과 텍스트 값은 무시한다.
- STDEV.P() – 이 함수는 STDEVP와 동일하다. 역시 논리값과 텍스트 값은 무시한다.


STDEV.S()와 STDEV.P()는 일관성(consistency) 함수라고 하는데 이전 버전에는 없었던 새로운 이름 체계를 사용하기 때문이다. 마이크로소프트에서는 STDEV()나 STDEVP()보다 이 함수들이 더 정확한 결과를 보여주는 계산 알고리즘을 사용한다고 한다.


엑셀 2013에서는 이전의 STDEV()와 STDEVP()를 모두 지원하고 있지만 언제까지 지원할지는 모르겠다. 엑셀 2013 워크시트에서 =STD라고 치면 이 함수들이 팝업 윈도우의 함수 리스트 중에 가장 아랫부분에 보이는 것을 보아 곧 없어질 것으로 생각된다. 엑셀 2013에서는 이 함수를 호환성(compatibility) 함수라고 부르고 있다.


## ✚ 분산 함수

분산을 구하는 함수에도 비슷한 규칙을 적용한다. 함수의 이름으로 이 함수가 모집단의 분산을 구하는지, 모집단의 값을 추측하기 위해 표본으로부터 분산을 구하는지를 구분할 수 있다. 그리고 숫자가 아닌 값도 인자로 받을 수 있는지 함수 이름으로 알 수 있다.


- VAR() – 아주 초기 버전의 엑셀에서부터 사용해 온 함수이다. 표본의 값에 기반하여 모집단의 치우치지 않은 추정치를 반환한다. 분모로는 자유도를 사용한다. STDEV()의 제곱값이다.
- VARP()는 VAR()만큼이나 엑셀에서 오랫동안 사용해왔다. 이 함수는 모집단의 분산을 반환하며 분모로 자유도가 아니라 레코드의 개수를 사용한다. STDEVP()의 제곱값이다.
- VARA()는 엑셀 2003에서 처음 등장했다. VAR()와 VARA()의 차이는 이 장의 앞부분 STDEVA()를 참고하자.

엑셀 2013에서는 함수 이름의 일관성을 매우 중시한다. 만약 함수 이름 끝에 P, 즉 모집단(population)을 붙여서 용도를 지정하면 표본에 대해 사용하는 함수에는 반드시 S(sample)를 붙여서 구분해야 한다.

이렇게 하는 것이 맞기 때문에 엑셀 2013에서는 모집단용 STDEV.P()와 표본용 STDEV.S()가 있다. 하지만 함수에 텍스트 값이나 논리값을 인자로 주는 경우는 어떻게 해야 할까? 이런 경우는 엑셀 2003에부터 나온 함수인 STDEVA()와 STDEVPA()의 경우를 보자.

1. STDEVPA()에 대응되는 STDEVSA()같은 함수는 없다.
2. STDEV.P()나 STDEV.S()와 같이 함수 이름과 용도를 구분 짓는 .(마침표)가 STDEVPA()에는 없다.
3. STDEVA(), STDEVPA() 모두 함수 팝업 창에 보면 없어진다고 나오지 않으므로 이 함수들이 STDEV.S.A()나 STDEVA.P()로 대체되어 없어질 가능성은 없다.

STDEV()나 STDEVP()에서 성능 등이 개선된 사항도 STDEVA(), STDEVPA()에 모두 적용되어 있고, 엑셀 2003의 VARA(), COUNTA()같이 텍스트와 논리값에 적용되는 함수와도 일관되게 적용된다. 하지만 이것은 어떻게 보면 '일관성을 위한 일관성'이다. 과연 사용자가 텍스트 값 'weasel'이나 논리값 'FALSE'가 들어있는 데이터 세트를 가지고 표준편차를 계산할 일이 있을까? 만약 그렇다면 이것은 분석을 위한 데이터 설계를 잘못했다고 볼 수밖에 없다.

사실 필자는 여기 불평불만을 적고 싶은 것은 아니다. 만약 필자와 똑같은 생각을 하는 독자가 있다면 당신은 혼자가 아니라는 것을 알려주고 싶었을 뿐이다.

---

- VARPA() – 엑셀 2003에서 처음 나왔으며 숫자가 아닌 인자에 대해서 STDEVPA()와 동일한 접근방법을 가지고 있다.
- VAR.S() – 엑셀 2010에서 처음 나왔으며 마이크로소프트측은 이전의 VAR()보다 더 정확한 계산을 수행한다고 말한다. VAR()와 동일하게 사용할 수 있다.
- VAR.P() – 엑셀 2010에서 처음 나왔다. VARP()와 유사하며 VAR()와 VAR.S()의 관계와 같다.

# 04

# 변수가 어떻게
# 함께 움직이는가 : 상관(correlation)

2장에서는 값들이 평균(mean), 중간값(median), 최빈값(mode) 등에서 어떻게 모여있는지 보았다. 3장에서는 어떤 값들이 모여 있지 않은지에 대해 보았다. 즉 평균 주변에 값들이 얼마나 흩어져있고 이를 측정하는 표준편차나 분산을 보았다.

이번 장에서는 두 개 이상의 변수가 함께 변하는 것(covary)부터 살펴본다. 즉 한 변수의 높은 값이 어떻게 다른 변수의 높은 값과 관련되어 있는지, 두 변수의 낮은 값들이 서로 관련되어 있는지 본다. 물론 반대의 경우도 가능하다. 한 변수의 높은 값들이 다른 변수의 낮은 값과 관련이 있을 수도 있다.

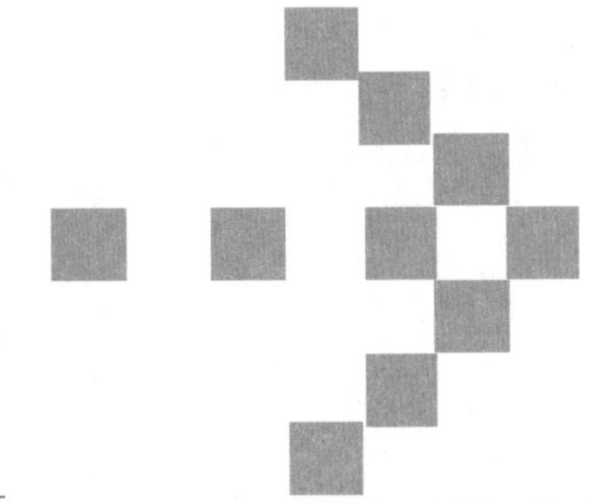

# 1. 상관(Correlation)을 이해하기

두 변수가 어떤 방식으로든 함께 변하는 정도(즉 함께 변하는 방식)를 상관(Correlation)이라고 한다. 흔한 예로는 키와 몸무게를 들 수 있다. 이 둘 사이에는 양(positive)의 상관관계가 있다. 한 변수의 높은 값은 다른 변수의 높은 값과 관련되어 있다(그림 4-1). 그림 4-1에서는 A2:B13에 나타난 12명의 사람들 키와 몸무게 데이터에 대해 각각 점을 찍어 표시했다. 일반적으로 키가 작을수록(가로축) 몸무게도 작은 편이다(세로축). 키가 클수록 몸무게도 크다.

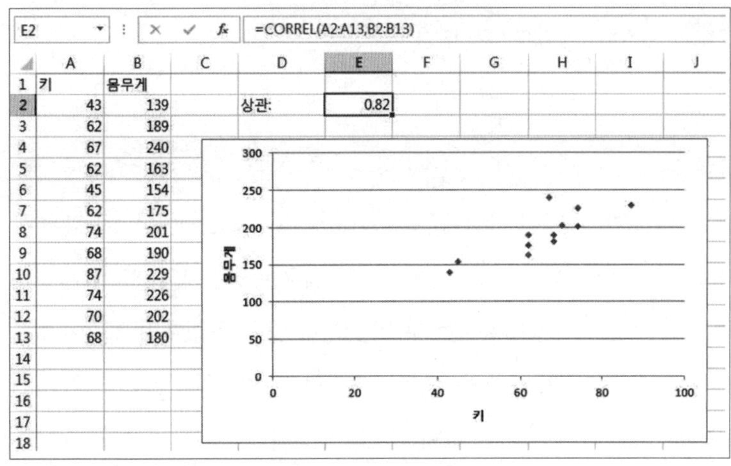

▶▶ **그림 4-1** 차트상에서 양의 상관관계가 보인다. 즉 왼쪽 아래가 낮고 오른쪽 위가 높다.

그림 4-2에서는 반대의 상황이 보인다. 각 플레이어가 게임을 끝낸 순서와 게임에서 얻은 점수를 보여주고 있다. 게임을 빨리 끝낼수록 점수가 더 좋았다. 이런 경우는 음(negative)의 상관관계가 있다고 한다. 한 변수에서 높은 값은 다른 변수의 낮은 값과 관련이 있다.

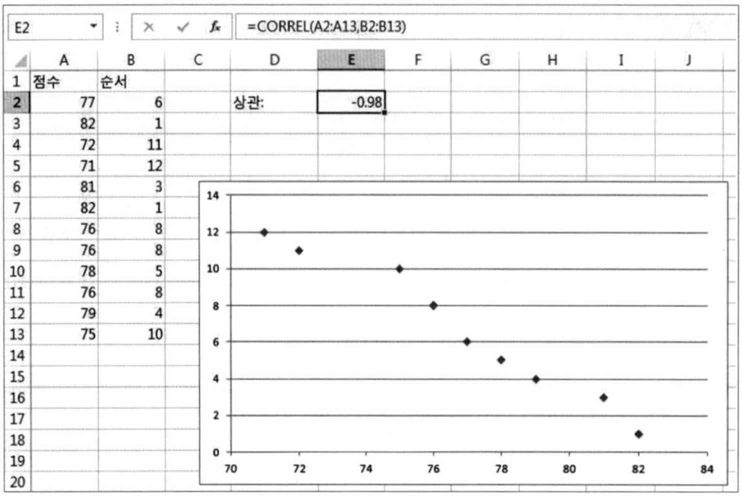

▶▶ **그림 4-2** 음의 상관관계가 보인다. 즉 왼쪽 위가 높고 오른쪽 아래가 낮다.

그림 4-1과 그림 4-2의 셀 E2를 보자. 이것이 상관계수(correlation coefficient)이다. 이 값은 두 변수 사이의 관계를 방향과 값으로 나타낸다. 그림 4-1에서 상관계수는 양수이며 .82이다. 따라서 두 변수는 같은 방향으로 움직인다. 양의 상관계수는 두 변수의 값 중 높은 값끼리 연관이 있음을 알려준다. 그림 4-2에서 상관계수는 −.98이며 음수이다. 따라서 두 변수의 관계는 음의 상관관계에 있다. 한 변수의 높은 값과 다른 변수의 낮은 값이 관련되어 있다.

상관계수는 'r'이라고 하며 −1.0에서 +1.0사이의 값을 가진다. −1.0이나 +1.0에 가까울수록 연관관계가 더 강하다. 두 개의 변수가 별 상관관계가 없을 때는 이 값은 0에 가깝다. 예를 들어 그림 4-3에서는 사람들의 이름, 성에 나타나는 문자의 개수와 한 달에 쓰는 수도량에 대한 관계를 보여주고 있다.

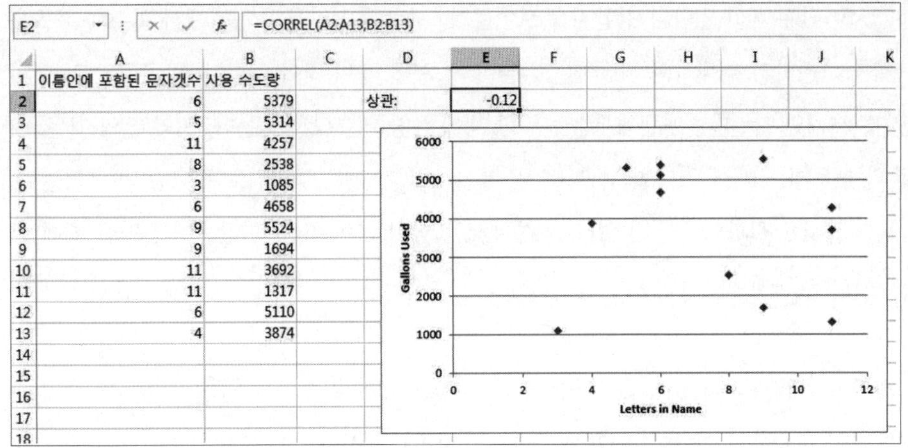



▶▶ **그림 4-3** 두 변수가 상관관계가 없으면 그냥 무작위로 흩어진 모양으로 보인다.


## ✚ 상관계수 계산하기

그림 4-3의 함수 상자의 식은 다음과 같이 보인다.


=CORREL(A2:A13,B2:B13)


여러분이 상관계수를 계산할 때는 두 개 이상의 변수를 다뤄야 한다. 상관계수 r은 두 변수 사이의 관계가 얼마나 강한지 나타낸다. 그림 4-1부터 그림 4-3까지 보면 변수 2개가 각각 A열과 B열에 보인다. CORREL() 함수의 인자는 워크시트상에서 두 변수 값의 영역이다. 한 변수의 값을 첫 번째 인자로 주고(여기서는 A2:A13), 다른 변수의 값을 두 번째 인자로 준다(여기서는 B2:B13). CORREL() 함수의 인자의 순서를 바꿔도 상관없다. 그림 4-3의 함수도 아래와 같이 써도 된다.


=CORREL(B2:B13,A2:A13)


CORREL() 함수에게 넘겨주는 두 변수의 영역 값들은 서로 동일한 사람이나 물건에 관련되어 있어야 한다. 그림 4-1에서는 키와 몸무게에 관한 데이터를 보여주는데, 예를 들어 2행에서는 존의 키와 몸무게를 A열과 B열에 나눠서 보여주고 있고, 3행에서는 팻의 키와 몸무게를 A열과 B열에 나눠서 보여주는 식이다.

r은 두 변수 사이의 관계가 얼마나 강한지를 보여준다. 사람이나 사물의 집합에서 변수의 값들을 가지고 관계를 측정하기 위해서는 해당하는 값들이 서로 잘 짝이 맞아야 한다(즉 존의 키와 팻의 몸무게를 연관시키면 안된다). 엑셀에서는 동일한 행에 해당하는 짝은 놓는다. 만약 존의 키는 A2에 있고 존의 몸무게는 B4에 있다면 상관계수를 계산하면 이 값은 무작위로 흩어진 의미 없는 수가 될 것이다. 그리고 결과도 의미가 없다. 엑셀에서는 쌍이 되는 두 개의 값들이 동일한 행에 있다고 가정한다.

순전히 기계적인 관점에서 CORREL() 함수의 경우에는 함수에 필요한 모든 관찰값이 두 개의 배열에서 상대적인 위치를 차지한다. 만약 A2:A13과 B2:B13대신 A2:A13, B3:B14라는 데이터를 쓴다고 해보자. 이때 존의 데이터는 A2,B3, 팻의 데이터는 A3,B4에 있어야 한다. 하지만 A2:A13과 B3:B14같은 구조는 엑셀의 목록이나 테이블의 구조를 따르지 않는다. 끼워 맞출 수야 있지만, 곧 혼란에 빠지게 될 것이다. 반드시 그렇게 해야만 하는 이유가 있는 게 아니라면 동일한 사람이나 물건에 대한 데이터는 동일한 행에 맞춰서 넣어야 한다.



만약 이전에 엑셀로 통계 분석을 해 본적이 있으면 PEARSON() 함수에 대해서는 언제 다룰 것인지 궁금해 할 수 있다. 답을 주면 여기서 다루지 않는다. 엑셀에는 r을 계산하는 함수가 두 개 있는데 하나는 CORREL()이고 하나는 PEARSON()이다. 두 함수 모두 동일한 인자를 받아서 같은 결과를 내놓는다. 왜 이렇게 중복된 함수가 있는지는 모르겠다. 필자가 1995년 마이크로소프트에 이것에 대해 물어봤을 때 받은 답은 "음... 글쎄요...." 정도였다.

Karl Pearson은 19세기 말 CORREL()과 PEARSON()에서 반환하는 상관계수를 만들었다. r(통계량에서 언급)과 ρ(그리스 문자로 "로(rho)", 모수에서 언급)은 모두 회귀(regression)를 의미한다. 회귀는 상관과 관련돼있으며 이 후 장에서 계속 다룬다.

이 책에서 CORREL()에 대해 언급하는 것은 PEARSON()에도 적용된다. 나는 CORREL()을 더 선호하는데 PEARSON()보다 글자 개수가 더 적어서 타이핑하기 편하기 때문이다.

표준편차나 분산처럼 엑셀에서는 상관을 계산하는 함수가 있으므로 직접 더하고 빼는 작업을 하지 않아도 된다. 하지만 r을 어떻게 계산하는지 식을 알고 있으면 이해할 때 도움이 된다. 상관(correlation)은 공분산(covariance)에 기반하며 $S_{xy}$로 표시한다.

$$s_{xy} = \sum_{i=1}^{N} (X_i - \overline{X})(Y_i - \overline{Y})/(N - 1)$$

3장을 읽었으면 이 식이 이미 눈에 익을 것이다. 3장에서 분산을 계산할 때는 각 값에서 평균을 빼서 편차를 계산한 다음 그것을 제곱한다고 했었다. 따라서 편차를 제곱하는 식은 $(X_i - \overline{X})^2$이거나 $(X_i - \overline{X})(Y_i - \overline{Y})$이다. 공분산(covariance)은 한 변수로부터 편차를 받은 다음, 그것을 다른 변수의 편차로 곱하는 것을 말한다.



공분산에서 분모는 N−1이다. 3장의 분산에서 설명한 것과 동일한 이유이다. 모집단에 대한 추측을 하기 위한 표본에서는 N 대신 자유도 N−1로 나눠야 추정값이 표본의 크기와 무관하게 된다. 엑셀 2010과 엑셀 2013에서는 표본집단에는 COVARIANCE.S() 함수를 사용하고, 모집단에는 COVARIANCE.P() 함수를 사용한다. 추가로 X, Y변수가 동일할 때는 공분산은 그냥 분산이 된다.

이 방식으로 공분산을 계산하는 효과를 보기 위해 두 개의 변수 '키'와 '몸무게'가 있다고 하자. 그림 4-4에 보면 두 명의 남자에 대해서 나와 있다.

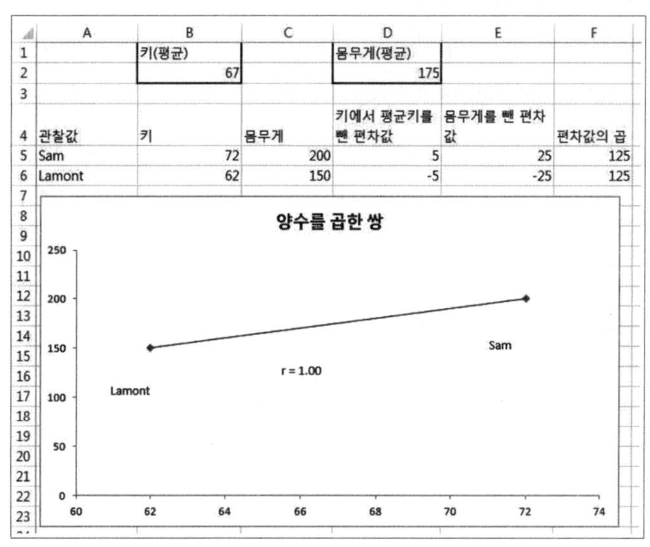


▶▶ **그림 4-4** 한 변수에 대해 편차값이 큰 경우 이것과 연관된 다른 변수에 대한 편차값도 크다면 공분산값이 크다.

그림 4-4에서 보면 Sam은 평균 몸무게 175파운드보다 몸무게가 더 나가고 평균 키인 67인치보다 키가 크다. 따라서 Sam의 키와 몸무게에 대한 편차값은 모두 양수가 된다(그림 4-4에서 셀 D5, E5를 보라). 그리고 두 편차를 곱한 값도 양수가 된다(셀 F5).

이와 반대로 Lamont는 평균보다 몸무게도 적게 나가고, 키도 평균보다 작다. 따라서 편차값은 모두 음수이다(셀 D6, E6). 하지만 음수 두 개를 곱하면 결과값은 양수가 되므로 편차의 곱은 양수가 된다(셀 F6). 이 편차의 곱은 둘 다 125이다. 편차를 식에 따라 모두 합해보자.

$$\sum_{i=1}^{N} (X_i - \overline{X})(Y_i - \overline{Y})$$

편차의 곱을 합하면 공분산은 0으로부터 멀어지게 된다. Sam의 편차의 곱은 125이고 Lamont의 편차의 곱은 125이므로 0에서 먼 값이다.

그림 4-4의 대각선을 보자. 이 선은 회귀선(regression line)이라고 한다(엑셀에서는 추세선 (trendline)이라고 한다). 이 경우에는(두 개의 레코드로 된 경우는 항상 그렇지만) 차트상 두 점이 회귀선 위에 존재한다. 이 경우 상관은 +1.0이거나 −1.0이 된다. 이렇게 완전한 상관이 나오는 경우는 당연한 레코드에서 상관관계를 내거나(예를 들어 섭씨온도와 화씨온도의 상관관계는 당연하게 일치한다) 아니면 책에서나 나오는 경우다. 실제 세계의 데이터는 이것보다 좀 더 부정확하게 나온다.

이 예에서 일반적인 규칙을 이끌어 낼 수 있다. 두 쌍의 값이 둘 다 양의 편차이거나 둘 다 음의 편차이면 각 레코드에 대한 결과값은 공분산 값을 0에서 멀어진 +1.0이 되도록 한다. 즉 두 변수의 관계가 강할수록 상관은 0에서 멀어진다. 한 변수의 다른 높은 값이 다른 변수의 높은 값과 관련 있거나 혹은 한 변수의 낮은 값이 다른 변수의 낮은 값과 관련이 있으면 두 변수의 관계는 강해진다. 그러면 한 변수에 대해서는 높은 값과 관련 있고, 다른 변수에서는 낮은 값과 관련 있으면 어떻게 될까? 분석을 위해 그림 4-5을 보자.

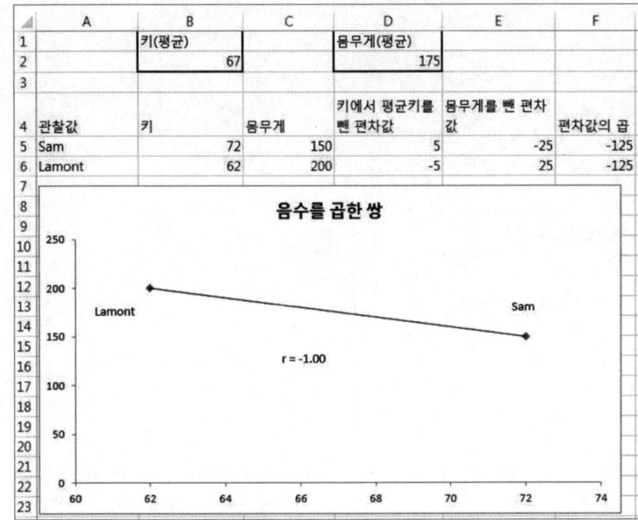


▶▶ **그림 4-5** 공분산은 그림 4-4만큼 강하지만 음수인 점이 다르다.

그림 4-5에서 두 변수의 관계는 바뀌어 있다. Sam은 평균보다 키가 크지만(D5의 편차값은 양수) 몸무게는 평균보다 작다(E5의 편차값이 음수). Lamont는 평균보다 키가 작지만(D6의 편차값이 음수) 평균보다 몸무게가 많이 나간다(E6의 편차값이 양수).

F5, F6을 보면 Sam, Lamont 모두 편차값의 곱이 음수이다. 이 값을 합하면 역시 공분산값은 0에서 멀어진다. 관계는 그림 4-4의 경우와 똑같이 강하지만 방향이 다르다.

두 변수의 관계가 얼마나 강한지는 상관의 크기로 결정하며 상관의 방향이 음수인지 양수인지는 관계없다. 예를 들어 몸무게와 일주일에 조깅을 한 시간의 상관은 꽤 강할 것이다. 하지만 방향은 음수일 것이다. 아마 −0.6정도? 조깅에 시간을 많이 쓰면 쓸수록 몸무게가 줄어들 것으로 예상할 수 있기 때문이다.

## – 관계를 약화하기

마지막으로 그림 4-6에서는 편차의 곱이 음수와 양수가 섞여있는 경우를 보여준다.

그림 4-6에서 Sam과 Lamont의 편차의 곱은 양수이다(셀 F5, F6). 하지만 여기에 Peter의 값이 들어가자 키와 몸무게의 관계가 약화되었다. Peter의 키는 평균보다 위지만 몸무게는 평균보다 아래다. 결과값은 키의 편차값은 양수이고, 몸무게의 편차값은 음수이므로 두 수를 곱하면 음수가 된다.

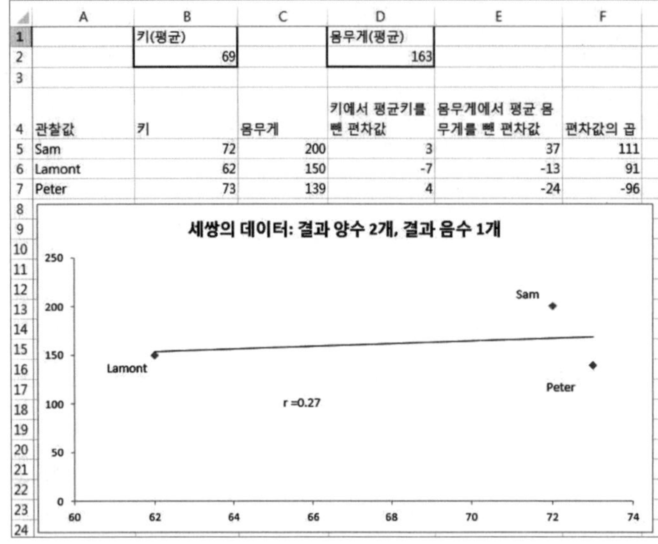



▶▶ **그림 4-6** Sam, Lamont의 편차곱은 양수인 반면, Peter의 편차곱은 음수이다.

이 값으로 인해 공분산의 값이 0쪽으로 이동한다. 기존에 Sam과 Lamont의 편차값으로는 양의 방향으로만 움직였는데 이 값이 음수이기 때문이다. Peter의 값으로 인해 키와 몸무게의 상관관계가 약해진다. Peter의 경우를 보면 키가 크다고 몸무게가 반드시 늘어난다거나 혹은 키가 작다고 몸무게가 줄어든다고 결론을 내기는 어려울 것 같다.

관찰된 관계가 약해지면 공분산 또한 동일한 현상이 일어난다(즉 그림 4-6의 값이 그림 4-4나 그림 4-5에 비해 0에 가까워진다). 상관계수는 공분산에 기반하므로 상관계수 또한 0에 가까워진다. 그림 4-4나 그림 4-5에서의 r값은 완전한 1.0이나 −1.0이었다.

하지만 그림 4-6에서 r은 0.27로 훨씬 약하다. 따라서 키와 몸무게 사이의 상관이 약하다고 보여주는 것이다.

그림 4-6을 보면 Sam과 Peter의 데이터가 회귀선상에 있지 않다. 이것도 상관이 약해지면 발생하는 현상이다. 데이터 자리를 점으로 찍어보면 회귀선을 벗어난다. 실제 세계의 데이터를 가지고 상관을 구하면 항상 이렇게 회귀선에서 벗어나는 모양을 보여주므로 이것이 굉장히 특이한 현상은 아니다.

### – 공분산에서 상관으로 움직이기

엑셀의 CORREL() 함수가 없어도 공분산이 있으면 상관을 얻을 수 있다. 변수 x와 y의 상관계수

공식은 다음과 같다.


$$r = s_{xy}/s_x s_y$$


말로 풀어보자. 상관(correlation)은 공분산($S_{xy}$)을 x의 표준편차($S_x$)와 y의 표준편차($S_y$)를 곱한 값으로 나눈 것이다. 표준편차로 나누어줌으로써 두 변수의 관계에서 표준편차의 효과를 없앤다. 상관에서 두 변수의 스프레드를 취하면 상관은 최소 −1.0(완전한 음의 상관)에서 +1.0(완전한 양의 상관)의 값을 가지며 중간은 0.0(관계가 없음)이다.

여기서 공분산과 상관계수를 계산하는 방법을 강조하고 있는데 이것을 이해하면 두 통계치를 이해하는데 도움이 된다. 두 변수의 상대적으로 큰 값이 같은 방향으로 움직이면 공분산도 커진다. 공분산이 커지면 상관계수도 커진다. 실제로 손으로 계산하는 일은 거의 없다. 상관계수는 CORREL()로 계산하고, 공분산은 COVARIANCE.S()나 COVARIANCE.P()를 사용한다.


왜 엑셀에는 CORREL.S()이나 CORREL.P() 함수가 없을까? 우선 여러분이 모집단의 값을 다루고 있다고 하자. 그리고 r을 얻기 위한 식에서 X와 Y의 공분산을 계산하기 위해 N을 사용한다. 다음 X와 Y의 표준편차를 계산하기 위해 N의 제곱근을 구한다. r을 구하기 위한 식의 분모에서는 두 값의 표준편차를 곱하므로 결국 N을 N으로 나누는 꼴이 된다. 이 상황은 표본집합에도 동일하게 적용되는데, 단 이 경우는 (N−1)을 (N−1)로 나누게 된다. 좀 더 간결하게 풀어보면,


COVARIANCE.P(X,Y)/(STDEV.P(X)*STDEV.P(Y))의 결과는
COVARIANCE.S(X,Y)/(STDEV.S(X)*STDEV.S(Y))과 동일하다.


따라서 CORREL.S()이나 CORREL.P()을 구분할 필요가 없다.


## ✚ CORREL() 함수 사용하기

그림 4-7에서 두 변수 사이의 관계를 알아보기 위해 CORREL() 함수를 쓰는 방법을 보여주고 있다. 예를 들어 여러분이 은행에서 대출을 담당했다고 가정해보자. 집을 구매하고자 하는 사람에게 주택담보대출을 해줘야 하는데 지난 달 이루어진 총 대출을 가지고 주택 가격과 집 구매자의 연소

득의 관계를 알아보고자 한다.

필요한 데이터를 모아서 A에서 C까지 그림 4-7처럼 입력했다. A열에는 구매자의 이름이 있는데, 이 값은 각 값의 쌍을 구별하기 위해 사용할 수 있다. 이런 이름은 물론 상관계수를 계산할 때는 필요 없지만 특정 값이 한 개의 레코드를 이루는지 구분하기 위해서는 반드시 필요하다. 예를 들어 A열의 이름이 없이는 Neil의 집값이 $195,000이고 1년 수입이 $110.877인지 구분할 수 없다. 상관계수를 계산할 때는 항상 관계를 알고자 하는 값이 제대로 짝지어있는지 확인해야 하므로 Neil의 수입과 집 값이 제대로 맞는지 반드시 확인이 필요하다.

note_

공식적으로 레코드가 동일하다고 하려면 이전 "상관계수 계산하기"에서 언급했던 것처럼 배열에서 상대적인 위치가 동일하면 된다. 하지만 데이터를 쉽게 구분하기 위해서는 될 수 있는 대로 한 레코드는 한 행에 들어가도록 하는 게 좋다. 그리고 CORREL()은 인자로 테이블이나 리스트를 넘겨주는 경우가 많은데, 리스트나 테이블은 반드시 한 레코드가 동일한 열에 있어야 한다.

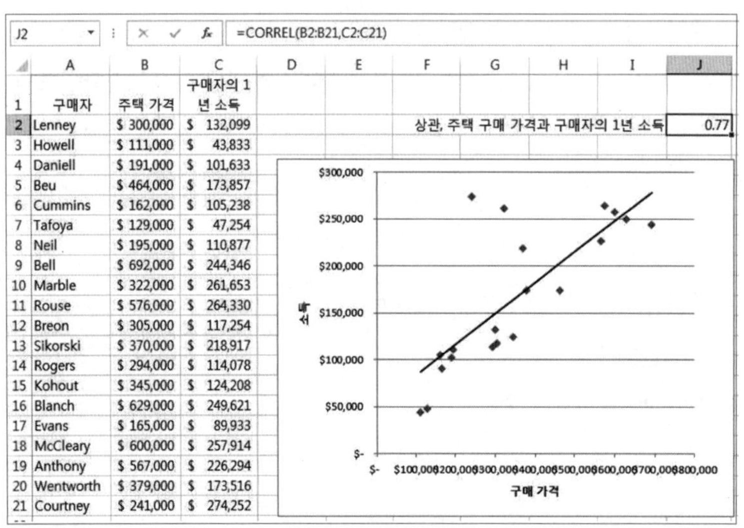

▶▶ **그림 4-7** 차트를 보고 상관을 검증해보는 게 좋다.

위 예에서 주택 구매가격과 소득의 상관을 쉽게 얻을 수 있다. 다음 식을 그림 4-7의 J2에서 볼 수 있다.

=CORREL(B2:B21,C2:C21)

하지만 상관값을 계산했다고 해서 끝이 아니다. 상관계수는 좀 더 까다롭다. 다음과 같은 경우 여러분은 잘못된 방향으로 갈 수도 있다.

- 두 변수 사이에는 강한 상관관계가 있다. 하지만 정규 상관계수 r로는 그 관계를 규정하기 어렵다.
- 두 변수 사이에 별 상관관계는 없다. 하지만 하나나 두 개의 특이한 관찰값 때문에 관계가 있는 것처럼 보인다.

그림 4-8의 예는 r값이 없는 강한 관계에 대해 보여주고 있다. 만약 그림 4-8과 같은 데이터를 가지고 CORREL() 함수를 사용해서 Pearson 상관계수를 계산한다면 일이 꼬일 것이다. Pearson r 값은 두 변수의 관계가 일직선임을 가정한다. 즉 회귀선이 그림 4-7에서처럼 직선으로 보여야 한다. 그림 4-8의 데이터는 단어 1000개를 주고 타이핑 오류를 얼마나 냈는지 세었다. 나이가 어려서 눈과 손의 협업이 잘 안될수록 실수가 많았고 또 나이가 들수록 시력이 떨어져서 실수가 많았다.

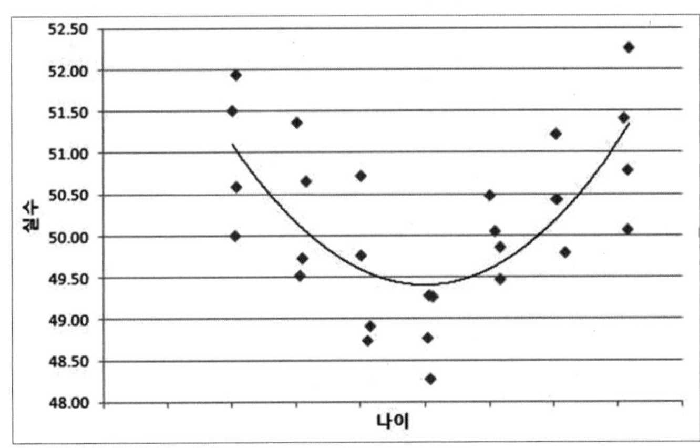


▶▶ **그림 4-8** 관계가 일직선이 아니다. 반면 r은 관계가 일직선임을 가정한다.

비선형 상관으로 측정하면 두 변수 사이에는 .75의 상관이 있다. 하지만 CORREL()으로 계산한 Pearson r은 0.08인데 이것은 비선형 관계에 대해서는 고려하지 않고 있기 때문이다. 만약 직접 데이터를 차트상에 찍어보지 않았으면 이런 중요한 점을 놓쳤을 수도 있다. 그림 4-9에는 또 다른 문제가 보인다.

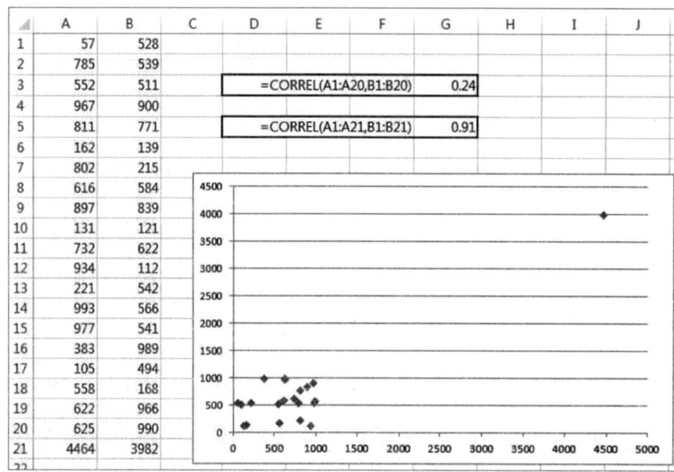

▶▶ **그림 4-9** 단 한 개의 이상치(아웃라이어) 때문에 두 변수의 관계를 잘못 짐작할 수 있다.

그림 4-9에서 두 변수 A1:B20(B21이 아니고 B20이다)은 약한 상관관계가 있다. 상관값은 G3에 보이는데 .24밖에 안된다. 그런데 뭔가 측정에 문제가 있었던 건지 실수가 있었던 건지 모르겠지만 A21, B21에 특이한 값이 보인다. 만약 이 값까지 CORREL() 함수에 넣으면 약한 상관이었던 .24가 갑자기 강한 상관인 .91로 바뀐다. 이런 현상은 공분산을 정의하는 방법 때문에 발생하는데 따라서 상관도 영향을 받는다. 이전에 나왔던 공분산식을 다시 보자.

$$s_{xy} = \sum_{i=1}^{N} (X_i - \overline{X})(Y_i - \overline{Y})/(N-1)$$

이 식에는 분모에 X값의 편차와 Y값의 편차를 곱하게 되어 있다. 21열 같이 X, Y값이 모두 다른 값들보다 너무 크면 편차값이 갑자기 커지면서 공분산 값도 커지고 상관도 마찬가지로 기존 20개의 데이터를 넣었을 때에 비해 갑자기 커진다.

하지만 직접 XY 차트를 보기 전에는 무슨 일이 일어났는지 모를 것이다. 차트를 보면 원래는 그다지 관계없었던 것이 한 개의 값 때문에 갑자기 강한 관계가 된 것을 볼 수 있다. 물론 그 한 개가 엉뚱한 데이터가 아니라 맞는 것일 수도 있다. 하지만 이 경우에는 표준 상관계수가 이 데이터의 관계를 설명하기에 적절하지 않은 것일 수도 있다(이렇게 기울어진 분포에서는 평균을 제외한 다른 지표가 중심경향을 설명하는데 더 적당하다).

상관분석을 할 때는 반드시 XY 차트를 만드는 게 좋다. 표준 r, 즉 Pearson 상관계수는 많은 경우 고도의 통계 분석의 기본이 되지만 일직선이 아니거나 극도의 특이한 값을 가지는 데이터의 관계를 설명하기에는 적절하지 않다. 다행히도 엑셀에서는 차트를 쉽게 만들 수 있다. 예를 들어 그림 4-9와 같은 XY 차트를 만들려면 다음과 같은 과정을 거치면 된다.

1. A1:B21과 같은 데이터가 있는 상태에서 영역 안의 아무 셀이나 선택한다.
2. '삽입' 탭을 선택한다.
3. '차트' 그룹에서 '분산형(X,Y) 또는 거품형 차트 삽입'을 선택한다.
4. 드롭다운 상자에서 '분산형'을 선택한다.

## ✚ 분석 도구 사용하기

1990년대 이후 엑셀에는 통계 분석을 수행하기 위한 여러 가지 도구를 제공해왔다. 엑셀 몇몇 버전에서는 분석 도구팩(Analysis Toolpak)이라고 했는데 이 책에서는 '데이터 분석 추가 기능(Data Analysis add-in)'이라고 하겠다. 엑셀 2010과 엑셀 2013 메뉴에 나오는 버튼의 이름이 이렇게 되어 있기 때문이다.

데이터 분석 추가 기능은 매우 유용한데 그 중의 하나가 '상관 분석' 도구이다. 분석할 변수가 몇 개 없으면 그냥 CORREL() 함수를 쓰는 편이 더 빠르다. 하지만 변수가 2개나 3개 이상이면 '상관 분석' 도구를 사용해보는 것이 좋겠다. 변수가 k개 있을 때 유일한 상관계수가 몇 개 생기는지 알려면 다음 식을 써보자.

k * (k - 1) / 2

변수가 세 개 있으면 세 개의 상관을 계산해야 한다(3*2/2). 여기까지는 쉽지만 만약 변수가 4개 있으면 가능한 상관은 6개가 된다(4*3/2). 변수가 다섯 개면 10개(5*4/2)이다. 매번 CORREL()로 계산하면 헷갈리기도 쉽고 실수할 수도 있다. 이렇게 변수가 많아지면 '상관 분석' 도구를 사용하는 게 더 좋다.

2장에서 '해찾기' 추가 기능을 사용했던 것과 비슷한 방법으로 '데이터 분석 추가 기능'을 사용할 수 있다. 엑셀 2007이나 그 이후 버전에서는 '데이터' 탭을 클릭한 다음 '분석' 그룹에 '데이터 분석' 버튼이 있는지 찾아보자(엑셀 2003이나 그 이전 버전에서는 '도구' 메뉴에서 '데이터 분석'을 찾아보자). 만약 '데이터 분석' 버튼이 있으면 다음 장인 "상관 도구 사용하기"로 넘어가자.
'데이터 분석' 버튼이 없으면 엑셀에서 이 기능을 사용할 수 있도록 해야 한다. 이 과정 중에 설치 디스크가 필요하거나 인터넷상으로 설치 파일을 다운받아야 할 수도 있다.



'데이터 분석' 도구는 단순한 '상관 분석' 도구 이상이다. 여기에는 한 개의 변수에 대한 기술적인 통계치를 반환하는 도구나 이 책의 나중에 소개한 추론 통계에 관한 도구들, 이동 평균법(moving averages), 그 외에도 여러 가지 도구를 가지고 있다. 중급용 통계 분석 도구로 엑셀을 활용하려면 이 데이터 분석 도구를 잘 써야 한다. 물론 SPSS나 SAS만큼의 영역은 아니지만 그래도 꽤 쓸모 있을 것이다.

데이터 분석 추가 기능을 이미 설치는 했지만 엑셀에서 쓸 수 있도록 활성화하지는 않았을 것이다. '데이터' 탭 ▶ '분석' 그룹 ▶ '데이터 분석' 버튼이 보이지 않으면 다음 과정을 수행하자.

1. 오피스 2010이나 2013에서 '파일' 탭을 클릭한 다음 내비게이션 바에서 '옵션'을 선택하자. 오피스 2007이면 오피스 버튼을 클릭한 다음 메뉴 아래 부분에 '엑셀 옵션' 버튼을 클릭하자.
2. 'Excel 옵션' 창의 내비게이션 바에서 '추가 기능'을 클릭하자.
3. 제일 아래 부분의 '관리'에 'Excel 추가 기능'을 선택한 다음 '이동'을 클릭하자.
4. '추가기능' 상자 안에 '분석 도구'가 보일 것이다. 체크박스를 선택한 다음 '확인'을 클릭하자.

이제 '데이터' 탭 ▶ '분석' 그룹 ▶ '데이터 분석' 버튼이 보일 것이다. 이 도구를 사용하는 방법은 다음에 나오는 "상관 도구사용하기"에서 알아보자. 엑셀 2007 이전에서는 좀 더 쉽다. '도구' 메뉴에서 '추가 기능'을 선택한 다음 대화상자에서 '분석 도구'를 선택하고 체크박스를 선택하자. 그리고 '확인'을 클릭하면 '도구' 메뉴에 '데이터 분석'이 보인다.

엑셀 버전에 상관없이 추가 기능 대화상자에 '분석 도구'가 보이지 않으면 설치의 도움이 필요하다. 설치 디스크나 오피스 설치 파일이 있어야 하는데, '제어판' ▶ '프로그램'에서 오피스 설치를 수정하도록 한다. 엑셀을 수정해서 설치하기 위해 '추가기능'의 + 기호를 확장한 다음 '분석 도구'를 선택해서 설치하자. 다음 위 과정의 1번부터 다시 수행한다.

## ✚ 상관 도구 사용하기

'데이터 분석'의 '상관 분석' 도구를 사용하기 위해 우선 그림 4-10과 같은 데이터부터 시작해보자.

| | A | B | C | D |
|---|---|---|---|---|
| 1 | 나이 | 몸무게(단위 파운드) | 키(단위 인치) | 콜레스테롤 |
| 2 | 2 | 28 | 32 | 161 |
| 3 | 4 | 26 | 40 | 142 |
| 4 | 4 | 42 | 38 | 181 |
| 5 | 10 | 72 | 51 | 138 |
| 6 | 4 | 61 | 37 | 175 |
| 7 | 2 | 41 | 33 | 162 |
| 8 | 5 | 50 | 43 | 129 |
| 9 | 7 | 31 | 44 | 143 |
| 10 | 3 | 28 | 33 | 150 |
| 11 | 5 | 51 | 40 | 128 |
| 12 | 4 | 39 | 40 | 138 |
| 13 | 6 | 61 | 44 | 126 |
| 14 | 4 | 29 | 37 | 133 |

▶▶ **그림 4-10** '상관 분석' 도구는 각 데이터의 레이블을 읽을 수 있으므로 첫 번째 열에 값의 이름을 기록하도록 하자.

다음으로 '데이터' 탭 ▶ '분석' 그룹 ▶ '데이터 분석' 버튼을 클릭한 후 분석 도구 목록에서 '상관 분석'을 선택한 다음 '확인'을 누르자. 그러면 그림 4-11같은 대화상자가 보인다. 다음 과정을 따라 가보자.

1. 우선 '입력 범위' 상자를 활성화하자. 활성화되어 있으면 깜빡이는 커서가 보인다. 마우스를 이용하여 데이터가 위치한 전체 위치를 선택하자.

필자의 경우는 데이터를 빠르게 선택하기 위해 데이터의 가장 왼쪽 상단에서 시작한다. Ctrl+Shift 키를 누른 채 마우스의 오른쪽 버튼을 클릭해서 첫 번째 행의 전체를 선택한다. 그리고 Ctrl+Shift 키를 그대로 누른 채 화살표 키를 눌러서 전체 행을 선택한다.

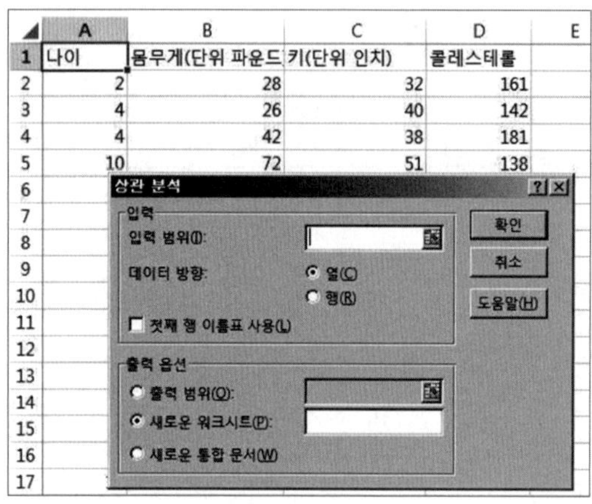

▶▶ **그림 4-11** 목록 가장 상단에 레이블이 있으면, 이것도 '입력 범위'에 포함하자.

2. 서로 다른 변수가 서로 다른 열을 차지하도록 데이터를 워크시트에 두었으면, '열(C)' 옵션을 반드시 선택해야 한다.

3. 그림 4-11에서처럼 첫 번째 행에는 레이블을 써서 변수를 구분했다면 '첫째 행 이름표 사용' 옵션도 반드시 표시해야 한다.

4. 상관계수를 데이터와 동일한 워크시트상에서 보려면 '출력 범위' 옵션을 클릭하자(이 책의 예에서는 대부분 이렇게 했다). '출력 범위'의 편집 상자를 클릭해서 워크시트상에서 어디에 보여줄지 셀을 선택한 다음 돌아오면 된다.

5. '확인'을 클릭해서 분석을 시작하자.

상관 분석 대화상자에는 다른 데이터 분석 대화상자와도 공유하는 트랩 기능이 있다. '출력 범위'의 옵션 버튼을 클릭하면 입력 범위의 편집 상자가 활성화된다. 만약 잘 모르겠으면 여러분은 출력을 어디에다 할 것인지 지정해주고 있지만 사실은 엑셀에게 입력 범위를 알려주고 있는 셈이다.

'출력 범위' 버튼을 클릭한 다음 관련된 영역 편집 상자를 다시 클릭해보자.

확인을 클릭하면 그림 4-12와 같은 화면이 보인다. 상관 분석에 대해 몇 가지 유의해야 할 점이 있다. 우선 그림 4-12의 셀 F1:J5처럼 결과를 보여줄 셀 영역이 있어야 한다. 각 행과 열은 입력한 변수를 의미한다. 상관계수를 보여주기 위해 이렇게 행렬형태로 보여주는 것이 효율적이다.

| | A | B | C | D | E | F | G | H | I | J |
|---|---|---|---|---|---|---|---|---|---|---|
| 1 | 나이 | 몸무게(단위 파운드 | 키(단위 인치) | 콜레스테롤 | | | 나이 | 몸무게(단위 파운드 | 키(단위 인치) | 콜레스테롤 |
| 2 | 2 | 28 | 32 | 161 | | 나이 | 1 | | | |
| 3 | 4 | 26 | 40 | 142 | | 몸무게(단위 파운드) | 0.740390483 | 1 | | |
| 4 | 4 | 42 | 38 | 181 | | 키(단위 인치) | 0.967749149 | 0.724796001 | 1 | |
| 5 | 10 | 72 | 51 | 138 | | 콜레스테롤 | -0.114306043 | 0.339853229 | -0.188243537 | 1 |
| 6 | 4 | 61 | 37 | 175 | | | | | | |
| 7 | 2 | 41 | 33 | 162 | | | | | | |
| 8 | 5 | 50 | 43 | 129 | | | | | | |
| 9 | 7 | 31 | 44 | 143 | | | | | | |
| 10 | 3 | 28 | 33 | 150 | | | | | | |
| 11 | 5 | 51 | 40 | 128 | | | | | | |
| 12 | 4 | 39 | 40 | 138 | | | | | | |

▶▶ **그림 4-12** 셀 G2:J5에 보이는 모든 숫자를 상관행렬(correlation matrix)이라고 한다.

그림 4-12의 셀 G2, H3, I4, J5의 값은 1.0이다. 이 칸은 네 개의 변수 중 각각 자기 자신과의 연관관계를 보여주므로 당연히 상관은 1.0이다. 그림 4-12와 같이 이렇게 상관행렬에서 대각선으로 상관값이 늘 1.0인 선을 주 대각선(main diagonal)이라고 한다.

주 대각선 위로는 상관계수가 안 보이는데 어차피 값이 아래에 있는 값과 중복되기 때문이다. 그림 4-12에서 셀 H4는 키와 몸무게의 관계이며 값은 0.72이다. 하지만 I3역시 똑같이 몸무게와 키의 관계이며 값이 동일할 것이다. 엑셀에서는 중복된 정보를 보여줄 필요가 없으므로 중복된 정보는 제거했다.

그리고 주 대각선 위에 이렇게 정보가 안 보이는 편이 시각적으로도 깨끗해 보인다. 주성분 분석(principal component analysis)같이 더 복잡한 통계 분석에서는 이런 행렬을 모두 채우게 된다.

다른 데이터 분석 도구와 같이 '상관 분석' 도구는 통계값을 보여준다. 예를 들면 그림 4-12에서 상관행렬에는  =CORREL(A2:A31,B2:B31)와 같은 식이 들어 있는 것이 아니라 식의 결과값이 직접 들어있다. 따라서 입력값이 바뀌거나 데이터에 값을 더 추가해도 이 행렬의 값은 자동으로 바뀌지 않는다. 따라서 데이터를 바꾼 경우에는 '상관 분석' 도구를 한 번 더 수행해야 한다.

사실 '데이터 분석' 추가기능은 엑셀 95까지 거슬러 올라가는 문제가 있다. 하나는 앞에서 언급한 '입력 범위'와 관련된 문제이다. '분산 분석 : 반복 없는 이원 배치법'에서는 가정에 제한을 두어 측정을 반복하도록 한다. '분산 분석 : 반복 있는 이원 배치법'에서는 셀 크기가 동일해야 한다는 제한이 있다. 하지만 이러한 단점에도 불구하고 데이터 분석 추가 기능은 아주 유용하다.

## ✚ 상관(Correlation)은 인과관계는 아니다

만약 한 변수를 바꿨을 때 연관된 다른 변수에도 변화가 생기면 한 변수가 다른 변수를 변화시켰다고 생각할 것이다. 예를 들어 규칙적으로 아침식사를 하는 어린이는 학교 성적도 좋다고 할 수 있다. TV 광고를 보면 아침식사 시리얼을 먹으면 집중력이 높아진다고 광고한다.

하지만 한 변수가 다른 변수와 관련이 있다는 것과 한 변수가 다른 변수를 바꿨다는 것은 중요한 차이가 있다. 영양분과 학업 성취 간 상관에 기반 해서 봤을 때 일부 연구에서는 규칙적으로 아침식사를 하면 학업 성취 정도가 높아진다고 한다. 하지만 좀 더 연구를 해보면 사실 이 질문은 매우 복잡해진다. 예를 들어 학생들의 장기 결석문제를 끼워 넣거나, 상관계수에서 끌어낸 정보들이 그다지 쓸모 있는 정보가 아니거나 혹은 설탕 범벅인 시리얼을 만드는 회사들의 바람과는 달라질 수도 있다.

변수들 관계 간의 복잡한 이슈 말고도, 왜 상관관계가 인과관계는 아닌지 다음 장에서 두 가지 일반적인 이유를 설명하겠다.


### − 세 번째 변수

물론 두 변수 사이에 인과관계가 있는 강한 상관도 있다. 흔한 예는 학교 도서관에 있는 책의 개수와 표준 SAT[6] 점수 사이의 관계이다. 만약 한 학교 지역 내에 도서관의 책 숫자와 그 구역 학생들의 SAT 점수 간에 강한 상관, 한 0.7 정도가 있다고 하자. 우선 도서관에 책이 많아서 학생들이 좀 더 지식을 쌓기도 좋고 그래서 학생들의 점수도 좋다고 해석을 할 수 있다.

더 조사를 해보았더니 그 지역의 가구 소득이 높아서 지방교육세 또한 높기 때문에 학교에 비치할 책을 많이 살 수 있었다. 그리고 이런 가구들은 대부분 아이들의 영양, 환경, 교육 등에 더 높은 비중을 둔다. 결국 부유한 지역에서 자란 어린이들의 시험 점수가 더 좋다고 결론을 내릴 수 있다. 반대로 학교 도서관에서 책을 더 사준다고 해서 반드시 SAT 점수가 높아지리라고는 생각할 수 없다. 따라서 여기에는 학교 도서관의 책의 수, SAT 점수 외의 세 번째 변수인 지역의 가구 소득이라는 변수가 존재한다.

-------

6 역자 주: 이 책은 미국에서 나온책을 번역했으므로 그냥 SAT라고 실었다. 대학수학능력시험 점수 정도로 생각하자.

또 다른 예는 어린이 예방접종과 자폐증의 관계이다. 지난 몇 십 년 동안 어린이 예방접종이 널리 보급되어 왔는데, 자폐증 또한 늘어나고 있다. 어떤 사람들은 어린이 백신, 혹은 공정상 사용되는 방부제 등이 자폐증을 유발한다고 주장한다. 하지만 연구를 해본 결과 연구 방식에 문제가 있다는 것이 밝혀졌는데 특히 자폐증이 늘어났다고 주장하는 연구 방법에서 문제가 있었다. 즉 세 번째 변수인 자폐증 검사의 횟수와 발전이라는 것이 하나 더 있어야 했는데, 이전에 비해 자폐증 진단 방법이 더 발전되면서 진단받는 경우가 더 많아졌기 때문이다.

상관관계와 인과관계도 문제다. 1950년과 1960년대, 흡연과 폐암의 관계가 신문 1면에서 논의되기 시작했다. 어떤 사람들은 단순한 관계일 뿐 인과관계는 아니라고 했다. 인과관계를 입증할 수 있는 방법은 실제 실험뿐이었는데, 피실험자를 흡연자/비흡연자로 나눈 다음 흡연자에게는 계속 피우거나 담배를 끊게 하도록 해서 실험한 다음 몇 년이 지나 폐암이 발생했는지 추적관찰을 했다. 이런 방법은 실제적으로도 매우 어렵고 윤리적으로도 어렵다. 하지만 실제 실험이 없었어도, 담배와 폐암의 관계는 일반적으로 인정되고 있다. 상관이 직접 인과관계는 아니라고 하더라도 반복된 관찰 및 연구에서 나타나고 세 번째 변수의 효과를 무시할 수 있으면(음주나 수면부족도 이유로 제기되었지만, 흡연자의 폐암을 일으키는 세 번째 변수로는 채택되지 못했다), 일반적으로 인과관계가 있다고 말한다.

### – 효과의 방향

상관이 인과관계인지 고려할 때 또 하나의 가능성은 여러분이 잘못된 변수를 원인으로 보고 있을 수도 있다. 총기 소유와 범죄 발생이 상관있다는 것을 알았을 때 여러분은 여기에 인과관계가 있다고 생각할 수 있다. 물론 관련 있을 수도 있지만 "총기 소유가 많아질수록 범죄가 증가한다" 혹은 "총을 가지고 있는 사람은 좀 더 폭력적이다"고 결론을 내리기 전에 좀 더 자세한 연구가 필요하다. 연구에서는 정치적이나 문화적 정서가 좀 더 관련된 것으로 보인다고 한다.

## 2. 상관(Correlation)을 사용하기

여기까지는 주로 상관계수의 개념에 대해 이야기했다. 상관계수를 정의하는 법과 두 변수 사이의 관계를 어떻게 보여줄 수 있는지 등을 알아보았는데 물론 이 정보도 유용하지만 좀 더 한 단계 나아갈 때가 된 것 같다. 예를 들어 만약 한 변수를 알고 있다면 이와 관련된 다른 변수의 값을 예상할 수도 있지 않을까?

이 장의 나머지 부분에서는 이러한 예측에 중점을 두고 있다. 여기에 나오는 기초들은 이후 장들에서 다룰 분석의 기본이다. 여기에서 사용한 방법을 회귀(regression)라고 하고 상관계수 r의 기본이 된다.



회귀(regression)의 뜻은 무엇일까? 19세기 수학자이자 과학자인 Francis Galton은 유전에 대해 연구하다가 부모와 자식 간에 숫자로 표현할 수 있는 관계가 있음을 발견했다. 예를 들어 아버지의 키와 아들의 키를 비교했더니 재미있는 사실을 알 수 있었다. 아들의 키는 아버지의 키보다는 그 세대의 평균에 더 가까운 편이었다.

다른 말로 이야기해보면 아들의 키는 아들 세대의 평균에서 1 표준편차 안에 들어가는 경향이 있었고, 아버지 키의 평균에서는 2 표준편차 안에 들어가는 편이었다. 비슷하게 아버지의 키가 평균보다 작으면 아들의 키도 평균보다 작은 편이었지만 아버지 쪽의 평균보다는 아들 세대의 평균을 따라가는 경향이 있었다. 따라서 아들의 키는 평균을 향해 회귀(regression)하는 경향이 있었다.

이 장의 앞에서 언급한 Karl Pearson은 상관계수와 관련된 개념과 방법을 계속 발전시켰다. 그림 4-13은 두 개의 변수가 어떻게 관련되어 있는지 시각적으로 보여준다.

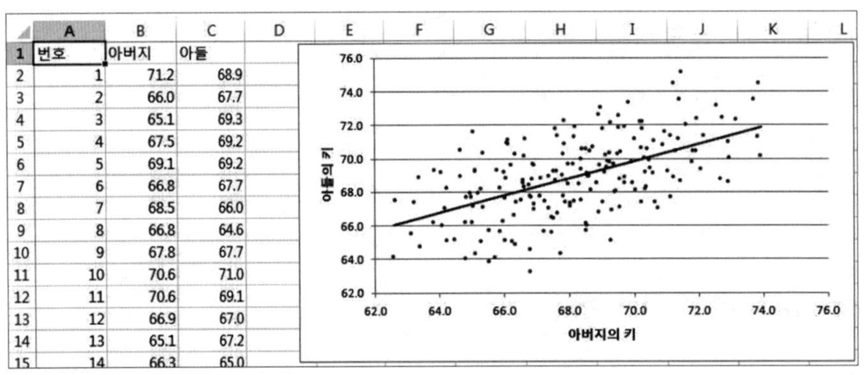


▶▶ **그림 4-13** 상관이 완전한 1.0일 때 데이터가 어디에 찍힐지 회귀선이 보여주고 있다.

여기에서 두 개의 변수인 아버지의 키와 아들의 키가 있다. 두 변수가 연관되어 있을 때 한 변수에 대해서 다른 변수를 예상할 수 있다. 하지만 그 연관관계가 굉장히 제한된 상황에서만 정확하게 값을 예상할 수 있을 것이다. 예를 들어 두 변수가 온스 단위의 몸무게, 그램 단위의 몸무게 같은 경우일 때 한 변수에 대해 다른 변수의 값을 정확하게 예상할 수 있다. 상관이 완전하면 예측 또한 완전하다. 하지만 그런 일은 아주 사소한 상황이나 인위적으로 만든 상황에서나 가능하다.

다음 장에서는 엑셀에 의존하지 않고 예측하는 방법에 대해 알아보겠다. 그리고 그 일을 엑셀로 어떻게 쉽게 할 수 있는지 보여주겠다.

## ✚ 척도의 효과 제거하기

3장에서 표준편차와 z-점수 그리고 표준편차 단위에서 값을 표현하는 법에 대해 다뤘다. 예를 들어 여기 10명의 사람들이 있는데 평균 키는 68인치고 표준편차가 4인치라고 가정해보자. 그러면 72인치의 키는 평균보다 1 표준편차 위이며 z-점수는 +1.0이라고 한다. 이렇게 하면 원래 측정값의 척도 같은 특징을 제거하므로, 다른 변수들도 서로 깔끔하게 비교할 수 있다.

z-점수 같은 경우는 값에서 평균을 뺀 다음 표준편차로 나눠서 정규화했다. 상관계수도 이와 비슷하게 계산한다. 상관계수의 식을 다시 보자.


$$r = s_{xy}/s_x s_y$$


말로 풀어보면 상관은 두 변수 각각의 표준편차의 곱으로 공분산을 나눈 것이다. 이 값은 정규화했으므로 값은 -1.0에서 +1.0이며 변수의 측정 단위에 영향을 받지 않는다.

공분산은 분산의 경우와 마찬가지로 시각화하기 어렵다. 10명의 사람들의 몸무게를 파운드 단위로 측정하고 키도 측정했다고 하자. 몸무게는 평균 150파운드며 표준편차는 25파운드이다. 차트를 그려보면 가로축에서 25파운드 떨어져있는 위치를 볼 수 있다. 하지만 이 표본의 분산값인 625 제곱 파운드는 어디에 둬야 할까? 의미를 설명하기 어렵다.

마찬가지로 공분산도 의미를 설명하기 어렵다(만약 여러분이 물리학자나 엔지니어라면 공분산 개념에 매우 익숙할 것이다. 때때로 상관계수를 dimensionless covariance라고 부른다).


위의 예에서 몸무게를 측정하고 키도 측정했다고 해보자. 표본에서 키와 몸무게의 공분산을 계산했더니 58.5 피트-파운드가 나왔다. 피트-파운드라는 단위는 힘이나 에너지를 측정하는 전통적인 의미의 단위가 아니다. 그냥 표본의 몸무게와 키의 단위가 각각 파운드와 피트이기 때문에 이 것을 결합한 것뿐이다. 이것 또한 시각화하기도 어렵고 측정의 단위를 설명하기도 어렵다.

상관계수로써 이런 어려움을 해결할 수 있는데 상관계수가 일종의 z-점수와 같은 역할을 한다. 공분산을 각 변수의 표준편차로 나눠서 두 변수의 척도(여기서는 몸무게와 키)의 효과를 제거한 다. 그러면 두 변수의 관계만이 남게 되고 어떤 단위를 사용했는지, 즉 단위가 피트인지 인치인지 센티미터인지 파운드인지 온스인지 킬로그램인지 등을 신경 쓰지 않아도 된다. 완전하게 1대 1로 관계가 있는 상황은 +1.0이거나 −1.0이 되며 관계가 전혀 없을 때는 0.0이다. 대부분의 변수들의 상관은 −1.0과 1.0 사이에 있다.

z-점수를 가지고 특정 사람이나 사물이 평균에서 얼마나 멀리 떨어져 있는지 알 수 있다. 이 때 측정 단위를 몰라도 된다. John의 키가 70.8인치일 때 키의 z-점수상으로는 0.7이라고 해보자. 이 표본에서 키와 몸무게의 상관은 0.65이며 이것은 측정의 척도에 영향을 받지 않는다. 이제 다음 식으로 John의 몸무게를 예상할 수 있다.

$$z_{몸무게} = rz_{키}$$

식을 말로 풀어보면 John의 예상 몸무게가 몸무게의 평균으로부터 얼마나 멀리 떨어져 있을지 계 산을 해보자. 이 값은 상관계수 x (John의 키가 평균 키로부터 얼마나 멀리 떨어져 있는가의 거리) 라고 할 수 있다. John의 예상 몸무게의 z-점수는 상관값 r에 키의 z-점수를 곱하므로 .65 * .70 = .455이다. 그림 4-14을 참고하자.

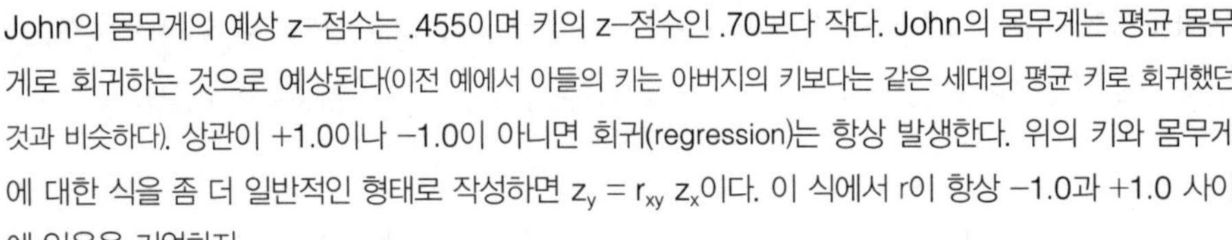



John의 몸무게의 예상 z-점수는 .455이며 키의 z-점수인 .70보다 작다. John의 몸무게는 평균 몸무 게로 회귀하는 것으로 예상된다(이전 예에서 아들의 키는 아버지의 키보다는 같은 세대의 평균 키로 회귀했던 것과 비슷하다). 상관이 +1.0이나 −1.0이 아니면 회귀(regression)는 항상 발생한다. 위의 키와 몸무게 에 대한 식을 좀 더 일반적인 형태로 작성하면 $z_y = r_{xy} z_x$이다. 이 식에서 r이 항상 −1.0과 +1.0 사이 에 있음을 기억하자.

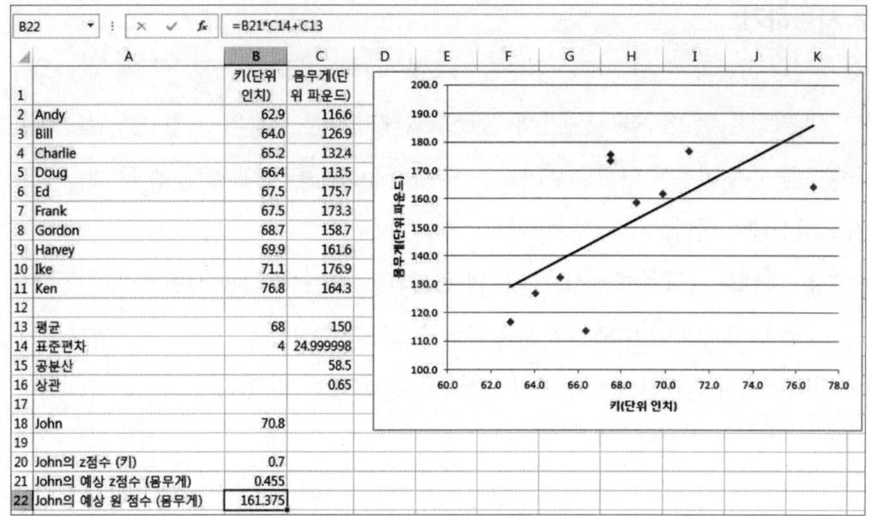



| | A | B | C |
|---|---|---|---|
| 1 | | 키(단위 인치) | 몸무게(단위 파운드) |
| 2 | Andy | 62.9 | 116.6 |
| 3 | Bill | 64.0 | 126.9 |
| 4 | Charlie | 65.2 | 132.4 |
| 5 | Doug | 66.4 | 113.5 |
| 6 | Ed | 67.5 | 175.7 |
| 7 | Frank | 67.5 | 173.3 |
| 8 | Gordon | 68.7 | 158.7 |
| 9 | Harvey | 69.9 | 161.6 |
| 10 | Ike | 71.1 | 176.9 |
| 11 | Ken | 76.8 | 164.3 |
| 12 | | | |
| 13 | 평균 | 68 | 150 |
| 14 | 표준편차 | 4 | 24.999998 |
| 15 | 공분산 | | 58.5 |
| 16 | 상관 | | 0.65 |
| 17 | | | |
| 18 | John | 70.8 | |
| 19 | | | |
| 20 | John의 z점수 (키) | 0.7 | |
| 21 | John의 예상 z점수 (몸무게) | 0.455 | |
| 22 | John의 예상 원 점수 (몸무게) | 161.375 | |

▶▶ **그림 4-14** 회귀선을 이용해서 한 변수로부터 다른 변수를 예상해낼 수 있다.

표본에서 몸무게의 평균은 150파운드이고 표준편차는 25이다. 위 식에서 구한 John 몸무게의 예상 z-점수는 0.455이므로 이것을 식에 입력해보자.

$$z = (X - \overline{X})/s$$
$$X = sz + \overline{X}$$

John의 경우는 다음과 같다.

$$161.375 = 25 * 0.455 + 150$$

맞는지 확인하려면 그림 4-14에서 셀 B22를 보면된다.

상관 .65로 John의 몸무게가 161.375 파운드라고 예상할 수 있다. 하지만 John의 몸무게는 실제로는 155파운드이다. 상관으로 무엇인가를 예측할 때 이 예측이 정확히 맞을 것이라고 기대하면 안된다. 여러분이 내일 일기예보를 보면서 비올 확률이 정확하게 맞을 거라고 완벽히 기대하지 않는 것처럼 이런 예측이 어느 정도 맞을 거라고 생각하는 편이 좋다.

## ✚ 엑셀 함수 사용하기

위에서 두 변수 사이의 상관과 각 변수의 z−점수를 사용하여 키(인치)를 가지고 몸무게(파운드)를 예측할 수 있다. 이 방법은 한 변수의 z−점수에 상관을 곱해서 다른 변수의 z−점수를 얻고 식을 재정렬해서 z−점수를 다시 파운드 단위로 변환한다. 이때는 두 변수의 상관과 함께, 두 변수 각각의 평균과 편차도 계산해야 한다.

지금까지 이런 모든 계산을 직접 수행해서 원점수와 공분산, z−점수와 상관 사이의 관계를 아는 데 도움을 줄 수 있었다. 하지만 이런 모든 계산은 엑셀이 도와줄 수 있다.

그림 4−15에서 원 데이터와 필요한 값들을 미리 계산해 놓은 것을 볼 수 있다.

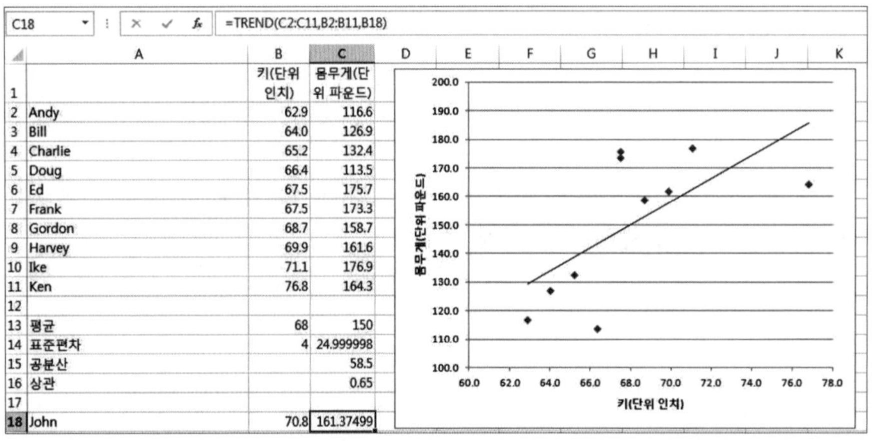

▶▶ **그림 4-15** TREND() 함수로 필요한 모든 계산을 수행한다.

그림 4−14와 4−15의 데이터로 John의 몸무게를 예측하려면, 다음 식을 빈 셀에 입력하자(그림 4−15의 셀 C18).

    =TREND(C2:C11,B2:B11,B18)

이 데이터 값을 가지고 식은 161.375라는 값을 반환한다. 그림 4−14와 같은 식으로 해서 동일한 값을 얻으려면 다음 식을 사용하시오.

=((B18−B13)/B14)*C16*C14+C13

이 식은 이전 부분에서 언급한 계산을 모두 수행한다. John의 키에 대한 z−점수를 계산하고, 이것을 상관에 곱한 다음 몸무게의 표준편차로 곱하고 평균 몸무게를 더한다. 하지만 TREND() 함수를 쓰면 이런 계산을 직접 하지 않아도 된다.

TREND() 함수의 문법은 다음과 같다.

=TREND(known_y's, known _x's, new_x's, const)



네 번째 인자인 const는 옵션이다. 15장 "다중회귀분석과 효과 코딩 : 더 많은 이슈"의 "영 상수로 강제하기" 절에서 const 상수를 쓰지 않는 이유를 다뤘다. const 상수를 안 쓰는 것과 이 값을 FALSE로 하는 것이 동일하다. 여기에 대한 논의는 뒤에서 하는 게 더 좋다.

TREND() 함수 앞부분의 세 인자를 알아보자.

● **known_y's**

예상하고자 하는 변수의 값. 앞의 예에서 예상하고자 하는 변수는 몸무게이다. John의 키를 알고 있을 때, 키와 몸무게의 상관을 알면 이것을 가지고 John의 몸무게를 예상하고자 한다. 통계에서는 관습적으로 예상하고자 하는 변수를 Y라고 하고 각각의 값은 y라고 부른다.

● **known_x's**

예상하고자 하는 값을 이끌어내는 변수이다. 각 값은 known_y's와 짝을 지어야 한다. 쉽게 하려면 그림 4−15처럼 두 인접한 영역을 같이 놓은 다음 known_x's는 B2:B11에 놓고 known_y's는 C2:C11에 놓는 식으로 해야 한다.

● **new_x's**

이 값은 예상할 수 있는 변수에 속하며 아직 가지고 있지 않은 예상하고자 하는 값에 연관된 값이어야 한다. TREND()의 인자로 new_x's를 줘야 하는 이유 중 가장 전형적인 이유는 known_y's와

known_x's의 관계에 따라 new_x's를 가지고 y를 예상할 수 있기 때문이다. 예를 들어 known_x's 가 연도라고 하자. 이 값은 1980, 1981, 1982 등으로 되어 있다. Known_y's는 각 연도에 따른 회사의 매출이다. 그리고 new_x는 다음 해의 연도 2015이다. 이때 2015년의 매출을 예상하고자 할 때 사용한다(물론 연도만 가지고 회사의 매출을 예상하는 것은 별로 추천하지 않는 방법이다).

### ✚ 예측값 얻어내기

만약 new_x의 값이 한 개면 다음과 같이 TREND()를 입력한 다음 엔터를 누르면 된다. 그림 4-15에서는 다음과 같은 식을 사용했다.

    =TREND(C2:C11,B2:B11,B18)

빈 셀 C18에 식을 입력해서 B18의 키에 기반 한 예상 몸무게를 얻어냈다. 하지만 이렇게 값 한 개가 아니라 표본의 모든 값에 대해서 예상 몸무게를 얻어내려면 어떻게 할까? 물론 두 변수의 상관은 알고 있어야 한다. 이때도 TREND()를 쓰면 되고, 식을 배열 수식으로 사용하면 된다. Known_x's와 동일한 영역을 차지하는 영역을 선택한 다음 시작해보자. 그림 4-15에서 known_x's는  B2:B11이므로 이와 동일하게 차지하는 영역을 D2:D11이라고 해보자. 그리고 다음 식을 입력하자.

    =TREND(C2:C11,B2:B11)

배열 수식으로 입력해야 하므로 식 입력 후 엔터를 누르지 말고, Ctrl+Shift+Enter를 입력하자.

배열 수식은 2장 "배열 수식으로 값을 세기" 절에서 자세하게 다뤘다.

결과는 그림 4-16에 보인다.

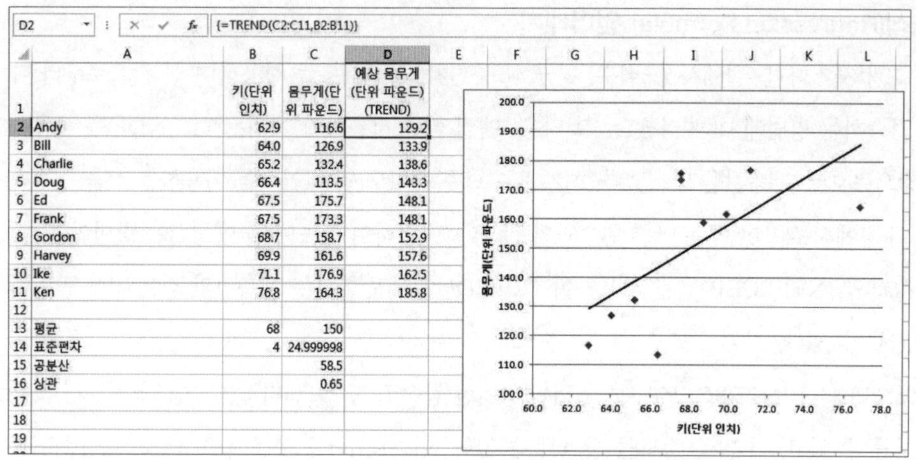



▶▶ **그림 4-16** 배열 수식이므로 함수 입력 상자에서 수식의 바깥에 { }이 보인다.

그림 4-16의 셀 D2:D11의 예측값을 보면 차트상 추세선의 의미를 이해하게 될 것이다. B2:B11 과 D2:D11을 가지고 차트를 그리면 그림 4-16의 추세선과 동일한 모양의 차트를 얻을 수 있다. 여기서 일직선의 추세선은 두 개의 변수가 식을 그대로 따르는 굉장히 비현실적인 상황이다. 하지 만 실제로 Ed는 너무 많이 먹는 경향이 있을 수 있고, Doug는 잘 안먹는 편이다. 계속 이 주제에 대해 다루겠지만 실제 값들은 이 완전한 추세선에서 어느 정도로 떨어져서 존재한다.

그렇다면 이렇게 비현실적이라면 왜 추세선을 포함시킬까? 각각의 관찰값이 수학적인 식으로부 터 얼마나 멀리 떨어져 있는지 시각적으로 볼 수 있다. 더 많이 떨어져 있으면 있을수록 상관은 더 작아진다. 물론 이 정보를 CORREL()로도 알 수 있지만 시각적으로 보는 것이 더 효과가 크다.

note_

차트에서 추세선을 그리는데 수많은 옵션이 있어서 엑셀 2013에서 추세선을 그리는 방법을 미처 언 급하지 않았다. 그림 4-14부터 그림 4-16까지 보이는 추세선을 그리려면 차트를 선택한 다음 '차트 요소' 버튼을 클릭한다(차트를 선택한 다음 차트 오른쪽에 보이는 + 기호의 버튼). 추세선의 체크박스를 체크 한 다음 '선형' 추세선을 선택하자. 추세선의 모양은 마우스를 추세선에 올려놓았을 때 오른쪽에 화살 표가 보이거든 선택하면 된다.

## ✚ 회귀식(Regression Formula) 얻어내기

"척도의 효과 제거하기" 절에서 z-점수, 평균, 표준편차, 상관계수를 사용하여 한 값으로부터 다른 값을 예측하는 방법에 대해 다뤘다. 그 다음 "엑셀 함수 사용하기"에서는 TREND()를 사용하여 관찰값으로부터 예측값을 얻어냈다. 하지만 어느 쪽에서도 원 데이터를 이용하는 식을 다루지 않았다. 이 장에서 사용한 예는 다른 변수와의 관계에 기반 하여 한 변수를 예상하는 방법이다. 이 때 SLOPE()와 INTERCEPT()를 사용하여 TREND()에서 반환하는 예측값과 같은 값을 반환하는 식을 만들 수 있다.

그리고 SLOPE()나 INTERCEPT()보다 훨씬 강력한 함수 LINEST()가 있다. 이 함수는 더 많은 변수를 다룰 수 있고, 더 많은 정보를 반환할 수 있다. 이 책의 나중 부분 특히 14장 "다중회귀분석과 효과 코딩 : 기본"과 16장 "공분산분석 : 기본"에서 더 자세하게 다룬다.

이 장에서 LINEST()를 다루기 전에 SLOPE()와 INTERCEPT()에 대해 간단하게 다뤄 보고 어떤 때 사용할 수 있는지 알아보자.

그림 4-14, 4-16에서의 키와 몸무게처럼 두 변수 사이의 관계를 알려주는 식은 숫자 2개가 필요하다. 즉 기울기(slope)와 절편(intercept)이다. 기울기는 회귀선의 가파른 정도를 말한다. 기울기는 X축으로 변수가 움직이면 Y축 방향으로 선이 얼마나 움직이는지 말한다. 기울기는 양수일수도 있고 음수일 수도 있는데, 양수면 그림 4-16처럼 왼쪽 아래에서 오른쪽 위의 방향이 된다. 기울기가 음수면 왼쪽 위에서 오른쪽 아래 방향으로 보인다.

엑셀의 SLOPE()를 쓰면 기울기를 바로 계산할 수 있다. 예를 들어 그림 4-14에서 그림 4-16의 데이터를 사용해서 아래 식을 사용해보자.

```
=SLOPE(C2:C11,B2:B11)
```

기울기는 4.06이다. 즉 이 예에서는 키 1인치가 늘어날 때 몸무게는 4.06 파운드가 늘어난다고 생각할 수 있다. 하지만 기울기만으로는 충분하지 않고, 절편(intercept)이 있어야 한다. 회귀선이 X축이나 Y축을 지날 때 가지는 값이다.

 그림 4-17에서는 회귀선을 왼쪽으로 길게 늘려서 수평선과 수직선이 만나는 원점까지 연장했다. 회귀선이 수직선과 만나는 곳을 절편이라고 한다. 그림 4-17의 셀 B18, B19에 기울기와 절편값이 보인다. B19의 절편값은 회귀선이 수직선과 만나는 점의 값과 동일하다.

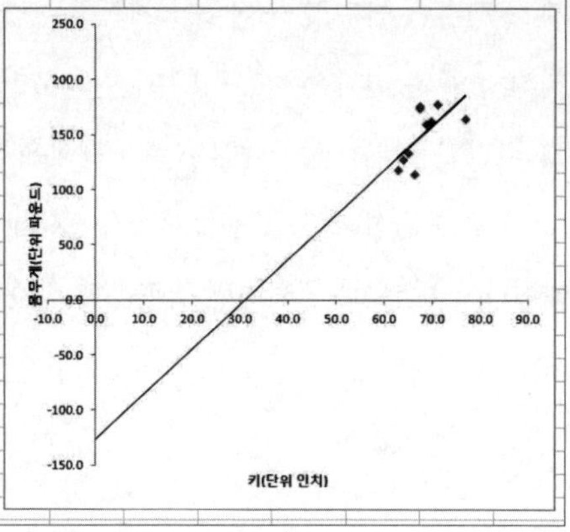

▶▶ **그림 4-17** 축의 값의 범위를 늘려서 절편을 보여주고 있다.

그림 4-17의 셀 D2:D11에는 몸무게의 예측값이 보인다. 이 값은 B18, B19의 기울기, 절편값을 통해 계산했으며, 이 값은 그림 4-16에서 TREND()를 이용해 계산한 값과 동일하다. 수식 상자에 보이는 다음 사항을 주의하자.

- known_x와 기울기를 곱한 다음 절편을 더한다.
- 식 주변에 { }이 없다. 배열 수식이 아니므로 따라서 그림 4-16의 TREND()와는 달리 식을 그냥 입력한다.
- 그림에서처럼 식을 한 셀이 입력한다. D2정도에서 시작하자. 다음에 이 식을 D3:D11까지 복사해서 붙여넣기 하자. 이렇게 해서 known_x의 값을 바꿀 수 있다. 하지만 기울기와 절편의 값은 바뀌면 안되므로 복사하기 전에 기울기와 절편의 앞에 $기호를 붙여서 항상 동일한 값을 참조하도록 하자.

note_

D2:D11 영역을 한꺼번에 잡을 수 있는 방법이 또 있다. 식을 입력하고(이때 기울기와 절편같이 값이 바뀌지 않아야 하는 값은 앞에 $ 기호 붙인다) Ctrl+Enter를 입력하자. 이렇게 하면 선택한 셀의 영역에 알아서 참조하는 값을 바꿔가며 식을 넣는다. 이것은 Ctrl+Shift+Enter가 아니므로 배열 수식은 아니다.

이것은 이 장의 앞부분 "척도의 효과 제거하기"에서 보여줬던 z−점수와 상관계수를 사용하여 다른 변수의 z−점수로부터 한 변수의 z−점수를 예측하는 것과 동일하다. 두 경우 모두 변수를 z−점수로 환산하며 따라서 표준 편차는 1.0이고 평균은 0.0이 된다. 따라서 '예측값 = 기울기 * 예측 변수(Predictor) + 절편'은 '예측되는 z−점수 = 상관계수 * 예측 z−점수'가 된다.

두 변수를 모두 z−점수로 환산하면 상관계수가 기울기가 된다. 그리고 z−점수의 평균은 0이므로 절편은 식에서 빠진다. z−점수로 환산하면 절편은 항상 0이 된다.

## 3. 다중회귀(Multiple Regression)를 위해 TREND() 사용하기

예측하고자 하는 변수는 한 개이고 예측 변수(predictors)는 2개 이상일 때도 있다. 이전 장에서는 다루지 않았지만 사실 두 변수를 동시에 예측 변수로 사용할 수 있다. 두 개 이상의 변수를 동시에 예측 변수로 사용하면 예측의 정확성도 높아질 수 있다.

### ✚ 예측 변수 조합하기

위에서 말한 상황에서는 SLOPE()나 INTERCEPT()는 도움이 안된다. SLOPE()나 INTERCEPT()는 여러 개의 예측 변수를 다룰 수 없다. 엑셀에서는 대신 TREND()와 LINEST()를 사용하여 한 개의 예측 변수 외에도 여러 개의 예측 변수를 다룰 수 있다. 따라서 앞으로는 더 이상 SLOPE()와 INTERCEPT()를 다루지 않는다. 회귀를 설명하는 도입부에서만 나오고 예측 변수가 한 개인 경우도 어차피 TREND()와 LINEST()로 처리할 수 있기 때문이다.

note_

아마 TREND()와 LINEST()이 SLOPE()와 INTERCEPT()과 비슷하다고 생각할 수 있지만 그렇지 않다. SLOPE()와 INTERCEPT()의 결과값을 합해서 한 개의 예측 변수(predictor)에 기반한 방정식을 만든다. LINEST() 함수 한 개는 SLOPE()와 INTERCEPT()를 모두 대체할 수 있고, 예측 변수(predictor)가 한 개이거나 여러 개인 상황을 모두 처리할 수 있다. TREND() 예측 방정식을 적용한 결과만을 반환한다. 예측 변수(predictor)가 한 개일 때와 같이 TREND()를 사용해서 예측 변수가 여러 개일 때도 사용해서 워크시트상에 예측치를 보여줄 수 있다.
LINEST()는 예측값(predicted value)을 바로 반환하지 않고, TREND()가 예측값을 계산하기 위해 사용하는 방정식을 만들어준다(그리고 이 외에도 14장과 16장에서 다룰 다양한 통계치도 보여준다). LINEST는 linear estimation, 즉 선형 추정의 줄인 말이다.

그림 4-18에서는 두 개의 표준 회귀분석의 결과와 함께 다중회귀분석(multiple regression analysis)을 보여준다.

| | A | B | C | D | E | F | G | H | I | J |
|---|---|---|---|---|---|---|---|---|---|---|
| | J4 | | | $f_x$ | =CORREL(C2:C31,G2:G31) | | | | | |
| 1 | 교육기간 | 나이 | 수입 (단위 $1,000) | | 교육기간으로 예측한 수입 | 나이로 예측한 수입 | 교육기간과 나이로 예측한 수입 | | 상관 | 수입 |
| 2 | 13 | 32 | $ 28 | | $ 46.6 | $ 27.1 | $ 30.5 | | 교육기간으로 예측한 수입 | 0.63 |
| 3 | 14 | 40 | $ 26 | | $ 52.3 | $ 47.0 | $ 49.0 | | 나이로 예측한 수입 | 0.72 |
| 4 | 11 | 38 | $ 42 | | $ 35.3 | $ 42.1 | $ 35.1 | | 교육기간과 나이로 예측한 수입 | 0.80 |
| 5 | 13 | 51 | $ 72 | | $ 46.6 | $ 74.5 | $ 66.4 | | | |
| 6 | 9 | 37 | $ 61 | | $ 23.9 | $ 39.6 | $ 26.4 | | | |

▶▶ **그림 4-18** E, F, G열의 예측값(predicted value)은 TREND()에 기반한다.

그림 4-18에서 E, F열에는 이전에 논의했던 한 개의 변수로 예측한 값들이 있다. E는 교육기간으로 예상한 수입이고, F는 나이로 예상한 수입이다. 만약 이렇게 예상한 값이 얼마나 정확한지 알아보려면 실제 값과 예측치의 상관을 알아보면 되는데 그 값은 그림 4-18의 셀 J2, J3에 있다. 예에서 교육기간과 수입의 상관은 .63이고 나이와 수입의 상관은 .72이다. 둘 다 매우 높은 숫자이며 교육과 나이 모두 수입과 상당한 상관이 있다. 하지만 이 상관이 더 높아질 수 있는 방법이 있다. 그림 4-18의 G열은 다음 배열 수식을 포함한다.

=TREND(C2:C31,A2:B31)

E열의 식과의 차이를 알아보자.

=TREND(C2:C31,A2:A31)

두 식 모두 C2:C31의 '수입'을 known_y's 인자로 사용한다. 하지만 E열, 교육 기간에 따른 수입을 예측하는 식은 A열의 교육 기간 값만은 known_x's로 사용한다. G열, 교육 기간과 나이 모두로 예상한 수입은 A열의 교육 기간과 B열의 나이를 모두 known_x's 로 사용한다.

C열의 실제 수입과 G열의 나이와 교육 기간으로 예측한 예상 수입의 상관은 그림 4-18의 셀 J4

에 보인다. 상관 .80은 교육 기간으로 예측한 수입과 실제 수입과의 상관값(0.63)이나 나이로 예측한 수입과 실제 수입과의 상관값(0.72)보다 좀 더 높다. 이것은 이 표본이 모집단을 어느 정도 대표한다는 가정 하에 각각 나이나 교육 기간 한 개의 변수만 가지고 예측하는 것보다는 두 개의 변수를 모두 함께 사용하는 편이 좀 더 정확한 예측을 할 수 있음을 의미한다.

### ✚ "최적의 조합" 이해하기

이전 부분에서 두 개 이상의 예측 변수(predictor variable)와 TREND()를 사용해서 예측의 정확성을 높이는 방법에 대해 다뤘다. 이것을 이해하기 위해서 두 개의 주제를 알아야 하는데 과정의 이해와 공통분산(shared variance)의 개념을 알아야 한다.

#### – 선형 결합(Linear Combination) 만들기

"최선의 조합"이나 "최적의 조합" 측면에서 다중회귀를 언급하는 것을 들어보았을 수 있다. 다중회귀에서 가장 중요한 작업은 예측 변수(predictor variable)를 조합하여 예측값과 조합한 변수의 상관을 최대화하는 것이다.

이전 장의 문제를 보자. 우선 교육 기간과 나이를 따로 예측 변수로 놓고 예측한 다음 두 변수를 합쳐서 예측했다. 조인트 분석에서 TREND()에 교육 기간, 나이 두 변수를 모두 준 다음 이 예측 변수를 가지고 표본에서 가장 유효한 예측 수입을 얻을 수 있었다. 이때 TREND()는 가장 정확한 예측을 하기 위해 나이로 인한 계수와 교육 기간으로 인한 계수를 모두 구했다. 좀 더 정확히 말하면 TREND()는 다음 방정식을 유도해서 사용했다(물론 이 과정을 여러분에게 보여주지는 않았다).

예상 수입 = 3.39 * 교육기간 + 1.89 * 나이 + (−73.99)

그림 4–18, 4–19의 데이터 그리고 위 식(이 식을 회귀식(regression equation)이라고 한다)을 가지고 예상 수입의 값을 낼 수 있다. 이 예상 수입과 표본 데이터의 실제 수입의 상관은 교육 기간이나 나이 하나만을 가지고 조합했을 때보다 크다.

| | A | B | C | D | E | F | G | H | I | J | K |
|---|---|---|---|---|---|---|---|---|---|---|---|
| | | | | | =CORREL(C6:C35,H6:H35) | | | | | | |
| 1 | 1.889928 | 3.388934 | -73.993495 | | $b_2$ | $b_1$ | a | | | | |
| 2 | 0.45 | 1.173826 | 18.239595 | | 1.89 | 3.39 | -73.99 | | | | |
| 3 | 0.6373 | 15.03106 | #N/A | | | | | | | 실제 수입과 예상 수입의 | |
| 4 | | | | | | | | | | 상관 | |
| 5 | 교육기간 | 나이 | 수입 (단위 $1,000) | | $b_1$ X Education | $b_2$ X Age | a | 예상 수입 | | R | $R^2$ |
| 6 | 13 | 32 | $ 28 | | 44.06 | 60.48 | -73.99 | $ 30.5 | | 0.7983 | 0.6373 |
| 7 | 14 | 40 | $ 26 | | 47.45 | 75.60 | -73.99 | $ 49.0 | | | |

▶▶ **그림 4-19** 이 예측은 TREND( ) 대신 회귀식(regression equation)을 사용한다.

이 식을 어떻게 얻을 수 있을까? 그리고 왜 이 식을 알아야 할까? 이 식을 얻는 하나의 방법은 LINEST( ) 함수를 사용하는 것이며 다음에 나온다. 왜 회귀식을 알아야 하는지에 대한 답은 14장에 나오므로 그때까지 기다리자. 지금은 우선 예측의 정확성에 기여하지 않는 예측 변수(predictor variable)는 사용하지 않아도 된다는 점만 알아두자. 회귀식과 함께 이와 관련된 통계치를 이용해서 어떤 예측 변수를 사용해야 하고 어떤 변수는 무시해야 하는지 결정할 수 있다.

### – 회귀식(Regression Equation)을 얻기 위해 LINEST( ) 사용하기

A6:C35의 원 데이터를 가지고 LINEST( ) 함수를 수행했을 때 나오는 대부분의 결과를 그림 4–19의 셀A1:C3에 보여주며 많은 정보를 담고 있다.



LINEST( )는 두 행 이상에 결과를 반환하며 여기서는 보여주지 않는다. 14장까지 가서야 의미를 알 수 있으므로 여기서는 생략한다.

LINSEST( )에서 반환한 결과값의 첫 번째 행은 회귀계수와 절편을 포함한다. 그림 4–19의 A1:C1의 내용과 앞에서 나왔던 예상 수입식의 계수값을 비교해보라. 첫 번째 행의 마지막 열은 항상 절편을 포함하는데, 여기서 절편값은 −73.99이고 C1에 있다.

LINEST( )에서 반환한 값 중 첫 번째 행에서 마지막 열 바로 앞에 있는 열은 항상 회귀계수(regression coefficient)이다. 이 값은 회귀식에서 예측 변수(predictor variable)에 곱하는 값이다.

이 예에서는 예측 변수가 2개, 즉 교육 기간과 나이이므로 회귀계수도 2개이며 각각 A1, B1에 있다.

그림 4-19에서 셀 E1, F1, G1에 $b_2$, $b_1$, a라는 이름표가 붙어있다. a와 b라는 문자는 각각 회귀분석에서 사용하는 표준 기호이다. 여기서 이걸 쓰는 이유는 다른 곳에서 이런 걸 또 보면, 이것이 무엇을 의미하는지 알 수 있도록 하기 위해서다("다른 곳"은 LINEST()에 대한 마이크로소프트 엑셀 도움말 문서가 아니다). 만약 이 예에 세 번째 예측 변수가 있었다면 $b_3$도 있었을 것이다. 절편은 항상 a이다.

◀ LINEST()는 거꾸로 수행한다. ▶

특이하다고 할 수 밖에 없는 주제로 들어가자면 엑셀 3 이후로 필자를 거의 미치게 만드는 것을 빼 놓을 수 없다. LINEST()는 회귀계수의 순서를 뒤집어서 워크시트상에 보여준다.

그림 4-19를 보면 아주 확실히 알 수 있다. 데이터에서 첫 번째 열이 '교육 기간'이고 두 번째 열이 '나이'인데, LINEST()는 '나이'에 대한 회귀계수를 먼저 반환해주고(셀 A1) '교육 기간'에 대한 회귀계수를 그 다음에 보여준다(셀 A2). 그리고 위에서 언급했듯 LINEST()는 절편을 가장 끝의 열, 첫 번째 행에 보여준다. 하지만 이렇게 거꾸로 보여주는 것은 굉장히 불편하다. 예측 변수가 몇 개밖에 없을 때는 괜찮다. 하지만 예측 변수가 다섯 개나 여섯 개쯤 되면 워크시트상에서 식을 이용하는 것이 굉장히 헷갈린다.

예를 들어 예측 변수를 위한 원 데이터가 A6:E100에 있다고 하자. 그리고 LINEST() 함수를 A1:F3에 입력해 보자. 첫 번째 레코드에 대한 예측값을 얻으려면 다음 식을 써야 한다.

    =A1*E6 + B1*D6 + C1*C6 + D1*B6 + E1*A6 + F1

1행의 계수의 순서와 예측 변수의 순서가 반대로 되어 있다. 만약 1990년대 마이크로소프트가 이 문제를 바로잡았다면 아마 이 식은 아래와 같이 되었을 것이다(이 식이 훨씬 더 이해하기도 편하고 식을 쓰기도 편하다!).

    =A1*A6 + B1*B6 + C1*C6 + D1*D6 + E1*E6 + F1

이러한 상황에 대해 통계적으로든, 프로그램적으로든 적절한 이유가 없다. 이런 일은 프로그래머와 제품담당자가 제대로 이야기를 하지 않으면 발생하는 일이다(만약 그들이 서로 이야기를 한다면 말이다!). 만약 마이크로소프트가 일을 제대로 했으면 우리가 20년이 지난 지금까지 이런 어이없는 문제에 발이 걸리고 있지는 않을 것이다. 하지만 일단 제품이 시장에 풀리고 나서, 마이크로소프트가 되돌려 놓을 방법은 없었다. 그 다음 버전의 제품이 나올 때쯤이면 이미 수많은 엑셀 책들이 LINEST()의 회귀계수가 거꾸로 되어있다는 것을 전제로 하고 나와 있기 때문이다.

TREND()는 제대로 되어 있고 예측값을 적절히 계산하지만 TREND()는 예측값만을 반환할 뿐 회귀계수를 반환하지 않는다. 데이터 분석 추가 기능에는 '회귀분석' 도구가 있는데 이것은 계수를 올바른 순서대로 만들어서 회귀식을 반환한다. 하지만 '회귀분석' 도구는 식을 반환하지 않고 정적인 최종 결과값만을 워크시트에 반환하기 때문에 중간에 데이터를 또 바꾼다면 '회귀분석' 도구를 또 수행해야 한다.

---

LINEST()에서 회귀계수의 순서를 거꾸로 반환해주기 때문에 그림 4–19의 셀 E1에는 $b_2$가 보이고 셀 F1에는 $b_1$이 보인다. 원 데이터와 회귀계수에서 직접 예상값을 유도하려고 하면(만약 TREND()를 쓰지 않고 여러분이 직접 계산을 하려 한다면) 변수와 계수의 짝을 주의해서 맞춰야 한다.

그림 4–19에서는 이 작업을 E열과 G열에 걸쳐 수행한다. 그리고 이 열의 값들을 모두 더해서 예상 수입을 H열에 보여준다. 예를 들어 셀 E6의 식은 다음과 같다.

    =A6*$F$2

F6에서는

    =B6*$E$2

그리고 G6에서는 이제 편차만 필요하다.

    =$G$2

H6에서 값을 모두 더해서 첫 번째 레코드의 예상 수입을 구한다.

    =E6+F6+G6

예측 식에서 그냥 어차피 똑같은 A1, B1, C1의 계수를 써도 되는데, 이걸 안 쓰고 E2, F2, G2의 계수를 사용했다. 이렇게 한 이유는 여러분이 이 식에 사용된 계수값들을 직접 바꿔 보았으면 하는 생각에서다. 만약 계수값을 바꾸면 셀 J6의 상관이 더 작아지는 것을 볼 수 있다. 이 값은 실제 수입과 예상한 수입의 상관을 나타내며, 예측이 얼마나 정확한지 알려주는 척도이다.

이전에도 언급했듯 다중회귀는 예측 변수들의 가장 최적의 조합을 반환하기 때문에 만약 여러분이 계수값을 바꾸면 이것은 최적이 아닌 상태가 되므로 상관의 값이 작아지게 된다. 따라서 값을 바꿔보려면 E2, F2, G2에서 바꿔보면 된다. 하지만 A1, B1, C1의 계수값은 LINEST()에서 반환한 값이므로 참고하기 위해 바꾸지 않고 그냥 두는 편이 좋다(그리고 배열 수식에서 반환한 각각의 값을 임의로 바꿀 수 없다).

## ✛ 공통분산(Shared Variance) 이해하기

이 장을 시작하면서 공분산이라는 통계치에 대해 다뤘다. 다시 기억을 살려보면 공분산은 변수 한 개일 때의 분산과 비슷한 것이다. 즉 분산은 각 값으로부터 평균을 뺀 편차를 제곱해서 평균을 낸 것이고, 공분산은 각 변수값에서 각각의 평균을 뺀 편차값을 곱한 다음 평균을 낸 것이다.

$$s_{xy} = \sum_{i=1}^{N} (X_i - \overline{X})(Y_i - \overline{Y})/(N - 1)$$

공분산을 두 표준편차의 곱으로 나누면 상관계수이다.

$$r = s_{xy}/s_x s_y$$

공분산의 개념을 알려면 집합론 입장에서 설명할 수도 있다. '수입'과 '교육 기간'은 한 세트의 연관된 값이며 표본 안의 사람들을 대표한다. 이 세트는 '교차한다(intersect)'고 하는데 교육 기간이 증가할수록 수입도 증가하는 경향이 있기 때문이다. 그리고 공분산도 '수입'과 '교육 기간'의 교집합의 분산인 셈이다.

이렇게 보면 교육 기간과 수입은 어느 정도 분산을 공유한다고 볼 수 있다. 즉 교육 기간과 수입은 공통의 분산을 가진다. 이전 식을 제곱해서 두 변수가 서로 얼마나 분산을 공유하고 있는지 비율을 알 수 있다.

$$r^2 = s_{xy}^2 / s_x^2 s_y^2$$

이제 두 변수의 분산으로 제곱을 나누어서 공분산을 정규화했다. 결과값은 한 변수의 분산이 다른 변수와 공통으로 차지하는 비율이 된다. 이것을 흔히 $r^2$이라고 하며 'r제곱(r-squared)'이라고 읽는다. 예측 변수가 여러 개 있을 때는 r을 보통 대문자로 표시하며 이것을 '다중 $R^2$'이라고 한다.

그림 4-19에는 실제 수입 C열과 예측 수입 H열의 상관이 나와 있다. 상관값의 식은 =CORREL(C6:C35,H6:H35)이며 값은 .7983이고 셀 J6에 보인다. 이 값이 회귀분석에서 다중 R 이다.

다중 R을 제곱한 것, 즉 다중 $R^2$은 K6에 나온다. 이 값은 .6373이다. 다중 $R^2$ .6373에 주의하자. 이 값은 교육 기간과 나이로 예측한 수입과 실제 수입에서 분산의 비율을 말한다. 이것은 회귀식이 예측을 얼마나 잘하는지 측정하는 지표이며 여기에서는 실제 수입을 얼마나 잘 예측했는지 판단하는 지표가 된다. 즉 (a) 어떤 사람의 나이와 교육 기간을 알고, (b) 변수를 회귀식을 통해 얼마나 잘 결합할 수 있는지 알면 수입의 변동성의 약 2/3, 거의 수입 분산의 64%를 예측할 수 있다 (물론 이것은 특정 값의 표본에만 해당된다. 이것이 실제 모집단을 대표하지 않을 수도 있다).

LINEST()에서 다중 $R^2$값을 반환하며 그림 4-19의 셀 A3에 보인다.

$R^2$은 결정계수(coefficient of determination)라고도 한다. 이 용어는 항상 의미 있게 적용되는 건 아니지만 이 말은 한 변수를 바꾸면 다른 변수에도 영향을 미친다는 말이다. 따라서 한 변수가 다른 변수를 결정한다고 볼 수도 있다. 하지만 회귀분석을 할 때 사실적인 실험을 고려하지 않고 그냥 수행하면, 인과관계를 밝혀내지 못할 수도 있다(이 장 앞부분의 "상관(Correlation)은 인과관계는 아니다"를 참고할 것). 대체적으로 결정계수(coefficient of determination)라는 말은 잘 사용하지 않고 그냥 $R^2$으로 쓴다.

$R^2$과 $r^2$ 사이에 차이가 있을까? 그렇게 많지는 않다. 보통 $r^2$은 예측 변수가 한 개인 상황에서 사용하고, $R^2$은 예측 변수가 여러 개 일 때 사용한다. 간단한 회귀분석에서는 한 개의 예측 변수와 known_y's 사이의 상관 r을 계산하고 다중회귀에서는 known_y's와 최적으로 조합된 여러 개의 예

측 변수 사이의 다중상관 R을 계산한다.

다중회귀에서 예측 변수들로 최적의 조합을 만들었으면 그 다음 상관과 제곱을 계산하는 과정은 동일하다. 따라서 일반적으로는 $r^2$ 대신 $R^2$을 써서 단순회귀와 다중회귀를 모두 다루는 것처럼 사용한다(엑셀 데이터 분석 추가기능에서 '회귀분석'은 이를 구분하지 않고 그냥 이름표에 R, $R^2$이라고 쓴다).

### – 공통분산(Shared Variance)은 덧셈이 아니다

'교육 기간'과 '수입' 사이에 $r^2$을 계산하거나 아니면 '나이'와 '수입' 사이에 $r^2$을 구하는 것은 쉽다. 그럼 두 $r^2$값을 더하면 다중회귀의 $R^2$값이 되지 않을까? 불행히도 그렇게 간단한 일이 아니다. 그림 4–19의 예에서 교육 기간과 수입 간의 상관은 .63이고 나이와 수입의 관계는 .72이다. 관련 된 $r^2$값은 각각 .40과 .53이며 이 값을 합하면 .94인데, 실제 $R^2$은 .6373이다.

여기서 문제는 나이와 교육 기간에 사용한 값들 자체가 관련이 되어 있다는 점이다. 즉 예측 변수 안에 공통분산이 있다. 따라서 그냥 수입에 대한 $r^2$값을 더하면 공통분산을 두 번 더하는 게 된다. 예측 변수가 전혀 관계가 없을 때는 각각의 예측 변수에 대한 $r^2$값의 합이 다중 $R^2$과 같게 된다. 예측 변수끼리 서로 관련되지 않도록 배치하는 과정이 14장의 중요 주제이다. 그룹의 크기가 동일 하지 않은 상황에서 실제 실험을 계획할 때 필요하다.

## ✚ 엑셀에서의 행렬대수(Matrix Algebra)와 다중회귀(Multiple Regression)

지금부터 설명하는 내용은 통계는 잘 알지만 엑셀을 모르는 독자를 대상으로 한다. 만약 행렬대수 에 대해 잘 모르거나 알 필요가 없다고 느낀다면, 아마 엑셀을 가지고 통계 분석을 하는 사람의 대 다수에 해당하겠지만 5장 "변수를 어떻게 함께 분류할까 : 분할표(contingency table)"로 바로 넘 어가자.

그림 4–20에서는 그림 4–19의 원 데이터를 그대로 사용하고 있지만 행렬 곱셈과 행렬식을 사용 해서 회귀계수와 절편을 구하고 있다. 이렇게 하면 LINEST()를 사용했을 때와는 달리 회귀계수 와 절편을 제대로 된 순서로 얻어서 사용할 수 있다. 예측 변수가 있는 열 뒤에 1로만 된 열을 하 나 집어넣자. 이렇게 하면 절편을 계산할 때 좀 더 편하다. 그림 4–20에서 C열에 단위 벡터가 보 인다.

| F10 | | | fx | {=TRANSPOSE(MMULT(F6:H8,J6:J8))} | | | | | | |
|---|---|---|---|---|---|---|---|---|---|---|
| | A | B | C | D | E | F | G | H | I | J |
| 1 | 교육기간 | 나이 | 단위 | 수입 (단위 $1,000) | | | | | | |
| 2 | 13 | 32 | | 1 $ 28 | | 5785 | 17131 | 409 | | |
| 3 | 14 | 40 | | 1 $ 26 | | 17131 | 52510 | 1238 | | |
| 4 | 11 | 38 | | 1 $ 42 | | 409 | 1238 | 30 | | |
| 5 | 13 | 51 | | 1 $ 72 | | | | | | |
| 6 | 9 | 37 | | 1 $ 61 | | 0.006099 | -0.00108 | -0.03837514 | | 21718 |
| 7 | 15 | 33 | | 1 $ 41 | | -0.00108 | 0.000896 | -0.022196395 | | 65692 |
| 8 | 14 | 43 | | 1 $ 50 | | -0.03838 | -0.0222 | 1.472485654 | | 1506 |
| 9 | 8 | 44 | | 1 $ 31 | | | | | | |
| 10 | 12 | 33 | | 1 $ 28 | | 3.388934 | 1.889928 | -73.99349453 | | |
| 11 | 15 | 40 | | 1 $ 51 | | | | | | |

▶▶ **그림 4-20** 엑셀의 행렬함수를 사용하여 회귀계수를 만들었다.

그림 4-20에서 셀 F2:H4에는 예측 변수를 교차해서 곱한 다음 제곱한 값의 합이 보인다(SSCP: sum of squares and cross products). 행렬로 표현하면 $X'X$ 이다. 엑셀에서는 예측 변수만큼의 열과 행으로 된 정사각형 모양의 셀 영역을 선택하여 행렬을 만든 후 절편을 더한다. 그리고 다음 식을 배열 수식으로 입력한다(원 데이터를 저장한 형태에 따라 고쳐도 된다).

=MMULT(TRANSPOSE(A2:C31),A2:C31)

제대로 된 결과를 얻으려면 엑셀의 MMULT() 함수는 배열 수식으로 입력해야 한다.
SSCP 행렬의 역행렬을 얻으려면 엑셀의 MINVERSE() 함수를 사용해야 하고 역시 배열 수식으로 입력해야 한다. 그림 20에서 셀 F6:H8에 SSCP의 역행렬을 보여주고 있다. 식은

=MINVERSE(F2:H4)

을 사용하며 $(X'X)^{-1}$을 반환한다. SSCP를 포함하는 벡터와 예측 변수 $X'y$는 그림 4-20에 셀 J6:J8에 배열 수식을 사용한 것을 볼 수 있다.

=MMULT(TRANSPOSE(A2:C31),D2:D31)

마지막으로 행렬 곱셈을 해서 회귀계수와 절편을 워크시트상에 순서대로 보여주자. F10:H10에 배열 수식으로 보인다.

=TRANSPOSE(MMULT(F6:H8,J6:J8))

지금까지 나온 식을 한 개의 행과 3개의 열에 정리해서 배열 수식으로 보여주면 다음과 같다.

=TRANSPOSE(MMULT(MINVERSE(MMULT(TRANSPOSE(A2:C31),A2:C31)),MM
ULT(TRANSPOSE(A2:C31),D2:D31)))

이것을 행렬에서 표현하면 $(X'X)^{-1}X'y$인데 엑셀에서 표현하면서 길어져 보인다.

엑셀 2003 이전 버전에서는 엑셀이 사용하던 다중회귀는 이 과정과 굉장히 비슷했다. 2003년부터 마이크로소프트는 다중회귀를 하기 위한 다른 방식을 채택해서 LINEST() 함수와 회귀에 사용할 TREND() 등의 함수를 만들었다. 최근에는 반올림 오류가 발생하지 않도록 개선하는데 애쓰고 있다. 그리고 기반 한 데이터가 예측 변수와 매우 높은 상관에 있을 때도 정확한 결과를 반환할 수 있다(이런 조건을 공선성, 공선형성(collinearity)이라고 한다). 15장에서 이 주제에 대해 자세하게 다룬다.


## 4. 통계적 추론으로 이동

5장에서는 4장에서 다루었던 연속적인 변수에서 한발 물러나서, 좀 더 간단하고 가능한 값이 몇 개 없는 명목형 변수에 대해 다루겠다. 이 주제는 셀 안에 개수만 표시하는 2차원 테이블을 주로 사용한다. 하지만 표본으로부터 만든 분할표(contingency table)를 가지고 모집단에 대한 추론을 하기 시작하면 매우 흥미로운 사실들을 발견하게 될 것이다. 이것은 통계적 추측의 시작이고 대학 안의 남성/여성 비율의 편차에 대한 문제 같은 것으로 이끌게 될 것이다.

# 05

# 변수를 어떻게 함께 분류할까 :
# 분할표(contingency table)

4장에서 두 개의 연속된 변수가 어떻게 함께 변할 수 있는지 살펴보았다. 두 개의 변수는 같은 방향인 양의 상관에 있기도 하고, 반대 방향인 음의 상관에 있기도 하며 어떤 때는 전혀 아무 상관도 없다.

이 장에서는 두 개의 명목형(nominal) 변수가 어떻게 함께 변하는지, 혹은 그렇지 않은지 살펴보겠다.

1장 "변수(Variable)와 값(Value)에 대해"에서 명목 척도(nominal scale)로 측정하는 변수는 이름("포드"나 "도요타", "공화당"이나 "민주당", "스미스"나 "존"을 생각해보자)을 값으로 가진다. 순서 척도(ordinal scale), 구간 척도(interval scale), 비례 척도(ratio scale)로 측정하는 변수들은 숫자를 값으로 가지며 변수들 간의 관계를 공분산이나 상관으로 표현할 수 있었다. 명목형 변수에서는 표를 이용해야 한다.

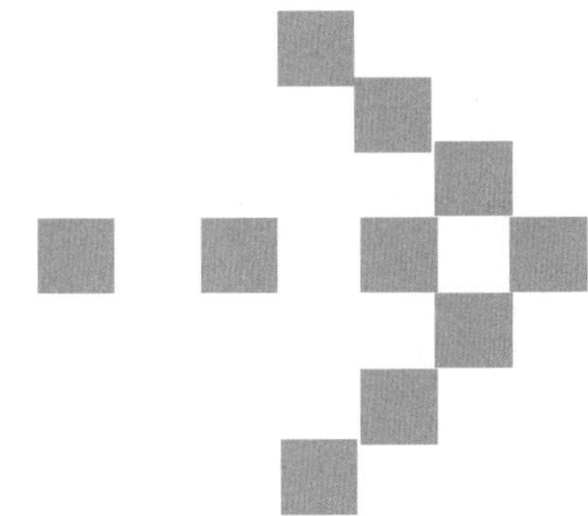

# 1. 1차원 피벗 테이블(One-Way Pivot Table) 이해하기

만약 여러분이 최신 스마트폰을 만드는 공장의 품질 제어 관리자라고 가정해보자. 여러분의 책임 중 하나는 공장에서 만들어진 스마트폰이 특정 기준을 만족하는지 확인해서 보장해야 한다.

공장에서 스마트폰들이 엄청난 속도로 만들어지고 있고, 모든 스마트폰을 검사할 만한 인력이 없다. 따라서 여러분은 매일 50개의 전화기를 무작위로 골라 켜본 다음 제대로 기지국을 찾는지 검사한다. 여러분도 필자도 완전무결점 공정이라는 것은 엄청나게 비용이 많이 들 뿐만 아니라 거의 불가능한 목표인지 알고 있다. 회사에서는 전화기의 1%정도만 켜봤을 때 기지국을 못 찾으면 품질관리에서 성공이라고 생각한다.

오늘 공장에서 1,000개의 스마트폰을 만들었다. 10개 미만의 전화기만 테스트를 통과하지 못했을까? 물론 지금 당장 이 질문에 대답할 수 없다. 우선 오늘 여러분이 테스트한 표본에 대한 정보가 더 필요하다. 몇 대나 테스트에 실패했을까? 그림 5-1을 보자.

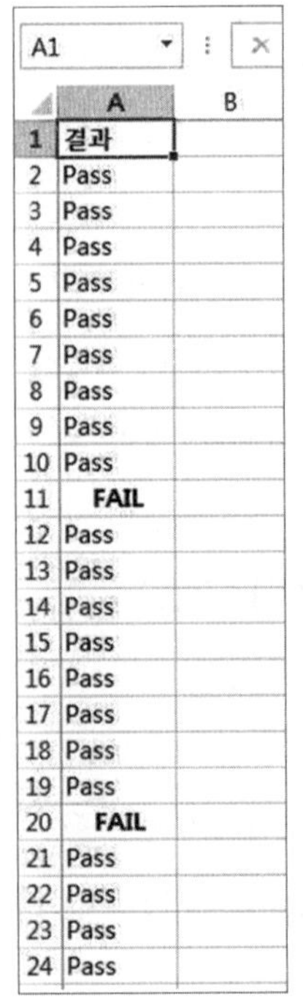

▶▶ **그림 5-1** 표준 엑셀 목록. 변수는 A열에 있고 레코드가 각 행을 차지한다. A열의 각 셀 안에 값이 있다.

엑셀 2013에서 범주를 세서 피벗 테이블을 만들려면 다음 과정을 따르자.

1. 셀 A1을 선택해서 엑셀이 여러분의 입력 데이터를 찾을 수 있도록 한다.
2. '삽입' 탭 ▶ '표' 그룹 ▶ '추천 피벗 테이블'을 클릭한다.
3. 이 입력 데이터에는 변수가 1개밖에 없으므로 엑셀의 권장 피벗 테이블은 굉장히 제한되어 있다. 이 경우에는 권장하는 테이블을 그냥 선택한 다음 '확인'을 누른다.

이제 워크시트상에 새 피벗 테이블이 보인다. Pass의 개수와 Fail의 개수를 보여준다.
'피벗 추천 테이블'은 분석에서 다뤄야 할 사항이 많지 않을 때 매우 편리하다. 이렇게 피벗 테이블을 만들면 클릭 세 번만에 피벗 테이블을 만들 수 있다. 하지만 이것은 엑셀 2013을 쓸 때의 이야기이며 디폴트로 정해놓은 많은 사항을 그냥 받아들여야 한다.

예를 들어 지속적으로 증가하는 데이터에 대해 피벗 테이블을 만든 다음, 다시 재활용하고 싶을 수 있다. 이때 데이터와 피벗 테이블을 같은 워크시트상에 놓으면 훨씬 관리하기가 쉬운데 만약 '추천 피벗 테이블' 기능을 쓰면 자동으로 새 워크시트에 피벗 테이블을 만들어버린다. 이렇게 하면 피벗 테이블을 기존 워크시트로 옮기던지, 아니면 데이터를 피벗 테이블 쪽으로 옮기던지 해야 하므로 '추천 피벗 테이블' 기능으로 아낀 시간을 다 써버리는 결과가 될 것이다.
하지만 결과만 그냥 빨리 보고 싶다면 '추천 피벗 테이블' 기능이 나쁜 선택은 아니다. 다음 과정은 직접 피벗 테이블을 만드는 방법이다. 엑셀 2013을 쓰고 있지 않다면 이렇게 해야 한다.

1. 셀 A1을 선택한다.
2. '삽입' 탭 ▶ '표' 그룹 ▶ '피벗 테이블'을 선택한다.
3. '피벗 테이블 만들기'에서 '기존 워크시트' 옵션 버튼을 누른 다음, '위치'에서 편집박스를 클릭한다. 다음 셀 C1을 선택하고 '확인'을 누른다.
4. '피벗 테이블 필드' 목록에서 '결과'를 끌어서 '행' 영역으로 끌어놓는다.
5. 다음 다시 '결과'를 끌어서 'Σ값' 영역으로 끌어 놓는다. 데이터 영역의 값에 텍스트값이 한 개라도 있으면 통계량 값은 자동으로 '개수'가 된다.

피벗 테이블에서 개수를 백분율로 보여주는 게 더 편리할 수도 있다. 엑셀 2010이나 2013을 쓰고 있으면 피벗 테이블의 개수 열의 아무 셀에서나 오른쪽 클릭을 한 다음 '값 표시 형식'을 클릭하고 다시 '총합계 비율'을 클릭하면 된다(이전 버전의 엑셀은 노트 부분을 참고).



마이크로소프트는 엑셀 2003에서 엑셀 2007로 올라가면서 피벗 테이블 사용자 인터페이스를 크게 바꿨다. 그리고 2007에서 2010으로 올라가면서 바꿨고, 2013에서도 바꿨다. 이 책에서 될 수 있는 대로 여러분이 사용하는 엑셀 버전에 상관없이 설명하려고 했는데 그렇게 쉽지는 않다.
 엑셀 2007에서 2013이면 다음 과정을 따르자. '개수 : 결과'나 피벗 테이블의 전체 셀(그림 5-2의 셀 D2나 D3)을 선택해서 오른쪽 클릭을 하자. '값 필드 설정'을 선택한 다음 '값 표시 형식' 탭을 클릭한다. 다음 '값 표시 형식' 드롭다운 메뉴에서 '총합계 비율'을 선택한 다음 '확인'을 클릭하자. 엑셀 2003이나 이전 버전에서는 피벗 테이블의 값 셀을 오른쪽 클릭한 다음 '필드 설정'을 클릭한다. 다음 '필드 설정' 대화상자에서 '데이터 표시 형식'이라고 된 드롭다운 메뉴를 사용하자.

이제 그림 5-2에서 표본인 스마트폰 50개가 테스트를 통과(pass) 혹은 실패(fail)했는지 요약을 볼 수 있다. 그림 5-2의 결과는 사실 그다지 희망적인 결과가 아니다. 오늘 만들어진 스마트폰이 1,000개인데, 1%(즉 10개) 이하로만 불량품이 나와야 목표를 달성할 수 있다. 하지만 벌써 표본 50개에서 불량품이 2개가 나왔다. 다른 말로 하면 표본은 전체 중 5%인데(1,000개 중 50개) 여기에서 벌써 하루 허용 불량품의 20%(10개 중 2개)가 나온 셈이다. 이런 비율이라면 목표는 10개 이하인데 아마 1,000개 중 불량품이 40개는 나올 것이다.

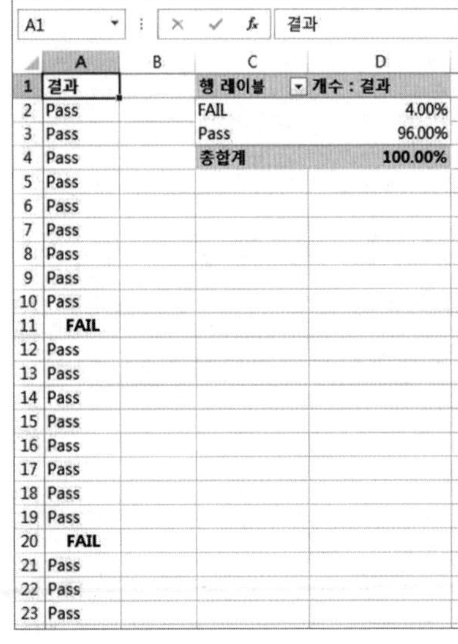

▶▶ **그림 5-2** 표본의 결과를 빠르고 쉽게 요약해서 볼 수 있다.

모집단에서 50개짜리 표본을 19번 뽑아볼 수 있다. 하지만 50개중 2개의 불량품이 있는 비율이면 전체 40개의 불량품이 나올 수 있다. 이것은 전체 모집단에서 기대하는 불량률의 4배이다. 하지만 이것은 무작위의 표본이다. 이 표본이 모집단을 얼마나 대표한다고 볼 수 있을까? 실제 불량품은 10개보다 적지만 정말 우연하게 그 불량품 중 2개가 이 표본에 한꺼번에 들어간 것은 아닐까? 다음은 엑셀이 이 질문에 대해 어떻게 답을 줄 수 있을지 알아보자.

## ✚ 통계 실험 수행하기

비즈니스, 제조, 의약, 사회과학, 도박 등 많은 분야에 있어서 대부분의 질문은 보통 둘 중 하나의 답을 필요로 한다. 성공이냐 실패냐 혹은 이기느냐 지느냐, 낫느냐 낫지 않느냐, 공화당이냐 민주당이냐 등이다. 통계 분석에서 이런 상황을 이항(binomial)이라고 한다. 'bi'는 '둘'을 의미하고 'nominal'은 '이름'을 의미한다. 몇 백 년 전부터 도박의 결과에 대해 깊은 관심이 있었던 수학자들은 이러한 성질의 결과에 대해 연구해왔다. 이제 우리는 수행이 오랫동안 지속되면 숫자가 어떻게 움직이는지 잘 알고 있다.

그리고 이러한 지식을 이용해서 앞서 한 질문에 대해 대답할 수 있다. 50개의 표본에서 2개의 불량품을 찾았을 때 1,000개의 스마트폰에서 최대 10개의 불량품이 나올 가능성은 얼마일까?

### 가정을 세우기

여기 총 100,000개의 스마트폰이 있고 그 안에 불량품이 1,000개 있다고 가정하자. 이러면 불량품이 1%이며 실제 생산품 1,000개에서 기대한 불량률과 동일하다.



이런 가설을 귀무가설(null hypothesis, 영가설)이라고 한다. 이것은 모집단으로부터 가정한 값과 표본으로부터 가정한 값 사이에 차이가 없다고 가정한다. 또 다른 타입의 귀무가설은 두 모집단 값 사이에 차이가 없다고 가정한다. 귀무(null) 가정이라는 용어가 '차이가 없다'라는 뜻을 포함한다. 연구자들이 이러한 귀무가설을 반박하는 다른 가정을 세우는데 이것을 대립가설(alternative hypothesis, 대안가설)이라고 한다.

여러분이 필요한 모든 자원을 사용할 수 있으면 모집단 100,000개로부터 표본 집단 수백 개를 뽑아 낼 수 있다. 한 개의 표본집단은 스마트폰 50개로 구성된다. 각 표본을 조사해서 표본 안에 불량품이 몇 개 있는지 세어 볼 수 있다. 이렇게 해서 특별한 도수분포를 만들 수 있는데 이것을 표집분포(sampling distribution)라고 하며 각 표본의 불량품 개수를 데이터로 한다(도수분포는 1장에서 자세하게 다뤘다).

모집단의 불량률은 1%라고 가정했으므로 이 가상의 표본집단에는 어떤 것은 불량품이 한 개도 없고, 어떤 것은 두 개도 있고(실제 사례처럼), 어떤 것은 불량품이 한 개 있을 수 있다. 이렇게 해서 모든 사람을 동원해서 수백 개의 표본 안에 불량품이 있는지 모두 세어서 차트를 그릴 수 있다. 그리고 이것으로 표집분포를 만들어서 각 표본 안에 불량품이 몇 개 있는지 알 수 있다.

### – BINOM.DIST( ) 함수 사용하기

1600년대 이후 수학자들의 연구 덕분에 위에서처럼 표본을 모두 하나하나 조사하지 않고도 도수분포가 어떤 모양으로 나올 지 알 수 있게 되었다. 그림 5-3을 보자.

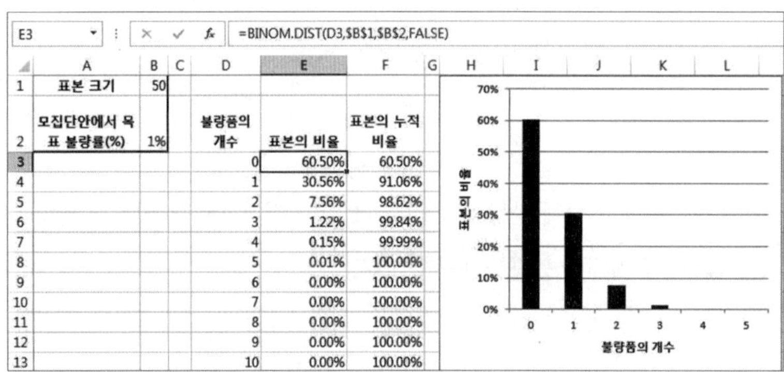



▶▶ **그림 5-3** 표본의 개수가 굉장히 많을 때, 불량품의 개수에 대한 표집분포는 다음과 같이 보인다.

그림 5-3에서 보이는 분포는 이항분포(binomial distributions) 중의 하나이다. 각 이항분포의 형태는 표본의 크기와 모집단의 각 대립가설의 확률에 따라 다르다. 그림 5-3에 보이는 이항분포는 표본의 크기가 50이며 확률(이 예에서는 불량률)이 1%이다. 표와 차트를 보면 1%의 불량률과 모집단이 주어졌을 때 50개짜리 표본의 60.50%에서 불량품이 전혀 발견되지 않을 것이고, 30.56%의 표본에서는 불량품이 1개 발견될 것이라고 알 수 있다.

그림 5-4에서는 표본의 크기가 100이고 불량률이 3%인 경우를 보여주고 있다.

| E3 | ▼ : × ✓ fx | =BINOM.DIST(D3,$B$1,$B$2,FALSE) |
| --- | --- | --- |

| | A | B | C | D | E | F |
| --- | --- | --- | --- | --- | --- | --- |
| 1 | 표본 크기 | 100 | | | | |
| 2 | 모집단안에서 목표 불량률(%) | 3% | | 불량품의 개수 | 표본의 비율 | 표본의 누적 비율 |
| 3 | | | | 0 | 4.76% | 4.76% |
| 4 | | | | 1 | 14.71% | 19.46% |
| 5 | | | | 2 | 22.52% | 41.98% |
| 6 | | | | 3 | 22.75% | 64.72% |
| 7 | | | | 4 | 17.06% | 81.79% |
| 8 | | | | 5 | 10.13% | 91.92% |
| 9 | | | | 6 | 4.96% | 96.88% |
| 10 | | | | 7 | 2.06% | 98.94% |
| 11 | | | | 8 | 0.74% | 99.68% |
| 12 | | | | 9 | 0.23% | 99.91% |
| 13 | | | | 10 | 0.07% | 99.98% |

▶▶ **그림 5-4** 그림 5-3과 비교했을 때 분포가 약간 오른쪽으로 이동했다.

그림 5-3, 5-4의 분포는 이항분포 이론에 기반하고 있으며 엑셀의 BINOM.DIST() 함수로 바로 만들어낼 수 있다.

엑셀 2010 이전 버전을 쓰고 있으면 호환되는 함수인 BINOMDIST()를 대신 써야 한다. 호환 함수인 BINOM.DIST() 안에는 .(마침표)가 있지만 BINOMDIST() 함수 이름 안에는 .(마침표)가 없으므로 주의하자. 인자의 이름과 의미는 두 함수 모두 동일하다.

예를 들어 그림 5-4에서 셀 E3의 식은 다음과 같다.

=BINOM.DIST(D3,$B$1,$B$2,FALSE)

셀의 주소 대신 인자의 이름을 쓰면 다음과 같다.

=BINOM.DIST(Number_s,Trials,Probability_s,Cumulative)

다음은 BINOM.DIST()의 인자 설명이다.

- Number of successes : 엑셀에서는 이것을 Number_s라고 한다. 그림 5-4에서 셀 E3의 식을 보면 이것은 셀 D3의 값 0이다. 이 예에서 이것은 표본에서 발견된 불량품의 개수이다.

- Trials : E3의 식을 보면 이 값은 셀 $B$1의 값 100이다. 이 예에서 Trials는 표본 안에 들어 있는 스마트폰의 개수를 말한다. 이항분포의 측면에서 보면 이것을 칭하는 용어는 표본 크기(sample size)이다.

- Probability of success : 엑셀에서는 이것을 Probability_s라고 하며 성공 가능성, 즉 여러분이 찾고 있는 값을 찾아 낼 확률을 말한다. 여기에서는 모집단의 불량품을 말한다. 이 예에서는 불량률이 3%라고 가정하고 있는데 이 값은 셀 $B$2에 있다.

- Cumulative : 이 인자의 값은 TRUE나 FALSE이다. 이 값을 TRUE로 하면, 엑셀은 이 값의 성공 확률에다가 이전의 성공 확률까지 모두 더해서 누적 성공률을 반환한다. 즉 Number_s가 2, Cumulative가 True면 BINOM.DIST()는 2에 대한 성공 확률 더하기 1에 대한 성공 확률 그리고 0에 대한 성공 확률까지 모두 더해서 반환한다(그림 5-4에서 셀 F5의 값 41.98%). Cumulative가 False면 엑셀은 해당하는 값에 대한 성공 확률만 반환한다. 셀 E4는 D4의 값에 대한 성공 확률만 보여준다(D4의 값이 1이면 1개만 찾아 낼 확률이고 이 성공률 14.71%는 셀 E4에 보인다).

그림 5-4에서는 BINOM.DIST() 함수를 11번 수행했다. 각각 다른 성공 개수를 사용했고 Trial(즉 표본 크기), 모집단에서 불량품을 발견한 확률 그리고 누적 여부는 모두 동일하다. 만약 50개의 표본이 몇 개밖에 없고 확률이 3%라면 처음에는 그림 5-4와는 다른 그림이 나올 것이다. 하지만 50개짜리 표본이 한 20~30개 정도 있고 여기에서 불량품을 세서 직접 차트를 만들어 보면 점점 그림 5-4와 비슷해질 것이다. 그리고 50개짜리 표본 개수가 한 500개 정도 되면 그림 5-4와 아주 비슷하게 보일 것이다(1장 끝 부분 "도수 분포로 실험하기"에서 정규분포의 예를 보여준 것과 비슷하다). 하지만 우리가 이미 이항분포의 특징을 알고 있으면 다른 크기의 표본과 모집단의 다른 성공 확률을 가지고 매번 실험을 반복해서 새로운 분포를 만들지 않아도 된다(이러한 특징은 수학으로 이해하면 되지, 매번 시행착오를 겪을 필요는 없다). 엑셀에게 필요한 정보만 주면 적절한 분포의 특징을 만들어 낼 수 있다.

그림 5-3의 이항분포는 다음과 같은 질문에 적당하다. 50개짜리 표본에서 2개의 불량품을 발견했다. 불량률이 1%인 모집단에서 이러한 표본이 나올 확률은 얼마나 될까?

## BINOM.DIST()의 결과를 해석하기

그림 5-3을 보면 50개짜리 표본 중 60.50%에서는 불량품이 한 개도 나오지 않을 수 있다. 50개짜리 표본 중 30.56%에서는 불량품이 한 개 나올 수 있다. 이 합은 91.06%이며 모집단에서 50개의 스마트폰을 추출해서 만든 표본 91.06%에 해당하게 된다. 그러면 나머지 8.94%에서는 2개 이상의 불량품이 나올 수 있다. 표본의 개수 중 총 4%(50개 중 2개) 이상이 불량품이다. 이것은 모두 모집단에서 불량률이 1%라고 가정했을 때의 결과이다.

이러한 분석에서 어떤 결론을 내릴 수 있을까? 단지 8.94%의 확률로 어쩌다 불량품이 두 개 있는 표본을 선택한 것일까? 아니면 모집단의 불량률이 1%라는 가정이 틀린 것일까? 이것들은 모두 대립가설이다. 만약 운이 나빠서 8.94%에 해당하는 표본을 뽑은 것이라고 결정하면 즉 모집단의 불량률은 1%이지만 그냥 운이 나빠서 이 표본에서만 불량률이 4%였다고 가정하자. 그러면 여러분의 의사결정 능력에 대한 승산(odd)은 '10 중 1'이 넘는다.

확률(probability)과 승산(odd)은 밀접하게 관련되어 있다. 둘 사이의 관계는 다음과 같이 표현할 수 있다.

승산 = (1 − 확률) / 확률

이 경우 잘못된 표본을 뽑았을 확률 8.94%를 승산으로 표현해보면 '10 중 1'이 넘는다.

10.18 = (1 − .0894) / .0894

정리해보면 여러분은 불량률 1%의 모집단에서 불량률이 4%가 넘는 표본을 뽑았다. 이런 표본을 뽑을 확률은 8.94%이고 승산은 10 중 1이다. 하지만 이번 장에서 준 여러 가지 가정을 가지고 생각해보면 모집단에 대한 초기 가정이 틀렸다고 생각하는 게 더 이성적이다. 즉 모집단의 불량률이 1%가 아닐 수 있다. 이성적인 사람이라면 승산이 '10 중 1'정도 밖에 없는데다가 이유 없이 돈을 걸지 않는다.

원래의 가정인 '모집단의 불량률이 1%이다'가 틀렸다고 결정했다면 즉 불량률은 사실 1%보다 높다고 가정한다고 해서, 그것이 전체 모집단의 불량률이 4%라는 증거가 있는 건 아니다(지금 현재로서는 표본만 보고 이렇게 가정하는 게 최선이겠지만). 지금 현재 결론을 내릴 수 있는 것은 '오늘 만든 스마트폰 1,000개에는 불량품이 10개보다 더 많이 있다' 뿐이다.

## 결정 규칙을 설정하기

이제 불량률 1%의 모집단에서 뽑아낸 50개 짜리 표본의 약 9%(8.94%)가 4% 이상의 불량률을 가지고 있다는 사실을 알고서는 좀 신경 쓰일지도 모르겠다. 왜냐하면 표본의 9%만 가지고 결론을 내는 것은 불합리하기 때문이다. 일반적으로 생각해보면 모집단의 불량률이 1% 이상이라고 결론을 내릴 수 있지만 뭔가 의심스러운 점은 있다. 만약 여기 10개의 표본이 있다고 하면 불량률 1%의 모집단에서 4% 이상의 불량률을 가진 표본이 1개쯤 있을 수 있다. '10중 1'은 아주 불가능한 숫자는 아니다. 다음처럼 생각할 수도 있다.

"오늘 만든 1,000개의 스마트폰에서 임의로 50개의 전화기를 뽑아서 표본을 만들었다. 전체 제품의 불량률은 1% 이하로 기대하고 있는데, 표본 중 2개, 즉 4%가 불량이었다. 엑셀의 BINOM.DIST() 함수에 따르면 50개짜리 표본 10개를 만들면 그 중 하나의 표본(8.94%, 거의 1/10)은 불량품이 2개 이상 나올 수 있다고 한다. 이게 그런 표본일 수도 있다. 아마 전체의 불량률은 그냥 1%일 것이다."

그럴듯하지 않은가? 이것이 바로 데이터를 보기 전에 결정 규칙을 미리 설정해야 하는 이유이다. 그리고 데이터를 보고 나서 마음을 바꾸지 말아야 하는 이유이기도 하다. 데이터를 보고 난 다음에 결정 규칙을 정하면, 데이터 자체가 여러분의 결정 규칙에 영향을 주게 된다. 이것을 기회에 편승한다고 한다(capitalizing on chance).

전통적인 실험 방법에서는 데이터를 보기 전 미리 모집단에 대해 잘못된 결정을 할 가능성을 설정해야 한다고 한다. 여러분의 결정 정책에 대해 비용 효율적인 방법을 채택해야 한다. 여러분이 1,000개의 스마트폰을 만들어서 5%의 이윤을 붙여서 소매업자에게 판매한다고 해보자. 계약서상에는 만약 소매업자가 납품된 상품에서 1% 이상의 불량을 찾아내면 전체 납품 상품에 대해 환불해 달라고 하고 있다. 이런 경우 환불을 해주면 기껏 만든 이윤이 다 없어져 버릴 것이다.

만약 잘못된 결정을 했다고 하자. 즉 1,000개의 스마트폰에서 표본을 뽑아본 결과 불량률은 1% 이하라고 결론을 내렸다. 하지만 실제로는 불량률이 3%였다. 이 경우 스마트폰 20개 팔아서 얻은 이익은 21번째 스마트폰을 팔면서 모두 날아가버릴 것이다. 따라서 1,000개를 납품할 때 20개 단위로 납품해보는 방법도 소매업자와 이야기해볼 수 있다.

이 책에서 다루는 접근 방법은 좀 전통적인 방식이다. 여기에서는 19세기 초 R. A. Fisher에 의해 개발된 방법을 사용하고 있다. 이 방법은 frequentist 접근 방법이라고도 한다. 다른 통계 이론학자는 베이즈 모델(Bayesian model)을 따르는데 이 모델은 가정 자체가 확률을 가지고 있는 것으로 생각한다. 이 문제는 여러 가지 논란이 있고, 엑셀에 대한 이 책의 내용을 벗어난다. 하지만 함수를 디자인하거나 데이터 분석 추가 기능을 디자인할 때, 마이크로소프트는 보수적인 관점을 취해서 frequentist 접근 방법을 채택하고  있다는 점을 알아두자.

## 2. 가정을 만들기

이 스마트폰 불량률에 대한 분석이 제대로 되려면 두 개의 기본적인 가정을 만족해야 한다. 통계적  추론의 모든 문제는 가정을 포함하며 어떤 때는 두 개보다 더 많은 가정이 필요하다. 어떤 때는 가정을 어길 수도 있다. 이 경우에는 가정은 딱 2개만 있고, 가정을 어길 수 없다.

### ✚ 임의의 선택

분석에서는 여러분이 모집단에서 표본을 임의로 선택했다고 가정한다. 위의 스마트폰 예에서라면 여러분은 직접 스마트폰을 볼 수 없고 따라서 불량이 아닐 것 같은 전화기를 가려서 뽑을 수 없다. 좀 더 정확하게 말하면 만약 여러분이 원하면 그렇게 할 수도 있다. 하지만 그렇게 한다면 여러분은 모집단과는 체계적으로 다른 표본을 만들어내는 것이다. 여러분은 공장에서 만들어진 스마트폰에 대해 유추할  수 있는 표본이 필요한 것이다. 어떤 전화기가 좋아 보이는가에 대한 개인적인 판단은 공장의 스마트폰 공정 과정이 아니다. 여러분의 일방적인 판단으로 표본을 골라내면 이 표본은 진정으로 모집단을 대표한다고 볼 수 없을 것이다.

그리고 대표할 수 없는 표본만큼 쓸모없는 것은 없을 것이다(George Gallup에게 1948년 선거에서 Truman이 Dewey에게 선거에서 질 것이라고 예측한 것에 대해 물어보라[7]). 만약 표본을 임의로 선택하지 않는다면 대표할 수도 없는 표본을 가지고 전체 모집단에 대해 결정을 내리게 된다.

---

**7** 역자 주: 1948년 미국의 대통령 선거를 앞두고 갤럽(Gallup) 등 여러 조사회사들은 듀이(Dewey) 후보가 트루만(Truman) 대통령을 누르고 당선될 것이라고 예측하였고, '시카고 트리뷴' 등 많은 언론이 이를 인용 보도하였다가 결과적으로 커다란 오보를 내고 말았다.

만약 여러분의 표본에서 불량품이 한 개도 안 나오면 이것이 전체 전화기의 품질이 좋은 것인지 아니면 불량품이 아닌 것을 표본으로 골라내는 여러분의 안목이 훌륭한 것인지 어떻게 구별할 수 있을까?

### – 엑셀을 사용해서 표본을 임의로 선택하기

엑셀을 써서 임의로 표본을 선택해도 되냐는 질문을 종종 받는다. 다음은 필자가 주로 사용하는 방법이다.

워크시트에 값의 목록을 작성하자. 이 값은 모집단의 각 멤버를 유일하게 특징짓는 고유 번호여야 한다. 여기에서는 시리얼 넘버, 즉 고유 번호를 사용했다. 이 리스트가 A1:A1001에 있고 셀 A1에는 이름표로 '고유 번호'라고 했다. 다음의 과정을 수행해보자.

1. 셀 B1에 '임의 번호'라고 입력하자.

2. B2:B1001의 영역을 선택하자(마우스나 키보드로 일일이 이 만큼의 영역을 선택하기는 힘들다. 이 과정 다음에 설명한 팁 부분을 참고할 것).

3. =RAND()를 타이핑한 다음 Ctrl+Enter를 사용해서 입력하시오. 이렇게 하면 임의의 숫자가 임의의 순서로 입력된다. RAND()에서 반환하는 숫자는 A열의 고유 번호와는 아무 관련이 없다. B2:B1001이 선택된 채로 그냥 두자.

4. 이제 이 값들을 순서대로 정렬해 보자. 식을 바꾸기 위해 '홈' 탭 ▶ '복사' ▶ '붙여넣기'에서 '값 붙여넣기' ▶ '값'을 선택한다. 이제 B2:B1001에 임의의 숫자가 있다.

5. A1:B1001에서 아무 셀이나 선택한 다음 '데이터' 탭 ▶ '정렬' 버튼을 누른다. 이때 '내 데이터에 머리글 표시' 체크박스에 반드시 체크해야 한다.

6. '정렬 기준'의 열을 '임의 번호'로 선택한 다음 '정렬 기준'과 '정렬'을 디폴트값으로 그대로 둔 후 '확인'을 클릭한다.

이 방법은 2012년 필자가 배운 방법이고 시간을 많이 아낄 수 있다. 진작에 배웠더라면! 우선 A1:A1000에 값이나 식이 있는 목록이 있다고 하자. 그리고 B1:B1000을 =A1/$D$1, =A2/$D$1 같은 식으로 채우려고 한다. B1에 식을 입력한 다음에 복사해서 B2:B1000을 선택한 다음 붙여넣기 할 수 있다. 셀 B1의 채우기 핸들을 이용해서 B2:B1000까지 죽 마우스를 끌어도 된다(채우기 핸들은 활성화 된 셀의 오른쪽 아래에 보이는 작은 네모를 말한다). 하지만 이렇게 하면 B2:B1000을 선택하는 과정이 너무 힘들다.

더 좋은 방법은 우선 B1을 선택해서 식을 입력한 다음 채우기 핸들을 더블클릭한다. 엑셀은 자동으로 인접한 목록의 채울 수 있는 범위까지 모두자동으로 식을 채워준다(이 예에서는 1000번째 행까지).

그림 5-5처럼 고유 번호들을 임의의 순서로 정렬한다. 이제 처음 50개만 영역을 선택해서(아니면 원하는 크기의 표본크기로 해서) 모집단에서 표본을 만든다.

| | A | B |
|---|---|---|
| 1 | 고유번호 | 임의번호 |
| 2 | 0755 | 0.001689476 |
| 3 | 0543 | 0.002009872 |
| 4 | 0036 | 0.003269631 |
| 5 | 0180 | 0.005764236 |
| 6 | 0592 | 0.006447337 |
| 7 | 0075 | 0.00688983 |
| 8 | 0738 | 0.008381166 |
| 9 | 0398 | 0.008724755 |
| 10 | 0333 | 0.010579213 |
| 11 | 0558 | 0.011353086 |

▶▶ **그림 5-5** A열에 데이터를 구분할 수 있는 것으로 고유번호 말고 이름이나, 주민등록번호, 전화번호 등을 사용할 수 있다. 무엇이든 간에 여러분의 모집단에 가장 알맞은 것을 선택하면 된다.

이렇게 해서 만든 임의의 숫자는 사실은 가상의, 임의의(pseudo-random) 숫자이다. 컴퓨터의 명령어는 사실 그렇게 많지 않고 이것을 반복하고 있기 때문에 수행을 빠르고 정확하게 할 수 있다. 하지만 임의로 무엇인가를 하기는 어렵다. 그렇지만 엑셀 RAND()에서 만드는 가상의 임의의 숫자는 엄격한 테스트를 거쳤고 어떤 종류의 테스트에 필요한 임의의 숫자를 만드는 데 충분히 사용할 수 있다.

## ✚ 독립 선택

각각의 선택이 독립적이어야 하는 것이 매우 중요한 요소다. 즉 스마트폰 0001을 표본으로 선택한 일이 다른 스마트폰을 선택하는 데 있어서 영향을 주면 안된다. 만약 공장에서 완성된 스마트폰을 50개씩 포장에서 내보낸다고 하자. 이렇게 하면 그냥 50개씩 포장된 것을 아무거나 하나 집은 다음에 이것이 여러분이 선택한 표본이라고 해도 된다. 하지만 이렇게 하면 구조적인 문제에 의해 결정 될 가능성이 생긴다.

예를 들어서 포장된 50개의 스마트폰이 차례로 한 라인에서 만들어진다고 하자. 그날 공정에 잠깐 문제가 있었다면 이 안에 있는 스마트폰들이 연속해서 문제가 발생했을 확률이 있을 것이다. 이런 경우 독립적이지 않은 선택 때문에 표본 안에 임의로 선택되지 않은 표본이 들어가게 되고 이것은 임의의 과정이라는 가정에 영향을 준다.

선택이 독립적이라는 추론의 결과로 표본을 선택하는 과정에서 어떤 것이 표본으로 뽑힐 것이라는 확률이 계속 동일하게 이루어진다. 물론 이런 과정을 고수하기는 매우 어려운 일이기는 하지만 1/1,000이나 1/999, 혹은 1/999와 1/998의 차이는 매우 작기 때문에 일반적으로 거의 비슷한 확률이라고 가정한다. 여러분이 계속 교체가 일어나지 않는 집단에서 표본을 뽑으면 이런 일이 대부분 발생하게 된다. 선택의 확률이 커지면(1/20이나 1/30) 초기하분포(hypergeometric distribution)가 도움이 된다. 엑셀에서는 초기하분포를 지원하는 함수 HYPGEOM.DIST()가 있다.


## ✚ 이항분포 식

가능한 두 개의 변수 사이에서 선택은 임의적이며 독립적일 때 이항분포를 만족하는 식은 다음과 같다.

$$\text{확률} = \binom{n}{r} p^{r} q^{n-r}$$

- n은 시행 횟수
- r은 성공한 시행 횟수
- $\binom{n}{r}$ 은 조합의 횟수
- P는 모집단에서 성공 확률
- Q는 (1−p) 혹은 모집단에서 실패 확률
  (조합의 횟수는 nCr이라고도 하며 '한 번에 n개에서 r개를 뽑아내는 가짓수'이다.)

그림 5-6에 보면 위 식을 가지고, 시행 횟수(trial), 성공한 시행 횟수(success), 모집단에서의 성공 확률 등을 보여주고 있다. 그림 5-4와 그림 5-6에서 각각의 숫자를 비교해보자.

- 시행 횟수, n은 표본의 크기를 나타낸다. 여기서는 100.
- 성공한 시행 횟수, r은 표본 안에 있는 불량품의 개수 4를 말한다. (그림 5-4의 셀 D7)
- 모집단의 성공 확률, p는 .03

| C6 | | $f_x$ | =C5*(C3^C2)*(C4^(C1-C2)) | | |
|---|---|---|---|---|---|
| | A | B | C | D | E |
| 1 | 시행횟수 (n) | | 100 | | |
| 2 | 성공한 시행 횟수 (r) | | 4 | | |
| 3 | 모집단의 확률 (p) | | 0.03 | | |
| 4 | 1 - 모집단의 확률 (q) | | 0.97 | | |
| 5 | 한번에 n (시행 횟수) 에서 r (성공한 시행 횟수) 개를 뽑을 수 있는 가짓수 | | 3921225 ← | | =COMBIN(C1,C2) |
| 6 | 확률 (성공한 시행횟수가 4 일 때) | | 17.06% | | |

▶▶ **그림 5-6** 바닥부터 BINOM.DIST()의 결과 만들기

그림 5-6에서

- q값은 1에서 p를 빼면 된다. 셀 C4.
- $\binom{n}{r}$ 의 값은 셀 C5에 계산했고 식은 =COMBIN(C1,C2)
- 이항분포 식은 셀 C6에 있으며 모집단의 불량률이 3%일 때, 100개짜리 표본에서 4개의 불량품이 나올 확률을 계산했다.

그림 5-6의 셀 C6에서 계산한 확률은 그림 5-4 셀 E7의 BINOM.DIST()의 계산값과 동일하다. 물론 BINOM.DIST()가 이 계산을 할 수 있으므로 이항확률을 계산하기 위해 반드시 nCr 식을 써야 할 필요는 없다. 하지만 이렇게 바닥부터 계산해서 인자를 제대로 썼는지 검사해 보는 것도 좋다.

## ✚ BINOM.INV( ) 함수 사용하기

이미 그림 5-3, 5-4에서 BINOM.DIST() 함수를 사용했다. 다음은 사용한 인자들이다.

- **Number of successes** : 좀 더 일반적으로 말하면 이것은 어떤 일이 일어난 횟수이다. 여기에서는 스마트폰 중 불량품의 개수를 말한다. 엑셀에서는 이것을 successes 혹은 Number_s라고 한다.
- **Number of Trials** : successes가 발생하기 위해 몇 번의 기회가 있었는지를 말한다. 여기에서는 표본의 크기를 말한다.
- **Probability of success** : 모집단에서 어떤 사건이 몇 번 일어났는지 발생한 비율을 말한다. 표본을 가지고 테스트해서 찾아내려고 하는 확률이다. "표본에서 불량품이 나온 확률이 4%일 때, 모집단에서 성공 확률이 1%가 될 수 있을까?"
- **Cumulative** : 이 값을 TRUE로 하면 엑셀은 이 값의 성공 확률에다가 이전의 성공 확률까지 모두 더해서 누적 성공률을 반환한다. False면 해당하는 값에 대한 성공 확률만 반환한다.

BINOM.DIST()는 성공 확률이 주어졌을 때 표본에서 주어진 성공 횟수가 나올 가능성을 구한다. 이 함수의 오래된 버전 BINOMDIST()도 동일한 인자를 받아서 동일한 값을 반환한다.

이번 장과 이후의 장에서도 나오지만 다양한 분포에 대해 확률을 반환하는 엑셀의 함수들은 대부분 이름이 .DIST()로 끝난다. 예를 들어 NORM.DIST()는 분포의 평균, 표준편차, 특정 값을 주었을 때 정규분포에서 특정 값이 관찰된 확률을 반환한다.

이런 함수 중 또 다른 것들은 .DIST() 대신 .INV()로 끝난다. INV는 inverse(역)을 의미한다. 이 경우 BINOM.INV()의 인자는 다음과 같다.

- **Trials** : BINOM.DIST()와 같다. 즉 성공 횟수가 나타나기 위해 수행하는 기회의 개수다 (여기서는 표본의 크기).
- **Probability** : BINOM.DIST()와 같다. 모집단에서의 성공 확률(확률은 알려진 것은 아니고 가정할 뿐이다)
- **Alpha** : BINOM.DIST()에서 반환하는 값이다. 표본의 크기와 모집단에서 성공 확률이 주어졌을 때, 표본에서 성공 횟수의 확률을 누적한 확률이다(알파(alpha)라는 용어는 표준 용어는 아니다).

위와 같은 인자를 가지고 BINOM.INV()는 인자로 준 알파값과 관련된 성공 횟수(여기서는 불량 스마트폰 개수)를 반환한다. 헷갈리겠지만 그림 5-4를 보자. 다음 식을 워크시트상에 입력하자.

    =BINOM.INV(B1,B2,F8)

이렇게 하면 6이라는 값을 얻을 수 있다. 그림 5-4에서 이것이 의미하는 바와 여기에서 추론할 수 있는 내용은 다음과 같다.

여러분은 스마트폰 100개짜리 표본을 가지고 있다고 했다(셀 B1). 표본은 모집단에서 선택해서 뽑았으며 모집단 안의 불량률은 많아야 3%(셀 B2)로 기대하고 있다. 100개짜리 표본에서 불량품이 몇 개인지 세려고 한다. 그런데 표본 자체를 잘못 선택했기 때문에 실제로는 모집단의 불량률이 3%임에도 불구하고 표본만 보고 잘못된 판단을 내릴 수도 있다. 만약 표본에서 불량률이 10%였다고 해보자. 잘못된 표본을 선택할 확률은 8%이다.

옳은 결정을 내리고자 하는 관점에서 보면 모집단 불량률이 기대한 수준 아래라고 받아들일 확률은 92%이다. 92%의 확률로 참 양성(true positive)이고 8%의 확률로 거짓 양성(false positive)인데, 이상 없는 상품을 실수로 이상이 있다고 판단을 내리는 것이 거짓 양성(false positive)이다.

여기서 보면 만약 표본 안에 6개 이상의 불량품이 있으면 이 표본을 뽑아낸 모집단의 불량률이 3%는 아니라고 생각할 수 있다. 만약 불량품이 그렇게 많다는 것은 이 표본이 8%에 속한나는 이야기인데, 만약 그렇다면 비용효과적인 면으로 보았을 때 문제가 있다. "표본이 정말로 8%에 들어가는 상황이고 모집단은 3%의 불량률을 가지고 있는 게 맞다"라고 하는 주장을 대부분의 사람은 받아들이기 어려울 것이다. 대부분의 사람들은 "모집단의 불량률이 3%를 넘는다"라고 생각할 것이다. 또 92%:8%는 11:1(92%를 8%로 나눠보자)이므로 아마 전체 모집단의 불량률은 3%가 넘을 것이다. 6개보다 적게 불량품이 있는 표본을 얻을 확률이 6개 이상의 불량품이 있는 표본을 얻을 확률보다 11배 높기 때문이다.

다시 보면 여러분은 처음에 거짓 양성(false positive)의 비율을 8%로 고수하고자 결심했다. 만약 생산품이 정말로 3%의 불량률을 가지고 있으면, 결정 규칙을 조정해서 이 제품의 불량률이 더 높다고 거부할 확률은 약 8%이다.

이러한 오류를 저지할 확률을 8%로 설정하고, 표본의 크기는 100 그리고 모집단의 불량률을 3%로 가정했을 때 엑셀의 BINOM.INV() 함수를 쓸 수 있다. 함수의 결과로 100개짜리 표본에서 얼마나 많은 불량품이 발견되느냐에 따라 여러분이 원래의 가정인 모집단의 불량률인 3%가 틀렸다고 뒤집을 것인지 결정할 수 있다.

따라서 .INV() 함수는 .DIST() 함수를 다음처럼 뒤집게 된다.

- BINOM.DIST()에서 성공한 시행 횟수를 인자로 준다(여기서는 표본 안의 불량품 개수). 그러면 모집단에서 시행 횟수만큼의 불량품이 나올 수 있는 표본을 얻을 확률을 구해준다.
- BINOM.INV()를 쓰면 주어진 불량률을 가지는 모집단에서 표본을 뽑았다고는 믿을 수 없는 가장 큰 비율을 인자로 준다. 그러면 BINOM.INV()는 주어진 모집단의 불량률과 표본의 크기 그리고 관심 있는 이항분포의 해당하는 비율에 맞는 영역에 맞추어 여러분의 결정 정책을 만족시킬 수 있는 성공 시행 횟수를 반환해준다.

이 과정은 그림 5-7에서 볼 수 있으며 데이터는 그림 5-4의 데이터를 사용한다. 그림 5-4처럼 그림 5-7에서 표본의 크기는 100(셀 B1)이며 불량률이 3%(셀 B2)라고 가정한 모집단에서 표본을 뽑아낸다. 셀 G2:I13은 BINOM.DIST()를 사용하여 그림 5-4의 분석을 복사했다. 이것은 표본의 비율(H2:H13)과 누적 비율(I2:I13)을 나타내며 각 표본은 서로 다른 개수의 불량품을 가지게 된다(셀 G2:G13).

D열과 E열은 BINOM.INV()를 써서 주어진 비율의 표본에서 나올 것이라고 기대하는 불량품의 개수(D열)를 구하고 있다. 즉 모집단에서 뽑은 표본의 82%~91%는 불량품이 5개 나올 것으로 기대한다. 이것은 BINOM.DIST() 분석의 결과와도 일치하는데 불량품 다섯 개까지의 누적비율은 91.92%(셀 I8)이다.

### – 좀 복잡한 추론

너무 복잡하게 생각하지 말자. 완전히 논리를 이해하기 전에는 추론할 때 여러 단계가 걸린다. "표본 두 개를 뽑아봤더니 평균이 모집단에 비해 다를 것이다"같은 통계 분석을 하는 것보다는 생각을 따라가는 과정이 훨씬 더 복잡하다. 평균이 다른 것에 대해 추론하는 것은 이항분포의 경우보다는 훨씬 덜 복잡하다.

| | A | B | C | D | E | F | G | H | I |
|---|---|---|---|---|---|---|---|---|---|
| | | | | | | | =BINOM.INV($B$1,$B$2,E3) | | |
| 1 | 표본 크기 | 100 | | | | | | | |
| 2 | 모집단안에서 목표 불량률(%) | 3% | | 표본안에서 불량품의 개수 | 표본의 비율 | | 표본안에서 불량품의 개수 | 표본의 비율 | 표본의 누적 비율 |
| 3 | | | | 8 | 99% | | 0 | 4.76% | 4.76% |
| 4 | | | | 7 | 98% | | 1 | 14.71% | 19.46% |
| 5 | | | | 7 | 97% | | 2 | 22.52% | 41.98% |
| 6 | | | | 6 | 96% | | 3 | 22.75% | 64.72% |
| 7 | | | | 6 | 95% | | 4 | 17.06% | 81.79% |
| 8 | | | | 6 | 94% | | 5 | 10.13% | 91.92% |
| 9 | | | | 6 | 93% | | 6 | 4.96% | 96.88% |
| 10 | | | | 6 | 92% | | 7 | 2.06% | 98.94% |
| 11 | | | | 5 | 91% | | 8 | 0.74% | 99.68% |
| 12 | | | | 5 | 90% | | 9 | 0.23% | 99.91% |
| 13 | | | | 5 | 89% | | 10 | 0.07% | 99.98% |
| 14 | | | | 5 | 88% | | | | |
| 15 | | | | 5 | 87% | | | | |
| 16 | | | | 5 | 86% | | | | |
| 17 | | | | 5 | 85% | | | | |
| 18 | | | | 5 | 84% | | | | |
| 19 | | | | 5 | 83% | | | | |
| 20 | | | | 5 | 82% | | | | |
| 21 | | | | 4 | 81% | | | | |

▶▶ **그림 5-7** BINOM.INV()와 BINOM.DIST() 비교하기

세 가지 문제 때문에 이항 분석의 논리가 복잡해진다. 하나는 표본 안의 불량품의 개수를 측정할 때 누적해서 보여주는 문제 때문이다. 모집단에 불량품의 비율이 얼마나 될 때 표본을 뽑은 것인지 알려면 불량품이 한 개도 없을 때, 불량품이 1개일 때, 불량품이 2개일 때 등을 모두 고려해서 세야 한다.

또 다른 문제는 퍼센티지가 너무 많이 나온다는 것이다. 다른 종류의 통계 분석에는 모집단의 가정에 따라 표본을 관찰하는 시간의 퍼센티지 정도에만 신경을 쓰면 된다. 명목 범주로 결과를 측정할 때만은 결과를 항상 퍼센티지로 표시한다. 예를 들면 환자들이 1년 동안 생존한 비율 X%, 브레이크가 파손된 차의 비율 Y%, 등록된 유권자 중 공화당원 비율 Z% 등이 있다.

세 번째 문제는 결과값이 정수로 나온다는 점이다. 예를 들어 불량품의 개수가 3.5개가 될 수는 없다. 전화기는 오직 불량품인지, 아닌지로 결정된다(물론 테스트를 하는 단위에 따라 달라질 수도 있지만 그러면 상황 자체가 바뀐다). 따라서 관련된 확률이 연속적으로 자연스럽게 증가하지 않는다. 대신 불량품의 개수에 따라 계단형으로 증가한다. 그림 5-4를 보면 가로축의 불량품 개수가 늘어남에 따라 확률은 계단형으로 증가했다가 계단형으로 감소한다.

### 가정을 검정하는 일반적인 흐름

하지만 여기에서 추론하는 기본 방식은 다른 상황에도 비슷하게 적용된다. 일반적인 과정은 다음과 같다.

● **가정**

가정을 설정한다(보통 가정(hypothesis)이라고도 하고 대립가설(alternative hypothesis)과 구분하기 위해 귀무가설(null hypothesis)이라고도 한다). 여기의 예에서 보면 귀무가설은 '표본을 뽑는 모집단의 불량률은 1%이다'인데, 여기에서 null(0)의 의미는 '특이한 상황은 전혀 일어나지 않는다'를 의미한다. 따라서 불량률 1%는 보통 기대하는 정도이다. 대립가설은 '모집단의 불량률이 1% 이상이다'이다.

● **표집분포(Sampling Distribution)**

가정이 참인지를 결정할 표집분포(sampling distribution)의 특징을 결정한다. 표집분포는 여러 가지 종류가 있으므로 이것은 여러분이 대답하고자 하는 질문과 사용할 수 있는 측정의 수준으로 결정한다. 여기서 측정의 수준은 명목형('수용가능' 대 '결함')이 아니라 이항(가능한 값이 두 개)이다. 엑셀의 이항분포에 관련된 함수를 사용해서 표본의 서로 다른 개수의 불량품과 관련된 확률을 결정할 수 있다.

● **오류율(Error Rate)**

가정이 옳은데도 불구하고 이를 기각할 위험을 얼마로 정할 것인지 결정한다. 이번 장의 스마트폰 품질 예에서는 사실 이 과정을 거치지 않았다. 하지만 잘못된 결정을 내렸을 때 환불하는 비용이나, 옳은 결정을 내렸을 때 얻을 수 있는 이익에 대해서 언급했었다(이것과 관련된 다른 주제들은 13장 "통계적 검정력"에서 다룬다).

통계 분석의 많은 분야에서 오류율로 보통 .05나 .01같은 수준을 채택하는 것이 보통이다. 하지만 이런 결정은 대부분 보통 따라오던 전통에 의한 것이지, 어떤 논리나 수학적인 배경이 있는 것은 아니다. 여기에 대해 다루기에는 지면이 한정되어 있으므로 넘어가자. 비용—이익 분석을 해보았더니 이상적인 오류율이 만약 12%라고 한다면 이 값을 BINOM.INV()에 넣어보면 된다. 하지만 전통적인 통계책의 부록표에 보면 오류율을 항상 .05나 .01로 보여주고 있다.

오류율을 얼마로 채택하던 간에 이런 결정은 데이터를 분석하기 전에 내려야 한다. 결과를 보기 전에 결정해야 표본의 결과에 대해 확신을 가질 수 있다.

## ● 가정의 채택 혹은 기각

가정을 검정하는 네 번째 단계에서는 표본을 가지고 적절한 통계량을 계산한다(여기서는 표본 안에 있는 불량품의 개수). 두 번째 과정에서 유도한 표집분포에서 나온 숫자와 결과를 비교하면 기대하는 값을 얻을 수 있다. 예를 들면

- 오류율을 5%로 정했다.
- 모집단의 불량률이 3%일 때 200개짜리 표본들의 4%에서 불량품이 10개가 나왔다.
- 불량품이 이렇게 나오기는 힘든 일이므로 모집단의 불량률이 3%라는 가정은 믿기 힘들다.

10개의 불량품이 나올 확률은 4%인데 처음 시작할 때 오류율을 5%로 정했다. 다른 말로 하자면 불량품이 표본에서 8개가 나왔다고 해보자. 이럴 확률은 3% 불량률이 있는 모집단에서 표본을 뽑았을 때 8%의 표본이 8개의 불량품을 가지고 있을 수 있다. 오류율이 5%라는 정책에 따르면 이 상황은 흔한 상황이므로 모집단의 불량률이 3%를 넘어간다고 결론을 내릴 수 있다.

그림 5-3에서는 모집단의 불량율이 1%인 상황을 보여주고 있다. 50개 짜리 표본에서 98.62%의 표본이 불량품이 0개, 1개, 2개인 경우이다. 따라서 오류율을 .05로 정했으면, 표본에서 두 개의 불량품이 나온 경우는 모집단의 불량률이 1%라는 가정을 기각하게 된다. 50개짜리 표본에서 불량품이 2개 있는 경우는 .95를 초과하게 되며 이 값은 .05 오류율의 보수(complement)이다.


### – BINOM.DIST( )와 BINOM.INV( ) 사이에서 선택하기

BINOM.DIST()와 BINOM.INV()은 동전의 양면과도 같다. 두 함수는 같은 숫자를 다룬다. 차이점은 BINOM.DIST()에게 성공한 시행 횟수를 알려주면 그 확률을 반환해주고, BINOM.INV()에게는 확률을 알려주면 성공한 시행 횟수를 알려주는 것이다.

두 함수로 같은 결과를 얻을 수 있지만 필자는 BINOM.DIST()를 사용해서 그림 5-3, 5-4와 같은 분석을 하는 편을 선호한다. 그림 5-4에서 D3:D13의 정수와 함께 BINOM.DIST()를 쓰면 E3:E13에 확률을 구할 수 있다. F3:F13의 누적 확률과 BINOM.INV()를 쓰면 D3:D13의 불량품 개수를 구할 수 있다. 하지만 워크시트 관점에서만 보면 확률과 BINOM.INV()로 표현하는 것보다는 정수와 BINOM.DIST()로 보여주는 편이 더 쉽다.

표준 통계 용어에서는 알파(alpha)라는 이름은 귀무가설을 잘못 기각할 수 있는 확률을 가리킬 때 사용한다. 즉 실제로는 잘 되고 있는데 잘못된 일이 일어난 것으로 결론을 내릴 확률이다. 하지만 BINOM.INV() 함수에서 엑셀은 표본에서 특정 성공 횟수를 달성할 확률로 주는 인자를 알파(alpha)라고 하고 있다. 사실 완전히 틀린 것은 아니지만, 너무 포괄적이다. 표준적으로 사용하는 의미에 익숙해져 있거나, 아니면 아예 모르고 있었다면 이런 엑셀 용어의 특유한 표현법에 넘어갈 필요는 없다.

note_

엑셀 2010 이전에서는 BINOM.INV()를 CRITBINOM()라고 했다. 다른 모든 '호환성 함수'와 마찬가지로 엑셀 2010과 엑셀 2013에서 여전히 CRITBINOM()를 사용할 수 있다.

## 3. 2차원 피벗 테이블(Two-Way Pivot Table) 이해하기

2차원 피벗 테이블은 표면적으로는 앞부분에서 다룬 1차원 피벗 테이블의 연장으로 보인다. 앞부분에서 명목형 데이터(여기에서 사용한 데이터는 'Pass'와 'Fail'로 스마트폰에 불량품이 있는지 검사했다)를 엑셀의 목록으로 만들었다. 다음 엑셀의 피벗 테이블 기능을 이용해서 불량품과 합격품의 개수를 셌다. 필드는 한 개밖에 없고, Pass인가 Fail인가만 관련되어 있으며, 피벗 테이블의 레이블에는 각 결과에 대해 개수를 세거나 백분율만 보여줬다(그림 5–2를 참고).

2차원 피벗 테이블에는 두 번째 필드를 더하고 이것도 보통 명목형 범주로 측정하는 값이다. 전화로 정당별 유권자의 투표안에 대한 선호도[8]를 조사한 데이터가 있다고 하자. 설문자들은 다음 예비선거에 대한 정치적인 성향과 함께 투표안에 대한 선호도(찬성/반대)를 대답했다. 데이터는 그림 5–8과 같다.

---

8 역자 주: 미국 공화당원(Republican)과 민주당원(Democrat)의 투표안건에 대한 선호도 조사이다.

▶▶ **그림 5-8** 두 데이터 집합의 관계는 피벗 테이블로 쉽게 분석할 수 있다.

그림 5-8의 2차원 피벗 테이블을 만들려면 다음과 같은 과정을 따른다.

1. 셀 A1을 선택해서 엑셀이 입력 데이터를 찾을 수 있도록 한다.

2. '삽입' 탭 ▶ '표' 그룹 ▶ '피벗 테이블'을 선택한다.

3. '피벗 테이블 만들기' 대화상자에서 '기존 워크시트' 옵션 버튼을 클릭한 다음, 위지 편집 상자를 클릭하고 다음 워크시트상 E1을 선택한다.

4. '피벗 테이블 필드' 목록에서 '정당'을 선택해서 이것을 '행' 레이블 영역으로 끌어놓는다.

5. 역시 '피벗 테이블 필드' 목록에서 '투표안'을 선택해서 이것을 '열' 레이블 영역으로 끌어놓는다.

6. '투표안'을 다시 클릭해서 이것을 'Σ값' 영역으로 끌어놓는다. 입력 데이터에 텍스트값이 있기 때문에 필드 설정값은 '개수'가 된다('정당'을 'Σ값' 영역으로 끌어놓아도 된다).

결과는 그림 5-9와 같이 보인다.

| | A | B | C | D | E | F | G | H |
|---|---|---|---|---|---|---|---|---|
| 1 | 정당 | 투표안 | | | 개수 : 투표안 | 열 레이블 ▾ | | |
| 2 | 공화당 | 반대 | | | 행 레이블 ▾ | 반대 | 찬성 | 총합계 |
| 3 | 민주당 | 반대 | | | 공화당 | 162 | 133 | 295 |
| 4 | 공화당 | 찬성 | | | 민주당 | 142 | 63 | 205 |
| 5 | 민주당 | 반대 | | | 총합계 | 304 | 196 | 500 |
| 6 | 공화당 | 찬성 | | | | | | |
| 7 | 민주당 | 반대 | | | | | | |
| 8 | 공화당 | 찬성 | | | | | | |

▶▶ **그림 5-9** 정당과 투표안에 대한 선호도를 동시에 보여줌으로써 결합한 효과가 있는지 알 수 있다.

피벗 테이블에서 필드 2개를 보여주기 위해 리포트의 포맷을 바꿀 수도 있다. 5번 과정에서 '투표안'을 '열' 레이블 영역으로 끌어놓는 대신, '정당'과 함께 '행' 영역에 끌어 놓아보자(그림 5-10).

| 행 레이블 ▾ | 개수 : 투표안 |
|---|---|
| ⊟ 공화당 | 295 |
| 반대 | 162 |
| 찬성 | 133 |
| ⊟ 민주당 | 205 |
| 반대 | 142 |
| 찬성 | 63 |
| 총합계 | 500 |

▶▶ **그림 5-10** 테이블의 방향을 이렇게 바꾸는 것을 '테이블을 피벗한다'라고 부른다.

분할표(contingency table)라는 용어는 이런 종류의 분석에서 쓰이는 용어인데 한 변수의 결과가 다른 변수에 영향을 줄 수 있기 때문이다. 예를 들어서 투표안에 대한 선호도는 정당과 관련이 있다. 그림 5-10의 데이터에 따르면 공화당일수록 투표안에 대해 반대하는 경향이 강하다. 그렇다면 얼마나 강할까? 이 표본에서는 공화당이라는 사실 이상의 특징이 있는 것일까?

이 질문에 대해 답하려면 데이터를 보여주는 피벗 테이블을 바꿔 보자. 그림 5-9의 레이아웃을 기반으로 하여 다음 과정을 따라가 보자.

1. 요약 데이터 셀 아무 곳에서나 오른쪽 클릭을 한다. 그림 5-9를 기준으로 하면 F3:H5 안에 있는 아무 셀이나 된다.

2. 단축 메뉴에서 '값 표시 형식'을 선택한다.

3. 오른쪽 메뉴에서 '행 합계 비율'을 선택한다. 피벗 테이블에서 계산을 다시 해서 그림 5-11의 셀 E1:H5처럼 비율로 보여주고 각 행의 총합계는 100%가 된다. 그림 5-9, 5-10에서는

개수를 셌었다. 그리고 그림 5-11에는 셀 E8:H12에 보이는 피벗 테이블은 숫자를 '값 표시 형식'에서 '총합계 비율'로 보여주었다.

| | E | F | G | H |
|---|---|---|---|---|
| 1 | 개수 : 투표안 | 열 레이블 | | |
| 2 | 행 레이블 | 반대 | 찬성 | 총합계 |
| 3 | 공화당 | 54.92% | 45.08% | 100.00% |
| 4 | 민주당 | 69.27% | 30.73% | 100.00% |
| 5 | 총합계 | 60.80% | 39.20% | 100.00% |
| 6 | | | | |
| 7 | | | | |
| 8 | 개수 : 투표안 | 열 레이블 | | |
| 9 | 행 레이블 | 반대 | 찬성 | 총합계 |
| 10 | 공화당 | 32.40% | 26.60% | 59.00% |
| 11 | 민주당 | 28.40% | 12.60% | 41.00% |
| 12 | 총합계 | 60.80% | 39.20% | 100.00% |

▶▶ **그림 5-11** 셀에 개수 대신 백분율로 보여 줄 수 있다.



비율 표시에서 소수점 아래 두 자리가 보이는 게 싫으면 숫자를 오른쪽 클릭한 다음 단축 메뉴에서 '셀 서식'을 선택한 후 '소수 자릿수'를 0으로 바꾸자.

행 합계 비율에서 보면 각 행의 총합계는 100%이다. 공화당원들이 투표안에 대해 반대하고 있는 것은 사실이지만 압도적인 비율로 반대하는 것은 아니다. 반면 민주당원들은 거의 1대 2의 비율로 반대하고 있다. 응답자들의 투표 성향은 정당과 관련되어 있는 것으로 보인다. 아니면 표본을 잘 못 선택했기 때문에 정당에 대한 반영이나 투표안에 대한 선호도가 잘 안 나온 것인지도 모른다. 아니면 공화당 쪽에서 이 투표안을 반대하는 것은 사실이지만, 실제 반대 비율은 더 낮을지도 모른다.

다른 말로 해보면 그림 5-9와 그림 5-11에서 보이는 개수나 백분율은 여러분이 기대하던 바는 아니다. 공화당과 민주당의 비율이 295대 205이기 때문이다. 게다가 찬성과 반대의 비율이 196대 304인데, 이 비율은 민주당 대 공화당의 비율과도 비슷하다. 각 셀의 도수가 표시 형식을 전체적인 한계(marginal) 도수로 하면 어떻게 보일까?

이 질문에 답하려면 우선 카지노의 세계에 대해 좀더 알아야 할 필요가 있다.

## ✚ 확률(Probability)과 독립사건(Independent Event)

여러분이 카드가 쌓여있는 덱에서 카드를 한 장 뽑았다고 해보자. 4가지 무늬(다이아몬드, 하트, 클로버, 스페이드)에 따라 13장의 카드가 있으므로 여기에서 다이아몬드를 뽑을 확률은 .25이다. 다시 카드를 덱에 돌려놓자. 이제 또 다른 카드를 임의로 뽑아보자. 다이아몬드를 뽑을 확률은 여전히 .25이다.

위에서도 말했듯 두 사건은 서로 독립적인 사건이다. 처음에 다이아몬드를 뽑았다고 해서 두 번째 다이아몬드를 뽑는 데 영향을 주지 못한다. 이런 조건하에서 연속으로 다이아몬드를 두 번 뽑을 확률은 .0625이며 .25 × .25이다. 다이아몬드가 아니라 하트를 연속해서 뽑을 확률도 .0625인데 각각의 무늬에 따른 카드 개수가 똑같기 때문이다.

동전 던지기도 마찬가지이다. 앞면과 뒷면이 나올 확률이 동일한 동전에서 앞면이 나올 확률은 50%이고 뒷면이 나올 확률도 50%이다. 동전을 던졌을 때 앞면이 나올 확률은 .5이고 또 동전을 던졌을 때 다시 앞면이 나올 확률은 .5이다. 동전을 처음 던진 사건은 두 번째 던진 사건에 영향을 주지 않으므로 두 사건은 서로 독립적이다(물론 앞면 다음에 뒷면이 나오는 것도 동일하다). 그리고 연속으로 앞면이 나올 확률은 .5 × .5 = .25이다.



'도박사의 오류'가 이것과 관련되어 있다. 동전이 조작되지 않은 공정한 동전일 때 어떤 사람들은 만약 앞면이 연속해서 5번 나오면 그 다음에는 뒷면이 나올 것이라고 믿는다. 공정한 동전이면 6번째에 또 앞면이 나올 확률도 50%이다. 어떤 사람들은 이런 도박사의 오류에 빠져서 '이미 특별한 사건이 일어났다'면 즉 5번 연속 동전 앞면이 나오는 것과 같은 사건이 일어나면 앞으로 필연적으로 영향을 주는 사건이 일어난다고 믿지만, 과거의 사건은 미래의 사건에 영향을 주지 못한다.

여러분이 분할표(contingency table)를 보고 있을 때 이미 확률의 규칙(두 개의 독립적인 사건이 일어날 확률은 각 사건의 확률을 곱하면 된다)을 적용하고 있다. 그림 5–11을 보면 표본이 민주당일 확률은 41%(셀 H11)이고 공화당일 확률은 59%(셀 H10)이다.

유사하게 정치적인 성향과는 상관없이 응답자가 투표안을 찬성할 확률은 39.2%(셀 G12)이고 반대할 확률은 60.8%(셀 F12)이다. 찬성과 정당이 상관없는 독립사건이라고 가정하면 독립사건의 확률 규칙에 따라 공화당원이면서 투표안에 찬성할 확률은 .59 × .392 즉 .231이다. 그림 5–12의 셀 E16을 참고하자.

그림 5-12 테이블의 나머지 부분인 셀 F16, E15, F15도 채울 수 있다. 다음 계산한 백분율에다가 총 인원 500을 곱하면 각각의 확률에 해당하는 인원으로 다시 표를 만들 수 있다. 이 인원은 정당 선호도와 투표안에 대한 선호도가 서로 독립적인 사건일 때 기대할 수 있는 응답자의 숫자이다. 이 기대값은 셀 E21:F22에 보인다.

| | A | B | C | D | E | F | G |
|---|---|---|---|---|---|---|---|
| 1 | | 관찰값 | | 개수 | 의견 | | |
| 2 | | | | 정당 | 찬성 | 반대 | 총합계 |
| 3 | | | | 민주당 | 63 | 142 | 205 |
| 4 | | | | 공화당 | 133 | 162 | 295 |
| 5 | | | | 총합계 | 196 | 304 | 500 |
| 6 | | | | | | | |
| 7 | | 전체 인원에 대한 | | 전체 비율 | 의견 | | |
| 8 | | 비율로 본 관찰값 | | 정당 | 찬성 | 반대 | 총합계 |
| 9 | | | | 민주당 | 12.6% | 28.4% | 41.0% |
| 10 | | | | 공화당 | 26.6% | 32.4% | 59.0% |
| 11 | | | | 총합계 | 39.2% | 60.8% | 100.0% |
| 12 | | | | | | | |
| 13 | | 각 셀의 값은 | | 한계확률의 곱 | 의견 | | |
| 14 | | 한계 비율의 곱 | | 정당 | 찬성 | 반대 | 총합계 |
| 15 | | (기대 비율) | | 민주당 | 16.1% | 24.9% | 41.0% |
| 16 | | | | 공화당 | 23.1% | 35.9% | 59.0% |
| 17 | | | | 총합계 | 39.2% | 60.8% | 100.0% |
| 18 | | | | | | | |
| 19 | | 기대 비율을 | | 기대값 | 의견 | | |
| 20 | | 인원수로 환산 | | 정당 | 찬성 | 반대 | 총합계 |
| 21 | | | | 민주당 | 80.36 | 124.64 | 205 |
| 22 | | | | 공화당 | 115.64 | 179.36 | 295 |
| 23 | | | | 총합계 | 196 | 304 | 500 |

▶▶ **그림 5-12** 실제 관찰값에서 예상 관찰값으로 옮겨가기

그림 5-12에서 다음과 같은 테이블이 보인다.

- D1:G5- 그림 5-9의 피벗 테이블에서 보이는 원래의 개수 테이블이다.
- D7:G11 - 원래의 개수 테이블을 백분율로 표시해서 보여준다. 예를 들어 셀 G9의 41.0% 는 205를 500으로 나눈 숫자이다. 셀 E9의 12.6%는 63을 500으로 나눈 숫자이다.
- D13:G17 - 한계 백분율에서 얻은 셀 백분율이다. 예를 들어 셀 F16의 35.9%는 셀 F17의 60.8%(열 백분율)와 셀 G16의 59.0%(행 백분율)를 곱한 값이다. 다시 보면, 정당의 선호도와 투표안의 선호도가 서로 독립적인 사건이라면 두 확률을 곱하면 결합 확률(joint probability)이 된다. E15:F16에 보이는 백분율은 모두 정당의 선호도와 투표안에 대한 의견이 서로 독립적일 때 구할 수 있는 확률이다.
- D19:G23 - E21:F22는 예상되는 인원이다. 이 값은 E15:G16의 확률에 총 응답자 500을

곱해서 나온 숫자이다.

관찰값이 다음과 같은 가정(즉 정당의 선호도와 투표안에 대한 찬성/반대 사이에는 관계가 없다)
에서 얻었을 가능성을 결정해야 한다. 다음 장에서 어떻게 이런 결정을 내렸는지 살펴보겠다.

## ✚ 분류의 독립성 검증하기

앞 부분에서는 이항분포를 사용해서 관찰값이 가정한 분포에서 온 것인지 검증했다. 이론적으로
이항분포는 두 개의 가능한 값만을 가질 수 있는 한 개의 필드를 사용한다는 사실에 기반한다. 하
지만 분할표를 다룰 때는 필드가 최소 두 개이다(그리고 각 필드의 값은 두 개 이상의 범주를 가질
수 있다). 여태까지 들었던 예에서는 필드가 2개, 즉 '정당 선호도'와 '투표안에 대한 의견'이 있었
다. 곧 설명하겠지만 이런 상황을 설명하는 더 적절한 분포는 카이제곱(chi-square) 분포이다.

### – CHISQ.TEST() 함수 사용하기

엑셀에는 CHISQ.TEST()라는 함수로 카이제곱 검정을 수행할 수 있다. 이 함수는 엑셀 2010에
처음 등장했지만 사실은 이름만 새로운 것이다. 엑셀 2010 이전 버전에서는 CHITEST()를 쓰면
된다. 두 함수는 동일한 인자를 받아서 동일한 값을 반환한다. CHITEST()는 엑셀 2010과 2013
에서도 호환성 함수로 남아있다.

엑셀 2010과 2013에서는 관찰된 도수와 예상 도수를 인자로 CHISQ.TEST()에 넘겨준다. 그림
5-12의 데이터를 이용하면 식은 다음과 같다.

    =CHISQ.TEST(E3:F4,E21:F22)

관찰값은 셀 E3:F4에 보이며 이전 장에서 논의해서 유도해 낸 기대값은 셀 E21:F33에 있다.
CHISQ.TEST()의 결과는 만약 정당 선호도와 투표안에 대한 의견이 서로 독립적일 때 관찰값과
기대값이 얼마나 다를 것인지 확률을 반환해준다. 이 경우 CHISQ.TEST()는 0.001을 반환한다.
즉 모집단의 분포의 패턴이 그림 5-12의 셀 E21:F22와 같다고 가정할 때 비슷한 방법으로 해서
얻어낸 표본 중 1000개 중의 1개가 셀 E3:F4와 같은 패턴이 된다는 의미다.

여기에서 기대값은 E3:F4 각각 셀의 도수가 한계 도수를 따른다고 가정하고 있다. 만약 공화당원

의 수가 민주당원의 수보다 많다면 여러분은 민주당이 선호하는 것보다 두 배는 공화당이 더 선호한다고 예상할 수 있다. 비슷하게 민주당이 반대하는 것보다 두 배는 더 공화당이 반대한다고 예상할 수 있다.

다른 말로 하면 여러분의 귀무가설은 "기대값은 어떤 것에 의해서도 영향 받지 않고 오직 한계 도수만이 영향을 준다"이다. 즉 정당에 대한 선호도는 투표안에 대한 의견과 독립적이다. 그리고 관찰값과 예측값이 다른 이유는 오직 표본을 잘못 뽑았기 때문이다. 그렇다면 과연 어떤 일이 일어났기 때문에, 관찰값이 예측값과 다르게 된 것일까? CHISQ.TEST()의 결과는 어떤 일이 일어났다는 것을 알려주고 있다.

카이제곱 검정 자체는 예측값과 떨어져 있는 관찰값 자체를 딱 집어내주는 것은 아니다. CHISQ.TEST()는 정당 선호도나 의견에 대한 한계 도수에 기반해서 관찰값의 패턴이 기대값과 다르다는 사실만을 알려준다. 물론 두 변수가 사실은 독립적인 경우가 아님에도 불구하고 도수를 조사한 다음 두 변수 사이에 어떤 관계가 있는 것처럼 결론을 내리는 것은 여러분에게 달려있다. 예를 들어 보면 투표안의 어떤 점 때문에 공화당원보다는 민주당원이 더 싫어할까? 물론 숫자에서 이런 결론을 이끌어 내는 것이 타당하다. 하지만 어떤 결론을 내기 전에 투표안에 대해 한 번 읽어보고 평판을 들어보는 것도 좋다.

이런 상황은 실험과 관계되지 않은 연구결과에서 일어나는 문제들을 강조하고 있다. 조사는 스스로 선택하는 문제가 따르기 마련이다. 조사원이 정확히 무작위로 민주당원과 공화당원을 골라낸 다음 투표안에 대한 의견을 물어볼 수는 없다. 만약 변수 한 개는 다이어트고 다른 변수는 몸무게라면 최소한 이론적으로는 조사가 가능할 것이다. 즉 완전히 통제된 실험을 통해 음식의 어떤 성분이 몸무게를 다르게 만드는지 결론을 내릴 수 있을 테니까. 하지만 여론조사 연구는 그렇게 깨끗하게 떨어지는 일은 아니다. 그리고 또 다른 문제가 있는데 이 때문에 "율 심슨 효과(Yule Simpson effect)" 부분을 다루게 된다.

### – 카이제곱 분포(Chi-Square Distribution) 이해하기

그림 5-3과 그림 5-4에서는 표본의 크기와 모집단의 성공 시행횟수(예에서는 불량품의 개수)가 바뀔 때 이항분포의 형태가 어떻게 바뀌는지 보여주고 있다. 카이제곱 분포도 포함된 관찰값의 개수에 따라 바뀐다(그림 5-13). 그림 5-13의 세 곡선은 서로 다른 자유도(degrees of freedom)를

가지고 있는 카이제곱 분포를 보여준다. 평균과 표준편차를 알고 있는 모집단에서 임의로 표본값을 선택했다고 하자. 3장에서 설명한 z-점수(z-score)를 만들기 위해 표본의 값에서 평균을 뺀 다음 표준편차로 나누자. 다음은 편의를 위해 식을 다시 보여주고 있다.

$$z = (X - \bar{X})/s$$

이제 z-점수를 제곱해보자. 이렇게 하고 나면 카이제곱값을 얻게 된다. 이 경우 자유도는 1이다. 두 개의 독립적인 z-점수를 제곱한 다음에 합하면 그 합은 자유도 2인 카이제곱이다. 일반적으로 n개의 독립적인 z-점수를 제곱해서 모두 더하면 자유도 n인 카이제곱이라고 한다.

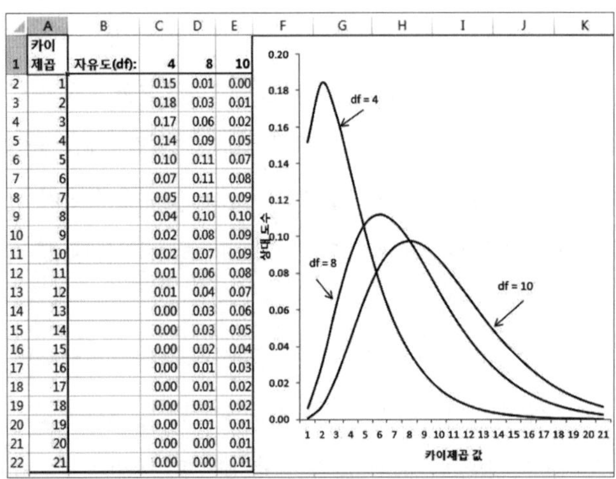

| | 카이제곱 | 자유도(df): | 4 | 8 | 10 |
|---|---|---|---|---|---|
| 1 | | | | | |
| 2 | 1 | | 0.15 | 0.01 | 0.00 |
| 3 | 2 | | 0.18 | 0.03 | 0.01 |
| 4 | 3 | | 0.17 | 0.06 | 0.02 |
| 5 | 4 | | 0.14 | 0.09 | 0.05 |
| 6 | 5 | | 0.10 | 0.11 | 0.07 |
| 7 | 6 | | 0.07 | 0.11 | 0.08 |
| 8 | 7 | | 0.05 | 0.11 | 0.09 |
| 9 | 8 | | 0.04 | 0.10 | 0.10 |
| 10 | 9 | | 0.02 | 0.08 | 0.09 |
| 11 | 10 | | 0.02 | 0.07 | 0.09 |
| 12 | 11 | | 0.01 | 0.06 | 0.08 |
| 13 | 12 | | 0.01 | 0.04 | 0.07 |
| 14 | 13 | | 0.00 | 0.03 | 0.06 |
| 15 | 14 | | 0.00 | 0.03 | 0.05 |
| 16 | 15 | | 0.00 | 0.02 | 0.04 |
| 17 | 16 | | 0.00 | 0.01 | 0.03 |
| 18 | 17 | | 0.00 | 0.01 | 0.02 |
| 19 | 18 | | 0.00 | 0.01 | 0.02 |
| 20 | 19 | | 0.00 | 0.01 | 0.01 |
| 21 | 20 | | 0.00 | 0.00 | 0.01 |
| 22 | 21 | | 0.00 | 0.00 | 0.01 |



▶▶ **그림 5-13** 분포의 형태가 다른 이유는 오직 자유도(degrees of freedom) 때문이다.

그림 5-13에서 df=4라고 이름표가 붙어있는 곡선은 4개의 z-점수를 제곱해서 합한 그룹에서 임의로 표본을 뽑아낸 분포이다. df=8이라고 이름표가 붙어있는 곡선은 8개의 z-점수를 제곱해서 합한 그룹에서 임의로 표본을 뽑아낸 분포이고 df=10이라고 붙어있는 곡선도 비슷하다. 그림 5-13에서 보면 카이제곱 집합의 자유도가 높아질수록 이론적으로 분포가 정규곡선에 비슷해진다.

z-점수를 제곱할 때 표본값과 평균의 차이를 제곱하게 되므로 항상 양수가 된다는 점에 주의하자.

$$z^2 = [(X - \bar{X})/s]^2$$

따라서 표본값이 평균에서 멀어질수록 계산한 카이제곱값은 더 커지게 된다. 카이제곱 분포의 평균은 n이며 자유도이다. 분포의 표준편차는 $\sqrt{2n}$이다. 정규분포나 이항분포 같은 다른 분포와 마찬가지로 표본에서 계산한 카이제곱값과 이론적인 카이제곱 분포값을 비교할 수 있다.

표본에서 구한 카이제곱값을 알고 있으면 이 값을 이론적인 카이제곱 분포값과 비교할 수 있는데 자유도가 동일해야 한다. 평균에서 얼마나 많은 표준편차값을 구할지 알 수 있고 반대로 관찰한 값만큼의 크기인 카이제곱값을 얻을 수 있을지 알 수 있다. 만약 표본에서 구한 카이제곱값이 이론적인 평균보다 크다면 여러분의 표본이 그 카이제곱으로 설명할 수 있는 모집단에서 온 것이라는 가정을 기각해야 한다. 통계적으로 이야기하면 귀무가설을 기각해야 한다.

비율을 일종의 평균이라고 생각할 수 있는데 이렇게 생각하는 게 유용하다. 예를 들어 100명의 유권자로 된 표본에게 지난 번 선거에서 투표했는지 묻는다고 하자. 그 중 55명이 투표를 했다. 투표를 한 사람에게는 1이라는 숫자를 주고, 투표하지 않은 사람은 0이라는 숫자를 준 다음, 그 값을 다 합하면 55가 된다. 이 값을 다시 100으로 나누면 평균은 0.55가 된다.
물론 표본의 55%가 투표했다고 말해도 된다. 두 가지 경우 모두 동일하다. 따라서 평균이 아니라 비율의 측면에서 z-점수에 대한 식을 다시 써볼 수 있다.

$$z = (p - \pi)/s_\pi$$

이 식에서 X 대신 p(proportion:비율)를 썼고, $\overline{X}$ 대신 $\pi$를 썼다. 나누는 수인 표준편차 $s_\pi$는 $\pi$의 크기에 따라 달라진다. 데이터가 이항분포라면(예를 들어 투표했는지, 안 했는지) 비율의 표준편차는 다음과 같다.

$$\sqrt{\pi * (1 - \pi)/n}$$

여기서 n은 표본의 크기이다.  그리고 비율에 따른 z-점수는 다음과 같다.

$$z = (p - \pi)/ \sqrt{\pi * (1 - \pi)/n}$$

결과로 카이제곱값은 다음과 같다.

$$x^2 = (p - \pi)^2/(\pi * (1 - \pi)/n)$$

대부분의 경우, 표본에서 관찰하는 비율의 값은 p이며 π값은 조사하고자 하는 가정값이다. π값은 분류하는 방법(예를 들어 정당의 선호도와 투표안에 대한 의견)이 서로 독립적일 때 기대할 수 있는 비율의 값이다. 이 장에서 의미하는 π의 의미를 기억해 놓자.

다음 장에서 이 추상적인 의미를 어떻게 실제적으로 워크시트상에서 보여줄지 알아보자.

### – CHISQ.DIST( )와 CHISQ.INV( ) 함수 사용하기

CHISQ.TEST( ) 함수는 오직 확률값만을 반환한다. 두 변수 사이에 전혀 의존관계가 없을 때 실제 발생한 도수를 관찰하게 될 확률만을 알고 싶다면 이 함수를 편리하게 사용할 수 있다. 하지만 처음부터 카이제곱값을 계산해보는 것도 이해하는데 도움을 줄 것이다. 이렇게 하면 처음부터 이해하기도 좋고, 어떤 과정을 거쳐서 나온 것인지 명확하게 이해할 수 있다. 그리고 만약 원래의 데이터에 문제가 있다면 어디서 문제가 있는지 콕 집어낼 수도 있다.

카이제곱을 사용해서 귀무가설을 검정하는 과정은 이전 장에서 별로 보여주지 않았다. 이 장에서는 완전하게 보여주도록 하겠다. 그림 5-14에서는 그림 5-12의 정보를 중복해서 보여주고 있다.

| E16 | | | $f_x$ | =SUM(E13:F14) | | |
|---|---|---|---|---|---|---|
| ◢ A | B | C | D | E | F | G |
| 1 | 관찰값 | | 개수 | 의견 | | |
| 2 | | | 정당 | 찬성 | 반대 | 총합계 |
| 3 | | | 민주당 | 63 | 142 | 205 |
| 4 | | | 공화당 | 133 | 162 | 295 |
| 5 | | | 총합계 | 196 | 304 | 500 |
| 6 | | | | | | |
| 7 | 예측값 | | 기대값 | 의견 | | |
| 8 | | | 정당 | 찬성 | 반대 | 총합계 |
| 9 | | | 민주당 | 80.36 | 124.64 | 205 |
| 10 | | | 공화당 | 115.64 | 179.36 | 295 |
| 11 | | | 총합계 | 196 | 304 | 500 |
| 12 | | | | | | |
| 13 | | | | 3.75 | 2.42 | |
| 14 | | | | 2.61 | 1.68 | |
| 15 | | | | | | |
| 16 | | | 카이제곱 | 10.45 | | |
| 17 | | | =CHISQ.DIST.RT(E16,1) | 0.001 | | |

▶▶ **그림 5-14** 예측값은 정치정인 성향과 투표안에 대한 의견이 서로 독립사건이라는 가정에 기반하고 있다.

이 예에서 엑셀은 만약 정당 선호도와 투표안에 대한 의견이 서로 연관되어 있지 않으면 그림 5-14의 셀 E3:F4와 같은 숫자를 볼 수 있다는 가설을 검증한다. 만약 그렇다면 즉 귀무가설이 참이라면 개수는 셀 F9:F10에 보이는 것과 같은 예측값이 나올 것이다.

분할표(그림 5-14에서 보이는 것과 같은 표)를 사용하고 있을 때 카이제곱 통계량을 계산하기 위한 여러 가지 대수학적으로 동등한 방법들이 있다. 어떤 방법은 직접 셀의 도수에 대해 계산하기도 하고, 어떤 방법은 도수 대신 비율을 이용하기도 하고, 표가 2×2 크기일 때 사용할 수 있는 간단한 식도 있다. 필자가 여기에서 사용한 방법은 관찰값과 기대값의 셀 도수분포를 강조해서 비교할 수 있다. 그림 5-14에서 사용한 식은 다음과 같다.

$$\sum_{k=1}^{K} \left[ (f_{o,k} - f_{e,k})^2 / f_{e,k} \right]$$

각 첨자의 의미는 다음과 같다.

- 인덱스 k는 테이블의 각 셀을 나타낸다.
- $f_{o,k}$는 각 셀의 관찰값 혹은 관찰값의 도수
- $f_{e,k}$는 각 셀의 기대값

따라서 각 셀에 대해

1. 관찰도수에서 기대도수를 뺀다.
2. 뺀 차이값을 제곱한다.
3. 셀의 기대도수로 나눈다.

이 값을 모두 합해서 카이제곱값을 얻는다. 이 과정은 그림 5-14 셀 E13,F14에 보이는데 이 4개의 값은 각 셀에 대해 위의 계산 과정을 수행한 결과이다. 셀 E16에서는 E13:F14의 값을 모두 더했으며 이 값이 카이제곱값이다.

위의 각 셀에 대해 계산하고 더하는 과정을 배열 수식을 이용해서 한 개의 과정으로 만들 수 있다. 데이터가 그림 5-14처럼 되어 있을 때 다음 배열 수식을 쓰면 카이제곱값을 한번에 구할 수 있다.

=SUM((E3:F4-E9:F10)^2/E9:F10)

배열 수식을 입력할 때는 그냥 Enter를 치면 안되고 Ctrl+Shift+Enter를 입력해야 하는 것에 주의하자.

셀 E17은 CHISQ.DIST.RT() 함수가 있는데, E16의 카이제곱값을 첫 번째 인자로 받고, 카이제곱의 자유도를 두 번째 인자로 받는다(여기서는 1이다).

이런 방식으로 썼을 때 카이제곱의 자유도는 (한 필드의 범주 개수−1)*(다른 필드의 범주 개수−1)이다. 즉 선호 정당의 수가 J개고, 투표안에 대한 의견이 K개라면 카이제곱검정의 자유도는 (J − 1) * (K − 1) 이다. 이 예에서 각 필드는 범주가 2개밖에 없으므로 (2−1)*(2−1)이어서 자유도가 1이다. 두 범주가 서로 독립사건이라고 가정할 때 이런 도수를 관찰하게 될 확률은 1/1000이다. 셀에서 일어날 수 있는 여러 가지 케이스는 자유도와 아무 관련이 없다. 오직 중요한 것은 필드의 개수와 각 필드에서 가질 수 있는 범주의 개수이다.


## 4. 율 심슨 효과(Yule Simpson effect)

1970년대 초반 유명한 소송사건이 버클리 대학 학생신문 1면에 실렸다. 캘리포니아 대학을 상대로 법정 소송이 제기되었는데 버클리 대학의 입학 과정에서 여성에 대한 차별이 있었다는 내용이었다. 그림 5-15가 그에 대한 증거 자료이다.

`{=SUM((B3:C4-H3:I4)^2/H3:I4)}` — C8

| | A | B | C | D | E | F | G | H | I | J |
|---|---|---|---|---|---|---|---|---|---|---|
| 1 | | | 관찰값 | | | | | | 기대값 | |
| 2 | | 허가 | 거절 | 합계 | 허가 비율 | | | 허가 | 거절 | 합계 |
| 3 | 남성 | 3738 | 4704 | 8442 | 44% | | Men | 3461 | 4981 | 8442 |
| 4 | 여성 | 1494 | 2827 | 4321 | 35% | | Women | 1771 | 2550 | 4321 |
| 5 | 합계 | 5232 | 7531 | 12763 | 41% | | Total | 5232 | 7531 | 12763 |
| 6 | | | | | | | | | | |
| 7 | | | | | | | | | | |
| 8 | | | 카이제곱 | 111.24971 | | | | | | |
| 9 | | | 확률 | < .001 | | | | | | |

▶▶ **그림 5-15** 남성들은 더 불균형한 빈도로 대학원에 입학 허가를 받았다.

1973년 44%의 남성들이 버클리 대학교 대학원 입학 허가를 받은 반면 여성은 35%만이 입학 허가를 받았다. 이것은 더할 나위 없이 분명한 여성차별로 보인다. H3:I4에 보이는 기대도수를 관찰값에 대해 검증해본 결과, 카이제곱값은 111.25였다(셀 C8). CHISQ.DIST.RT() 함수는 .001보다 낮은 확률을 반환했는데, 이 값은 자유도가 1인 것을 고려하면 카이제곱값이 상당히 큰 편이다. 입학과정에서 성별이라는 변수가 독립적으로 작용하지 않은 것으로 보인다. OJ 심슨 사건 심의[9]가 이 버클리 사건 심의보다 오래 걸렸을 것이다.

버클리의 몇몇 교수들과 연구진(Bickel, Hammel, O'Connell, 1975)들이 모여서 Karl Pearson(Pearson 상관계수)의 연구와 스코틀랜드인 Udny Yule의 연구를 이용하여 숫자를 깊이 파 본 결과, 특정 학과의 입학 허가에 대한 정보를 포함하면 차별의 증거가 없어진다는 것을 발견했다. 게다가 어떤 경우에는 여성들의 입학 허가율이 남자들보다 더 높았다. 그림 5-16은 추가 데이터이다.

| | A | B | C | D | E | F | G | H | I | J | K | L | M | N | O |
|---|---|---|---|---|---|---|---|---|---|---|---|---|---|---|---|
| 1 | | | 남성 | | | 여성 | | | 입학 허가율 | | | | 지원율 | | |
| 2 | 학과 | | 허가 | 거절 | | 허가 | 거절 | | 남성 | 여성 | 합계 | | 남성 | 여성 | 합계 |
| 3 | 1 | | 512 | 313 | | 89 | 19 | | 62% | 82% | 64% | | 18% | 2% | 21% |
| 4 | 2 | | 353 | 207 | | 17 | 8 | | 63% | 68% | 63% | | 12% | 1% | 13% |
| 5 | 3 | | 120 | 205 | | 202 | 391 | | 37% | 34% | 35% | | 7% | 13% | 20% |
| 6 | 4 | | 138 | 279 | | 131 | 244 | | 33% | 35% | 34% | | 9% | 8% | 17% |
| 7 | 5 | | 53 | 138 | | 94 | 299 | | 28% | 24% | 25% | | 4% | 9% | 13% |
| 8 | 6 | | 22 | 351 | | 24 | 317 | | 6% | 7% | 6% | | 8% | 8% | 16% |
| 9 | 합계 | | 45% | 55% | | 30% | 70% | | | | | | | | |

▶▶ **그림 5-16** 각 학과별 입학 허가 비율을 보면 여성은 입학 허가율이 낮은 학과에 더 많이 지원했다.

---

**9** 역자 주: "http://ko.wikipedia.org/O._J._심프슨" 미식축구 선수 OJ 심슨이 전부인을 살인한 혐의를 받은 사건.

학과는 총 101개가 있었는데 연구 결과 여성들이 남성보다 더 특이하게 입학이 어려운 과에 지원하는 빈도가 더 높았다. 이 데이터는 그림 5-16에 있으며, 가장 큰 학과 6개의 입학지원정보를 보여주고 있다(다른 95개의 학과에도 이 패턴은 크게 다르지 않았다).

셀 C3:D8과 F3:G8을 보자. 이 정보는 여성과 남성이 지원하고 허가를 받은 구체적인 숫자가 나와 있다. 이 숫자는 9행에 요약되어 있다. 9행에는 6개 학과에 입학 허가를 요약해서 보여주는데 사실 이 숫자는 그림 5-15에서 보이는 결과와 크게 다를 바 없다. 남성의 45%와 여성의 30%가 입학 허가를 받았다고 되어 있다. 이 데이터를 그림 5-16의 J3:J8과 비교해보자. 학과 1,2,4,6에서는 여성의 합격 비율이 더 높다. 여성의 합격 비율이 낮은 곳은 학과 3에서 3%, 학과 5에서 4% 차이가 나는 것뿐이다.

이렇게 뒤집히는 현상을 '파라독스, 역설(paradox)'이라고 하는데 특히 Yule과 Pearson의 원래 연구 이후에 약 50년 후 이 현상에 대해 연구한 통계학자의 이름을 따서 '심슨(Simpson)의 역설'이라고 한다. 그런데 사실 이것은 역설은 아니다. 그림 5-16에서 허가율과 지원율을 비교해보자.

학과 1과 학과 2는 다른 과에 비해 허가율이 높다. 하지만 학과 1과 학과 2가 바로 여성들의 지원율이 매우 낮은 학과이기도 한다. 약 여성의 10배나 되는 남성들이 이 학과에 지원했고, 이 학과는 하필 허가율이 높은 과이기도 한다. 학과 5, 6은 허가율이 가장 낮은데 지원율은 학과 5에서는 여성이 남성의 2배, 학과 6에서는 비슷하게 지원하고 있다.

그림 5-15를 보면 데이터를 보는 다른 방법을 알 수 있는데 그림 5-15에서는 허가율에서 학과별 차이를 보여주지 않는다. 여성들의 지원은 불균형적으로 거부당했다.

그림 5-16의 데이터를 보면 어떤 학과에서는 상대적으로 높은 허가율을 보이고 불균형적으로 많은 남성들이 그 학과에 지원했다. 어떤 학과는 지원자의 성별과는 관계없이 상대적으로 허가율이 낮은데 이 학과에 불균형적으로 많은 여성들이 지원했다.

이 연구나 혹은 1975년의 원래 연구도 왜 지원율이 다른지, 혹은 남성들이나 여성들이 특정 학과를 더 선호하는지는 밝힐 수 없었다.

연구로 증명할 수 있었던 것은 여러분이 여론조사 데이터를 이용해서 연구하거나 혹은 편리하게 표본을 선택할 때 어떤 변수가 다른 변수에 영향을 준다고 가정할 때는 매우 신중해야 한다는 것이다. 버클리 대학원의 입학 데이터는 출판된 율 심슨 효과의 예와는 매우 다르다. 의학, 교육, 스포츠 등의 분야에서 연구는 매우 비슷한 결과를 보여주고 있다.

필자는 여기에서 임의로 선택해서 임의로 그룹에 할당하는 실제 실험 디자인을 쓰면 버클리 사례에서와 같은 초기에 오류가 있는 결론을 내리지 않을 수 있다고 말하는 것은 아니다. 실험자는 학생들에게 임의로 선택된 학과에 지원하도록 해야 하는데, 사실 이것은 실제의 세계에서는 일어나지 않는다(하지만 딱히 테스트할 곳이 없다면, 가짜로 지원하게 만들어서 데이터를 모을 수도 있다). 실제 실험 디자인이 있어야 결과를 이성적으로 해석할 수 있게 만들 수 있지만 그렇다고 그것이 항상 그럴듯한 것은 아니다.


## 5. 카이제곱 함수 요약

엑셀 2010 버전 이전에서는 카이제곱과 직접 관련된 함수는 CHIDIST(), CHIINV(), CHITEST() 밖에 없었다. 함수의 목적, 결과, 인자는 모두 엑셀 2010에 처음 나온 함수들에 그대로 복사했다. 다음 부분에서는 새 '일관성 함수'들과 이전 '호환성 함수'들과의 관계를 설명하겠다.


### ✚ CHISQ.DIST() 사용하기

CHISQ.DIST() 함수는 카이제곱 분포의 왼쪽에 대한 정보를 반환한다. 카이제곱값을 주면 카이제곱 분포의 상대도수나 누적도수, 즉 누적 영역이나 확률을 구한다.

> 엑셀 함수는 누적 영역을 반환하는데 이것은 곡선 아래 총 영역의 한 부분으로 해석된다. 따라서 누적 확률로도 생각할 수 있는데 이 영역은 곡선의 가장 왼쪽 부분에서부터 수평선에 여러분이 준 값까지의 영역에 해당된다. 여러분이 주는 값이 바로 CHISQ.DIST()에게 인자로 주는 카이제곱값이다.

CHISQ.DIST() 함수의 문법은 다음과 같다.

    =CHISQ.DIST(X, Df, Cumulative)

- X는 카이제곱값

- Df는 카이제곱의 자유도

- Cumulative는 TRUE/FALSE값을 가지며 누적 영역을 구할 것인지 상대도수를 구할 것인
  지 나타낸다.

만약 Cumulative(누적값)를 TRUE로 설정하면 함수는 누적 영역을 반환해서 여러분이 준 카이제
곱값 왼쪽의 누적 영역을 구한다. 그리고 이 값은 해당 카이제곱의 확률이거나 주어진 자유도에
따라 카이제곱값 중 작은 값의 확률이 된다.

가정을 세우는 과정 때문에 대부분의 경우 주어진 카이제곱값 오른쪽의 영역, 즉 확률을 알고자
한다. 따라서 대부분의 경우는 CHISQ.DIST()보다는 CHISQ.DIST.RT()를 쓸 일이 더 많다.
CHISQ.DIST.RT()에 대해서는 "CHISQ.DIST.RT()와 CHIDIST() 사용하기"를 참고하자.

Cumulative를 FALSE로 설정하면 함수는 지정한 자유도에 따른 카이제곱 중 특정 카이제곱의 상
대도수를 구한다. 가정을 검정할 때는 거의 쓸 일이 없지만 그림 5-17에서같이 카이제곱에 대한
도표를 그릴 때는 쓸만하다.

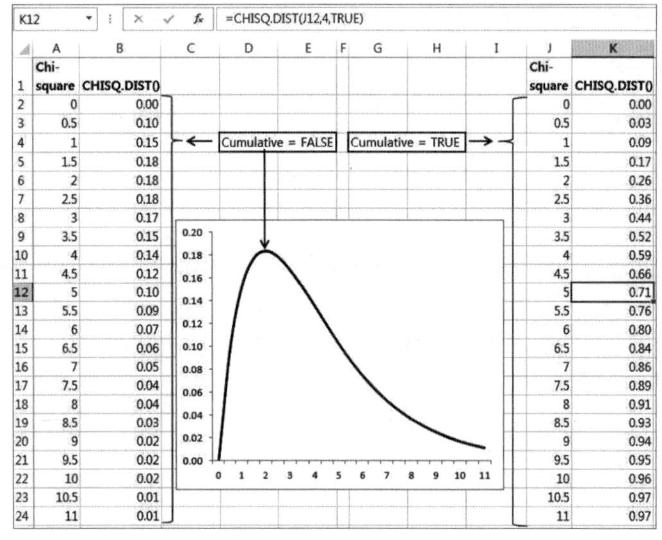


▶▶ 그림 5-17 Cumulative가 FALSE일 때 CHISQ.DIST()는 곡선의 높이를 반환한다. Cumulative가 TRUE면 곡선 아래의 영역을 반환한다.

Cumulative 인자가 있는 함수는 CHISQ.DIST() 뿐이다. CHISQ.INV()이나 CHISQ.INV.RT()에는 Cumulative가 없는데 상대도수(곡선의 높이)나 확률(Cumulative를 TRUE로 하면 곡선 아래의 영역을 구한다)을 반환하는 게 아니라 축의 점을 반환하기 때문이다. CHISQ.DIST.RT에도 Cumulative가 없는데 누적 영역이 디폴트이기 때문이다. 특정 카이제곱값을 주고 곡선의 높이를 구하려면 CHISQ.DIST()을 써야 한다.


## ✚ CHISQ.DIST.RT()와 CHIDIST() 사용하기

일관성 함수 CHISQ.DIST.RT()와 호환성 함수 CHIDIST()는 인자, 사용법, 결과가 모두 동일하다. 사용법은 다음과 같다.

=CHISQ.DIST.RT(X, Df)

- X는 카이제곱값
- Df는 카이제곱에 대한 자유도

Cumulative(누적값) 인자는 없다. CHISQ.DIST.RT()와 CHIDIST()는 모두 누적 영역만을 반환하며 상대도수는 반환하지 않는다. 상대도수를 얻으려면 CHISQ.DIST() 함수를 사용하고 Cumulative를 FALSE로 설정해야 한다. CHISQ.DIST()는 여러분이 예상한 바와 같이 CHISQ.DIST.RT()와 깊이 관련되어 있는데,

CHISQ.DIST() = 1 - CHISQ.DIST.RT()이다.

이 장의 앞부분에서처럼 카이제곱으로 귀무가설을 검정할 때 CHISQ.DIST.RT()나 CHIDIST()를 사용할 것이다. 표본의 관찰값이 모집단의 비율 같은 파라미터에서 멀리 떨어지면 떨어질수록, 관련된 카이제곱값이 커진다(카이제곱을 계산할 때 표본 관찰값과 파라미터의 차이를 제곱하므로 음수가 없어진다).

따라서 분할표에서 두 필드가 서로 독립사건이라는 귀무가설하에서 상대적으로 큰 카이제곱값은 얼마 정도일까? 그림 5-18에서 카이제곱값 10(셀 A22)은 자유도 4(셀 E1)인 카이제곱 분포의 가

| | A | B | C | D | E | F | G |
|---|---|---|---|---|---|---|---|
| 1 | 카이제곱 | CHISQ.DIST.RT() | | 자유도: | 4 | | |
| 2 | 0 | 1.00 | | | | | |
| 3 | 0.5 | 0.97 | | | | | |
| 4 | 1 | 0.91 | | | | | |
| 5 | 1.5 | 0.83 | | | | | |
| 6 | 2 | 0.74 | | | | | |
| 7 | 2.5 | 0.64 | | | | | |
| 8 | 3 | 0.56 | | | | | |
| 9 | 3.5 | 0.48 | | | | | |
| 10 | 4 | 0.41 | | | | | |
| 11 | 4.5 | 0.34 | | | | | |
| 12 | 5 | 0.29 | | | | | |
| 13 | 5.5 | 0.24 | | | | | |
| 14 | 6 | 0.20 | | | | | |
| 15 | 6.5 | 0.16 | | | | | |
| 16 | 7 | 0.14 | | | | | |
| 17 | 7.5 | 0.11 | | | | | |
| 18 | 8 | 0.09 | | | | | |
| 19 | 8.5 | 0.07 | | | | | |
| 20 | 9 | 0.06 | | | | | |
| 21 | 9.5 | 0.05 | | | | | |
| 22 | 10 | 0.04 | | | | | |
| 23 | 10.5 | 0.03 | | | | | |
| 24 | 11 | 0.03 | | | | | |

▶▶ **그림 5-18** 카이제곱 분포에서 오른쪽으로 가면 갈수록 카이제곱값이 커진다. 그리고 우연히 이런 값을 관찰할 수 있는 확률은 점점 더 작아진다.

두 개의 변수로 되어있고 변수 각각의 레벨은 3이며 각각 독립사건인 모집단에서 뽑은 표본 중 4%만 카이제곱값이 10이 될 것이다. 따라서 3×3 분할표에서 서로 독립변수일 때 카이제곱값이 10이더라도 귀무가설을 채택할 확률은 96%대 4%, 즉 24대 1이다.

## ✚ CHISQ.INV() 사용하기

CHISQ.INV()는 여러분이 지정한 자유도에 따른 카이제곱 분포에서 해당하는 영역의 오른쪽 가장자리 좌표를 반환한다. 문법은 다음과 같다.

=CHISQ.INV(Probability, Df)

- Probability는 함수가 반환할 카이제곱값의 카이제곱 분포 왼쪽 영역
- Df는 카이제곱값을 위한 자유도

CHISQ.INV(.3, 4)는 카이제곱값을 반환하는데 이 카이제곱값은 자유도 4인 카이제곱 분포 곡선에서 왼쪽 30%, 오른쪽 70%를 나누는 기준 좌표가 된다.

카이제곱 분포는 관찰값과 평균의 차이를 제곱한 $z$-점수를 기반으로 그린다. 여러분이 관심있는 주어진 카이제곱값을 관찰할 확률 그리고 카이제곱값 자체는 분포의 오른쪽 꼬리 부분에 오게 된다. 관찰값과 평균의 차이가 크면(그 차이가 음수던 양수이던 상관없이) 그 값을 제곱하기 때문에 카이제곱값도 커지게 된다. 따라서 여러분은 "만약 귀무가설이 참이라면 이렇게 큰 카이제곱값이 나올 확률은 얼마일까?"와 같이 질문해야 한다. "만약 귀무가설이 참이라면 이렇게 작은 카이제곱값이 나올 확률은 얼마일까?"와 같이 질문하면 안된다.

실제로 CHISQ.INV() 함수를 사용할 일은 그다지 많지 않다. 이 함수는 분포의 왼쪽 부분을 경계 짓는 카이제곱값을 반환하지만 일반적으로는 오른쪽 경계에 관심이 있기 때문이다.


## ✦ CHISQ.INV.RT()와 CHIINV() 사용하기

BINOM.DIST(), CHISQ.DIST.RT()에 카이제곱값과 자유도를 인자로 주면 확률을 반환한다. BINOM.INV(), CHISQ.INV.RT()에 확률과 자유도를 인자로 주면 카이제곱값을 반환한다 (CHIINV()도 마찬가지이다). 이 함수를 쓰면 간단하게 확률을 구해서 귀무가설을 기각해야 할지 결정할 수 있고, 주어진 자유도에서 카이제곱값을 알아낼 때도 편리하다.

다음 두 단계는 동일한 결론에 이른다.


• 실험 데이터를 분석하기 전, 카이제곱의 임계값을 결정한다

귀무가설을 기각하기 위해 먼저 확률 수준을 결정한다. 실험 디자인에 기반해서 검정을 위한 자유도를 결정한다. CHISQ.INV.RT()를 사용해서 수어진 확률 수준과 자유노하에 먼저 카이제곱의 임계값을 고정해둔다. 실험에서 구한 카이제곱값과 CHISQ.INV.RT()에서 구한 카이제곱의 임계값을 비교하여, 결과에 따라 귀무가설을 채택하거나 기각한다. 이 과정은 매우 전통적이며 형식을 갖춘 방법이고 실험 결과를 보기 전에 이미 만든 결정 규칙을 따랐기 때문에 내린 결론에 좀 더 확신을 가질 수 있다.


• 확률 수준에 대해서 미리 결정하기

귀무가설을 기각할 확률 수준을 미리 선택해놓는다. 실험 데이터에서 카이제곱값을 계산하고, CHISQ.DIST.RT()와 자유도를 가지고 카이제곱값이 미리 결정한 확률 수준이 의미하는 카이제곱 분포 영역 안에 들어가는지 본다. 이에 따라 귀무가설을 채택 혹은 기각한다. 이 방법은 형식을 충실히 따르는 것은 아니지만 미리 임계 카이제곱값을 결정하는 것과 동

일한 결과를 낸다. 두 방법 모두 상관없으므로 여러분은 어떤 방법이 더 자신에게 맞는지 결정하면 된다.

### ✚ CHISQ.TEST()와 CHITEST() 사용하기

일관성 함수 CHISQ.TEST()와 호환성 함수 CHITEST()는 모두 분할표에서 셀에 있는 개수와 같은 패턴을 관찰할 확률값을 반환한다. 이때 분할표에서 변수가 구분되어 있는 방식은 변수가 서로 독립사건이어야 한다. 위에서 예를 들었던 버클리 대학 같은 경우, 변수를 나눈 방식은 성별과 입학률이었다.

CHISQ.TEST()의 문법은 다음과 같다.

=CHISQ.TEST(관찰도수, 기대도수)

각각의 인자는 워크시트 안에서 값으로 된 영역이며 두 인자 모두 동일한 차원이어야 한다(즉 너비, 높이, 셀의 개수가 모두 같아야 한다). CHITEST()와 CHISQ.TEST()의 인자는 동일하다.

기대도수는 연관된 한계값을 전체 도수로 나눈 값을 곱해서 구할 수 있다. 그림 5-19에서는 기대값을 만드는 과정을 보여주고 있다. 그림 5-19에서 셀 H3:J5는 셀 B3:E5의 관찰값을 이용해서 만든 식의 결과를 보여주고 있다. H3:J5의 식은 H10:J12에 보인다.

셀 H3의 식은 =$D3*B$5/$D$5이다.

우선 식 안의 절대참조 위치를 나타내는 $ 기호는 일단 무시하자. 엑셀은 셀 D3의 값(총 남자 수)에 셀 B5의 값(총 허가를 받은 수)을 곱한 다음 셀 D5(총 합계)로 나눴다. 결과는 3461이며 성별과 입학률이 독립적일 때 알고 있는 값이 남성의 수, 입학한 사람의 수, 총 지원자의 수만 가지고 계산한 남성의 예상 합격자 수이다.

| H3 | ▾ | : | × | ✓ | $f_x$ | =$D3*B$5/$D$5 | | | |
|---|---|---|---|---|---|---|---|---|---|

| ◢ | A | B | C | D | E | F | G | H | I | J |
|---|---|---|---|---|---|---|---|---|---|---|
| 1 | | | 관찰값 | | | | | | 기대값 | |
| 2 | | 허가 | 거절 | 합계 | 허가율 | | | 허가 | 거절 | 합계 |
| 3 | 남성 | 3738 | 4704 | 8442 | 44% | | 남성 | 3461 | 4981 | 8442 |
| 4 | 여성 | 1494 | 2827 | 4321 | 35% | | 여성 | 1771 | 2550 | 4321 |
| 5 | 합계 | 5232 | 7531 | 12763 | 41% | | 합계 | 5232 | 7531 | 12763 |
| 6 | | | | | | | | | | |
| 7 | | | | | | | | | | |
| 8 | | | | | | | | | 기대값 | |
| 9 | | | | | | | | 허가 | 거절 | 합계 |
| 10 | | | | | | | 남성 | =$D3*B$5/$D$5 | =$D3*C$5/$D$5 | =H3+I3 |
| 11 | | | | | | | 여성 | =$D4*B$5/$D$5 | =$D4*C$5/$D$5 | =H4+I4 |
| 12 | | | | | | | 합계 | =H3+H4 | =I3+I4 | =J3+J4 |

▶▶ **그림 5-19** 초기 식을 만들 때 절대 참조 위치를 잘 섞어서 사용하면 나머지 식은 쉽게 복사해서 붙여넣기 할 수 있다.

다른 세 개의 셀도 비슷한 방법으로 채운다. 각 셀에 대한 한계 도수를 곱해서 총 도수로 나눈다.

## ✚ 기대값을 계산하기 위해 절대참조와 혼합참조 사용하기

이제 셀 H3의 식의 혼합참조(mixed reference)와 절대참조(absolute reference)를 보자. 셀 D3는 혼합참조로 되어있는데 열을 고정시키고 있다. 따라서 이 식을 오른쪽으로 복사해서 붙여 넣거나, 마우스로 오른쪽으로 끌어넣으면 합계를 뜻하는 열인 D값은 바뀌지 않는다. 비슷하게 셀 B5도 혼합참조로 되어 있으며 행을 고정한다. 이 식을 아래로 복사해서 붙여 넣으면 행 값이 바뀌지 않는다. 마지막으로 총합계인 D5는 절대참조로 되어 있으며 행과 열을 모두 고정한다. 이 식을 어디에 복사해서 붙여 넣더라도 D5는 바뀌지 않는다. 이렇게 하면 식을 만들 때 매우 쉬워지는데 H3에 있는 식을 보자.

=$D3*B$5/$D$5

이 식을 오른쪽으로 한 열 끌어놓으면 다음과 같은 식이 보인다.

=$D3*C$5/$D$5

식의 결과는 총 허가 수인 B5 대신 총 거절 수 C5로 곱셈을 한다. D3인 총 남성의 수는 바뀌지 않으므로 결과값은 총 거절된 남성의 예측값이다. 그리고 이 식을 아래인 H4로 끌어놓으면 식은 다음과 같다.

=$D4*B$5/$D$5

이 식에서는 총 남성의 수 대신 총 여성의 수인 D4를 사용하게 된다. 다음 B5를 써서 총 허가 수를 구하고, 결과값은 총 여성의 합격 예측 인원수가 된다.

요약하면 처음에 식을 만들 때 혼합참조와 절대참조를 잘 사용하면 나머지 식은 인접하는 열과 행에 복사해서 붙여 넣어 편리하게 사용할 수 있다. 관찰값과 예측값을 입력한 영역이 있으면 CHISQ.TEST()를 사용해서 주어진 예측값에서 관찰값이 발생할 확률을 구할 수 있다. 이때 성별과 입학 허가는 독립적인 사건, 상관이 없다고 가정한다.

=CHISQ.TEST(B3:C4,H3:I4)

이 장 앞에서도 언급했듯이 카이제곱값을 구하지 않고 그냥 셀의 영역을 CHISQ.TEST()에 입력해서 확률을 구해도 된다. CHISQ.TEST()가 자유도를 스스로 계산하기 때문에 자유도도 입력하지 않아도 된다. 자유도는 관찰값과 기대값의 영역의 행과 열의 개수로 계산한다.

## ✚ 피벗 테이블의 인덱스 사용하기

2×2 분할표에서는 기대값을 쉽게 만들어 낼 수 있지만 행이나 열 수가 많아지거나 혹은 행이나 열의 수가 많아지거나 변수가 많아지면 엄청 복잡해진다. 피벗 테이블을 만들기 위해 사용한 원래의 데이터가 목록의 형태면 개수를 인덱스로 보여줄 수 있다. 이렇게 하면 기대값을 구하는 과정을 쉽게 할 수 있다. 그림 5-20의 예를 보자.

그림 5-20의 첫 번째 피벗 테이블에서는 두 개의 명목형 변수의 개수를 세서 셀 안에 보여주고 있다. 이 피벗 테이블은 그림 5-9의 분석 과정을 반복한 것이다.

두 번째 E8:H12의 피벗 테이블은 첫 번째 피벗 테이블과 동일한 데이터를 사용했고 구조도 동일하다. 하지만 여기서는 엑셀의 "인덱스(Index)"를 보여주고 있다. 다음 과정을 따라가 보자.

1. 첫 번째 피벗 테이블을 복사한다. 아니면 첫 번째 피벗 테이블을 만들 때처럼 똑같이 만들어도 된다.

2. 두 번째 피벗 테이블의 요약 셀을 아무거나 선택한 다음 오른쪽 클릭하고 '값 표시 형식' 메뉴를 선택한다.

3. '값 표시 형식'에서 '인덱스'를 선택한다.

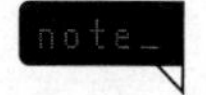

▶▶ **그림 5-20** 인덱스 디스플레이를 써서 관찰값에서 기대값을 쉽게 구할 수 있다.





| 개수 : 투표안 | 열 레이블 | | |
| --- | --- | --- | --- |
| 행 레이블 | 반대 | 찬성 | 총합계 |
| 공화당 | 162 | 133 | 295 |
| 민주당 | 142 | 63 | 205 |
| 총합계 | 304 | 196 | 500 |

| 개수 : 투표안 | 열 레이블 | | |
| --- | --- | --- | --- |
| 행 레이블 | 반대 | 찬성 | 총합계 |
| 공화당 | 0.90 | 1.15 | 1.00 |
| 민주당 | 1.14 | 0.78 | 1.00 |
| 총합계 | 1.00 | 1.00 | 1.00 |

| | 반대 | 찬성 | 총합계 |
| --- | --- | --- | --- |
| | 179.36 | 115.64 | 295 |
| | 124.64 | 80.36 | 205 |
| | 304 | 196 | 500 |

note_

엑셀 2007을 쓰고 있으면 "1차원 피벗 테이블(One-Way Pivot Table) 이해하기"의 과정을 따라하기 바란다. 드롭 다운에서 '값 표시 형식' ▶ '인덱스'를 선택한다.

마지막으로 관찰값을 인덱스 값으로 나눈다. 그림 5-20의 셀 F14:G15에 보면 배열 수식이 보인다.

=F3:G4/F10:G11

결과값은 정당선호와 투표안에 대한 의견이 독립적이라고 가정할 때 한계도수에 기반한 기대도수이다. 초기 식을 만들거나 혼합참조나 절대참조를 이용해서 식을 만들지 않아도 된다.

# 06

# 통계로
# 사실 알아보기



몇 십 년 전 Darrell Huff라는 사람이 「통계로 거짓말하기(How to Lie with Statistics)」라는 책을 썼다. 이 책에서는 일부러 의도한 것은 아니지만 종종 통계를 사용해서 사람들을 잘못된 방향으로 이끄는 사례에 대해 적었다.

이 책을 준비하면서 Huff의 책을 다시 보았는데(물론 Huff가 책을 쓸 때는 나는 유치원에도 들어가기 전이었다) 통계가 어떤 문맥상에서 잘못된 방향으로 이끌 수 있는지 사례를 상기하게 되었다.

다음 장에서는 내용이 기술통계에서 추론통계로 넘어가면서 주로 표본을 보고 모집단에 대해 추측하는 내용을 다루게 된다. 추론통계를 하기 위해 엑셀에서 어떤 함수나 기능을 사용할 수 있는지 보기 전에 먼저 기술통계와 추론통계 모두 부적절하게 사용했을 때 잘못된 결론으로 어떻게 빠지게 되는지 살펴보고자

한다.

연구 경험에 비춰보면 크게 문제가 되는 원인이 두 가지 있다.

- 실험 설계를 제대로 하지 않고 데이터를 얻은 경우
- 분석 프로그램 소프트웨어가 작동하는 방법이나 결과에 대해 오해한 경우

이번 장의 앞부분에서는 통계 분석의 문맥, 즉 통계량이 실제적인 의미를 가질 수 있는 상황을 어떻게 만들 수 있는지에 대해 다루겠다. 확고한 실험 설계의 문맥과 상관없이 모은 숫자는 그 의미가 불분명해진다. Huff도 언급했지만, 더 안 좋은 것은 잘못된 방향으로 이끌 수 있다는 점이다. 문맥을 맞게 만들기 위해 접근하다 보면 실험 자체가 유효한 것인지 의심스러워질 때가 있다. 확고한 실험 설계야말로 이런 의심을 없앨 수 있는 가장 강력한 도구이다. 그리고 후반부에서는 통계 분석을 자동화하기 위한 엑셀의 구현, 엑셀의 도움말, 도구에서 발견된 문제점에 대해 다루겠다.

여러분이 이 책을 여기까지 읽어왔다면 왜 통계 분석이 무의미한지 알고자 하는 것은 아닐 것이다. 필자가 여기서 의미하는 바는 이 장을 읽고 몇 가지 사항을 기억해 놓자는 것이다. 실험에 대한 올바른 프레임워크가 없으면서 결과를 숫자로 분석하는 것은 연구자나 연구결과가 필요한 사람에게나 모두 시간 낭비일 뿐이다. 그리고 "소프트웨어에게만 맡겨 놓았더니 모든 것을 다 해줬어요"도 연구의 신뢰성을 높이는데 아무 도움이 되지 않는다.


## 1. 추론통계의 문맥(context)

통계학은 사람이나 사물이 세상에 대해 어떻게 반응하는지 연구할 수 있는 방법을 알려준다. 특히 기술통계는 특정 사람에게 집중한다. 예를 들어 어떤 스포츠팬은 매년 평균 타격 기록, 쿼터백의 순위, 좋아하는 선수의 매년 기록 등을 줄줄 읊을 수 있다.

추론통계와 관련된 분야에는 평균, 표준편차, 상관 등에 기반한 검정을 만들어서 검정이 원래 어떤 값이 되어야 하는지 뿐만 아니라 얼마나 정확해야 하는지 등을 다룬다. 하지만 이 책을 읽는 많은 사람들이 '통계'라는 말을 보면 가장 먼저 생각하는 분야는 가설의 검증이다. 당연한 것이 대부

분의 경우 심리학 수업에서 심리 실험에 대한 내용을 보다가 통계추론에 대해 알게 되었고, 심리학 실험을 위해 실험을 계획하고 데이터를 모으고 추론통계를 사용해서 숫자를 만들고 일반화하는 과정을 거쳤기 때문이다.

통계는 학부 수업에서 매우 어렵게 가르치기 때문에 이렇게 될 수밖에 없는 것이 안타깝다. 여러분의 경우는 좀 더 달랐을지도 모르지만 많은 사람들이 필수 과목 수업을 마치고 나면 통계에 대한 수업을 더 이상 듣고 싶어 하지 않는다. 사실 필자의 경우에도 그렇게 크게 다르지 않았다. 하지만 대학원에 진학해서 제대로 된 통계 수업을 듣고 난 다음부터는 이 주제에 대해 관심을 가지게 되었다. 여전히 통계는 대학에서 실험적인 연구의 목을 조르고 있는 것으로 보인다. 이것은 주객이 전도된 상황이라고 볼 수 있다. 논란의 여지는 있지만 실제 연구에서 통계는 가장 덜 중요한 도구일 뿐이다.

필자는 수년간 통계 분석에 막대한 노력을 들인 연구 리포트를 읽어왔다. 하지만 동일한 연구에서조차 실험 디자인을 만들고 수행하는 데에는 별 노력을 하지 않았다. 이 실험 디자인이야말로 실험에서 나온 통계량을 의미 있는 것으로 만들어 줄 수 있는데 말이다. 약 50년 전, 그러니까 1960년대 중반, Donald Campbell와 Julian Stanley는 "연구용 실험 및 의사 실험 디자인(Experimental and Quasi-Experimental Designs for Research)"이라는 이름의 논문을 발표했다. 발표자의 성으로 더 잘 알려진 이 논문은 두 가지 타입의 타당성(validity)(일반화 가능성(generalizability)이라고도 하는 외적 타당성(external validity)과 내적 타당성(internal validity))에 대해 연구해서 구분했다.

Campbell과 Stanley는 실험 연구가 유용하려면 두 가지 종류의 타당성이 모두 필요하다고 주장했다. 물론 내적으로도 타당해야 하는데 이것은 실험이 만들어내는 비교에 대해 우리 자신이 스스로 확신을 가질 수 있도록 디자인되어야 한다는 의미이다. 동시에 실험은 외적으로도 타당하거나 일반화가 가능해야 한다. 즉 관심 있는 모집단에 대한 실험 결과를 일반화할 수 있도록 주제를 선택해야 한다. 신약 제조에서 전혀 흠 없는 내적 타당성을 가지고 실험을 수행하여 이 약이 전혀 부작용이 없다고 주장할 수도 있다. 하지만 실험 주제가 만약 불개미를 대상으로 실험한 것이라면 절대 이 약을 먹지 않을 것이다.

## ✚ 내적 타당성 수립하기

타당한 실험을 하기 위해서는 여러분이 일반화하려고 하는 모집단으로부터 표본을 임의로 선택하는 것부터 시작한다(따라서 일반적인 모집단에 대해 약물중독을 검증하려고 하면, 약물중독환자를 표본으로 삼으면 안된다). 다음 알파값이나 오류율(error rate)을 선택해서 해당 약물치료가 효과가 없었음에도 불구하고 효과가 있었다고 잘못 결정할 수 있는 위험 수준을 결정해야 한다.

다음 단계로 두 개 이상의 그룹 중 한 개가 여러분의 실험 주제가 된다. 가장 간단히 실험을 디자인한다면 한 그룹에 대해서만 치료를 하고 다른 한 그룹은 '대조(control)' 그룹이나 '비교(comparison)' 그룹으로 만든다.

한 그룹에는 원하는 치료를 하고, 비교 그룹에는 다른 치료를 하거나 치료를 하지 않고 그냥 둔다. 그리고 치료에 관련된 측정값을 선택한다. 다른 실험 방법으로는 한 그룹에게는 굉장히 선동적인 정치적 내용의 블로그를 보여준 다음, 정치적 성향을 물어볼 수 있다. 또 다른 실험에서는 감귤나무에 서로 다른 영양제를 준 다음, 몇 달 기다려서 열매가 어떻게 다른지 알아낼 수 있다.

마지막으로 하나의 통계적 방법이나 다른 방법을 통해 결과를 측정해서, 치료가 효과가 없다는 가정을 오류율(혹은 알파)안에서 뒤집을 수 있을지 알아낸다.

이런 길고 긴 절차의 요점은 한 가지만 제외하고는 완전히 동등한 그룹이 두 개 있어야 한다는 것이다. 한 그룹은 치료를 받았고, 다른 그룹은 치료를 받지 않았다는 것 말고는 완전히 동등해야 한다. 그룹에 완전히 임의로 표본을 선택해서 나누면 두 그룹 사이에 이론적으로 차이는 없어진다. 다음 두 그룹을 치료 외에는 모든 것이 동등하도록 관리해서 치료 말고는 두 그룹을 차이 짓는 다른 요소가 끼어들지 못하도록 한다. 이렇게 해야 결과값이 여러분이 측정하고자 하는 의도대로 나올 것이다.

만약 두 그룹을 잘 관리해서 두 그룹 사이에 의미 있는 차이는 오직 치료밖에 없게 되면 여러분의 실험은 내적 타당성이 있다고 말할 수 있다. 두 그룹 사이에 내적인 비교도 타당하다. 여러분의 표본이 일반화하고자 하는 모집단을 대표한다면 여러분의 실험은 외적 타당성을 가지게 된다. 이때 여러분이 표본에서 알아낸 것이 모집단을 대표한다고 일반화할 수 있다.

## ✚ 내적 타당성의 위협

Campbell과 Stanley는 실험에서 내적 타당성이 받을 수 있는 위협을 샘플링 오류(sampling error,

표집오류 – 통계적 우연(statistical chance)이라고도 한다) 외 7가지를 더해서 정의했다. 임의의 선택 그리고 실험 설계를 통해 실험 그룹과 비교 그룹을 철저히 관리하면 이런 위협을 제거할 수 있다.

### – 선택

피실험자를 치료 그룹과 비교 그룹으로 나누는 것이 실험의 내적 타당성을 해칠 수 있는데, 특히 스스로 어느 그룹이 될 것인지 선택할 때 더더욱 그럴 가능성이 높아진다. 연구자는 두 가지 의학적 치료의 성공 확률을 비교하고자 하는데 각 치료는 서로 다른 도시에 위치한 다른 병원에서 한다고 가정해보자.

두 치료의 결과를 비교하려고 해도 각 병원의 치료 방법이나 병원에서 환자를 선택한 모집단의 차이 등 때문에 어떤 차이가 있는지 알아내기도 어렵다. 적절하지 않겠지만 보통의 경우는 환자를 임의로 각 그룹으로 나눈 다음, 특정 그룹에 속해서 결과에 영향을 줄 수 있는 요인을 줄여 나갈 수 있다. 큰 규모의 연구에서는 여러 병원으로부터 결과를 다 수집하고 각 병원에 치료법을 임의로 할당함으로써 선택으로 인한 편향 문제를 조절할 수 있다(하지만 이렇게 하면 또 다른 문제가 발생한다).

### – 역사

중대한 사건이 발생하면 이것이 피실험자가 처리(treatment)에 반응하는데 영향을 줄 수 있다. 현직 대통령에 대한 유권자의 지지에 대해 정치 캠페인 효과를 현장 테스트하고 있다고 가정해보자. 그런데 이때 금융위기가 발생해서 정치적인 성향과 관계없이 모두의 소득 상황에 심각한 손해가 일어나게 되었다. 이제 금융위기와 전혀 상관없이 캠페인의 효과만을 데이터로 모으기는 불가능할 것이다. 하지만 금융위기가 캠페인을 본 그룹이나 보지 않은 그룹이나 똑같이 영향을 줬다는 가정하에 캠페인의 효과에 대해 차이를 알아낼 수도 있을 것이다. 처리 그룹(treatment group)과 비교 그룹(comparison group)이 동등하지 않으면 발생한 사건의 효과와 분리하여 캠페인의 효과를 알아낼 수 없다.

만약 피실험자와 상호작용하는 사람이 누가 어떤 그룹에 들어있는지 알고 있다면 그들이 그 사실을 알고 있다는 것 자체가 처리의 효과에 영향을 줄 수 있다. 알고 있는 사람은 비록 의도하지는 않았다고 하더라도, 피실험자에게 어떤 기대를 하게 돼서 무의식적으로 신호를 보내고 피실험자가 의도된 행동을 하도록 결과를 유도할 수도 있다. 이렇게 되는 것을 막기 위해 보통 이중 블라인드로 된 절차를 수행하는데 특히 의학적인 실험에서는 반드시 이렇게 해야 한다. 이렇게 해서 처리를 관리하는 사람과 처리를 받고 있는 피실험자 모두 누가 어떤 처리를 받고 있는지, 플라세보 약을 어떤 피실험자에게 투여하고 있는지 등을 알지 못하도록 할 수 있다.

### – 계측

여기에 사용된 계측(instrumentation)이라는 용어는 캘리퍼같은 도구로 무엇인가를 측정하는 이상의 의미를 가지며 측정할 수 있는 정보를 반환해주는 어떤 종류의 도구라도 포함하는 의미이다. 여기에는 간단한 설문지도 포함된다. 결과를 측정하는 방식이 바뀌면 해석도 어려워진다. 예를 들어 연구자들은 지난 수십 년간 자폐증이 늘어난 원인은 자폐증을 진단하는 방식이 바뀌었기 때문이라고 생각하는데, 이 방식이 바뀜으로써 자폐증으로 진단받은 사람들이 늘어났다. 하지만 이것은 처리 그룹과 비교 그룹에 대한 질문, 비교와는 상관이 없다.

### – 테스트

그룹에 속한 피실험체를 계속적으로 테스트를 했을 경우 피실험체의 반응이 달라질 수 있다. 이러한 테스트가 어느 정도 반복되면 실제 처리의 효과를 더 증폭시키거나 없앨 수 있다. 다르게 반응하는 것은 사람이나 생물만은 아니다. 예를 들어 금속에 계속적으로 피로테스트를 했을 경우 원래의 물질적 특징이 달라질 수 있다. 그리고 계량적인 실험에서는 일부 이런 실험을 피할 수 없는 경우도 있다.

### – 성숙

성숙 비율은 나이에 따라 다르며 이로 인해 비교가 어려울 수 있다. 처리 그룹과 비교 그룹을 나눌 때 임의로 표본을 배치하고 공분산을 같게 해서 나이를 동등하게 맞췄다고 해보자(16장과 17장 참고). 처리 과정 중에 성숙이 나타나서 효과 중 어떤 부분이 처리에 의한 것인지 어떤 부분이 성숙에 의한 것인지 알기 어렵게 된다.

### – 회귀

평균으로의 회귀(4장 "변수가 어떻게 함께 움직이는가 : 상관(correlation)"을 참고)는 실험 결과에 큰 영향을 주는데, 특히 피실험자가 결과에 관련된 사전 처리(pretreatment)에서 아주 현저한 결과를 냈기 때문에 선택한 경우 이런 현상이 나타나게 된다. 사전 테스트와 사후 테스트 사이에서 피실험자는 처리의 결과에 상관없이 평균적인 값으로 이동하게 된다. 처리 전에 사전에 맞는 짝을 만들어서 그 짝의 한 멤버는 다른 그룹에 할당하면 그냥 두 개의 그룹을 임의로 동등하게 만드는 것보다 더 효과적이다. 하지만 짝 사이에 나타내는 불완전한 상관 때문에 회귀효과가 이런 좋은 의도를 무산시킬 수 있다.

### — 탈락(mortality)

처리 그룹이나 비교 그룹에서 피실험자가 실험을 모두 마치지 못하는 것을 실험적 탈락이라고 한다(여기에서 탈락(mortality, 사망, 폐사)은 단지 피실험자가 사망한 경우만을 이야기하는 것은 아니고, 피실험자가 실험에 그만 참가함으로써 벌어질 수 있는 모든 효과를 의미한다). 그룹에 피실험자를 임의로 배치하면 중도 탈락자가 나와도 그룹을 비슷비슷하게 유지할 수는 있지만 처리 때문에 탈락이 일어난 것인지 아니면 다른 이유로 탈락이 일어난 것인지 구분하기 어렵다. 특히 의학실험에서 이런 문제가 심각한데 대부분 실험에서 피실험자가 되는 환자들의 기대 수명이 짧은 경우가 많기 때문이다.

### — 우연(chance)

실험 막바지로 진행되면서 사전 합의 사항이 잘 맞아왔고, 처리도 제대로 적용했고, 측정도 했으면 이제 통계 분석에 들어가게 된다. 보통 통계 분석을 수행할 때는 전체 모집단의 결과가 표본과 다를 때 여러분의 표본에서 원하는 결과를 우연히 얻을 확률이 얼마나 되는지 검증한다.

만약 소위 '황금률'이라고 하는 임의로 선택해서 배치하는 방법을 썼다면 여러분은 동등한 그룹을 만들고 유지하기 위해 할 만큼 했다고 할 수 있다. 그런 그룹의 특징은 다음과 같다.

- 자기 선택(self-selection)도 아니고 사전에 존재했던 편향을 반영하는 체계적인 할당도 아니다.
- 실험 과정 동안에 일어나는 사회적, 역사적 사건에 피실험체들이 동시에 노출된다. 이런 사건들은 정치적인 석방일 수도 있고 갑자기 먼지에 노출된 미세 공정 환경일 수도 있다.
- 실험 과정 동안 동일한 도구로 측정을 받는다.
- 테스트를 관리하는 과정에서 테스트에 대해 차별을 당하지 않는다.
- 실험 과정 중에 동일한 비율로 성숙 과정을 겪는다.
- 극단적인 점수에 편향되서 각 그룹에 할당되지 않는다.

- 다른 비율로 테스트에서 탈락하지 않는다.

여러분의 실험 그룹이 일정한 비율로 유지되려면 임의로 선택하고 할당하는 과정이 필수적이다. 하지만 이런 방법만으로는 불충분하다. 한 그룹은 외부의 영향을 더 많이 받고 어떤 그룹은 덜 받을 수도 있다. 임의로 선택한 과정이 사전에 존재하는 편향을 제거할 수 없는 경우도 있고, 실험에서 탈락하는 과정에 우연이 개입할 수도 있다. 따라서 여러분의 실험에는 이렇게 내적 타당성을 위협하는 요소들이 존재하므로 임의 선택이라는 수단으로 이러한 위험을 최소화하려고 한다. 하지만 여러분이 관찰할 수 있는 결과에서 이런 요소를 완전히 제거할 수는 없다.
이런 위험이 얼마나 존재하는지에 따라 통계 분석은 그 핵심을 잃어버리게 된다. 예전부터 가정을 검증하는 과정에서 통계 분석의 역할은 실험 결과로부터 우연의 역할을 계량화하는 것이다. 하지만 실험처치 외에는 완전히 동등한 두 개 이상의 그룹을 만들 수 있으면 우연의 정도를 정확하게 측정할 수 있다.

다음과 같은 상황을 가정해보자. 한 달 동안 처치 그룹에는 신약을 투여한 다음 중지했고, 다른 그룹에는 플라세보 약을 투여했다. 신약은 혈중 LDL(low density lipoprotein, 저밀도지질단백질)을 낮추는 약이다. 한 달이 지난 후 여러분은 혈액 샘플을 모아서 통계 분석을 수행한다. 결과값은 처리 그룹과 제어 그룹의 평균 LDL이 같은 모집단에서 나왔을 확률은 1/1000이다.

만약 그룹의 평균이 동일한 모집단에서 나온 것이라고 결론을 내면 치료를 적용하는 과정에서 모집단의 LDL이 약으로 인해 떨어지는 효과를 볼 수 없었다고 주장할 수 있다. 하지만 통계 분석에서는 이 그룹들이 두 개의 서로 다른 모집단을 대표하고 있다고 강력히 주장하고 있다. 만약 여러분이 두 개의 그룹이 동등해지도록 강력하게 관리한 게 아니라면 이 경우 치료약 때문에 차이가 생겼다고 말할 수 없을 것이다. 제어그룹 내 누가 실험 관리자와 친해져서 플라세보 약을 먹은 다음 매일 치즈버거를 사먹으러 나갔을지도 모르니 말이다.

실험이라고는 전혀 포함되지 않는 통계 분석을 수행하는 몇 가지 이유가 있다. 예를 들어 심리테스트 분석이나 정치 여론조사는 회귀분석(이 책의 후반부에 나오는 분석의 대부분은 회귀분석이 기본이다)까지 확장을 해야 한다. 이런 테스트는 인지능력이나 정치성향에 대한 테스트로 한정되지만, 신약 테스트나 제조과정 품질테스트 같은 분야도 포함할 수 있다. 이런 테스트나 결과 해석은 이 책에서 다루는 통계 분석에 대부분 따르고 있으며 엑셀을 해석 플랫폼으로 사용한다. 하지만 이런 분석에는 가설은 포함하지 않는다.

하지만 실험 결과를 설명하는 데서 우연을 배제하기 위해 통계 분석을 사용하는 것은 매우 정상적이며 표준적인 방법이다. 실험 결과에 관한 조건, 상황, 아니면 우리가 관심 있는 질병에 관해서 들을 때는 사용했던 통계 분석의 특징에 대해서도 알고 싶어 한다. 그리고 실험 디자인을 견고하게 디자인하고 관리한 게 아니면 통계 분석이 의미 없어진다.


## 2. 엑셀 도움말의 문제

이 책의 기본적인 전제는 통계 분석을 하기 위한 도구로 마이크로소프트 엑셀이 정확하고 신뢰할 만하다는 것이다. 약 20년 동안 엑셀의 워크시트를 사용해오면서 함수 하나하나가 어떻게 동작하는지 분해해서 들여다 본 결론으로는 이 전제는 사실로 판명되었다. 하지만 이 말은 엑셀의 통계 도구를 그냥 액면가 그대로 받아들여도 된다는 것은 아니다. 엑셀 분석기능의 핵심인 워크시트 함수조차도 사용한 결과에 대해 확신을 가지려면 꼼꼼히 연구해서 주의 깊게 다뤄야 한다. 15장 "다중회귀분석과 효과 코딩 : 더 많은 이슈"에서 살펴보겠지만 엑셀의 통계 함수 중 가장 중요한 함수 중 하나는 제곱의 합을 음수로 반환할 수 있는 버그가 있는 채로 몇 년 동안 사용되어 왔었다.

이 장의 앞부분에서는 데이터를 수집할 때의 약한 프레임워크가 어떻게 통계 분석을 의미 없게 만들 수 있는 지에 대해 보았다. 통계 분석의 구성요소들을 잘못 이해하면 통계 결과를 잘못된 방향으로 이끌 수 있다. 하지만 불행하게도 엑셀에서는 이런 오해할 수 있는 요지들을 여기저기 도와주는 기능으로 제공하고 있다. 이러한 도움 기능은 기본적으로 추가 기능(add-in)안에 들어있으며 1990년대 중반 이후에 엑셀에 들어오기 시작했다. 이것은 Analysis ToolPak이라고도 하고 ATP라고도 했는데 최근에는 '데이터 분석 추가 기능'이라고 한다. 이 추가 기능은 통계 도구의 집합이다. 이 추가 기능은 사용자가 분산이나 회귀분석 같은 추론 통계 분석을 할 수 있도록 도와준다. 물론 이 분석은 엑셀의 워크시트 함수를 써서 워크시트상에서 해도 된다. 하지만 '추가 기능'을 쓰면 분석하는 과정을 조직화해서 도와주고 포맷도 정리해서 보여주며, 직접 인자를 입력할 필요 없이 대화상자를 통해서 선택할 수 있기 때문에 추가 기능을 쓰면 매우 편리한 것은 사실이다. 그리고 엑셀에 추가 기능이 함께 따라오기 때문에 대부분의 사용자는 이 추가 기능이 엑셀의 통계기능을 모두 포함한다고 생각해버린다. 하지만 이 추가 기능은 분산 분석 3가지, z-검정, t-검정, 상관과 공분산 행렬, 기술통계 등만을 다룬다.

하지만 문제는 이 도구들이 잘못된 방향으로 이끌 수도 있고, 어떤 결정을 내림으로써 일어나는 결과에 대해 알려주지 않을 수도 있다. 물론 어떤 통계 소프트웨어에서도 이런 문제가 발생할 수 있지만, 엑셀의 '데이터 분석 추가 기능'은 이런 문제가 발생하기 더 쉽다. 이유는 도움말 문서화가 거의 안 되어 있기 때문이다.

좋은 예는 추가 기능에서 '지수 평활법(Exponential Smoothing)'을 들 수 있다. 지수 평활법은 연속된 시간에서 다음 나타날 값을 예상하기 위해 평균을 이동시키는 방법이다. 이것은 평활상수(smoothing constant)라는 숫자값에 크게 의존하는데 이 값은 예측할 때 사전에 발생할 오류를 고려하여, 예측을 정확하게 하도록 도와준다.

평활상수를 선택하는 과정은 상당히 까다로운데 과거의 행적과 평활 사이에서 선택을 해야 하고 시간의 흐름에서도 트렌드가 위, 아래로 있기도 하고 없을 수도 있기 때문이다. 하지만 더 어려운 것은 표준 절차에서는 원래 평활상수(smoothing constant)를 주는 게 맞는데 엑셀에서는 뜬금없이 '감쇠인수(damping factor)'를 입력하라고 한다. 통계책을 보면 평활상수(smoothing constant)라는 용어가 감쇠인수(damping factor)라는 용어보다 수십 배는 더 많이 나오고 익숙하지 않은 사용자들은 감쇠인수(damping factor)라는 말이 무엇을 의미하는지도 모르는 경우가 많다. 감쇠인수(damping factor)=1-평활상수(smoothing constant)인데 어렵지도 않은 것을 왜 이렇게 불필요하게 꼬아 놓았는지 알 수 없다. 문서화를 좀 더 잘해놓았으면 사실 더 일반적인 용어인 평활상수를 쓰던가, 아니면 적어도 감쇠인수를 어떻게 계산할 수 있는지 알려줘야 하는데 추가 기능 도움말에서는 몇 년 동안 어떤 것도 해놓지 않았다. 마이크로소프트에서는 엑셀 2013에 와서야 마지못해 도움말에 '평활상수'라는 용어를 포함했지만 추가 기능의 대화상자에는 여전히 '감쇠인수'를 사용하고 있다.

'데이터 분석 추가 기능'의 다른 도구들도 이런 비슷한 문제가 있는데 문제를 더 어렵게 만드는 것은 대부분의 도구가 결과값을 보여줄 때 식이 아니라 숫자만을 보여준다. 이렇게 하면 도구가 어떤 식을 써서 결론에 도달했는지 추적해 보기가 매우 어렵다.

예를 들어 '데이터 분석 추가 기능' 중 한 도구를 써서 특정 변수의 평균을 구했더니 4.5라고 주장한다. 결과로 만들어주는 표에는 셀에 4.5라는 숫자를 입력해 놓았다. 하지만 여러분 생각에는 이 값이 틀린 것 같다고 하면, 직접 데이터 소스를 보고 왜 이런 결론이 나왔는지 직접 검사를 해봐야 한다. 하지만 추가 기능이 그냥 단순한 값 4.5가 아니라 식을 보여주면 더 문제를 쉽고 빠르게 풀 수 있다.

몇몇 도구는 괜찮다. 상관이나 공분산 도구를 쓰면 워크시트 함수를 써서 만드는 경우보다 훨씬 편리하게 만들 수 있고, 결과값이 뭔가 상황을 잘못된 방향으로 이끄는 경우도 없으며 결과값도 실제 사용하기에 매우 편리하다. 이 도구들은 예외에 속한다(하지만 이 도구들도 역시 결과값을 식이 아닌 그냥 숫자로만 보여준다. 개선이 필요하다). 이런 문제에 대한 예를 들기 위해 이 장의 나머지 부분에서는 "F-검정 : 분산에 대한 두 집단" 도구의 예를 들어보겠다. 이 예를 드는 데는 두 가지 이유가 있다.

- 예전에 통계학자들은 평균 간의 차이를 검정할 때 만든 가정을 위반하는 것을 피하기 위해 이 분석을 수행했다. 대부분의 경우에서 가정을 위반하는 것은 효과가 미미하다고 알려졌다. 특히 통계 분석에 의존하는 제조 분야에서 이 도구를 많이 쓴다. 하지만 엑셀의 데이터 분석 추가 기능에는 여기에 대해 거의 다루고 있지 않기 때문에 여기서 다뤄보고자 한다.
- 추가 기능을 가지고 문제를 해결하다 보면 뭔가 잘못되어 간다는 감을 가질 수 있다. 이 감을 잘 모르는 통계 소프트웨어나 엑셀의 워크시트 함수, 추가 기능에도 모두 적용할 수 있다. 만약 여러분이 결과에 대해 뭔가 의심스러운 게 있으면 결과를 의심해보자. 의문을 가져야 한다.

필자는 연속적인 통계 분석의 목표(실험 디자인의 목표가 아니라 분석의 목표)에 어떻게 주의를 기울여야 하는지 느낌을 전달하고 싶었다. 이것은 추가 기능뿐만 아니라 워크시트 함수에도 해당되는 이야기이다.

## 3. F-검정 : 분산에 대한 두 집단

이 장의 앞부분에서는 왜 통계량을 이해하는 것이 중요하지 않은가에 대해 설명했다. 데이터를 수

집해야 하는 실험 디자인에 비교해보면 통계량 자체는 중요해 보이지 않을 수 있다. 이제 시선을 바꿔서 왜 통계량을 이해하는 것이 중요한지 설명하고자 한다. 만약 내가 개념을 이해하지 못한다면, 분석의 결과를 제대로 해석할 수 없을 것이다. 그리고 적절한 데이터가 있으면, 숫자를 분석한 것 또한 중요하다.

때때로 소프트웨어는 숫자를 넣고 돌리는 일은 잘하지만 자신이 한 일에 대해서는 설명을 못한다. 소프트웨어의 도움말 문서를 보면 잘 나와 있지 않을까 하고 기대하지만, 대부분 실망으로 끝난다. '데이터 분석 추가 기능' 중 하나인 'F-검정 : 분산에 대한 두 집단'의 도움말을 보면 왜 그들만의 언어로 문서를 만드는 것이 나쁜가에 대한 대표적인 예를 볼 수 있다. 다음은 엑셀 2013의 도움말 문서이다.

"이 도구는 F-통계(F-비율)의 f값을 계산합니다. f값이 1에 가까우면 기본 모집단 분산이 동일하다는 증거입니다. 출력 테이블에서 f가 1보다 작은 경우 'P(F <= f) one-tail'은 모집단 분산이 동일할 때 F 통계량 값이 f 미만으로 관측될 확률을 구하고 'F Critical one-tail'은 선택된 유의 수준 Alpha에 대해 1 미만의 임계값을 구합니다. f가 1보다 큰 경우 'P(F <= f) one-tail'은 모집단 분산이 동일할 때 F 통계량 값이 f보다 크게 관측될 확률을 구하고 'F Critical one-tail'은 Alpha에 대해 1보다 큰 임계값을 구합니다."

무슨 말인지 알겠는가? 사실 필자도 이게 무슨 말인지 모르겠다. 엑셀 도구의 용어가 아닌 통계 개념으로 설명하면 F-검정은 서로 다른 2개의 표본의 분산이 동일한지 결정하는 것을 돕는다. 이때 두 개의 다른 표본은 서로 다른 모집단에서 뽑았다. F-검정 도구는 여러분을 위해 이런 일을 수행하지만 여러분도 알다시피 도구를 통해 필요한 정보를 얻어내려면 미리 알아야 할 정보들이 필요하다.

## ✚ 왜 검정을 수행할까?

9장 "평균 간 차이를 테스트하기", 10장 "평균 간의 차이 검증하기 : 분산분석"에서 나오겠지만 어떤 통계 검증에서 만드는 기본 가정은 "결과값을 측정할 때 서로 다른 그룹의 분산이 동일하다"는 것이다. 물론 분산이 동일하므로 표준편차도 동일하다. 지난 세기의 초기 50여 년 동안 통계 교과서를 보면 서로 다른 그룹이 다른 평균을 가지는지 테스트하기 전에 F-검정을 수행해서 분산이 동일한지 보라고 하고 있다. 만약 F-검정을 수행한 결과로 그룹들이 분산이 서로 다르다면 이미 검정의 기본 가정을 어기고 있는 것이므로 그룹들의 평균이 다른지 검증해 볼 필요도 없다고 했다.

1950년대, 1960년대에 '로버스트성 연구(robustness studies)'의 시대가 왔다. 이 연구에서는 많은 통계 검정에 깔려있는 기본 가정을 어기면 어떤 효과가 발생하는지 검증했다. 이 연구에 참가했던 통계학자들은 이론적인 모델을 발전시키는데 사용한 가정들을 실제 모델에 적용했을 때도 여전히 중요한지 결정하는데 관심 있었다. 즉 여러분이 이론에 기반해서 이론의 조건을 간단하게 만들기 위해서는 이런 가정을 만드는 것이 중요할 수 있다. 하지만 나중에 이 이론을 적용할 때가 되면, 이런 가정들은 중요하지 않게 된다. 그래도 어떤 조건은 여전히 중요하다. 예를 들어 관찰값이 서로 독립적이라는 것은 대부분의 경우 중요하다. 테스트에서 John의 점수는 Jane의 점수에는 아무 관련이 없어야 한다. 물론 John과 Jane이 남매라면 거기에 어떤 생물학적 특징이 따라올 수밖에 없겠지만 말이다.

분산이 동일해야 한다는 가정은 대부분의 경우 중요하지 않다. 관찰값의 개수가 동일한 그룹이 여러 개 있을 때, t-검정이나 분산분석의 정확성을 심각하게 해치지 않는 범위에서 그룹들의 분산은 다를 수 있다. 하지만 그룹의 크기도 다르고 분산도 모두 다르다면 이런 검정에서 문제가 될 수 있다. 예를 들어 한 개의 그룹은 관찰값이 20개가 있고 분산은 5이다. 다른 그룹은 관찰값이 10개이며 분산은 2.5이다. 이때 한 그룹은 다른 그룹보다 2배로 크며, 분산도 2배이다. 이 경우 통계 분석 표와 함수를 통해 어떤 결론을 내면 틀린 결정을 하게 될 확률이 실제로는 3%인데도 불구하고 5%가 되게 된다. 표본크기와 분산이 천차만별인 경우에는 매우 작은 영향을 준다. 따라서 통계학자들은 이 검정이 동일한 분산을 가진다는 가정을 위반한 측면에서 매우 견고하다고 (robustness) 표현하는데, 특히 표본의 크기가 동일할 때 적용된다.

이것은 모집단에서 두 개 표본의 분산이 동일한지 결정하는데 F-검정을 쓰면 안된다는 의미는 아니다. 하지만 여러분의 목적이 t-검정이나 분산분석에서 그룹 평균의 차이를 검증하는 것이고 그룹의 크기가 비슷하다면, 반드시 분산을 테스트하지 않아도 된다. 혹은 그룹 크기와 분산이 모두 제각각이면, 왜 임의로 선택해서 배정했는데도 불구하고 이런 일이 발생했는지 알아보는 게 더 낫다. t값을 구하는 것보다는 유효한 비교 그룹을 디자인했는지 확인하는 게 더 중요하다.

그룹의 평균을 검사하기 위해 사전에 필요한 이유가 없으면 분산을 비교하기 위해 F-검정을 수행하는 이유가 제한된다. 물론 운영 연구나 절차 제어 같은 분야에서는 자주 품질 측정의 가변성을

검증한다. 그러나 의학, 비즈니스, 행동과학 같은 분야에서는 변동성의 차이보다는 평균의 차이에
더 의미를 둔다.



> 여기에서 말하는 F–검정과 분산, 공분산의 분석에서 사용하는 F–검정(10장에서 17장에 걸쳐 다룬다)을
> 혼동할 수 있다. F–검정은 항상 두 분산의 비율에 기반한다. 여기에서도 나왔지만, 두 개의 표본 그룹
> 이 분산이 서로 다른가 하는 것에 초점을 둔다. 분산과 공분산의 분석에서는 그룹의 평균을 변동성의
> 값으로 나눈 변동성에 초점을 둔다. 두 경우 모두 추론통계는 F, 즉 분산의 비율이다. 두 경우 모두 F–
> 비율을 정규곡선과 비교한다. 전자의 목적은 분산의 차이만을 검증하는 것이고, 후자의 목적은 분산의
> 차이를 검증하여 평균에서의 차이를 추론하는 것이다. 이렇게 검정의 목적만 다를 뿐이다.

여러분이 제조환경에서 일하는게 아니라면 'F–검정 : 분산에 대한 두 집단' 도구를 쓸 일은 많지
않다. 하지만 제조환경에서 일해서 'F–검정 : 분산에 대한 두 집단'을 사용할 일이 많다면 여러분
이 스스로를 잘못된 방향으로 이끌지 않으려면 어떻게 해야 하는지 알고 싶을 것이다. 아니면 적
어도 잘못된 엑셀의 도움말로 인해 잘못되는 일은 막고자 할 것이다.

### – 도구 사용하기 : 숫자 예제

그림 6–1에서는 F–검정을 어떻게 사용하는지 보여준다.

| | A | B |
|---|---|---|
| 1 | 남성 | 여성 |
| 2 | 10 | 62 |
| 3 | 24 | 60 |
| 4 | 6 | 76 |
| 5 | 76 | 84 |
| 6 | 91 | 71 |
| 7 | 95 | 55 |
| 8 | 98 | 30 |
| 9 | 30 | 41 |
| 10 | 73 | 73 |
| 11 | 87 | 99 |
| 12 | 77 | 22 |
| 13 | 89 | 39 |
| 14 | 95 | 93 |
| 15 | 89 | 50 |
| 16 | 30 | 86 |
| 17 | 45 | 45 |
| 18 | 16 | 42 |
| 19 | 77 | 80 |
| 20 | 10 | 51 |
| 21 | 21 | 69 |
| 22 | | |
| 23 | 분산: | |
| 24 | 1198.8 | 460.8 |

▶▶ **그림 6-1** 관찰값의 집합에서 변수 1을 어느 것으
로 선택하느냐에 따라 결과값이 달라진다.

대화상자에서 변수 1로 A1:A21(남성)을 지정하고 변수 2로는 B1:B21(여성)을 지정했다고 하자. 다음 '이름표'의 체크박스에 체크하고, 유의 수준(알파값)으로는 디폴트 0.05를 그대로 둔 다음 결과를 보여줄 곳을 현재 워크시트의 셀 D2로 지정한다.



> 그림 6-1을 보면 유의 수준(알파) 값으로 디폴트로 지정된 0.05를 사용할 수도 있고 다른 값을 써도 된다. 데이터 분석 도움말을 포함해서 엑셀의 도움말 문서에 보면 알파값을 여기저기서 다른 의미로 사용하고 있는데, 적어도 F-검정 도구에 대한 문서에서 알파 용어는 제대로 사용하고 있다.
> 'F-검정 : 분산에 대한 두 집단'에 나오는 알파의 개념은 5장 "변수를 어떻게 함께 분류할까 : 분할표(contingency table)"에서 이미 다뤘고, 8장 "평균 사이에서 검증하기 : 기본사항"에서 다시 다룬다. 5장과 8장에서 나오는 개념이 다른가 하고 생각할 수도 있지만, 사실은 차이가 없다. 여기에서는 사용된 의미는 실제로는 분산이 동일함에도 불구하고, 모집단에서 뽑아낸 두 개의 표본이 서로 다른 분산을 가지고 있다고 생각할 확률이다. 일반적인 통계 해석에서 사용하는 용어의 사용법과 일치한다.
> F-검정을 이루는 두 개의 가정-즉 표본은 정규분포 모양을 따르는 표본에서 뽑아내었고 관찰값은 서로 독립적이다-이 매우 중요하다는 점에 주목해야 한다. 두 가정 중 하나라도 위반하면, F검정이 유효하지 않다고 의심할 수 있다(하지만 그룹의 크기가 대강 비슷하면, t-검정의 정규분포에 대한 가정에 대해 염려할 필요가 없다).

'확인'을 클릭하면 F-검정 도구가 수행돼서 D2:F11에 그림 6-2와 같은 결과를 보여준다.

| G10 | ▼ : × ✓ fx | =F.DIST.RT(E9,E8,F8) | | | | |
|---|---|---|---|---|---|---|
| ▲ | A | B | C | D | E | F | G |

| | A | B | C | D | E | F | G |
|---|---|---|---|---|---|---|---|
| 1 | 남성 | 여성 | | | | | |
| 2 | 10 | 62 | | F-검정: 분산에 대한 두 집단 | | | |
| 3 | 24 | 60 | | | | | |
| 4 | 6 | 76 | | | 남성 | 여성 | |
| 5 | 76 | 84 | | 평균 | 56.95 | 61.40 | |
| 6 | 91 | 71 | | 분산 | 1198.79 | 460.78 | |
| 7 | 95 | 55 | | 관측수 | 20 | 20 | |
| 8 | 98 | 30 | | 자유도 | 19 | 19 | |
| 9 | 30 | 41 | | F 비 | 2.60 | | |
| 10 | 73 | 73 | | P(F<=f) 단측 검정 | 0.02 | | 0.02 |
| 11 | 87 | 99 | | F 기각치: 단측 검정 | 2.17 | | 2.17 |
| 12 | 77 | 22 | | | | | |
| 13 | 89 | 39 | | | | | |
| 14 | 95 | 93 | | | | | |
| 15 | 89 | 50 | | | | | |
| 16 | 30 | 86 | | | | | |
| 17 | 45 | 45 | | | | | |
| 18 | 16 | 42 | | | | | |
| 19 | 77 | 80 | | | | | |
| 20 | 10 | 51 | | | | | |
| 21 | 21 | 69 | | | | | |
| 22 | | | | | | | |
| 23 | | 분산: | | | | | |
| 24 | 1198.8 | 460.8 | | | | | |
| 25 | | | | | | | |
| 26 | | | | | | | |

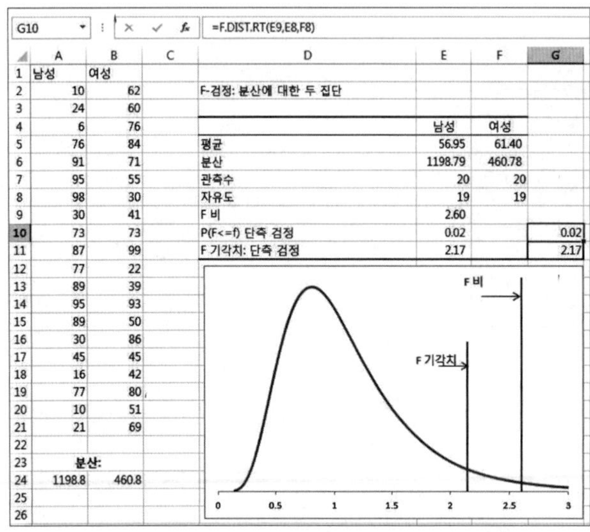


▶▶ **그림 6-2** 표본에서 남성의 분산이 여성의 분산보다 크다는 점에 주의하자. F-비(F ratio)는 1.0보다 크다.

F-검정 도구 대화상자에서 변수 1로 지정한 데이터가 F-비를 구할 때 분자가 된다는 사실을 엑셀의 어떤 도움말에서도, 어떤 대화상자에서도, 엑셀의 데이터 분석을 다룬 어떤 책에서도 알려주지 않는다.

### ● F-검정 도구는 항상 변수 1을 변수 2로 나눈다

이것을 아는 게 왜 중요할까? 예를 들어 여러분이 측정한 데이터가 그림 6-1과 그림 6-2에 있고, 여러분의 연구 가설은 어떤 주제에 대해 '남성의 변동성이 여성보다 더 크다'라고 하자. 만약 데이터를 그림 6-2처럼 두었고 남성의 측정값을 F-비에서 분자가 되도록 하면 아무 문제가 없다. 여러분의 가설인 '남성의 변동성이 더 크다'라는 것에 대해 F-검정을 이렇게 하면 가설을 만족하게 된다.

여러분이 설정한 이 테스트는 남성의 변동성이 여성의 변동성보다 많이 큰지 물어본다. 따라서 분산에서 왜 차이가 나는지에 대한 설명으로 우연의 요소, 즉 샘플링 오류를 배제한다. 하지만 여러분이 F-검정 도구가 항상 변수 1을 분자에, 변수 2를 분모에 놓는지 몰랐다고 해보자. 이때 모르고 그림 6-1과 그림 6-2의 데이터에서 여성의 데이터를 변수 1에 놓고 남성의 데이터를 변수 2에 놓을 수도 있다. 이 경우 F-비는 1보다 작아진다. 이때 남성의 변동성이 더 크다고 가설을 세웠다면, 반대되는 상황을 검증할 것이다.

무슨 일이 일어나고 있는지만 정확히 알고 있으면 결과값을 제대로 해석할 수 있으므로 큰일은 일어나지 않을 것이다. 하지만 F-검정 도구 결과에서 나온 기각치(critical value)를 해석하려고 하면 매우 혼란스러울 것이다. 더 자세한 내용은 다음 부분에서 다룬다.

### ● F-검정 도구는 결정 규칙을 바꾼다

F-검정 도구는 어떤 변수를 변수 1로 지정했고 어떤 변수를 변수 2로 지정했는지에 따라 F-비를 계산하는 방법을 바꾼다. 그리고 F-검정 도구는 계산한 F값이 1보다 큰지 작은지에 따라 추론통계량을 바꾼다. 그림 6-2의 차트를 보자. 이 차트는 F-검정 도구에서 만든 차트는 아니다. F.DIST() 워크시트 함수를 써서 직접 차트를 만들었다.

차트상에 보이는 곡선은 표본의 각 20개의 관찰값으로 계산할 수 있는 모든 F-비를 나타낸다. 이때 두 표본은 동일한 분산을 가지는 모집단에서 뽑았다고 가정한다(F-분포의 형태는 비의 분모, 분자로 사용하는 관찰값의 개수에 따라 달라진다).

어떤 부분에서는 표본분산의 비가 너무 커져서 과연 기반하는 모집단이 같은 분산을 가지고 있는지 믿기 어려운 곳도 있다. 만약 이 모집단들의 분산이 같고, F-비가 1과 같지 않으면 샘플링 오류가 발생했다고 생각할 수 있다. F-비가 1.05나 1.1정도면 샘플링 오류까지는 아니다. 하지만 한 표본의 분산이 다른 표본의 분산보다 2배 정도 차이가 난다면, 아마 상당한 수준의 샘플링 오류가 발생한 것이거나 아니면 사실 모집단의 분산이 원래 달랐던 것일 수 있다.

'상당한 수준'이라는 것은 주관적인 개념이다. 내 생각에는 별거 아닌 것이 어떤 사람에게는 대단할 일일 수도 있다. 따라서 연구자들은 '있을 수 없는'과 '믿을 수 없는' 사이에 구분해주는 선을 그어야 한다(이런 구분선은 잘못된 결정을 내렸을 때 감수해야 할 비용 수준에 의해 정해지곤 한다). 이런 구분선을 확률의 측면에서 표현하는 것이 일반적이다. 그림 6-1의 F-검정 대화상자에서 유의 수준(알파)의 값으로 디폴트값인 .05를 정했다. 이것은 만약 5%의 확률로 발생하면 '믿을 수 없는' 사건으로 보겠다는 말이다. F-검정의 경우, 두 모집단의 분산이 동일할 때 이렇게 큰 비를 얻는 것은 '믿을 수 없는' 수준으로 잘 발생하지 않는 일이며 5% 정도로 발생한다는 의미이다.
이것이 그림 6-2에서 'F 기각치'(Critical F)라고 이름표가 붙어있는 수직선이 의미하는 바이다. 이것은 F-비의 가장 큰 상위 5%가 어디에서 시작하는지 알려준다. 여러분이 계산한 F-비가 F 기각치보다 크면 그 F-비는 상위 5%에 들어가게 된다. 여러분이 .05를 유의 수준으로 선택했기 때문에 F-비가 상위 5%에 들어감으로써 모집단들이 사실은 분산값이 다르다는 증거가 된다.
'F-비'라고 이름표가 붙어있는 두 번째 수직선은 A2:B21의 데이터에서 계산해낸 실제 F-비이다. 이 값은 분산의 비율이며 A24:B24에 VAR.S()로 계산한 분산값이 보일 것이다. 분산값은 F-검정 도구에서도 계산해서 보여주는데 E6:F6의 값과 동일하다. F-검정 도구에서 계산한 F-비는 셀 E9에 보이며 값은 2.6이다. 이 값을 차트상에 수직선으로 표시했다. 그림 6-2에서 F-비값은 2.6으로 기각값 2.17보다 1.0에서 더 멀리 떨어져 있다. 만약 여러분이 유의 수준을 .05로 정했으면, 결정 규칙에 따라 '표본을 뽑은 두 모집단의 분산은 같다'라는 가설을 기각하게 된다.

연구자가 엑셀에서 F-비를 만들 때 모르고 F-검정 도구상자에 입력할 때 변수 1로 '여성'을 넣으면 어떻게 될까? F-검정 도구는 여성의 분산 460.8을 분모에 놓고 남성의 분산 1198.8을 분자에 놓는다. 따라서 F-비는 1.0보다 작아지며 그림 6-3처럼 보인다. 여러분이 이 상황에 대해 충분히 알고 있다면 이때 나오는 F-비 0.38 또한 2.60만큼이나 비정상적인 수라는 것을 알아낼 것이다. 모집단의 분산이 같으면 한 표본의 분산을 다른 표본의 분산으로 나누었을 때 나올 수 있는 수는 원래 1.0에 가까워야 한다. 그림 6-2와 그림 6-3의 기각치를 보면 곡선의 상위 5%는 2.17이고 하위 5%는 0.46이다. 만약 분산이 큰 쪽을 변수 1에 넣어서 분자로 하건, 아니면 변수 2에 넣어서 분모로 하건 간에 어느 쪽이건 간에 모집단의 분산이 동일하다면 나올 수 없는 숫자이다. 따라서 5%를 기준으로 삼았으면 가정을 기각하게 된다.

### ● F분산 함수 이해하기

그림 6-2와 그림 6-3의 셀 G10:G11에는 F-분산에 적용되는 워크시트 함수를 포함하고 있다. F-검정 도구에서는 이 함수를 보여주지 않는다. G10:G11의 값은 F-검정 도구가 계산한 E10:E11의 값과 동일하다. 하지만 F-검정 도구는 어떤 식을 써서 계산했는지 알려주지 않고, 최종 결과로 나온 숫자만 보여준다. 따라서 '데이터 분석 추가 기능'의 F-검정 도구가 어떻게 계산했는지 과정을 알아내려면 도구가 사용하는 워크시트 함수를 이해해야 한다.

그림 6-2의 셀 G10에서 사용한 식은 다음과 같다.

    =F.DIST.RT(E9,E8,F8)

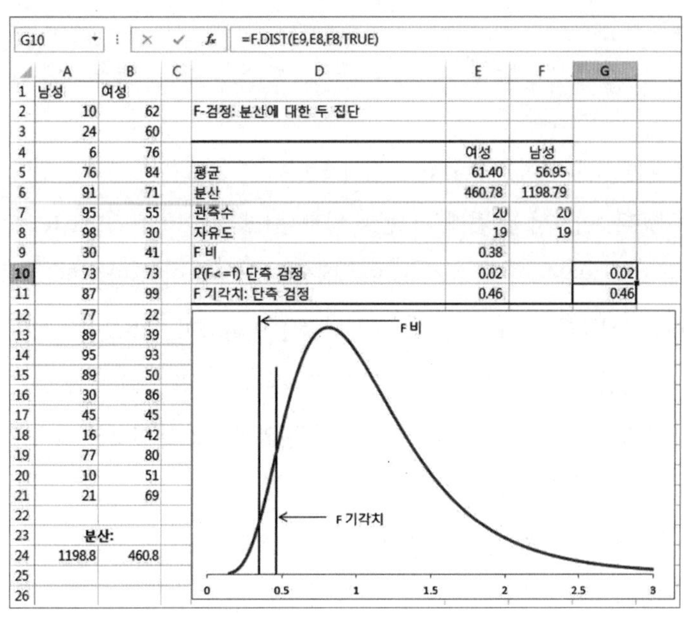


▶▶ **그림 6-3** F-비에서 더 작은 분산이 분자가 되면 결과는 여전히 의미가 있으나 뒤집혀 있는 결과가 나온다.

F.DIST.RT 함수는 곡선 아래 영역으로 해석되는 확률을 반환한다. 함수 이름 뒤에 붙는 RT는 곡선의 오른쪽 꼬리(right tail)의 영역을 말한다. F.DIST()를 쓰면 곡선의 왼쪽 꼬리의 영역을 반환한다. 함수의 첫 번째 인자 E9는 F-값을 말한다. F.DIST.RT()의 인자로 사용된 E9의 값은 곡선에서 그 해당 값의 오른쪽 면적을 반환해주도록 한다. 그림 6-2에서 E9의 값은 2.60이므로 엑셀은 0.02를 반환한다. 즉 F-값 2.60 오른쪽으로 곡선 아래의 면적은 2%에 해당된다는 뜻이다.

이전 장에서도 말했지만 F-분포의 모양은 관찰값의 개수에 따라 달라진다. 이 관찰값들은 F-비의 분모, 분자가 되는 분산을 계산하는데 사용한다. 좀 더 형식적으로 말하면 실제로는 관찰값의 개수가 아니라 자유도를 사용한다. F-검정에서 사용하는 자유도는 관찰값의 개수 - 1이다. F.DIST.RT() 함수의 두 번째, 세 번째 인자는 각각 분자, 분모의 자유도이다.

이 함수의 결과값으로부터 결론을 내보자면 남성과 여성의 모집단의 분산이 동일하다고 가정할 때 계산된 F-비는 2.60이며 이런 표본은 모집단의 표본 중 약 2%의 확률로 발생할 수 있다. 이 경우 운 나쁘게 F-비가 잘못 나왔다고 생각하는 것보다는 모집단의 분산이 동일하다는 가정이 틀렸다고 결론을 내는 것이 더 합리적이다. 그림 6-2의 셀 G11의 식은 다음과 같다.

    =F.INV(0.95,E8,F8)

F.DIST()나 F.DIST.RT()처럼 곡선 아래 면적을 반환하는 것이 아니라, F.INV()는 면적을 인자로 받아서 해당하는 F-값을 구해준다. 여기서 두 번째, 세 번째 인자는 E8, F8이며 F.DIST.RT() 함수와 동일하고, 각각 분자와 분모의 자유도이다. 인자 0.95는 엑셀에서 곡선 아래 면적 95%에 해당하는 곳의 F-값을 구하라고 알려준다. 함수는 셀 G11에 2.17을 반환하며 자유도 19,19인 F-분포에서 F-값 2.17 왼쪽으로 곡선 아래 면적이 95%가 된다. F-검정 도구도 셀 E11에 동일한 값을 보여준다. 함수 이름의 INV는 역(inverse)을 의미한다. 값은 일반적으로 면적의 역으로 다룬다.

그림 6-2의 함수와 그림 6-3의 함수를 비교해보자. 셀 G10의 식은 다음과 같다.

    =F.DIST(E9,E8,F8,TRUE)

여기에서는 F.DIST.RT() 대신 F.DIST()를 사용했다. F.DIST() 함수는 F-값의 왼쪽으로 곡선 아래 면적을 반환한다(F-값은 셀 E9의 0.38이다. 여성의 분산을 남성의 분산으로 나눈 값이다).



> F.DIST() 함수는 F.DIST.RT()와는 달리 네 번째 인자가 있다. 그림의 예처럼 F.DIST()의 네 번째
> 인자로 TRUE를 주면 이것은 F-값의 왼쪽으로 곡선 아래 면적을 구하라는 의미이다. 만약 여기에
> FALSE를 주면 엑셀은 F-값에 해당하는 곳의 곡선의 높이를 구한다. F-분포 차트를 그리려면 이렇게
> 높이를 구하는 기능이 꼭 있어야 한다. 정규분포, t-분포, 카이제곱 분포를 그릴 때도 마찬가지이다.

그림 6-2와 그림 6-3의 차트를 비교해보면 0.38(여성의 분산/남성의 분산)이던 2.60(남성의 분산/여성의 분산)이던 그 값이 나오는 일은 흔한 일이 아니다. 하지만 두 값이 다른 것 때문에 혼란이 올 수 있다. 그림 6-2에서 F-검정 도구는 1.0보다 큰 F-비에 대해 계산하게 되었으므로 여기에서는 F-비 값이 1.0보다 얼마나 더 큰지 이 값이 분포의 상위 5%, 즉 2.17보다 큰지에 대해 고려하게 된다(만약 유의 수준(알파값)으로 .05 대신 다른 값을 선택했으면 그 값을 고려하자).

그림 6-3에서 F-검정 도구는 1.0보다 작은 F-비에 대해 계산하게 되었으므로 여기에서는 F-비 값이 1.0보다 얼마나 더 작은지 이 값이 분포의 하위 5%, 즉 0.46보다 작은지에 대해 고려하게 된다(만약 유의 수준(알파값)으로 .05 대신 다른 값을 선택했으면 그 값을 고려하자). 만약 모집단들의 분산이 동일했다면 표본의 5%에서만 이런 결과가 나올 수 있다.

그림 6-3의 셀 G11 값 0.46은 기각치이며 다음 식으로 구할 수 있다.

    =F.INV(0.05,E8,F8)

그림 6-2의 셀 G11의 식은 다음과 같다.

    =F.INV(0.95,E8,F8)

두 번째 함수는 곡선 아래 면적의 하위 95%를 가르는 기준점 F-값을 구한다. 따라서 이보다 더 큰 값은 상위 5%에 들어가게 되며 발생할 확률이 더 작다.

첫 번째 함수는 곡선 아래 면적의 하위 5%를 가르는 기준점 F-값을 구한다. 이 값은 작은 값을 분

모로 놓고 F-비를 구했을 때 사용할 기각치가 된다.

=F.INV(0.95,E8,F8)대신 F.INV.RT() 함수를 써도 되는데 순전히 개인적인 취향의 문제이므로 어느 쪽을 써도 상관없다. F.INV.RT() 함수는 오른쪽 꼬리 부분을 잘라내는 F-값을 구하고 F.INV() 함수는 왼쪽 꼬리 부분을 자르는 함수이다. 따라서 이 두 함수는 동등하다.

    =F.INV(0.95,E8,F8)

는 다음 함수와 동일하다.

    =F.INV.RT(0.05,E8,F8)



다시 한 번 말하지만 F-검정 도구에서는 차트를 그려주지 않는다. 차트를 보면 이해가 더 쉽고, 어떤 일이 일어나고 있는지 이해할 수 있지만 여러분이 직접 차트를 만들어야 하는 문제가 있다.

## – 비방향가설(Nondirectional Hypothesis) 만들기

지금까지 상호 배타적인 가설 하에 F-검정 도구의 결과를 해석해 보았다. 가설은 다음과 같다.

- 편차를 측정했을 때 두 모집단 사이에 차이가 없다.
- 남성 모집단의 분산이 여성 모집단의 분산보다 크다.

두 번째 가설을 방향가설(directional hypothesis)이라고 하는데, 이 가설은 두 분산 중 어느 쪽이 더 큰지 알려주기 때문이다. 그냥 한쪽 꼬리 가설(one-tailed hypothesis)이라고도 하는데, 여러분은 분산의 한쪽 꼬리에만 집중하기 때문이다. 하지만 많은 비방향가설(nondirectional hypothesis)이 F분산의 한 꼬리만을 언급하기 때문에 한쪽 꼬리 가설이라고 부르는 것은 오해의 소지가 있다. 만약 어떤 분산이 더 크다는 말을 해주고 싶지 않으면 어떻게 할까? 그럼 상호 배타적인 가설은 다음과 같이 된다.

- 편차를 측정했을 때 두 모집단 사이에 차이가 없다.
- 두 모집단 사이의 편차에 차이가 있다.

두 번째 가설은 어느 모집단의 분산이 더 큰지 알려주지 않고, 그냥 두 모집단 분산이 같지 않다고 알려준다. 이것을 비방향가설(nondirectional hypothesis)이라고 한다. F-검정을 해석할 때 많은 의미를 내포한다 (8장, 9장 t-검정에서도 보게 될 것이다).

● **시각적으로 보기**

그림 6-4에서는 비방향적인 상황을 보여주고 있다. 이것은 그림 6-2, 그림 6-3의 방향적인 상황과는 다르다.

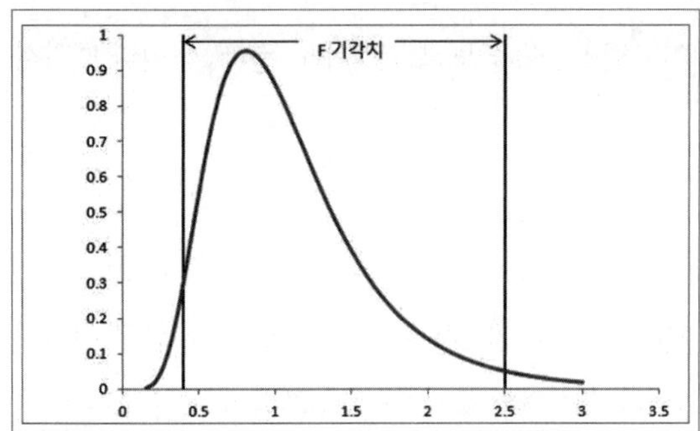


▶▶ **그림 6-4** 비방향적인 상황에서는 유의 수준 구간 (알파 구간)이 두 꼬리 부분으로 나뉜다.

그림 6-4와 같은 경우에서 여러분은 어느 모집단의 분산이 큰지 정하지 않았다. 따라서 만약 있을 수 없는 일이 일어나서 귀무가설을 기각할 확률을 5%라고 한다면 이 값은 분산의 양쪽 꼬리 부분으로 나눠야 한다. 즉 왼쪽 꼬리 부분에 2.5%, 오른쪽 꼬리 부분에 2.5%로 나눈다(물론 귀무가설을 기각하기 위한 유의 수준으로 5%가 아니라 1%로 정해도 된다. '도저히 발생할 수 없는'일에 대한 수준은 여러분의 판단과 경험에 달려있다. 중요한 점은 이렇게 비방향적인 상황에서는 정한 유의 수준을 양쪽 꼬리로 나눠야 한다. 보통 50-50으로 나누지만 반드시 그래야 하는 것은 아니다).

비방향 대립가설을 채택한 결과 중 하나는 방향가설 때의 위치보다 기각치가 좀 더 꼬리 쪽으로 이동한다는 점이다. 그림 6-4에서 비방향가설은 상위 기각치를 2.5까지 이동시킨다. 반면 그림

6-2의 방향가설에서는 기각치가 2.17이었다(여기서 숫자 2.5를 보고 혹시 이것이 2.5%를 의미하는 게 아니냐고 착각할 수 있다. 그냥 우연의 일치일 뿐 관련이 없다). 그림 6-4에서 기각치가 움직이는 이유는 분산에서 기각치가 상위 2.5%와 하위 2.5%를 나누기 때문이다. 반면 그림 6-2와 그림 6-3에서는 하위 5%나 상위 5%만을 나눈다. 따라서 그림 6-4에서 기각치는 중앙에서 더 멀어지게 된다.

### ● 비방향가설에 대해 F-검정 도구 수행하기

비방향가설을 쓰면 유의 수준을 절반으로 나눠야 한다. F-검정 도구 대화상자에서 유의 수준을 바꿔야 한다. 전체 유의 수준이 5%이면 도구에는 0.025를 입력한다. 유의 수준은 F-검정 도구에서 반환하는 F 기각치(critical F value)에만 영향을 준다. F-검정 도구에서 반환하는 F-값에 대해서는 P-값을 보면 된다(그림 6-3의 셀 E10의 값). P-값이 가정을 기각할 만큼 작은 값인지, 즉 이렇게 작은 값이 나온 이유는 샘플링 오류 때문인지 결정하면 된다. 이 결정을 할 때 확률의 측면에서 봐도 되고(유의 수준과 P값으로만 결정), 아니면 F-값을 보고 결정해도 된다(F-비와 F 기각치를 비교해서 결정).

### ● 피해야 할 함정

비방향가설을 세웠으면 어떤 변수를 변수 1로 해서 분모로 할 것인지 결정하기 전에 절대 데이터를 보면 안된다. 데이터를 보기 전에 결정을 이미 내려서 어떤 특정 그룹의 분산이 크기 때문에 변수 1로 정하는 일은 없어야 한다. 즉 "내가 보니까 남성 모집단의 분산이 더 크므로, 이 데이터를 변수 1로 하자"와 같이 하면 안되고 "F-비를 구하기 위해 분모에 아무거나 더 큰 분산을 놓고 이것을 변수 1로 하자"여야 한다.

물론 동전을 던져서 두 데이터 중 어느 하나를 변수 1로 정해도 된다.

항상 큰 분산을 F-비의 분모로 하겠다고 결정하면 F-비는 항상 1.0이상이 될 것이다. 꼬리의 낮은 쪽 대신 항상 높은 쪽만을 보게 된다. 따라서 만약 검정이 비방향성이면 대화상자에 유의 수준을 입력할 때 유의 수준의 절반만을 확실히 입력해야 한다. F-검정 도구 대화상자로 작업하면서 비방향성 대립가설을 세울 때 반드시 유의 수준의 절반만을 입력해야 한다고 다시 강조한다.

### - 가능한 선택들

요약하자면 데이터 분석 추가 기능의 F-검정 도구에서 숫자를 입력하는 방법은 여러분이 방향가설을 세웠는지 비방향가설을 세웠는지에 따라 달라진다. 이 장의 나머지 부분에서는 유의 수준(즉 관찰 결과가 우연히 발생한 확률 0.05)이 주어졌을 때 각 대립가설에 대해 다룬다.

### ● 방향가설(Directional Hypotheses)

여러분의 의견을 뒷받침할 방향가설을 세우자. 여러분 생각에 남성의 분산이 여성의 분산보다 크다면 대립가설은 방향가설 '남성의 분산이 더 크다'가 된다. F-검정 도구 대화상자에 남성의 분산을 F-비의 분모로 선택하도록 하자(남성의 데이터를 변수 1로 하자). 그리고 유의 수준을 0.05로 설정하자. 그리고 F-비가 F 기각치보다 크면 대립가설이 맞다고 결론을 내린다.

남성의 표본분산이 여성의 분산보다 아주 많이 작다고 해서 귀무가설을 기각하면 안된다. 일단 한 방향을 가리키는 방향 가설을 세우고 나면 계속 그 방향으로 가야 한다. 결과를 이미 안 다음에 방가설을 세우면 이것은 그냥 기회를 이용하는 것뿐이다.

### ● 비방향가설(Nondirectional Hypotheses)

'모집단이 서로 다른 분산을 가지고 있지만 어느 쪽이 큰지는 모른다'라는 비방향가설을 세운다. 편의를 위해 분산값이 더 큰 그룹을 변수 1로 한다. 그리고 대화상자에 유의 수준을 입력할 때는 절반 값만 입력한 다음 F-검정 도구를 수행한다. 결과로 나온 P-값이 유의 수준의 절반보다 작으면 대립가설 '모집단의 분산이  서로 다르다'를 채택한다.

F-검정 도구의 결과 중 'P(F〈=f) 단측 검정'은 무시하자. 이 용어 자체가 오해의 소지가 있는데 우선 기호를 정의하지 않았고, F-비가 기각치 F보다 크던 작던 간에 이 'P(F〈=f) 단측 검정'은 바뀌지 않는다. 게다가 한 값이 다른 값과 같거나 작은 확률은 1.0이거나 0.0이다. 즉 그럴 수도 있고 아닐 수도 있다는 말이다. F와 f는 서로 다른 수이며 "2.60이 2.17보다 클 확률은 .02이다"라는 말은 아무 의미가 없다.

이와는 반대로 F-검정 도구를 수행한 결과에서 'P(F〈=f) 단측 검정'이 붙는 숫자값은 의미가 있다. 이 값은 표본을 뽑은 모집단들이 같은 분산을 가진다고 가정할 때 F-비를 구할 확률이다.

## ✚ 최종 요점

이 장에서 통계 분석이 여러분을 어디로 잘못 이끌 수 있는지 그리고 이런 오류에서 여러분 자신을 어떻게 보호할 수 있는지 방법을 알려주고자 했다. 이 장의 앞부분에서는 실험 결과의 가능한 원인을 고려하고 제어하기 위해 가능한 과학적인 방법을 사용하도록 권하고 있다. 실험을 설계하는 전체적인 측면에서 통계 분석과 관리는 상대적으로 덜 중요하다. 물론 여러분이 이끌어낸 결론에서 우연의 효과를 관리하는 것은 중요한 일이다. 하지만 우연은 비교 실험의 타당성을 위협하는 여러 요소 중 하나일 뿐이다.

그리고 통계 분석을 대신 시킬 수 있는 도구를 관리하기 위해 여러 가지 세부사항을 알아야 한다. 이 장의 나머지 절반 부분에서는 어떤 통계 분석을 염두에 두고 있건 또는 어떤 통계 소프트웨어를 사용할 예정이건 간에 여러분이 기억해두어야 하는 여러 가지 위험요소를 고려할 것을 알려주고 있다. 만약 여러분이 소프트웨어 회사에서 제공하는 도움말 문서만 읽고 있으면 그 도움말이 거의 쓸모 없을 수도 있다는 것을 염두에 두어야 한다. 여기에서 언급하지 않은 함정들도 많이 있다. 이러한 함정에 대비하기 위해서는 통계 이론에 대해 기초가 튼튼해야 하고, 그리고 여러분이 다루는 소프트웨어의 특징을 잘 알고 있어야 한다.

다음 장에서는 엑셀이 정규분포를 다루는데 어떤 특징들이 있는지 알아보자.

# 07

# 정규분포로
# 엑셀 사용하기

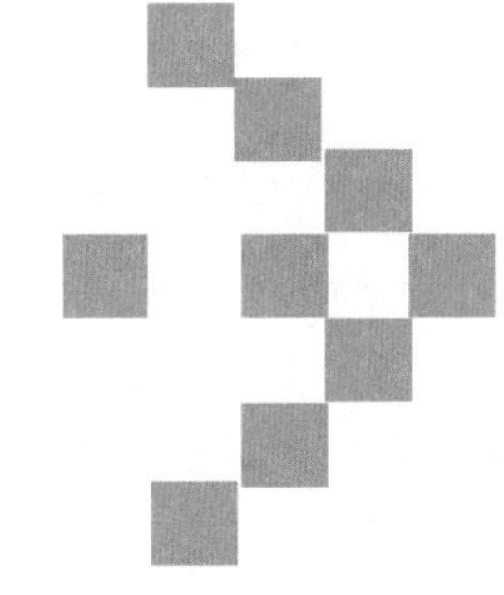

## 1. 정규분포(Normal Distribution)에 대해

아마 여러분이 인생을 살면서 정규분포(normal distribution) 혹은 벨커브(bell curve, 종모양 곡선)를 피할 수는 없을 것이다. 여러분이 초등학교나 고등학교에 다닐 때 성적이 곡선의 어느 곳에 위치하는지 기반이 되는 분포이다. 여러분의 가족, 이웃 그리고 한 나라의 모든 국민의 키와 몸무게 또한 모두 정규곡선을 따른다. 동전을 10번 던져서 앞면이 몇 번 나올지도 정규곡선을 따른다. 1990년대 출판되어 많은 논란을 일으킨 책의 제목이기도 하다.

정규분포는 통계학과 확률 이론에서 매우 특별한 위치를 가지고 있으며, 엑셀 또한 정규분포에 관련된 워크시트 함수를 다른 분포들(t-분포, 이항분포, 포아송분포)에 비해 많이 가지고 있다. 엑셀에서 이렇게 정규분포 관련 기능을 많이 제공하는 이유는 많은 연구에서 관심을 두는 변수들이 정규분포를 따르기 때문이다.

## ✚ 정규분포의 특징

정규분포는 한 개가 아니고 무한대로 있다. 하지만 사실상 하나도 만나기 어렵다. 이는 모순되는 말로 들린다. 정규곡선(정규분포, 벨커브, 가우스 곡선(Gaussian curve) 등 여러분이 부르고 싶은 대로 불러도 된다)은 모든 숫자에 대해 가능한데 모든 정규곡선은 평균과 표준편차로 어떤 값이던 가질 수 있기 때문이다. 어떤 정규곡선은 평균이 100이고 표준편차가 16이며, 어떤 정규곡선은 평균이 54.3이고 표준편차가 10이다. 여러분이 측정하는 변수에 따라 다양하게 달라진다.

정규분포를 하나도 만나기 어려운 이유는 자연계 자체가 혼돈이기 때문이다. 변수의 숫자가 굉장히 많으면 그 분포는 정규분포에 거의 유사한 모양이 된다. 하지만 정규분포는 식의 결과물이므로 정확한 모양의 차트로 그릴 수 있다. 만약 사람들의 키를 일일이 차트상에 찍어서 정규곡선을 흉내 내보려고 하면, 한 30명쯤의 키를 일일이 찍어보면 정규곡선을 닮은 비슷한 모양이 나올 것이다. 표본이 한 수백 개쯤 되면 도수분포는 점차 정규분포와 비슷해진다. 물론 비슷할 뿐 아주 정확한 것은 아니다. 표본이 한 수천 개쯤 되면 도수분포는 눈으로 봤을 때 정규분포와 거의 구별하지 못할 만큼 비슷해질 것이다. 하지만 이 장에서 다루는 왜도(skewness)나 첨도(kurtosis)를 적용해보면, 이렇게 일일이 찍어서 만든 곡선은 완전히 정규분포가 아니라는 것을 알게 될 것이다. 샘플링 오류가 발생했을 수도 있고, 여러분의 측정이 완전히 정확하지 않았을 수도 있다.

### ‒ 왜도(Skewness)

정규분포는 왼쪽이던 오른쪽이던 치우쳐져 있지 않고 완전한 대칭이다. 기운 분포는 도수가 한쪽 꼬리에 몰려있고 다른 쪽 꼬리로는 쭉 떨어지며 늘어난다.

#### ● 왜도와 표준편차

기운 분포의 비대칭성을 설명하려면 표준편차가 필요한데 정규분포나 t‒분포 같은 대칭분포에서 사용되는 의미와 달라진다(t‒분포에 대해서는 8장 "평균 사이에서 검증하기", 9장 "평균 간의 차이를 테스트하기"를 참고). 정규분포 같은 대칭분포에서는 평균과 평균 ‒ 표준편차 사이의 곡선 아래 면적이 34%이다. 곡선이 대칭이므로 평균, 평균 + 표준편차 사이에도 면적이 동일하다.

하지만 기운 분포에서는 곡선이 비대칭이므로 대칭분포에서 서로 동일한 양으로 나오는 면적이 동일하지 않게 된다. 예를 들어 오른쪽으로 기운 분포에서는 평균 − 표준편차, 평균 사이에 면적의 44%, 평균, 평균 + 표준편차 사이에 24%가 될 수 있다. 이 경우 평균 − 표준편차, 평균 + 표준편차 사이의 면적은 대칭분포와 마찬가지로 68%이지만 평균보다 아래에 더 많은 분량이 몰려 있다.

### ● 기운 분포(Skewed Distributions) 보여주기

그림 7-1에서 왜도(skewness)의 정도를 다르게 해서 여러 분포를 보여주고 있다. 그림 7-1의 정규분포(Normal)는 완전히 이상적인 정규곡선은 아니지만 유사한 모양이다(이것은 엑셀의 '데이터 분석' 추가 기능을 사용해서 임의의 표본 5,000개를 만들어 도수분포를 만들었다). 엑셀의 SKEW() 함수로 계산한 왜도는 −0.02이다. 이 값은 0에 가까운데, 완벽한 정규곡선의 왜도는 정확히 0이다.

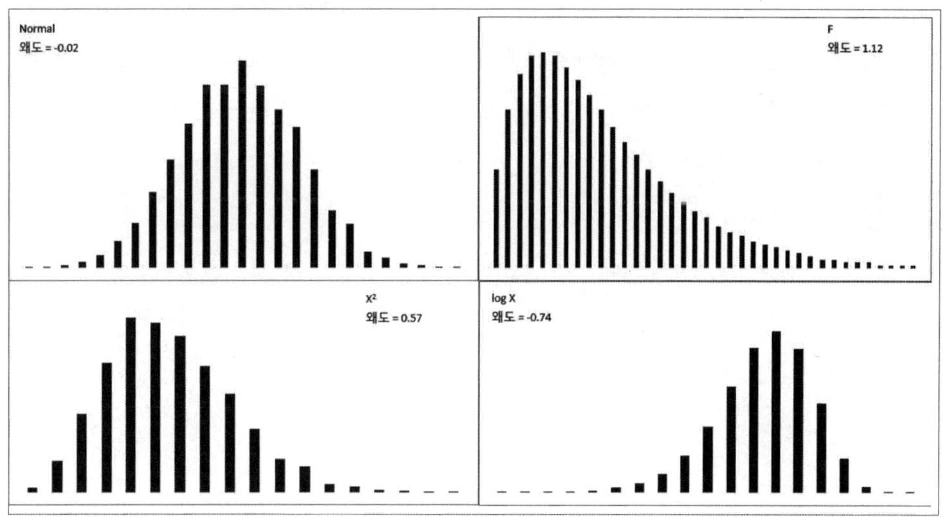


▶▶ **그림 7-1** 곡선은 그 꼬리가 떨어지는 방향으로 기울었다(skewed)고 한다. 그림에서 logX 곡선은 "왼쪽으로 기울었다" 혹은 "음의 방향으로 기울었다"고 한다.

그림 7-1의 $X^2$와 logX 곡선 모두 정규분포에 사용한 동일한 X값을 사용하고 있다. $X^2$ 곡선은 오

른쪽으로 기울었으며 양의 방향으로 기울었고 값은 0.57이다. logX 곡선은 왼쪽으로 기울었으며 음의 방향으로 기울었고 값은 −0.74이다. 왜도가 음수면 분포의 모양에서 꼬리가 왼쪽으로 떨어지고, 왜도가 양수면 분포의 모양에서 꼬리가 오른쪽으로 떨어진다.

그림 7−1의 F 곡선은 F−비 4, 자유도 100인 F−분포 곡선이다(10장 "평균 간의 차이 검증하기 : 분산 분석"에서부터 F−분포에 대해 더 자세하게 다룬다. F−분포는 두 개 분산의 비, 그리고 분모와 분자는 각각 자유도가 있는데 이 값으로 구한다). F−분포는 항상 오른쪽으로 기운다. 다음 부분에서 곡선의 첨도(kurtosis)에 대해 다룰 때 나올 t−분포와 비교하기 위해 F−분포도 여기에서 보여줬다.


### ● 왜도를 나타내기

왜도를 계산하는 데는 여러 가지 방법이 있다. 여러 가지 방법으로 계산한 숫자들은 서로 매우 비슷하기는 한데 완전히 똑같이 나오지는 않는다. 하지만 어떤 방법으로 측정하자고 합의가 이루어진 건 아니다. 여러분도 왜도를 측정하는 어떤 표준적인 방법이 있는 것은 아니라는 것을 알아두었으면 한다. 더 많은 연구 리포트에서 예전에 시험적으로 사용한 왜도 측정방법을 채택해서 연구 결과가 필요한 사람들이 데이터의 성격을 더 잘 이해할 수 있도록 돕고 있다. 그냥 논문에 차트를 그려놓고 읽는 사람이 데이터가 정상적인 분포에서 얼마나 멀리 떨어져있는지 알아서 판단하라고 하는 것보다는 이렇게 왜도를 측정하는 방법을 여러 가지로 알려주는 편이 더 좋다고 생각한다. 이렇게 얼마나 데이터가 얼마나 이탈해있는지 정도는 상관계수의 의미에서부터 추론 검정이 의미가 있는지 알아보는 데까지 여러 분야에서 사용할 수 있다.

예를 들어 Karl Pearson(Pearson 상관계수의 그 Pearson)이 주장한 왜도를 측정하는 방법은 다음과 같다.


왜도 = (평균 − 최빈값) / 표준편차


하지만 분포에서 z−점수를 세제곱해서 더한 값을 더 많이 쓴다. 왜도를 구하는 식은 다음과 같다.


$$\sum_{i=1}^{N} z^3 / N$$


위 식은 단순히 세제곱한 z−점수를 평균한 것이다. 엑셀의 SKEW() 함수에서는 위 식을 좀 바꿔서 계산하고 있다.

$$N\sum_{i=1}^{N} z^3 / (N - 1)(N - 2)$$

엑셀에서 반환하는 값은 z-점수를 세제곱해서 평균한 값보다 항상 크다. 만약 분포 안 값의 개수 (N)가 크면 위의 두 식의 결과는 비슷해진다. 하지만 표본의 개수가 5개 정도밖에 안되면, 엑셀의 SKEW() 함수 값은 z-점수 평균보다 2배 정도 커지게 된다. 그림 7-2에서 보면 A열의 값을 E열에 두 번 복사해서 붙여 넣었다. SKEW()에서 계산한 값은 인자로 준 값의 개수에 따라 다르다.

| | A | B | C | D | E | F | G |
|---|---|---|---|---|---|---|---|
| 1 | 값 | z-점수 | 세제곱한 z-점수 | | 값 | z-점수 | 세제곱한 z-점수 |
| 2 | 2 | -0.682288239 | -0.31762 | | 2 | -0.682288239 | -0.31762 |
| 3 | 2 | -0.682288239 | -0.31762 | | 2 | -0.682288239 | -0.31762 |
| 4 | 3 | -0.303239217 | -0.02788 | | 3 | -0.303239217 | -0.02788 |
| 5 | 3 | -0.303239217 | -0.02788 | | 3 | -0.303239217 | -0.02788 |
| 6 | 9 | 1.971054913 | 7.657662 | | 9 | 1.971054913 | 7.657662 |
| 7 | | | | | 2 | -0.682288239 | -0.31762 |
| 8 | | 세제곱한 z-점수의 평균: | 1.393332 | | 2 | -0.682288239 | -0.31762 |
| 9 | | =SKEW(A2:A6) | 2.077057 | | 3 | -0.303239217 | -0.02788 |
| 10 | | | | | 3 | -0.303239217 | -0.02788 |
| 11 | | | | | 9 | 1.971054913 | 7.657662 |
| 12 | | | | | 2 | -0.682288239 | -0.31762 |
| 13 | | | | | 2 | -0.682288239 | -0.31762 |
| 14 | | | | | 3 | -0.303239217 | -0.02788 |
| 15 | | | | | 3 | -0.303239217 | -0.02788 |
| 16 | | | | | 9 | 1.971054913 | 7.657662 |
| 17 | | | | | | | |
| 18 | | | | | | 세제곱한 z-점수의 평균: | 1.393332 |
| 19 | | | | | | =SKEW(E2:E16) | 1.553177 |

▶▶ 그림 7-2 분포에서 세제곱한 z-점수의 평균은 값의 개수에 의해 영향을 받지 않는다.

### – 첨도(Kurtosis)

분포의 모양이 대칭이라고 하더라도 원래의 정규곡선보다 더 뾰족하거나 아니면 더 뭉툭해서 원래의 정규 패턴과 동떨어져 있을 수 있다. 이러한 성질은 곡선의 '첨도(Kurtosis)'라고 한다.

### ● 첨도의 종류

첨도의 특징을 나타내는 형용사들은 통계책마다 다르다.

- platykurtic– 정규분포보다 평평하고 넓은 형태의 곡선이다(platykurtic이라는 이름은 곡선 아래 부분이 넓어서 붙인 이름이다).

- mesokurtic- '중첨'이라고도 하며 평균 부분에 값들이 몰려있는 형태이다. 정규곡선이 mesokurtic의 형태이다.
- leptokurtic- '급첨'이라고도 하며 정규분포보다 평균치를 중심으로 하여 보다 집중해 있는 형태이다. 가운데 부분은 좀 더 뾰족한 모양을 하고 꼬리 부분은 좀 더 두꺼운 모양을 하게 된다.

t−분포(8장을 참고)의 모양이 leptokurtic(급첨)이지만 표본 안의 관찰값 개수가 많아지면 t−분포의 모양이 정규분포와 비슷해지게 된다. t−분포의 꼬리 부분이 두껍기 때문에 상대적으로 작은 개수의 표본에서 t−분포를 사용하여 평균을 검정하려면 좀 더 특별한 비교 방법이 필요하다. 8장과 9장에서 이러한 주제에 대해 저 자세하게 다루게 된다. leptokurtic한 모양의 t−분포는 회귀분포에서도 사용한다(14장 "다중회귀분석과 효과 코딩 : 기본"을 참고).
그림 7−3에서는 정규곡선을 보여주는데 첨도는 −0.03 정도로 매우 작다. 급첨(leptokurtic) 모양의 곡선에서 첨도는 −0.80이다.

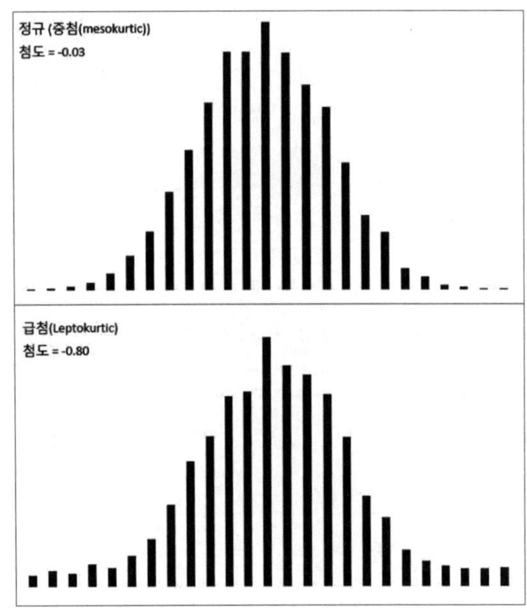


▶▶ **그림 7-3** 정규분포에서 중앙에 주로 모이는 관찰값들은 급첨(leptokurtic) 모양의 곡선에서는 꼬리 쪽으로 이동한다.

급첨(leptokurtic) 모양의 곡선에서 꼬리 쪽 영역이 두꺼울수록 가운데 부분의 면적은 작아질 수밖에 없다. t-분포는 이러한 형태의 패턴을 따르며 모집단의 표준편차를 모르고 표본의 크기가 작은 경우의 평균값 같은 통계량을 검증한다. 분포의 꼬리 부분의 면적이 더 크기 때문에 귀무가설을 기각하기 위한 기각치 값이 정규분포의 경우보다 더 크다. 이러한 분포 모양 때문에 신뢰구간 (confidence interval)을 만들 때도 영향이 있다(다음 장에서 다룬다).

### ● 첨도를 나타내기

왜도를 측정하는 이유나 첨도를 측정하는 이유는 같다. 차트상에서 보는 것보다 숫자로 표시하는 것이 더 정확하기 때문이다. 그리고 분포가 정규분포의 모양에서 얼마나 동떨어져 있는지 알면 연구자들이 이것을 보고 다른 연구결과와 결부시킬 수 있기 때문이다. 엑셀에는 숫자집합을 주면 KURT() 함수로 첨도를 계산할 수 있다. 왜도를 계산하는 합의된 방법이 없는 것처럼 첨도도 합의된 계산식이 없다. 하지만 z-점수를 네제곱하는 식을 이용해서 계산하는 식을 주로 쓴다. 다음은 어느 통계 책에 실린 첨도 계산식이다.

$$\left( \sum_{i=1}^{N} z^4/N \right) - 3$$

이 정의에서 N은 분포 안의 값의 개수이고, z는 z-점수를 말한다. 즉 각각의 값에서 평균을 뺀 다음 표준편차로 나눈다. 정규분포의 경우에서라면 0이 나오도록 하기 위해 식에서 숫자 3을 뺀다. 첨도가 양수이면 급첨(leptokurtic)이고 숫자가 음수이면 platykurtic한 곡선이 된다. z-점수를 네제곱했기 때문에 합은 음수가 될 수 없다. 하지만 여기에서 3을 빼기 때문에 platykurtic한 곡선이면 첨도가 음수가 된다. 첨도를 계산하는 식에 따라 3을 빼지 않는 것도 있다. 이런 식에서는 정규분포의 첨도를 3으로 계산한다.

엑셀의 KURT() 함수는 기본적으로 위의 식의 개념을 따르지만 모집단을 측정하는 표본의 편향을 조정하기 위해 식을 다음처럼 수정했다.

$$첨도 = \frac{N(N + 1)}{(N - 1)(N - 2)(N - 3)} \sum_{1}^{N} z^4 - \frac{3(N - 1)^2}{(N - 2)(N - 3)}$$

### ✚ 단위정규분포(Unit Normal Distribution)

정규분포 중 특별한 정규분포가 있는데 이것을 단위정규(unit normal) 혹은 표준정규(standard normal) 분포라고 한다. 분포의 모양은 다른 정규분포와 동일하지만, 평균이 0이고 표준편차가 1이다. 이러한 위치(평균 0)와 범위(표준편차 1)때문에 이 분포는 표준이 되었고 사용하기 편리하다.

이 두 가지 특징 때문에 어떤 값에서도 누적 영역을 바로 알 수 있다. 단위정규분포에서 1은 평균 0에서 1 표준편차만큼 오른쪽으로 이동해 있는 위치이며 1 왼쪽으로 곡선 아래 누적 영역은 84%이다. −2는 평균 0의 왼쪽으로 2 표준편차만큼 떨어져있으며 이 값의 왼쪽으로는 2.275%만이 누적 영역이 된다.

여러분이 작업하고 있는 분포의 평균이 7.63센티미터이고 표준편차가 .124센티미터라고 하자. 대부분 이런 경우는 크기가 동일해야 하는 기계 부속의 반경에 대한 분포이다. 만약 어떤 사람이 당신에게 기계 부속중의 하나가 반경이 7.816이라고 이야기하면, 잠깐 멈춰서 계산을 좀 해봐야 이 값이 평균에서 1.5표준편차만큼 떨어져 있는 값임을 알 수 있다. 하지만 단위정규분포를 이용하면, $z$−점수가 1.5라는 말만 듣고 그 부속이 분포에서 어디에 위치하는지 바로 알 수 있다. 따라서 단위정규분포를 가지고 값의 의미를 매우 쉽고 빠르게 해석할 수 있다. 엑셀에는 정규분포에 사용할 워크시트 함수들이 많이 있고 사용하기도 쉽다. 뿐만 아니라 단위정규분포에 사용하는 함수도 많이 있고, 이것은 더 사용하기 쉽다. 단위정규분포의 평균과 표준편차는 이미 알려져 있으므로 인자로 값을 넘겨줄 필요도 없다. 다음 장에서는 엑셀 2013과 그 이전 버전에서 사용한 함수들에 대해 알아보자.

## 2. 정규분포를 위한 엑셀 함수들

엑셀에서는 정규분포에 관련된 함수들에 특정 이름을 붙여서 이 함수가 보통의 정규분포를 다루고 있는지 아니면 단위정규분포를 다루고 있는지 구분하고 있다.

엑셀에서는 단위정규분포를 '표준(standard)' 분포라고 부르며 함수의 이름에서 S는 단위정규분포를 의미한다. NORM.DIST() 함수는 그냥 정규분포를 다루는 함수이며 NORMSDIST()가 호환성 함수이다. NORM.S.DIST() 함수는 일관성 함수이며 단위정규분포를 다룬다.

## ✚ NORM.DIST() 함수

20세 이상 성인의 고밀도 리포 단백질(high-density lipoprotein, HDL)의 분포에 대해 관심 있다고 가정해보자. 이 변수의 단위는 혈액 1데시리터 당 밀리그램(mg/dl)이다. HDL 수준이 정규분포되어 있다고 가정하면 정규곡선에 대한 지식을 적용해서 모집단의 HDL 분포에 대해 많은 것을 알아낼 수 있다. 이때 엑셀의 NORM.DIST() 함수를 이용할 수 있다.

### – NORM.DIST() 문법

NORM.DIST() 함수의 인자는 다음과 같다.

- x – 이 값은 분포에서 여러분이 평가하고자 하는 값이다. 만약 여러분이 HDL 수준을 평가하고 있을 때 특정한 한 값에 대해 관심이 있을 수 있다. 이때 이 값을 60이라고 해보자. 이 특정한 값을 NORM.DIST() 함수의 첫 번째 인자로 넘겨줘야 한다.
- 평균 – 두 번째 인자는 여러분이 평가하고 있는 분포의 평균이다. 여기서 20세 이상 성인의 평균 HDL은 54.3이라고 가정하자.
- 표준편차 – 세 번째 인자는 여러분이 평가하고 있는 분포의 표준편차이다. 여기서 HDL의 표준편차는 15라고 가정하자.
- 누적– 네 번째 인자는 누적 여부인데 이 값을 TRUE로 하면 0부터 첫 번째 인자로 지성한 x(이 예에서는 60이라고 하자)까지의 누적 확률을 구하게 된다. 이 값을 FALSE로 하면 지정한 값에서의 확률값만을 구한다.

### – 누적 확률 구하기

다음 식

=NORM.DIST(60, 54.3, 15, TRUE)

은 .648 즉 64.8%를 반환한다. 즉 HDL 분포에서 0mg/dl과 60mg/dl 사이의 면적은 전체의 64.8%이다. 그림 7-4에서 결과를 보여준다.

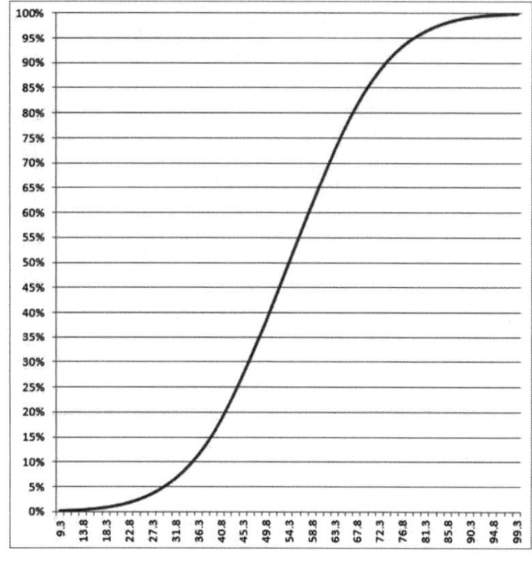



▶▶ **그림 7-4** 수직선의 눈금선 개수를 조정해서 주 단위를
더 많이 보여주거나 덜 보여줄 수 있다.

누적 확률을 보여주는 차트상에서 선위로 마우스를 움직이면 작은 팝업 윈도우에서 어떤 데이터를 클릭했고 수직선과 수평선에서의 위치를 알려준다. 이렇게 차트를 만들면 위에서 말한 60 mg/dl의 확률뿐만 아니라 다른 위치와 관련된 누적 확률도 알 수 있다. 그림 7-4에서 눈금선을 이용하거나 아니면 마우스로 클릭해서 60.3 mg/dl에서의 누적 확률이 66%임을 알 수도 있다.

### – 특정 위치에서의 측정값 구하기

NORM.DIST()에서 네 번째 인자 누적값을 FALSE로 바꾸면 이야기가 좀 달라진다. 이 경우 함수는 첫 번째 인자로 지정한 특정 값에 해당하는 확률만을 반환한다. 여러분이 평가하는 분포의 특정 위치에서 정규곡선의 높이를 알고 싶으면 누적값을 FALSE로 하면 된다. 그림 7-5에서는 누적값을 FALSE로 해서 NORM.DIST()를 사용한 방법을 보여주고 있다.

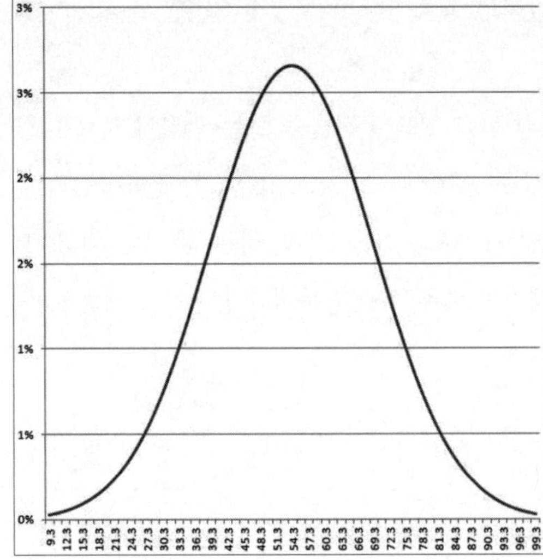

▶▶ **그림 7-5** 특정 지점에서 곡선의 높이는 전체 분포에서 그 특정 값이 임의로 나타날 확률이다.

일반적인 경우에는 누적값을 FALSE로 해서 특정 값에 해당하는 확률을 구할 일은 거의 없다. 하지만 분포의 차트를 그려서 시각적으로 보여주려면 이렇게 누적값을 FALSE로 해서 보여주는 방법도 있다. NORM.DIST()는 특정 위치에서의 정규분포의 높이를 반환하며, 이 값은 분포의 수평선상에서 그 특정 값을 관찰할 수 있는 확률이기도 하다(이 특정 지점에서의 확률 또는 특정 지점에서의 곡선의 높이 값을 확률밀도함수(probability density function) 또는 확률질량함수(probability mass function)라고 한다. 이 용어는 아직 표준화된 것은 아니다).

엑셀 2010 이전 버전을 쓰고 있으면 호환성 함수인 NORMDIST()를 사용할 수 있다. 이 함수는 인자나 반환값에서 NORM.DIST()와 동일하다.

## ✚ NORM.INV( ) 함수

실제적인 이유로 NORM.DIST() 함수는 결론을 알고 난 다음에 필요하다. 즉 여러분은 데이터를 모았고, 모집단이나 표본의 평균과 표준편차를 알고 있다. 하지만 주어진 값은 정규분포에서 어디에 위치할까? 그 값은 모집단 평균과 비교하려고 하는 표본평균일수도 있고 혹은 그룹 안에서 평가하고자 하는 각각의 관찰값일 수도 있다.

이 경우 필요한 정보를 NORM.DIST()에 넘겨주면 특정 값까지 누적 확률을 반환해주거나(누적값이 TRUE인 경우) 아니면 특정 확률값을 반환한다(누적값이 FALSE인 경우). 그 다음 그 확률을 실험 전에 이미 채택한 거짓 양성일 확률(알파값)과 비교하거나 혹은 거짓 음성일 확률(베타값)과 비교한다.

NORM.INV() 함수는 NORM.DIST()와 밀접하게 관련 있으며 사물을 보는 관점이 서로 다르다. NORM.DIST()는 영역, 즉 확률을 나타내는 값을 반환한다. NORM.INV()는 정규곡선의 수평선상의 한 점을 반환하는데 그 값은 여러분이 인자로 주는 확률에 해당하는 값이다. NORM.INV()가 반환하는 값은 NORM.DIST()의 첫 번째 인자로 주는 값과 동일하다.

예를 들어 이전 부분에서 보여준 식은 다음과 같다.

    =NORM.DIST(60, 54.3, 15, TRUE)

이 식은 .648을 반환한다. 60이라는 값은 평균이 54.3이고 표준편차가 15인 정규분포를 이루는 관찰값의 64.8%보다 크거나 같다.

    =NORM.INV(0.648, 54.3, 15)

은 60을 반환한다. 여러분의 분포가 평균이 54.3이고 표준편차가 15일 때, 분포를 이루는 값의 64.8%가 60보다 아래에 위치한다. 일반적으로는 분포의 64.8%를 초과하는 위치를 알고 싶어 하지는 않는다. 하지만 여러분이 어떤 연구 프로젝트를 준비하던 중 처리가 효과가 있다고 결론을 내리려면 가설그룹의 모집단의 상위 5%의 평균에 실험 그룹의 평균이 해당되어야 한다고 결심했다고 하자(이 방법은 실험에 대한 전통적인 귀무가설적 접근과도 일치한다. 8장과 9장에서 더 자세하게 다루겠다). 이 경우 어떤 점수가 그 상위 5%라는 것을 정의하는지 알고 싶을 것이다.

여러분이 평균과 표준편차만 알고 있으면 NORM.INV()가 나머지 작업을 해준다. 모집단의 평균은 54.3이고 표준편차는 15라고 하면 식은 다음과 같다.

    =NORM.INV(0.95, 54.3, 15)

이 식은 78.97을 반환한다. 평균이 54.3이고 표준편차가 15인 정규분포에서 값 78.97 이상에 전체분포를 이루는 값의 상위 5%가 위치하게 된다. NORM.INV() 식의 첫 번째 인자는 0.95인데, NORM.INV 자체가 누적 확률을 가정하고 있기 때문이다. NORM.DIST() 함수와는 달리

NORM.INV()에는 네 번째 인자인 누적값이 없다. 따라서 분포에서 상위 5%를 잘라내는 값은 동시에 하위 95%를 잘라내는 값이기도 한다.

이런 맥락에서 보면 NORM.DIST()과 NORM.INV() 중 어떤 함수를 써야 할지는 여러분이 알고 싶어 하는 정보에 달려있다. 최소 X 이상의 값을 관찰할 확률을 구하고 싶으면 NORM.DIST()에 X를 인자로 넘겨줘서 확률을 구한다. 주어진 영역 또는 확률의 경계값을 알고 싶으면 NORM.INV()에 확률을 인자로 주면 경계가 되는 숫자를 구해준다. 두 경우 모두 평균과 표준편차를 인자로 줘야 한다. NORM.DIST 같은 경우에는 누적 확률을 구할 것인지 해당 값에서의 높이만을 구할 것인지도 알려줘야 한다.
엑셀 2010 이전에서는 NORM.INV()의 일관성 함수가 없다. 하지만 호환성 함수 NORMINV()를 대신 사용할 수 있다. 인자와 결과값은 모두 NORM.INV()와 동일하다.

### – NORM.S.DIST() 사용하기

거리, 몸무게, 기간 등을 표현할 때 이를 다양하게 측정할 수 있는 단위들이 있다. NORM.DIST()의 역할이 그러하다. 하지만 정규분포에서 변수를 측정하기 위한 표준 단위가 필요하면 NORM.S.DIST()를 고려해야 한다. 함수 이름 중간의 S는 표준(standard)을 의미한다.

NORM.S.DIST()에는 평균이나 표준편차를 주지 않아도 되므로 빠르게 사용할 수 있다. 단위 정규분포를 참조하고 있으면 정의에 의해 평균은 항상 0이고 표준편자는 항상 1이다. NORM.S.DIST()는 z–점수와 누적값의 여부(TRUE일 때는 누적확률, FALSE일 때는 그 점에서의 측정값)만 필요하다. 함수의 문법은 다음과 같이 간단하다.

=NORM.S.DIST(z, Cumulative)

이 함수의 결과는

=NORM.S.DIST(1.5, TRUE)

z–점수의 왼쪽으로 정규곡선의 면적 93.3%가 해당됨을 알려준다(z–점수에 대해서는 3장 "변동

(variability) : 값이 어떻게 흩어 지는가"를 참고).

> 엑셀 2010 이전 버전에서는 NORMSDIST()를 사용할 수 있고, 엑셀 2010, 2013에서는 호환성 함수로 남아있다. 이 함수는 정규분포 함수 중 유일하게 관련된 일관성 함수와 인자가 다르게 되어 있다. NORMSDIST()에는 누적값 인자가 없다. NORMSDIST()는 디폴트로 분산의 가장 왼쪽부터 z 인자까지의 누적 영역을 반환한다. 실수로 NORMSDIST()에 누적값 인자를 주면 엑셀에서 경고가 나온다. 누적값 대신 높이를 알고 싶으면 NORMDIST()의 두 번째 인자로 0을, 세 번째 인자로 1을 준다. 이렇게 하면 단위정규분포가 되는데, 이렇게 하면 NORMDIST()의 네 번째 인자로 FALSE를 줄 수 있다. 이렇게 해서 누적 확률대신 특정 지점에서의 측정값(높이)을 알 수 있다. 다음은 예제이다.
>
> =NORMDIST(1,0,1,FALSE)

### – NORM.S.INV() 사용하기

NORM.S.DIST()의 역인 NORM.S.INV()를 사용하는 법은 더 간단하다. NORM.S.INV()는 확률만 인자로 주면 된다.

=NORM.S.INV(.95)

이 식은 1.64를 반환하며 정규곡선에서 가장 왼쪽부터 z–점수 1.64의 면적은 95%이다. 만약 추론통계 기초 수업을 들은 적이 있으면 분포의 97.5%를 잘라내는 z–점수인 1.96만큼이나 이 숫자가 매우 익숙할 것이다.

이 숫자는 'p⟨.05'나 'p⟨.025'와 같이 논문의 표에 자주 나오는 숫자이므로 매우 익숙할 것이다. 8장과 9장에서는 t–분포와 관련하여 이런 종류의 숫자가 더 많이 나온다(t–분포도 정규분포와 매우 밀접하게 관련되어 있다).

호환성 함수 NORMSINV()는 NORM.S.INV()와 동일한 인자를 받아서 동일한 값을 반환한다.

정규분포와 관련된 또 다른 엑셀 함수로 CONFIDENCE.NORM()이 있는데 이 함수에 대해 설명하기 전에 우선 그 배경에 대해 좀 더 알아보자.

# 3. 신뢰구간(Confidence Intervals)과 정규분포(Normal Distribution)

신뢰구간(confidence interval)은 통계량이 모수(parameter)를 얼마나 정확하게 측정하는지 알 수 있도록 해주는 값의 구간이다. 신뢰구간(confidence interval)을 가장 많이 사용할 때는 선거관련 뉴스에서 "오차 범위는 ±3%입니다"와 같이 '오차 범위(margin of error)'라는 말이 나올 때일 것이다. "오차 범위는 ±3%입니다"의 뜻은 표본을 뽑아보았을 때 대부분이(한 20중의 19는) 실제 모집단 모수의 3% 내에서 결과가 나오게 된다는 의미이다. 하지만 신뢰구간은 이보다 더 복잡한 상황에서 더 쓸모가 있다.

신뢰구간은 정규분포가 아닌 분포에서도 사용할 수도 있다. 즉 매우 심하게 기울거나 정규분포가 아닌 분포에서도 사용할 수 있다. 하지만 대칭 모양의 분포에서 더 이해하기가 쉽기 때문에 여기에서도 대칭 모양의 분포를 사용해서 소개하고 있다. 정규분포에서만 신뢰구간을 사용할 수 있는 것은 아니므로 오해하지 말기 바란다.

## ✚ 신뢰구간(Confidence Interval)의 의미

특수한 식이요법을 하고 있는 100명의 성인의 혈중 HDL 수준을 측정했다고 하자. 평균은 50mg/dl이고 표준편차는 20이다. 여러분은 이 평균은 통계량(statistic)이며 모수(population parameter)가 아닌 것을 알고 있다. 똑같은 식이요법을 하고 있는 다른 100명의 성인의 혈중 HDL 수준을 측정하면 그 평균값은 달라질 것이다. 수많은 표본에 대해 이렇게 계속 평균을 구하는 작업을 해서 그 평균을 다시 평균 내는 작업을 계속하면 그 값은 모집단의 값인 모수(population parameter)에 아주 가까운 값이 될 것이다.

하지만 이렇게 수많은 표본의 평균을 구할 수는 없으므로 여러분의 표본에서 구한 평균 50mg/dl만 가지고 작업을 해내는 수밖에 없다. 표준편차 20은 표본에서 구한 통계량(statistic)이지만 알려진 모집단의 표준편차 또한 20이다. 여러분의 통계량인 표준편차와 HDL값을 이용해서 표본 추정에서 어떤 역할을 할 수 있는지 알아보자.

우선 평균 50mg/dl을 기준으로 신뢰구간을 만들어보자. 신뢰구간을 45에서 55로 잡았다고 하면 (여기에서 '±3%'와 어떤 관계가 있는지 알 수 있다), 실제 모평균이 45와 55사이에 있을까? 그럴 가능성이 있기는 하지만 그렇지 않다. 표본은 여러 가지가 있을 수 있고, 신뢰구간 또한 그 표본에 따라 여러 가지 신뢰구간이 나올 수 있다. 여러 개의 표본으로부터 평균을 얻어서 평균 주변에 신뢰구간을 설정하는 식으로 신뢰구간을 만들면 신뢰구간의 95%에 모집단의 진짜 평균이 들어가게 될 것이다. 여러분이 특정 신뢰구간을 하나 설정했다면 모평균이 이 구간 안에 들어갈 확률은 0 아니면 1이다. 즉 이 구간이 모평균을 잡아내거나, 못하거나, 둘 중의 하나이다.

하지만 여러분이 설정한 특정한 신뢰구간이 모집단의 진짜 평균이 들어가는 95%의 신뢰구간 중의 하나라고 가정하는 편이 평균이 안 들어가는 5% 중의 하나라고 가정하는 것보다는 더 합리적일 것이다. 따라서 여러분은 95%의 신뢰수준으로 그 구간이 모집단의 평균을 잡아낸다고 믿을 수 있다.

비록 여기에서는 95%수준의 신뢰구간에 대해서만 말했지만 여러분은 신뢰구간을 90%, 99%, 혹은 여러분의 상황에 맞춰서 여러 가지 수준의 신뢰구간을 설정할 수 있다. 다음 부분에서는 여러분이 신뢰구간을 설정할 때 어떻게 신뢰구간을 선택했는지 그 방법이 구간 자체의 성질에 어떤 영향을 주는지 다룬다. 어떤 논의를 할 때는 우선 불신의 태도를 좀 미루고 일단 믿어보겠다고 하는 편이 이해를 쉽게 할 수 있다. 필자는 일단 여러분이 여기에서 모집단의 표준편차는 알고 있지만 모집단의 평균을 모르고 있는 상황을 가정해보라고 부탁하고 싶다. 물론 이런 상황은 좀 이상하긴 하지만 그렇다고 아주 불가능한 상황은 아니다.

### ✚ 신뢰구간(Confidence Interval) 만들기

앞에서 언급한 평균에 대한 신뢰구간을 만들려면 몇 가지 재료가 필요하다.

- 평균 자체
- 관찰값의 표준 편차
- 표본의 관찰값의 개수
- 신뢰구간에 적용하고자 하는 여러분이 설정한 신뢰수준

신뢰수준부터 시작해보자. 여러분은 95%의 신뢰구간을 만들고자 한다. 100개의 표본평균으로 100개의 신뢰구간을 만들면 그 중 95개의 신뢰구간은 모평균을 잡아내야 한다.

이 경우 정규분포를 다루고 있으므로 워크시트에 다음 식을 입력하자.

=NORM.S.INV(0.025)

=NORM.S.INV(0.975)

앞에서도 언급했듯이 NORM.S.INV() 함수는 z-점수를 반환하며 곡선에서 해당 z-점수 왼쪽 부분의 영역과 인자로 준 확률이 동일하다. 따라서 NORM.S.INV(0.025)은 −1.96을 반환하는데, z-점수 (−1.96)의 왼쪽으로 곡선의 영역은 0.025, 2.5%이다.

같은 방법으로 NORM.S.INV(0.975)는 1.96을 반환하고, 이 값의 왼쪽은 곡선의 영역 97.5%가 된다. 다른 말로 하면 곡선 아래 영역의 2.5%가 1.96의 오른쪽에 위치한다. 그림 7-6을 보자.

그림 7-6의 곡선에서 수평선상 46.1과 53.9 사이에 영역의 95%가 들어간다. 이 곡선은 이론적으로는 왼쪽과 오른쪽으로 각각 무한대로 뻗어있고, 따라서 모평균이 될 수 있는 값 또한 곡선 안에 포함된다. 가능한 값의 95%가 95%의 신뢰구간인 46.1과 53.9 사이에 위치한다.

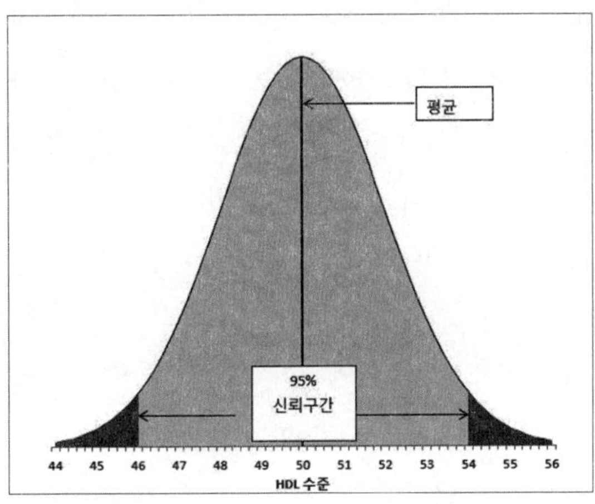


▶▶ **그림 7-6** z-점수 한계를 조절하면 신뢰수준을 조절할 수 있다. 그림 7-6과 그림 7-7을 비교해보자.

숫자 46.1과 53.9는 95%를 잡아낼 수 있는 숫자이다. 만약 99%의 신뢰구간(아니면 모평균을 잡아낼 수 있는 아무 구간이라도)을 원하면 다른 숫자를 선택해야 한다. 그림 7-7은 표본 평균 50 주변의 99% 신뢰구간을 보여주고 있다.

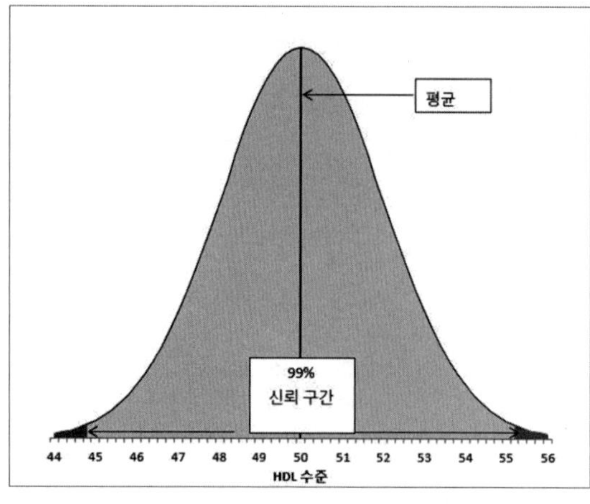



▶▶ **그림 7-7** 구간을 넓게 하면 모수를 잡아낼 수 있는 신뢰가 더 높아진다. 하지만 결과 추정값이 더 모호해질 수밖에 없다.

그림 7-7에서 신뢰구간은 99%이며 이 구간은 44.8~55.2로 길어졌고 그림 7-6의 95% 신뢰구간보다 2.6포인트 길어졌다. 만약 표본 100개를 이용해서 각각의 평균을 가지고 99% 신뢰구간을 100개 만들었으면 그 중 99개(그 이전에는 95개)는 모평균을 잡아낼 수 있을 것이다. 구간이 길어졌기 때문에 당연히 신뢰수준도 늘어나게 되었다. 하지만 신뢰구간에서는 이렇게 트레이드오프가 발생한다. 구간이 좁아지면 여러분이 이끌어 낸 구간의 정확성은 높아지지만 문제가 되는 통계량(여기서는 평균)을 잡아낼 수 있는 구간은 적어지게 된다. 구간이 넓어지면 구간의 정확성은 떨어지지만, 통계량을 잡아낼 수 있는 구간의 개수는 많아지게 된다.

신뢰수준을 설정하는 외에 여러분이 선택할 수 있는 요소로는 표본의 크기가 있다. 일반적으로 표준편차가 더 작아져야 한다는 것은 지정할 수 없지만 더 큰 표본을 선택할 수는 있다. 8장, 9장에서 다루겠지만 표본의 평균 주변에 설정한 신뢰구간에 사용한 표준편차는 표본의 각각의 값에서 구한 표준편차가 아니다. 이것은 표준편차를 표본크기의 제곱근으로 나눈 값이며, 평균의 표준오차(standard error)라고 한다.

그림 7-6, 그림 7-7에서 차트를 만들 때 사용한 데이터의 표준편차는 20이며 이 값은 모집단의 표준편차와 동일한 값으로 알려져 있다. 표본의 크기는 100이므로, 평균의 표준오차(standard error)는 다음과 같다.

$$\text{표준오차} = \frac{20}{\sqrt{100}}$$

이 값은 2이다.

신뢰구간을 설정하려면 여러분이 관심 있는 신뢰수준을 만족하는 $z$-점수에 평균의 표준오차를 곱한다. 예를 들면 그림 7-6에서는 95%의 신뢰구간을 보여주고 있다. 구간 안에는 곡선 아래 영역의 95%가 들어가야 한다. 따라서 구간 바깥으로는 5%가 위치하고, 꼬리가 양쪽에 있으므로 양쪽에 2.5%씩 가게 된다. 이제 NORM.S.INV() 함수를 적용해보자. 앞부분에서 사용한 식은 다음과 같다.

    =NORM.S.INV(0.025)
    =NORM.S.INV(0.975)

이 식은 각각 $z$-점수 (−1.96) 과 1.96을 반환하는데 각각 단위 정규분포에서 2.5%와 97.5%를 나누는 값이다. 이 각각의 값을 표준오차인 2로 곱하고 표본평균인 50을 더하면 그 값은 각각 46.1과 53.9가 된다. 이 값은 평균 50, 표준오차 2인 95% 신뢰구간을 만족한다. 만약 99%의 신뢰구간을 원하면 다음 식을 사용하면 된다.

    =NORM.S.INV(0.005)
    =NORM.S.INV(0.995)

위 식은 각각 −2.58과 2.58을 반환한다. 이 $z$-점수는 단위정규분포의 양쪽 꼬리에서 0.5%씩을 잘라내고, 곡선 아래 나머지 구간의 면적은 99%가 된다. 각 $z$-점수를 표본오차 2로 곱한 다음 평균인 50을 더하면 결과는 44.8, 55.2가 된다. 이 값은 평균 50, 표준오차 2인 99% 신뢰구간을 만족한다.

일단 여기에서 계산 대신 개념으로 시선을 돌려보자. $z$-점수는 원래 표준편차값이다. 따라서 $z$-점수가 1.96이라는 말은 평균에서 양의 방향으로 1.96 표준편차만큼 이동한 위치를 말하고, $z$-점수가 −1.96이라는 말은 평균에서 음의 방향으로 1.96 표준편차만큼 이동한 위치를 말한다. 정규곡선의 성질을 보면 정규곡선 아래 평균을 기준으로 1.96 표준편차, −1.96 표준편차 떨어진 경계 안에 95%의 영역이 들어오는 것을 알고 있다.

표본평균 주변에 신뢰구간을 설정할 때 이 신뢰구간의 몇%가 모평균을 잡아낼 수 있을지 수준을 결정해야 한다. 만약 가능한 신뢰구간의 95%가 모평균을 잡아낼 수 있도록 하려면 표본평균 오른쪽과 왼쪽으로 1.96 표준편차의 한계를 설정해야 한다. 또 표본평균 주변에 설정한 신뢰구간은 모평균을 잡아낼 수 있는 95%중 하나일 가능성이 있다. 물론 5%의 가능성으로 못 잡아낼 수도 있다. 하지만 관련된 표준편차는 얼마나 클까? 이 경우 관련 단위는 평균 그 자체 값이다. 여러분은 각각의 관찰값으로부터 구한 표준편차가 아닌, 그 관찰값으로부터 계산한 평균의 표준편차를 알아야 한다. 이러한 표준편차의 이름은 좀 특별한데 평균의 표준오차(standard error)라고 한다. 수학 계산과 오랫동안의 경험으로 인해, 평균값의 표준편차를 예측한 값은 각각의 표준편차를 표본크기의 제곱근으로 나눈 값임을 알고 있다. 신뢰구간을 결정할 때 사용하는 표준편차값이 이것이다.

여기에서 다룬 예에서 원래 표본값의 표준편차는 20이고 표본크기는 100이고 평균의 표준오차는 2이다. 평균 50을 기준으로 계산한 표준오차 1.96을 적용하면, 구간은 46.1에서 53.9가 된다. 이 구간이 95% 신뢰구간이다. 이 표본 말고 모집단에서 표본을 99개 더 뽑아내면, 그 표본에서 만든 신뢰구간 100개중 95개가 모평균을 잡아낸다. 99개를 더 계산할 수는 없으므로, 이미 계산해낸 신뢰구간이 그 95개 중 한 신뢰구간이라고 결론을 내는 게 합리적이다. 이미 계산해낸 신뢰구간이 모평균을 잡아내지 못하는 5개 중 하나라고 결론을 내는 것은 부자연스럽다.

## ✚ 신뢰구간을 계산하는 엑셀의 워크시트 함수

바로 앞부분에서 정규분포를 사용할 때 이미 모집단의 표준편차를 알고 있다고 가정했다. 아주 불가능한 가정은 아니지만 대부분의 경우는 모집단의 표준편차를 모르고 있고 뽑은 표본에서 표준편차를 추정하는 것이 일반적이다. 여러분이 모집단의 표준편차를 알고 있는지 혹은 표본을 통해 추정해야 하는지에 따라 서로 다른 두 개의 분포를 사용해야 한다. 이미 모집단의 표준편차를 알고 있으면 정규분포를 사용하고, 표본에서 추정해야 하면 t−분포를 사용해야 한다.

엑셀 2010과 2013에는 두 워크시트 함수 CONFIDENCE.NORM()과 CONFIDENCE.T()가 있다. 이 함수는 신뢰구간의 폭을 계산해준다. 여기에서 사용한 HDL수준의 경우처럼 모집단의 표준편차를 알고 있으면 CONFIDENCE.NORM()를 사용한다. 모집단의 표준편차를 모르고 표본으로부터 값을 추정해야 하는 경우는 CONFIDENCE.T()를 사용한다. 8장과 9장에서는 이 차이에 대해 더 자세하게 다루며, 정규분포와 t-분포 사이에 어떤 것을 사용해야 할지도 다룬다.

엑셀 2010 이전 버전에서는 CONFIDENCE() 함수밖에 없다. 인자와 결과값은 일관성 함수 CONFIDENCE.NORM()와 동일하다. 2010이전에는 t-분포에 기반해서 신뢰구간을 반환하는 워크시트 함수가 없었다. 하지만 다음 부분에 나오는 것처럼 T.INV()나 TINV()를 써서 CONFIDENCE.T()처럼 사용할 수 있다. 사실 NORM.S.INV()나 NORMSINV()를 쓰면 CONFIDENCE.NORM()도 사용할 수 있다.

### ✚ CONFIDENCE.NORM()와 CONFIDENCE() 사용하기

그림 7-8에서 셀 A2:A17에서 사용할 데이터가 보인다. 이 값들의 평균은 셀 B2에 있고, 모집단의 표준편차인 모표준편차는 셀 C2에 보인다.

| | A | B | C | D | E | F | G | H | I |
|---|---|---|---|---|---|---|---|---|---|
| | | 평균 | | | | | 구간 너비 | | |
| 1 | HDL | HDL | 모표준편차 | | | Alpha | 의 절반 | | |
| 2 | 88 | 57.19 | 22.00 | | | 0.05 | 10.78 | | |
| 3 | 64 | | | | | | | | |
| 4 | 50 | | | | | 신뢰 구간: | 46.41 | 에서 | 67.97 |
| 5 | 67 | | | | | | | | |
| 6 | 45 | | | | | | | | |
| 7 | 86 | | | | | | z 점수 | | |
| 8 | 71 | | | | Alpha/2 | 0.025 | -1.96 | | |
| 9 | 68 | | | | 1-(Alpha/2) | 0.975 | 1.96 | | |
| 10 | 36 | | | | | | | | |
| 11 | 20 | | | | | 신뢰 구간: | 46.41 | 에서 | 67.97 |
| 12 | 57 | | | | | | | | |
| 13 | 49 | | | | | | | | |
| 14 | 37 | | | | | | | | |
| 15 | 94 | | | | | | | | |
| 16 | 39 | | | | | | | | |
| 17 | 44 | | | | | | | | |

수식 입력줄: G2 = `=CONFIDENCE.NORM(F2,C2,COUNT(A2:A17))`

▶▶ **그림 7-8** CONFIDENCE() 함수나 정규분포함수를 이용해서 신뢰구간을 만들 수 있다.

그림 7-8에서 셀 F2에 Alpha(알파)가 있다. 이 용어는 가설검정 때와 동일한 의미로 사용되었다. 이 영역은 신뢰구간 경계의 바깥 영역을 말한다. 그림 7-6에서 Alpha는 곡선 꼬리 쪽에 짙게 칠

한 부분을 합한 것이다. 짙게 칠한 영역이 한 꼬리 부분에서 2.5%이므로 양쪽 꼬리 부분을 합하면 5%, 즉 Alpha는 0.05이다. 결과는 95% 신뢰구간이다. 그림 7-8의 셀 G2에서는 CONFIDENCE.NORM() 함수를 어떻게 사용할지 보여주고 있다. 이 함수 대신 호환성 함수인 CONFIDENCE()를 써도 된다. 문법은 다음과 같다.

=CONFIDENCE.NORM(alpha, standard deviation, size)

여기서 size는 표본크기를 말한다. 셀 G2에서 alpha로 0.05를 사용했으며 모표준편차로 22, 표본 크기는 16이다.

=CONFIDENCE.NORM(F2,C2,COUNT(A2:A17))

위와 같은 인자를 주면 이 식은 10.78을 반환한다. 셀 G4와 I4에서 볼 수 있듯이 이 값은 95% 신뢰구간의 상위와 하위의 한계값이다. 몇 가지 기억해 둘 점은 다음과 같다.

- CONFIDENCE.T() 대신 CONFIDENCE.NORM()을 사용했다. 모표준편차를 알고 있 으므로 표본 표준편차에서 추정할 필요가 없기 때문이다. 표본 표준편차에서 모표준편차를 추정해야 하면, 다음 부분에서 나오듯 CONFIDENCE.T()를 사용해야 한다.
- 신뢰 수준(이 예에서는 95%)과 유의수준(알파값)을 합하면 항상 100%가 된다. 엑셀에서는 유의수준대신 신뢰수준을 물어볼 수도 있었을 것이다. 95%, 90%, 99%같은 신뢰수준의 측 면에서 신뢰구간을 언급하는 것이 표준이다. 마이크로소프트에서는 함수의 첫 번째 인자로 알파값대신 유의수준을 사용하도록 할 수도 있었는데 그렇게 하지 않았다.
- 도움말 문서를 보면 다른 두 신뢰구간 함수처럼 CONFIDENCE.NORM()도 신뢰구간을 반환한다고 되어 있다. 하지만 이 말은 틀렸다. 이 함수에서 반환하는 값은 신뢰구간의 절 반값을 반환한다. 신뢰구간을 만들려면, 평균에서 함수에서 반환한 값을 뺀 값과 더한 값을 가지고 만들 수 있다.

그림 7-8을 보면 영역 E7:I11은 E1:I4에 보이는 신뢰구간과 동일한 구간을 만들어냈다. 아래 표 는 CONFIDENCE.NORM() 함수가 실제로 어떤 일을 하는지 과정을 보여준다. 다음은 계산 순

서이다.

- 셀 F8의 식은 =F2/2 이다. 알파값으로 표현되는 곡선 아랫부분을 말하는데, 여기서는 알파 값이 0.05, 즉 5%이므로 이 값을 분포의 양쪽 꼬리로 나눠야 한다. 영역의 가장 왼쪽 2.5% 는 왼쪽 꼬리가 되고, 신뢰구간의 아래쪽 경계의 왼쪽에 해당한다.
- 셀 F9는 알파값의 절반을 제거한 나머지 부분의 영역을 나타낸다. 즉 결과값인 97.5%는 신 뢰구간의 위쪽 경계에서 왼쪽 전부에 해당한다.
- 셀 G8의 식은 =NORM.S.INV(F8)이며 단위정규분포의 가장 왼쪽 영역 2.5%를 잘라내는 $z$-점수를 반환한다.
- 셀 G9의 식은 =NORM.S.INV(F9)이며, 단위정규분포의 가장 왼쪽 영역 97.5%를 잘라내 는 $z$-점수를 반환한다.

셀 G8, G9에 $z$-점수를 구했는데 이 값은 단위정규분포의 표준편차이며 분포의 가장 왼쪽 경계 2.5%, 오른쪽 경계 2.5%를 구분 짓는다. 이제 이 $z$-점수를 우리가 측정하고자 하는 혈중 HDL로 변환하려면 $z$-점수를 평균의 표준오차로 곱한 다음 그 값을 표본평균에서 더하고 뺌으로써 구간 을 만든다.



여기서는 표본의 평균에서 생각하고 있다는 것을 잊지 말자. 우리가 관심 있는 표준편차는 표본평균의 표준편차이며 이것이 표준오차이다.

셀 G11의 구간 왼쪽 경계값을 계산하는 식은 다음과 같다.

=B2+(G8*C2/SQRT(COUNT(A2:A17)))

식의 안쪽부터 풀어보도록 하자.

1. 우선 셀 C2의 표준편차를 관찰값 개수의 제곱근으로 나눈다. 앞에서도 말했듯이 이 나눈

값이 평균의 표준오차이다.

2. 평균의 표준오차와 평균 아래의 표준오차 개수로 곱한다. 이 값은 셀 G8의 −1.96이며 곡선 아래 영역의 낮은 쪽 2.5%의 경계가 되는 수이다.

3. 셀 B2값인 표본평균을 더한다. 1번 과정부터 3번 과정까지 모두 마치면 46.41이라는 수를 구할 수 있다. 이 숫자는 셀 G4에 보이는 CONFIDENCE.NORM()에서 반환한 구간의 아래쪽 값과 동일하다. 셀 I11의 값을 계산할 때도 같은 방법을 사용했다. 차이는 3번 과정에서 $z$−점수로 +1.96을 사용한 것만 다르다. 셀 I11의 값은 셀 I4의 값과 동일한데, NORM.S.INV()대신 CONFIDENCE.NORM()를 사용했다.

CONFIDENCE.NORM()에는 다음 인자를 넘겨줘야 한다.

- 알파값(Alpha), 혹은 1 − 신뢰수준. 엑셀은 여러분이 원하는 신뢰수준을 모르기 때문에 직접 값을 입력해줘야 한다.
- 표준편차 − CONFIDENCE.NORM()는 정규분포를 참고해서 면적에 관련된 $z$−점수를 얻는다. 이때 모표준편차를 사용한다고 가정한다(자세한 사항은 8장과 9장을 참고). 엑셀은 전체 모집단의 데이터를 알지 못하므로 당연히 표준편차도 모른다. 따라서 이 값도 여러분이 직접 입력해야 한다.
- 표본크기 − 엑셀에게 표본이 어떤 영역이라고 직접 알려주지 않으면 (예에서는 그림 7−8의 셀 A2:A17) 당연히 엑셀은 관찰값의 개수를 모른다. 따라서 엑셀이 평균의 표준오차를 계산할 수 있도록 표본의 개수를 알려줘야 한다.

CONFIDENCE.NORM()나 CONFIDENCE() 중 여러분이 편한 대로 사용하면 되고 반드시 평균의 표준오차와 NORM.S.INV()를 써야 할 필요는 없다. 단 CONFIDENCE.NORM()과 CONFIDENCE() 모두 신뢰구간 전체를 반환하는 게 아니라 구간의 절반 너비만 반환한다는 것을 반드시 기억해두자. 분포가 대칭이므로 이 너비를 두 배로 하면 구간을 만들 수 있다.

### ✛ CONFIDENCE.T( ) 사용하기

그림 7−9에서는 그림 7−8의 데이터에서 두 곳을 바꿨다. 셀 C2에서 표본 표준편차를 사용하고, 셀 G2에서 함수 CONFIDENCE.T()를 사용한다. 이렇게 하면 결과인 신뢰구간의 크기가 바뀐다.

G2 =CONFIDENCE.T(F2,C2,COUNT(A2:A17))

| | A | B | C | D | E | F | G | H | I |
|---|---|---|---|---|---|---|---|---|---|
| 1 | HDL | 평균 HDL | 표본 표준 편차 | | | Alpha | 구간 너비 의 절반 | | |
| 2 | 88 | 57.19 | 20.97 | | | 0.05 | 11.17 | | |
| 3 | 64 | | | | | | | | |
| 4 | 50 | | | | | 신뢰 구간: | 46.01 | 에서 | 68.36 |
| 5 | 67 | | | | | | | | |
| 6 | 45 | | | | | | | | |
| 7 | 86 | | | | | | t 값 | | |
| 8 | 71 | | | | Alpha/2 | 0.025 | -2.13 | | |
| 9 | 68 | | | | 1-(Alpha/2) | 0.975 | 2.13 | | |
| 10 | 36 | | | | | | | | |
| 11 | 20 | | | | | 신뢰 구간: | 46.01 | 에서 | 68.36 |
| 12 | 57 | | | | | | | | |
| 13 | 49 | | | | | | | | |
| 14 | 37 | | | | | | | | |
| 15 | 94 | | | | | | | | |
| 16 | 39 | | | | | | | | |
| 17 | 44 | | | | | | | | |

▶▶ **그림 7-9** 다른 사항은 모두 동일할 때 정규분포로 만든 신뢰구간보다 t-분포로 만든 신뢰구간이 더 크다.

그림 7-9에서 95% 신뢰구간은 46.01에서 68.36인데 그림 7-8에서 신뢰구간은 46.41에서 67.97이었다. 그림 7-8에서의 신뢰구간이 더 좁다. 이유는 그림 7-3에서 찾을 수 있다. 급첨(leptokurtic) 모양의 분포는 정규분포보다 꼬리 쪽이 더 두껍고 곡선 아래의 면적이 더 많다.

급첨(leptokurtic) 모양의 분포에서 평균으로부터 95%의 면적을 차지하려면 꼬리 쪽으로 더 나가야 한다. 따라서 구간의 경계값이 평균에서부터 더 바깥으로 이동하게 되고 신뢰구간이 더 넓게 되어 버린다.

모표준편차를 모를 때는 t-분포를 사용해야 하고, 이때 CONFIDENCE.NORM() 대신 CONFIDENCE.T()를 사용하는데 이때 신뢰구간이 더 넓어지게 된다. 그림 7-9에서 셀 G8, G9의 식을 보면 정규분포에서 t-분포로 바뀐 것을 알 수 있다. 각각의 식은

=T.INV(F8,COUNT(A2:A17)−1)
=T.INV(F9,COUNT(A2:A17)−1)

이다.

그림 7-8에서는 NORM.S.INV()를 썼지만 여기에서는 T.INV()를 사용한다. 셀 F8, F9의 확률 외에도, T.INV()는 표본 표준편차와 관련된 자유도가 더 있어야 한다. 3장에서 표본 표준편차는 관찰값의 개수 −1을 분모로 사용한다고 했다. 적절한 자유도를 인자로 주어야, 엑셀이 t-분포를

제대로 사용할 수 있다. 자유도에 따라 t-분포가 달라진다.

## ✚ 신뢰구간 구하기 위해 데이터 분석 추가 기능 사용하기

엑셀의 데이터 분석 추가 기능에는 '기술 통계법'이라는 도구가 있는데 분석할 변수가 한 개 이상일 때 사용할 수 있다. '기술 통계법' 도구는 데이터의 범위, 중심성향과 변동성, 왜도, 첨도 등에 관련된 정보를 알려준다. 그리고 CONFIDENCE.T()처럼 신뢰구간 절반의 크기도 구해준다.



'기술 통계법' 도구의 신뢰구간은 t-분포에 기반한다. 엑셀에서 실제 데이터 영역을 지정해줘서 기술 통계량을 계산할 수 있도록 해줘야 한다. 엑셀은 데이터를 가지고 표본크기, 표준오차에 필요한 표준 편차 등을 계산한다. 주어진 데이터를 가지고 표준편차를 계산하기 때문에 데이터는 표본 데이터이며 신뢰구간이 z값 대신 t값에 기반한다고 가정한다.

'기술 통계법' 도구를 쓰려면 우선 데이터 분석 추가 기능을 설치해야 한다. 4장 "변수가 어떻게 함께 움직이는가 : 상관(correlation)"에서 설치 방법에 대해 이미 설명했다. '데이터 분석 추가 기능'을 오피스 설치 디스크에서 설치해서 엑셀에서 쓸 수 있게 되었으면 '데이터' 탭에 보일 것이다.

추가기능을 설치한 다음, '데이터' 탭 ▶ '분석' 그룹 ▶ '데이터 분석'을 클릭한 다음 '통계 데이터 분석' 목록 상자에서 '기술 통계법'을 선택하자. '확인'을 클릭하면 그림 7-10과 같은 '기술 통계법' 대화 상자가 보인다.

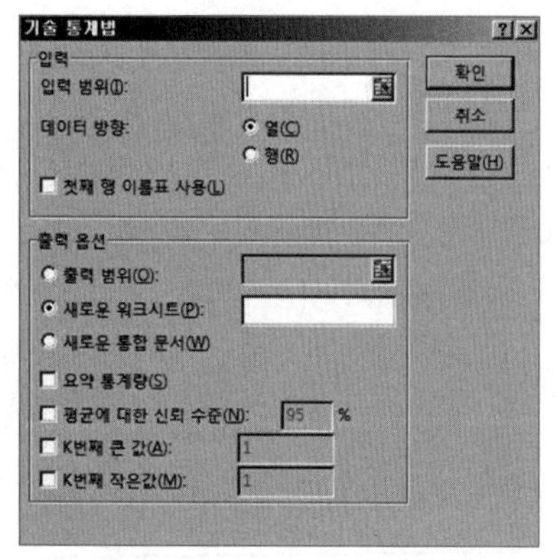


▶▶ **그림 7-10** '기술 통계법' 도구를 이용해서 한 개 이상의 변수에 대한 변동성과 중심 성향에 관한 정보를 쉽게 얻을 수 있다.

여러 개의 변수를 한꺼번에 다루려면 변수들을 목록이나 표 구조로 만든 다음 전체 영역을 대화상자의 '입력 범위'로 설정한다. 다음 '데이터 방향'을 '열'로 설정한다.

평균, 왜도, 개수 등의 기술 통계량을 구하려면 대화상자의 '요약 통계량'의 체크 박스를 선택해야 한다.  신뢰구간을 구하려면 '평균에 대한 신뢰 수준'에 90,95,99같은 신뢰수준을 입력한다. 데이터에 이름표가 있으면 이름표 영역도 함께 '입력 범위'에 포함시킨 다음, '첫째 행 이름표 사용'을 체크한다. 이렇게 해야 엑셀이 이름표를 출력할 때 사용하고 데이터에는 포함을 시키지 않는다. '확인'을 클릭하면 그림 7-11과 같은 요약이 보인다.

셀 D16의 값은 그림 7-9의 셀 G2의 값과 같다. 이 표본평균에서 11.17을 더하고 빼서 신뢰구간을 만든다. 신뢰구간에 대해서 이름이 좀 잘못되어 있다. 표준 용어에 따르면 신뢰수준은 신뢰구간을 계산하게 위해 사용하는 값이 아니고(여기서 11.17) 확률의 개념(즉 곡선 아래의 면적과 같다)이다. 신뢰수준은 신뢰구간이 모평균을 잡아낼 수 있는 구간중의 하나일 확률이다. 그림 7-11에서 신뢰 수준은 11.17이 아니고 95%이다.

| | A | B | C | D |
|---|---|---|---|---|
| 1 | HDL | | HDL | |
| 2 | 88 | | | |
| 3 | 64 | | 평균 | 57.1875 |
| 4 | 50 | | 표준 오차 | 5.242629 |
| 5 | 67 | | 중앙값 | 53.5 |
| 6 | 45 | | 최빈값 | #N/A |
| 7 | 86 | | 표준 편차 | 20.97052 |
| 8 | 71 | | 분산 | 439.7625 |
| 9 | 68 | | 첨도 | -0.64987 |
| 10 | 36 | | 왜도 | 0.231449 |
| 11 | 20 | | 범위 | 74 |
| 12 | 57 | | 최소값 | 20 |
| 13 | 49 | | 최대값 | 94 |
| 14 | 37 | | 합 | 915 |
| 15 | 94 | | 관측수 | 16 |
| 16 | 39 | | 신뢰 수준(95.0%) | 11.17 |
| 17 | 44 | | | |

▶▶ **그림 7-11** 결과값은 모두 값으로만 구성되어 있고 식은 없다. 따라서 입력값을 바꿔도 재계산되지 않는다.

## ✚ 신뢰구간과 가설검증

신뢰구간과 가설검증은 개념적, 수학적으로 깊은 관계가 있다. 다음 두 장에서 나오겠지만 여러분은 표본 평균에 대한 가설을 검증하거나 혹은 두 개의 서로 다른 표본의 평균의 차이에 대한 가설을 검증하게 된다. 이런 경우 정규분포나 관련된 t-분포를 사용해서 다음과 같은 선언을 하게 된다. "귀무가설을 기각한다. 두 표본평균이 동일한 모집단에서 뽑은 표본에서 왔을 확률은 0.05보다 작다"

이 선언은 다른 말로 해보면 다음과 같다.

"두 번째 표본의 평균은 첫 번째 표본의 평균으로 만든 95% 신뢰구간을 벗어난다."

# 4. 중심 극한 정리(The Central Limit Theorem)

평균과 정규분포 사이에는 공통된 특징이 있는데 지금까지 이 책에서는 거의 다루지 않았다. 이 특징은 중심 극한 정리(central limit theorem)라는 무시무시한 이름인데 사실은 매우 간단하다. 다음 예를 보면서 설명하도록 하겠다.

굉장히 큰 대도시가 있고 여러분은 차량 통행의 지역적 분포를 조사하려고 한다. 여러분은 무한한 능력과 자원을 가지고 있기 때문에 데이터를 수집하기 위해 수많은 조사원을 파견할 수 있었다. 데이터 수집 조사원 2500명은 하루 종일 도시 안의 서로 다른 교차로에서 이동하는 차량의 수를 2분 단위로 세서 기록했다. 여러분의 데이터 수집 조사원은 517,000개의 2분짜리 차량통행횟수 정보를 가지고 돌아왔다. 이 정보는 매우 정확하게 세었고 이것을 엑셀의 워크시트에 입력했다. 다음 그림 7-12처럼 피벗 테이블을 만들어서 관찰값의 범위에 대해 감을 잡아보도록 하자.

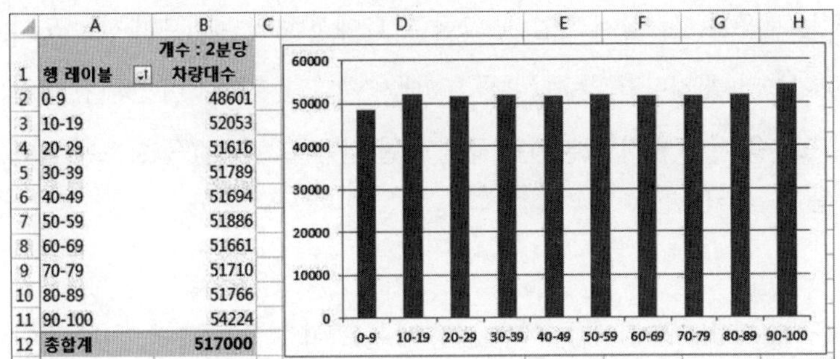

▶▶ **그림 7-12** 통행한 차량의 수를 10단위로 묶어서 데이터를 관리하기로 했다.

그림 7-12에서 행 레이블 A2:A11에 서로 다른 구간의 차량 대수가 보인다. 여기서의 의미는 교차로에서 2분 동안 차량 통행 대수를 셌을 때 0~9대가 지나간 적이 48,601회 있다는 뜻이다. 여러분의 데이터 조사원이 기록한 바에 의하면 교차로에서 2분 동안 10~19대의 차량이 지나간 적은 52,053회 있다고 한다. 이 데이터들은 모두 일정한 막대 모양의 분포를 따른다. 모든 그룹 (0~9, 10~19 등등)에서 관찰 횟수가 비슷하다. 다음으로 여러분은 각 2500개의 교차로의 관찰값을 평균 내서 차트로 그렸다. 결과는 그림 7-13과 같다.

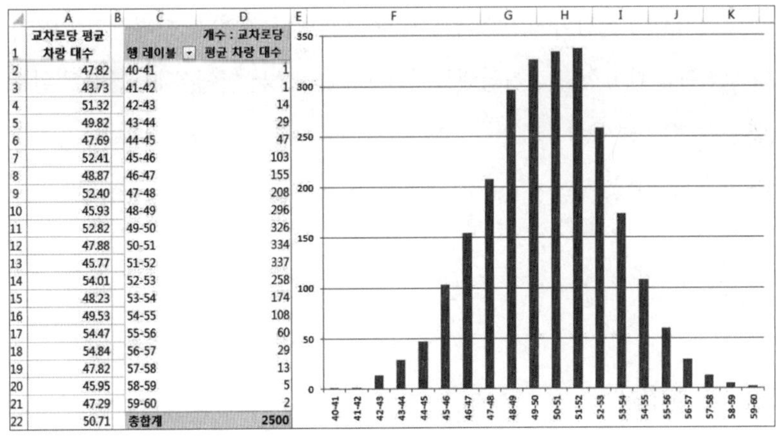

▶▶ **그림 7-13** 통행한 차량의 수를 10단위로 묶어서 데이터를 관리하기로 했다.

아마 그림 7-13같은 결과를 기대했을 수도 있고, 아닐 수도 있다. 대부분의 사람들은 예상하지 못한 결과일 것이다. 기반이 되는 분포는 사각형에 가깝다. 그림 7-12에서 보면 여러분이 사는 도시의 교차로에는 2분 동안 차량이 0~9대 지나간 횟수나 90~100대가 지나간 횟수나 비슷하다. 하지만 517,000개의 관찰값에서 표본을 뽑아서 각 표본의 평균을 구한 다음 그 결과값을 차트에 찍어보면, 정규분포와 비슷한 차트가 보일 것이다.

이것이 중심 극한 정리(central limit theorem)이다. 어떤 모양의 분포(이 분포는 그림 7-12 같이 사각형일수도 있고, 기운 분포여도 되고, 이항분포, 이봉분포(bimodal)든 어떤 분포든 상관없다)에서 표본을 뽑아 평균을 내서 이 값을 가지고 도수분포차트를 그려보자. 평균의 차트는 정규분포에 가깝게 된다.

표본의 크기가 크면 클수록 정규분포에 유사하게 된다. 그림 7-13은 100개의 값으로 된 표본에서 평균을 구한 것이다. 200개의 값으로 된 표본이면 정규분포의 모양에 더 가까워진다.

### ✚ 더 쉽게 하기

20세기 초반, 확률을 계산하는 방법으로 중심 극한 정리를 매우 중요하게 생각했다. 예를 들어 여러분이 골퍼 중에 왼손잡이가 얼마나 있는지 알아보고자 한다고 가정해보자. 일반적으로 10%정도가 왼손잡이라고 알고 있다. 표본으로 1500명의 골퍼를 조사했고, 이 표본 안에 뭔가 체계적인 편향은 없다고 믿고 있다. 여기서 왼손잡이를 세어 봤더니 총 135명이 있었다. 모집단의 10%가 왼손잡이이고 이 표본이 모집단을 대표한다고 가정했을 때 1500명의 표본 안에서 135명밖에 왼손잡이가 나오지 않을 확률은 얼마나 될까?

정확한 확률을 계산하는 식은 다음과 같다.

$$\sum_{i=1}^{135} \left(\frac{1500}{i}\right)(0.1^i)(0.9^{1500-i})$$

이 식을 엑셀식으로 쓰면 다음과 같다.

```
=SUM(COMBIN(1500,ROW(A1:A135))*(0.1^ROW(A1:A135))*(0.9^(1500-
ROW(A1:A135))))
```

이 식은 배열 수식으로 Ctrl+Shift+Enter를 써서 입력해야 한다. 식으로 계산하던, 엑셀로 계산하던 둘 다 엄청난 과정이다. 특히 1500 팩토리얼을 손으로 계산하려면 시간이 엄청나게 걸릴 것이다.

1970년대와 1980년대 메인 프레임이나 미니 컴퓨터를 널리 쓰게 되면서 정확한 확률을 좀 더 쉽게 구할 수 있게 되기는 했지만 그때만 해도 프로그래머가 아닌 이상 자유롭게 쓸 수는 없었다. 엑셀이 나오고 BINOMDIST() 함수를 쓸 수 있게 되었고, 엑셀 2010과 2013에서는 BINOM.DIST() 함수를 쓸 수 있게 되었다. 다음 예를 보자.

=BINOM.DIST(135,1500,0.1,TRUE)

어떤 식으로 계산하던 간에 정확한 이항확률값은 10.48%이다(이 숫자로 여러분의 표본이 모집단을 대표한다고 결정할 수 있는지 없는지는 차후의 문제이다). 하지만 1950년대 컴퓨터를 충분히 쓸 수 없는 환경에서는 각종 계산표에 의지해서 계산해야 했고 나온 값은 10.48%라는 숫자에 가까운 값이었다.

이렇게 계산하는 방법 대신 중심 극한 정리를 이용할 수 있다. 우선 이렇게 오른손잡이냐 왼손잡이냐처럼 두 가지로만 값을 가지는 변수의 표준편차는 다른 숫자변수의 표준편차와 같다. 만약 p 값이 0.1일 때 한 비율을 나타내면 (1−p)인 0.9는 다른 비율을 나타낸다. 이때 이 변수의 표준편차는 다음과 같다.

$$\sqrt{p(1-p)}$$

합해서 1.0이 되는 두 비율을 곱해서 제곱근을 구한다. 크기 n인 표본이 있고 이 안에 해당 특징을 가지는 사람도 있고 아닌 사람도 있으면, 이 숫자에 해당하는 표준편차는 다음과 같다.

$$\sqrt{np(1-p)}$$

10%는 왼손잡이고 90%가 오른손잡이라고 가정할 때, 1500명의 골퍼가 오른손잡이인지 왼손잡이인지의 분포에 대한 표준편차값은 다음과 같다.

$$\sqrt{1500(.1)(.9)}$$

이 값은 11.6이다.

표본의 크기가 1500명일 때 여러분은 왼손잡이가 10%인 150명일 것이라고 예상하고 있다. 표준 편차값은 11.6이다. 중심 극한 정리에 따르면 표본의 개수가 충분히 클 때 표본들의 평균은 정규 분포를 따른다고 한다. 1500명은 충분히 큰 숫자이다. 따라서 정규분포에서 135명의 왼손잡이의 위치는 어디에 올지 생각해보자. 관찰값은 135명이며, 가정에 따른 평균은 150 그리고 표준편차 는 11.6이므로 z-점수를 계산하면 −1.29이다((135−150)/11.6). 일반적인 통계책 뒤에 부록으로 나오는 표를 찾아보면 정규곡선에서 z-점수가 −1.29일 때 해당하는 확률은 9.84%이다. 통계 책 이 없으면 다음 식을 사용해보자.

=NORM.S.DIST(−1.29,TRUE)

위 식과 아래 식은 동일하다.

=NORM.DIST(135,150,11.6,TRUE)

정규분포를 사용한 결과값은 9.84%이다. 이 분석에 따르면 비슷한 방법으로 만든 표본들 중 9.84%에서만 1500명의 골퍼 중 135명 이하의 왼손잡이를 찾을 수 있다. 하지만 이항분포식을 사 용해서 정확히 계산한 결과는 10.48%로 좀 더 크다. 두 가지 방법으로 나온 결과 숫자는 다르지 만 숫자의 의미는 같다. 이항분포를 사용한 결과 해석은 다음과 같다. "주어진 모집단에서 왼손잡 이가 평균 10%로 있다고 가정할 때, 비슷한 방법으로 만든 1500명짜리 표본들의 10.48%에서 135 명 이하의 왼손잡이 골퍼들을 찾을 수 있다"

두 경우 모두, 이 숫자를 해석하는 방법은 여러분에게 달려있다. 표본의 10%정도에서만 135명 이하의 왼손잡이가 나오므로 "이 표본은 모집단을 대표한다고 볼 수 없다"라고 결론을 낼 수도 있 고 10%라는 확률은 그다지 희귀한 건 아니므로 "이 표본은 모집단을 대표한다"라고 결정할 수도 있다.

## ✚ 더 잘해 보기

정규분포를 참고해서 계산한 값인 9.84%인 숫자를 이항분포로의 정규근사(normal approximation to the binomial)라고 한다. 이항분포를 대신해서 사용할 때 어느 정도 근접한 대체 수단으로 쓸 수 있다. 그리고 nCr 조합식을 계산하다가 너무 실수를 많이 해서 이렇게 근사값을 대신 쓰곤 했다. 1980년대 중반 이후로는 계산할 수 있는 적절한 소프트웨어가 없을 때나 이항확률을 계산하는 대신 사용하고는 한다.

사실 이 9.84%와 10.48%이라는 차이는 과거 통계학자들이 '무시할 수 있는' 수준이라고 불러왔었다. 하지만 정규근사(normal approximation) 방법을 쓰면 여러 가지 제약조건을 두게 되는데 np 나 n(1 − p)이 5보다 작으면 사용하지 말라거나, 10보다 작으면 사용하지 말라는 등이 있다. 그리고 '연속성 수정(correction for continuity)'을 사용하는 것에 대해 여러 문헌에서 상반되는 논의가 있어왔다. '연속성 수정(correction for continuity)'은 예를 들어 킬로그램이나 미터 같은 단위로 세는 것들은 연속된 값을 가지게 되지만 골퍼는 사람이므로 숫자가 1단위로 움직이므로(3/4 골퍼라는 것은 없다) 이런 값을 다루면서 발생하는 문제들을 말한다. 컴퓨터로 계산할 수 없었던 시절의 이항분포로의 정규근사는 은총이기도 했지만 저주이기도 했다.

이항분포로의 정규근사는 중심 극한 정리에 의존한다. 이제 이항확률을 컴퓨터로 계산하는 것이 쉬워졌으므로, 이항분포로의 정규근사는 이제 점점 보기 힘들다. 다른 근사(approximation) 방법도 마찬가지이다. 이제 중심 극한 정리는 통계 이론의 기초로만 남아있고, 1970년대의 유명한 통계학자는 이것을 "한때는 중요한 역할을 했지만 이제는 더 이상 그렇지 않다"고 표현했나.

# 08

# 평균 사이에서 검증하기 : 기본 사항

추론통계를 주로 사용하는 방법으로 두 그룹 사이의 평균에 차이가 생긴 이유가 우연 때문인지 그 확률을 검증하는 방법이 있다. 몇몇 상황에서 이런 분석이 필요한 경우가 있는데 각각의 경우 t-검정(t-test)이라고 하는 방법을 사용한다. 대조할 수 있는 결과만큼이나 t-검정을 수행해야 하는 많은 이유를 찾아내게 될 것이다. 예를 들어 다음과 같은 분야에서 이러한 비교를 수행하게 될 것이다.

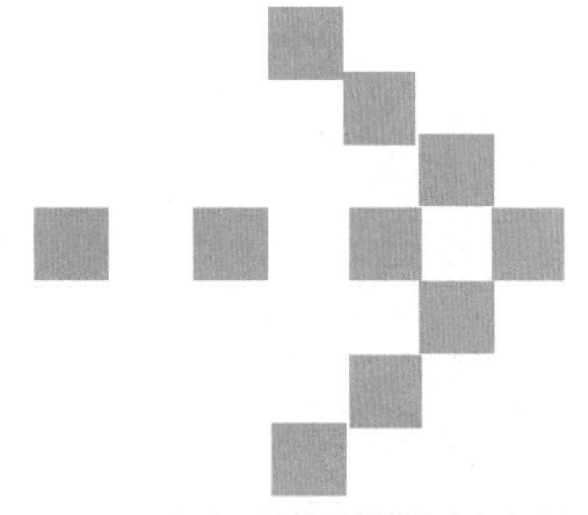

- 비즈니스 – 두 제품 라인의 평균 이윤
- 의학 – 두 환자 그룹의 평균 혈압에 심혈관 활동 일정이 미친 영향
- 경제 – 여성과 남성의 평균 임금
- 교육 – 두 그룹의 학생이 각각 다른 교과과정을 수강하도록 한 후 친 시험에서 평균 시험 점수의 차이

• 농업 – 두 개의 다른 비료를 썼을 때 평균 수확량의 차이

위의 예는 모두 두 개의 그룹에서 나온 평균값을 비교하는데 이것이 t-검정의 특징이다. 두 개의 그룹의 차이를 평균을 가지고 검증하려면 t-검정을 사용한다. 한 그룹의 평균과 가설값의 차이를 검증할 때도 t-검정을 쓸 수 있다. 예를 들어서 "하이브리드 자동차를 생산했을 때 얻을 수 있는 평균 매상 총 수익은 13%보다 클까?"에도 t-검정을 쓸 수 있다.

그렇다면 비교할 그룹이 3개 있으면 어떻게 할까? t-검정을 세 번 하면 가능하다. 그룹 A 대 그룹 B, 그룹 B 대 그룹 C, 그룹 C 대 그룹 A 하는 식이다. 하지만 이렇게 하면 여러분이 생각하는 이상으로 심각한 위험에 노출될 수 있다. 따라서 세 개 이상의 그룹의 평균을 테스트하고 싶으면, t-검정을 쓰지 말고 분산분석(ANOVA, analysis of variance)이나 다중회귀분석(multiple regression analysis)을 사용하기 바란다(10장 "평균 간의 차이 검증하기 : 분산분석", 12장 "실험 설계와 ANOVA", 14장 "다중회귀분석과 효과 코딩 : 기본", 15장 "다중회귀분석과 효과 코딩 : 더 많은 이슈"에서 다루게 된다). 하지만 그 반대는 참이 아니다. 3개 이상의 평균에 대해서는 t-검정 대신 분산분석(ANOVA)이나 다중회귀(multiple regression)를 써야 하지만 평균이 2개일 때도 분산분석(ANOVA)이나 다중회귀(multiple regression)를 써도 된다. 어느 쪽을 쓰는지는 개인적인 선호의 문제이다.


## 1. 평균 검정 : 이유

3장 "변동(variability) : 값이 어떻게 흩어지는가"에서는 평균을 주변으로 값이 어떻게 흩어지는지, 변동성이 큰지, 작은지를 측정하는 값으로 표준편차를 어떻게 계산하는지 등 변동성의 개념에 대해 다뤘다. 3장에서 강조하기를 한동안 표준편차로 작업하고 나면 표준편차가 나타내는 값이 얼마나 큰지에 대해 감이 생길 거라고 했다.

3장에서는 또 두 평균의 차이를 해석하는데 "두 평균 사이는 1.5 표준편차만큼 떨어져있으므로 꽤 크다"라는 말보다 좀 더 엄격하게 표현하는 법에 대해 배우게 될 것이라고 했다. 이 장에서는 좀 더 객관적인 방법에 맞추어 해석하는 법을 배울 것이다. 표준편차 단위로 차이를 측정하는 법에 대해서 3장에서는 z-점수를 언급했다.

$$z = \frac{(X - \overline{X})}{\sigma}$$

말로 풀어보면 z-점수는 평균과 특정값의 차이를 표준편차로 나눈 값이다. σ(소문자 시그마)를 써서 z-점수를 계산할 때 모표준편차를 사용해서 계산했음을 알려주고 있다. 표본 표준편차는 s 로 표시한다.

이제 특정값으로 표시하는 X를 더 이상 표본의 특정값이라고 하지 말고, 가설값(hypothetical value)이라고 해보자. 여러분은 멕시코만에 사는 바다거북 모집단의 평균수명에 관심 있다고 가정해보자. 2010년 오일 유출 사고로 인해 어린 거북이보다 늙은 거북이들이 더 많이 죽었다고 의심하고 있다. 이 경우 두 가지 가설을 세워볼 수 있다.

- **첫 번째 가설**, 귀무가설 혹은 영가설이라고도 한다. 이 가설은 여러분의 연구결과로 인해 기각할 것으로 예상하는 가설이다. 여기서는 "멕시코만의 바다거북의 평균수명은 세계의 바다거북의 평균수명과 동일하다"라고 가정한다.

- **두 번째 가설**, 보통 대립가설이나 연구가설(research hypothesis)이라고 한다. 이 가설은 여러분이 보여주고자 하는 것을 지지할 수 있는 가설이다. 여러 가지 방법으로 세울 수 있는데 "멕시코만 거북이의 평균수명은 세계의 바다거북의 평균수명보다 작다" 혹은 "멕시코만 거북이의 평균수명과 세계의 바다거북의 평균수명은 다르다"로 세울 수 있다.

귀무가설과 대립가설을 만들 때는 둘 다 참이면 안된다. 예를 들어 멕시코만의 바다거북 평균수명이 세계의 바다거북 평균수명과 같으면서 동시에 멕시코만의 바다거북 평균수명이 세계의 바다거북 평균수명과 다를 수는 없다. 가설은 상호 배타적이어야 하므로 한 개의 가설을 기각하면 다른 가설은 채택할 수 있어야 한다.

note

통계 분석에 대해 다루면서 '모집단(population)'이라는 용어를 많이 사용했다. 이 용어를 너무 뜻 그대로 받아들이지 말아 줬으면 한다. 이 용어는 논점을 좀 더 뚜렷하게 하기 위한 개념적인 도구로 많이 사용한다. 여기 바다거북의 모집단 2개가 있다고 하자. 하나는 멕시코만에 사는 바다거북이고, 다른 하나는 다른 바다에 사는 바다거북이다. 하지만 이 거북이들은 '바다거북이'라는 한 개의 모집단을 구성하는 셈이다. 하지만 우리는 멕시코만에 사는 젊은 거북이의 모집단과 멕시코만 외 세계에 사는 늙은 바다거북의 모집단에 영향을 주었을 어떤 사건의 효과에 대해 관심이 있다. 그 사건은 평균수명이 다른 두 모집단에 영향을 주었을까? 아니면 거북이들은 평균수명이라는 점에서 여전히 한 개의 모집단에 속해있는 것일까?

여러분의 귀무가설은 "멕시코만 바다거북의 평균수명은 세계의 바다거북의 평균수명과 동일하다"이고 대안가설은 "멕시코만 거북이의 평균수명은 세계의 바다거북의 평균수명보다 작다"이라고 가정하자. 멕시코만에서 잡은(이 사건은 임의로 발생했으며 서로 독립적이다) 16마리의 바다거북의 등껍질을 보고 나이를 측정했으며, 평균나이는 45세였다. 세계의 바다거북의 평균나이를 고려했을 때, "멕시코만의 바다거북의 실제 평균나이는 55세이다"라는 가설을 기각할 수 있을까?

## ✚ z-검정 사용하기

이 질문에 답하기 전에 어떤 검정을 적용할지 알아야 한다. 우선 세계의 바다거북 나이의 표준편차를 알고 있는지 보자. 이미 다른 학자들이 바다거북의 나이에 대해 충분히 연구해서 경험적으로 믿을 수 있는 신뢰할 만한 바다거북의 나이 표준편차를 알고 있다고 하자.
이 값을 20이라고 하면 이때 z-점수를 구하기 위해 다음 식을 쓸 수 있다.

$$z = (55 - 45)/20$$
$$z = 0.5$$

멕시코만 바다거북의 평균나이가 55세라는 귀무가설을 채택했다. 즉 "멕시코만 바다거북의 평균나이와 세계의 바다거북의 평균나이는 같다"는 가설을 채택했다고 하자. 멕시코만에서 표본을 찾아냈고, 바다거북의 평균나이를 계산했더니 45세였다. 만약 모평균이 55일때 표본평균이 45일 가능성은 얼마나 될까?
만약 여러분이 멕시코만에서 수많은 바다거북을 표본으로 잡아서 각 표본의 평균을 구하면 평균의 표본 분포를 구할 수 있다. 이 분포의 모양은 정규분포이며, 분포의 평균은 모집단의 평균과 같을 것이다. 그리고 여러분의 귀무가설이 옳다면 평균값은 55일 것이다. 따라서 z-값을 구하기 위해 다음 식을 쓰면

$$z = (X - \bar{X})/\sigma$$

여기에서 X는 각각의 관찰값이 아니라 표본평균이라고 생각할 것이다. 그리고 $\bar{X}$는 표본평균이 아니라 모평균이라고 생각할 것이다. 그리고 $\sigma$는 각각의 관찰값의 표준편차가 아니라 표본평균으로 된 모집단의 표준편차를 나타낸다.

다른 말로하자면 여러분은 현재 표본평균을 관찰값처럼 다루고 있다. 모집단은 관찰값으로 이루어져 있지 않고, 대신 표본평균으로 이루어져있다. 이런 표본평균의 표준편차는 평균의 표준오차(standard error of the mean)라고 하며 두 값으로 추정할 수 있다.

- 여러분의 표본 안에 있는 각각의 관찰값의 표준편차(아니면 앞에서도 언급했듯이 모집단의 알려진 표준편차). 둘 중 아무거나 사용할 수 있지만, 어떤 값을 사용하느냐에 따라 수행하는 검정방법이 달라진다. "z-검정 대신 t-검정 사용하기"를 보자. 이 예에서 사용하는 표준편차는 멕시코만에서 뽑은 바다거북의 표본의 평균나이의 표준편차이다.
- 표본크기. 여기서는 16이다. 여러분의 표본은 16마리의 바다거북으로 이루어져있다.

### 평균의 표준 오차 이해하기

모집단에서 두 개의 관찰값을 뽑았다고 가정해보자. 그리고 이 두 개의 관찰값이 표본 한 개가 된다고 해보자. 이 두 관찰값은 임의로 선택했으며 서로 독립적인 사건이다. 이렇게 모집단에서 임의로 값을 두 개 뽑아서 표본 한 개를 만드는 일을 계속 해보자. 각 표본의 평균은 다음과 같다.

$$\bar{X} = (X_1 + X_2)/2$$

모분산은 $\sigma^2$라고 한다(3장에서 분산은 표준편차의 제곱이라고 했다). 따라서 두 개의 관찰값으로 이루어진 표본들이 많이 있을 때 이 표본들의 평균의 분산은 다음과 같다.

$$\sigma_{\bar{x}}^2 = \sigma^2_{(x_1 + x_2)/2}$$

이 예에서 두 관찰값의 평균을 구할 때 두 값을 더한 다음 2로 나눴다. 하지만 두 값을 더한 다음에 0.5를 곱해도 된다. 이 과정은 당연하므로 여기에서 따로 보여주지는 않겠다. 나누는 과정을 상수를 곱하는 과정으로 바꾼 다음에 원래의 분산을 다시 써보면 다음과 같다.

$$\sigma^2_{(X_1 + X_2)/2} = 0.5^2 \times \sigma^2_{(X_1 + X_2)}$$

따라서

$$\sigma^2_{\bar{x}} = 0.5^2 \times \sigma^2_{(X_1 + X_2)}$$

두 개의 관찰값은 $X_1$, $X_2$이고 각각의 값은 서로 독립적인 사건이다. 각각의 분산을 합한 값은 분산들의 합과 동일하다.

$$\sigma^2_{(X_1 + X_2)} = \sigma^2_{X_1} + \sigma^2_{X_2}$$

이 식을 위 식에 대입해보면 다음과 같다.

$$\sigma^2_{\bar{x}} = 0.5^2 \times (\sigma^2_{X_1} + \sigma^2_{X_2})$$

여러 표본 중에서 첫 번째 표본의 분산은 $\sigma^2_{x1}$인데 이 값은 표본들을 뽑아낸 모집단의 분산 $\sigma^2_x$과 동일하다. 표본 중 두 번째 표본의 분산 역시 $\sigma^2_x$과 동일하다. 따라서

$$\sigma^2_{\bar{x}} = 0.5^2 \times (\sigma^2_X + \sigma^2_X)$$
$$\sigma^2_{\bar{x}} = 0.5^2 \times 2\sigma^2_X$$
$$\sigma^2_{\bar{x}} = \sigma^2_X/2$$

좀 더 일반화를 시키면 표본의 크기 n을 식에 넣어보면 다음과 같다.

$$\sigma^2_{\bar{x}} = \sigma^2_X/n$$

말로 풀어보면 표본에서 뽑은 여러 표본들의 평균의 분산은 모분산을 표본크기로 나눈 값과 동일

하다.

여기에 나오는 용어가 그다지 자주 나오는 용어는 아니지만 $\sigma_{\bar{x}}^2$는 평균의 분산오차(variance error of the mean)라고 한다. 이 값의 제곱근은 $\sigma_{\bar{x}}$이며 이것은 평균의 표준오차(standard error of the mean)라고 한다. 이 용어는 자주 쓰이는 용어이며 식으로 쓰면 다음과 같다.

$$\sigma_{\bar{x}} = \sigma_x / \sqrt{n}$$



표준오차(standard error)는 각 관찰값의 표준편차가 아닌 다른 값들의 표준편차를 의미하는 용어로 사용되어 왔다. 예를 들어 평균의 표준오차(standard error of the mean)라는 용어는 말 그대로 표본평균의 표준편차를 말한다. 다른 예로 회귀분석 추정값의 표준오차(standard error of estimate)나 계량심리학에서의 측정의 표준오차(standard error of measurement) 등이 있다. 표준오차라는 용어를 만나게 되면 우선 이 값이 표준편차라는 것을 기억하자. 하지만 관찰값을 계산해서 나오는 표준편차가 아니라 이미 가공된 관찰값을 가지고 만드는 표준편차가 된다.

위의 식은 매우 중요하므로 반복해서 보여줬다. 이 기호는 평균의 표준오차를 나타낸다. 이 값은 표본분산(만약 모분산을 알고 있으면 그 값으로)을 표본의 크기로 나눈 다음 제곱근을 구했다. 모집단에서 반복해서 표본을 뽑아서 그 표본들에서 나온 평균을 가지고 만든 표준편차라고 할 수 있다. 만약 표본이 한 개라면 각각의 관찰값으로부터 값을 계산할 수도 있다. 표본분산을 모분산의 추정량으로 사용하자. 이 값과 표본의 크기를 알고 있으면 여러 표본을 가지고 되풀이해서 계산하지 않고도 평균의 표준편차값을 추정할 수 있다.

## ✚ 평균의 표준오차 사용하기

만약 여러분이 두 바다거북의 모집단을 가지고 나이에 대해서 차트를 그리면 어떻게 보일까? 그림 8-1을 보면 2개의 곡선을 볼 수 있다. 왼쪽의 곡선은 멕시코만에 사는 바다거북 모집단의 나이를 보여주고 있다. 평균나이는 45세이다. 평균나이는 차트에서 굵은 점선으로 표시했다.

### – 바탕이 되는 분포를 시각화하기

그림 8-1에 보면 가느다란 세로선 5개가 보일 것이다. 이 선들은 모두 오른쪽 곡선에 속하는 것으

로 가장 왼쪽 선부터 오른쪽 선까지 의미하는 바는 다음과 같다.

평균보다 2σ아래, 평균보다 1σ아래, 평균, 평균보다 1σ위, 평균보다 2σ위.

그림 8-1같은 차트를 만들려면 연습이 필요하다. 이 장 후반부에 다시 설명하겠다.

왼쪽 곡선의 평균값을 수평선에서 찾아보면 45세이다. 이 값은 여러분이 표본에서 알아낸 값과 일치한다. 하지만 세계에 사는 바다거북의 모집단 곡선에서 보면, 45세는 평균 아래 1σ값인 35세와 평균값인 55세 사이에 위치하게 된다. 표준편차의 측면에서 보면 멕시코만 바다거북의 평균나이 45세는 세계의 바다거북 평균나이 55세에서 아주 많이 떨어져 있는 건 아니다. 이 두 값은 0.5 표준편차만큼 떨어져 있다.

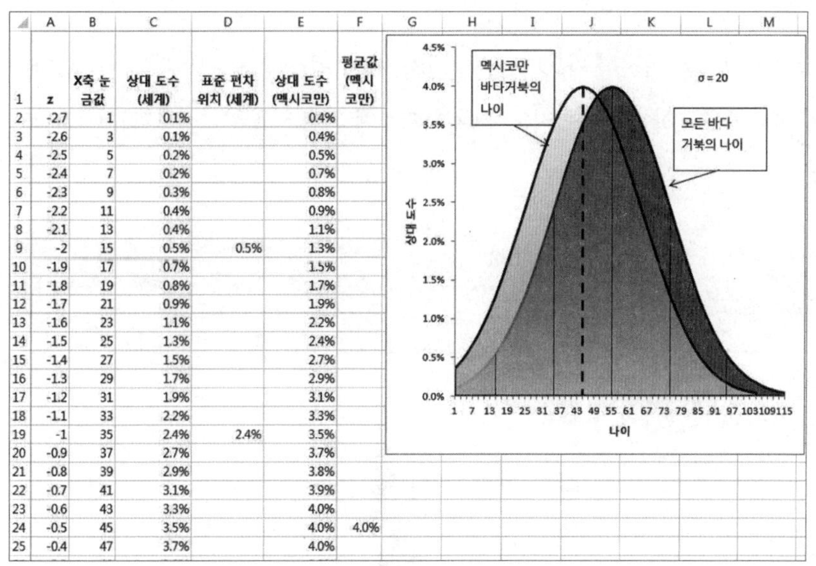



| | z | X축 눈금값 | 상대 도수 (세계) | 표준 편차 위치 (세계) | 상대 도수 (멕시코만) | 평균값 (멕시코만) |
|---|---|---|---|---|---|---|
| 2 | -2.7 | 1 | 0.1% | | 0.4% | |
| 3 | -2.6 | 3 | 0.1% | | 0.4% | |
| 4 | -2.5 | 5 | 0.2% | | 0.5% | |
| 5 | -2.4 | 7 | 0.2% | | 0.7% | |
| 6 | -2.3 | 9 | 0.3% | | 0.8% | |
| 7 | -2.2 | 11 | 0.4% | | 0.9% | |
| 8 | -2.1 | 13 | 0.4% | | 1.1% | |
| 9 | -2 | 15 | 0.5% | 0.5% | 1.3% | |
| 10 | -1.9 | 17 | 0.7% | | 1.5% | |
| 11 | -1.8 | 19 | 0.8% | | 1.7% | |
| 12 | -1.7 | 21 | 0.9% | | 1.9% | |
| 13 | -1.6 | 23 | 1.1% | | 2.2% | |
| 14 | -1.5 | 25 | 1.3% | | 2.4% | |
| 15 | -1.4 | 27 | 1.5% | | 2.7% | |
| 16 | -1.3 | 29 | 1.7% | | 2.9% | |
| 17 | -1.2 | 31 | 1.9% | | 3.1% | |
| 18 | -1.1 | 33 | 2.2% | | 3.3% | |
| 19 | -1 | 35 | 2.4% | 2.4% | 3.5% | |
| 20 | -0.9 | 37 | 2.7% | | 3.7% | |
| 21 | -0.8 | 39 | 2.9% | | 3.8% | |
| 22 | -0.7 | 41 | 3.1% | | 3.9% | |
| 23 | -0.6 | 43 | 3.3% | | 4.0% | |
| 24 | -0.5 | 45 | 3.5% | | 4.0% | 4.0% |
| 25 | -0.4 | 47 | 3.7% | | 4.0% | |

▶▶ **그림 8-1** 차트를 그리는데 사용한 표준편차 값은 20이다.

귀무가설인 "멕시코만의 바다거북의 나이 역시 세계의 바다거북 나이 모집단과 같은 모집단에서 온 것이다"를 채택해도 무리 없을 것으로 보인다. 평균값이 10년 정도 차이 나는 것은 그냥 샘플링 오류 때문이라고 하면 된다. 하지만 이 논리에는 오류가 있다. 여기에서는 틀린 표준편차를 사용하고 있다. 그림 8-1에서 사용한 표준편차 20이라는 값은 각 관찰값의 나이의 표준편차이다. 그리고 여기에서는 각 관찰값을 평균에 비교하는 게 아니라 한 평균값을 다른 평균값에 비교하고 있다. 따라서 여기에서 사용해야 하는 표준편차 값은 평균의 표준오차여야 한다. 즉 표본평균의 표준편차 말이다. 그림 8-2에서는 관찰값의 표준편차가 아닌 평균의 표준오차를 썼을 때의 결과를 보여주고 있다.

그림 8-2의 곡선은 그림 8-1의 곡선보다 훨씬 좁아 보인다. 이유는 다음과 같다. 그림 8-2에서 사용한 표준편차는 평균의 표준오차이며 이 값은 표본을 이루는 관찰값의 크기가 1보다 크면 항상 표준편차보다 작게 되어 있다(하지만 우선 관찰값의 크기가 1인 표본은 표준편차 값이 없다). 앞에서 보여줬던 식을 기억하고 있으면 확실하게 알 수 있을 것이다. 다시 식을 보자.

$$\sigma_{\bar{x}} = \sigma_x / \sqrt{n}$$

그림 8-2의 오른쪽 곡선에서는 여전히 가느다란 수직선을 써서 평균과 표준오차 사이가 얼마나 떨어져있는지 보여준다. 표준오차는 표준편차보다 작기 때문에 그림 8-1의 곡선보다는 사이사이가 더 좁아 보인다.

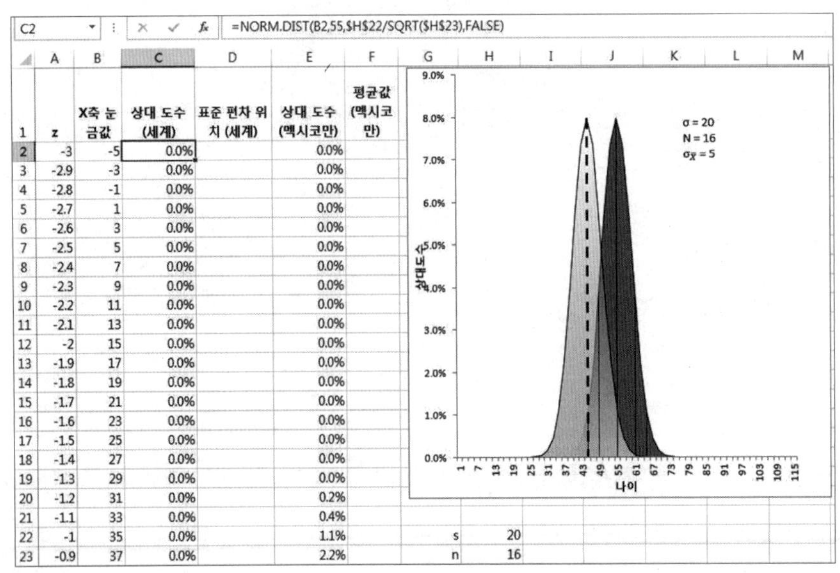

| | | C2 | | | $f_x$ | =NORM.DIST(B2,55,$H$22/SQRT($H$23),FALSE) |

| | A | B | C | D | E | F |
|---|---|---|---|---|---|---|
| 1 | z | X축 눈 금값 | 상대 도수 (세계) | 표준 편차 위치 (세계) | 상대 도수 (멕시코만) | 평균값 (멕시코 만) |
| 2 | -3 | -5 | 0.0% | | 0.0% | |
| 3 | -2.9 | -3 | 0.0% | | 0.0% | |
| 4 | -2.8 | -1 | 0.0% | | 0.0% | |
| 5 | -2.7 | 1 | 0.0% | | 0.0% | |
| 6 | -2.6 | 3 | 0.0% | | 0.0% | |
| 7 | -2.5 | 5 | 0.0% | | 0.0% | |
| 8 | -2.4 | 7 | 0.0% | | 0.0% | |
| 9 | -2.3 | 9 | 0.0% | | 0.0% | |
| 10 | -2.2 | 11 | 0.0% | | 0.0% | |
| 11 | -2.1 | 13 | 0.0% | | 0.0% | |
| 12 | -2 | 15 | 0.0% | | 0.0% | |
| 13 | -1.9 | 17 | 0.0% | | 0.0% | |
| 14 | -1.8 | 19 | 0.0% | | 0.0% | |
| 15 | -1.7 | 21 | 0.0% | | 0.0% | |
| 16 | -1.6 | 23 | 0.0% | | 0.0% | |
| 17 | -1.5 | 25 | 0.0% | | 0.0% | |
| 18 | -1.4 | 27 | 0.0% | | 0.0% | |
| 19 | -1.3 | 29 | 0.0% | | 0.0% | |
| 20 | -1.2 | 31 | 0.0% | | 0.2% | |
| 21 | -1.1 | 33 | 0.0% | | 0.4% | |
| 22 | -1 | 35 | 0.0% | s | 1.1% | 20 |
| 23 | -0.9 | 37 | 0.0% | n | 2.2% | 16 |





▶▶ **그림 8-2** 표본의 크기가 16이므로 표준오차의 크기는 표준편차의 1/4정도가 된다.

하지만 두 그림에서 모두 평균값은 그대로 45와 55이다. 각 나이의 표준편차에서 나이 평균의 표준오차로 바꾸는 것은 평균에 영향을 주지 못한다.

이제 세계의 거북이와 멕시코만의 거북이의 평균나이 차이를 평균의 표준오차 측면에서 보면 그 간격은 훨씬 멀어졌다. 그림 8-1에서는 0.5 표준편차밖에 떨어져 있지 않았는데, 그림 8-2에서 보면 멕시코만 거북이의 평균나이 45세는 세계의 바다거북의 평균나이에서 2 표준오차 이상으로 떨어져있게 된다. 그림 8-2의 결과로 보면 이 결과가 단순히 샘플링 오류 때문에 발생한 것이라고 하기는 어렵다. 즉 '멕시코만 바다거북이 모집단의 평균과 세계의 바다거북 모집단의 나이 평균이 차이가 없다'라는 귀무가설을 인정하기는 어려워졌다.

### – 오류율(Error Rates)과 통계적 검정(Statistical Tests)

여러분이 추론통계에 대해 잘 모른다고 해도 아마 실험 리포트에 실린 표 등에서 각주로 'p<.05'나 'p<.01'라고 써진 것을 본 적이 있을 것이다. 여기서 p는 'probability' 즉 확률을 의미하며, 각주에서 의미하는 바는 "모집단에 차이가 없을 때 표본에서 이런 차이를 관찰할 확률은 최소 이만큼이다"라는 뜻이다.

이 책 앞부분에서 그리고 9장 "평균 간 차이를 테스트하기 : 더 많은 이슈"에서 이런 종류의 오류에 대해 다루고 그리고 엑셀과 엑셀의 도구를 사용하여 어떻게 오류를 제어할 것인지 알아본다. 별 도움은 안 되겠지만 이것들은 이름이 매우 다양하다. 어떤 때는 알파(alpha), 제1종 오류(Type I error), 유의수준(significance level)이라고 한다(이 책에서는 알파(alpha)라는 용어를 사용했는데 우선 제1종 오류(Type I error)는 확률의 의미를 가지고 있지 않다. 그리고 유의수준(significance level)이라는 용어는 유의성(significance)의 의미가 불명확하다). 그림 8-2를 보면 이런 오류가 어떻게 동작하는지 알 수 있을 것이다. 엑셀 함수를 많이 쓰다 보면 오류와도 익숙해질 것이다.

실수로 귀무가설을 기각할 확률(실제로 평균나이가 같은데도 불구하고, "멕시코만 바다거북과 세계의 바다거북의 평균나이는 같지 않다"고 결론 내릴 확률)은 순전히 여러분에게 달려있다. 여러분은 이것을 사전에 명령처럼 내릴 수 있다. 여러분은 우선 여러분이 이런 종류의 실수를 할 확률이 100번 중 5번이라거나(.05) 혹은 100번 중 1번(.01)이라고 선언한다(이 값은 0보다 크고 1보다 작은 값으로 여러분이 원하는 값을 선택해도 된다). 이런 결정을 "알파수준(alpha level)을 설정한다"라고 한다.

여러분이 실험 데이터를 보기도 전에 결정해야 하는 것 중의 하나가 바로 알파값을 설정하는 일이다. 그리고 대립가설이 방향성인지 비방향성인지도 결정해야 한다. 9장에서 이런 이슈에 대해 더 깊게 다루겠다.

우선 알파값을 .05로 설정했다고 하자. 이 경우 데이터와 그림 8-2와 같은 상황이라면 결정 규칙에 의해 멕시코만과 세계의 바다거북의 평균수명에 차이가 없다는 귀무가설을 기각해야 한다. 표본오차가 5이고 모평균이 55일 때 표본평균이 45가 나올 확률은 .02275 즉 2.275% 밖에 없다.



알파값으로 .05를 선택했을 때 실수로 귀무가설을 기각할 확률을 이미 정했고 위 값은 알파값의 절반 이하이다. 여러분이 .05를 알파값으로 정할 때는 귀무가설이 사실임에도 불구하고 가설을 기각할 확률이 최대 5%임을 받아들이고 있는 것이다. 이 경우 여러분이 뽑은 표본들의 5%에서, 멕시코만 바다거북의 평균나이와 세계의 바다거북의 평균나이에 차이가 없음에도 불구하고 차이가 있다고 결론을 내릴 것이다.

평균나이에 차이가 없다고 할 때 여러분이 위에서 얻은 숫자는 그 중 5%가 아니라 2.275%이다. 여러분이 귀무가설을 기각할 때는 5%밖에 일어나지 않는 사건이 일어났을 때인데 여기서는 귀무가설이 참일 때 2.275%밖에 일어나지 않는 사건이 발생했다. 여기서 그냥 여러분이 재수없게 굉장히 특이한 표본을 집었다고 하는 것보다는 귀무가설이 틀렸다고 결론을 내는 것이 합리적이다 (7장 "정규분포로 엑셀 사용하기"의 "신뢰구간(Confidence Interval) 만들기"절과 비교해보자).

표본과 같은 결과(여기서는 2.275%)를 얻으려면 엑셀의 NORM.DIST() 함수를 써서 z-검정의 결과값을 얻을 수 있다. NORM.DIST()는 특정 평균값과 표준편차가 주어졌을 때 정규분포에서 관찰값을 보게 될 확률을 반환한다. 문법은 다음과 같다.

NORM.DIST(value, mean, standard deviation, cumulative)

이 예에서 사용하는 인자는 다음과 같다.

NORM.DIST(45, 55, 5, TRUE)

- 45는 여러분이 검증하고자 하는 표본값이다.
- 55는 귀무가설에서 가정하고 있는 평균값이다.
- 5는 표본의 표준오차이다. 모표준편차는 20이며 표본크기 16의 제곱근으로 나눈다. 식은 $\sigma/N$ 이므로 20/4.
- TRUE는 누적 확률을 구하고자 하는지 여부를 보여준다. 누적 확률로 하면 정규곡선에서 45의 왼쪽으로 모든 영역의 면적을 구한다.

note_

엑셀 2010 이전 버전을 쓰고 있으면 NORM.DIST() 대신 NORMDIST()를 써야 한다. 인자와 결과값은 두 버전에서 동일하다.

NORM.DIST(45, 55, 5, TRUE)의 반환값은 .02275이다. 차트에서 표현하면 그림 8-2의 모든 바다거북이의 곡선에서 표본평균인 45값 왼쪽의 영역이 2.275%이다.

귀무가설이 참이라고 가정했을 때 .02275라는 영역은 표본평균 45 혹은 이보다 더 작은 값의 평균을 보게 될 확률이다. 실제로 멕시코만의 거북이들의 평균나이는 55세이지만 샘플링 오류로 멕시코만 거북이들의 표본 나이가 45세가 되었을 수도 있다. 물론 가능한 이야기이긴 하지만 거의 발생하지 않을 것이다. 그리고 실험 전에 여러분이 설정한 오류율인 알파값 .05보다 .02275는 더 작은 값이다. 여러분은 이미 귀무가설이 실제로 참임에도 불구하고 이를 기각할 수 있는 확률을 5%로 정했다. 실험 결과로는 귀무가설이 참이라고 하더라도 이런 일이 발생할 확률은 그 중 2.275% 밖에 안된다. 따라서 여러분은 귀무가설을 기각하고, '대립가설을 채택'하도록 한다.

## ✚ 차트 만들기

데이터를 가지고 직접 차트를 그리면 통계 검정의 성질과 데이터가 검증에서 어떤 역할을 하는지를 알 수 있다. 이때 실제 관찰값(평균이나 표준편차 같은 값들)과 검증이 기반이 되는 이론적인 데이터(표본을 뽑아낸 모집단 혹은 여러분이 뽑지 않은 표본들의 평균에 대한 분포)를 모두 차트에 그리는 것을 고려해보자. 이 장에서는 가상의 모집단의 분포, 가상의 표본, 실제 표본을 보여주는 그림들을 포함한다.

차트에서 데이터 계열을 찍어서 워크시트 안에서 해당 데이터가 나타내는 영역을 보자(차트에서 데이터 계열을 선택하면 워크시트에 해당 데이터 부분에 테두리가 보인다). 다음 '데이터 계열 서식'을 선택해서 채우기 옵션이나 테두리 옵션을 보고 어떤 값을 선택했는지 보자.

note_

사용하고 있는 차트의 종류에도 주의하자. 이 장과 다음 장에서 모두 '꺾은 선형 차트'와 '영역형 차트'를 사용했다. 다른 종류의 차트를 쓸 수도있겠지만 필자는 주로 서로 다른 분포를 겹쳐서 보여주고 싶기 때문에 두 차트가 겹치는 것을 좀 더 확실히 보여줄 수 있는 차트를 선호한다.

엑셀 워크북 자체만으로 차트를 구성한 이유 등에 대해 전부다 설명할 수는 없다. 여기에서는 그림 8-1에서 사용한 차트의 구조만을 다룬다. 이것도 꽤 복잡하다.

## ✚ 기본이 되는 영역

그림 8-1의 차트는 총 6개의 워크시트 영역으로 되어 있고, 그 중 차트에 보이는 것은 5개 영역이다. A열의 데이터는 B열부터 F열에 걸쳐 계산할 수 있는 기본 데이터이다. 차트에는 B열부터 F열이 보인다. 열들의 구성은 다음과 같다.

### ● 〈A열 : z-점수〉

첫 번째 영역은 A열이며 가능한 z-점수의 영역이다. 보통 이 영역은 −3.0(혹은 평균 0.0에서 3 표준편차 아래 위치)에서 시작해서 +3.0(혹은 평균 0.0에서 3 표준편차 위에 위치)으로 끝난다. 여기서는 −2.7보다 작은 수는 다루지 않았는데 그 아래에서는 평균나이가 음수가 되기 때문이다. A열의 z-점수는 −2.7에서 시작해서 +3.0으로 끝나며 A2:A59이다. A2:A59에 이 값을 쉽게 입력하려면 우선 첫 번째 z-점수값 2.7을 A2에 입력하자. 그리고 다음 식을 A3에 입력하자.

=A2 + 0.1

이렇게 하면 A3에 −2.6이 들어간다. 이 식을 A4:A59에 복사해서 붙여 넣으면 제일 끝에는 +3.0으로 종료한다. 필요하면 0.1말고 다른 값을 써도 된다. 차트를 그려본 결과 0.1단위로 하는 게 차트상에서 관리하기도 쉽고 선도 매끄럽게 그려졌다.


● 〈B열 : X축 눈금값〉

A열의 z−점수는 직접 차트상에 나오지는 않는다. 대신 이 값은 차트상에 나오는 값들의 기본 데이터가 된다. 차트상의 X축에 z−점수 대신 측정 눈금단위를 보여주는 편이 더 좋기 때문에 B열에는 z−점수에 해당하는 나이값을 계산했다. B열에 나오는 값은 차트상 X축에 보이는 눈금값이다. 엑셀에서 식을 써서 z−점수를 나이로 변환했다. 셀 B2에 =A2*20 + 55을 입력했다.

이 식은 셀 A2의 z−점수에 20을 곱한 다음 55를 더했다. X축에도 표준편차가 반영돼서 폭이 나와야 한다. 표준편차가 20이므로 이 값을 z−점수에 곱했다. 그리고 z−점수의 평균은 0이므로 값의 평균값을 더해서 좌표를 이동해야 한다. 이 식을 B3:B59에 복사해서 붙여 넣는다.

필자는 여기서 더 높은 평균값인 55를 더했는데 그 이유는 차트상에 양수의 나이값만 보여주려고 했기 때문이다. 평균값으로 45를 더하면 표준편차가 20일 때, 축의 왼쪽에서는 평균나이가 음수가 될 수 있다(55를 더해도 음수가 약간은 나오는데 여기서는 무시했다).


● 〈C열 : 모집단 값〉

C열은 차트상 Y축에 보이는 값을 계산하고 있다. C열의 이름표는 '상대도수(세계)'로 되어 있는데, 차트상 곡선에서 특정 위치의 높이를 정의하게 된다. 이 경우 차트에서 '모든 바다거북의 나이'라고 붙어있는 곡선은 C열값에 따른다. 셀 C2의 식은 다음과 같다.

    =NORM.S.DIST(A2,FALSE)/10


엑셀 2010과 2013에서 이 식은 NORM.S.DIST() 함수를 사용한다(만약 2010 이전 버전의 엑셀을 쓰고 있으면 아래 상자 안의 설명을 참고하자). 현재 우리는 z−검정을 하고 있기 때문에 이 함수를 쓰는 게 맞다. 이 장에서 t−검정에 대한 부분을 보면 모표준편차를 알고 있을 때 평균의 차이를 검정하기 위해 z를 사용하고 모르면 t를 사용한다고 한다.

NORM.S.DIST()나 NORMDIST()를 써서 나온 결과값을 10으로 나눈다. 이 분석을 하기 위해 z-점수로 약 60(정확히는 58)을 쓰고 있다. 해당 지점의 측정값의 합은 거의 10이므로 이 값을 10으로 나누면 C열의 형식을 백분율로 나타낼 수 있다. 이렇게 하면 수직선 축이 좀 더 보기 쉬워진다.

■ **NORM.S.DIST() 대신 NORMDIST() 사용하기** ■

엑셀 2010 이전 버전을 사용하고 있으면 대신 NORMDIST() 함수를 쓸 수 있다. 하지만 호환성 문제가 발생한다. 정규곡선을 그리려고 하면 함수가 누적 확률을 반환하면 안되고 주어진 위치에서 곡선의 높이만 필요하다(미적분학 문제로 들어갈 필요 없이 단지 X축의 한 점에서의 곡선의 높이는 특정 숫자가 나올 확률에 비례하게 된다). 함수가 누적 영역을 반환하면 이 영역은 X축상 특정 위치에서 왼쪽으로 곡선 아래 전체 영역에 해당한다. 이 정보는 물론 유용하지만 그래프를 그릴 때는 도움이 안된다. 여기서 필요로 하는 것은 X축상 특정 지점에서의 확률이며 이것을 '점 추정치(point estimate)'라고 한다.

NORM.S.DIST() 함수는 이 목적에 잘 맞게 되어 있다. 이 함수의 첫 번째 인자는 z-점수이며 여러분이 관심 있는 정규곡선에서 X축상의 특정 위치를 말한다. 그리고 두 번째 인자는 누적값으로 TRUE이면 누적 확률을 반환하고 FALSE이면 점 추정치를 반환한다. 점 추정치는 곡선의 높이이며, 특정 z-점수를 보게 될 확률을 나타낸다.

엑셀 2010이나 2013을 쓰고 있으면 아무 문제 없지만, 엑셀 2007이나 그 이전 버전을 쓰고 있으면 NORM.S.DIST()를 쓸 수 없다. 그 이전 버전에서 개념적으로 그나마 가까운 것은 NORMSDIST()인데, 이 함수에는 누적값으로 누적 확률이나 점 추정치를 선택할 수 있는 여지가 없다. NORMSDIST()는 z-점수 인자 한 개만을 받으며 무조건 누적 확률만을 반환한다. 따라서 엑셀 2010이전 버전을 사용하고 있으면 NORM.S.DIST()대신 NORMDIST()를 쓰고 점 추정치와 누적 확률 중 어떤 것을 쓸 것인지 결정해야 한다. NORMDIST()는 단위정규분포(평균이 0이고 표준편차가 1인 정규분포)외에도 더 여러 가지의 정규분포를 사용할 수 있으므로 여러분이 직접 분포의 평균과 표준편차를 줄 수 있다. 이 경우 NORM.S.DIST() 대신 NORMDIST()를 쓰면 셀 C2에 입력할 식은 다음과 같다.

    =NORMDIST(A2,0,1,FALSE)/10

● 〈D열 : 표준편차〉

차트상에서 분포의 평균값으로부터 1 표준편차나 2 표준편차의 위치가 얼마나 떨어져있는지 보여줘야 한다. 이 위치를 보여주면 표본평균이 가정한 모평균으로부터 얼마나 떨어져있는지 쉽게 알 수 있다. 이 위치는 차트상에 가느다란 수직선으로 보여주며 각각 $-2\sigma$, $-1\sigma$, $\mu$, $+1\sigma$, $+2\sigma$ 가 된다.

엑셀에서 이 선을 보여주는 가장 좋은 방법은 다섯 개의 값으로 된 데이터 계열을 이용하는 식이다. 그림 8-1에 보면 셀 D9, D19에 이 값들 중 2개의 값이 보인다. 이 값은 각각 15세와 35세 옆에 보이는데, 해당 값들의 z-점수는 -2.0과 -1.0이다.

D9와 D19의 값은 C9와 C19의 값과 동일하다. 데이터 계열 두 개에서 두 번째 계열은 값이 5개만 있지만, 그 값들은 첫 번째 계열의 값과 동일하다. 보통의 경우는 차트를 그렸을 때 이 데이터는 C열의 데이터와 겹쳐서 보이게 된다. 하지만 기준이 되는 데이터는 D열에 놓고 이것을 가느다란 선으로 그려서 오차막대의 기준으로 삼을 수 있다.

왜 C열의 데이터 계열을 가지고 선을 그리지 않을까? 이 경우 C열의 모든 선이 다 나타나면 어느 선이 표준편차의 위치인지 헷갈릴 것이다. 곧 이런 오차 막대(error bar)를 그리는 방법에 대해 설명하겠다.


● 〈E열 : 표본 평균의 분포〉

E열에는 차트상 '모든 바다거북의 나이'라고 되어 있는 값들이 또 나온다. 이 값들은 B열의 값과 동일하며 NORM.S.DIST()를 사용해서 같은 방법으로 계산한다. 하지만 이 곡선은 왼쪽으로 10년 정도 옮겨야 하는데, 대립가설에서 "멕시코만의 바다거북의 평균나이는 45세이며, 세계 바다거북의 평균나이보다 10세 적다"고 했기 때문이다. 따라서 셀 E2의 식은 다음과 같다.

    =NORM.S.DIST(A7,FALSE)/10

셀 C2의 식(=NORM.S.DIST(A2,FALSE)/10)은 z-점수로 A2를 가리키는데 이 식은 z-점수로 A7의 값을 가리킨다.

이렇게 하면 멕시코만의 바다거북 곡선을 왼쪽으로 10년 이동시킬 수 있다. 워크시트상 한 행은 각각 거북이 나이 2년이므로 E2의 함수가 A2가 아닌 A7을 사용함으로써 10년 이동시킬 수 있다.


● 〈F열 : 표본의 평균〉

마지막으로 차트상에 표본 평균을 보여줄 데이터 계열이 있어야 한다. 차트상 굵은 점선으로 보이는 선이다. 이 선은 워크시트상 F24에 보인다. F열에 있으며 다른 오차 막대와 비교해서 보인다.


● 〈차트 만들기〉

A열에서 F열까지 워크시트상에 데이터를 입력한 다음 그림 8–1과 같은 차트를 만들려면 다음과 같은 과정을 따른다.


1. 가로축 이름표 말고는 모든 데이터를 차트상에 넣어보자. C1:F59를 선택한다.

2. '삽입' 탭 ▶ '차트' 그룹 ▶ '영역형 차트 삽입' 버튼을 클릭한다.

3. '2차원 영역형' 버튼을 클릭한다. 현재 워크시트상에 새 차트가 보인다.

4. 차트상 '범례' 부분을 클릭한 다음 삭제를 누른다.

5. 가로 눈금선을 클릭한 다음 삭제한다(원하면 4번, 5번 과정에서 눈금선과 범례를 남겨둘 수도 있다. 하지만 남겨두면 차트 모양이 복잡해서 산만해진다).

6. 차트상의 가로축에 이름표를 붙이자. 차트를 클릭하면 리본상에 '차트 도구'가 보인다. '디자인' 탭을 클릭한 다음 '데이터 선택'을 클릭하자. 그림 8–3에서 '데이터 원본 선택' 대화상자가 보인다.

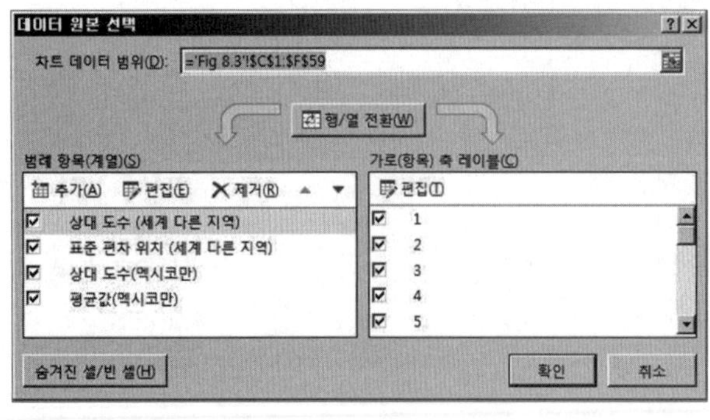

▶▶ **그림 8-3** 엑셀 2003 이전 버전에 익숙하면 이 대화상자가 생소할 것이다.



엑셀 2013을 활용한 통계 분석

7. 왼쪽의 '범례 항목(계열)' 목록에서 '상대도수(세계)'를 선택하도록 하자. 만약 선택이 안되어 있으면 지금 하자. 오른쪽 리스트의 '편집' 버튼을 클릭하자(만약 '범례 항목(계열)' 목록에서 데이터가 안 보이면 과정 1에서 C1:F59를 선택했는지 다시 확인하자).

8. '축 레이블 범위' 대화상자가 보인다. 범위 선택 버튼을 눌러서 B2:B59 영역을 선택하자. 다음 '확인'을 눌러서 원래의 '데이터 원본 선택' 대화상자로 돌아간다. 다시 '확인'을 눌러서 워크시트로 돌아가자. 이렇게 하면 B2:B59 영역의 숫자 값들이 차트상 X축의 값이 된다. 차트는 그림 8-4처럼 보인다.

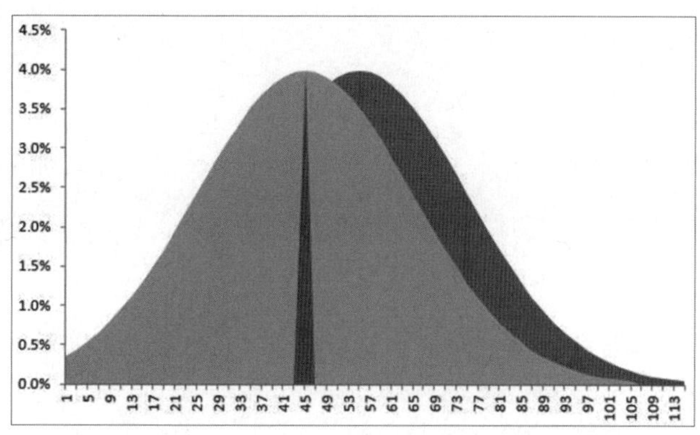

▶▶ **그림 8-4** 범례와 가로 눈금선을 없애면 두 곡선이 겹친 모양과 표준편차의 위치를 더 쉽게 볼 수 있다.

9번부터 14번 과정에서는 멕시코만마다 거북의 평균나이를 나타내는 데이터 계열 대신 오차 막대를 그려서 평균나이의 위치를 보여준다.

9. '차트 도구'에서 '서식'을 클릭한다(엑셀 2010에서는 '차트 도구'에서 '레이아웃'). 리본의 제일 왼쪽 끝의 '현재 선택 영역' 그룹에서 '차트 영역' 드롭다운 상자를 클릭한 다음 "계열 '평균값(멕시코만)'"을 선택한다.

10. '현재 선택 영역' 그룹 ▶ '선택 영역 서식'을 클릭한다. '데이터 계열 서식' 영역이 보인다. '채우기 및 선' 버튼(페인트 통 모양의 버튼)을 클릭한 다음 '채우기'에서 '채우기 없음'을 선택한다.

11. '테두리'에서 '선 없음'을 선택한 다음 선택 영역을 닫는다. 10번과 11번 과정에서 채우기와 선을 없앴기 때문에 차트상에 데이터가 직접 보이지 않는다. 12번과 14번 과정에서는 데

이터 계열을 오차 막대로 바꾼다.

12. '차트 도구'의 '디자인' 탭에서 '차트 요소 추가' 버튼을 클릭한다. 드롭다운 메뉴에서 '오차 막대'를 클릭한다(엑셀 2010에서는 '레이아웃' 탭에서 '오차 막대'를 클릭한다). 메뉴에서 '기타 오차 막대 옵션'을 클릭하면 '오차 막대 추가' 창이 보인다. 여기에서 '평균값(멕시코만)'을 선택하고 '확인'을 클릭한다. 이제 오차 막대 서식창이 보이는데, 여기에서 '세로 오차 막대'에서 '방향'은 '음의 값', '끝 스타일'은 '끝 모양 없음'으로 한다.

13. 계속 '오차량'에서 '백분율'을 선택한 다음 이 값을 100%로 한다. 이렇게 하면 오차 막대가 수평선까지 쭉 연장이 된다.

14. 오차 막대 서식 창의 '채우기 및 선'에서 '대시 종류'를 점선으로 선택한 다음 '두께'를 2.25 포인트로 한다. 다음 오차 막대 서식 창을 닫는다.


15번과 19번의 과정은 9번에서 14번의 과정과 비슷하다. 이 과정에서 표준편차를 나타내는 데이터 대신 오차 막대를 보여준다.


15. '차트' 도구에서 '서식' 탭을 클릭한다(엑셀 2010 에서는 '레이아웃' 탭). '현재 선택 영역'의 드롭다운 상자에서 '표준편차 위치(세계)'를 선택한다.

16. '데이터 계열 서식' 창이 열리면 '채우기 및 선'의 '채우기'에서 '채우기 없음'을 클릭한다.

17. '테두리'에 '테두리 없음'을 클릭한 다음 '데이터 계열 서식' 창을 닫는다.

18. '차트도구'의 '디자인' 탭에서 '차트 요소 추가' 버튼을 클릭한다. 드롭다운 메뉴에서 '오차 막대'를 클릭한다(엑셀 2010에서는 '레이아웃' 탭에서 '오차 막대'를 클릭한다). 메뉴에서 '기타 오차 막대 옵션'을 클릭하면 '오차 막대 추가' 창이 보인다. 여기에서 '표준편차 위치(세계)'를 선택하고 '확인'을 클릭한다. 이제 오차 막대 서식창이 보이는데 여기에서 '세로 오차 막대'에서 '방향'은 '음의 값', '끝 스타일'은 '끝 모양 없음'으로 한다.

19. 계속 '오차량'에서 '백분율'을 선택한 다음 이 값을 100%로 한다. '오차 막대 서식' 창을 닫고 워크시트로 돌아온다. 결과는 그림 8-5처럼 보인다.

20. 이제 투명도와 테두리의 특성을 바꿔서 한 곡선 뒤로 다른 곡선이 들어가도록 한다. 왼쪽의 곡선을 마우스 오른쪽 버튼으로 클릭하면 데이터 요소들로 곡선이 감싸져서 보인다(대신 '현재 선택 영역'을 써도 된다. 하지만 데이터 계열에서 선택하는 것보다 차트상에서 바로 선택하는 것이 더 쉽다). 다음 단축 메뉴에서 '데이터 계열 서식'을 선택한다.

21. '데이터 계열 서식' 창에서 '채우기 및 선' 버튼을 선택한다.

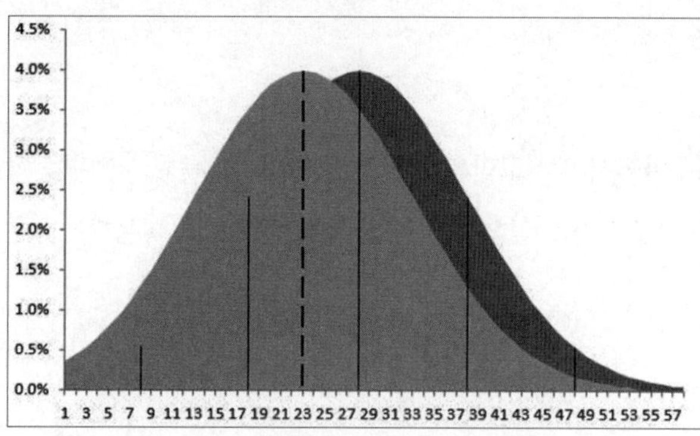



▶▶ **그림 8-5** 이제 표준편차선이 의미 있게 보이도록 하기 위해 곡선의 설정값들을 바꿔야 한다.

22. '채우기'에서 '단색 채우기'를 선택한 다음 투명도를 50%에서 75% 사이의 값으로 설정한다.

23. '테두리'에서 '실선'을 선택한다.

24. 필요하면 테두리 스타일에서 두께를 더 굵게 해도 된다.

25. '데이터 계열 서식' 창을 닫고 워크시트로 돌아간다.

26. 오른쪽 곡선에 대해서도 20에서 25번의 과정을 되풀이한다. 오른쪽 곡선을 선택했는지 반드시 확인하자. 곡선을 선택하면 곡선 둘레에 데이터 계열이 보이므로 이것을 보고 맞는 곡선을 선택했는지 알 수 있다.

이제 이 차트는 그림 8-1의 차트와 거의 비슷해 보인다(곡선의 투명도를 좀 더 조정해야 할 수는 있다). 그림 8-2와 같은 차트를 만드는 방법도 과정은 방금 말한 26개의 과정과 같다. 하지만 C열, E열의 데이터 정의가 다르다. 다음 식

=NORM.DIST(B2,55,5,FALSE)

을 셀 C2에 넣은 다음 C3:C59에 복사해야 한다. NORM.S.DIST()에서 반환한 표준 단위정규분포를 쓰고 있는 게 아니므로 평균값 55와 표준오차 5를 정의해줘야 한다(다시 한 번 강조하지만

표준 단위정규분포의 평균은 0, 표준편차는 1이다). 따라서 대신 평균값과 표준편차를 지정해줄
수 있는 NORM.DIST()를 써야 한다. 그리고 다음 식

    =NORM.DIST(B2,45,5,FALSE)

을 셀 E2에 넣어서 평균값을 55에서 45로 바꿔서 멕시코만의 거북이를 의미하도록 한다. 다음 이
식을 E3:E59에 복사해서 넣는다. 평균과 표준편차를 얻으려면 다음 식을 셀 D27에 넣는다.

    =C27

다음 이 식을 D29, D32, D35, D37에 복사한다.


## 2. z-검정 대신 t-검정 사용하기

3장에서는 표본 표준편차를 이용해서 모표준편차를 예상할 때 어느 정도의 편향이 들어갈 수 있
음에 대해 이야기했다. 모평균에 대해서는 모르기 때문에 대신 표본평균을 사용했고, 그 결과로
표본표준편차는 모표준편차 보다 작아지게 된다. 그리고 분산에서 분모로 표본의 크기 대신 자유
도를 사용하면 편향을 제거할 수 있다.

N 대신 N−1을 써서 편향을 수정할 수는 있지만 샘플링 오류는 제거할 수 없다. 추론 통계의 가장
중요한 역할 중 하나는 성질과 다른 특성이 있다고 가정했을 때 어떤 통계량을 관찰할 확률에 대
해 발언할 수 있도록 해주는 것이다.

예를 들어 이 장에서는 평균이 55라고 알려져 있는 모집단에서 표본평균이 45인 값을 관찰하게
될 확률이 얼마인지 묻고 있다. 이 말이 너무 딱딱한가? 다음처럼 바꿔보자.

"모든 지역 바다거북 평균나이의 평균이 55라고 알고 있을 때, 멕시코만의 바다거북의 평균나이
가 45일 가능성은 얼마나 될까? 서로 평균나이가 다른 모집단이 2개 있는 것일까? 아니면 이 멕시
코만 바다거북의 표본이 모집단을 대표하지 못하는 특이한 표본이었을까?"

이 앞에서의 설명은 발생하지 않을 듯한 상황을 당연한 것으로 받아들이고 있다. 무엇보다도 여러분이 세계 바다거북 모집단의 실제 평균나이를 알고 있을 리가 없다. 하지만 필자는 여기에서 여러분이 모표준편차 σ값을 알고 있다고 가정했다. 만약 여러분이 모표준편차 σ값을 알고 있으면 당연히 모평균 μ도 알고 있을 것이다. 하지만 여러분이 모표준편차값을 모르면 어떻게 할까? 이 경우 표본에서 표준편차를 구해서 모표준편차를 추정하는 수밖에 없다. 즉 σ 대신 s를 사용한다.



> 실제 실험에서 여러분이 모평균을 알고 있고 σ값은 바뀌지 않았지만 μ값이 바뀌었다고 의심할 수 있는 상황이 있다. 이런 상황은 제조업의 품질제어 관련 부분에서 일어난다. NORM.DIST()와 평균의 표준오차를 가지고 똑같은 방법으로 분석을 할 수 있다. 이때 NORM.DIST()의 두 번째 인자로 사용하는 평균의 가설값을 이전에 평균이라고 생각했던 값으로 해서 사용하자.

어쨌거나 필연적으로 샘플링 오류 때문에 모표준편차를 잘못 추정할 수 있다. 이 경우 NORM.DIST()로 정규분포를 참조하고 통계량을 z-점수로 다룬 것 때문에 이것이 여러분을 잘못된 결론으로 이끌게 된다.

z-점수를 정의하는 방법을 다시 살펴보자.

$$(X - \overline{X})/\sigma$$

평균에서 보면 다음과 같다.

$$(\overline{X} - \mu)/(\sigma/\sqrt{N})$$

두 경우 모두 σ로 나눈다. 하지만 σ를 몰라서 대신 s를 쓰면 다음과 같이 된다.

$$(\overline{X} - \mu)/(s/\sqrt{N})$$

여기서 모표준편차가 아니라 표본 표준편차가 분모가 됨을 주의하자. 이렇게 만든 식은 더 이상

z−점수가 아니라 t−통계량(t−statistic)이다. 그리고 z−점수를 해석할 때는 정규분포를 쓰지만, t−통계량을 해석할 때는 정규분포가 맞지 않다. 이때는 t−분포를 써야 한다. 정규분포와 t−분포는 상당히 비슷하게 생겼지만 표본의 크기가 작은 상황에서 여러분의 확률에 대한 해석을 의미 있게 만들어줄 수 있다.

그림 8−6에서는 t−분포(점선)와 정규분포(실선)를 보여주고 있다.

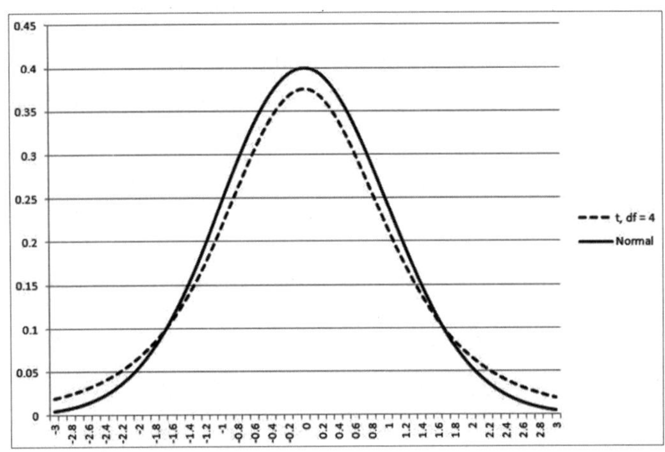


▶▶ **그림 8-6** t−분포는 중간 부분에서는 정규분포보다 낮고, 꼬리 부분에서는 정규분포보다 두껍다.

그림 8−6의 t−분포는 자유도 4인 t−분포이다. 자유도가 바뀔 때마다 t−분포의 모양이 조금씩 변하며 자유도 값이 커질수록 정규분포의 모양과 비슷하게 된다.

## ✚ 결정 규칙 정의하기

위에서 계속 사용한 바다거북의 나이 예를 좀 바꿔보자. 나이의 모표준편차를 모른다고 하고, 그냥 표본에서 나온 평균값과 가정한 숫자인 55세를 비교하려고 한다고 하자. 모표준편차를 모르기 때문에 표본 데이터에서 이 값을 추정해야 한다. 표본의 크기가 16이므로 그다지 크지 않기 때문에 정규분포보다는 t−분포를 사용하는 게 낫다(앞서 노트 부분에서 이야기한 워크북에서 자유도가 15일 때와 정규분포곡선을 비교해보자).

여러분이 멕시코만 바다거북의 평균나이가 다른 바다거북들의 나이에 비해 10년이나 젊은 45세라고 의심할 만한 이유가 있다고 가정해보자. 대립가설을 만들어보면 "멕시코만 바다거북의 나이는 45세이다"이고, 대립가설을 지지할만한 근거도 있다고 해보자. 일반적으로 연구자들은 가설에 제한을 덜 두려는 경향이 있다. 그래서 연구자들이 대립가설을 만들면 "멕시코만 바다거북의 평균 나이는 55보다 작다"가 될 것이다. 데이터를 모아서 분석한 다음, 연구자들은 표본평균을 그나마 멕시코만 바다거북의 평균나이에 가장 근접한 추정치로 사용할 것이다.

멕시코만 바다거북의 표본의 나이로 여러분은 가설을 검증해야 한다. 하지만 이 전에 우선 알파값, 오류율을 정해서 어느 정도의 오류까지 인정할 것인지 정해야 한다. 아마 여러분은 20번 중 1번 정도 틀릴 수도 있다. 통계학적으로 이야기하면 '알파값은 .05'이다. 이것이 의미하는 바는 무엇일까? 그림 8-7에서 시각적으로 보여주고 있다.

이 책에 나오는 다른 그림들이 중요하지 않다는 것은 아니지만 이 그림 8-7은 추론 통계를 이해하는데 있어 가장 기본이 되는 그림이다. 그림 8-7에 보면 두 개의 곡선이 보인다. 오른쪽의 곡선은 수많은 표본을 통해 계산해낸 평균값의 분포이다. 만약 귀무가설이 참이면 멕시코만 모집단의 평균은 55가 된다. 최종합계는 모집단에서 뽑은 수많은 표본들의 평균이며 곡선의 수직선상에 보인다. 이 수직선은 모평균의 위치를 나타내며 여러분의 귀무가설이 참이라고 가정하고 있다.

왼쪽의 곡선은 여러분이 계산한 평균값의 분포이다(이 값도 수많은 표본에서 계산했다). 만약 귀무가설이 참이면 실제 평균나이는 55세가 아니라 더 작은 숫자, 즉 45가 된다.

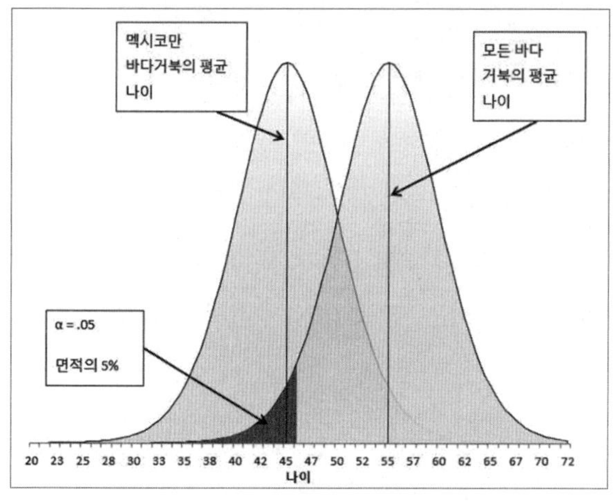



▶▶ **그림 8-7** 오른쪽 분포의 왼쪽 꼬리 부분의 영역은 알파값을 나타낸다.

두 곡선이 동시에 사실일 수는 없다. 만약 모평균이 정말 55라면 왼쪽의 곡선은 그냥 이론에서나 가능하게 된다. 모평균이 45라면 오른쪽의 곡선은 상상의 산물이 된다(물론 평균값이 45, 55 둘 중 어느 쪽도 아닐 수도 있지만, 여기서는 구체적인 숫자를 써야 이해가 쉽다).

그림 8-7에서 귀무가설을 나타내는 오른쪽 곡선의 왼쪽 꼬리 부분을 자세히 보자. 꼬리 부분에 짙은 색으로 보이는 부분이 있다. 이 부분의 오른쪽 경계값은 46.2이다. 이 값을 기준으로 곡선에서 왼쪽과 오른쪽으로 나뉜다.

평균이 55인 모집단에서 표본을 계속 뽑아서 조사해보면 어떤 표본의 평균은 55보다 작고, 어떤 표본의 평균은 50보다 작고, 또 어떤 표본의 평균은 60보다 큰 것도 있다. 우리들은 이미 곡선의 평균값(즉 수많은 표본들의 평균의 총 평균)은 55이고 표준오차는 5라는 것을 알고 있다. 그리고 t-분포의 성질상 표본평균의 5%는 46.2 이하라는 것을 알고 있다(편의상 지금부터는 46.2를 반올림해서 46이라고 하자). 여기서 5%는 알파값, 즉 여러분이 채택한 오류율이다. 그림 8-7에서 보면 오른쪽 곡선의 왼쪽 꼬리 부분에 짙게 칠해져 있는 부분이다. 여러분이 실제로 조사한 표본의 평균은 46보다 작다. 따라서 여러분은 이 표본은 귀무가설이 나타내는 분포로부터 뽑은 것이 아니라, 대신 이 표본은 대립가설을 나타내는 표본으로부터 온 것이라고 결론을 내렸다.

이 예에서 값 46은 임계값(critical value)이라고 한다. 이것은 오류율과 관련된 규칙이며 이 경우 여러분의 표본평균이 46 이하면 귀무가설을 기각한다. 물론 표본평균이 46보다 작다고 하더라도 여전히 5%의 가능성으로 귀무가설이 참일 수도 있다. 하지만 이 정도의 위험은 감수해야 한다.

### – z-검정에서 임계값 찾기

이 장 z-검정 부분에서는 곡선 아래 영역 5%를 나누는 임계값을 찾아내는 방법에 대해서는 다루지 않았다. 대신 귀무가설이 참이라면 표본평균 45 이하의 값이 발생할 확률은 2.275%라고만 간단하게 써놓았다. 만약 여러분이 모표준편차를 알고 있고 z-검정을 쓰려고 하면 표준편차를 몰라서 t-검정을 쓸 때와 같이 우선 알파값에 대한 임계값을 결정해야 한다. 하지만 z-검정의 경우에는 t-분포가 아니라 정규분포를 사용해야 한다. 엑셀에서는 NORM.INV() 함수로 임계값을 찾아낼 수 있다.

```
=NORM.INV(0.05,55,5)
```

엑셀의 통계 분포 함수들은 일반적으로 함수 이름이 DIST로 끝나는 경우 이 함수들은 영역(다른 말로 하면 확률)을 반환한다. 함수 이름이 INV로 끝나면 이 함수는 분포의 가로축에 해당하는 값을 반환한다. 여기서 우리는 임계값을 결정하고 싶으므로 정규곡선에서 영역의 5%를 잘라내는 수평선상의 값을 구해야 한다. 따라서 NORM.INV()에 다음 값을 인자로 준다.

- **.05** – 분포를 나타내는 곡선 아래 우리가 관심 있는 영역
- **55** – 분포의 평균
- **5** – 평균의 표준오차. 각 관찰값의 표준편차인 20을 표본크기 16의 제곱근 4로 나눈 값

위 인자를 주면 NORM.INV() 함수는 46.776이라는 값을 반환한다. 만약 여러분의 표본평균이 이 숫자보다 작으면 주어진 귀무가설 하에서 알파값으로 .05 오차율을 채택했을 때 분포의 5%에 해당하는 영역에 들어가게 된다. 따라서 귀무가설을 기각한다.

### – t-검정에서 임계값 찾기

모표준편차를 몰라서 z-검정 대신 t-검정을 써야 하는 경우 논리는 똑같지만 구조는 좀 달라진다. 우선 t-분포와 정규분포가 다르기 때문에 NORM.INV() 대신 T.INV()을 써야 한다. 이 경우 T.INV()는 다음과 같이 사용한다.

    =T.INV(0.05,15)

이 식에서 반환하는 t-값은 t-분포상에서 왼쪽으로 5%의 영역을 잘라내는 값이다. 이 값은 NORM.INV()가 반환하는 z-값이 정규분포에서 이 값의 왼쪽으로 5%의 영역을 잘라내는 것과 같은 논리이다. 하지만 NORM.INV()는 여러분이 직접 평균과 표준편차를 주면 여기에 맞추어 조정한 임계값을 반환한다. 하지만 T.INV()는 그렇게까지 하지 않으므로 여러분이 직접 범위를 조정해주어야 한다.

우선 여러분이 관심 있는 확률이 얼마인지 T.INV()에게 알려준다. 위 예에서는 인자값 0.05가 여러분이 관심 있는 확률이다. 그리고 자유도 15를 인자로 넘겨준다. 여러분의 표본의 크기가 16이므로 여기에서 1을 빼면 자유도가 된다(t-분포의 모양은 자유도에 따라 변하므로 임계치의 왼쪽 영역도 자유도에 따라 변하게 된다).

t값을 여러분의 원하는 범위로 쉽게 맞출 수 있다. 예에서 평균의 표준오차는 s / $\sqrt{N}$이므로 20 / 4, 즉 5이다. 이 값은 이미 NORM.INV()에서도 나왔었다. 그리고 귀무가설을 나타내는 평균값은 55라는 것도 알고 있다. 따라서 t-값에 표준오차를 곱한 다음 평균값을 더하면 된다.

=T.INV(0.05,15)*5+55

이 식의 값은 46.234을 반환하는데 앞에서 NORM.INV()를 썼을 때는 46.776이 나왔다. 따라서 t-검정을 사용할 때는 표본평균의 값이 임계값 46.234보다 작아야 귀무가설을 기각할 수 있다. z-검정을 쓰면, 앞에서도 나왔듯이 표본평균이 46.776일 때도 귀무가설을 기각할 수 있었다. 이 차이는 정규분포와 자유도 15인 t-분포의 모양이 서로 다르기 때문에 발생한다.

### – 임계값 비교하기

잠깐 멈추고 이 분석을 하는 이유를 생각해보자. 여러분은 세계의 바다거북 모집단의 평균나이가 55세라고 알고 있고 이렇게 가정했다. 그리고 여러분은 멕시코만 바다거북의 평균나이가 45세라고 의심하고 있다. 실수로 귀무가설을 기각해서 멕시코만 바다거북의 나이도 다른 거북이들과 마찬가지로 55세라고 결론을 내릴 알파 수준을 0.05로 정했다.

앞의 두 절에서 보면 표본평균이 46.776이고 z-검정을 수행했을 때 5%의 잘못된 결정을 내릴 확률로 귀무가설을 기각할 수 있다. t-검정을 수행하고 있으면 여러분의 표본평균은 귀무가설 값인 55에서 좀 더 멀리 떨어져 있게 된다. 알파값 0.05로 귀무가설을 기각하려면 표본평균은 최대 46.234이며 46.776보다 약 반년정도 어리다.

그림 8-6을 보면 t-분포의 꼬리 부분은 정규분포의 꼬리 부분보다 좀 더 두껍다. 즉 꼬리 부분에 좀 더 여유가 있기 때문에 5%의 임계치로 정한 영역은 정규분포에서보다 평균에서 좀 더 멀어지게 된다. t-검정에서는 5%의 영역을 얻어서 귀무가설을 기각하기 위해서는 평균에서 더 멀리 나가야 한다. 이 말은 t-검정의 검정력(statistical power)이 z-검정보다 좀 더 낮다고 할 수 있다. 곧 나올 "검정력(Statistical Power) 이해하기"에서 이 개념에 대해 더 다루겠다.

### – 귀무가설 기각하기

그림 8-7을 보면 평균이 46보다 작은 표본은 대립가설을 나타내는 왼쪽 곡선에서 왔을 가능성이 높아 보인다. 오른쪽의 곡선은 귀무가설을 나타내는데 이 곡선에서 표본을 뽑았을 가능성은 낮아

보인다. 평균이 46보다 작은 표본은 평균값이 55인 곡선보다는 평균값이 46인 곡선에서 왔을 가능성이 높다. 따라서 표본은 그림 8-7의 왼쪽 분포에서 뽑았다고 결론을 내리는 것이 합리적이다. 만약 그렇다면 귀무가설(이 경우에는 오른쪽 분포가 실제 자연 상태를 반영한다고 가정)은 기각한다.

하지만 표본평균값이 46보다 작아도 이 표본이 오른쪽 곡선에서 왔을 확률도 있다. 이 예에서 여러분의 알파값이 5%이므로 오른쪽 곡선에서 표본이 왔을 확률도 5%이다. 아마 "제1종 오류(Type I error)율은 5%"라는 말을 들은 적이 있을 것이다(아마 연구 보고서들에서 "p < .05"나 "유의수준"이라는 말을 본 적이 있을 것이다. 이런 용어들은 통계적 유의(statistical significance)라는 끔찍하게 혼란스러운 용어로 빠지게 한다).

## ✚ 검정력(Statistical Power) 이해하기

그림 8-8에서는 알파(alpha)라는 동전의 양면을 보여준다. 왼쪽 곡선의 영역을 짙게 칠한 것에 주의하다. 이 영역은 임계값 46보다 왼쪽에 있는 영역이다. 그림 8-7에서는 오른쪽 곡선의 임계값 왼쪽, 알파 영역에만 짙게 칠했다.

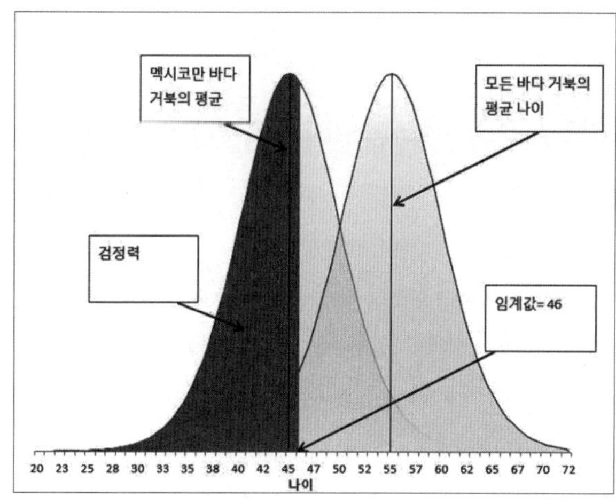


▶▶ **그림 8-8** t-검정의 검정력(statistical power)을 나타내는 영역 안에 표본평균이 들어온다.

대립가설이 참이라고 가정해보자. 그럼 멕시코만 거북이의 평균나이는 45세이다. 멕시코만에서 뽑아낸 어떤 표본을 보았더니 그것들의 평균나이는 46보다 컸다. 여러분은 이미 46이라는 숫자를 알파값 .05와 관련된 임계치로 정했다. 알파값 .05는 귀무가설이 참임에도 불구하고 이를 기각할 확률이다.

따라서 표본평균이 46보다 작으면 귀무가설을 기각하게 된다. 만약 귀무가설이 거짓이면 대립가설이 참이다. 즉 멕시코만 바다거북의 평균나이가 모든 바다거북의 평균나이보다 작다. 이 예에서 표본평균값이 46보다 작으면 올바른 결정을 내린 것이 된다. 이런 결과를 낼 확률(즉 잘못된 귀무가설을 기각할 확률)을 검정력(statistical power)이라고 한다.

대립가설을 나타내는 곡선을 보고 검정력을 알 수 있다. 지금까지 본 그림에서 대립가설은 왼쪽 곡선이었다. 여러분은 임계값 46 왼쪽으로 곡선 아래의 면적을 알고자 한다. 이 경우 검정력은 58%이다. 지금까지 세운 가설과 표본평균의 값 그리고 평균의 표준오차의 크기로 계산했을 때 올바로 귀무가설을 기각할 확률은 58%이다.

검정력은 임계치를 기준으로 왼쪽 곡선(좀 더 일반적으로 표현하면 대립가설을 나타내는 곡선)이 어디에 있는지에 따라 다르다. 이 예에서 이 곡선이 왼쪽으로 가면 갈수록, 임계값(여기서는 46) 왼쪽의 영역이 더 넓어진다. 표본평균이 46보다 작은 표본을 얻을 확률이 높아질수록 검정력(정확히는 확률)은 높아진다.



검정력에 대해서는 9장 "평균 간 차이를 테스트하기 : 더 많은 이슈", 13장 "통계적 검정력"에서 더 자세하게 다룬다. 하지만 잠깐 엑셀에서 t-검정의 검정력을 계산하는 가장 빠른 식을 보면 다음과 같다.

    =T.DIST(t-statistic,df,TRUE)

t-statistic는 임계값에서 표준평균을 뺀 다음 평균의 표준오차로 나눈 값, df는 자유도, TRUE는 곡선 아래의 누적 영역을 반환할 것인지 알려준다. 이 예에서 식

    =T.DIST((46-45)/5,15,TRUE)

은 .5779, 즉 58%를 반환한다. 특정 데이터, 알파 수준의 t-검정의 검정력이 58%이며 대립가설을 사실로 결정할 확률이 58%이다.

검정력(여기서는 58%)과 알파율(여기서는 5%)을 합했을 때 100%가 안되는 것에 주의하자. 사실

무의식적으로 두 값을 합하면 100%가 될 거라고 생각해버리는데, 검정력은 잘못된 귀무가설을 기각할 확률이고, 알파값은 참인 귀무가설을 기각할 확률이기 때문이다. 하지만 사실 두 확률은 서로 다른 곡선에 속하므로 성격이 다르다. 검정력(Power)은 대립가설이 참이라는 가정 하에서만 성립하며 값을 구할 수 있다. 알파값은 귀무가설이 참이라는 가정 하에서만 성립하며 값을 구할 수 있다. 따라서 이 두 값의 합이 100%가 된다고 기대할 수는 없다. 두 값은 서로 다른 현실을 설명하는 값이기 때문이다.

다음 절에서는 대립가설이 참일 때, 검정력과 합쳐서 100%가 되는 값에 대해서 알아보겠다.

### – 검정력(Statistical Power)과 베타(Beta)

이제 또 다른 오류율인 베타(beta)를 보자. 알파는 참인 귀무가설을 기각할 확률이고, 제1종 오류(type Ⅰ error)라고도 한다. 베타 역시 오류율이지만 이것은 참인 대립가설을 기각할 확률이다. 이전에서 검정력은 거짓인 귀무가설을 기각할 확률이라고 했는데 이것은 결과적으로 참인 대립가설을 채택할 확률이 된다.

따라서 베타는 1−검정력이다. 만약 여러분의 검정력이 58%라면 이것은 참인 대립가설을 채택할 확률이 58%이며 베타값은 42%가 된다. 그러므로 실수로 참인 대립가설을 기각할 확률은 42%이다. 참인 대립가설을 기각할 확률을 제2종 오류(type Ⅱ error)라고 한다.

그림 8-9에서는 검정력과 베타의 관계를 보여주고 있다.

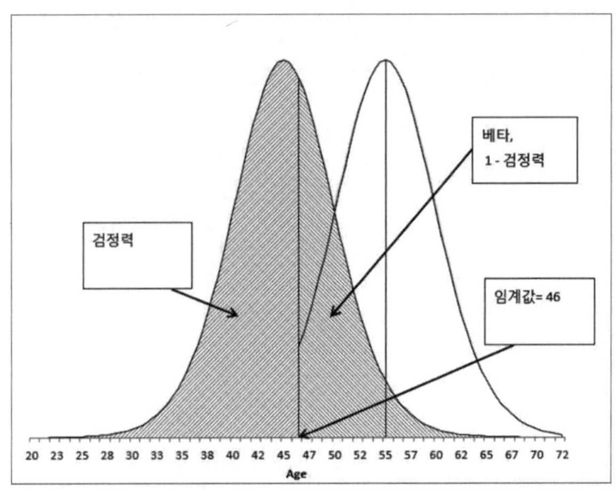


▶▶ **그림 8-9** 검정력과 베타를 합하면 대립가설을 나타내는 곡선 전체 영역이 된다.

알파값은 여러분 마음대로 정할 수 있다. 만약 알파값을 .01로 정하면 오른쪽 곡선에서 1%만이
짙게 칠한 면적에 들어가게 된다. 그리고 임계값(알파값만큼 차지하는 영역과 곡선의 나머지 영역
을 나누는 값)도 그에 따라 이동한다. 그림 8-10에서는 그림 8-7의 알파값을 .05에서 .01로 바꾼
결과를 보여주고 있다.

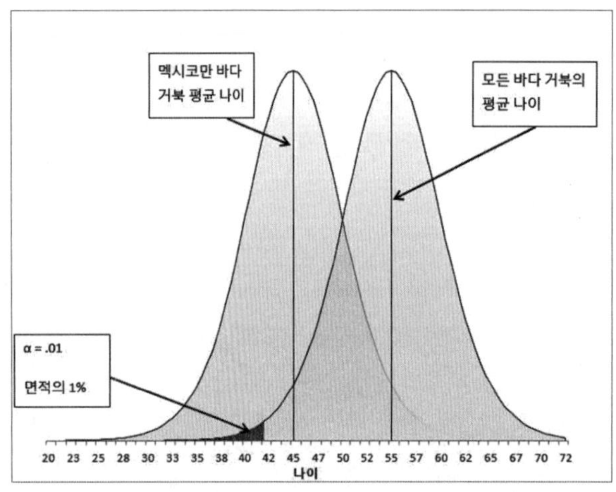


▶▶ **그림 8-10** 알파값을 줄이면 참인 귀무가설
을 기각할 확률을 낮춘다.

만약 귀무가설이 참일 때 이를 기각할 가능성을 최대한으로 낮추고 싶다면 알파값을 작게 하면 된
다. 그림 8-7에서 알파값은 .05였는데 그림 8-10에서 알파값은 .01로 줄었다. 알파값을 .05에서
.01로 줄이면, t-검정의 검정력에도 영향을 준다. 알파값이 작아지면 임계값도 바뀌는데, 이 경우
임계값이 그림 8-7의 46에서 그림 8-10의 42로 왼쪽으로 이동하게 된다. 임계값이 왼쪽으로 이
동해서 42가 되면, 표본평균의 값도 42 이하가 되어야 귀무가설을 기각할 수 있다. 이렇게 되면 검
정력도 작아진다. 알파값이 .05일 때는 표본평균이 46으로 높아도 귀무가설을 기각할 수 있다. 그
림 8-11의 검정력과 그림 8-8의 검정력을 비교해보자.

그림 8-11에서 임계값은 46에서 42로 줄었고, 알파값도 .05에서 .01로 줄었으며 검정력도 줄어들
었다. 알파값이 .05일 때는 표본평균 45가 나와서 귀무가설을 기각했지만 알파값이 .01이면 귀무
가설을 기각하지 않는다.

그림에서는 참인 귀무가설을 기각하는 비용(알파의 확률)과 참인 대립가설을 기각하는 비용(베타의 확률) 사이를 어떻게 조절해야 할지 그 중요성을 알려주고 있다. 예를 들어 여러분이 비싼 치료약과 플라세보 약의 효과를 비교하고 있다고 하자. 귀무가설은 "비싼 치료약이 사실은 아무 효과가 없다"라고 해보자. 이때 알파값을 .01이라고 정하면 약이 효과가 없음에도 불구하고 효과가 있다고 잘못 결정할 확률이 1%가 있다. 이렇게 해서 효과가 없는 약을 살 많은 사람들의 돈을 아껴줄 수 있다(물론 실수로 귀무가설을 기각할 확률도 1%는 있다).

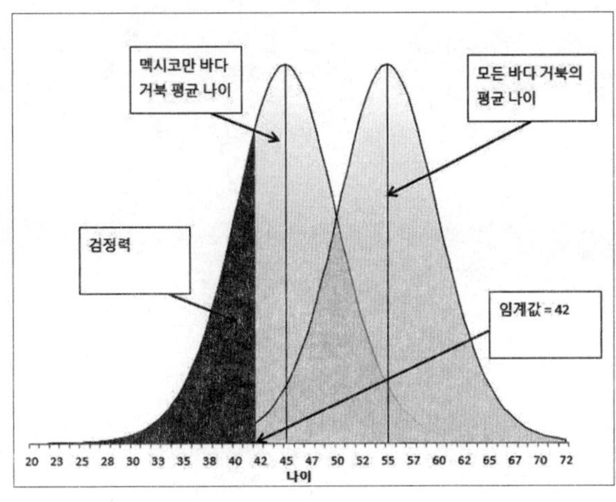


▶▶ **그림 8-11** 알파값이 .05일 때 검정력을 보여준 그림 8-8과 비교해보자.

알파값을 .05에서 .01로 줄이면 검정력 또한 줄어들며 거짓인 귀무가설을 기각할 확률도 낮아지게 된다. 약이 실제로 효과가 있을 때 올바른 결론에 도달할 확률 또한 줄어드는 것이다. 잘못된 귀무가설을 기각하지 않았기 때문에 이 약을 먹어서 효과를 볼 수 있었을 사람들도 약을 못 먹도록 했을 수도 있다.

지난 100년간 알파값은 .01나 .05로 사용하는 것이 전통이 되어 왔다. 1종 오류나 2종 오류의 값으로 이 값 말고 다른 값을 쓰려면 계산을 더 해야 했다. 하지만 하던 대로 하는 것보다는, 비용—효과 분석을 통해 다른 값을 알파값이나 베타값으로 선택하는 것이 좋다면 물론 그렇게 해야 한다. 그리고 어차피 엑셀을 쓰면 쉽게 계산할 수 있으므로 편의상 .05나 .01을 반드시 이용해야 할 필요는 없다. 여러 자유도를 가진 t—분포의 유의수준을 .01이나 .05로 하지 않아도 된다.

9장에서는 엑셀의 워크시트 함수 중 T.DIST(), T.DIST.RT(), T.DIST.2T()에 대해 다루는데, 가설의 방향, 알파 수준의 선택, 표본크기 등에 의해 확률을 계산한다. 13장에서는 분산과 F-검정으로 분석할 때 발생할 수 있는 문제에 대해 다룬다. 분산과 F-검정은 두 개 이상의 그룹을 비교할 때 사용한다. 13장에서는 이 외에도 F-검정의 검정력을 계산하기 위해 80년 동안 사용해온 계산표가 아닌 엑셀 워크시트 함수로 계산하는 방법을 보여준다.

# 09

# 평균 간 차이를
# 테스트하기

두 그룹 간의 평균에 차이가 생긴 이유가 우연인지 아닌지 검증하는 방법은 여러 가지가 있는데 그 방법이 모두 t-검정을 포함하는 것은 아니다. t-검정만 하더라도 엑셀에서 사용할 수 있는 방법은 세 가지가 있다.

- T.DIST()와 T.INV() 함수
- T.TEST() 함수
- 데이터 분석 추가 기능

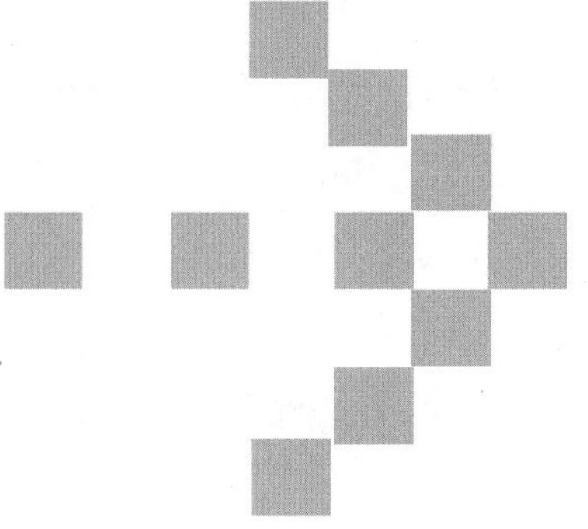

이 장에서는 이 세 가지 방법에 대해 다룬다. T.TEST() 함수가 가장 빠른 방법이므로 이것을 가장 우선 배우고 싶을 것이다(별 정보가 없어도 상관없다면). 그리고 아마 T.DIST()나 T.INV() 함수는 절대 바로 쓸 일이 없을 거라고 생각하겠지만 사실 t-검정에서 일어나는 과정을 단계별로 이해하려면 이 함수를 쓰는 법을 알아야 한다. 그리고 '데이터 분석 추가 기능'의 t-검정 도구를 쓰는 법도 알아야 한다. 이 기능은 T.TEST()보다 더 정보를 많이 알려주고, T.DIST()와 T.INV()으로 하는 것보다 빠르다.

## 1. 가설을 검정하기 위해 엑셀의 T.DIST()와 T.INV() 사용하기

엑셀 2010과 2013 워크시트의 t-분포에 적용하는 함수는 엑셀 2007과 그 이전 버전과 완전히 다르다. 가장 큰 차이는 알파값을 설정했을 때 t-분포의 오른쪽 꼬리, 왼쪽 꼬리 혹은 양쪽에 둘 것인지이다. 8장 "평균 사이에서 검증하기 : 기본사항"에서의 알파값(참인 귀무가설을 기각할 확률)은 완전히 여러분이 조절할 수 있었다(베타(참인 대립가설을 기각할 확률)는 여러분이 완전히 조절할 수 없다. 만약 대립가설이 참이라면 일부 모평균에 의해서도 영향을 받기 때문이다. 8장을 다시 보자).

8장에서도 설명했지만 여러분은 멕시코만 바다거북의 평균나이가 가설값인 55세보다 작다고 의심하고 있다. 따라서 여러분은 전체 알파값은 오른쪽 곡선의 왼쪽 꼬리에만 적용했다(그림 8-7을 참고). 하지만 이런 방법을 취하면 여러분은 귀무가설을 나타내는 분포의 다른 쪽 꼬리 부분에 대립가설이 존재할 수 있는 가능성을 무시하고 있는 것이다. 이 예에서 귀무가설을 나타내는 분포의 왼쪽 꼬리에 모든 알파값을 두었는데, 이것은 여러분이 멕시코만의 바다거북이 다른 바다거북보다 더 나이가 들었을지도 모른다는 것은 가정하고 있지 않다. 평균값은 작거나(대립가설) 혹은 모평균값에서 그렇게 차이가 나지는 않는다(귀무가설)라고 가정하고 있다. 이것을 한쪽 꼬리(one-tailed) 혹은 방향가설(directional hypothesis)이라고 한다. 하지만 양쪽 꼬리(two-tailed)나 비방향가설(nondirectional hypothesis)에서는 여러분의 대립가설은 한 그룹의 평균이 다른 한쪽보다 클지, 작을지 지정하지 않는다. 귀무가설은 변하지 않고 "모평균값과 차이가 없다"이지만 대립가설은 아니다. 대립가설은 "실험그룹의 모평균은 대조군(control group)의 모평균과 다르다"가 된다. 작다나 크다가 아닌 '다르다'가 된다.

방향가설과 비방향가설의 차이는 하찮아 보이지만 여러분의 t-검정의 검정력에 큰 차이가 나게 된다.

## ✚ 방향가설(Directional Hypotheses)과
  비방향가설(Nondirectional Hypotheses) 만들기

8장에 나왔던 방향가설을 만드는 장점은 검정의 검정력을 크게 할 수 있다는 점이다. 하지만 방향가설을 만들 때는 또한 책임이 따른다.

8장에서처럼 멕시코만 바다거북의 평균나이에 대해 방향가설을 만들었다고 하자. 이 가설은 "모든 바다거북의 평균나이보다 멕시코만 바다거북의 평균나이가 더 어리다"이다. 물론 여러분은 이렇게 생각할 만한 이유가 있다. 2010년 멕시코만 기름 유출 사고가 있었고, 나이 든 거북이들이 많이 죽었을 것이다. 물론 귀무가설은 "세계 다른 바다거북의 평균나이와 멕시코만 바다거북의 평균나이에는 차이가 없다"이다.


알파값을 5%로 설정했고 이것을 그림 8–7에서처럼 귀무가설을 나타내는 분포의 왼쪽 꼬리 부분에만 적용했다. 그리고 이 경우 임계값은 46이 된다. 표본평균값이 46보다 크면 귀무가설을 채택한다(정말 차이가 있을 수도 있는 위험을 무릅쓰고). 표본평균이 46보다 작으면 귀무가설을 기각한다(실수로 기각할 수도 있다).

표본평균이 64면 어떻게 될까? 이 값은 귀무가설의 평균 55보다도 크고, 임계값 46보다 더 훨씬 크다. 귀무가설에서 멕시코만 바다거북과 모든 바다거북의 평균 나이가 55라고 했다면 표본의 평균이 46이 나오는 경우가 있다면 표본평균이 64가 나오는 경우도 있을 수 있지 않을까?

물론 그렇기는 하지만 상관은 없다. 여러분이 대립가설을 채택했을 때 방향가설을 만들었다. 여러분의 방향가설에서는 멕시코만 바다거북의 평균나이가 다른 바다거북의 평균나이보다 삭다고 했지, 같거나 크다고 하지는 않았다. 그리고 알파 수준은 0.05이다.

이제 표본의 평균이 64라고 해보자. 만약 이에 따라 귀무가설을 기각하면 어떤 사실이 발생한 다음 알파 수준을 바꾸는 게 된다. 여러분은 알파 수준을 0.05에서 0.10으로 바꿔서, 귀무가설을 나타내는 분포에서 왼쪽 끝에 알파수준의 절반을 놓고 오른쪽 끝에 나머지 절반을 놓는다. 분포의 왼쪽에 5%, 분포의 오른쪽에 5%를 놓기 때문에 알파는 0.05가 아니라 0.10이 된다.


그럼 곡선의 왼쪽에 2.5%를 놓고 오른쪽에 2.5%를 놓으면 어떨까? 그렇게 되면 알파 수준은 전체가 5%로 맞춰지게 되는데 말이다. 그러면 임계값을 바꿔야 한다. 왼쪽에 2.5%를 놓게 되면, 5%를 두었을 때보다 평균값에서 임계값이 더 멀어지게 된다. 오른쪽도 마찬가지이다. 이제 임계값은 46이 아니라 64, 44가 아니라 66이 되고, 표본평균이 45나 46일 때 귀무가설을 기각할 수 없게

된다.

규칙을 따르지 않으면 어떤 곤란한 일이 따르는지 살펴보았다. 우선 방향가설을 만들 것인지, 비 방향가설을 만들 것인지 결정하자. 그리고 알파 수준을 결정한다. 결과값을 보기 전에 모두 결정한 다음 이것을 고수해야 한다. 원칙을 지켜야 편하다.

## ✚ 엑셀의 t–분포 함수를 설명하는 가설 사용하기

여기에서는 여러분의 귀무가설, 대립가설에 맞는 엑셀 함수를 어떻게 선택하는지 보여준다. 이전 장의 예에서는 단일 그룹 t–검정을 예로 들었으며 표본평균과 가설값을 비교했다. 이 장에서는 좀 더 복잡한 예를 다루며 그룹이 한 개가 아니라 두 개 그룹이다.

그림 9–1의 셀 B2:C11의 데이터는 운전자 필기시험 점수이다. 실험 참가자들은 사소한 교통규칙 위반으로 벌금을 문 운전자들이며 실험군은 교통법규 수업에 참가한 사람들이고 대조군은 그렇지 않은 사람들이다.

### – 방향가설 만들기

우선 연구자들은 교통법규 수업을 들으면 점수가 올라갈 것이라고 가정했다. 연구자들은 방향가설을 만들어서, 실험군의 점수가 대조군의 점수보다 높을 것으로 가정했다. 귀무가설은 '두 그룹 사이에 시험 점수 차이가 없다'이다. 그리고 실험을 위한 알파값으로 0.05를 채택했다. 학생 한 명이 수업을 듣는 데 비용이 $100 발생하는데, 운전면허증에 벌금 여부 등을 표시하는 데는 고작 $5가 든다. 따라서 연구자들은 이 수업이 정말 가치 있는 것인지 결정할 확률을 보류해 놓고자 한다. 이 수업이 효과가 없지만 있다고 생각할 확률은 20중 1이며 이 값은 알파율 0.05와도 같다.

수업을 끝낸 다음 실험군과 대조군 모두 시험을 여러 번 치렀으며 결과값은 그림 9–1과 같다.

| | A | B | C | D | E | F | G |
|---|---|---|---|---|---|---|---|
| ExpGroup | | | | $f_x$ | 62 | | |
| 1 | | 실험군 | 대조군 | | 편차의 제곱의 합 | 5431.2 | =DEVSQ(ExpGroup)+DEVSQ(ControlGroup) |
| 2 | | 62 | 65 | | 합동 그룹 분산 | 301.73333 | =F1/(COUNT(ExpGroup)-1+COUNT(ControlGroup)-1) |
| 3 | | 60 | 60 | | 평균의 차이의 표준 오차 | 7.768 | =SQRT(F2*(1/10+1/10)) |
| 4 | | 45 | 77 | | t | 2.240 | =(B13-C13)/F3 |
| 5 | | 67 | 37 | | 임계값 | 1.734 | =T.INV(0.95,18) |
| 6 | | 90 | 26 | p(t[18]) | | 0.019 | =1-T.DIST(F4,18,TRUE) |
| 7 | | 82 | 13 | p(t[18]) | | 0.019 | =T.TEST(ExpGroup,ControlGroup,1,2) |
| 8 | | 46 | 58 | | | | |
| 9 | | 63 | 61 | | | | |
| 10 | | 60 | 46 | | | | |
| 11 | | 77 | 35 | | | | |
| 12 | | | | | | | |
| 13 | 평균 | 65.2 | 47.8 | | | | |
| 14 | 표준편차 | 14.5 | 19.8 | | | | |

▶▶ **그림 9-1** 이름상자에 보면 B2:B11영역의 이름이 ExpGroup이라고 되어 있다.

이 연구에서는 오랜 절차에 걸쳐 t-검증을 수행하고자 한다. 한 단계씩 차례차례로 수행해서 각 단계의 결과를 보고 뭔가 이상한 현상이 발생하고 있지 않은지 확인할 수 있다. 만약 분석의 단계에서 잘못된 점이 있으면 바로 진단해서 고칠 수 있다.

다음은 연구자가 해 놓은 결과다. 알파 수준과 가설의 방향을 미리 설정했다는 것을 기억하자(실험군은 대조군보다 시험 점수가 다른 정도가 아니라 좋을 것으로 기대한다). 그림 9-1에 데이터를 모아서 보여주고 있다. 다음은 분석단계이다.

1. 편의상 그림 9-1에서 B2:B11, C2:C11의 점수 영역에 이름을 붙인다.

2. 3장 "변동(variability) : 값이 어떻게 흩어지는가"에서 분산은 평균과의 편차를 제곱해서 평균을 낸 것이라고 했다. 각 그룹의 평균으로부터 편차를 구한 다음 제곱해서 총합을 구한다.

3. 2번에서 계산한 제곱한 편차로부터 합동분산(pooled variance)을 구한다.

4. 합동분산으로부터 평균의 차이의 표준오차를 구한다.

5. 4번 과정의 결과와 관찰된 평균 차이를 가지고 t-통계량(t-statistic)을 구한다.

6. T.INV()로 임계 t-통계량(critical t-statistic)을 구한다.

7. t-통계량과 임계 t-통계량을 비교한다. 알파값을 0.05로 보았을 때 계산한 t-통계량이 임계 t-통계량보다 작으면 귀무가설을 채택한다. 그렇지 않으면 귀무가설을 기각한다.

지금부터 이 7가지 과정을 좀 더 자세하게 살펴보겠다.


● 〈과정 1 : 점수 영역에 이름을 붙인다〉

데이터 영역을 쉽게 참조하게 하기 위해 우선 이름을 붙인다. 영역에 이름을 붙이는 방법은 여러 가지가 있는데 방법에 따라 제공하는 옵션들이 다르다. 여기서는 가장 간단한 방법을 사용했다. 영역 B2:B11을 선택한 다음 이름 상자(수식 상자 왼쪽에 있는 상자)를 클릭해서 ExpGroup이라고 입력한 다음 엔터를 누르자. 다음 C2:C11을 선택한 다음 이름 상자를 누르고 ControlGroup이라고 입력한 다음 엔터를 누르자.


● 〈과정 2 : 편차를 제곱해서 총합을 구한다〉

t-검정을 수행하려면 합동분산(pooled variance)이라는 것을 구해야 한다. 여러분은 두 개의 그룹, 실험군과 대조군이 있고 각각의 그룹의 평균은 다르다. 귀무가설에 따르면 두 개의 그룹은 동일한 모집단에서 뽑은 것으로 생각되며 두 그룹이 평균값이나 표준편차가 다른 이유는 단순히 샘플링 오차 때문이다. 하지만 샘플링 오차는 각 그룹의 변동성을 합하면 어느 정도 없어질 수 있다. 우선 실험군의 점수와 평균의 차이로 편차를 구한 다음 이 값을 제곱해서 더하자. 그리고 대조군의 점수와 평균의 차이로 편차를 구한다음 이 값을 제곱해서 더한다.

엑셀에서는 이 과정을 수행하는 함수 DEVSQ()가 있다. 식은 다음과 같다.


=DEVSQ(B2:B11)


이 식에서는 우선 B2:B11에 있는 값으로 평균을 구한다. 그리고 평균에서 10개의 값을 각각 뺀 다음 그 값을 제곱하고 모두 더한다. 만약 DEVSQ()를 못 믿겠으면 여러분이 직접 배열 수식으로 실행 해봐도 된다(식을 입력할 때 반드시 Ctrl+Shift+Enter를 입력하자).


=SUM((B2:B11 − AVERAGE(B2:B11))^2)


각 영역에 이름을 붙였으므로 식을 다음과 같이 입력한다.


=DEVSQ(ExpGroup)+DEVSQ(ControlGroup)

이 식은 실험군의 평균으로부터 편차를 구해서 제곱해서 합한 값과 대조군의 평균으로부터 편차를 구해서 제곱해서 합한 값을 더한다. 이 과정의 결과는 그림 9-1의 셀 F1에 보이며 식 자체는 텍스트로 G1에서 보여주고 있다.

### ● 〈과정 3 : 합동분산(Pooled Variance) 계산하기〉

다시 한 번 말하지만 분산은 평균과의 차이인 편차를 제곱해서 평균을 낸 것이다. 다음 식으로 제곱한 편차를 이용해서 합동분산(pooled variance)을 계산할 수 있다.

```
=F1/(COUNT(ExpGroup) - 1+COUNT(ControlGroup) - 1)
```

이 식에서 셀 F1의 편차 제곱의 합을 분모로 사용한다. 그리고 이 합을 (실험군의 점수 개수 −1) + (대조군의 점수 개수 −1)로 나눈다. 분산을 편차의 제곱의 평균이라고 '여길 수 있다'고 하는 이유이다. 하지만 이렇게 개념적으로 생각하는 쪽이 더 편하다. 하지만 실제 점수의 개수가 아니라 엑셀의 COUNT() 함수를 사용해서 1을 빼서 나누므로 분산은 우리가 생각하는 개념적인 분산과 완전히 똑같이 되지는 않는다. 이런 차이는 실험군이나 대조군의 크기가 커지면 커질수록 줄어들게 된다.

3장에서 왜 실제 개수가 아닌 자유도로 나누는지 이유를 설명했다. 평균을 계산하면 값에 대한 제한을 두며 식에서는 자유도로 1을 뺀 값을 사용한다. 여기에서는 그룹을 두 개 다루므로 평균이 두 개이며 분산을 계산할 때 분모로 자유도를 계산할 때 2를 뺀다.



왜 두 개의 그룹을 그냥 합해서 전체 분산을 구하지 않을까? 만약 그래도 된다면 식은 다음과 같을 것이다.

```
=VAR.S(B2:C11)
```

위 식을 쓰면 20개의 값에 대해 분산을 구한다. 사실 우리는 전체 분산을 두 부분으로 나누고자 한다. 하나는 그룹의 평균 사이의 차이 때문에 생긴 것이고 또 다른 하나는 각 그룹의 평균에서 각 점수가 얼마나 떨어져있는지 변동성에 의한 것이다. 우리가 찾는 것은 후자인 그룹 내 분산이다. 관찰값 전체의 평균과 관찰값으로 구한 편차로는 순수한 그룹 내 분산 추정값을 구할 수 없다. 왜냐하면 이 값은 두 개의 그룹 평균의 차이에 의한 부분과, 그룹 내 편동성을 추정하는데 관련이 없는 부분을 모두 포함하기 때문이다.

● 〈과정 4 : 평균 차이의 표준 오차 구하기〉

3장을 다시 되돌아보면 평균의 표준오차는 특별한 종류의 표준편차에 해당한다. 평균의 표준오차를 계산할 때는 모집단으로부터 표본들을 뽑은 다음 각 표본의 평균을 계산하고, 다음 그 평균들로 표준편차를 계산한다. 정의는 이렇지만 표본이 한 개밖에 없어도 평균의 표준오차를 추정할 수 있다. 표본 한 개의 표준 편차를 표본크기의 제곱근으로 나눠서 추정한다. 같은 방법으로 평균의 분산오차는 표본의 분산을 표본크기로 나눠서 계산한다.

8장의 예같이 알려진 모수에 대해 검증할 표본의 평균이 한 개 밖에 없는 예처럼 알려진 가설값에 대해 검증할 때 평균값이 한 개밖에 없는 경우 평균의 표준오차를 나누는 수로 사용할 수 있다. 하지만 이 장의 예에서는 그룹이 한 개가 아니라 두 개이므로 평균의 표준오차가 아니라 두 평균 사이 차이의 표준오차로 나눠야 한다. 이 과정에서는 이 값을 계산하기는 것을 시작한다. 3번 과정의 결과값은 그룹 내 합동분산값이다.

합동분산을 분산오차(variance error)로 변환하려면 그룹 내 합동분산을 두 그룹의 표본크기로 나눠야 한다. 각 그룹의 피실험자 수가 다를 수 있으므로, 식을 좀 더 일반적으로 쓰면 다음과 같다. 여기서 N은 보통 표본의 크기를 말한다.

$$S_w^2(1/N_1 + 1/N_2)$$

두 그룹의 피실험자의 수가 동일하면 이 식을 좀 더 간단하게 만들 수 있다. 곧 나오겠지만 그룹 내의 피실험자 수가 동일하면 통계 검정을 좀 더 직관적으로 해석할 수 있다. 위의 식은 두 평균 간 차이의 분산오차를 구한다. 차이의 표준오차를 구하는 식은 그림 9-1의 셀 G3에 있으며 제곱근을 구하면 된다.

$$\sqrt{S_w^2(1/N_1 + 1/N_2)}$$

두 평균 차이의 표준오차는 다음과 같이 정의할 수 있다.

우선 두 그룹 각각의 평균을 구한 다음 평균 간의 차이를 구한다. 이 과정을 여러 번 되풀이한다. 그러면 모든 평균의 차이에 대한 표준편차를 계산할 수 있다. 이 값이 두 평균 사이 차이의 표준오차이다. 하지만 8장의 평균의 표준오차 경우처럼 두 개의 표본만을 사용해서 차이의 표준오차를 추정할 때는 뒤의 식을 사용할 수 있다.

## ● 〈과정 5 : t-통계량(t-statistic) 계산하기〉

지금까지 제대로 해왔으면 이 과정은 그다지 시간이 많이 걸리지 않는다. 한 그룹의 평균에서 다른 그룹의 평균을 뺀 다음 이 값을 평균 차이의 표준오차로 나눈다. 식과 결과값 2.24는 그림 9-1의 셀 F4에 보인다. 보기에는 쉽지만 이 과정은 사실 사소한 복잡함을 감추고 있으며 처음에는 헷갈릴 것이다. 두 그룹의 평균이 동일할 경우는 거의 없겠지만 어쨌든 이 경우를 제외하고 나면 어느 쪽 평균에서 다른 쪽 평균을 빼느냐에 따라 t-통계량(t-statistic)값이 양수가 될 수도 있고 음수가 될 수도 있다.

여러분이 가설을 보고 t-통계량 값이 양수이거나 거의 차이가 없을 것으로 기대하고 있을 때 t-통계량 값이 매우 큰 음수가 될 수도 있다. 만약 여러분이 휘발유 연비를 높일 수 있는 자동차 타이어에 대해 검증을 한다고 가정해보자. 결과가 나와서 실험군의 평균 mpg에서 대조군의 평균 mpg(miles per gallon, 갤론당 마일)를 뺐을 때 이 값이 음수가 나왔다고 하자. 즉 결과값은 음수의 t-통계량이다. 만약 이 t-통계량이 −5.1같이 큰 값이면 상황은 더욱 심각해진다. 이 값은 귀무가설이 참이라면 나올 수 없는 값이다.

이런 결과가 나온 이유는 논리가 정연하지 못하거나 계산이 틀렸기 때문일 가능성이 높다. 따라서 이런 결과가 나오면 우선 처리의 효과를 확인하기 위해 가설을 세운 것인지 확인해야 한다. 그리고 계산의 검사, 엑셀에서의 데이터 배치, 함수의 사용 등을 검사한다. 만약 모든 과정을 제대로 했다면 놀라움을 감추고 귀무가설을 유지한 다음 다음 실험에서 이번에 얻은 지식을 활용해야 한다.

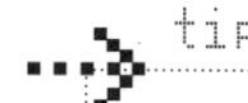


'데이터 분석 도구'에서 t-검정에 관한 도구를 사용할 때 특히 주의해야 한다. 도구를 쓰면 무조건 지정한 변수 1에서 변수 2 값을 뺀다. 도구는 여러분의 대립가설이나, 변수 2의 평균이 클지, 변수 1의 평균이 클지 전혀 상관하지 않는다. 항상 변수 1에서 변수 2를 빼므로, 도구를 쓸 때는 이 특성을 잘 알아두도록 하자.

● 〈과정 6 : T.INV()를 사용해서 임계값 결정하기〉

t의 임계값을 알아야 한다. 그리고 과정 5에서 계산한 t-통계량과 이 값을 비교하게 된다. 임계값을 알려면 자유도와 미리 채택한 알파 수준을 알아야 한다. 자유도는 구하기 쉽다. 평균 차이의 표준오차의 분모가 자유도이며 두 그룹의 표본크기에서 2를 뺀 값이다. 이 예에서는 각 그룹에 관찰값이 10개 있으므로, 자유도는 10 + 10 −2 인 18이다.

알파값은 이미 0.05로 지정했고, 방향성 대립가설은 "실험군의 평균점수가 대조군의 평균점수보다 높다"이다. 이 상황을 그림 9−2에서 보여주고 있다.

분포에서 알파 영역과 나머지를 나누는 값을 구하려면 다음 식을 이용하면 된다.

=T.INV(0.95,18)

이 식은 1.73을 반환하며 여기에서의 임계값이 된다. 만약 여러분이 귀무가설을 기각하려고 할 때 선택한 알파값에서 t-통계량이 가질 수 있는 가장 최소한의 값이다.

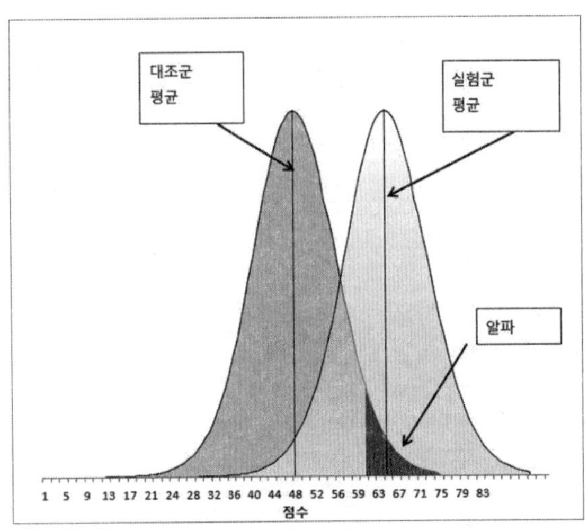


▶▶ 그림 9-2 이 방향성 가설은 모든 알파값을 왼쪽 분포의 오른쪽 꼬리에 놓는다.

알파값은 .05이지만 식 T.INV()에서는 첫 번째 인자로 .95를 사용한다. T.INV() 함수(호환성 함수 TINV()도 마찬가지)는 이 값의 왼쪽으로 곡선 아래 면적에 해당하는 t-값을 반환한다. 이 경우 자유도 18인 t-분포의 영역 95%는 t-값 1.73 왼쪽에 위치한다. 따라서 곡선 아래 1.73의 오른쪽으로는 5%가 위치하며, 5%가 알파율이다.

t-값을 가로축의 단위에 해당하는 값으로 바꾸려면 t-값에 평균차이의 표준오차를 곱한 다음 대조군 평균을 더한다. 이 값은 그림 9-1의 셀 F3(표준오차)과 C13(대조군 평균)에 있다. 변환하면 61이 된다.

여러분의 귀무가설은 "만약 전체 모집단에 수업을 다 듣게 했으면 점수의 평균값은 동일할 것이다"였다. 하지만 대립가설은 "수업을 들은 그룹의 평균점수는 대조군 보다 낮다"일 것이다. 이전과 같은 알파율 0.05를 적용했을 때, 대립가설의 방향은 그림 9-3처럼 바뀐다. 이제 t의 임계값은 대조군의 분포를 왼쪽의 5%와 나머지 영역으로 나눈다. 이전 예에서는 95%였다. 다음 식을 써서 t-값을 구할 수 있다.

=T.INV(.05,18)

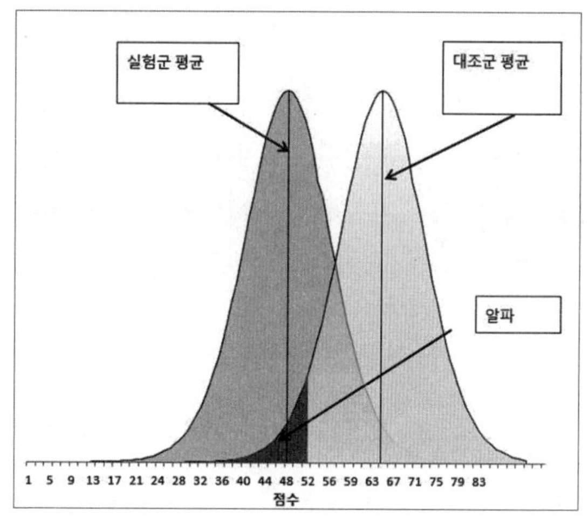


▶▶ 그림 9-3 실험군의 평균값은 여전히 임계값보다 크다.

알파율은 두 예에서 모두 같고, 두 예 모두 방향가설을 사용한다. 자유도도 동일하다. 단지 다른 점은 대립가설의 방향뿐이다. 그림 9-3에서 여러분은 실험그룹의 평균이 대조군보다 높은 게 아니라 더 낮을 것을 기대한다.

그림 9-3에서는 이런 상황을 다루고 있다. 알파를 나타내는 영역은 대조군 분포의 왼쪽 꼬리 부분에 보이며 경계선은 임계값이며 곡선 아래 5% 알파 영역과 나머지 95%를 나누고 있다. 임계값 왼쪽으로 5% 영역을 사용하려면 T.INV()의 첫 번째 인자로 0.05를 써야 한다. 임계값 왼쪽으로 영역의 95%가 나오게 하려면 첫 번째 인자로 95%를 사용해야 한다. T.INV()는 여러분이 관심 있는 확률과 곡선을 정의하는 자유도를 주면, 임계값을 반환한다.

t-분포의 평균은 0이며 좌우대칭이다(8장에서도 다뤘지만 형태는 정규분포와 완전히 동일하지는 않다). 이 절 앞부분에서 식 =T.INV(0.95,18)의 값이 1.73이라고 했다. t-분포의 평균이 0이며 좌우대칭이기 때문에 다음 식

    =T.INV(0.05,18)

의 값은 −1.73이다. 1.73, −1.73 모두 알파값이 5%이며 자유도가 18인 방향성 t-검정에서 임계값이 된다. 가설이 알파의 위치에 어떻게 영향을 주는지 예를 들기 위해 그림 9-3을 예로 들었다. 이 장에서는 비방향가설에 대해 더 깊이 다뤄보도록 하겠다.

● 〈과정 7 : t-통계량과 임계 t-통계량 비교하기〉

과정 5에서 관찰된 t-통계량의 값을 2.24로 계산했다. 과정 6에서 구한 임계값은 1.73이다. 관찰된 t-통계량이 임계값보다 크므로 95% 신뢰수준으로 귀무가설을 기각한다(이 95%는 1 − 알파이다).

## ✚ T.DIST()로 큰 그림 완성하기

지금까지는 알파값과 자유도가 주어졌을 때 T.INV() 함수를 사용해서 임계값을 구하는 방법에 대해 다뤘다. 이제 그 반대의 경우를 다루기 위해 T.DIST(), T.DIST.RT(), T.DIST.2T() 함수를 사용하도록 하겠다. 이 세 가지 T.DIST 함수를 쓸 때는 알파값보다는 임계값을 지정해야 한다. 그리고 여전히 자유도를 인자로 줘야 한다. 다음은 T.DIST()의 문법이다.

    =T.DIST(x, df, cumulative)

위의 식에서 x는 t-값이고 df는 자유도, cumulative는 누적값이다. 누적값으로 곡선에서 t-통계량 왼쪽의 영역을 모두 구할 것인지 아니면 t-통계량과 관련된 확률값을 구할 것인지 결정한다(확률값은 t-통계량으로 지정되는 특정 지점에서 곡선의 높이이다). 앞 절에서 나온 숫자를 사용하면 식은 다음과 같다.

    =T.DIST(1.73,18,TRUE)

이 식의 값은 0.95이다. 자유도 18인 t-분포에서 t-값 1.73왼쪽의 영역의 넓이는 95%가 된다. t-분포는 좌우대칭이므로 다음 식

    =1 - T.DIST(1.73,18,TRUE)
과
    =T.DIST(-1.73,18,TRUE)

는 모두 0.05이다. 이 경우는 가설이 그림 9-3같은 경우(즉 알파값이 대조군의 왼쪽 꼬리에 오는 경우)에 사용할 수 있다. 만약 상황이 그림 9-2같은 경우(즉 대조군의 오른쪽 꼬리부분에 알파값이 오는 경우)는 아래 식과 같은 종류의 T.DIST()를 사용하는 편이 좋을 것이다.

    =T.DIST.RT(1.73,18)

이 값도 0.05이다. 함수의 이름에 .RT가 들어가 있으면 이것은 여러분이 t-분포의 오른쪽 꼬리 부분에 관심 있다고 엑셀에게 알려주는 셈이다. T.DIST()와는 달리 누적값을 지정하지 않는다. 이 함수는 임계값 오른쪽의 누적 영역을 구한다. 다시 한 번 강조하지만 t-분포는 좌우대칭이므로 1.73에서의 곡선의 높이를 구할 수 있다(이 식을 써서 -1.73에서의 높이도 구할 수 있다).

    =T.DIST(1.73,18,FALSE)

T.DIST() 함수의 계열의 마지막으로 T.DIST.2T()가 있는데, 이 함수는 t-분포의 오른쪽 꼬리와 왼쪽 꼬리의 면적을 합한 값을 구한다. 이 함수는 비방향가설을 만들 때 편리하다(다음 절의 그림

9-5를 참고). 문법은 다음과 같다.

=T.DIST.2T(x, df)

x는 t-값을 나타내며 df는 자유도를 말한다. 그리고 누적값 인자는 없다. 이 함수를 아래와 같이 쓰면

=T.DIST.2T(1.73,18)

위 식의 값은 0.10이다. 자유도 18인 t-분포에서 1.73의 오른쪽의 영역은 5%, −1.73의 왼쪽 영역은 5%이다. 사실 T.DIST.2T 함수를 쓸 일은 많지 않다. 이유는 여러분이 관심 있는 비방향성가설에서는 음수인 t-값을 양수로 가지는데 T.DIST.2T(엑셀 2010 이전의 함수 TDIST())는 첫 번째 인자로 음수값을 가질 수 없기 때문이다. T.DIST()나 T.DIST.RT()를 쓰는 것이 훨씬 편하다.

## 2. T.TEST() 함수 사용하기

T.TEST()를 쓰면 t-통계량의 확률을 빠르고 쉽게 구할 수 있다. T.DIST()에는 여러분이 t-통계량과 자유도를 모두 인자로 줘야지만 관련된 확률값을 구할 수 있었다. T.INV()는 특정 확률과 자유도를 줘야 관련된 t-값을 구할 수 있었다. 어떤 함수를 쓰는가와 상관없이 항상 자유도를 인자로 줘야 하는데 T.DIST()와 T.INV()에는 직접적으로 주고 T.TEST()에는 간접적으로 준다. 다음 절에서는 두 그룹의 검증할 때의 자유도와 8장에서 다룬 한 개의 그룹을 검증할 때 자유도가 어떻게 다른지 알아보자.

### ✚ 엑셀 함수에서 자유도

t-분포에 대한 정보를 얻기 위해 어떤 엑셀 함수를 사용하던 항상 자유도를 지정해줘야 한다. 8장에서도 다뤘듯이 자유도에 따라 t-분포의 모양이 달라지기 때문이다. 두 개의 분포가 모양이 다르면 각 영역에서의 임계값도 달라진다. 즉 분포의 모양이 다르면 알파수준을 5%라고 했을 때 각

각의 임계값의 위치가 달라진다.

예를 들어 자유도가 5인 t-분포에서 5%의 영역의 임계값은 t-통계량 2.01이다. 자유도가 6인 t-분포에서 5%의 영역의 임계값은 t-통계량 1.94이다(자유도 값이 증가할수록, t-분포의 모양은 정규분포와 유사해진다).

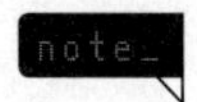

위 숫자는 식 T.INV(.95,5)과 T.INV(.95,6)으로 구할 수 있다.

따라서 t-검정을 할 때는 엑셀에게 자유도 값을 알려줘야 한다. 표본에서 모표준편차를 추정할 때 표본크기가 N이면 자유도 값은 N-1이다. t-검정에서 자유도도 이와 비슷한 방법으로 계산한다. t-검정의 경우 N은 그룹 안의 사례의 개수이다. 따라서 표본의 평균과 가설값(8장에서 다뤘다)을 검증하고 있다면 t-검정에서 사용할 자유도는 표본의 레코드 개수에서 1을 뺀 값이다. 한 표본의 평균을 다른 표본의 평균에 대해 검증하고 있으면(이전 절에서 다룬 것처럼) 자유도는 $N_1 + N_2 - 2$이다. 각 그룹의 평균에 대한 자유도에서 1이 하나 빠진다.

## ✚ 그룹의 크기가 같을 때와 다를 때

관찰값의 개수가 서로 다른 그룹들에 대해서도 t-검정을 수행할 수 있으며 함수도 T.DIST(), T.INV(), T.TEST() 중 아무거나 써도 상관없다. 이 장의 첫 번째 예에서도 보면 두 개의 그룹의 관찰값의 개수가 똑같아야 한다는 조건이 없다. 하지만 t-검성에서 그룹의 크기가 동일하면 두 가지 관련 주제가 생긴다. 이 장의 후반부에서 자세하게 다루겠지만 간단하게 살펴보면 다음과 같다.

### – 종속그룹 t-검정

두 그룹의 멤버가 서로서로 짝이 되는 경우에 대해서 t-검정을 수행하고자 할 때도 있을 것이다. 예를 들어보면 한 그룹의 사람들의 수업을 듣기 전 점수와 수업을 듣고 난 후의 점수를 비교하는 경우가 있다. 이런 경우 Joe의 수업 전 점수와 수업 후 점수를 짝지우고, Mary의 수업 전 점수와 수업 후 점수를 짝지우는 식이 된다.

6장 "통계로 사실 알아보기"에서 논의했던 실험 디자인에 따르면 수업 전의 점수와 수업 후의 점수를 단순히 비교하는 것은 유효한 실험이 아니다. 하지만 비교 그룹을 제대로 맞추어 놓았으면, 수업 전 점수와 수업 후 점수에 대해 t-검정을 수행할 수 있다. t-검정에서는 관찰값을 서로서로 짝지어 놓는 것을 고려하도록 할 수 있다. 그리고 수업 전 점수와 수업 후 점수를 짝지어 놓은 것이므로 당연히 두 그룹의 관찰값 개수는 동일하다. 이것이 왜 중요한지는 다음에 나온다.

두 개의 그룹에서 관찰값을 짝지우는 경우는 아버지-아들, 형제 같은 가족관계같이 한 그룹의 멤버에 대해 다른 그룹의 멤버를 임의로 짝지우는 경우이다. 데이터 분석 추가 기능에는 이렇게 종속그룹 t-검정을 수행하는 도구가 있는데 't-검정: 쌍체비교'에 해당한다.

### – 다른 집단분산(Group Variance)

t-검정에서 가정 중의 하나는 모집단에서 뽑은 두 개의 그룹은 분산이 동일하다는 것이다. 하지만 두 개 그룹의 크기가 동일할 때는 이 가정을 어겨도 별 상관이 없다고 실험과 이론으로 증명되어 있다.

두 모집단의 분산이 서로 다르다고 해보자. 여기서 한 30과 10으로 다르다고 할 때 두 개 그룹의 표본크기가 다르다. 이때 분산이 큰 모집단에서 표본크기가 큰 표본을 뽑았다고 하자. 참인 귀무가설을 실수로 기각할 확률은 여러분이 T.DIST()로 기대하는 것보다 더 작아진다. 만약 분산이 작은 모집단에서 표본크기가 큰 표본을 뽑았다고 하면, 실수로 참인 귀무가설을 기각할 확률은 다르게 기대하는 것보다 더 커진다. 그림 9-4에서는 어떤 일이 벌어질 수 있는지 보여주고 있다.

| | A | B | C | D | E | F | G | H | I | J | K | L | M |
|---|---|---|---|---|---|---|---|---|---|---|---|---|---|
| 1 | 그룹 1 | 그룹 2 | | | 그룹 1 | 그룹 2 | | 그룹 3 | 그룹 4 | | | 그룹 3 | 그룹 4 |
| 2 | 1 | 15 | | 표본 크기 | 30 | 10 | | 3 | 1 | | 표본 크기 | 30 | 10 |
| 3 | 0 | 6 | | 분산 | 10.1 | 30.2 | | 2 | 5 | | 분산 | 30.2 | 10.1 |
| 4 | 8 | 8 | | 편차의 제곱의 합 | 291.5 | 272.1 | | 3 | 7 | | 편차의 제곱의 합 | 875.9 | 90.5 |
| 5 | 2 | 1 | | 합동 분산 | 14.7 | | | 4 | 0 | | 합동 분산 | 25.3 | |
| 6 | 6 | 0 | | 분산 오차 | 0.4 | | | 14 | 0 | | 분산 오차 | 0.6 | |
| 7 | 3 | 12 | | 표준 오차 | 0.6 | | | 3 | 0 | | 표준 오차 | 0.8 | |
| 8 | 7 | 11 | | | | | | 1 | 4 | | | | |
| 9 | 5 | 1 | | | | | | 11 | 9 | | | | |
| 10 | 0 | 2 | | | | | | 0 | 5 | | | | |
| 11 | 9 | 1 | | | | | | 1 | 4 | | | | |
| 12 | 0 | | | | | | | 11 | | | | | |
| 13 | 7 | | | | | | | 14 | | | | | |
| 14 | 6 | | | | | | | 6 | | | | | |
| 15 | 9 | | | | | | | 0 | | | | | |
| 16 | 9 | | | | | | | 0 | | | | | |
| 17 | 2 | | | | | | | 18 | | | | | |
| 18 | 9 | | | | | | | 2 | | | | | |
| 19 | 1 | | | | | | | 14 | | | | | |
| 20 | 0 | | | | | | | 1 | | | | | |
| 21 | 5 | | | | | | | 2 | | | | | |
| 22 | 7 | | | | | | | 1 | | | | | |
| 23 | 1 | | | | | | | 11 | | | | | |
| 24 | 1 | | | | | | | 3 | | | | | |
| 25 | 5 | | | | | | | 11 | | | | | |
| 26 | 7 | | | | | | | 6 | | | | | |
| 27 | 1 | | | | | | | 1 | | | | | |
| 28 | 7 | | | | | | | 11 | | | | | |
| 29 | 6 | | | | | | | 2 | | | | | |
| 30 | 5 | | | | | | | 14 | | | | | |
| 31 | 6 | | | | | | | 2 | | | | | |

▶▶ **그림 9-4** 그룹 크기가 다르고 분산도 다르면 평균 차이의 표준오차값을 크게 하거나 작게 할 수 있다.

A열과 B열에는 각각의 점수가 있고, D에서 F열에 걸쳐 이 그룹들에 대해 요약정리하고 있다. 그룹 1에는 값이 30개가 있으며 분산은 10.1이다. 그룹 2에는 관찰값이 10개 있고, 분산은 30.2이다. 더 큰 그룹이 분산이 더 작다. H열과 I열에도 각각의 점수가 있고, L에서 M열에 걸쳐 이 그룹들에 대해 요약정리하고 있다. 그룹 3의 관찰값의 개수는 30개, 그룹 4의 관찰값의 개수는 10개이며 그룹 1, 그룹 2와 동일하다. 하지만 분산은 뒤바뀌어서 더 작은 그룹의 분산이 더 크다.

그룹 1,2, 그룹 3,4 두 그룹의 크기도 같고, 분산도 같지만 평균의 차이의 표준오차값을 보면 셀 E7의 값이 L7의 값보다 더 작다. 이렇게 되면 모집단의 표준오차를 과소평가한 게 된다. 그룹 1의 관찰값의 개수는 그룹 2의 개수보다 3배로 많으므로, 그룹1의 낮은 변동성이 7행의 표준오차에 더 큰 영향을 주게 된다. 그룹 2의 변동성은 더 크지만 개수가 적어서 영향을 적게 준다. 통합해서 보면, 실제 효과로는 모집단의 표준오차를 과소평가하게 된다.

표준오차가 더 작으면 관찰된 차이값이 신뢰할 만하다는 결론을 내기 위해서 평균의 차이만큼의 값이 필요하지 않다. 따라서 이때 여러분은 곡선에서 귀무가설을 기각할 수 있는 구간 안에 들어간다(이 효과를 보려면 그림 9-12를 참고할 것) 그룹의 크기는 크고 분산이 작은 경우 모집단의 변동성을 과소평가할 수 있으므로, 귀무가설이 참일 때 여러분이 생각하는 것보다 이 차이가 더 믿을 만하다고 결론을 내릴 수 있다.

이제 그림 9-4의 H에서 M열의 데이터를 보자. 더 큰 그룹의 분산이 더 크다. 표본의 크기가 큰 그룹은 변동성에 더 많은 영향을 주며 결국 셀 L7의 표준오차에 더 큰 영향을 준다. 따라서 표준오차가 더 커지는데, 값을 보면 셀 E7의 값보다 약 25%가 더 크다. 결국 모집단에서 표준오차는 더 커진다. 따라서 참인 귀무가설을 기각하는 일이 기대하는 것보다 덜 발생한다.

여기의 예에서 보이는 그룹의 크기나 분산은 비교하기 위해 극단적으로 만들었다. 한 그룹의 표본 크기가 세배 더 많거나 아니면 한 그룹의 분산이 다른 그룹의 분산보다 세배 크다. 실제 실험에서는 이런 일이 거의 발생하지 않는다. 이런 일이 발생한다고 해도 그 효과는 그렇게 크지 않다. 하지만 어쨌든 차이는 생길 수 있고, 엑셀의 T.TEST() 함수에서 이런 상황을 다룰 수 있는 방법이 있다. 좀 더 자세한 정보는 "Type 인자 사용하기"를 보자.

데이터 분석 추가 기능에는 나중의 방법을 다루는 도구가 있다. 이 도구의 이름은 't-검정 : 이분산 가정 두 집단'이다.

종속그룹 t-검정은 정의대로 동일한 표본크기의 두 그룹을 사용하므로 분산이 같지 않거나 오류

율이 다른 문제 등은 발생하지 않는다. 따라서 그룹의 크기가 동일하다면 분산이 같다는 가정에
대해 따로 염려할 필요가 없다.

## ✚ T.TEST() 함수의 문법

T.TEST() 함수의 문법은 다음과 같다.

=T.TEST(Array1, Array2, Tails, Type)

이 함수의 문법은 T.DIST()나 T.INV()와 매우 다르다. T.DIST()에는 x인자로 t−값을 줘야 했고
T.INV()에는 영역에 대한 확률을 인자로 줘야 했는데, 여기서는 t−값이나 확률 인자가 없다. 그
리고 T.DIST()와 T.INV()에는 모두 자유도 인자가 있는데 여기서는 그것도 없다. T.TEST()에
그런 인자가 없는 이유는 엑셀에게 가공하지 않은 데이터의 위치만을 알려주기 때문이다. 예를 들
어 그림 9−1과 같은 경우에 대해 T.TEST()를 쓴다고 하면, B2:B11을 Array1 인자로 주고
C2:C11을 Array2 인자로 준다. T.TEST() 함수에 가공하지 않은 데이터를 주면 다음과 같은 결과
가 나온다.

- T.TEST() 함수 자체가 기본적인 계산을 할 수 있다. Array1과 Array2의 데이터를 세서 몇
  개의 값이 있는지 보고 직접 자유도를 계산한다.
- 그룹 내 합동분산과 평균 차이 간의 표준오차를 계산할 수 있다. 각 배열의 평균을 계산해
  서 t−통계량을 계산할 수 있다.
- 두 개의 배열 데이터를 보고 자유도와 t−통계량을 계산할 수 있기 때문에 T.TEST()는 해
  당 자유도의 t−분포에서 계산한 t−통계량을 관찰할 확률을 반환한다.

### − T.TEST() 배열 알아내기

T.TEST() 함수는 오직 확률 수준만을 반환한다. 표본을 뽑은 모집단 그룹 사이에 차이가 없다고
가정할 때 두 그룹의 평균 사이의 차이를 보게 될 확률이다(예를 들어 그림 9−1에서 수업을 들은
사람과 듣지 않은 사람의 차이 같은 경우).

그림 9−1의 데이터 같은 경우에서는 빈 셀에 다음 식을 입력해보자.

=T.TEST(ExpGroup,ControlGroup,1,2)



엑셀 2007이나 그 이전 버전을 사용하고 있으면 호환성 함수인 TTEST()를 사용해야 한다(함수 이름 안에 .(마침표)가 없으므로 주의하자).

Array1과 Array2는 값으로 된 두 개의 배열이며 각각의 평균을 비교하게 된다. 예에서 Array1은 ExpGroup이라고 이름 붙인 B2:B11영역이고, Array2는 ControlGroup이라고 이름 붙인 C2:C11 영역이다. 두 그룹의 평균과 표준편차는 각각 AVERAGE(), STDEV.S() 함수로 계산했고 결과 값은 B13:C14에 있다. 이 값은 그냥 단순히 알려주기 위해 계산했으며 T.TEST() 함수와는 아무 관계가 없다.

### – Tails 인자 사용하기

Tails 인자는 가설의 방향에 관련 있다. 현재 예에서는 대조군에 비교했을 때 처리, 즉 수업이 시험 점수를 낮추지 않는다고 가정하고 있다. 따라서 연구자들은 실험그룹의 점수평균이 대조군에 비해 충분히 높아서, 점수가 높이 나온 것은 단지 우연이라고 주장할 가능성을 배제하기를 기대하고 있다. 이 가설은 방향성이다. 이 상황은 이전 절에서의 가설과 비슷하다. 이전 절에서 실험자들은 처리, 즉 수업을 통해 실험군의 점수가 대조군보다 높게 할 수 있다(혹은 낮게)고 믿는다. 가설들은 방향가설이다.

실험의 대립가설이 만약 "실험군의 평균이 대조군의 평균과 다르다(높은 것도 낮은 것도 아닌 그냥 다르다)"이라면 대립가설은 비방향가설이다.

### ● 〈Tails 인자를 1로 설정하기〉

그림 9-2에서 실험자들은 .05를 알파로 채택했다. 왼쪽 곡선의 오른쪽 꼬리에 알파값 .05, 5%을 놓으며 곡선의 5% 면적에 해당한다. 그림 9-2는 실험자의 결정 규칙을 나타내며 말로 풀면 다음과 같다.

필자는 수업이 실험군의 평균점수를 대조군의 평균점수보다 높일 수 있음을 기대하고 있다. 하지만 만약 두 모평균이 똑같다면 수업의 효과는 그냥 우연이고 샘플링 오류이며 단순히 이것이 실험군에 좋게 작용했을 뿐이라고 결정할 가능성에 대비하고 싶다. 그래서 주어진 실험군과 대조군의 평균이 똑같을 때 가능한 표본 실험군의 평균의 5%만이 넘을 수 있는 곳에 선을 그으려고 한다. T.TEST() 함수를 쓰면 왼쪽 대조군의 영역의 얼마에 해당하는 부분이 실험군의 평균을 넘을 수 있는지 알 수 있다.

그림 9-1의 데이터를 보면 실험자는 두 평균이 같다는 귀무가설을 기각한다. 따라서 대립가설 '전체 모집단에서 실험군의 평균이 대조군보다 높다'가 유효하다. 그림 9-1의 셀 F7의 값 0.019를 보자. 이 값은 T.TEST()의 결과값을 보여준다. 셀 G7은 함수의 세 번째 인자 Tails가 1임을 보여준다. 이것은 엑셀에게 오류 확률은 한쪽 꼬리에서만 적용한다고 알려준다. 따라서 엑셀에서 0.019의 T.TEST()의 결과값이 나오면, 이 결과값의 위쪽은 곡선의 1.9%에 해당하는 영역이 이 위에 있으며 실험군 평균도 이 위에 있다.

● 〈T.TEST() 결과 해석하기〉

T.TEST()에서 반환하는 값은 비록 개념적으로 연관되어 있기는 하지만 알파값과는 동일하지 않다. 실험자는 알파값을 .01, .025, .05 같은 값으로 설정한다. 이에 반해 T.TEST() 함수는 곡선의 왼쪽의 비율을 반환하는데 이 값은 오른쪽 곡선 평균의 오른쪽에 위치하게 된다. 이 비율은 귀무가설을 기각할 때는 알파보다 작거나 같고, 귀무가설을 계속 채택할 때 이 값은 알파보다 크다.

그림 9-2에서 값 0.019는 대조군을 나타내는 왼쪽 곡선에서 실험군의 평균을 초과하는 영역을 나타낸다. 만약 대조군과 실험군의 평균이 정말 같다고 가정하면, 오직 1.9%의 경우만이 실험군의 평균 이상의 값이 나오게 된다. 실험자들은 알파값을 .05로 설정한다. 실험군의 평균은 대조군의 평균보다 .05 알파가 의미하는 값(차트상에 보이는 알파 영역과 대조군 분포의 나머지를 나누는 임계값)보다 훨씬 더 멀리 떨어져 있다. 따라서 실험자는 .05의 신뢰수준에서 귀무가설을 기각할 수 있다. 신뢰수준이 .019가 아니다. 처음에 알파값과 대립가설을 설정했으면, 끝까지 이것을 유지해야 한다.

예를 들어, 실험군의 평균값이 65.2가 아니라 30.4라고 가정해보자. 그러면 실험군의 평균값이 대조군의 평균값보다 실제와 같은 수준으로 훨씬 아래에 위치하게 된다. 이것은 "통계적으로 유의한" 발견일까? 어떤 면에서는 그렇다. 모집단에서 평균이 같다고 했을 때, 평균값이 30.4인 경우도 1.9%의 경우로 발생하게 된다.

하지만 실험자는 대립가설을 채택해서 실험군의 평균이 처리군의 평균보다 높다고 한다. 대립가설에서는 오류율 .05, 5% 전체가 대조군 곡선의 오른쪽 꼬리에 있다고 가정하고 있기 때문이다. 실험군의 평균값이 30.4이면 이 값은 알파 영역의 최소값을 초과하지 않으므로 대립가설을 기각해야 한다. 실험그룹의 평균이 이렇게 현저하게 낮은 경우라고 하더라고 대신 귀무가설을 채택해서 그룹 평균이 같다고 한다.



.019같은 숫자를 확률로 받아들이는데 중요한 점이 있다. 연구에서 .019나 1.9%같은 정밀도(degree of precision)는 거의 나오지 않는다. 이런 정도의 정밀도를 만족하려면 모든 가정이 완벽히 맞아야 하는데, 우선 기반이 되는 분포가 이론적인 분포와 완전하게 동일해야 한다. 그리고 모든 관찰값들이 서로 독립적이어야 하고, 그룹들의 측정값이 동일해야 한다. 그렇지 않으면 1000분의 1단위로 정밀도가 틀리게 된다. 따라서 처음에 타당한 이유로 알파값을 선택했으면 보고서 등에도 이런 정밀도의 측면보다는 알파값을 기준으로 가설의 기각 여부를 작성하는 게 맞다.

## ● 〈Tails 인자를 2로 설정하기〉

이제 실험자가 처리 효과, 즉 수업의 효과에 대해 좀 더 중립적인 시각을 가지게 되었다고 가정해 보자. 그래서 수업이 실험군의 점수를 올려줄 수도 있지만 낮출 가능성도 있다는 것을 인정하게 되었다. 이 경우 귀무가설은 "모평균은 동일하다"로 변하지 않는다. 하지만 대립가설은 바꿔야 한다. "실험군의 평균이 대조군보다 높다" 대신 "실험군의 평균과 대조군의 평균은 다르다"가 된다. 즉 대조군의 평균보다 높을 수도 있고 낮을 수도 있기 때문에 실험자는 예측하기 어렵게 된다. 그림 9-5에서 개념을 보여주고 있다.

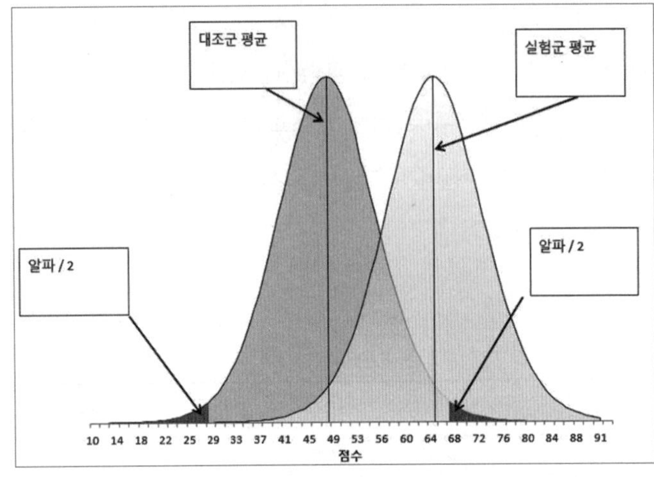



▶▶ **그림 9-5** 알파를 나타내는 영역을 대조군 표본 평균을 나타내는 분포의 양쪽 꼬리로 나눈다.

note_

어떤 사람들은 방향검증을 한쪽 꼬리(one tailed)라고 하고, 비방향검증을 양쪽 꼬리(two tailed)라고 한다. 만약 여러분이 t−검정에 대해 말하고 있는 거라면 이 용어에 잘못된 사항은 없다. 하지만 ANOVA 같은 분산분석처럼 평균을 2개 이상 사용할 때는, 이런 용어들이 혼란을 불러일으킬 수 있다. ANOVA 같은 경우에서는 비방향(양쪽 꼬리)가설을 한쪽 꼬리 F−검정으로 검증한다.

그림 9−5는 비방향 결정 규칙에 대해 다루고 있다. 말로 풀어보면 다음과 같다.

처리그룹의 평균이 실험그룹의 평균과 다를 것이라고 기대하고 있다. 나는 처리, 즉 수업이 참가자들의 시식을 늘려줘서 시험 점수를 높여줄 수 있을지, 혹은 수업이 오히려 혼란을 불러일으켜서 시험 점수를 낮게 할 수 있을지 모른다. 하지만 각각의 모집단에서 두 그룹의 평균이 동일하다면 수업의 효과는 그냥 우연이고 샘플링 오류이며 단순히 이것이 실험군에 좋게 혹은 나쁘게 작용했을 뿐이라고 결정할 가능성에 대비하고 싶다. 따라서 여기에서 한 개가 아닌 두 개의 선을 그으려고 한다. 귀무가설 하에서는 모집단에서 실험그룹과 대조군의 평균이 동일하다. 위쪽에는 곡선 영역의 2.5%만 포함되도록 선을 그었고, 아래쪽에도 역시 곡선 영역의 2.5%만 포함되도록 선을 그었다. 이렇게 해서 참인 귀무가설을 기각할 확률은 여전히 20분의 1이며, 수업이 도움이 되는지 안 되는지에 대해서는 확신할 수 없다.

이것을 비방향 검증이라고 하는데 실험자가 대립가설에서 실험군 평균이 대조군 평균보다 높을지 낮을지 가정하지 않기 때문이다. 단지 대립가설에서는 두 개의 평균이 단지 우연이라고 하기에는 좀 더 차이가 나는 만큼으로 다르다고 할 뿐이다. 검증은 양쪽 꼬리 검증이라고도 하는데 오류율인 알파를 대조군 표본평균을 나타내는 곡선의 양쪽 꼬리 부분으로 나누기 때문이다. 이 예에서 알파는 여전히 .05이지만, 왼쪽 꼬리에 .025만큼 있고 오른쪽 꼬리에 .025만큼 둔다.

이 경우 만약 실험군의 평균이 아래 임계값보다 아래에 있거나 혹은 위의 임계값보다 위에 있으면, 귀무가설을 기각한다. 방향가설에서 사용한 결정 규칙과는 다른데, 방향가설에서는 실험군 평균이 대조군 평균에서 기대하지 않았던 방향으로 멀리 떨어져있어도 귀무가설을 유효한 것으로 본다. 하지만 비방향가설에는 나름의 비용이 든다. 비방향가설에는 방향가설보다 더 많은 가능성을 허용하지만, 검정력은 떨어진다. 그림 9-2의 위쪽 임계값과 그림 9-5의 임계값을 비교해보자. 방향검증에서는 모든 알파값을 오른쪽 꼬리에 두었기 때문에 임계값은 약 61이다. 그림 9-5에서 비방향검증은 알파값의 절반인 .025만 오른쪽 꼬리에 두므로 임계값이 61에서 67로 올라간다.

임계값이 대조군을 나타내는 표본분포의 평균에서 멀리 떨어질수록 통계검정의 검정력은 낮아진다. 그림 9-6과 그림 9-7을 비교해보자.

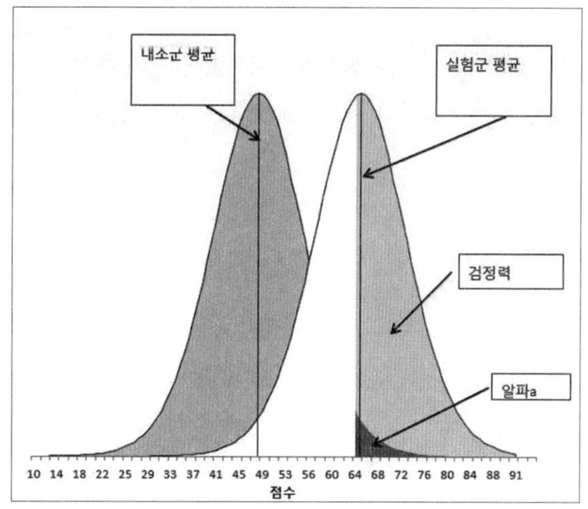


▶▶▶ **그림 9-6** 전체 알파값이 왼쪽 곡선의 오른쪽 꼬리에만 할당되어 있기 때문에 실험군 평균이 임계값을 초과한다.

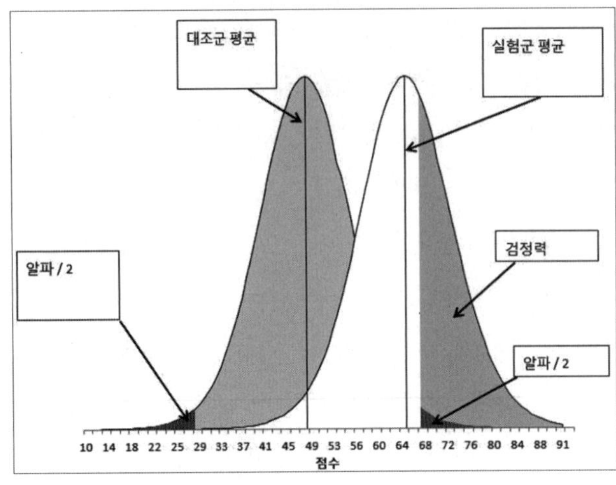



▶▶ **그림 9-7** 왼쪽 곡선에서 알파값이 양쪽으로 나뉘었으므로 위쪽의 임계값은 오른쪽으로 움직이며 검정력이 줄어든다.

그림 9-6에서 실험군의 평균은 임계값 64를 살짝 넘고 있으며 이 t-검정의 검정력으로 정의되는 영역 안에 포함된다. 따라서 검증은 귀무가설을 기각할 수 있을 만큼 충분히 민감하다. 그림 9-7에서 실험자는 비방향가설을 만들었다. 만약 알파값이 .05면 왼쪽 곡선의 .05가 아니라 .025만큼의 면적이 위쪽 임계값을 결정한다. 이때 임계값은 그림 9-6의 임계값보다 오른쪽으로 이동하며, 검증의 검정력이 줄어들게 된다.

일반적으로 방향가설을 만들면 검정력이 증가하는데 이 경우는 실험자가 한 그룹에 비해 다른 그룹이 더 좋게 나올 것이라고 예상할 이유가 있을 때이다. 단 방향가설은 실험군의 평균이 대조군의 평균과 예상하지 못한 방향으로 다를 때 귀무가설을 기각할 결정을 지원하지 못한다.
T.TEST() 함수의 문법은 다음과 같다.

=T.TEST(Array1, Array2, Tails, Type)

T.TEST() 함수를 쓸 때는 한쪽 꼬리만 검사할지 양쪽 꼬리를 다 검사할 지 알려줘야 한다. Tails 값을 1로 하면, 엑셀은 한쪽 꼬리에서 계산한 t-통계량을 초과하는 면적을 반환한다. Tails값을 2로 하면 양수인 t-통계량 오른쪽의 영역과 음수인 t-통계량 왼쪽의 영역을 반환한다. 만약 t값이 3.7이고 Tails값이 2이면 T.TEST()는 곡선에서 3.7 오른쪽의 영역과 -3.7 왼쪽의 영역을 합쳐서

반환한다.

### – Type 인자 사용하기

T.TEST() 함수의 Type 인자로 어떤 t-검정을 수행할 것인지 알려준다. 어떤 검정을 수행할지 여부에는 여러 가지 가정을 포함하는데 이 장에서 아직 다루지 않은 것도 있다. 통계적 추론을 지원하는 대부분의 검정은 여러분이 주는 데이터의 성격에 대해 가정을 하게 된다. 이 가정은 대부분 검정의 바탕이 되는 수학 때문인데 실제로는 다음과 같이 적용된다.

- 몇 가지 가정은 무시해도 상관없다.
- 몇 가지 가정을 위반해도 이런 위반을 다룰 수 있는 절차들이 있다.
- 몇 가지 가정은 반드시 만족해야 하며 이를 위반하면 검정이 의도한 대로 되지 않는다.

T.TEST()의 Type 인자는 두 번째 가정과 관계있다. Type을 지정하면 엑셀에게 어떤 가정에 대해 염려하고 있으며 이런 위반을 다루기 위해 어떤 절차를 사용할 것인지 알려주는 게 된다.
t-검정의 이론에서는 여러분이 모아온 데이터에 대해 세 가지 가정을 하고 있다.

### ● 〈정규분포〉

t-검정에서는 두 표본을 모두 값이 정규분포로 된 모집단에서 뽑았다고 가정한다. 만약 결과값이 '질병' 대 '건강'같은 명목형 변수라면 여러분은 정규분포여야 한다는 가정을 위반하는 게 된다. 만약 가능한 값이 이렇게 두 개밖에 없다면 값들은 정규분포가 되지 않는다.

이 가정은 여러분이 실제 상황에서는 무시해도 되는 가정에 속한다. 많은 연구에서 이런 정규성(normality)에 대한 가정을 무시해도 되는지 그 효과에 대해 조사했는데 데이터가 정규분포가 아닌 경우 t-검정의 결과에 매우 사소한 영향만 준다는 것을 알아냈다(통계학자들은 t-검정은 정규성의 가정을 위반하는 측면에서 매우 견고하다고 말한다. 그리고 이런 연구들을 견고성 연구(robustness studies)라고 한다).

### ● 〈독립적인 관찰값〉

t-검정에서는 각각의 레코드가 서로 독립적인 사건이 된다. 즉 한 그룹에서 어떤 값을 관찰하는 사건이 다른 그룹에서 또 다른 값을 관찰하는 사건에 영향을 주지 않는다. 유전자의 상태를 검증

하고 있다고 가정하자. 만약 Fred와 Judy는 서로 남매라면 Fred의 유전자 상태는 Judy의 유전자 상태를 반영하게 될 것이다. (반대의 경우도 마찬가지) Fred와 Judy의 유전자 같은 사건은 이들이 동일 그룹에 있건 서로 다른 그룹에 속해있건 간에 독립적인 사건이 될 수 없다.

이 가정은 이론적으로도 실제적으로 중요하다. 사건의 독립성이라는 가정을 어기면 t-검정은 견고할 수 없다. 하지만 꽤 많은 경우 두 그룹 사이에 어떤 관계가 존재하므로, 관찰값이 서로 독립적이 아닌 경우 가정을 좀 조정할 수 있다.

예를 들어 새로운 타입의 자동차 타이어가 연비에 얼마나 영향을 줄지 검증하려고 한다고 하자. 우선 자동차 메이커와 모델을 임의로 선택해서 자동차 20개를 선택했다. 그리고 각각에 기존 타이어와 새로운 타이어를 임의로 할당했다. 하지만 표본그룹이 너무 작아서 이렇게 임의로 할당하는 방법은 두 자동차 그룹을 엇비슷하게 만드는데 별로 도움이 안된다.

note

그룹 안에 임의로 선택한 자동차가 10개밖에 없는 경우라면 단 한 개만 특이한 경우가 나와도 그룹의 평균값에 왜곡된 영향을 줄 수 있다. 동일한 그룹들에서는 임의 선택, 할당이 효과적이지만 이 경우에는 임의 선택한 결과가 그룹 안에 다수의 소형차와 대형 군용지프 한 대가 걸릴 수도 있다.

이제 10개의 다른 자동차 모델에서 동일한 자동차를 2개씩 선택했다. 한 차에는 기존의 타이어 4개를 끼우고 이와 쌍이 되는 다른 차에는 새로운 타이어 4개를 끼웠다. 실험 데이터 결과는 그림 9-8과 같다.

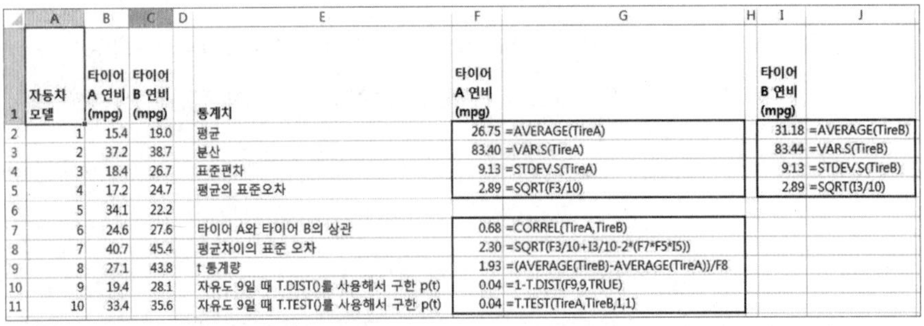

| | A<br>자동차<br>모델 | B<br>타이어<br>A 연비<br>(mpg) | C<br>타이어<br>B 연비<br>(mpg) | D E<br>통계치 | F<br>타이어<br>A 연비<br>(mpg) | G | H | I<br>타이어<br>B 연비<br>(mpg) | J |
|---|---|---|---|---|---|---|---|---|---|
| 2 | 1 | 15.4 | 19.0 | 평균 | 26.75 | =AVERAGE(TireA) | | 31.18 | =AVERAGE(TireB) |
| 3 | 2 | 37.2 | 38.7 | 분산 | 83.40 | =VAR.S(TireA) | | 83.44 | =VAR.S(TireB) |
| 4 | 3 | 18.4 | 26.7 | 표준편차 | 9.13 | =STDEV.S(TireA) | | 9.13 | =STDEV.S(TireB) |
| 5 | 4 | 17.2 | 24.7 | 평균의 표준오차 | 2.89 | =SQRT(F3/10) | | 2.89 | =SQRT(I3/10) |
| 6 | 5 | 34.1 | 22.2 | | | | | | |
| 7 | 6 | 24.6 | 27.6 | 타이어 A와 타이어 B의 상관 | 0.68 | =CORREL(TireA,TireB) | | | |
| 8 | 7 | 40.7 | 45.4 | 평균차이의 표준 오차 | 2.30 | =SQRT(F3/10+I3/10-2*(F7*F5*I5)) | | | |
| 9 | 8 | 27.1 | 43.8 | t 통계량 | 1.93 | =(AVERAGE(TireB)-AVERAGE(TireA))/F8 | | | |
| 10 | 9 | 19.4 | 28.1 | 자유도 9일 때 T.DIST()를 사용해서 구한 p(t) | 0.04 | =1-T.DIST(F9,9,TRUE) | | | |
| 11 | 10 | 33.4 | 35.6 | 자유도 9일 때 T.TEST()를 사용해서 구한 p(t) | 0.04 | =T.TEST(TireA,TireB,1,1) | | | |

▶▶ **그림 9-8** 4장 "변수가 어떻게 함께 움직이는가 : 상관(correlation)"에서도 다뤘지만, 목록들의 관찰값을 같은 행에 두고 서로 짝지을 수 있다.

이와 같은 설계에서 관찰값은 서로 독립적이어야 한다는 가정을 어기고 있다. 한 모델에서 나온 차를 어떤 그룹에 배치했다고 하면 100%의 확률로 그 모델에서 나온 또 다른 차를 타이어만 바꿔 낀 채 다른 그룹에 할당하고 있다. 짝이 되는 차에서 다른 점은 타이어밖에 없으며 두 개의 그룹은 무게나 실린더의 개수 같은 다른 변수에 대해 엇비슷하게 된다. 그리고 실험자는 두 관찰값을 짝을 지을 수 있기 때문에 두 그룹 사이가 얼마나 의존하고 있는지는 계산해서 t-검정을 조정할 때 사용할 수 있다. 그림 9-8에서 보면, 두 그룹간의 연비 상관은 0.68로 꽤 높다. 따라서 R-제곱한 연비의 공분산은 거의 47%가 된다.

서로 다른 그룹 간에 관찰값을 짝짓기 때문에 종속그룹 t-검정은 각각의 짝에 대해 1을 빼므로 자유도가 1이 된다. 그림 9-8의 예에서는 종속그룹 t-검정은 짝이 10개가 있으므로 1을 빼면 자유도가 9가 된다. 그림 9-8에서 B열과 C열의 두 배열에 대해 T.TEST()를 수행한 결과를 보여주고 있다. 자유도가 9이며 두 그룹 간의 상관을 고려했을 때 만약 모집단에 차이가 없다고 하면 표본 평균의 차이가 4.43 mpg(miles per gallon, 갤론당 마일)가 나올 확률은 .04이다. 처음 시작할 때 알파율을 .05라고 했으면 차이가 없다고 한 귀무가설을 기각할 수 있다.


### ● 〈종속그룹에 대해 표준오차 계산하기〉

종속그룹 t-검정을 사용하는 이유는 이것이 더 강력하기 때문이다. 즉 알파값을 더 큰 값을 쓰고 방향가설을 쓰면 t-검정이 더 검정력이 높아진다. 두 평균 사이 차이의 표준오차를 계산하는 방법을 보면 어떻게 이렇게 되는지 알 수 있다.

다음은 A라는 이름의 변수의 분산을 계산하는 식이다.

$$S_A^2 = \sum (A_i - \overline{A})^2/(n - 1)$$

만약 변수 A가 X − Y 와 동일하면 식은 다음과 같다.

$$S_{x-y}^2 = \sum [(X_i - Y_i) - (\overline{X} - \overline{Y})]^2/(n-1)$$

이 식을 다시 쓰면 다음과 같다.

$$S_{x-y}^2 = \sum [(X_i - \overline{X}) - (Y_i - \overline{Y})]^2/(n-1)$$

위 식에서 제곱한 식을 풀어서 쓰면 다음과 같다.

$$S_{x-y}^2 = \sum (X_i - \overline{X})^2/(n-1) - 2\sum (X_i - \overline{X})(Y_i - \overline{Y})/(n-1) + \sum (Y_i - \overline{Y})^2/(n-1)$$

첫 번째 항은 X의 분산이고 3번째 항은 Y의 분산이다. 두 번째 항은 X와 Y의 공분산이다(공분산 그리고 공분산과 상관계수의 관계는 4장을 참고). 따라서 위의 식을 다시 쓰면 다음과 같다.

$$S_{x-y}^2 = S_x^2 + S_y^2 - 2S_{xy}$$

이거나

$$S_{x-y}^2 = S_x^2 + S_y^2 - 2r_{xy}S_xS_y$$

이다. 따라서 두 변수의 차이의 분산은 첫 번째 변수의 분산 + 두 번째 변수의 분산 − 2 × 공분산이 된다. 4장에서는 공분산을 두 변수 사이의 상관 × 그들의 표준편차라고 정의했다.

여기서 기억해야 할 점은 두 변수의 상관의 강도(strength)에 종속하는 값을 빼야 한다는 것이다. 종속그룹 t−검정의 측면에서 보면 이 변수들은 그룹 1에서 피실험자의 점수와 그룹 2에서 해당 피실험자의 형제의 점수, 혹은 그룹 1에서 특정 차 모델의 연비와 그룹 2에서 동일한 차 모델의 연비에 해당한다고 볼 수 있다.

이 장의 앞부분에서처럼 독립그룹 t−검정을 수행할 때면 아무 상관이 없다. 이 장 앞부분의 예에서는 두 그룹의 점수 사이에 짝을 지을 이유가 없으므로 두 그룹의 점수 사이에 상관이 없었다. 이때 평균 차이의 표준오차는 그냥 그룹의 분산을 더하기만 하면 된다. 표본의 크기가 동일하면, 그룹의 분산의 합은 이 장의 앞에서 논의한 합동분산과 동일해진다.

두 개의 그룹의 멤버들을 짝지을 수 있으면 상관을 계산해서 그에 따라 표준오차의 크기를 줄일 수 있다. 이렇게 해서 검증의 검정력을 극대화시킬 수 있다. 다시 복습하기 위해 t−통계량의 기본 공식을 보자.

$$t = (\overline{X} - \overline{Y})]/S_{\overline{X} - \overline{Y}}$$

분모가 작아지면 전체 비는 커진다. t-통계량이 커지면 임계값을 초과할 가능성이 커진다. 따라서 두 개의 그룹의 구성원을 짝지을 때 두 그룹 사이의 결과 변수에 대한 상관을 계산할 수 있다. 분산의 합에서 이 값(표준편차의 곱에 2를 곱한 것)을 뺐기 때문에 결국 분모가 작아지게 된다.



여기서 설명하는 세부사항을 모두 기억할 필요는 없다. 예를 들어 여러분이 이 책을 읽은 다음 T.TEST()같은 엑셀의 워크시트 함수를 쓰는 방법을 알면 계산은 엑셀이 알아서 다 해준다. 여기서 중요한 점은 종속그룹 t-검정이 독립그룹 검정보다 훨씬 민감하고 강력한 검증이라는 점이다. 15장 "다중회귀분석과 효과 코딩 : 더 많은 이슈"에서 이 사항에 대해 더 자세히 살펴보겠다.

자동차 타이어 사례에서 관찰값은 독립사건이 아닐 뿐더러 서로 종속적인 레코드(양쪽 그룹에 똑같은 모델의 차가 하나씩 나온다)를 짝지을 수 있기 때문에 종속의 정도를 계산할 수도 있다. 즉 한 그룹의 점수가 다른 그룹의 점수와 어떻게 짝지어진다는 것을 알고 있으면 점수 사이의 상관을 계산할 수 있다. 일단 종속의 정도를 계산한 수 있으면 이 값을 사용해서 통계적 검증을 더욱 민감하게 만들 수 있다.

이것이 T.TEST() 함수의 Type 인자로 값을 선택하는 이유이다. Type 인자로 값을 1을 주면 엑셀에서 두 배열 사이에는 어떤 관계가 있으므로 상관을 계산해서 함수의 결과에 반영하라고 알려주게 된다. 즉 첫 번째 배열의 레코드 1은 두 번째 배열의 레코드 1과 관련이 있고, 첫 번째 배열의 레코드 2는 두 번째 배열의 레코드 2와 관련이 있게 된다.

### ● ⟨자동차 타이어 예제를 두 가지로 수행해보기⟩

그림 9-8에서는 종속그룹 t-검정을 두 가지 다른 방법으로 수행할 수 있는지 보여주고 있다. 한 가지는 식을 차례차례 적용해가는 것이다 물론 이렇게 하면 지루하지만 어떤 일이 일어나고 있는지 확실히 이해할 수 있고 ANCOVA같은 복잡한 분석을 이해하는 바탕이 되기도 한다.

다른 방법은 T.TEST()만 있으면 되는 빠른 방법이다. 하지만 결과값은 확률만 나오므로 시간이 없거나 결과값을 검사하거나 할 때는 유용하다. 하지만 이해에는 별 도움이 안된다.

다시 보면, 그림 9-8의 A, B, C열에는 열 개의 쌍이 되는 자동차 모델에 대해 연비 데이터가 나와 있다. 워크시트상 행이 달라질 때마다 자동차의 모델이 달라지며, 한 쌍의 자동자의 제조사와 모델은 동일하다. 실험자의 의도는 그룹에서 달라지는 것은 타이어만으로 해서 평균연비에 어떤 차이를 만드는지 알고자 한다.

각각의 영역의 이름은 타이어 A, 타이어 B이다. 타이어 A라는 이름의 영역은 B2:B11이고, 타이어 B라는 이름의 영역은 C2:C11이다. 영역에 이름을 붙이면 식을 만들 때 매우 편리하고 헷갈릴 염려도 적다.

다음은 분석의 단계를 하나하나 따라가기 위해 필요하다. 어떤 셀을 말하는지는 그림 9-8을 참고하기 바란다.

### ● 〈그룹 평균〉

각 그룹의 평균연비(mpg)는 셀 F2와 I2에 보인다. 두 셀의 값을 구하는데 사용된 식은 G2와 J2에 보인다. 이 예에서 타이어 B를 사용하는 그룹이 타이어 A를 사용하는 그룹보다 연비가 더 좋다. 이렇게 연비가 차이가 난 것이 타이어 덕분인지 아니면 단순히 우연에 의한 것인지 결정할 여지가 남아있다.

### ● 〈그룹 변동성〉

변동성은 F3과 I3에 나온다. 그리고 각각의 분산을 구하는 식은 G3, J3에 보인다. 표준편차는 F4, I4에 있고 각각을 구하는 식은 G4, J4에 있다. B열과 C열의 데이터를 표본으로 다루는 함수를 사용했다.

### ● 〈평균의 표준오차〉

8장에서와 같이 가설값에 대해 그룹의 평균을 검정하고 있으면 t-검정의 분모로 평균의 표준오차를 사용한다. 평균의 표준오차는 각각의 값에 대한 표준편차가 아니라 수많은 평균에 대한 표준편차이다.

여기의 경우처럼 두 개의 그룹 평균을 각각에 대해 검증할 때는 평균 간 차이의 표준오차를 사용한다. 즉 많은 평균들의 차이의 표준편차를 사용한다는 뜻이다. 이 예는 차이의 표준오차를 계산하는 식이지만, 이 값을 구하기 위해서는 평균의 표준오차의 제곱인 평균의 분산오차를 구해야 한다. 각 그룹의 표준오차 값은 셀 F5, I5에 있으며 각각의 식은 G5, J5에 있다.


### ● 〈상관〉

이 장의 앞부분에서 논의한 것처럼 종속그룹 t-검정에서는 두 개 그룹 간의 종속 정도를 알아내야
한다. 이 값을 알아야 t-통계량에서 분모의 크기를 조정할 수 있다. 그림 9-8에서 셀 F7에 상관값
이 그리고 식은 G7에 보인다.

차 모델을 구분하는 값은 A2:A11에 있으며 이것은 엄격히 말해 t-검정의 과정에 속하지 않는다.
하지만 이렇게 해서 데이터의 각 행은 동일한 자동차 모델을 나타낸다는 것을 구분하고 있다. 예를
들어서 자동차 모델 1번은 셀 B2, C2에 있고 자동차 모델 2번은 셀 B3, C3 에 있다. 데이터를 이
런 식으로 배치하면 CORREL() 함수를 사용해서 두 그룹 간의 상관을 정확하게 계산할 수 있다.

> 사실 이전 문장은 완전히 참이라고 보기는 어렵다. 사실은 '각 쌍에서 짝이 되는 멤버는 각각의 배열에
> 서 상대적으로 같은 위치에 있으면 된다'가 참이다. 만약 =CORREL(A1:A10,B11:B20)와 같은 식을
> 쓰면, A1, B11이 한 쌍이 되고, A2, B12가 또 한 쌍이 된다. 물론 가장 쉬운 방법은 두 배열이 모두
> 동일한 행에서 시작하도록 하면 되므로 엑셀의 목록이나 테이블 같은 배열을 사용하게 된다.


### ● 〈평균 간 차이의 표준오차〉

셀 F8에서는 평균 간 차이의 표준오차를 계산하는데 이 값을 이끌어내는 식은 "종속그룹에 대해
표준오차 계산하기"에서 보여줬다. 이 값은 각 그룹의 평균의 분산오차를 합해서 제곱근을 구한
다음 여기에서 2 × 상관 × 각 그룹의 평균의 표준오차값을 뺀 값이다. F8의 값을 구하는 식은
G8에 있다.


### ● 〈t-통계량 계산하기〉

두 종속그룹의 t-통계량은 두 그룹의 평균의 차이를 평균차이의 표준오차로 나눈 값이다. 이 예에
서 값은 F9에 나오며 이를 구하는 식은 G9에 있다.

● 〈확률 계산하기〉

T.DIST() 함수는 이미 다뤘는데 이 함수에는 인자로 t−통계량(여기서는 셀 F9의 값), 자유도(여기서는 9, 그룹에서 짝이 되는 쌍의 개수 −1) 그리고 t−통계량으로 정의되는 값까지 t−분포 하에서 누적 면적을 구할 것인지 알려주는 누적값(여기서는 TRUE)을 줘야 한다.

이 경우 자유도 9인 t−분포에서 t−통계량 1.93의 왼쪽으로 총면적은 96%이다. 하지만 우리가 원하는 값은 t−통계량의 오른쪽의 면적이다. 예를 들어 그림 9−2에서 해당 면적은 대조군을 나타내는 곡선에서 나타나며 실험군의 평균의 오른쪽이다. 예에서 이 식의 결과는 .04, 즉 4%이다. 실험자는 알파값, 즉 참인 귀무가설을 기각할 위험도를 .05로 선택했다. 그리고 대립가설이 방향가설이면 두 모평균 연비값이 차이가 없다고 한 귀무가설을 기각할 것이다.

− T.TEST() 함수 사용하기

그림 9−8의 2열에서 10열에 걸친 모든 함수를 포함한 모든 분석은 그림 9−8의 셀 F11의 값 .04를 반환하는 식 하나로 요약할 수 있다. 전체 식은 셀 G11에 있다. 이 식의 인자는 타이어 A와 타이어 B의 연비를 나타내는 데이터 영역을 포함하고 있다.

세 번째 인자 Tails는 1이다. 따라서 T.TEST()는 방향검증을 수행한다. 따라서 계산한 t−통계량의 오른쪽의 면적만을 계산한다. 만약 Tails 인자가 2라면 T.TEST()는 .08을 반환할 것이다. 이 경우 곡선에서 계산한 t−통계량의 음수값 −1.93의 왼쪽 면적과 통계량 1.93의 오른쪽 면적을 합해서 반환하게 된다.

예에서는 네 번째 인자 Type 역시 1이다. 이렇게 하면 종속 그룹 t−검정을 수행한다. 그림 9−8에 해당하는 워크시트에서 셀 F10, F11의 값을 확인해보자. 이 두 값은 소수점 16자리까지도 동일하다.

# 3. 데이터 분석 추가 기능의 t−검정 사용하기

데이터 분석 추가 기능에는 분석도구가 총 19개 있으며 '분산분석 : 일원 배치법'부터 'z−검정 : 평균에 대한 두 집단'까지 있다. 이 도구 중 3개가 t−검정도구이며 T.TEST() 함수의 Type 인자로 가능한 값들을 반영하고 있다.


- 종속그룹
- 등분산(Equal Variance)
- 이분산(Unequal Variance)


이 장에서는 종속그룹 t−검정에 대해 자세하게 다뤘고, 종속그룹 검정의 여러 가지 근거에 대해서도 다뤘다. 그리고 T.DIST()같은 엑셀 함수의 사용법들을 비교하고 T.TEST()같은 간단한 함수로 동일한 결과를 얻는 것도 보여줬다. 또한 '데이터 분석 추가 기능' 도구를 사용해서 워크시트 함수를 사용하지 않고도 동일한 종속그룹 t−검정을 수행하는 방법을 보여주겠다. 이 도구를 사용하는 방법은 워크시트 함수를 써서 일일이 구하는 어려운 과정과 T.TEST() 함수를 써서 최소의 정보만을 보여주는 과정의 중간에 있다고 할 수 있다. 도구에서 함수를 수행하므로 빠르고 평균, 표준편차, 그룹의 멤버 수, t−통계량, 임계값, 확률 같은 정보를 T.TEST()보다 훨씬 더 많이 보여준다.


이런 추가 기능을 쓰는데 있어서 가장 큰 결점은 모든 결과가 그냥 값으로 나오므로 값을 바꾸거나 원 데이터를 바꾸면 도구를 다시 수행해야 한다는 점이다. 기반이 되는 데이터가 바뀌어도 결과값은 워크시트 함수를 썼을 때처럼 자동으로 갱신되지 않는다.


## ✚ t−검정에서 그룹 분산

이 장의 앞부분에서 t−검정의 기본 이론에서는 그룹을 뽑아낸 모집단들이 분산이 동일하다고 가정한다. 분산들이 동일하다고 가정한 다음 각 표본에서 뽑아낸 두 개의 분산을 합동하면 모분산을 추정할 수 있다고 한다. 이러한 합동은 그림 9−1의 셀 F1:F2에서 보여줬으며 여기서 식으로 정의해서 다시 보여주고 있다.


$$(\sum X_1^2 + \sum X_2^2)/(N_1 + N_2 - 2)$$


이 논의를 통해서 이론과 실험에서 얻은 결과를 통해 두 표본의 관찰값의 개수가 동일하다면 분산이 동일하다는 가정을 어겨도 t−검정의 결과에 거의 영향을 주지 않는다는 것을 알았다. 따라서 종속그룹 t-검정을 수행할 때는 이분산(unequal variance)에 대해 염려할 필요가 없다는 것을 의미하고 있다. 정의에 의해 한 그룹의 멤버가 다른 그룹의 멤버와 짝을 지을 수 있을 때는 두 그룹의 표본크기가 같아진다.

이렇게 되면 그룹 크기가 다르고 분산도 다른 경우가 남는다. 크기가 더 큰 그룹이 분산이 더 크다면 변동성에 더 크게 영향을 주게 돼서 크기가 작은 그룹보다 모분산의 합동 추정값에 기여하는 부분이 더 커지게 된다.

결과적으로 평균 차이의 표준오차는 커진다. t-검정에서 표준오차를 분모로 쓰기에, 표준오차가 커지면 전체 비는 줄어든다. 지정한 알파율보다 알파율이 작아지므로 통계적으로는 보수적인(conservative) t-검정이라고 한다. 참인 귀무가설을 기각할 확률은 생각하는 것보다 더 낮아진다. 하지만 더 큰 그룹의 표본분산이 작다면, 작은 그룹에 비해 변동성에 기여하는 바가 더 크므로 표준오차의 크기가 작아진다. 따라서 t-통계량 값은 커진다. 지정한 알파율보다 알파율이 커지므로 통계적으로는 후한(liberal) t-검정이라고 한다. 참인 귀무가설을 기각할 확률은 생각하는 것보다 더 커진다.

### – 데이터 분석 추가 기능 – t-검정 : 등분산 가정 두 집단

이 도구는 매우 고전적인 t-검정이며 20세기 초에 고안되었다. 모분산이 동일하다고 가정하며 표본의 크기가 다른 집단을 처리할 수 있다. 그리고 관찰값이 서로 독립사건이라고 가정한다(따라서 상관값을 계산하지도 않고 이용하지도 않는다).

등분산 도구를 수행하려면(이분산 도구나 종속그룹 도구를 사용할 때도 마찬가지이지만) 우선 데이터 분석 추가 기능을 설치해야 한다. 이 과정은 4장에서 설명했다. 추가 기능을 설치하고 나면, '데이터' 탭 ▶ '분석' 그룹에서 찾아볼 수 있다.

등분산 t-검정을 수행하려면 그림 9-8의 B, C 열같이 두 그룹의 데이터가 있는 워크시트를 활성화해야 한다. 그리고 '데이터' 탭 ▶ '분석' 그룹 ▶ '데이터 분석'을 클릭한다. 분석 도구를 나타내는 창이 보인다. 아래쪽으로 스크롤바를 내려 보면 't-검정 : 등분산 가정 두 집단'이라는 도구가 보인다. 이를 클릭한 다음 '확인'을 클릭하면 그림 9-9같은 대화상자가 보인다.

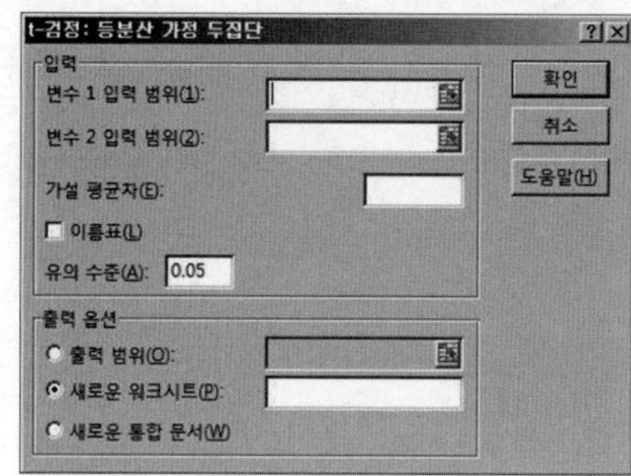



▶▶ **그림 9-9** t–검정 도구는 t–통계량 값을 계산할 때 항상 변수1에서 변수 2값을 뺀다.

그림 9–9에 보이는 대화상자와 관련하여 주의할 사항들이 있다('이분산 가정 두 집단'이나 '쌍체비교'를 선택했을 때 나오는 대화상자에서도 마찬가지로 적용된다).

- 앞에서도 말했지만 변수 1에서 변수 2를 뺀다. t–통계량이 음수값이 나와서 논리적으로 혼란을 겪고 싶지 않다면 항상 평균값이 큰 그룹을 변수 1로 하도록 하자. 이렇게 하는 것은 데이터를 본 다음에 비방향가설을 방향가설로 바꾸는 것과는 다르다. 여러분은 사실을 보고 난 다음 결정 규칙을 바꾸는 게 아니고, 단지 음수가 아니라 양수도 작업하고자 하는 것뿐이다.
- 데이터 영역에 데이터를 나타내는 이름표를 포함했으면 '이름표' 체크박스에 항상 체크를 해야 한다.
- 4장에서 다룬 출력 범위에 대한 주의사항 역시 t–검정 대화상자에서도 그대로 적용된다. 옵션 버튼을 클릭하면 엑셀은 당장 변수 1의 주소를 활성화한다. 출력이 나올 셀을 클릭하기 전에 출력 범위와 관련된 편집상자를 활성화해야 한다.
- '가설 평균 차' 상자를 빈 상자로 두면 이 값을 0으로 설정하는 것과 같다. 만약 여기에 5라는 값을 입력하면 이것은 귀무가설을 '평균 1 − 평균 2 = 0'에서 '평균 1 − 평균 2 = 5'로 바꾸는 셈이 된다. 이 경우 이전 장에서 다룬 방향가설 관련된 이슈들을 충분히 고려했는지 생각해봐야 한다.

선택을 다 한 다음 '확인'을 클릭하자. 그림 9–10의 셀 E1:G14같이 분석 결과를 보게 될 것이다. 그림 9–10에서 E1:G14의 등분산 가정 두 집단 분석에서 다음 사항을 주의하자. 특히 이 분석을

I1:K14의 쌍체비교(종속그룹)분석과 비교해보자.

F10과 J10의 t−통계량 값을 비교해보자. E1:G14의 분석은 두 그룹이 서로 독립적이라고 가정한다. 따라서 '짝이 맞는 표본' 즉 쌍체비교 분석에서의 경우와는 달리 상관계수를 계산하지 않는다. 따라서 t−통계량의 분모가 두 그룹의 상관에 관련 있는 수 때문에 작아지는 일이 발생하지 않는다.

| | A 자동차 모델 | B 타이어 A 연비 (mpg) | C 타이어 B 연비 (mpg) | D | E | F | G | H | I | J | K |
|---|---|---|---|---|---|---|---|---|---|---|---|
| 1 | | | | | t-검정: 등분산 가정 두 집단 | | | | t-검정: 쌍체 비교 | | |
| 2 | 1 | 15.4 | 19.0 | | | | | | | | |
| 3 | 2 | 37.2 | 38.7 | | | 타이어 B 연비(mpg) | 타이어 A 연비(mpg) | | | 타이어 B 연비(mpg) | 타이어 A 연비(mpg) |
| 4 | 3 | 18.4 | 26.7 | | 평균 | 31.18 | 26.75 | | 평균 | 31.18 | 26.75 |
| 5 | 4 | 17.2 | 24.7 | | 분산 | 83.44 | 83.40 | | 분산 | 83.44 | 83.40 |
| 6 | 5 | 34.1 | 22.2 | | 관측수 | 10 | 10 | | 관측수 | 10 | 10 |
| 7 | 6 | 24.6 | 27.6 | | 공동(Pooled) 분산 | 83.416 | | | 피어슨 상관 계수 | 0.683 | |
| 8 | 7 | 40.7 | 45.4 | | 가설 평균차 | 0 | | | 가설 평균차 | 0 | |
| 9 | 8 | 27.1 | 43.8 | | 자유도 | 18 | | | 자유도 | 9 | |
| 10 | 9 | 19.4 | 28.1 | | t 통계량 | 1.085 | | | t 통계량 | 1.926 | |
| 11 | 10 | 33.4 | 35.6 | | P(T<=t) 단측 검정 | 0.146 | | | P(T<=t) 단측 검정 | 0.043 | |
| 12 | | | | | t 기각치 단측 검정 | 1.734 | | | t 기각치 단측 검정 | 1.833 | |
| 13 | | | | | P(T<=t) 양측 검정 | 0.292 | | | P(T<=t) 양측 검정 | 0.086 | |
| 14 | | | | | t 기각치 양측 검정 | 2.101 | | | t 기각치 양측 검정 | 2.262 | |

▶▶ **그림 9-10** I:K열의 '쌍체비교'가 E:G열의 '등분산 가정 두 집단'보다 더 민감하다.

결과적으로 F10의 t−통계량 값은 J10보다 작다. 귀무가설을 기각하기 위해 필요한 알파값을 .05라고 할 때 임계값을 초과하지 못할 정도로 작다. 방향검증을 위한 기각치(셀 F12)에도 비방향검증을 위한 기각치(셀 F14) 모두에 못 미친다. 그리고 두 검증의 자유도를 비교해보자. 등분산 가정 검정에서는 자유도가 18이다. 한 그룹에 멤버가 10개 있으며 따라서 두 그룹의 멤버를 모두 합한 다음 2를 뺀 값과 같다. '쌍체비교'에서는 자유도가 9이다. 관찰값에는 총 10개의 쌍이 있고 여기에서 1을 빼서 짝들의 차이의 평균을 구한다.

결과적으로 '쌍체비교' t−검정에서 임계값이 더 크다. 만약 실험자가 방향가설을 쓰고 있으면 임계값은 등분산검증에서는 1.734이고 쌍체비교에서는 1.833이 된다. 이것은 비방향가설에서도 비슷하며 2.101대 2.262가 된다. 임계값이 차이가 나는 원인은 자유도 때문이다. 다른 모든 사항이 동일하면, 자유도가 더 작은 t−분포에서는 임계값이 더 커져야 한다.

하지만 자유도가 작기 때문에 '쌍체비교' 검증도 임계값이 더 커야 하는 경우에도 '쌍체비교'가 '등분산검정'보다 더 검정력이 크다. 왜냐하면 두 그룹 사이의 상관 때문에 t−통계량의 분모가 작아지기 때문이다. 하지만 상관이 약해지면 검정력이 커진다. 이는 종속그룹 t–검정에서 평균의 차이의 표준오차를 계산하는 식을 보면 알 수 있다. 이 장의 "종속그룹에 대해 표준오차 계산하기" 부분을 참고하자.

### – 데이터 분석 추가 기능 – t–검정 : 이분산 가정 두 집단

그림 9–11에서는 데이터 분석 추가 기능의 등분산 가정과 이분산 가정의 결과를 비교하고 있다.

| | A | B 타이어 A 연비 (mpg) | C 타이어 B 연비 (mpg) | D | E | F | G | H | I | J | K |
|---|---|---|---|---|---|---|---|---|---|---|---|
| 1 | | | | | t-검정: 등분산 가정 두 집단 | | | | t-검정: 이분산 가정 두 집단 | | |
| 2 | | 14.2 | 19.0 | | | | | | | | |
| 3 | | 35.5 | 38.7 | | | 타이어 B 연비(mpg) | 타이어 A 연비(mpg) | | | 타이어 B 연비(mpg) | 타이어 A 연비(mpg) |
| 4 | | 16.9 | 26.7 | | 평균 | 31.12 | 26.75 | | 평균 | 31.12 | 26.75 |
| 5 | | 15.8 | 24.7 | | 분산 | 79.39 | 166.00 | | 분산 | 79.39 | 166.00 |
| 6 | | 32.0 | 22.2 | | 관측수 | 20 | 10 | | 관측수 | 20 | 10 |
| 7 | | 22.5 | 27.6 | | 공동(Pooled) 분산 | 107.23 | | | | | |
| 8 | | 56.6 | 45.4 | | 가설 평균차 | 0 | | | 가설 평균차 | 0 | |
| 9 | | 24.9 | 43.8 | | 자유도 | 28 | | | 자유도 | 13 | |
| 10 | | 17.8 | 28.1 | | t 통계량 | 1.090 | | | t 통계량 | 0.964 | |
| 11 | | 31.3 | 35.6 | | P(T<=t) 단측 검정 | 0.142 | | | P(T<=t) 단측 검정 | 0.176 | |
| 12 | | | 18.9 | | t 기각치 단측 검정 | 1.701 | | | t 기각치 단측 검정 | 1.771 | |
| 13 | | | 38.6 | | P(T<=t) 양측 검정 | 0.285 | | | P(T<=t) 양측 검정 | 0.353 | |
| 14 | | | 26.5 | | t 기각치 양측 검정 | 2.048 | | | t 기각치 양측 검정 | 2.16 | |
| 15 | | | 24.6 | | | | | | | | |
| 16 | | | 22.1 | | | | | | | | |
| 17 | | | 27.4 | | | | | | | | |
| 18 | | | 45.4 | | | | | | | | |
| 19 | | | 43.8 | | | | | | | | |
| 20 | | | 27.9 | | | | | | | | |
| 21 | | | 35.5 | | | | | | | | |

▶▶ **그림 9-11** 데이터는 좀 더 후한 t–검정을 반환하기 위해 조정했다.

보통 t–검정의 두 개의 그룹에서 표본의 크기가 동일하면, 분산이 동일하다고 가정한다. 하지만 다르다면 가능한 결과는 다음과 같다.

- 표본의 크기가 더 큰 그룹의 분산이 더 크면 알파수준이 여러분이 생각하는 것보다 더 작아진다. 만약 알파율을 0.05로 지정했다고 했을 때 실제 오류율이 0.03일 수 있다. 이 경우 귀무가설을 덜 기각하게 된다. 따라서 t–검정은 보수적이다(따라서 검정력은 더 떨어진다).

- 표본의 크기가 더 큰 그룹의 분산이 더 작으면 알파수준이 여러분이 생각하는 것보다 더 커진다. 만약 알파율을 0.05로 지정했다고 했을 때 실제 오류율이 0.08일 수 있다. 이 경우 모집단에 차이가 없음에도 불구하고 실수로 차이가 있다고 결론을 내릴 가능성이 높아진다. 따라서 t-검정은 후하게 된다(따라서 검정력은 더 증가한다.)

따라서 그림 9-11의 B, C 열의 데이터는 다음과 같다.

- 타이어 B 그룹. 레코드는 20개이며 분산은 79
- 타이어 A 그룹. 레코드는 10개이며 분산은 166

더 큰 그룹의 분산이 더 작으므로 t-검정은 후하게 된다. 실제 알파값은 정해놓은 알파값보다 커지며 검증의 검정력은 증가한다. 하지만 검정력이 증가했어도 등분산 t-검정에서 방향가설이던 비방향가설이던 t-통계치는 임계치보다 커지지 않는다.

그림 9-11에서 주의해야 할 점은 등분산 검정의 셀 E1:G14와 이분산 검정의 셀 I1:K14에서 보이는 자유도의 차이이다. 셀 F9의 자유도는 여러분이 기대하듯 28이다. 한 개의 그룹에는 레코드가 20개 있고, 다른 그룹에는 레코드가 10개 있으므로 두 그룹의 평균을 위해서 이 값을 합한 다음 2를 빼면 자유도는 28이 된다. 하지만 이분산 검정에서 셀 J9에 보이는 자유도는 13이다. 이 숫자는 두 그룹의 레코드의 숫자와는 아무 관련이 없다. 그리고 t-통계량도 셀 F10에서는 1.090이고 셀 J10에서는 0.964로 다르다.

이분산 검정에서는 웰치 수정(Welch's correction)이라는 것을 사용하는데 이것으로 레코드 개수가 많은 그룹의 분산이 작을 때 검정이 후해지거나, 혹은 레코드 개수가 많은 그룹의 분산이 클 때 검정이 보수적이 되는 것을 조정한다. 수정 과정은 다음과 같이 두 단계를 거친다.

1. t-통계량의 분모에 대해서 평균 차이의 표준오차 대신 두 분산 합의 제곱근을 사용한다.
2. 자유도의 방향을 조절하여 후한 검정을 보수적으로 만들거나 보수적인 검정을 후하게 만든다.

자유도를 조정하는 방법은 개념적으로 설명하기 확실하지는 않으므로 여기에서는 다루지 않는다.

단지 '그룹의 분산 : 관련된 레코드 개수'의 비율에 따라 조정한다는 정도만 알아두면 된다.

예를 들어 그림 9-11의 데이터에서는 그룹의 크기가 크며 분산은 작다. 따라서 보통의 t-검정은 후하게 될 것으로 기대한다. 따라서 실험자가 지정한 알파값보다 실제 알파값이 더 크다.

웰치 조정을 적용하면 이분산 t-검정은 자유도를 28 대신 13을 사용한다. 이전 절에서도 다뤘지만, 자유도가 작은 t-분포는 알파 영역과 나머지를 구분하는 임계값이 자유도가 큰 경우에 비해 더 커지게 된다. 따라서 자유도가 13인 이분산 검정에서는 임계값 1.771(셀 J12)로 분산의 오른쪽 꼬리 5%와 나머지를 나눈다. 자유도가 28인 등분산 검정에서는 임계값 1.701(셀F12)로 5%와 나머지를 나눈다. t-분포가 약간 급첨(leptokurtic)이며 자유도가 작을수록 꼬리 부분이 두꺼워져서 이런 현상이 생긴다.

## ✚ 검정력을 시각화하기

8장과 9장에서는 통계적 검정력에 대해 다뤘다. 처리 효과의 크기, 표본의 크기, 결과 측정값의 표준편차, 알파의 크기, 가설의 방향성 등의 요소들이 실험 데이터에 대해 t-검정이 얼마나 민감하게 작동할지 영향을 줄 수 있다.

이런 모든 요소들은 검정력에 영향을 준다. 그림 9-12에서는 이런 요소들의 효과를 시각화할 수 있는 워크시트 화면을 보여주고 있다.

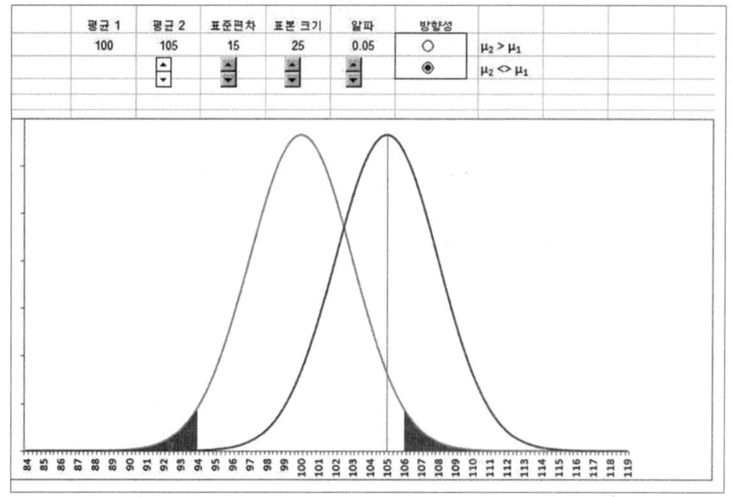



▶▶ **그림 9-12** 화살표 버튼으로 값을 조정해서 관련된 변수의 값을 증가/감소시킬 수 있다.

실험군을 나타내는 오른쪽 곡선에서 어떤 일이 벌어지는지 보자. 곡선이 이렇게 놓여있는 상황에서 t-검정의 검정력은 오른쪽 곡선의 임계값 오른쪽에 있는 영역이며 알파 영역(왼쪽 곡선의 오른쪽 꼬리 부분)을 구분 짓는다. 예를 들어 평균 2를 줄여서 처리 효과를 줄어들도록 하면 오른쪽 곡선은 왼쪽으로 이동하며 임계값 오른쪽의 영역이 줄어든다. 즉 검정력이 작아졌다. 또 다른 방법으로 표준편차의 크기를 줄이면 표준오차의 크기도 줄어든다. 그러면 알파 영역은 왼쪽으로 이동하며 오른쪽 곡선에서 임계값 오른쪽 영역이 더 커지게 된다.

## ✚ t-검정을 하지 말아야 할 때

t-검정의 이론에서는 두 개를 초과하는 그룹에 대해서는 다루지 않는다. 8장, 9장의 예는 모두 실험군과 대조군에 대해서만 다루고 있다.

비록 이것이 좋은 실험을 위해 전형적으로 쓰는 디자인이기는 하지만 제한이 있다. 세 개 이상의 그룹을 사용해야 하는 여러 가지 재미있는 질문들이 있을 것이다(예를 들어 약물의 효과를 실험할 때, 한 그룹은 신약을 투여하고, 한 그룹은 기존에 쓰던 약이나 플라세보 약을 투여하고, 또 다른 그룹에는 전혀 약을 투여하지 않을 수 있다).

이런 종류의 상황에서는 t-검정이 적절하지 않다. 10장 "평균 간의 차이 검증하기 : 분산분석"에서는 왜 이런 상황에서 t-검정이 적절하지 않은지 설명하고, 3개 이상의 그룹을 다룰 수 있는 분석, 즉 분산분석(analysis of variance)을 소개하겠다.

# 10

# 평균 간의 차이 검증하기 : 분산분석

8장 "평균 사이에서 검증하기 : 기본사항", 9장 "평균 간의 차이를 테스트하기"에서는 z-검정과 t-검정을 사용해서 두 그룹의 평균을 보고 이것이 동일한 모집단에서 온 것인지 본다. 10장에서는 세 개 이상의 평균을 다룰 때는 다른 방법을 사용하고자 한다.

세 개 이상의 평균이 서로 다른 모집단에서 온 것인지 아닌지 검증해야 할 때가 있을 것이다. 예를 들어 눈여겨 봐야 할 정치 정당이 두 개 이상 있을 수 있다. 의학연구를 할 때 그 대상은 단지 처리그룹/비처리그룹에만 한정되어 있지 않다. 두 개 이상의 처리그룹을 대조군과 비교해야 할 수도 있다. 안전, 연비, 만족도 등의 여러 면에서 서로 다른 점수를 얻은 두 개 이상의 자동차 메이커가 있다. 여러 가지 종류의 밀들이 주어진 조건 하에서 수확량이 달라질 수 있다.

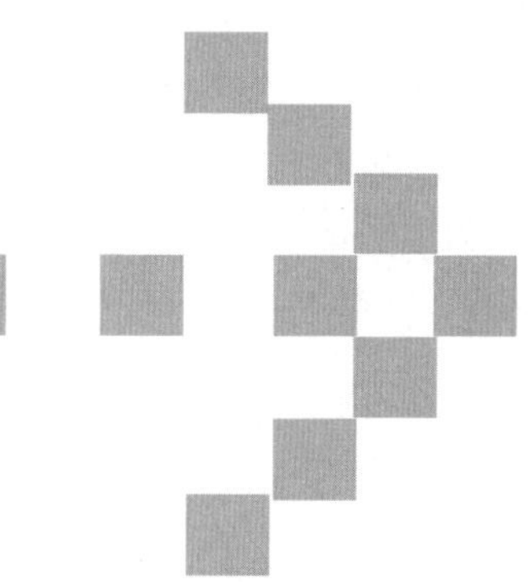

# 1. t-검정을 쓰면 왜 안될까?

통계 추론을 사용해서 두 개 이상의 표본평균이 다른 모집단 값을 가질 가능성이 있는지 알아보려고 한다면 아마 t-검정을 여러 번 반복해서 사용하면 될 것이라고 생각할 것이다. t-검정을 한 번 수행해서 GM과 포드를 비교하고 t-검정을 또 수행해서 GM과 도요타 그리고 또 t-검정을 수행해서 포드와 도요타를 비교할 수 있다.

이렇게 한 경우의 문제는 여러분은 확률을 공정하지 않게 이용했다는 것이다. t-검정은 두 그룹의 평균을 비교하도록 되어 있지, 세 개나 네 개 그 이상을 다룰 수 없다. 세 개 이상의 평균에 대해 t-검정을 여러 번 수행하면 알파율을 증가시키게 된다. 즉 여러분이 사전에 참인 귀무가설을 기각할 위험을 수용할 수 있는 한계로 .05를 설정했다고 하자. 두 표본의 평균이 너무나 멀리 떨어져있으면 이런 실수는 거의 발생하지 않을 것이다. 하지만 가정에서 두 평균은 동일한 모집단에서 왔다고 했으므로 사실 평균값은 한 개로 통일할 수 있다. 여러분은 샘플링 오류로 인해 결정을 잘못 내릴 확률을 .05로 제한했지만 t-검정을 여러 번 수행해서 두 개 이상의 평균을 비교하면 위험이 더욱 높아지게 된다.

예를 들어 처음 지정한 알파 수준이 .05일 때 t-검정을 여러 번 수행하면 이 값이 40이 될 수 있다. 여기에 대해 완전한 설명은 다른 관련 개념들이 나온 후에야 할 수 있지만 우선 그림 10-1에서 기본적인 개념을 보여주고 있다.

| | A | B | C |
|---|---|---|---|
| 1 | 비 교 횟 수 | 참인 귀무가설을 기각하지 않을 남아있는 가능성 | 최소 하나 이상의 참인 귀무가설을 기각할 누적 확률 |
| 2 | 1 | 0.950 | 0.050 |
| 3 | 2 | 0.903 | 0.098 |
| 4 | 3 | 0.857 | 0.143 |
| 5 | 4 | 0.815 | 0.185 |
| 6 | 5 | 0.774 | 0.226 |
| 7 | 6 | 0.735 | 0.265 |
| 8 | 7 | 0.698 | 0.302 |
| 9 | 8 | 0.663 | 0.337 |
| 10 | 9 | 0.630 | 0.370 |
| 11 | 10 | 0.599 | 0.401 |

▶▶ **그림 10-1** t-검정을 계속 수행할 때마다 참인 귀무가설을 기각할 확률이 높아진다.

비교할 평균값이 5개가 있다고 해보자. 5개의 평균을 짝지어서 비교할 방법은 총 10가지가 있다(J가 평균의 개수라고 하면 비교할 방법은 $J(J-1)/2$이다). 알파값을 .05로 처음에 지정했으면 우선 처음의 t-검정의 알파율은 .05이다.

t-검정을 또 수행했다고 해보자. 첫 번째 t-검정에서 알파율에 따른 5%가 잘려나간 다음, 원래 확률 공간의 95%만이 남아있게 된다. 두 번째 t-검정에서 알파율을 .05로 정하면 두 번의 t-검정에서 참인 귀무가설을 기각할 확률은 .05 + (.05 × .95)로 .098이 된다(그림 10-1 의 셀 C3).

다음은 아마 좀 더 직관적으로 파악할 수 있는 방법일 것이다. 실험에서 처리를 한 다섯 개 그룹으로부터 평균값을 모았다고 해보자. 이중 가장 작은 평균과 가장 큰 평균은 어느 수준을 넘어 너무나 멀리 떨어져 있고, 귀무가설은 "처리가 아무 효과를 주지 못 한다"라고 해보자. 가장 큰 평균과 가장 작은 평균에 대해 t-검정을 수행하면 이 차이는 너무 커서 이 평균이 같은 모집단에서 왔을 가능성은 1% 미만이라고 하자.

여기서의 문제는 다른 그룹들도 결과값의 변동성에 대해 기여를 하고 있음에도 불구하고, 가장 차이가 크게 나는 두 개의 그룹만 편리하게 선택했다는데 있다. 9장에서 보면 t-검정을 수행할 때 평균의 차이를 테스트하는 그룹의 변동성과 관련된 값에 의존하는 요소로 나눠야 한다. 만약 여러분이 수행하는 실험이 평균값을 다섯 개를 반환하는데 여러분이 여기에서 다른 값은 무시하고 가장 차이가 크게 나는 평균을 뽑아내었다면, 이것은 그룹 내 더 큰 변동성이 있을 거라는 가능성을 무시한 채로 평균의 차이를 여러분이 좋은 대로 조작하고 있는 셈이다. 여러분이 하고자 하는 일은 어떻게 보면 그냥 기회에 편승하는 것뿐이다.

두 개 이상의 그룹이 있을 때 이것을 조사하는 좋은 방법은 분산분석, 즉 ANOVA를 사용하는 것이다. 이 방법은 그룹 내 변동성을 고려하여 모든 평균을 동시에 검증한다. 그리고 결과로 평균의 집합 안에 주목할 만한 차이가 있는지 알려준다. 이때 방법은 두 개의 그룹 간 평균을 다른 두 개 그룹의 평균과 비교하는 복잡한 방법을 사용한다. 데이터가 초기 테스트를 통과하면, 다중비교(multiple comparison)라고 하는 후속 조치를 사용해서 ANOVA가 알려준 주목할 만한 차이의 원인을 찾아낼 수 있다.

## 2. ANOVA의 논리

ANOVA의 배경이 되는 생각은 각 그룹의 각 관찰값을 세 부분으로 표현하는 방법부터 시작한다.

- 모든 관찰값의 총평균
- 각 그룹의 평균과 각 그룹의 평균값이 총 평균값과 얼마나 다른지
- 각 그룹의 각 관찰값과 이 관찰값이 그룹 평균값과 얼마나 다른지

ANOVA에서는 이 구성요소들을 사용하여 모분산을 추정하는 두 개의 값을 만들어낸다. 한 개는 각 그룹 안의 관찰값의 변동성에만 기반하고 있으며, 또 하나는 총 평균값에 대한 그룹 평균의 변동성에만 기반하고 있다. 만약 이 두 추정값이 서로 전혀 다르면 이 그룹들이 서로 평균이 다른 모집단에서 온 증거가 된다.

### ✚ 점수를 구분 짓기

만약 여기에 세 그룹의 사람들이 있다고 하자. 각 그룹의 사람들은 다른 종류의 약을 먹고 있다. 콜레스테롤을 치료하는 신약, 기존의 약, 그리고 플라세보 약이다. 그림 10-2에서는 각 사람의 HDL 수준을 측정해서 총평균, 각 그룹의 평균, 그리고 그룹의 평균에 대한 각 사람의 편차를 보여주고 있다. 여기에서는 총평균, 각 그룹 평균과 총 평균값과의 편차, 피실험자의 값과 그룹 평균의 편차 등을 모두 보여주는데, 실제 연구에서는 이렇게 각각의 피실험자의 점수를 보여줄 필요가 없다. 하지만 점수를 이렇게 보여주면 여러분이 분석의 기초를 닦는데 도움이 된다.

| | A | B | C | D | E |
|---|---|---|---|---|---|
| 1 | 피실험자 | 총 평균 | 그룹 평균 | HDL 값 | |
| 2 | Charles | 50 | 53 | 55 | |
| 3 | Rob | 50 | 53 | 50 | |
| 4 | Pat | 50 | 53 | 54 | |
| 5 | Julia | 50 | 46 | 48 | |
| 6 | Linda | 50 | 46 | 45 | |
| 7 | Jodie | 50 | 46 | 45 | |
| 8 | Fred | 50 | 51 | 50 | |
| 9 | Tom | 50 | 51 | 54 | |
| 10 | Judy | 50 | 51 | 49 | |
| 11 | | | | | |
| 12 | 피실험자 | 총 평균 | 총 평균과 그룹 평균의 편차 | 그룹 평균과 각 관찰값의 편차 | 계산한 HDL값 |
| 13 | Charles | 50 | 3 | 2 | 55 |
| 14 | Rob | 50 | 3 | -3 | 50 |
| 15 | Pat | 50 | 3 | 1 | 54 |
| 16 | Julia | 50 | -4 | 2 | 48 |
| 17 | Linda | 50 | -4 | -1 | 45 |
| 18 | Jodie | 50 | -4 | -1 | 45 |
| 19 | Fred | 50 | 1 | -1 | 50 |
| 20 | Tom | 50 | 1 | 3 | 54 |
| 21 | Judy | 50 | 1 | -2 | 49 |

▶▶ **그림 10-2** 이 모델은 ANOVA부터 로지스틱 회귀분석에 이르기까지 많은 통계 방법의 바탕이 된다.

여기에서는 모든 점수에 대한 총 변동성을 두 가지 종류로 분석하는 것이 목적이다. 각각 피실험자의 점수에 의한 변동성과 그룹 평균의 차이로 발생하는 변동성 두 가지가 있다. 변동성을 이러한 방법으로 분석해서 그룹 평균 간 차이가 발생한 이유는 단지 우연일 가능성이 얼마나 되는지 결론을 내리게 된다(t-검정의 목적도 이와 같다. 하지만 ANOVA에서는 보통 세 개 이상의 평균을 평가한다. 그룹이 두 개밖에 없으면 ANOVA에서 나오는 F-통계치와 t-검정으로 얻는 비율의 제곱은 동일하다).

그림 10-2에서는 각각의 관찰값으로 인해 발생하는 변동과 그룹 평균 간 차이 때문에 발생하는 변동이 어떻게 다른지 보여주고 있다. 곧 나오겠지만 이렇게 구분이 되어 있기 때문에 평균을 구성하는 각각의 값 사이의 차이를 고려하여 평균 간 차이를 평가하도록 한다.

그림 10-3에서는 데이터 집합에서 변동성을 추정하기 위해 사용하는 매우 다른 두 가지 방법을 보여준다. 2행에서는 그룹 평균 그리고 편차의 제곱의 합을 구한 다음, 셀 M2에 제곱의 합을 보여준다. 4행에서는 그룹 평균이 아니라 각 그룹 내 편차의 제곱의 합을 보여주고 셀 M4에 그룹 내 제곱의 합을 보여준다. 그림 10-3에서는 전체 제곱의 합이 각각의 변동성과 그룹 평균 간 변동성에 어떻게 할당되는지 보여준다.

### – 그룹 간 제곱의 합(Sum of Squares Between Groups)

그림 10-3에서 영역 H9:M13에 식이 보인다. 이 식의 결과는 H2:M6에 보인다.

| M2 | | : | × | ✓ | $f_x$ | =K2*L2 | |

| ◢ | F | G | H | I | J | K | L | M |
|---|---|---|---|---|---|---|---|---|
| 1 | | | 그룹 1 | 그룹 2 | 그룹 3 | 편차의 제곱의 합 | n | 그룹간 제곱의 합 |
| 2 | | 총 평균 | 53 | 46 | 51 | 26 | 3 | 78 |
| 3 | | | | | | | | |
| 4 | | 그룹내 제곱의 합 | 14 | 6 | 14 | 34 | | 34 |
| 5 | | | | | | | | |
| 6 | | 총 변동 | | | | | | 112 |
| 7 | | | | | | | | |
| 8 | | | 그룹 1 | 그룹 2 | 그룹 3 | 편차의 제곱의 합 | n | 그룹간 제곱의 합 |
| 9 | | 총 평균 | =C2 | =C5 | =C8 | =DEVSQ(H2:J2) | 3 | =K2*L2 |
| 10 | | | | | | | | |
| 11 | | 그룹내 제곱의 합 | =DEVSQ(D2:D4) | =DEVSQ(D5:D7) | =DEVSQ(D8:D10 | =SUM(H4:J4) | | =SUM(H4:J4) |
| 12 | | | | | | | | |
| 13 | | 총 변동 | | | | | | =DEVSQ(D2:D10) |

▶▶ **그림 10-3** 이 그림은 분석의 원리를 보여줄 뿐이다. 보통의 경우에서는 여러분이 이것을 직접 다루지 않고 데이터 분석 도구 등이 수행한다.

그림 10-3의 H2:M2에서는 그룹 평균 간 제곱의 합을 어떻게 계산하는지 보여주고 있다. 각 그룹의 평균은 H2:J2에 보인다(그림 10-2의 셀 C2, C5, C8과 비교해보자).

셀 K2는 총평균과 각 그룹 평균의 차이의 편차를 제곱해서 합계를 낸 값이다. 이 숫자는 셀 K9에서 보는 것처럼 워크시트 함수 DEVSQ()로 구했다. K2의 결과값을 각 그룹의 관찰값의 개수로 곱한다. 각 그룹의 관찰값의 개수는 동일하므로, K2의 합계값에 3을 곱한다. 각 그룹의 표본크기가 3이다(보통 표본의 크기는 n으로 표시한다). 결과값은 M2에 보이며 보통 그룹 간 제곱의 합이라고 하거나 아니면 $SS_B$라고 한다. 다음은 전개식이다.

$$SS_B = 3 * ((53 - 50)\char`^2 + (46 - 50)\char`^2 + (51 - 50)\char`^2)$$
$$SS_B = 3 * (9 + 16 + 1)$$
$$SS_B = 78$$

그룹 간 제곱의 합(sum of squares between)은 보통 $SS_B$라고 표시한다.


### – 그룹 내 제곱의 합(Sum of Squares Within Groups)

그림 10-3의 H4:M4에서는 그룹 내 제곱의 합($SS_W$)을 계산하는 방법을 보여주고 있다. H4:J4에서는 각 그룹과 그룹의 평균 간 표준편차를 구해서 이를 제곱한 합을 구하기 위해 DEVSQ()를 사용했다. 셀 H4에서 =DEVSQ(D2:D4)같은 식의 영역을 참조하려면 그림 10-2를 보라.

셀 H4의 DEVSQ(D2:D4) 함수는 각각의 값으로부터 D3:D4의 평균값을 뺀 다음, 그 차이를 제곱해서 합한다. 다음은 전개식이다.

$$SS_{w1} = (55 - 53)^2 + (50 - 53)^2 + (54 - 53)^2$$
$$SS_{w1} = 4 + 9 + 1$$
$$SS_{w1} = 14$$

그룹 내 제곱의 합(sum of squares within groups)은 $SS_w$라고 표시하며 $SS_{w1}$처럼 표시할 때 1은 첫 번째 그룹을 말하는 것이 된다. 세 개의 그룹 각각에 대한 편차의 제곱의 합은 셀 H4:J4에 보이며 모두 합한 값은 K4에 보인다. M4에는 이 값을 그대로 보여주고 있다. M2에서는 편차의 제곱의 합을 표본의 크기로 곱했었는데, M4에서는 달리 곱하는 과정이 없다.

이 예에서 각 그룹의 피실험자 숫자는 동일하다. 하지만 분산분석에서는 이렇게 각 그룹의 표본 개수가 서로 같은 경우뿐만 아니라 다른 경우도 처리할 수 있는데, 사실 '데이터 분석' 추가 기능에서 '분산 분석 : 일원 배치법'(이 예에서는 약물의 복용타입이 요인(factor)이 된다. 만약 성별에 있어서의 결과 차이도 검정했으면 성별 또한 요인이 된다)을 쓰면 이를 자동으로 처리할 수 있다. 하지만 인자가 2개, 3개, 복잡한 디자인, 동일한 그룹의 크기 이슈 등 점점 여러분이 관리하기 어렵도록 상황이 복잡해진다. 11장 "분산 분석 : 더 많은 이슈"에서는 이런 문제에 대해 더 자세히 다뤄보자.

이 데이터 집합에서는 그림 10-3의 셀 M2에서 그룹 간 제곱의 합은 78이다. 그리고 그룹 내 제곱의 합의 값은 셀 M4의 값 34이다. 이 두 값을 합하면 112가 되는데, 이 값은 전체 데이터 집합에 대해 제곱의 합을 구한 값인 셀 M6의 값과 동일하다.

## ✚ 분산 비교하기

여기에서는 각 관찰값과 총평균의 편차를 제곱해서 합한 총 변동값을 쪼개고 나눠서 분석을 했다. 사실 이 과정은 다른 표준적인 분산분석이 하는 일이다. 전체 편차의 제곱의 합은 112이고 이 값은 그룹 간 제곱의 합(여기서는 78)과 그룹 내 제곱의 합(여기서는 34)로 나누어진다. 일단 여기까지 하고 나면, 우리는 두 개의 서로 다른 독립적인 총 변동성의 추정값을 얻을 수 있다.

### ─ 그룹 내 제곱의 합(Sums of Squares Within Groups)에 기반 한 분산

3장 "변동(variability) : 값이 어떻게 흩어지는가"에서 분산은 각각의 점수와 그들의 평균의 차이인 편차를 제곱해서 합한 다음 그것을 자유도로 나눈 값이라고 말했다. 그림 10-4의 셀 E2를 보면 여러분은 그룹 내 변동성에 기반 한 값인 제곱의 합을 가지고 있다. 이 34라는 값은 앞에서도 말했듯, 그룹 내에서 편차를 제곱해서 합한 값이다.

| | A | B | C | D | E | F | G | H | I |
|---|---|---|---|---|---|---|---|---|---|
| 1 | | 그룹 1 | 그룹 2 | 그룹 3 | 편차의 제곱의 합 | | | | |
| 2 | 그룹내 제곱의 합 | 14 | 6 | 14 | 34 | | | | |
| 3 | | | | | | | | | |
| 4 | | | | | 그룹내 평균 분산 | | 그룹내 제곱의 합 | 자유도 | 그룹내 평균 제곱 |
| 5 | 그룹내 분산 | 7 | 3 | 7 | 5.67 | | 34 | 6 | 5.67 |

▶▶ **그림 10-4** 그룹 내 제곱의 합이 어떻게 누적되는지 보여준다.

각 그룹의 자유도는 2이다. 각 그룹에 관찰값은 세 개이며, 각 그룹의 평균은 고정이 되어 있으므로 그룹당 1씩 뺀다(3장에서 이렇게 하는 이유를 설명했다).

다음 각 그룹의 제곱의 평균을 2로 나눠서 각 그룹의 분산을 구한다. 그림 10-4의 셀 B5:D5를 보자. 이 세 분산값은 이 세 그룹을 뽑아낸 모집단의 변동성을 추정하기 위한 값이다. 이 세 분산을 평균 낸 값은 E5에 있으며 모분산을 좀 더 효과적으로 추정할 수 있다. 그룹 내 총 분산합을 얻으려면, 그룹 내 제곱의 합을 구한 다음 이것을 (관찰값의 총 개수 − 그룹의 개수)로 나눠도 된다. 그룹 내 제곱의 합은 그림 10-4의 셀 G5에 보인다.

각 그룹에서 관찰값의 개수가 모두 동일하면 그룹 내 분산에 대한 총 자유도는 N−J이다. 여기서 J는 그룹의 개수이고, N은 관찰값 전체 개수이다(각 그룹의 관찰값의 개수가 서로 다르면 이 식을 조정해야 한다). 전체 관찰값의 개수 빼기 그룹의 개수는 셀 H5에 보이며, 이 값으로 그룹 내 제곱의 합을 나눠서 셀 I5의 그룹 내 총 분산값을 구한다. ANOVA에서는 '그룹 내 제곱평균'을 $MS_w$로 표시한다. 이 값은 셀 E5의 평균 그룹 내 분산값과 동일하다.

귀무가설하에서는 세 개의 그룹을 모두 동일한 모집단에서 뽑았다. 이 경우 모평균 값은 한 개여야 하며 세 개의 그룹 평균과 모평균과 차이가 나는 이유는 단지 샘플링 오차여야만 한다. 따라서 귀무가설이 참이라고 가정하면, 그룹 내 분산이 차이가 나는 이유도 또한 샘플링 오차 때문일 것이다. 다른 말로 하면 각 그룹의 분산(그리고 각 그룹 분산의 평균값)은 모분산의 추정값이 된다. 여기 모평균이 하나밖에 없고 값들은 이 모평균을 중심으로 변한다고 하면, 그룹 내 분산값 세 개는 각각 동일한 모분산 $\sigma^2$ 의 추정값이 된다.

그리고 이 점을 기억하자. 그룹 내 분산의 추정값은 그룹 평균과의 거리에 의해 영향을 받지 않는다. 그룹 내 제곱의 합(그리고 따라서 그룹 내 분산)은 각 관찰값과 자신의 그룹 평균간의 편차의 제곱을 누적한다. 세 개의 그룹의 평균은 1, 2, 3일 수도 있고, 0,98.6, 100,000일 수도 있다. 어떤 값이 되든 상관없다. 그룹 내 분산은 각각의 관찰값과 자신의 그룹 평균 사이의 거리에만 영향을 받고, 그룹 평균과의 거리에는 영향을 받지 않는다.

왜 이것이 중요할까? 여기서 우리는 그룹 평균 간의 차이에 기반 해서 모분산을 추정하려는 또 다른 값을 만들고자 한다. 그 다음 평균 간 차이에 기반한 추정값과 평균 간 차이에 기반하지 않은 추정값을 비교할 것이다. 만약 두 추정값이 매우 다를 경우 세 개의 그룹이 동일한 모집단에서 뽑은 표본이 아니라고 생각할 수도 있을 것이다. 아마 세 개의 그룹은 다른 평균을 가진 다른 모집단에서 뽑았을 것이다.

이것이 바로 분산분석의 논리의 모든 것이다.

### – 그룹 간 제곱의 합(Sums of Squares Between Groups)에 기반한 분산

그림 10-5에서는 ANOVA에서 그룹 간 제곱평균(mean square between), 즉 $MS_B$를 어떻게 계산하는지 보여준다. 셀 B2:D2에서는 세 그룹의 평균값이 있고 총 평균은 셀 E2에 있다. 그룹의 평균(53, 46, 51)과 총 평균(50)의 편차를 제곱해서 합한 값은 셀 F2에 보인다. 이 값은 26이며 =DEVSQ(B2:D2)로 계산했다.

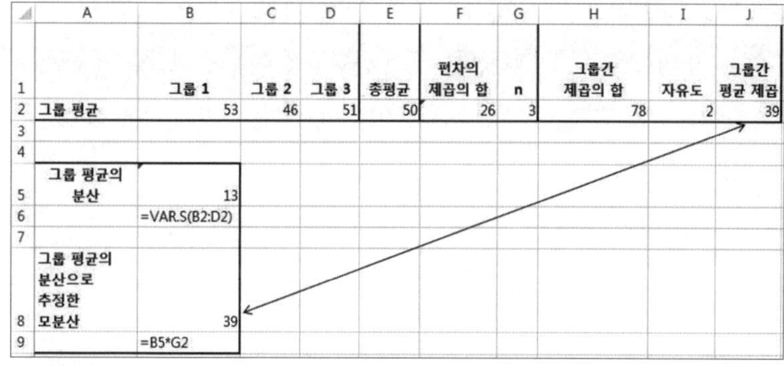

▶▶ **그림 10-5** 평균과 그룹 크기 사이의 차이로부터 추정한 모분산

F2의 편차의 제곱의 합으로부터 H2의 $SS_B$를 구하려면 우선 F2값을 G2값인 그룹 당 관찰값의 개수로 곱한다. 그룹 간 분산을 구할 때는 이렇게 곱하고, 그룹 내 분산을 구할 때는 곱하지 않는 이유는 다음을 보자.

$$\sum_{j=1}^{3}\sum_{i=1}^{3}(X_{ij} - \bar{X}_{..})^2 = \sum_{j=1}^{3}\sum_{i=1}^{3}(X_{.j} - \bar{X}_{..})^2 + \sum_{j=1}^{3}\sum_{i=1}^{3}(X_{ij} - \bar{X}_{.j})^2$$

식을 보면 무척 헷갈릴 것이다. 따라서 좀 더 자세하게 설명하겠다. 식에서 = 기호의 왼쪽에 나오는 것은 각 관찰값과 총평균의 편차의 제곱의 합을 나타낸다. 이 값을 자유도 $J * (n - 1)$, 이 경우에는 6이 되는데 값으로 나누면 세 개의 그룹에서 총 분산이 된다.

오른쪽의 두 항을 더해도 된다.


- 그룹의 평균과 총평균 편차 제곱의 합

$$\sum_{j=1}^{3}\sum_{i=1}^{3}(X_{.j} - \bar{X}_{.})^2$$

- 각각의 관찰값과 자신의 그룹 평균의 편차 제곱의 합

$$\sum_{j=1}^{3}\sum_{i=1}^{3}(X_{ij} - \bar{X}_{.j})^2$$


두 번째 항에서 그룹 j는 1부터 3까지 변하고, 각 j에 대해 레코드 i가 1부터 3까지 한 번씩 계산된다. 하지만 첫 번째 항에는 ( ) 안에 i가 없다. 따라서 각 그룹과 총평균의 편차에만 적용된다. 하지만 i가 1부터 3까지 반복되는 것이 영향을 줘서, 그룹 평균에서 총평균을 빼고 결과값을 제곱한 다음 제곱한 편차를 더할 때 이 과정을 모든 관찰값 수만큼 되풀이 하게 된다. 따라서 다음 식을

$$\sum_{j=1}^{3}\sum_{i=1}^{3}(X_{.j} - \bar{X}_{.})^2$$

아래와 같이 바꿔야 한다.

$$3\sum_{j=1}^{3}(X_{.j} - \bar{X}_{.})^2$$

좀 더 일반적인 형태로 바꿔보면 다음과 같다. 다음 식을

$$\sum_{j=1}^{k}\sum_{i=1}^{n}(X_{.j} - \bar{X}_{.})^2$$

아래와 같이 바꾼다.

$$n\sum_{j=1}^{k}(X_{.j} - \bar{X}_{.})^2$$

말로 풀어보면 다음과 같다. 제곱의 총합은 두 부분으로 되어 있는데, 각 그룹 평균과 관찰값의 차이를 제곱한 부분 그리고 총평균과 그룹 평균의 차이를 제곱한 부분, 이렇게 두 부분이다. 그룹 내 변동성은 각각의 관찰값의 편차를 더 중요하게 생각하는데, 각 관찰값의 점수의 편차를 제곱해서 더하기 때문이다.

그룹 간 변동성에서는 각 관찰값과 총평균의 편차를 고려해야 한다. 하지만 이때 일부 그룹과 총평균의 편차에 대한 함수를 사용한다. 따라서 그룹의 편차를 계산하고 제곱한 다음, 평균에서 나타내는 관찰값의 개수로 곱하게 된다.

이 개념에 대해 좀 더 확실히 하고 싶으면 7장의 평균의 표준오차를 구하는 부분으로 돌아가보자. 7장 "정규분포로 엑셀 사용하기" 중 "신뢰구간(Confidence Interval) 만들기" 절을 보자. 여기에서 평균의 표준오차(즉 평균과 각각의 관찰값을 가지고 계산한 표준편차)를 추정하려면 한 표본의 각각의 점수의 분산을 구한 다음 이것을 표본의 크기로 나눈 다음 제곱근을 취하도록 했다.

$$S_{\bar{x}} = \sqrt{\frac{s^2}{n}}$$

평균의 분산오차는 평균의 표준오차에 제곱을 취하면 된다.

$$S_{\bar{x}}^2 = \frac{s^2}{n}$$

하지만 ANOVA 측면에서 보면 여러분은 평균의 분산오차를 바로 구해낸 게 된다. 왜냐하면 여기에는 보통 두 개 이상의 그룹 평균이 있고 따라서 그들의 분산을 계산할 수 있다. 그림 10-5의 셀 B5에 보면 53, 46, 51의 분산인 값 13이 보인다. 셀 B6에는 셀 B5를 구한 식인 =VAR.S(B2:D2)이 보인다.

$s^2$을 구하기 위해 위 식을 정리해보면 다음과 같은 식이 된다.

$$s^2 = ns_{\bar{x}}^2$$

예에서 나온 숫자를 대입하면

$$s^2 = 3 \times 13$$
$$s^2 = 39$$

이 값은 그림 10-5에서 셀 J2에 보이는 $MS_B$의 값과 동일하다. 그리고 앞으로 나올 그림 10-7의 셀 D18의 값과도 같다.

## ✚ F-검정

다시 복습해보면 모분산을 추정하기 위해 서로 독립적이고 분리된 값 $MS_W$와 $MS_B$를 구했다. $MS_W$는 그룹 평균 간 차이와는 관련이 없고, 오직 그룹 안의 각 관찰값과 관찰값이 속한 해당 그룹의 평균과의 차이에만 관련이 있다. 다른 추정값 $MS_B$는 각 관찰값과 그룹 평균 간 차이에는 관련이 없다. 오직 그룹 평균과 총평균 간의 차이, 그리고 각 그룹의 관찰값의 개수에만 관련이 있다.

귀무가설이 참이라고 가정해보자. 즉 세 개의 그룹은 다른 모집단들에서 가져 온 것이 아니다. 하지만 모집단마다 서로 다른 종류의 약을 먹고 있으므로 효과가 다를 수 있다. 따라서 표본들은 동일한 한 개의 모집단에서 뽑은 것은 아니므로, 결국은 서로 다른 종류의 약이 효과가 없다고 본다. 이 경우 관찰되는 표본평균의 차이는 샘플링 오차이며 약의 효과에 의한 것은 아니다.

만약 이것이 사실이라면 두 분산의 추정값의 비율이 1.0이 되어야 한다고 생각한다. 모분산에 대한 추정값을 2개 구했고, 결국 별 차이가 없어야 하므로 이 분산의 비율은 1.0이 되어야 한다. 즉 우리는 두 가지 다른 방법으로 분산을 추정했고, 비를 구하기 위해 하나는 분모가, 하나는 분자가 되어야 한다. 하지만 그룹 평균 간 차이에 의한 분산이 그룹 내 편차에 기반 한 분산보다 크면 어떻게 될까? 그렇다면 뭔가 샘플링 오차 외의 그룹의 평균을 평균값에서 멀리 떨어지게 한 요소가 있을 것이다. 이 경우 만약 세 개 그룹이 동일한 모집단에서 온 것이라면, 그룹 평균 간 차이를 계산해서 추정한 모분산은 우리가 기대한 값을 초과하게 된다.

그러면 그룹 간 차이가 없다고 주장하는 귀무가설을 기각하고, 표본들은 적어도 두 개 이상의 다른 모집단에서 왔으며 모집단들의 평균은 다르다고 결론을 내려야 한다. "샘플링 오차가 아닌 뭔가 구조적인 문제 때문에 분산의 비율이 생각한 것 보다 커졌다"고 말하려면 얼마나 커야하는 걸까? 여기에 대한 답은 F-분포로 구할 수 있다.

가장 간단한 ANOVA 설계에서 두 분산의 비를 구할 때는 $MS_B$와 $MS_W$의 비를 구한다. 이때 이것을 F-비(F ratio)라고 하는데, 평균의 차이를 평균의 표준오차로 나눠서 t-통계량을 구하는 것과 비슷하다. 그리고 t-통계량을 t-분포에 비교하는 것처럼, F-비를 F-분포에 비교한다. F-비와 자유도를 주면, F-분포를 통해 여러분의 F-비가 모평균과 차이가 얼마나 있는지 알 수 있다.

그림 10-7에서 보면 이러한 모든 논의를 엑셀의 '데이터 분석' 추가 기능으로 만든 보고서 하나에 모아놓았다. 우선 "분산분석 : 일원 배치법"을 수행한다. '데이터' 탭 ▶ '분석' 도구 ▶ '데이터 분석' 버튼을 누르면 분석 도구 중 "분산분석 : 일원 배치법"을 선택한다. 그림 10-6과 같은 대화상자가 보인다(데이터 분석 추가 기능에 보면 분산분석 도구가 세 개 있다. 4장 "변수가 어떻게 함께 움직이는가 : 상관(correlation)"에서 소개했던 것처럼 데이터 분석 추가 기능을 설치하면 이 모든 기능을 전부 사용할 수 있다).

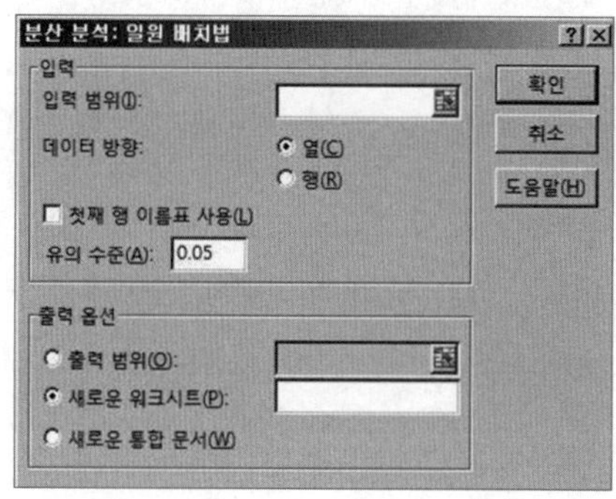

▶▶ **그림 10-6** 만약 여러분이 사용하는 데이터가 목록이나 테이블 형태로 되어 있고, 첫 번째 행에 이름표가 붙어있으면, 요약 테이블에서도 첫 번째 헤더를 이름표로 사용할 것이다.

F-비를 설명하기 전에 그림 10-7에 대해 좀 더 설명하겠다. 사용자는 셀 A1:C4에 있는 데이터를 사용했고, '데이터 분석' 추가 기능의 '분산분석 : 일원 배치법' 도구를 사용해서 셀 A7:A21에 있는 보고서를 만들었다.

A17의 '변동의 요인'에서는 다음에 나오는 A18, A19를 의미하며 그룹 간 변동성(Between Groups)인지 그룹 안의 변동성(Within Groups)인지를 뜻한다. 좀 더 복잡한 분석에서는 변동의 요인이 더 많이 나온다. 어떤 리포트에 보면 간단하게 변동의 요인을 SV(Source of Variation)라고 말하기도 한다. 다음은 엑셀에서 사용하는 축약어이다.


- 셀 B17의 제곱합은 SS(sum of squares)를 의미한다.
- 셀 C17의 자유도는 df(degrees of freedom)를 의미한다.

• 셀 D17의 제곱평균은 MS(mean square)를 의미한다.

| | A | B | C | D | E | F | G |
|---|---|---|---|---|---|---|---|
| 1 | | 그룹 1 | 그룹 2 | 그룹 3 | | | |
| 2 | | 55 | 48 | 50 | | | |
| 3 | | 50 | 45 | 54 | | | |
| 4 | | 54 | 45 | 49 | | | |
| 5 | | | | | | | |
| 6 | | | | | | | |
| 7 | 분산 분석: 일원 배치법 | | | | | | |
| 8 | | | | | | | |
| 9 | 요약표 | | | | | | |
| 10 | 인자의 수준 | 관측수 | 합 | 평균 | 분산 | | |
| 11 | 그룹 1 | 3 | 159 | 53 | 7 | | |
| 12 | 그룹 2 | 3 | 138 | 46 | 3 | | |
| 13 | 그룹 3 | 3 | 153 | 51 | 7 | | |
| 14 | | | | | | | |
| 15 | | | | | | | |
| 16 | 분산 분석 | | | | | | |
| 17 | 변동의 요인 | 제곱합 | 자유도 | 제곱 평균 | F 비 | P-값 | F 기각치 |
| 18 | 처리 | 78 | 2 | 39 | 6.882352941 | 0.027976 | 5.143253 |
| 19 | 잔차 | 34 | 6 | 5.666667 | | | |
| 20 | | | | | | | |
| 21 | 계 | 112 | 8 | | | | |

▶▶ **그림 10-7** 원 데이터는 A1 : C4에 있다. 각 그룹은 서로 다른 열에 있다.

제곱합, 자유도, 제곱평균 등의 값은 이 장의 앞 절에서 다뤘다. 예를 들어 각 제곱평균의 결과값은 제곱의 합을 관련된 자유도로 나눈 값이다. 셀 E18의 F-비는 그룹 간 변동(처리)의 요인과 같은 행에 있기는 하지만 이 요인과 관련되어 있는 것은 아니고 그냥 관습적으로 여기에 놓는다. 이 값은 $MS_B$와 $MS_W$의 비이며 그룹 간 변동(처리)과 그룹 내 변동(잔차)의 요인 모두와 관련 있다.

하지만 F-비는 검증한 변동의 요인이 속하는 행에 보여주는 것이 관습이다. 여기서는 요인은 그룹 간 효과(처리)이다. 좀 더 복잡한 디자인에서는, 요인이 단지 하나가 아니고(예를 들어 투여한 약물) 두 개 이상(투여한 약물과 성별)일 수도 있다. 그러면 검증해야 할 효과가 두 개 이상이며, 이때는 약물의 행에 F-비가 있고 성별의 행에도 또 다른 F-비가 있게 된다.

그림 10-7에서 E18의 F-비는 충분히 크므로 유의수준 .05를 기준으로 했을 때 충분히 유의하다고 볼 수 있다. ANOVA 테이블에서 이를 결정할 수 있는 방법은 두 가지가 있는데, 하나는 계산한 F-비를 F기각치와 비교하는 방법이 있고, F기각치에서 알파를 계산하는 방법이 있다.

### – 계산한 F–비와 F기각치 비교하기

계산한 F-비는 6.88이며 셀 G18에 F기각치라고 되어 있는 값 5.14보다 크다. F기각치는 주어진 자유도에 따른 F-분포에서 임계값이며 알파를 나타내는 영역만큼을 구분하고, 참인 귀무가설을 기각할 확률이다. 만약 여기 예의 경우처럼 F-비가 F기각치보다 크면, 귀무가설이 참이라는 가정 하에 F-비는 발생할 가능성이 낮은 숫자가 된다. 귀무가설이 참인 경우, 계산한 t-비가 t-기각치 보다 크면 이 값은 일어날 가능성이 낮은 경우였던 것과 마찬가지이다.

### – 알파 계산하기

계산한 F-비와 F기각치를 비교하는데 있어서 문제점은 여기에서처럼 데이터 분석 추가 기능의 ANOVA를 사용해서 결과를 보았을 때, 어떤 수준의 알파를 선택했는지 알 수 없다는 것이다. 개념적으로 이 문제는 8장, 9장에서 다른 문제와 동일하다. 8장, 9장에서는 결정 규칙들 사이의 관계, 알파, 계산한 t-비 대 t 임계값 등을 다뤘다. 단지 차이점은 여기에서는 두 개의 평균보다 더 많은 값을 보고 있으며, 정규분포나 t-분포 대신 F-분포를 사용한다는 점이 다르다.

다음 절에 나오는 그림 10-8에서는 곡선의 오른쪽 꼬리 부분에 짙게 칠한 부분이 보인다. 이 영역 이 알파를 나타낸다. 이 곡선은 귀무가설이 참일 때, F-비의 서로 다른 값들을 얻을 상대도수를 보여준다. 귀무가설이 참이면 동일한 모집단에 대해 표본을 반복해서 구했을 때 대부분의 경우 F-비의 값은 5.143보다 작은 값을 얻게 될 것이다(F기각치는 그림 10-7에 보인다). 귀무가설이 참이라 하더라도 샘플링 오차 때문에 때때로 F-비가 크게 나오는 경우가 있다. 이것이 알파이며, 참인 귀무가설을 기각하게 만들 수 있는 가능한 표본들의 비율을 말한다.

그림 10-7의 ANOVA 리포트를 보면, F-비와 F기각치를 보고, 귀무가설을 기각해야 함을 알 수 있다. F-비의 값이 F기각치보다 크다. 여러분은 F-비가 너무 커서 귀무가설이 참이라면 일어나 기 힘든 영역 안에 들어와 있는 것이다. 그런데 도대체 얼마나 일어나기 힘든 확률인 걸까? 알파 값을 알아야만 여기에 대해 정확히 답해줄 수 있다. 만약 알파값으로 .05를 채택했으면, 곡선의 오른쪽 꼬리 영역 5% 잘라내는 F기각치를 구해야 한다. 오류율로 .01같은 값을 채택했으면, F기 각치는 더 커지는데 곡선의 오른쪽 꼬리 부분 1%만을 잘라내기 때문이다.

데이터 분석 도구에서 알파 수준을 얼마로 채택했기 때문에 F기각치가 얼마다 하고 이야기해 주 지 않는 것은 좀 이상한 일이긴 하다. 하지만 처음에 분산분석을 수행하기 위해 대화상자에서 알 파값을 입력할 수 있으므로 이 값을 기억해 두는 수밖에 없다. 하지만 기억이 안 난다면? 그러면 F-비를 구하기 위해 엑셀에서 사용하는 함수를 쓰는 수밖에 없다.

# 3. F-분포를 위한 엑셀의 워크시트 함수

엑셀에서는 F-분포 자체를 지원하는 두 가지 종류의 워크시트 함수가 있다. F.DIST()와 F.INV()가 있는데, T.DIST(), T.INV()와 비슷하다. F.DIST() 함수는 F-비를 인자로 주면 곡선 아래 면적을 반환한다. F.INV()는 곡선아래 면적을 주면 F-비를 반환한다.

## ✚ F.DIST()와 F.DIST.RT() 사용하기

F.DIST() 함수(엑셀 2010 이전에는 FDIST() 함수)를 사용해서 F기각치가 임계치가 되는 알파 수준을 알 수 있다. F.DIST() 함수는 8장, 9장에서 다룬 T.DIST() 함수와 비슷하다. F-비와 자유도를 주면, 함수는 그 비로 곡선을 구분하는 면적을 반환한다. 그림 10-7의 데이터를 사용해서 워크시트 상에서 다음 식을 입력해보자.

    =1 - F.DIST(G18,C18,C19,TRUE)

위 식에는 설명이 좀 필요하다. 우선 F.DIST()에서 처음에 나오는 인자 3개는 다음과 같다.

- F-비 자체 – 이 예에서는 셀 G18에 나오는 F기각치이다.
- F-비에서 분자에 사용할 자유도 – 이 값은 C18에 있다. 분자는 $MS_B$이다.
- 분모에 사용할 자유도 – 이 값은 C19에 있다. 분모는 $MS_W$이다.

네 번째 인자는 위 예에서 TRUE로 줬으며 누적값이다. 이 값이 TRUE이면 F-비의 왼쪽의 누적 영역을 반환하고 이 값이 FALSE이면 특정 지점에서의 확률, 즉 곡선의 높이를 반환한다. 여기서 는 TRUE를 써서 곡선아래 F-비 왼쪽의 전체 영역을 구하고자 한다.

위 예에서 F.DIST() 함수는 .95를 반환한다. 자유도가 2와 6인 F-분포에서 F-비 5.143값 왼쪽 으로 쪽 곡선 면적의 95% 다 위치한다. 하지만 우리는 오른쪽이 아니라 왼쪽의 면적이 관심 있으 므로 1에서 이 값을 뺀다. 다른 방법으로는 아래 식을 사용할 수 있다.

    =F.DIST.RT(G18,C18,C19)

F.DIST.RT() 함수는 왼쪽이 아니라 분포에서 오른쪽 부분의 영역을 반환하며, 따라서 1에서 뺄 필요가 없다. 하지만 네 번째 인자가 없기 때문에, 개인적으로는 이 함수를 잘 사용하지 않는다. F.DIST()는 네 번째 인자가 있고, F.DIST.RT()는 네 번째 인자가 없고, 이런 식으로 기억하는 게 번거로워서 이것을 기억하느니 그냥 F.DIST() 하나만 기억하는 게 편한 것 같기 때문이다.

**FDIST( )대 F.DIST( )**

만약 엑셀 최신 버전이 없어서 F.DIST()대신 FDIST()를 사용해야 한다면, 다음을 기억하자. FDIST()는 F.DIST()가 아니라 F.DIST.RT()와 동일하다. 일관성이 지켜지지 않는 것 같아 번거롭고 짜증날 것이다. 이 경우 일관성이라고 하면, 함수 이름이 .DIST로 끝나는 경우 분포 왼쪽 부분의 영역을 반환하는 정도일 것이다(즉 NORM.DIST, NORM.S.DIST, T.DIST의 경우처럼 말이다). F–비의 분자가 분모 보다 작은 상황을 만들어내려면 꽤 애를 써야 한다. 사실 이런 경우는 대부분 여러분이 데이터 모델을 잘못 설계해서 벌어진다. F–비는 오른쪽 꼬리 검정이며, z–검정이나 t–검정과는 달리 차이의 방향이 매우 중요하다.

 어쨌든 다음 두 식이 동일하다는 것을 꼭 기억해두자.

```
=F.DIST.RT(G18,C18,C19)
=FDIST(G18,C18,C19)
```

## ✚ F.INV( )와 FINV( ) 사용하기

F.INV() 함수(엑셀 2010 버전 이전에서는 FINV() 함수)는 곡선 아래 면적, 그리고 분포를 정의하는 분모와 분자에 사용할 자유도의 개수를 인자로 주면 F–비 값을 반환한다. F기각치를 구하기 위해 실험에서 좀 더 전통적인 방식을 취해왔다.

실험자는 얼마나 많은 그룹이 관여되어 있는지 알고 있고, 실험에서 결론을 내리기 위해 적어도 얼마나 많은 관찰값이 필요할지 알고 있다. 그리고 실제 데이터가 나오기 전에 이미 알파를 선택해놓았다. 실험에서 10명의 사람으로 이루어진 실험 그룹 네 개가 있다고 해보자. 그리고 알파는 .05를 선택했다. 그리고 통계책 뒤에 나오는 부록표를 보고 해당 F–비를 찾아보았다. 만약 엑셀 2010을 쓸 수 있으면 F기각치를 얻기 위해 다음 식을 사용할 수 있다.

=F.INV(.95,3,36)

엑셀 2010 이전 버전이 있으면 다음 식을 쓸 수도 있다.

=FINV(.05,3,36)

위 두 식은 모두 2.867이라는 값을 반환한다. 이전 함수 FINV()는 분포의 가장 오른쪽 5%를 나누는 값을 반환하고, 새로운 F.INV() 함수는 분포에서 왼쪽의 95%를 나누는 값을 반환한다. 마이크로소프트에서 일부러 그런 건 아니라고 하더라도, 이것은 일종의 함정이다. 만약 FINV() 함수를 쓰다가 F.INV()로 바꾸려도 하면 인자를 사용할 때 매우 주의해야 한다.

=F.INV(.95,3,36)

위 식이 맞고 아래 식은 틀리다.

=F.INV(.05,3,36)

위 식은 예전에 사용하던 방식을 따른 결과인데, 만약 이렇게 하면 분포의 왼쪽 95%를 나누는 값이 아니라 분포의 왼쪽 5%를 나누는 F-비를 얻게 된다. F.INV()로 F임계치, 혹은 F기각치를 얻을 수 있고, ANOVA 테스트에서는 그림 10-7의 실제 데이터를 사용해서 검증을 마칠 수 있다. 계산한 F-비(그림 10-7의 셀 E18)를 F기각치와 비교해서, F-비가 F기각치보다 크면 귀무가설을 기각한다.

이런 순서를 그대로 따라가면 이 자체가 연구자가 어떤 결과를 보기 전에 결정 규칙을 결정하고 따라왔다는 증거가 된다. 그림 10-7에 보면 데이터 분석 도구의 결과로 셀 F18에 'P-값'이 있는 것을 볼 수 있다. 이 값은 귀무가설이 참이라고 가정할 때 F-비를 얻기 위한 함수인 FDIST()나 F.DIST()로 계산한 확률이다. 이 결과를 보면 아마 연구자들은 "우리는 귀무가설을 .05 수준이 아니라 .03 수준으로도 기각할 수 있다"라고 말하고 싶을지도 모른다. 하지만 이렇게 하면 안되는 두 가지 이유가 있는데, 우선 이렇게 하면 데이터 분석 결과를 보고 여러분의 결정 규칙을 바꾸는 게 된다. 이것이 가장 중요한 이유다.

두 번째로 유의수준이 5%가 아니라 3%라고 주장하면 여기에는 2%의 차이가 생긴다. 6장 "통계
로 사실 알아보기"에서도 언급했지만 실험의 유효성을 저해하는 여러 가지 요인들이 있는데 샘플
링 오차 같은 통계적인 우연도 그런 요인 중의 하나다. 이런 상황에 알파 수준에서 2%를 가지고
문제 삼는 것은 대세에 영향을 줄 수 없는 일이다.

## ✚ F–분포

표본에서 자유도의 개수가 달라지면 t–분포도 달라지는 것처럼, $MS_B$와 $MS_W$의 자유도의 조합에
따라 F–분포도 달라진다. 그림 10–8에서는 $df_B$ = 3이고 $df_W$ = 16인 경우의 예를 보여주고 있다.
그림 10–8의 차트에서는 자유도가 3, 16인 F–분포를 보여주고 있다. 곡선은 엑셀의 F.DIST() 함
수를 써서 그렸다. 예를 들어 곡선에서 F–비가 1.0일 때의 높이는 다음 식으로 구할 수 있다.


   =F.DIST(1,3,16,FALSE)


첫 번째 인자 1은 곡선에서 F–비에 해당하는 지점이다. 3은 분자의 자유도, 16은 분모의 자유도
이다. 그리고 누적값 FALSE를 줘서 누적 확률(0부터 첫 번째 인자값, 여기서는 1까지의 특정 F–
비까지의 누적 확률)이 아니라 특정 지점에서의 확률(특정 지점에서의 곡선의 높이)을 구해달라고
하고 있다. 이 인자의 패턴은 9장에서 다룬 T.DIST()의 경우와도 비슷하다.

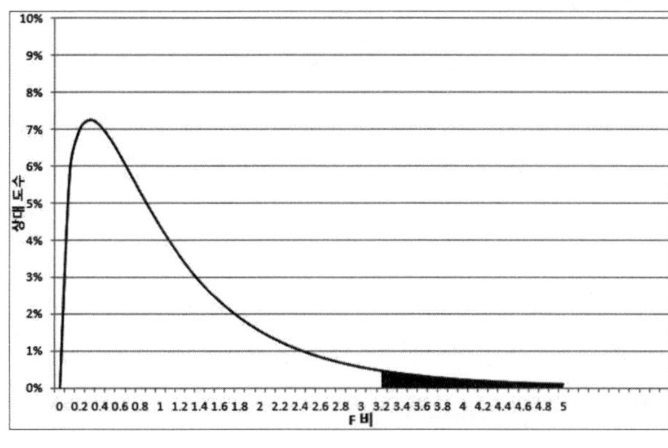

▶▶ **그림 10-8** t–분포의 경우처럼 F–분포의
형태는 하나이지만, t–분포와는 달리 모양
이 비대칭이다.



335

곡선의 오른쪽에 짙게 칠해진 영역은 알파를 나타내며, 참인 귀무가설을 기각할 확률이다. 이 값은 .05로 지정했다. 이 곡선은 귀무가설이 참일 때 $MS_B$와 $MS_W$에 기반 한 분산이 모집단에서 동일한 경우를 가정하고 있다. 물론 샘플링 오차로 이 장에 나온 예처럼 큰 F-비가 나올 수도 있다. 그림 10-7에서 보면 F-비는 6.88(셀 E18)이고 그림 10-8에서 보면 전체 F-비의 5%만이 3.2보다 크다(하지만 그림 10-8의 분포는 그림 10-7의 예와는 다른 자유도를 사용하고 있다. 그림 10-8에서는 F-분포를 시각적으로 더 잘 보여주기 위해 자유도를 바꿨다).

F-분포에서는 분산의 비가 얼마나 자주 관찰되는지 상대도수를 보여준다. 분포에서는 모집단에서 한 분산을 1로 가정했을 때 다른 분산의 비를 구한 다음 주어진 이 비가 얼마나 자주 관찰될 것인지 확률을 구할 수 있다(F-분포라는 이름은 George Snedecor가 영국의 통계학자 Ronald Fisher경을 기념하기 위해 붙인 이름이다. Ronald Fisher는 요인들 간의 상호작용을 설명하는 분산분석을 발전시켰으며 이 외에도 20세기 초 통계의 최신 이론과 개념을 발전시켰다. 12장 "실험 설계와 ANOVA"를 참고하자). t-분포를 설명하기 위해서는 우선 자유도 한 개를 지정해야 한다. 하지만 F-분포를 설명하려면 분자에서 사용하는 분산을 위한 자유도와 분모에서 사용하는 분산을 위한 자유도를 지정해야 한다.


## 4. 불균등한 그룹 크기

때때로 그룹 간에 관찰값의 개수가 서로 다를 수 있다. 이런 경우 '분산분석 : 일원 배치법'에 영향을 주지 않을까 염려할 수 있지만 사실을 그렇지 않다. 이런 경우가 발생했을 때 어떻게 적용되는지 살펴보자. 우선 탈락률이 다른 경우 이것이 여러분의 결과에 영향을 주는지 생각해보자. 만약 처음부터 그룹 크기를 동일하게 만들었거나 아니면 엇비슷한 크기의 그룹으로 시작했는데, 탈락률이 다르다면 실험이 끝나고 나서 그룹의 크기가 달라질 것이다. 적어도 두 가지 이유로 이런 일이 발생할 수 있다.

• 여러분은 표본을 기존에 존재하는 표본을 뽑아낸 것뿐이다. 즉 여러분의 그룹은 이미 존재하는 사람의 집합이나 실물의 집합, 혹은 어떤 반응하는 집합으로 되어 있다. 이 그룹 자체

에 뭔가 문제가 있어서 피실험자가 실험에서 탈락해나갈 수 있다. 여러분이 조사하고자 하는 어떤 처리가 이루어지기 전에 이미 그룹을 만들었기 때문에 결과가 해당 처리가 아닌 특정 그룹과 관련이 되어 있다고 하더라도, 결과가 나온 것은 처리 때문이라고 주장할 수도 있다.

- 처음 그룹에 피실험자를 임의로 배치를 했지만, 처리의 어떤 성질 때문에 피실험자가 특히 더 많이 탈락할 수도 있다. 만약 탈락률이 특히 높을 것을 기대하지 못했다면, 처리의 성질에 대해 좀 더 자세하게 조사해야 한다.

두 경우 모두 어떤 통계 방법이 관련되었는가와 상관없이 여러분이 결론을 내리게 되는 과정에 있어서 매우 주의해야 한다. 아무리 임의로 할당했고 처리가 탈락을 일으키지 않는다고 하더라도, 실험이 끝날 때 그룹의 크기가 달라져 있을 수 있다. 예를 들어 실험이 며칠, 혹은 몇 주가 걸린다고 하면 사람들이 이사 가거나 나타나지 않거나 아프거나 실험과 상관없는 여러 가지 이유로 실험에 나타나지 않는 경우가 발생할 수밖에 없다. 이 경우 통계 분석에 문제를 일으킬 수 있다. 다음 장에서 나오겠지만 동시에 두 요인을 분석하고 있는 경우라면 문제는 좀 더 복잡해지게 된다.

단일요인 분산분석(single-factor ANOVA)의 경우에서는 그룹 크기와 그룹 내 분산 사이의 관계에 이런 문제가 발생한다. ANOVA분석을 뒷받침하기 위해 수학적으로 가정을 만들지만, t-검정에서도 그랬듯이 분석을 위한 모든 가정을 정확하게 다 만족시킬 수는 없다.

가정 중 하나는 '모든 관찰값은 서로 독립적이다'라는 것이다. 그룹 1의 관찰값이 그룹 1의 다른 관찰값에 영향을 주거나 아니면 그룹 2의 관찰값에 영향을 주면, 이것은 독립적이지 않다. 한 관찰값이 어떤 방법으로든 다른 관찰값에 종속되면 독립적인 값이 아니다. 이 경우 ANOVA에서는 이런 변수로 인한 영향력을 측정할 수 없기 때문에 관찰값의 독립성은 반드시 만족시켜야 하는 가정이다.



note_

중요한 예외는 종속그룹에 대한 t-검정과 공분산분석(16장 "공분산분석 : 기본"에서 다룬다)이다. 이 경우 종속성은 이미 의도된 것이므로 이를 측정하고 고려해야 한다.

또 하나 중요한 가정은 '그룹 내 분산은 동일하다'이다. 하지만 변수의 독립성과는 달리, 분산이 동일해야 한다는 이 가정을 어겨도 분석의 유효성에 그렇게 크게 영향을 주지는 않는다. 오랜 경험과 연구로 다음과 같은 사항을 알아내었다.

- 그룹 내 분산이 다를 때 표본의 크기가 같으면 확률에 대해 미치는 효과는 무시할 수준이다. 하지만 제약 조건이 있는데, 만약 그룹 내 분산의 크기가 다른 분산의 10배 이상이면 알파값에 심각한 왜곡이 발생한다.

- 만약 표본의 크기가 다르고 크기가 더 큰 표본의 분산이 더 작다면, 실제 알파는 지정한 알파보다 커진다. 처음 시작할 때 알파를 .05로 지정했다고 했을 때, 제1종 오류를 일으킬 확률은 .09가 될 수 있다. 이 효과는 F-분포를 오른쪽으로 이동시켜서 F기각치가 곡선 면적의 5%가 아니라 9%를 나누도록 한다. 통계학자들은 이 경우 F-검정이 후하다(liberal)고 한다.

- 만약 표본의 크기가 다르고, 크기가 더 큰 표본의 분산이 더 크다면, 반대도 실제 알파는 지정한 알파 보다 작아진다. 처음 시작할 때 알파를 .05로 지정했다고 했을 때, 제1종 오류를 일으킬 확률은 .03이 될 수 있다. 이 효과는 F-분포를 왼쪽으로 이동시켜서 F기각치가 곡선 면적의 5%가 아니라 3%를 나누도록 한다. 통계학자들은 이 경우 F-검정이 보수적(conservative)이라고 한다.

두 그룹의 크기를 똑같이 맞추는 것 외에는 이 문제를 해결할 수 있는 실제적인 방법은 없다. 그리고 실제 알파 수준을 맞추는 방법도 없다. 가장 좋은 방법은 이런 효과에 대해 알고(이는 Behrens-Fisher 문제라 불린다) 여러분의 결론을 이에 맞춰 조정하는 것이다. 그룹 간 분산 차이가 작을수록 지정한 알파 레벨에 대한 이런 효과도 작아진다는 것을 기억하자.


## 5. 다중 비교 절차(Multiple Comparison Procedures)

F-검정은 옴니버스 검정이라고도 한다. 즉 F-검정은 테스트하는 그룹 평균들(혹은 그룹 평균들

의 조합들) 사이에 적어도 하나라도 의미 있는 차이가 있는지 동시에 검사한다는 뜻이다. F-검정 자체가, 어떤 그룹 평균의 차이 때문에 F-비가 커지게 되었는지 딱 집어내지는 않는다. 만약 여러분이 100, 90, 70, 60 네 개의 그룹 평균을 검증하고 있다고 가정하자. 이때 F-비를 계산했더니 이 값이 미리 채택한 알파 수준에 대한 F기각치보다 컸다. 아마도('아마도'이지 '반드시'는 아니다) 평균값 100과 평균값 60 사이의 차이 때문에 이런 일이 발생한 게 아닐까? 이 평균은 평균들 중에서도 가장 큰 값과 가장 작은 값이며 F-비가 커지게 만든 원인일 것이다. 하지만 100과 70은? 이것도 역시 실험에서 보면 차이가 꽤 커 보인다. 90과 60은? 이런 결론을 이끌어내려면 여러 번 비교를 해야 한다.

하지만 여기까지 오면 문제가 매우 복잡해진다(보는 시각에 따라 다르겠지만). 약 9단계의 다중 비교 절차(multiple comparison procedure)가 필요하고 여기에서 절차들을 필요에 따라 선택할 수 있다. 다음과 같은 사항에 따라 다른 성질을 가진다.


- 계획한 비교인가? 아니면 계획하지 않은 비교인가?
- 사용하는 분포(보통 t, F, q)
- 비교 당 사용할 오류율(알파), 혹은 비교 집합에 대해 사용할 오류율(알파)
- 단순 비교를 사용할 것인지(즉 한 그룹의 평균과 다른 그룹의 평균을 비교할 것인지), 아니면 복합 비교를 사용할 것인지(예를 들어 두 그룹의 평균과 다른 두 그룹의 평균을 비교할 것인지)


이외에도 통계적 민감도나 절차의 영향력 등 다른 고려해야 할 점들이 있다.

좋든 나쁘든 간에 엑셀은 여러분이 요구하는 모든 분포를 다 지원하는 것은 아니므로 결정을 단순화 할 수 있다. 예를 들어 잘 알려진 다중 비교 절차는 Tukey와 Newman-Keuls이다. 이 두 절차 모두 표준화된 범위 통계량(studentized range statistic)이라고 하며 흔히 q라고 하는 분포에 따른다. 엑셀은 이를 지원하지 않으며, Q.INV()나 Q.DIST()같은 함수들이 없다.

다른 방법으로는 좀 수정해서 t-분포 등을 사용할 수도 있다. Dunnett의 절차에서는 t-분포를 수정해서 대조군에서 한 개 이상의 평균을 비교할 때 다른 기각치를 만들 수 있도록 한다. 엑셀에서는 두 개의 그룹으로 제한한 경우 외에는 이런 종류의 비교를 지원하지 않는다. Dunn의 절차에서는 t-분포를 사용하지만 두 개의 평균을 포함한 계획한 비교만을 지원한다. 평균값이 두 개 보다 많아지면, Dunn 절차에서는 t-분포를 수정해서 사용해야 한다. Dunn 절차는 Scheffé 절차보다 검정력이 좀 더 좋고, 계획대비(planned contrast)를 필요로 하지 않는다.

다행히도(확신하건대 처음부터 의도한 바는 아닐 것이다) 엑셀은 두 다중 비교 절차를 지원한다. 계획직교대비(planned orthogonal contrast)와 Scheffé 절차인데 전자는 여러 다중 비교 절차 가운데 가장 강력한 절차이다(동시에 제약사항도 가장 많다). 후자는 가장 약한 절차이지만 분석에 있어서 가장 여러분에게 많은 재량 요소를 준다. 어쨌든 분석과정에서는 워크시트 함수도 함께 사용해서 분석해야 한다. 이 장의 나머지에서는 그 과정을 보여주겠다.

일반적으로 여러분이 오류율을 한 비교당으로 제한하고 싶을 때(모임당 기반(per-family basis)대신. 모임 당 기반은 훨씬 보수적이며 정말 차이가 발생했을 때 이를 놓칠 수 있다) 단순 대비(평균 1 대 평균 3, 평균 1 대 평균 4, 평균 2 대 평균 3 같은 식으로)의 다중 비교 절차로 가장 좋은 것은 Newman-Keuls이다. 앞에서도 말했든 Newman-Keuls 검증은 $q$, 혹은 표준화된 범위 통계치(studentized range statistic) 분포를 사용한다. 이 값에 대한 테이블은 중급 통계책에 실려 있으며 인터넷 웹사이트에서도 무료로 찾아볼 수 있다.

여러분의 그룹 크기가 동일할 때 실험 디자인 요소가 한 개나 두 개밖에 없으면 나는 여러분이 엑셀의 '데이터 분석' 추가 기능으로 분산분석(ANOVA)을 수행해보기를 권장한다. 여기에서 나오는 결과값과 통계책의 테이블에 나오는 값을 합해서 여러분의 다중 비교를 완성해볼 수 있다.



만약 가능하면 무료 통계 프로그램인 R을 사용해도 된다. 필자는 여러 해 동안 R을 사용해왔지만, R의 인터페이스와 자기 나름대로의 데이터 배치 때문에 지쳐서 엑셀에서 할 수 없는 분석을 할 때만 가끔 사용한다.

그냥 엑셀에서 제공하는 기능만으로 만족할 수 있으면 다음에 설명할 계획직교대비(planned orthogonal contrast)만큼의 검정력을 얻을 수 있다. 여기서 얻을 수 있는 검정력은 Newman-Keuls에서 얻을 수 있는 검정력과 같다. 그리고 엑셀에서 Scheffé 비교를 쓰면 미리 계획하지 않고도 데이터 조사를 할 수 있다.

## ✚ Scheffé 절차

사용 가능한 다중 비교 절차 가운데 Scheffé 절차가 가장 유연하게 사용할 수 있는 절차이다. 원하는 만큼 비교할 수 있고, 평균 하나에 대해서 다른 평균값 하나를 비교하는 식으로 하지 않아도 된다. 예를 들어 그룹이 다섯 개가 있으면, Scheffé 절차를 써서 두 개의 그룹의 평균과 나머지 세 개의 그룹의 평균을 비교할 수 있다. 물론 여러분의 실험 측면에서 이런 비교는 아무 의미 없을 수도 있지만, 어쨌든 Scheffé 절차에서는 이런 비교를 해도 된다. Scheffé 절차에서는 그룹의 크기가 달라고 되는데 이 주제에 대해서는 14장 "다중회귀분석과 효과 코딩 : 기본"에서 다루겠다.

그리고 Scheffé 절차에서는 여러분이 수행하는 모든 비교에서 알파를 공유한다. 만약 비교를 한 번만 하고 알파값은 .05라면 실제로는 차이를 신뢰할 수 없는데 신뢰할 수 있는 차이라고 잘못 결론지을 확률이 5%가 된다. 또는 비교를 20번 하고 알파값은 .05라면, 20번의 비교 중 어딘가에서 참인 귀무가설을 기각할 확률이 5%가 된다. 이 두 가지는 서로 매우 다르며, 매번의 비교에서 참인 귀무가설을 기각할 확률이 5%라는 것보다 훨씬 보수적이다.

그림 10-9에서는 처리군이 두 개, 대조군이 한 개 있을 때 Scheffé 다중 비교 절차를 어떻게 쓸 수 있을지 보여준다. 그림 10-9에서 사용할 데이터는 B2:D7에 있다. '데이터 분석' 추가 기능에서 "분산분석 : 일원 배치법"을 수행해서 A9:G20에서와 같은 보고서를 만들어보자. 과정은 다음과 같다.

1. 4장에 설명한 것처럼 데이터 분석 추가 기능을 설치한다. 다음 '데이터' 탭 ▶ '분석' 그룹 ▶ '데이터 분석'을 클릭한 다음 대화상자에서 '분산분석 : 일원 배치법'을 선택한 다음 '확인'을 클릭한다. 대화상자는 그림 10-6과 같이 보인다.

2. 데이터 입력범위를 B2:D7 로 선택한다.

3. '데이터 방향'을 반드시 '열'로 선택한다(엑셀이 목록이나 테이블 구조를 다루는 방식상, 데이터의 그룹이 서로 다른 행으로 구성될 일이 거의 없다. 하지만 행 단위로 그룹을 묶도록 구성했으면 '행'을 반드시 선택해야 한다).

| G24 | | $f_x$ =SQRT($C$17*(F.INV(0.95,$C$17,$C$18))) | | | | | |

| | A | B | C | D | E | F | G |
|---|---|---|---|---|---|---|---|
| 1 | | HDL 수준 | | | | | |
| 2 | | 약 A | 약 B | 플라시보 | | | |
| 3 | | 41 | 42 | 38 | | | |
| 4 | | 47 | 48 | 38 | | | |
| 5 | | 48 | 49 | 36 | | | |
| 6 | | 48 | 50 | 36 | | | |
| 7 | | 52 | 57 | 52 | | | |
| 8 | | | | | | | |
| 9 | 분산 분석: 일원 배치법 | | | | | | |
| 10 | 요약표 | | | | | | |
| 11 | 인자의 수준 | 관측수 | 합 | 평균 | 분산 | | |
| 12 | 약 A | 5 | 236 | 47.2 | 15.7 | | |
| 13 | 약 B | 5 | 246 | 49.2 | 28.7 | | |
| 14 | 플라시보 | 5 | 200 | 40 | 46 | | |
| 15 | 분산 분석 | | | | | | |
| 16 | 변동의 요인 | 제곱합 | 자유도 | 제곱 평균 | F 비 | P-값 | F 기각치 |
| 17 | 처리 | 234 | 2 | 117 | 3.88 | 0.05 | 3.89 |
| 18 | 잔차 | 361.6 | 12 | 30.1 | | | |
| 19 | | | | | | | |
| 20 | 계 | 595.73 | 14 | | | | |
| 21 | | | | | | | |
| 22 | Scheffé 법 | 대비 계수 | | | 대비의 표준편차 | $\psi / s_\psi$ | 기각치 (.05) |
| 23 | | 평균 1 | 평균 2 | 평균 3 | | | |
| 24 | 약 A - 약 B | 1 | -1 | 0 | 3.472 | -0.576 | 2.788 |
| 25 | 약 A - 플라시보 | 1 | 0 | -1 | 3.472 | 2.074 | 2.788 |
| 26 | 약 B - 플라시보 | 0 | 1 | -1 | 3.472 | 2.650 | 2.788 |
| 27 | (약 A + 약 B)/2 - 플라시보 | 1/2 | 1/2 | -1 | 3.007 | 2.727 | 2.788 |

▶▶ **그림 10-9** 데이터 분석 추가기능으로 A9:G20에 예비 ANOVA를 수행했다.

4. 입력할 데이터에 이름표를 포함하므로, '이름표' 체크 박스를 체크한다.

5. '유의수준'에 알파값을 입력하거나 아니면 그냥 디폴트 값을 사용한다. 만약 유의 수준을 빈칸으로 놓으면 엑셀은 .05를 디폴트 값으로 사용한다.

6. '출력 범위' 옵션을 선택한다. 엑셀의 버그인데 '출력 옵션'의 버튼을 클릭하고 어떤 영역을 선택하던 포커스가 입력범위로 가기 때문에, 기존에 입력한 입력범위를 덮어쓰게 된다. 따라서 반드시 '출력 범위' 옵션을 선택한 다음 범위 입력버튼을 클릭해야 한다.

7. 보고서가 보일 워크시트상 셀을 클릭한다. 그림 10-9에서 해당 셀은 A9이다.

8. '확인'을 클릭한다. 그림 10-9와 같은 리포트가 셀 A9:G20에 보인다.

(모든 데이터가 그림 10-9에 들어가도록 보고서에서 빈 줄을 삭제했다.)

ANOVA의 유의수준 .05는 그림 10-9의 셀 F17에서 확인할 수 있다. 이것을 보고 데이터 중 어딘가에 주목할 만한 차이가 있다는 것을 알 수 있다. 이 차이를 찾아내기 위해 Scheffé 법을 써서 평균 사이에 다중비교를 한 번 이상 수행해야 한다. 이 방법은 엑셀에서 바로 지원이 안되고, '데이터 분석' 추가 기능에도 없다. 사실 엑셀에서 지원되는 다중 비교법은 없다. 하지만 이 절에서 설명하는 함수와 식을 입력하면 직접 Scheffé 분석을 할 수 있다.

Scheffé 법은 다른 다중 비교법과 마찬가지로 우선 엑셀에서 그룹 평균들을 어떻게 결합할 것인지 (이것으로 평균 사이에 대비를 찾아낸다) 지정한 영역을 설정하면서 시작한다. 그림 10-9에서 해당 영역은 B24:D27이다. 평균 간 차이로 정의되는 첫 번째 대비는 약 A와 약 B사이이다. 약 A의 평균에는 1을 곱하고, 약 B의 평균에는 −1을 곱하며, 플라시보의 평균에는 0을 곱한다. 다음 결과를 합한다.

여기서 사용한 1과 0들은 평균에 곱하는 비율이며 대비계수(contrast coefficient)라고 한다. 계수를 보고 그룹 평균이 대비에 포함이 되었는지(1), 대비에서 생략했는지(0), 아니면 다른 평균과 조합이 되었는지(대비 계수가 .33이나 .5인 경우) 알 수 있다. 물론 이런 계수를 사용하는 것에 대해서는 설명할 사항이 굉장히 많다. 예를 들어 약 A의 평균에서 약 B의 평균을 뺐는데 여기에만 해도 설명할 사항이 많이 있다.

우선 첫 번째 이유는 대비의 표준오차를 계산해야 하기 때문이다. 표준오차를 나눠서 대비계수를 사용한 평균의 결합으로 만들어야 한다. 대비의 표준오차 일반식은 다음과 같다.

$$\sqrt{MS_e(C_1^2/n_1 + C_2^2/n_2 + \cdots + C_j^2/n_j)}$$

여기서 $MS_e$는 ANOVA테이블의 제곱평균 오차(그림 10-9의 셀 D18)이며 각 n은 각 그룹의 표본 크기를 말한다. 따라서 그림 10-9에서 셀 E24의 첫 번째 대비의 표준오차는 다음 식으로 계산한다.

```
=SQRT($D$18*(B24^2/$B$12+C24^2/$B$13+D24^2/$B$14))
```

note_

좀 더 간단한 ANOVA 디자인에서 방금 언급한 제곱평균 오차는 이 장에서 본 그룹 내 분산(잔차)과 동일하다. F−비를 구할 때 $MS_B$를 $MS_W$로 나누지 못하는 경우가 있다. 이때는 좀 더 일반적으로 알려진 $MS_e$로 나누게 되는데 그룹 내 분산으로 나누는 것이 적절하지 않기 때문이다. 적절한 나누기 값은 때때로 상호작용에 의해 일어난다(12장을 참고하자). $MS_e$는 $MS_W$보다 나누는 수를 좀 더 일반적으로 표현하고자 하는 의도가 있다. 이 책에서 다루는 단일 요소, 완전 교차 다중요소 디자인에서는, $MS_W$와 $MS_e$가 모두 그룹 내 분산(잔차)을 의미한다고 해도 된다.

말로 풀면, 여러분은 각 대비계수를 제곱한 다음 이 값을 그룹의 표본크기로 나눠야 한다. 결과를 모두 합한 다음, $MS_e$로 곱하고 다음 제곱근을 구한다. 대비의 표준오차는 $S_\psi$로 나타내는데, 여기서 $\psi$는 대비(contrast)를 뜻한다(그리스 문자 $\psi$는 영어로 psi라고 하며 '싸이'라고 발음한다).

이전 식에서는 D18을 참조할 때 $기호를 써서 $D$18로 만들어서 절대참조를 이용했다. 이렇게 하면 식을 E25:E27등에 복사해도 $MS_e$값인 D18에 대한 참조는 바뀌지 않는다. E24:E27의 식에서 B12, B13, B14등을 참조할 때도 마찬가지로 절대참조를 써서 그룹의 크기에 대해 절대참조를 할 수 있도록 한다. B24, C24, D24는 상대참조로 남겨두는데 이 식을 E25:E27에 복사할 때 적절한 대비계수를 참조할 수 있도록 한다. 대비를 표준오차로 나눈 식은 다음처럼 표시한다.

$$\psi/s_\psi$$

첫 번째 비는 셀 F24의 다음 식으로 계산한다.

    =($D$12*B24+$D$13*C24+$D$14*D24)/E24

이 식은 각 그룹의 평균(D12, D13, D14)에 각 그룹에 해당하는 대비계수를 곱하고(B24, C24, D24) 이 값을 대비의 표준오차(E24)로 나눴다. 이 식은 다음 F25:F27에 복사해서 붙여넣기 했다. 따라서 D12, D13, D14의 평균값에 대한 주소는 절대참조를 사용했고, 각 대비에 대해 각 평균을 사용했다. 대비계수는 대비마다 바뀌며 따라서 상대참조를 사용했다. 이렇게 해서 계수의 주소는 행에 따라 바뀐다. 상대주소를 사용했기 때문에 E24에 대한 참조는 영역 F25:F27에서 각각 E25, E26, E27로 바뀐다.

평균의 합을 각각의 계수로 곱한 다음 대비의 표준오차로 나눈 결과는 F24:F27에 있다. 이 결과를 G24:G27의 기각치와 비교한다(Scheffé법에서는 각 대비에 대한 기각치가 모두 같다).

앞의 식에서는 그룹의 평균과 대비계수를 곱한 다음 이를 합하는 항이 나온다. 곱하기, 더하기, 그리고 각각의 셀 참조로 식을 구현할 수 있다. 엑셀에서는 두 워크시트 함수 SUMPRODUCT() 와 MMULT()이 있는데 이 함수는 인자를 합해서 곱한 결과를 구해준다. 하지만 SUMPRODUCT()를 쓰려면 영역 두 개가 같은 방향(열 방향, 행 방향 모두 허용)으로 정렬되어 있어야 한다. 따라서 이 워크시트상에서 함수를 쓰려면 데이터의 방향을 바꾸거나, 아니면 TRANSPOSE() 함수를 사용해야 한다. MMULT() 을 쓰면 배열 수식으로 입력해야 하는데, 지금 이 워크시트상에서는 문제가 없다. 따라서 다음 식을 배열 수식(Ctrl+Shift+Enter 로 입력)으로 F24에 입력한 다음 F25:F27에 복사해서 붙여넣기 하자.

=MMULT(B24:D24,$D$12:$D$14)/E24

이제 대비의 표준오차에 대한 대비의 비를 구했으면, 이 대비가 주어진 알파의 수준에서 일어나기 힘든 일인지 비교해봐야 한다. 각 비에 대해서 동일한 기각치를 사용한다. 다음은 일반식이다.

$$\sqrt{(J-1)_{\alpha}F_{df_b, df_w}}$$

말로 풀어보면, $MS_B$의 자유도와 $MS_W$의 자유도를 사용해서 F-비를 구하자. 이 자유도는 ANOVA 테이블에 나온다. 여러분이 선택한 알파수준으로 F를 사용하자. 예를 들어 그림 10-9에서, 알파값을 .05로 설정했으면 다음 함수나

=F.INV(0.95,C17,C18)

혹은 다음 함수를 사용하자.

=F.INV.RT(0.05,C17,C18)

셀 C17과 셀 C18은 각각 $MS_B$와 $MS_W$에 대한 자유도 값이다. 만약 F.INV()에 인자로 .95를 주면, 함수에서 반환한 F값의 왼쪽으로 곡선 면적의 95%가 들어오는 값을 구한다. F.INV.RT()에 인자로 .05를 주면 동일한 F-비 값이 나오는데, 이 F-비 값 오른쪽으로 곡선 면적의 5%가 들어온다.

둘 다 결과가 같으므로, 어느 쪽을 사용하던 개인취향이다.

F-비를 구했으면 이 값을 $MS_B$의 자유도(그림 10-9의 셀 C17)로 곱한 다음 제곱근을 취한다. 다음은 그림 10-9 G24:G27의 엑셀 식이다.

$$=SQRT(\$C\$17*(F.INV(0.95,\$C\$17,\$C\$18)))$$

임계값은 어떤 대비에 써도 상관없다. 대비에는 평균값이 포함되어 있어도 상관이 없으며, 그림 10-9에서처럼 각 대비에서 대비계수의 값을 모두 합하면 항상 0이 되어야 한다(앞으로 보면 계수를 합해도 0이 되지는 않지만 의미 있는 대비의 경우가 나온다).

이 경우 검증한 대비 중 기각치보다 큰 비가 나오는 경우가 없다. Scheffé 절차는 다중 비교 절차 중에서 가장 보수적인데, 여러분이 기술 분석(이 결과로 여러분은 평균값들의 차이 중 어떤 값이 제일 큰 지 알 수 있다)과 추론 분석(ANOVA의 F-검증을 보고 어딘가에 유의한 차이가 있는지 알고 있다)의 결과를 모두 보고 난 후 여러분이 원하는 대비를 해볼 수 있도록 하기 때문이다. 유연함을 위한 검정력의 균형이라고 할 수 있다. Scheffé 절차는 강력하지는 않다. Scheffé 절차는 보수적이므로, 이런 대비를 .05의 유의수준에서 파악할 때 실패할 수 있다. 하지만 유의한 F-검정을 어떻게 후속조치를 할 지 결정할 때 많은 재량권을 줄 수 있다.



두 번째와 세 번째 비교는 유의수준 .05에 매우 가까우며, 특히 주어진 F-검증이 .05의 확률을 반환하는 경우는 결국은 실험을 다시 반복해야 한다.

## ✚ 계획직교대비(Planned Orthogonal Contrasts)

이 장에서 논의하는 다른 다중 비교 방법은 계획직교대비(Planned Orthogonal Contrasts)이며 명칭만으로는 굉장히 복잡하게 들린다.

### ● 계획한 대비

계획(planned)은 단지 여러분이 결과를 보기 전에 어떤 그룹의 평균, 그룹 평균의 집합 등을 비교할 것인지 미리 정해놓겠다는 의미이다. 때때로 여러분은 사전 결과를 미리 보기 전에는 어디에 집중해야 할지 모를 수 있다. 이런 경우에는 일단 결과를 보고 나서 방법을 생각할 수 있는데 Scheffé 법이 바로 그런 경우이다. 하지만 비용이 엄청나게 들어가는 신약 개발이나 의학연구 등에서는, 모든 처리를 관리하기 이전에 관심의 대상이 되는 대비를 모두 계획해놓는 것이 드문 일은 아니다.

### ● 직교대비(Orthogonal Contrasts)

직교(orthogonal)는 여러분이 수행하는 대비에 중복된 정보를 사용하지 않는다는 의미다. 예를 들어 대비 1에서는 그룹 3의 평균에서 그룹 1의 평균을 빼고, 대비 2에서는 그룹 3의 평균에서 그룹 2의 평균을 뺀다고 하자. 이때 두 대비 모두 그룹 3의 평균에서 다른 평균을 빼므로, 그룹 3의 정보가 중복이 된다.

만약 모든 그룹의 표본크기가 같으면 간단한 방법으로 이 비교가 직교인지 결정할 수 있다. 그림 10-10을 보자. 그림 10-10에서는 그림 10-9의 Scheffé 법에서 사용한 것과 동일한 대비계수를 사용하고 있다. 한 대비에서 계수를 모두 더하면 0이 된다. 하지만 서로 다른 대비는 직교여야 한다고 했기 때문에, 두 대비의 계수의 곱의 합은 역시 0이 되어야 한다. 읽기보다는 보는 편이 더 나으므로 그림을 보자.

그림 10-10의 셀 E9를 보자. 이 값은 1이며 B9:D9의 값의 합이다. B9:D9의 세 숫자는 대비계수의 곱이다. 9행은 대비1과 대비 2에 대한 대비계수를 가지고 있으므로, 셀 B9는 B3, B4의 곱한 값이다. 이와 같이 셀 C9는 셀 C3, C4의 곱한 값이며, 셀 D9는 D3, D4를 곱한 값이다. B9:D9의 값을 합하면 E9의 값이 되며 결과는 1이 된다. 이것이 의미하는 바는 대비 1과 대비 2는 서로 직교가 아니다. 또한 그룹 1의 평균은 두 대비의 일부가 되며 결국 중복된 정보가 된다. 따라서 대비 1과 대비 2는 직교가 아니다. 10행에서도 비슷한 일이 발생하는데, 여기에서는 행 3과 행 5의 대비가 직교인지 검사한다. 그룹 2의 평균은 두 대비(사실 그룹 2의 평균은 한 대비에서는 빠지고, 다른 대비에서는 더하기 때문에 차이가 없다)에 모두 나오며, 그 결과 곱의 합은 0이 아니다. 따라서 대비 2와 대비 3은 직교가 아니다.

| | A | B | C | D | E |
|---|---|---|---|---|---|
| 1 | 실험 | | 대비 계수 | | |
| 2 | | 평균 1 | 평균 2 | 평균 3 | 계수의 총합 |
| 3 | 1. 약 A - 약 B | 1 | -1 | 0 | 0 |
| 4 | 2. 약 A - 플라시보 | 1 | 0 | -1 | 0 |
| 5 | 3. 약 B - 플라시보 | 0 | 1 | -1 | 0 |
| 6 | 4. (약 A + 약 B)/2 - 플라시보 | 1/2 | 1/2 | -1 | 0 |
| 7 | | | | | |
| 8 | 계수의 곱: | | | | 곱의 총합 |
| 9 | 1 and 2 | 1 | 0 | 0 | 1 |
| 10 | 1 and 3 | 0 | -1 | 0 | -1 |
| 11 | 1 and 4 | 1/2 | - 1/2 | 0 | 0 |
| 12 | 2 and 3 | 0 | 0 | 1 | 1 |
| 13 | 2 and 4 | 1/2 | 0 | 1 | 1.5 |
| 14 | 3 and 4 | 0 | 1/2 | 1 | 1.5 |

▶▶ **그림 10-10** 두 대비에서 그룹의 대비계수의 곱을 합하면 0이 되어야 직교이다.

11행에서는 3행과 6행에 있는 대비를 검증하는데, 이 관계는 직교대비(orthogonal contrast)이다. 3행과 6행의 대비계수의 곱은 B11:D11에 보이며 이 값을 합한 값은 E11에 있고 결과는 0이다. 3행과 6행에 정의된 대비는 직교이며, 대비 1과 대비 4로 진행할 수 있다. 즉 그룹 1의 평균 대 그룹 2의 평균, 그리고 그룹 1과 그룹 2의 평균 대 그룹 3의 평균이다.

대비 1과 대비 4 둘 다 종합적으로 세 개의 평균이 나오지 않는다는 것에 주의하자. 일반적으로 평균이 K개 있으면, 이 평균으로부터 만들어진 K−1개의 대비만이 직교이다. 따라서 평균은 3개있지만, 2개의 대비만이 직교이다.

### ● 계획직교대비 평가하기

계획되었으며 직교인 것으로 계산한 대비는 Scheffé 법에서 계산한 대비와 동일하다. 비의 분자와 분모인, $\psi$와 $s_\psi$은 동일한 방법으로 계산하며 역시 동일한 값이 된다. 그림 10-11의 셀 F24, F25의 비를 그림 10-9의 셀 F24, F27의 비와 비교해보라.

Scheffé 절차에서 대비 대 표준오차의 비는 $\psi/s_\psi$ 라고 하지만, 계획직교대비에서는 t-비(t-ratio)라고 한다. 두 방법의 차이는 미리 대비를 계획하는지, 그리고 그 대비가 직교인지에 있다.

이제 이 두 방법이 숫자에서 어떻게 다른지 비교해보자. 여러분은 t-비(그림 10-11의 셀 F24, F25의 값)를 동일한 개수의 자유도를 가진 t-분포와 비교한다. 이 자유도는 ANOVA표에서 $MS_e$와 관련되어 있다. 그림 10-11에서 이 데이터에 대한 값은 12이다(셀 C18을 참고). 비방향 비교에서 알파수준이 .05일 때 기각치 t-값을 얻으려면 그림 10-11의 셀 G24에 나오는 다음 식을 사용해야 한다.

$$=T.INV.2T(.05, \$C\$18)$$

| G24 | ▾ | : | × | ✓ | fx | =T.INV.2T(0.05,$C$18) |

| | A | B | C | D | E | F | G |
|---|---|---|---|---|---|---|---|
| 1 | | | HDL 수준 | | | | |
| 2 | | 약 A | 약 B | 플라시보 | | | |
| 3 | | 41 | 42 | 38 | | | |
| 4 | | 47 | 48 | 38 | | | |
| 5 | | 48 | 49 | 36 | | | |
| 6 | | 48 | 50 | 36 | | | |
| 7 | | 52 | 57 | 52 | | | |
| 8 | | | | | | | |
| 9 | 분산 분석: 일원 배치법 | | | | | | |
| 10 | 요약표 | | | | | | |
| 11 | 인자의 수준 | 관측수 | 합 | 평균 | 분산 | | |
| 12 | 약 A | 5 | 236 | 47.2 | 15.7 | | |
| 13 | 약 B | 5 | 246 | 49.2 | 28.7 | | |
| 14 | 플라시보 | 5 | 200 | 40 | 46 | | |
| 15 | 분산 분석 | | | | | | |
| 16 | 변동의 요인 | 제곱합 | 자유도 | 제곱 평균 | F 비 | P-값 | F 기각치 |
| 17 | 처리 | 234 | 2 | 117 | 3.88 | 0.05 | 3.89 |
| 18 | 잔차 | 361.6 | 12 | 30.1 | | | |
| 19 | | | | | | | |
| 20 | 계 | 595.73 | 14.00 | | | | |
| 21 | | | | | | | |
| 22 | 실험 | | 대비 계수 | | 대비의 표준편차 | t | 기각치 (.05) |
| 23 | | 약 A | 약 B | 플라시보 | | | |
| 24 | 약 A - 약 B | 1 | -1 | 0 | 3.472 | -0.576 | 2.179 |
| 25 | (약 A + 약 B)/2 - 플라시보 | 1/2 | 1/2 | -1 | 3.007 | 2.727 | 2.179 |

▶▶ **그림 10-11** 두 개의 대비만이 서로 직교이므로 24열, 25열에 해당 대비만이 보인다.

만약 엑셀 2010의 T.DIST 함수 등을 사용하면 식에 ABS 함수도 넣어서 사용하는 것이 좋다. 즉 T.DIST(ABS(F24), $C$18)와 같이 쓰면 된다. 이것은 t-비 값을 절대값(즉 양수)으로 바꾸는데, 뺄셈의 방향 때문에 대비계수가 음수가 될 가능성이 있기 때문이다. T.DIST(), T.DIST.2T(), T.DIST.RT() 함수 등에서는 첫 번째 인자로 음수가 오면 안된다. 엑셀 2013의 T.DIST(), T.DIST.RT()에서는 이와 같은 문제점을 수정했다.

만약 Scheffé 절차에서는 유의수준 .05수준에서 유의하지 않았지만, 계획직교대비에서는 약 A와 약 B의 평균이 플라시보 약에 비해 유의한 수준의 결과가 나왔다고 해보자. 이런 경우가 바로 Scheffé 법이 훨씬 보수적이고, 계획직교대비가 더 검정력이 높다는 증거가 될 것이다. 하지만 소위 "데이터를 다 뒤져보기" 위해서 계획직교대비를 사용할 수는 없다. 이렇게 사실을 알게 된 다음 뒤져보는 일은 이런 계획대비의 아이디어와 반대되는 일이다.

다음에 나오는 11장에서는 엑셀을 사용해서 분산분석을 하는 법에 대해 계속 다룬다. 그리고 ANOVA를 더욱 강력한 도구로 만드는 이원(two-factor), 혹은 삼원(three-factor) 분석에 대해 알아보겠다.

# 11

# 분산분석 :
# 더 많은 이슈

이 장에서 다루는 통계 분석의 종류를 요인분석(factorial analysis)이라고 한다. 여기서 요인(factorial)이라는 말은 수학에서 연속된 수를 곱해가는 팩토리얼과는 관계없다(엑셀에는 FACT() 함수로 수행한다). 실험 설계의 용어에서 요인(factor)은 변수이며 실험개체가 속하는 둘 이상의 수준을 가지고 있고 흔히 명목범주로 평가한다.

실험설계에서 두 개 이상의 요인을 동시에 사용하면, 이것은 요인설계(factorial design)라고 한다. 서로 다른 약이 두 가지가 있고, 남성과 여성에게 동시에 그 효과를 조사해보고 싶다고 하다. 이것이 요인설계이며 성별에 대해서 두 약의 효과를 모두 관리해야 한다.

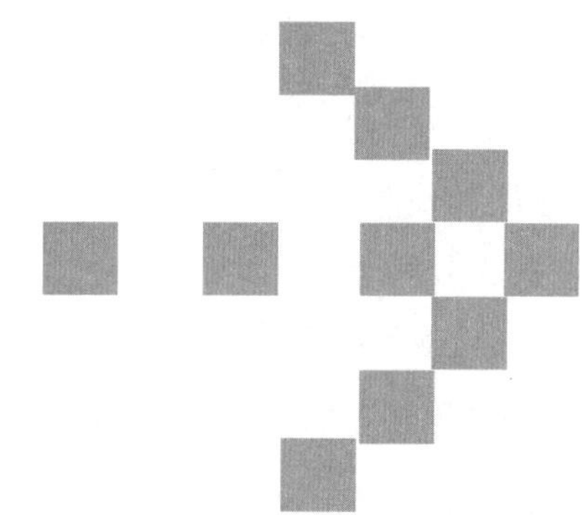

# 1. 요인 ANOVA(Factorial ANOVA)

한 개 이상의 요인을 사용하는 실험을 설계하는 것이 더 현명한 방법이다. 요인을 결합하는 방법은 여러 가지가 있는데, 그림 11-1에서 기본적인 방법 두 가지를 보여주고 있다. 교차(crossed)와 중첩(nested)이다. 그림 11-1의 영역 B5:D11에서는 두 가지 요인, 병원과 치료가 교차된 디자인을 보여주고 있다. 모든 병원 값에 대해 모든 치료가 나오는데, 이것이 교차(crossed)의 정의이다. 이 디자인에서 연구자는 모든 가능한 요인의 조합을 살펴볼 수 있다.

이렇게 교차시키는 방법은 다중요소분석 중 가장 중요한 방법이다. 이 예에서는 환자에 대한 치료들의 상대적인 효과분만 아니라 동시에 병원들에 대한 상대적인 효과도 조사할 수 있다. 그리고 다른 방법으로 얻을 수 없었던, 두 요소가 상호 결합돼서 나오는 효과까지도 조사할 수 있다. 복강경 수술과 침습적인 외과 수술이 각각 대학건강센터와 사마리안 병원에서 각각 어떤 결과가 나왔는지 어떻게 결정할 수 있을까?

| | A | B | C | D | E | F | G | H | I | J | K | L |
|---|---|---|---|---|---|---|---|---|---|---|---|---|
| 1 | | | 치료와 병원의 교차(cross) | | | | | 치료와 병원의 교차(cross) | | | | |
| 2 | | | | | | | | 병원내에 중첩된(nested) 의사 | | | | |
| 3 | | | | | | | | | | | | |
| 4 | | | | | | | | 병원 1 | | 병원 2 | | |
| 5 | | | 병원 1 | 병원 2 | | | | 의사 1 | 의사 2 | 의사 3 | 의사 4 | |
| 6 | | | 환자 1 | 환자 7 | | | | 환자 1 | 환자 7 | 환자 13 | 환자 19 | |
| 7 | | 복강경 수술 | 환자 2 | 환자 8 | | | 복강경 수술 | 환자 2 | 환자 8 | 환자 14 | 환자 20 | |
| 8 | | | 환자 3 | 환자 9 | | | | 환자 3 | 환자 9 | 환자 15 | 환자 21 | |
| 9 | | | 환자 4 | 환자 10 | | | | 환자 4 | 환자 10 | 환자 16 | 환자 22 | |
| 10 | | 다른 치료 | 환자 5 | 환자 11 | | | 다른 치료 | 환자 5 | 환자 11 | 환자 17 | 환자 23 | |
| 11 | | | 환자 6 | 환자 12 | | | | 환자 6 | 환자 12 | 환자 18 | 환자 24 | |
| 12 | | | | | | | | | | | | |

▶▶ **그림 11-1** 두 개의 요인은 교차할 수도 있고 중첩될 수도 있다.

그림 11-1의 영역 G5:K11에는 교차 디자인 외에 다른 요인이 더 추가되었다. 치료와 병원은 여전히 교차되어 있지만, 여기에 다른 요인인 '의사'를 추가했다. 의사는 '병원' 안에 중첩되어 있다. 이 디자인에서 한 의사가 동시에 여러 병원에서 근무하는 경우는 없다. 따라서 병원과 치료가 완전히 교차되는 디자인과 동일한 추론을 할 수 있는데 두 번째 디자인에서 이 두 요인은 여전히 교차되어 있는 상태이기 때문이다. 하지만 병원마다 다른 의사들에 대한 동일한 추론을 할 수는 없는데 한 명의 의사가 여러 병원에 동시에 있을 수 없기 때문이다. 하지만 이렇게 중첩을 표시함으로써 얻을 수 있는 다른 이점이 있다.

사실 B5:D11에서도 중첩이 있다. 환자들은 치료와 병원에서 중첩되어 있다. 각각의 관찰값들이 모든 요인의 조합 안에서 중첩되어 있으면 이것을 전체 요인 디자인이라고 한다. 각각의 피실험자를 요인으로 인식하는 경우 외에 각각의 피실험자를 중첩하는 경우는 통계 용어상 그다지 많이 사용되지는 않는다.

## ✚ 다중 요인의 여러 가지 근거들

상호 작용의 효과, 즉 두 요인이 결합하여 한 요인만으로는 낼 수 없는 효과를 어떻게 발생시키는지 알아보는 것, 이것을 알아보기 위해 동시에 한 개 이상의 요인을 사용한다. 또 다른 이유는 효율성인데, 이런 디자인으로 똑같은 실험을 반복할 필요 없이 각 변수의 효과를 알아낼 수 있다. 또 다른 이유는 검정력이며 통계적 검정의 민감성을 의미한다. 요인 한 개만을 사용하는 게 아니라 두 개 이상의 요인을 사용하면, 통계적 검증의 정확성을 증가시킬 수 있다. 그림 11-2에서는 ANOVA의 예를 보여주는데 서로 다른 치료를 받은 그룹 사이에 콜레스테롤 수준이 다른지 혹은 치료를 받은 그룹과 플라세보 약을 먹은 그룹 사이에 차이가 있는지 알 수 있다.

| B21 | | ! | ✕ ✓ | $f_x$ | 241.8683333333333 | | |
|---|---|---|---|---|---|---|---|
| ▲ | A | B | C | D | E | F | G |
| 1 | | 치료 A | 치료 B | 플라시보 | | | |
| 2 | | 59.2 | 63.5 | 53.1 | | | |
| 3 | | 57.2 | 59.4 | 57.8 | | | |
| 4 | | 55.9 | 60.3 | 51 | | | |
| 5 | | 53.1 | 56.2 | 50.6 | | | |
| 6 | | 50.1 | 53.1 | 47.2 | | | |
| 7 | | 50.2 | 51.3 | 49.9 | | | |
| 8 | | | | | | | |
| 9 | 분산 분석: 일원 배치법 | | | | | | |
| 10 | | | | | | | |
| 11 | 요약표 | | | | | | |
| 12 | 인자의 수준 | 관측수 | 합 | 평균 | 분산 | | |
| 13 | 치료 A | 6 | 325.7 | 54.28 | 14.17 | | |
| 14 | 치료 B | 6 | 343.8 | 57.30 | 21.34 | | |
| 15 | 플라시보 | 6 | 309.6 | 51.60 | 12.86 | | |
| 16 | | | | | | | |
| 17 | | | | | | | |
| 18 | 분산 분석 | | | | | | |
| 19 | 변동의 요인 | 제곱합 | 자유도 | 제곱 평균 | F 비 | P-값 | F 기각치 |
| 20 | 처리 | 97.58111111 | 2 | 48.7906 | 3.025854 | 0.07871 | 3.68232 |
| 21 | 잔차 | 241.8683333 | 15 | 16.1246 | | | |
| 22 | | | | | | | |
| 23 | 계 | 339.4494444 | 17 | | | | |

▶▶ **그림 11-2** 유의수준 .05에서 그룹 간 통계적 유의성이 있는 차이가 보이지 않는다. 그림 11-3과 비교해보자.

엑셀의 '데이터 분석' 추가 기능 ▶ '분산분석 : 일원 배치법'(10장 "평균 간의 차이 검증하기 : 분산분석"에서 설명했다)으로 그림 11-2의 분산분석을 수행했다. 그림 11-3에서는 요인을 추가해서 서로 다른 처리의 평균 간에 신뢰할 만하고 우연에 의하지 않은 차이가 있다고 결정할 수 있도록 F-검정을 민감하게 만들었다.

그림 11-3에서 ANOVA 요약 테이블이 셀 A9:G16에 보인다. 이 구조가 좀 이상해 보이겠지만, "이원(Two-Factor) ANOVA 도구 사용하기"에서 다룰 것이다. 그림 11-3의 ANOVA는 '데이터 분석' 추가 기능에서 '분산분석 : 반복 있는 이원 배치법'을 수행한 결과이다. 요인이 '치료'와 '인종' 두 가지가 있었기 때문에 '분산분석 : 일원 배치법' 대신 '분산분석 : 반복 있는 이원 배치법'을 사용했다. 그림 11-3의 입력 데이터들은 그림 11-2의 데이터와 동일하다. 단지 차이는 환자들의 '인종'이라는 요인 하나가 더 추가되었다는 점이다. 하지만 직접적인 영향은 그림 11-3의 치료효과는 이제 .05 수준(셀 F12)이하로 유의하며 '인종' 요인도 .05 수준(셀 F11)이하로 유의하다.

왜 이런 결과가 나온 것일까? 그림 11-2의 ANOVA테이블에서 그룹 간 평균(처리)에 해당하는 열을 보자. 셀 D20의 제곱평균(D20)의 값은 48.79이다. 그림 11-3의 셀 D12의 값과 동일하다. 이런 결과가 나온 이유는 다음과 같다. 칸(cell)의 크기가 동일한 균형 잡힌 디자인이라면, '인종' 요인을 하나 추가해도 '치료'의 평균값에 영향을 주지 않는다. 치료의 평균들 변동성은 요인의 제곱평균으로 평가하며 그 값은 48.79이다. 만약 평균값이 바뀌지 않으면, 제곱평균도 바뀌지 않는다.

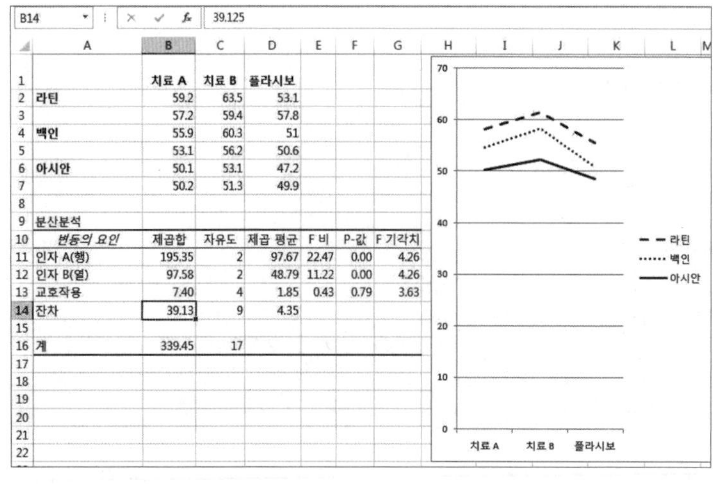


| | A | B | C | D | E | F | G |
|---|---|---|---|---|---|---|---|
| 1 | | 치료 A | 치료 B | 플라시보 | | | |
| 2 | 라틴 | 59.2 | 63.5 | 53.1 | | | |
| 3 | | 57.2 | 59.4 | 57.8 | | | |
| 4 | 백인 | 55.9 | 60.3 | 51 | | | |
| 5 | | 53.1 | 56.2 | 50.6 | | | |
| 6 | 아시안 | 50.1 | 53.1 | 47.2 | | | |
| 7 | | 50.2 | 51.3 | 49.9 | | | |
| 8 | | | | | | | |
| 9 | 분산분석 | | | | | | |
| 10 | 변동의 요인 | 제곱합 | 자유도 | 제곱 평균 | F 비 | P-값 | F 기각치 |
| 11 | 인자 A(행) | 195.35 | 2 | 97.67 | 22.47 | 0.00 | 4.26 |
| 12 | 인자 B(열) | 97.58 | 2 | 48.79 | 11.22 | 0.00 | 4.26 |
| 13 | 교호작용 | 7.40 | 4 | 1.85 | 0.43 | 0.79 | 3.63 |
| 14 | 잔차 | 39.13 | 9 | 4.35 | | | |
| 15 | | | | | | | |
| 16 | 계 | 339.45 | 17 | | | | |



▶▶ **그림 11-3** 오차분산을 설명하는 요인을 추가하면 테스트에서 검정력이 높아진다.

그림 11-2의 F-비(셀 E20의 3.026) 값은 그림 11-3의 F-비(셀 E12의 11.22)보다 작다. 분자가 48.79로 동일함에도 그림 11-3의 F-비는 그림 11-2의 F-비보다 약 세 배가 크다. 그림 11-3에서 F-비가 더 큰 이유는 분모가 작기 때문이다. 그림 11-2에서 48.79를 그룹 내 제곱평균($MS_W$)인 16.12로 나누면 F-비 3.026이 된다. 자유도가 너무 작아서 귀무가설을 기각하기에는 너무 작다. 그림 11-3에서는 48.79를 $MS_W$ 4.35로 나눈다. 그림 11-2의 16.12보다 약 1/3정도로 작다. 따라서 F-비의 결과가 11.22로 커지므로 유의수준 .05에서 귀무가설을 기각할 수 있다.

어떤 사항이 일어났는지 살펴보자. '인종' 요인을 추가해도 총 변동성의 양은 변함이 없다. 하지만 그림 11-3에서 '인종' 요인은 제곱합 중에서 195.35만큼 차지하며 그룹 내 제곱합에서 첫 번째로 할당된다. 다음 자유도 값으로 나누면 $MS_W$가 된다.

하지만 그림 11-3에서 제곱합 중 195.35만큼이 '인종'과 관련이 있으면 다른 칸(cell) 안에서 변동성들이 차지하는 나머지 제곱합은 확 줄어들게 된다. 예를 들어서 241.87(그림 11-2의 셀 B21)은 39.13(그림 11-3의 셀 B14)이 되어버린다. 제곱합이 확 줄어들면서 $MS_W$도 따라서 줄어든다. 따라서 F-비의 분모가 줄어들게 되고, F-비는 증가하게 된다. 결국 귀무가설이 참이라면 치료 평균들 사이의 관찰된 차이가 거의 발생하지 않을 수준까지 오르게 되고, 따라서 귀무가설을 기각해야 한다. 분석에 동시에 '인종' 요인을 더했기 때문에 '치료' 요인에는 위와 같은 일이 발생하게 된다.

## ✚ 이원(Two-Factor) ANOVA 도구 사용하기

'데이터 분석' 추가 기능의 '분산분석 : 반복 있는 이원 배치법'을 사용하려면 데이터를 좀 특별한 방법으로 배치해야 한다. 데이터 배치는 그림 11-3과 같이 하면 되는데 몇 가지 중요한 점을 염두에 두어야 한다. 데이터 열 왼쪽과 데이터 행 가장 위쪽에 사용하려는 이름표를 모두 붙여야 한다. 이름표 없이 빈칸으로 두어도 되지만, 그러면 엑셀은 그냥 임의로 이름표가 있다고 가정하고 실제 숫자 영역을 ANOVA 도구의 입력 영역으로 표시한다. 예를 들어 그림 11-3의 데이터를 ANOVA 도구로 수행해보면 데이터 영역은 A1:D7이 되는데 A열과 1행은 이름표를 위한 헤더 부분으로 자동으로 예약된다.

각각의 칸에는 관찰값이 동일한 개수로 들어있어야 한다. ANOVA에서 칸(cell)은 행 수준과 칸 수준의 교차점을 말한다. 따라서 그림 11-3에서 B2:B3은 칸으로 구성되어 있으며 B4:B5, C6:C7도 그렇다. 이 디자인에서는 총 아홉 개의 칸(cell)이 있다.

이 장의 나머지 부분과 이 책의 나머지 부분에서는 디자인에서 말하는 칸(cell)과 엑셀의 워크시트에서 말하는 셀(cell)을 구분하겠다. 영어 용어가 동일해서 혼란을 줄 수 있기 때문이다. 디자인에서 말하는 칸(cell)은 B2:B3처럼 워크시트 내에서 영역을 말할 수 있고, 워크시트의 셀은 단지 B2 한 개만을 가리킨다.

이원(two-factor) ANOVA 도구를 위해 데이터를 입력하기 위한 각각의 디자인 칸에는 관찰값이 동일한 개수로 들어있어야 한다. 여러분이 칸마다 동일한 수의 관찰값을 넣지 않은 채 엑셀 도구를 수행하지 않도록, 대화상자에서 일일이 확인해야 한다(그림 11-4를 참고).

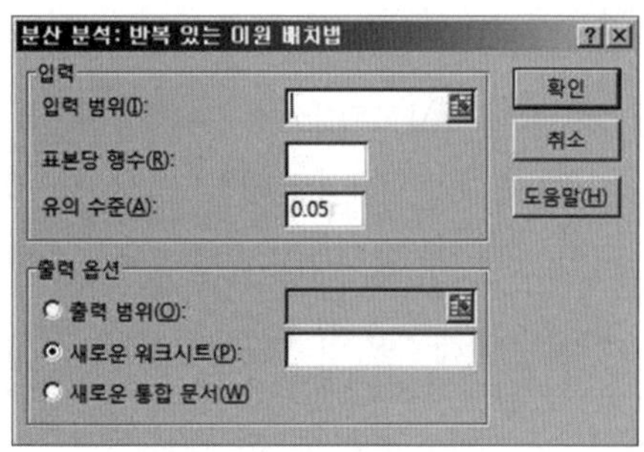


▶▶ **그림 11-4** 대화상자에서는 여러분이 데이터에 이름표를 사용하고 있는지 묻지 않는다. 처음부터 여러분이 데이터에 이름표를 추가해서 사용하고 있다고 가정한다.

앞에서도 언급했듯이 입력 범위는 A1:D7이다. 만약 제일 앞 열과 제일 위 행에 이름표를 표시하지 않았으면, 엑셀에서는 "분산분석 : 반복 있는 이원 배치법 – 각각의 표본은 같은 수의 행을 포함해야 합니다."라는 에러 메시지가 나온다.



이 절에서 다룬 도구의 이름은 '분산분석 : 반복 있는 이원 배치법'이다. 여기에서 반복(replication)은 디자인 칸에서 관찰값의 개수를 의미한다. 그림 11-3의 디자인 칸에는 각각 관찰값이 2개씩 들어가거나 반복이 된다. 분산분석 도구 중 세 번째는 '분산분석 : 반복 없는 이원 배치법'이 있는데 여기서는 디자인 칸마다 반복이 한 번만 나온다. 이 장의 마지막 절에서 '분산분석 : 반복 없는 이원 배치법'의 디자인에 대해 다루겠다.

데이터에서 가장 첫 번째 행을 이름표 행으로 제외하고 엑셀 도구에서는 나머지 열들이 요인의 수준들을 나타낸다고 가정한다. 예를 들어 그림 11-3에서 E1:E7에 데이터를 추가하면, '치료' 요인으로 다른 값들을 추가해서 다룰 수 있다.

여러분의 디자인 칸마다 동일한 개수의 관찰값이 들어있는지 엑셀이 확인할 수 있도록 "표본당 행수"에 값을 입력해야 한다. 사실 이 용어도 괴상한데, "디자인 칸당 관찰값 수"정도가 더 표준에 맞을 것이다. 어쨌든 그림 11-3의 데이터에는 디자인 칸당(아니면 표본당 2행) 관찰값이 2개(여기에서는 환자 두 명씩)있으므로 대화상자의 "표본당 행수"에 2를 입력한다.

 만약 원하면 "표본당 행수"에 1을 입력해도 엑셀에서는 알아차리지 못한다. 사실 칸 안에 관찰값이 한 개밖에 없으면 칸(cell) 내 분산은 있을 수 없고, 결과값은 이상하게 나올 것이다. 하지만 엑셀은 단지 여러분이 열과 행에 헤더로 이름표를 지정하지 않았을 때만 에러 메시지를 보여준다. 이상한 세상이다. 데이터가 빠지면 안된다. 그림 11-3의 예에서는 B2:D7에 빈 셀이 있으면 안 된다. 만약 빈 셀이 있으면, 엑셀에서 입력범위 안에 숫자가 아닌 데이터가 있다고 에러 메시지를 보여준다.

유의수준(알파)을 입력하는 칸은 10장의 "분산분석 : 일원 배치법"에서와 똑같은 역할을 한다. 엑셀에게 결과에서 F기각치를 어떻게 결정할 지 알려준다. 예를 들어 그림 11-3의 셀 G12는 F기각치가 4.26인데 치료한 그룹의 평균 차이가 통계적으로 유의하다면 계산한 F-비는 F기각지를 초과해야 한다. 엑셀은 자유도와 여러분이 지정한 알파값을 가지고 F기각치를 찾아낸다. 만약 유의수준을 .05로 정했다고 하자. ANOVA 도구는 F.INV()나 F.INV.RT()를 이용해서 F기각치를 구한다. 기각치를 기준으로 분포의 왼쪽에 95%가 오는 게 편하면 F.INV()를 사용한다.

    =F.INV(0.95,2,9)

기각치를 기준으로 분포의 오른쪽에 5%가 오는 게 편하면 F.INV.RT()를 사용한다.

    =F.INV.RT(0.05,2,9)

두 경우 모두 엑셀에서 사용하는 F-분포의 자유도는 2와 9이다. 입력 데이터에서 '치료' 요인에는 '치료 A', '치료 B', '플라세보' 이렇게 3개의 수준이 있고 3에서 1을 빼므로 총계에서 자유도는 2가 된다. 그리고 입력 범위 안에 총 관찰값의 개수는 18개이며, 요인 2개에 대해 각각의 자유도 총 4를 뺀다. 그리고 여기에서 교호작용(interaction, 상호작용)으로 인해 또 4를 뺀다(교호작용에 대한 자유도를 계산하는 방법은 곧 나온다). 이제 10이 되었고 총평균을 위해 1을 빼면 9가 된다. 요약하면 그림 11-4의 대화상자에 알파와 데이터 입력범위를 주면, 엑셀은 이 정보를 사용하여 F 기각치를 구해서 F-비와 비교하게 된다.

어쨌든 '분산분석 : 반복 있는 이원 배치법' 도구에서 ANOVA 요약 테이블을 만들 때 각 항에 붙이는 이름표에 대해 너무 심각하게 생각할 필요는 없다. 그림 11-3에서보면 셀 A11에는 '인자 A(행)'라고 되어 있고 셀 A12에는 '인자 B(열)'이라고 되어 있다.

이 예에서 '인자 A(행)'은 '인종' 요인을 말하고 '인자 B(열)'은 '치료' 요인을 말한다. '인자 A(행)', '인자 B(열)'은 툴에서 디폴트로 붙이는 이름이며 바꿀 수 없다. ANOVA 보고서가 만들어진 다음에 알아서 고쳐야 한다. 특히 여기에서 '치료' 인자가 '인자 B(열)'로 보인다고 해서 '인종'의 구분이 행에는 안 보이고, '인자 A(행)'이 '인종' 인자라고 해서 '치료'의 구분이 열에는 안 보이는 것을 뜻하지는 않는다. 그리고 이원 ANOVA 도구는 그룹 내 분산(그림 11-3의 셀 A14)을 가리키기 위해 잔차(Within)라는 이름표를 붙였다. 일원 ANOVA 도구에서도 '잔차(Within Groups)'라는 이름을 사용한다[10]. 이름표만 보면 차이가 없어 보인다. '잔차(Within)'라고 썼던 '잔차(Within Groups)'라고 썼던 간에 '그룹 내 제곱의 합'이라는 것은 바뀌지 않고 이 값을 구하기 위해서 각 디자인 칸의 평균에서 각 관찰값은 뺀 다음 편차를 제곱해서 합한다. 이 책 후반부에서 ANOVA를 대체하기 위해 다중회귀를 사용하는 것을 설명할 것이다. 그 부분에서는 이러한 변동성을 측정하는 잔차(residual)에 대해 설명할 것이다.



10 역자 주 : 영어 버전 엑셀을 사용하면 각각 일원 ANOVA에서는 'Within Groups'라고 표시되고, 이원 ANOVA에서는 'Within'이라고 표시되어 리포트가 만들어진다. 하지만 한글 버전 엑셀에서는 구분 없이 '잔차'라고만 표시된다. 여기서는 혼동을 막기 위해 ()를 따로 붙여서 그 안에 영어표기를 따로 표시했다.

## 2. 교호작용(Interaction)의 의미

 분산분석에서 교호작용(interaction)이라는 용어는 요인들이 함께 동작하는 방법을 말한다. 요인들이 어떻게 조합되는지에 따라 다른 효과가 발생할 수 있는데, 그림 11-5에서 그 예를 보여주고 있다. 그림 11-5에서는 그림 11-3의 입력 데이터를 좀 바꿨다. 치료 B를 받는 백인들의 점수를 6점씩 올렸고, 나머지 데이터는 그림 11-3과 그림 11-5가 동일하다. 그림 11-3의 결과와 그림 11-5의 결과를 비교해보면 치료 B를 받는 백인의 평균점수가 라틴민족보다 높다.

그림 11-3에서는 교호작용이 없었다. 치료에 상관없이 라틴족의 점수가 가장 높고, 다음에는 백인, 그 다음에는 아시아인이었다. 그리고 치료 B가 제일 점수가 높고, 다음 치료 A, 다음 플라세보였다. 특정 알파 수준에서 인종에 따른 치료 효과에 차이가 없었다.

그림 11-5에서는 교호효과가 나타낸다. 치료가 3가지가 있고, 인종도 3가지가 있으므로 총 조합은 9가지가 있다. 이중 8가지는 그림 11-3과 동일한데 1가지 조합, 즉 치료 B와 백인에서는 점수를 바꿨다. 즉 치료 B를 받는 백인의 점수가 라틴족이나 아시아인 보다 점수가 높다. 효과가 달라졌고 따라서 인종과 치료 간에 교호효과가 발생했으며 그림 11-7에서 보면 교호효과의 F-비가 F 기각치를 초과한다.

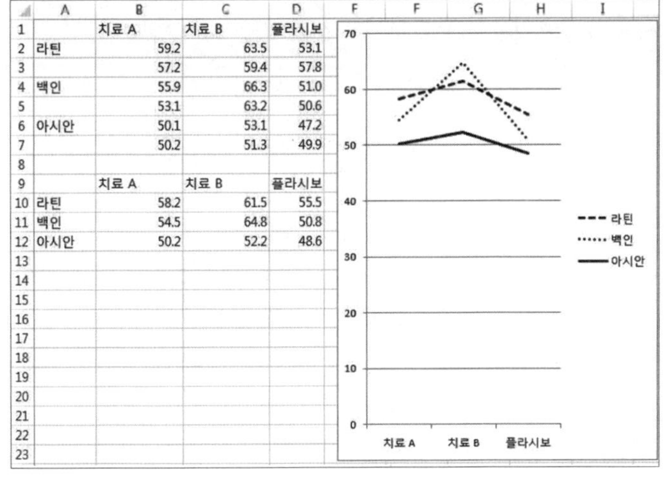



| | A | 치료 A | 치료 B | 플라시보 |
|---|---|---|---|---|
| 1 | | 치료 A | 치료 B | 플라시보 |
| 2 | 라틴 | 59.2 | 63.5 | 53.1 |
| 3 | | 57.2 | 59.4 | 57.8 |
| 4 | 백인 | 55.9 | 66.3 | 51.0 |
| 5 | | 53.1 | 63.2 | 50.6 |
| 6 | 아시안 | 50.1 | 53.1 | 47.2 |
| 7 | | 50.2 | 51.3 | 49.9 |
| 8 | | | | |
| 9 | | 치료 A | 치료 B | 플라시보 |
| 10 | 라틴 | 58.2 | 61.5 | 55.5 |
| 11 | 백인 | 54.5 | 64.8 | 50.8 |
| 12 | 아시안 | 50.2 | 52.2 | 48.6 |

▶▶ **그림 11-5** 치료 B는 다른 민족보다 백인에게서 특히 다른 효과를 보인다.

만약 요인이 한 개인 실험을 두 번 반복했다면, 이런 결과를 알아낼 수 있었을까? 첫 번째 실험의 결과는 라틴족의 평균 점수가 제일 높고, 다음 백인, 다음 아시아인 순서였을 것이다. 두 번째 실험의 결과는 치료 A의 평균 점수가 제일 높고, 다음 치료 A, 다음 플라세보 약이었을 것이다. 단순히 이런 결과만 보고서는 치료 B가 백인에게서 탁월한 효과를 보인다는 결과를 알 수 없었을 것이다.

## ✚ 교호작용의 통계적 유의성

ANOVA 용어에서는 이전 예에서 '치료'나 '인종' 같은 요인을 주효과(main effect)라고 부른다. 교호작용으로 인한 효과와 구분하기 위해 사용한다. 각 디자인 칸에 동일한 관찰값의 개수가 동일하게 있으면(예에서 보여준 것처럼, 한 디자인 칸에 관찰값이 두 개씩 있는 경우) 제곱의 합, 자유도 그리고 주효과의 제곱평균 또한 일원 ANOVA의 결과와 동일해진다. 그림 11-6을 보자.

그림 11-3과 동일한 데이터를 그림 11-6에서 세 번 분석했다(사실 이렇게 분석할 일은 없다. 여기서는 그룹 크기가 같을 때 ANOVA에서 주효과는 각 요인과 독립적이며 교호작용과도 독립적이라는 것을 보여주기 위해 일부러 한 것이다). 결과는 다음과 같다.

- 영역 A1:G11에서는 '인종'을 요인으로 하여 일원 ANOVA를 수행했다.
- 영역 A13:G23에서는 '치료'를 요인으로 하여 일원 ANOVA를 수행했다.
- 영역 I1:O16에서는 '인종'과 '치료'의 교호작용도 포함해서 이원 ANOVA를 수행했다.

| | A | B | C | D | E | F | G | H | I | J | K | L | M | N | O |
|---|---|---|---|---|---|---|---|---|---|---|---|---|---|---|---|
| 1 | 라틴 | 59.2 | 63.5 | 53.1 | 57.2 | 59.4 | 57.8 | | | 치료 A | 치료 B | 플라시보 | | | |
| 2 | 백인 | 55.9 | 60.3 | 51 | 53.1 | 56.2 | 50.6 | | 라틴 | 59.2 | 63.5 | 53.1 | | | |
| 3 | 아시안 | 50.1 | 53.1 | 47.2 | 50.2 | 51.3 | 49.9 | | | 57.2 | 59.4 | 57.8 | | | |
| 4 | 분산 분석:일원 배치법 | | | | | | | | 백인 | 55.9 | 66.3 | 51.0 | | | |
| 5 | 분산 분석 | | | | | | | | | 53.1 | 63.2 | 50.6 | | | |
| 6 | 변동의 요인 | 제곱합 | 자유도 | 제곱 평균 | F 비 | P-값 | F 기각치 | | 아시안 | 50.1 | 53.1 | 47.2 | | | |
| 7 | 처리 | 195.35 | 2 | 97.67 | 10.17 | 0.00 | 3.68 | | | 50.2 | 51.3 | 49.9 | | | |
| 8 | 잔차 | 144.10 | 15 | 9.61 | | | | | | | | | | | |
| 9 | | | | | | | | | 분산 분석 | | | | | | |
| 10 | 계 | 339.45 | 17 | | | | | | 변동의 요인 | 제곱합 | 자유도 | 제곱 평균 | F 비 | P-값 | F 기각치 |
| 11 | | | | | | | | | 인자 A(행) | 195.35 | 2 | 97.67 | 22.47 | 0.00 | 4.26 |
| 12 | | | | | | | | | 인자 B(열) | 97.58 | 2 | 48.79 | 11.22 | 0.00 | 4.26 |
| 13 | 치료 A | 59.2 | 57.2 | 55.9 | 53.1 | 50.1 | 50.2 | | 교호작용 | 7.40 | 4 | 1.85 | 0.43 | 0.79 | 3.63 |
| 14 | 치료 B | 63.5 | 59.4 | 60.3 | 56.2 | 53.1 | 51.3 | | 잔차 | 39.13 | 9 | 4.35 | | | |
| 15 | 플라시보 | 53.1 | 57.8 | 51 | 50.6 | 47.2 | 49.9 | | | | | | | | |
| 16 | | | | | | | | | 계 | 339.45 | 17 | | | | |
| 17 | 분산 분석:일원 배치법 | | | | | | | | | | | | | | |
| 18 | 분산 분석 | | | | | | | | | | | | | | |
| 19 | 변동의 요인 | 제곱합 | 자유도 | 제곱 평균 | F 비 | P-값 | F 기각치 | | | | | | | | |
| 20 | 처리 | 97.58 | 2 | 48.79 | 3.03 | 0.08 | 3.68 | | | | | | | | |
| 21 | 잔차 | 241.87 | 15 | 16.12 | | | | | | | | | | | |
| 22 | | | | | | | | | | | | | | | |
| 23 | 계 | 339.45 | 17 | | | | | | | | | | | | |

▶▶ **그림 11-6** 일원 ANOVA에서 주효과 제곱평균은 이원 ANOVA에서의 결과와 동일하다.

셀 B8:D8의 그룹 간(Between Groups) 잔차의 제곱합(SS), 자유도(df), 제곱평균(MS)과 셀 J11:L11의 값을 비교해보자. '인종' 그룹 평균으로 인한 일원 ANOVA의 분산을 이원 ANOVA의 동일한 통계치와 비교해보자. 이 값은 동일하다. 관찰값의 개수가 동일하거나, 각 디자인 칸에서 n의 개수가 동일하면(그리고 주어진 관찰값이 두 ANOVA 간에 동일해야 한다) 어떤 ANOVA를 수행하더라도 똑같은 일이 발생한다. 일원 ANOVA에서 주효과를 분석하는 것은 요인 ANOVA(factorial ANOVA)의 주효과와 동일하다. 제곱합, 자유도, 제곱평균은 일원 ANOVA와 요인 ANOVA모두 동일하다.

예를 좀 더 보자. 셀 B20:D20의 그룹 간(Between Groups) 잔차의 제곱합(SS), 자유도(df), 제곱평균(MS)과 셀 J12:L12의 값을 비교해보자. '치료' 그룹 평균으로 인한 일원 ANOVA의 분산을 이원 ANOVA의 동일한 통계치와 비교해보자. 이 값 또한 동일하다. 하지만 관련된 F-비의 값은 요인이 한 개인 경우와 두 개인 경우가 달랐다. 다른 이유는 주효과(main effect) 자체와는 아무 상관이 없다. 이유는 이원 분석에서 다른 요인과 교호작용 때문이다. 이원 분석에서 다른 요인과 교호작용에 대한 제곱합은 일원 분석에서 그룹 내 분산(잔차)의 일부였다. 이만큼에 해당하는 부분을 요인 ANOVA에서 다른 주효과와 교호작용으로 이동시키면 $MS_W$가 작아지는데, $MS_W$는 F-검정의 분모이다. 따라서 F-비가 달라진다. 이 장에서 이미 다뤘지만, F-비의 크기가 바뀌면 검정의 민감도가 바뀔 수 있다. 검정이 민감하지 않으면 귀무가설을 그냥 유지할 수도 있고, 검정력이 높아지면 귀무가설을 기각할 수도 있다.

### ✚ 교호작용 효과 계산하기

지금까지의 내용으로 보면 그룹 크기가 동일할 때 단일 요인 ANOVA나 다중 요인 ANOVA나, 주효과를 계산하기 위한 제곱합, 제곱평균을 계산하는 방법에 차이가 없다는 것을 알 수 있다. 각각의 주효과에 대한 그룹 평균과 총평균의 편차를 구한다음 이 값을 제곱해서 모두 합한다. 그리고 디자인 칸당 관찰값의 개수를 곱하고 다른 주효과의 가짓수를 곱한다. 다음 해당 효과에 대한 자유도로 나누면 제곱평균을 구할 수 있다. 동일한 n값을 가지고 있는 이원 ANOVA에서 바뀌는 것은 아무것도 없다. 다음은 정리한 식이다.

$$SS_{인종} = nK \sum_{j=1}^{J} (\bar{X}_{j.} - \bar{X}_{.})^2$$

이 식에서, n은 디자인 칸당 관찰값의 개수이고, K는 다른 주효과의 가짓수이다. 그리고 J는 '인종'의 가짓수이다. 이와 비슷한 방법으로 '치료'의 제곱합의 식은 다음과 같이 쓸 수 있다.

$$SS_{치료} = nJ \sum_{k=1}^{K} (\overline{X}_{k.} - \overline{X}_{..})^2$$



위와 같은 식 계산을 직접 엑셀의 워크시트 함수를 이용해서 하려면, DEVSQ()를 반드시 사용하자. 각 관찰값의 집합에 대해서, 혹은 주효과를 나타내는 평균의 집합의 편차의 제곱의 합을 구할 때 매우 편리하게 사용할 수 있다. 위의 두 식에서 $\Sigma$ 기호와 기호 오른쪽의 모든 식을 DEVSQ() 함수로 바꿀 수 있다. 10장, 11장에 해당하는 엑셀 워크북을 다운로드 받아 직접 보도록 하자.
워크북은 http://www.quepublishing.com/title/9780789753113에서 다운로드 받을 수 있다.

일원 ANOVA에는 서로 상호작용을 하는 요인이 없으므로 교호작용을 계산하는 식은 정의에 의해 좀 달라진다. 말로 풀면 계산방법이 매우 복잡하므로 식을 자세하게 보도록 하자. 이 예에서 '치료'와 '인종' 주효과의 상호작용을 위한 제곱합은 각 그룹 평균의 제곱합에서 그룹이 속하는 각 수준의 평균을 빼고, 다음 총 평균을 더한 다음, 디자인 칸당 관찰값의 개수로 곱한다.
다음은 식이다.

$$SS_{치료 \times 인종} = n \sum_{j=1}^{J} \sum_{k=1}^{K} (\overline{X}_{jk} - \overline{X}_{j.} - \overline{X}_{.k} + \overline{X}_{..})^2$$

그림 11-7에서는 그림 11-5의 데이터를 반복해서 보여주고 있다. 여기서는 치료 B를 받는 백인의 점수 값이 올라가서 유의한 교호작용을 보여주고 있다. 데이터 집합은 A1:D7과 같다.

| | A | B | C | D | E | F | G | H | I | J | K | L | M |
|---|---|---|---|---|---|---|---|---|---|---|---|---|---|
| 1 | | 치료 A | 치료 B | 플라시보 | | 분산 분석 | | | | | | | |
| 2 | 라틴 | 59.2 | 63.5 | 53.1 | | 변동의 요인 | 제곱합 | 자유도 | 제곱 평균 | F 비 | P-값 | F 기각치 | |
| 3 | | 57.2 | 59.4 | 57.8 | | 인자 A(행) | 217.30 | 2 | 108.65 | 27.53 | 0.00 | 4.26 | |
| 4 | 백인 | 55.9 | 66.3 | 51.0 | | 인자 B(열) | 191.90 | 2 | 95.95 | 24.31 | 0.00 | 4.26 | |
| 5 | | 53.1 | 63.2 | 50.6 | | 교호작용 | 66.47 | 4 | 16.62 | 4.21 | 0.03 | 3.63 | |
| 6 | 아시안 | 50.1 | 53.1 | 47.2 | | 잔차 | 35.52 | 9 | 3.95 | | | | |
| 7 | | 50.2 | 51.3 | 49.9 | | | | | | | | | |
| 8 | | | | | | 계 | 511.21 | 17 | | | | | |
| 9 | | | | | | | | | | | | | |
| 10 | | | | | | | 치료 A | 치료 B | 플라시보 | 평균 | | | |
| 11 | | | | | | 라틴 | 58.20 | 61.45 | 55.45 | 58.37 | | | |
| 12 | | | | | | 백인 | 54.50 | 64.75 | 50.80 | 56.68 | | 217.30 | |
| 13 | | | | | | 아시안 | 50.15 | 52.20 | 48.55 | 50.30 | | =2*3*DEVSQ(J11:J13) | |
| 14 | | | | | | 평균 | 54.28 | 59.47 | 51.60 | 55.12 | | | |
| 15 | | | | | | | | | | | | | |
| 16 | | | | | | 66.47 =2*SUM(G18:I20) | | | 191.90 =2*3*DEVSQ(G14:I14) | | | | |
| 17 | | | | | | | | | | | | | |
| 18 | | | | | | | 0.44 | 1.60 | 0.36 | | | | |
| 19 | | | | | | | 1.82 | 13.81 | 5.60 | | | | |
| 20 | | | | | | | 0.47 | 6.00 | 3.12 | | | | |

▶▶ **그림 11-7** 이원 ANOVA의 바탕이 되는 제곱합을 워크시트 함수로 구하는 과정을 보여주고 있다.

영역 F1:L8에는 A1:D7의 데이터에 대한 ANOVA 테이블이 있다. 그리고 교호작용은 통계적 유의 .05 수준에 있다(그림 11-3에서는 유의하지 않았지만 그림 11-7에서 치료 B를 받는 백인의 점수를 올렸기 때문에 교호작용이 통계적으로 유의하게 되었다. 그리고 이 결과로 두 주효과의 제곱합이 바뀌었다).

그림 11-7에서는 F10:J14에 그룹 평균, 주효과 평균 그리고 각 이름표가 있다. 예를 들어 셀 G11의 값은 58.20이며 치료 A를 받는 라틴족의 평균값을 나타낸다. 셀 J11의 값 58.37은 라틴족의 전체적인 평균값이고, 셀 G14의 값 54.28은 치료 A의 전체적인 평균값이다. 셀 J14의 55.12는 전체 관찰값에 대한 총평균이다. F10:J14에 사전 작업을 다 해놓았으면 두 주효과와 교호작용의 제곱합을 구할 수 있다. 다음 제곱의 평균을 자유도로 나눠서 제곱평균을 구한 다음, 제곱평균의 비를 가지고 F-비를 구한다.

우선 셀 L12의 값은 217.30이며 '인종' 효과에 대한 제곱합이다. 셀의 식은 다음과 같다.

$$=2 * 3 * DEVSQ(J11:J13)$$

이 절 앞에서 나온 '인종'의 주효과에 대한 식을 보자. 그룹당 관찰값의 개수(2) × 다른 주효과의 가짓수의 개수 (3) × 총평균과 '인종' 그룹 평균의 편차를 제곱해서 합한 값으로 구했다. 결과값은 '분산분석 : 반복 있는 이원 배치법' 도구에서 만들어낸 그림 11-7의 셀 G3의 값, '인종'의 제곱합과 동일하다. 같은 방법으로 구한 셀 H16의 값은 191.90이며 식은 다음과 같다.

$$=2 * 3 * DEVSQ(G14:I14)$$

이 값은 '치료' 주효과의 제곱합이며 이 결과값은 ANOVA도구에서 생성해낸 값 셀 G4의 값과 동일하다. L12, H16의 제곱합을 반환하는 식은 모두 앞서 다룬 식을 따른다.

$$SS_{주효과} = nJ \sum_{k=1}^{K} (\overline{X}_{k.} - \overline{X}_{..})^2$$

그림 11-7을 보면 '치료'와 '인종'의 교호작용의 제곱합은 G5에 있으며 이 값은 ANOVA 도구가 만들어낸 값이다. 이 값은 66.47이며 셀 D16에도 나온다. 교호작용의 제곱합을 구하려면 설명이 좀 필요하다. 교호작용의 제곱합의 식을 다시 쓰면 다음과 같다.

$$SS_{치료 \times 인종} = n \sum_{j=1}^{J} \sum_{k=1}^{K} (\overline{X}_{jk} - \overline{X}_{j.} - \overline{X}_{.k} + \overline{X}_{..})^2$$

이 식의 첫 번째 부분

$$n \sum_{j=1}^{J} \sum_{k=1}^{K}$$

을 식으로 쓰면 D16의 식과 같다.

$$=2 * SUM(G18:I20)$$

이 식은 18행과 20행 그리고 G열과 I열이 교차하는 셀의 값을 더한 다음, 각 디자인 칸마다 관찰값이 두 개이므로 이 값을 두 배로 한다. 식의 두 번째 부분

$$(\overline{X}_{jk} - \overline{X}_{j.} - \overline{X}_{.k} + \overline{X}_{..})^2$$

이 식은 셀 G18:I20에 있는 식을 나타낸다. 예를 들어 셀 G18의 식은 다음과 같다.

$$=(G11 - G\$14 - \$J11 + \$J\$14)\hat{\phantom{x}}2$$

이 식은 셀 G11(치료 A를 받는 라틴족)의 값에서 셀 G4 값(치료 A를 받는 모든 사람의 평균값)을 뺀다. 그리고 J11(모든 라틴족의 평균값) 값을 뺀 다음 다시 J14(총 평균값)의 값을 더한다. 이 결과값은 디자인 칸 내에서 치료 A를 받는 라틴족으로 유일한 효과이다. 일반적인 식으로 설명하면 셀 G18은 다음과 같은 값을 사용한다.

- $\bar{X}_{jk}$는 셀 G11이며 셀 B2:B3의 값을 평균 냈으며 치료 A를 받는 라틴족들의 평균값이다.
- $\bar{X}_{.k}$는 셀 G14이며 셀 G11:G13의 값을 평균 냈으며 치료 A를 받는 모든 사람들의 평균이다.
- $\bar{X}_{j.}$는 셀 J11이며 셀 G11:I11의 값을 평균 냈으며 라틴족인 사람들의 평균이다.
- $\bar{X}_{..}$는 셀 J14이며 모든 값에 대한 총평균이다.

G18의 식에서는 상대주소, 혼합주소, 절대주소를 모두 사용한다. G18에 식을 입력한 다음 이 식을 오른쪽 두 열 H18:I18로 복사해서 끌어놓으면 치료 B를 받는 라틴족이나 플라세보 약을 먹은 라틴족에 대한 식도 제대로 입력된다. 식의 처음 행(G18:I18)을 제대로 입력해 놓았으면, 이 세 셀을 G19:I20에 끌어서 복사하자(끌어놓을 때 마우스로 선택한 다음 선택 영역 오른쪽 아래에 있는 핸들을 이용해서 끌어놓을 수도 있다). 식은 치료 B와 플라세보에 대해 백인과 아시아인에 맞도록 조정이 된다.

마지막으로 G18:I20의 값을 모두 더한 다음 2를 곱한다. 2는 각 디자인 칸 안에 들어있는 관찰값의 개수이다. 결과로 셀 D16에 있는 교호작용에 대한 편차의 제곱의 합을 얻을 수 있다. 교호작용에 대한 자유도는 알아내기 쉬운 편이다. 교호작용에 관련된 각 주효과의 자유도들을 곱하면 된다. 이 예에서 각 주효과의 자유도는 2이다. 따라서 '치료'와 '인종' 교호작용의 자유도는 4이다. 만약 '치료'가 한 종류 더 있다면 자유도는 3이 돼서 교호작용의 자유도는 6이 될 것이다.

필자는 여기서 기본 3×3 분산분석, 주효과, 교호작용을 모두 완성하기 위해 필요이상으로 식을 완성해왔다. 하지만 이렇게까지 하는 데에는 나름대로 두 가지의 이유가 있다.

한 가지 이유는 '데이터 분석' 추가 기능 도구 결과 때문이다. ANOVA 도구는 식은 보여주지 않고 결과값만 숫자로 보여준다. 제곱평균을 보여주는 셀에는 제곱합을 자유도로 어떻게 나눴는지 식을 보여주지는 않는다. F-비를 보여주는 셀에서는 주효과 제곱평균을 그룹 내 제곱평균으로 어떻게 나눴는지 보여주지 않는다. 그냥 단순히 계산의 결과만을 보여줄 뿐이다. 식이 없으므로 어떻게 이 값이 나왔는지 모르고, 중간식을 검사할 방법이 없다. 통계 절차에 대해 공부할 때면, 관찰값을 바꿔보면서 결과에 어떤 영향을 미치는지 알아보는 것도 중요하다. 예를 들어 현재는 그룹의 평균에 가까운 관찰값을 그룹 평균에서 멀어지도록 바꾸면 어떤 일이 일어날까? 이렇게 하면 주효과의 분산과 교호효과의 분산에 모두 큰 영향을 주므로, 설정한 알파 레벨 이상을 벗어나던가 아니면 원래는 유의했던 사건이 유의하지 않게 될 수도 있다. 하지만 이 ANOVA 분석 도구에서는 모든 결과값이 그냥 값으로 나오므로, 관찰값을 바꿔보면서 그 영향을 볼 수 없다. 만약 식과 그 식이 어떻게 만들어졌는지 알면, 식을 바꿔서 입력 데이터로 이것저것 실험을 해볼 수 있을 것이다.

그리고 식을 강조하는 두 번째 이유는 (사실 이게 더 중요하지만) 이 장에서 설명하기 위해 개념식(definitional formula)을 사용했기 때문이다. 물론 그렇게 한 이유는 있다. 예를 들어 분산을 구하기 위해 평균에서 편차를 구한 다음 제곱해서 더한다. 이때 개념식을 사용하면 바탕이 되는 추론통계와 기술통계 사이의 관계를 알기 쉽다. 하지만 이렇게 이해를 도와주는 개념식을 실제 세계에 적용해서 계산하려고 하면, 인간적인 문제에 부딪히게 된다. 인류는 이러한 식을 수 백 년 전부터 사용해왔으며, 식의 계산을 위해 수정해서 연필과 종이로 계산하는 과정이 좀 덜 수고스럽고 반올림 오류가 발생하지 않도록 발전시켰다. 40년 전 계산기가 만들어지면서 잠깐씩 결과를 기억시키는 메모리와 제곱근 함수를 이용해서, 개념식보다는 계산을 편하게 만들 수 있는 계산식을 만들어왔다. 개인용 컴퓨터가 없던 시절에는 이렇게 계산식을 사용하는 게 편리했지만, 그 뒤에 있는 개념을 전달하기에는 부족했다. 다음은 그 당시 사용하던 계산식의 예이다.

$$\sum_{j=1}^{J} \frac{(\sum_{k=1}^{K}\sum_{i=1}^{n}X_{ijk})^2}{n_{j\cdot}} - \frac{(\sum_{k=1}^{K}\sum_{j=1}^{J}\sum_{i=1}^{n}X_{ijk})^2}{n_{\cdot\cdot}}$$

위 식이 총평균으로부터 편차의 제곱의 합을 구하는 식으로 보이는가? 필자가 봐도 1980년대에도 그렇게 보이지 않았고, 지금도 그렇게 보이지 않는다. 하지만 사실이다. 내가 아는 평균으로부터 편차의 제곱의 합을 구하는 식은 다음과 같다.

$$nJ\sum_{k=1}^{K} (\bar{X}_{k\cdot} - \bar{X})^2$$

요인별로 평균을 구한 다음 총평균을 빼고, 그 차이를 제곱한 다음 그 값을 모두 더한다. 그리고 관찰값의 개수와 다른 요인의 가짓수로 곱한다. 물론 복잡하기는 하지만 저 위의 식만큼은 아니다.

여기서 요점은 여러분이 엑셀을 쓰면, 1980년대에 쓰던 저런 힘들고 오류를 일으키는 계산식을 쓰지 않고 이해하기 쉬운 식을 그대로 쓸 수 있다는 점이다. 따라서 나는 여기서 개념식을 보여주고, 이 식을 엑셀 워크시트에서 어떻게 사용할 수 있을 지 보여줬다. 좀 과하다 싶은 이 설명을 죽 읽어가면서, 이런 분석이 어떻게 동작하는지 이해할 수 있을 것이다. 그리고 분산분석이 다중회귀를 사용하는 다른 방법이라는 것을 알게 되면, 관련된 관계를 이해하는데 더 도움이 될 것이다.

# 3. 불균등 그룹 크기의 문제

요인이 두 개, 혹은 그 이상인 ANOVA 디자인에서는 그룹의 크기가 문제가 된다. 각 디자인 칸 안에 관찰값의 개수가 동일하게 있을 때는 제곱합이 어떻게 나누어지는지에 대해 혼란이 없다. 즉 제곱합이 인자 A(행), 인자 B(열), 교호작용, 잔차 등으로 어떻게 나누어지는지에 대해 혼란의 여지가 없다. 다음 그림은 지금까지 사용한 예제이다. 그림 11-8에서는 균형 디자인이라고 하는 예를 보여주고 있다.

| B17 | | | $f_x$ | =SUM(B12:B15) | | | | | |
| --- | --- | --- | --- | --- | --- | --- | --- | --- | --- |
| | A | B | C | D | E | F | G | H | I | J |
| 1 | | | | 환자 | | | | | | |
| 2 | | | 입원 | 외래 | 단기 입원 | | | 평균 | | |
| 3 | | | 105 | 95 | 118 | | 96.33 | 107.67 | 102.00 | 102.00 |
| 4 | | 내과 | 83 | 108 | 87 | | 87.00 | 106.33 | 112.33 | 101.89 |
| 5 | 치료 | | 101 | 120 | 101 | | 91.67 | 107.00 | 107.17 | 101.94 |
| 6 | | | 88 | 99 | 105 | | | | | |
| 7 | | 외과 | 90 | 108 | 117 | | 제곱합 - 치료 | | | |
| 8 | | | 83 | 112 | 115 | | | 0.03 | | |
| 9 | | | | | | | | 0.03 | | |
| 10 | | | | | | | | | | |
| 11 | 변동의 요인 | 제곱합 | 자유도 | 제곱 평균 | F비 | | 제곱합 - 환자 | | | |
| 12 | 환자 | 950.78 | 2 | 475.39 | 4.50 | | 633.80 | 153.35 | 163.63 | |
| 13 | 치료 | 0.06 | 1 | 0.06 | 0.00 | | | | | |
| 14 | 교호작용 | 293.44 | 2 | 146.72 | 1.39 | | 제곱합 - 교호작용 | | | |
| 15 | 잔차 | 1266.67 | 12 | 105.56 | | | 63.79 | 1.12 | 81.81 | |
| 16 | 총 제곱합(*직접 계산*) | 2510.94 | | | | | 63.79 | 1.12 | 81.81 | |
| 17 | 총 제곱합(*효과의 합에서*) | 2510.94 | | | | | | | | |
| 18 | | | | | | | 제곱합 - 잔차 | | | |
| 19 | | | | | | | 274.67 | 312.67 | 482.00 | |
| 20 | | | | | | | 26.00 | 88.67 | 82.67 | |

▶▶ **그림 11-8** 균형 디자인에서는 총 제곱합은 바로 계산한 경우나 혹은 주효과, 교호작용, 잔차의 값을 모두 합한 경우나 상관없이 동일하다.

그림 11-8에서는 이 디자인상에서 총 제곱합을 구하는 두 가지 방법에 대해 보여주고 있다. 총 제곱합은 총평균과 각 관찰값의 차이를 구해서 편차를 제곱한 다음 합하면 된다. 이 값을 분산에세 분자로 쓰고 자유도를 분모로 쓴다. ANOVA의 논리상 제곱합을 나눠서 일부는 그룹평균 간 차이에 할당하고, 요인 디자인에서는 교호작용에 할당한다.

그림 11-8의 셀 B16과 B17을 보자. 이 두 셀은 총 제곱합으로 2510.94라는 동일한 값을 보여준다. 하지만 이 값을 구하기 위한 방법은 다르다. 셀 B16에서는 원래 데이터 C3:E8에 대해 엑셀 워크시트 함수 DEVSQ()를 사용했다. 이미 알고 있겠지만 DEVSQ()를 쓰면 인자로 준 값의 평균으로부터 편차의 제곱의 합을 구한다. 제곱합의 정의 그대로이다. 셀 B17에서는 총 제곱합을 다르게 구했다. '환자' 요인, '치료' 요인, '환자'와 '치료'사이의 교호작용 그리고 디자인 칸 안에 남아 있는 변동성으로써 요인 수준의 평균 차이에 관련되어 있지 않은 값에 해당되는 제곱합을 모두 더했다. 총 제곱합을 구하는 방법은 달랐지만 결과값은 동일하다. 따라서 다음과 같은 점을 알 수 있다.

- 주효과, 교호작용, 그룹 내(잔차)의 제곱합의 모든 변동성을 고려한다. 그렇지 않으면 주효과, 교호작용, 그룹 내 값을 모두 합한 제곱합의 값은 DEVSQ()로 구한 제곱합보다 작아질 것이다.
- 변동성에서 두 번 세는 경우는 없다. 예를 들어 동일한 변동성 값이 '환자'에도 할당되고 동시에 '환자'와 '치료'의 교호작용에도 할당되는 일은 없다. 그렇지 않으면 주효과, 교호작용, 그룹 내(잔차)의 제곱합을 모두 합한 제곱합의 값은 DEVSQ()로 구한 제곱합보다 커질 것이다.

즉 제곱합의 값을 여러 가능한 변동의 원인으로 나눌 때 모호하게 되는 일이 없다. 이제 그림 11-8의 총 제곱합의 값을 그림 11-9의 값과 비교해보자. DEVSQ()의 결과값은 엑셀에서 계산한 값 그대로이다. 그림 11-9의 셀 B19에서 워크시트 함수를 이용해서 구했다.

    =DEVSQ(C3:E12)

DEVSQ()는 변동의 요인들 간에 할당된 값의 제곱의 총합을 계산한다. 하지만 다른 효과들의 합인 셀 B20의 값은 셀 B19의 값과 달라졌다. 35.28이 두 번 더해져서, 셀 B20의 값은 셀 B19의 값보다 35.28만큼 크다. '환자', '치료', '교호작용' 그리고 '잔차'의 변동성의 제곱의 합에 여분의 값을 더했다.

왜 이런 일이 발생했는지 그 이유는 14장 "다중회귀분석과 효과 코딩 : 기본"에서 밝히겠지만 우선 간단히 이유를 말하면 불균등한 n 때문이다. 한 가지 중요한 예외가 있기는 하지만, 다중요인 디자인에서 칸 안에 n의 개수가 다르면(한 개, 혹은 그 이상의 요인 수준의 조합에 관찰값의 개수가 다르면) ANOVA의 제곱합은 모호하게 된다. 제곱합이 이렇게 모호하게 되면, 제곱평균과 F-비도 모호해진다. 따라서 관련된 확률 가정에서 무슨 일이 일어나고 있는지 알 수 없게 된다.

| | A | B | C | D | E | F | G | H | I | J |
|---|---|---|---|---|---|---|---|---|---|---|
| 1 | | | | 환자 | | | | | | |
| 2 | | | 입원 | 외래 | 단기입원 | | | 평균 | | |
| 3 | | | 105 | 95 | 118 | | 96.33 | 110.20 | 101.75 | 103.92 |
| 4 | | | 83 | 108 | 87 | | 87.25 | 106.33 | 111.40 | 102.08 |
| 5 | | 내과 | 101 | 120 | 101 | | 91.14 | 108.75 | 107.11 | 103.00 |
| 6 | | | | 108 | 101 | | | | | |
| 7 | | 치료 | | 120 | | | | 제곱합 - 치료 | | |
| 8 | | | 88 | 99 | 105 | | | 10.08 | | |
| 9 | | | 90 | 108 | 117 | | | 10.08 | | |
| 10 | | 외과 | 83 | 112 | 115 | | | | | |
| 11 | | | 88 | | 105 | | | 제곱합 - 환자 | | |
| 12 | | | | | 115 | | 984.14 | 264.50 | 152.11 | |
| 13 | | | | | | | | | | |
| 14 | 변동의 요인 | 제곱합 | 자유도 | 제곱 평균 | F비 | | | 제곱합 - 교호작용 | | |
| 15 | 환자 | 1400.75 | 2 | 700.38 | 7.27 | | 54.80 | 1.42 | 157.64 | |
| 16 | 치료 | 20.17 | 1 | 20.17 | 0.21 | | 35.43 | 6.75 | 135.49 | |
| 17 | 교호작용 | 391.53 | 2 | 195.765212 | 2.0323992 | | | | | |
| 18 | 잔차 | 1444.83 | 15 | 96.3222222 | | | | 제곱합 - 잔차 | | |
| 19 | 총 제곱합(*직접 계산*) | 3222.00 | | | | | 274.67 | 432.80 | 482.75 | |
| 20 | 총 제곱합(*효과의 합에서*) | 3257.28 | | | | | 26.75 | 88.67 | 139.2 | |

▶▶ **그림 11-9** 불균능한 디자인에서 관찰값의 편차 제곱의 종 합늘 직접 계산한 결과값과 주효과, 교호작용, 잔차를 모두 합한 결과값은 달라진다.



note_

앞서 말한 한 가지 중요한 예외는 비례 셀 도수(proportional cell frequency)의 경우이다. 예를 들어 한 인자의 각 가짓수가 다른 인자 가짓수의 관찰값보다 두 배 정도일 때를 들 수 있다. 물론 반드시 두 배여야 하는 것은 안되고 1.5배나 2.5배도 가능하다. 반드시 만족해야 하는 조건은 다음과 같다. 각 디자인 칸의 관찰값의 개수는 각 행의 관찰값의 개수들의 곱에 각 열의 관찰값의 개수를 곱한 다음 전체 관찰값의 개수로 나눈 값과 일치해야 한다. 만약 이 조건을 만족하면, 제곱합을 나눈 것이 모호하게 되지 않는다. 이런 데이터 집합에는 엑셀 데이터 분석 도구의 이원 ANOVA 도구를 쓸 수 없는데 엑셀 도구에서는 각 디자인 칸에 들어가는 관찰값의 개수가 동일해야 하기 때문이다. 하지만 14장에서 엑셀의 회귀분석 도구를 쓰면 분석할 수 있다.

인자가 두 개 이상이고 n의 개수가 균등하지 않으며 도수가 비례하지 않는 경우라면, 여러 가지 방법을 사용할 수 있다. 하지만 어떤 방법도 데이터 분석 추가 기능의 ANOVA 도구와 일치하지 않는다. 이 방법은 14장, 15장에서 다룰 예정이며 이 방법은 너무나 강력하고 유연하다. 따라서 두 개 이상의 요인이 있고 n값이 균등하지 않을 때 굳이 ANOVA 도구를 찾을 필요가 없다.

## ✚ 반복측정 : 반복 없는 이원 배치법 도구

데이터 분석 추가 기능에는 또 하나의 ANOVA 도구가 있다. 10장과 이 장에서는 일원 ANOVA 와 반복 있는 이원 ANOVA에 대해 다뤘다. 이 절에서는 반복 없는 이원 ANOVA에 대해 간단히 다루겠다.

우선 기억을 상기하기 위해 ANOVA에서 반복(replication)은 각 디자인 칸 안에 관찰값이 한 개 이상 있음을 말한다. 따라서 이 도구의 이름에서 보면 각 디자인 칸에는 관찰값이 한 개 있음을 의미한다. 디자인 칸마다 관찰값이 한 개 있는 데이터를 이용하는 ANOVA를 보통 반복측정 분석 (repeated measures analysis)이라고도 한다. 임의화 블록(randomized block)이라고도 하는 특별한 디자인 종류이며, 이 경우 각 개체는 블록에 할당되어 계속된 처리를 받게 된다. 여기서 각각의 처리가 블록 내 각 개체에게 임의로 할당되는 것이 조건이기 때문에 임의화(randomized)라는 말이 붙었다. 하지만 이 조건은 반복측정 디자인(repeated measures design)에는 적용되지 않는다.

각 개체는 각각의 유사성에 따라 각 블록에 선택이 되는데 이렇게 해서 블록 내 개체 사이의 변동 을 최소화할 수 있다. 그리고 이렇게 하면 처리 간 차이를 검증할 때 좀 더 강력하게 된다. 쉬운 방 법으로 형제를 한 블록에 할당하거나, 특정 변수에 대해 일치해서 관련된 결과를 내는 개체의 쌍 을 블록에 할당한다. 이렇게 하지 않고 디자인에서 블록당 오직 한 개의 개체만 포함해서 이를 다 루면, 이런 임의화 블록(randomized block) 디자인을 반복측정 디자인(repeated measures design) 이라고 부른다. '분산분석 : 반복 없는 이원 배치법'에서는 이런 디자인을 다룬다.

하지만 엑셀 도움말 문서나 통계 분석용으로 엑셀을 다룬 책에서는 이런 내용을 말해주지 않는다. 균등한 디자인 셀 변동성 같은 일반적인 ANOVA 가정에 일반적인 임의화 블록 디자인 (randomized block design)과 특정한 반복측정 디자인(repeated measures design)으로 추가 가정 을 한다. 이 디자인에서는 다른 처리 수준들 사이의 공분산이 같은 종류라고(homogeneous) 가정 한다. 즉 완전히 동일할 필요는 없지만 그렇다고 심각할 정도로 다른 것도 아니어야 한다(동종의 분산과 공분산에 대한 가정을 합쳐서 복합대칭(compound symmetry)이라고 한다). 다른 말로 하면 여러분의 데이터는 모집단의 공분산이 동일하다는 가정을 부인하면 안 된다. 만약 여러분의 데이터가 이런 가정을 만족시키지 못하면, 여러분의 확률 가정을 의심해봐야 한다.

몇 개의 검정을 통해 여러분이 데이터 집합이 이런 가정을 만족시키는 지 알아볼 수 있다. 그리고 엑셀에서 이런 테스트를 수행할 수 있다(Box 검정을 쓸 수도 있고, Geisser-Greenhouse 보수적 F-검정도 또 다른 방법이다). 하지만 이런 검정들은 엑셀 워크시트를 써도 만들기 매우 어렵다. 이런 경우는 이런 종류의 분석을 할 수 있도록 만들어진 소프트웨어 패키지를 사용하는 편이 더 낫다. 특히 다변량 ANOVA 검정(multivariate ANOVA test)의 다변량 F 통계치(multivariate F statistic)는 공분산의 동질성(homogeneity)에 대한 가정을 만들 수 없다. 따라서 일변량 F(univariate F)에 추가해서 이런 테스트를 위해 데이터를 조정하면 Messrs. Box, Geisser, Greenhouse 등에 대해 염려하지 않아도 된다.

## 4. 엑셀의 함수와 도구 : 한계와 해결책

이 장에서는 이원 디자인, 특히 균형 디자인에서 주효과와 교호작용 효과에 초점을 맞췄다. 이 경우에서는 각 디자인 칸마다 관찰값의 개수가 동일하다. 따라서 엑셀의 '데이터 분석' 추가 기능의 '분산분식 : 반복 없는 이원 배치법'을 사용해서 분산의 요인분석을 수행한다. 이때 한 가지 조건이 있다. 도구를 사용해서 분석할 디자인 칸의 크기가 모두 동일해야 한다.
여기에 추가해서 이 도구에서는 몇 가지 제한이 더 있다.

- 세 개 이상의 요인은 허용하지 않는다. 이는 표준 디자인을 따르고 있으며, 세 개 이상의 요인을 다룰 때는 다른 방법이 필요하다.
- 중첩된 요인은 허용하지 않는다. 그림 11-1에서는 중첩된(nested) 요인과 교차된(crossed) 요인 간의 차이를 보여주고 있다. 하지만 엑셀의 이원 ANOVA 도구에서 의미하는 바를 명확히 보여주고 있지는 않다(그림 11-10을 보자).

| | A | B | C | D | E | F | G | H | I | J | K | L | M | N |
|---|---|---|---|---|---|---|---|---|---|---|---|---|---|---|
| 1 | | | | | | | | | | | | | | |
| 2 | | | | | | | 의사 1 | 의사 2 | | | 의사 1 | 의사 2 | 의사 3 | 의사 4 |
| 3 | 병원 1 | 의사 1 | 환자 1 | 환자 4 | | 병원 1 | 환자 1 | 환자 7 | | 병원 1 | 환자 1 | 환자 7 | | |
| 4 | | | 환자 2 | 환자 5 | | | 환자 2 | 환자 8 | | | 환자 2 | 환자 8 | | |
| 5 | | | 환자 3 | 환자 6 | | | 환자 3 | 환자 9 | | | 환자 3 | 환자 9 | | |
| 6 | | 의사 2 | 환자 7 | 환자 10 | | | 환자 4 | 환자 10 | | | 환자 4 | 환자 10 | | |
| 7 | | | 환자 8 | 환자 11 | | | 환자 5 | 환자 11 | | | 환자 5 | 환자 11 | | |
| 8 | | | 환자 9 | 환자 12 | | | 환자 6 | 환자 12 | | | 환자 6 | 환자 12 | | |
| 10 | 병원 2 | 의사 3 | 환자 13 | 환자 16 | | 병원 2 | 환자 13 | 환자 19 | | 병원 2 | | | 환자 13 | 환자 19 |
| 11 | | | 환자 14 | 환자 17 | | | 환자 14 | 환자 20 | | | | | 환자 14 | 환자 20 |
| 12 | | | 환자 15 | 환자 18 | | | 환자 15 | 환자 21 | | | | | 환자 15 | 환자 21 |
| 13 | | 의사 4 | 환자 19 | 환자 22 | | | 환자 16 | 환자 22 | | | | | 환자 16 | 환자 22 |
| 14 | | | 환자 20 | 환자 23 | | | 환자 17 | 환자 23 | | | | | 환자 17 | 환자 23 |
| 15 | | | 환자 21 | 환자 24 | | | 환자 18 | 환자 24 | | | | | 환자 18 | 환자 24 |

▶▶ **그림 11-10** 중첩된 요인을 교차해서 보여주면 디자인의 성질이 더 확실하게 나타난다.

그림 11-10같은 디자인에서 A3:D15를 보면 '병원' 안에 '의사'가 중첩되어 있다. 즉 모든 '병원'에 대해 모든 '의사'가 나오지 않는다. 하지만 디자인을 이런 방식으로 그리는 게 일반적이기는 해도, 엑셀의 이원 ANOVA 추가 기능에서 원하는 디자인은 아니다. 추가 기능에서 원하는 방식은 한 요인의 가짓수가 서로 다른 행을 차지하며 다른 요인의 가짓수가 서로 다른 열을 차지하는 식이다. 따라서 ANOVA 도구에서 원하는 대로 데이터 디자인을 하면 그림 11-10의 F2:H15처럼 놓아야 한다. 즉 완전히 교차된 디자인처럼 놓아야 한다. 이 디자인에서는 '의사' 요인의 레벨은 2개 밖에 없는 것처럼 보인다. 하지만 사실은 네 가지이다. 물론 '의사'들이 한 병원의 환자에만 머무는 것은 아니다. 하지만 실험의 의도는 '병원' 안에 '의사'들이 있는 것이지, 여러 '병원'에 '의사'들이 걸쳐있는 것은 아니다.

J2:N15의 디자인은 중첩관계를 분명히 보여주면서도 ANOVA 도구의 요구사항을 만족한다. ANOVA도구는 한 요인이 서로 다른 행에 걸쳐있고 또 다른 요인이 서로 다른 열에 걸쳐있어야 함을 요구한다. 하지만 이런 요구사항을 중첩 디자인에 적용하면 반드시 빈 셀이 보일 수밖에 없다. 그리고 ANOVA 도구에서는 워크시트의 셀이건 디자인 칸이건 간에 빈 칸, 빈 셀을 허용하지 않는다. ANOVA 도구에서는 빈 셀을 숫자가 아닌 데이터로 인식하고 진행을 시키지 않는다. 또 다른 '데이터 분석' 추가 기능의 제한사항은 다음과 같다. ANOVA 도구는 결과값에 추가로 공변 량(covariate)을 보여주지 않는다. 공변량(covariate)은 보통 간격으로 측정하거나 비율로 측정하는 또 다른 변수이다. 분산분석에서 공변량을 사용하면 공변량분석(ANCOVA)이 돼서 결과 변수에 서의 편향을 줄이고 분석의 검정력을 증가시킬 수 있다(16장 "공분산분석 : 기본"을 참고하시오).

요인 디자인에서 불균등한 그룹 크기, 세 개 이상의 요인 그리고 공변량의 사용과 같은 까다로운 사항들은 14장에서 다루겠다. 곧 나오겠지만 분산분석은 "일반 선형 모델(General Linear Model)"이라고 하는 것의 특별한 한 경우를 말하는 것이다. 일반 선형 모델은 그림 10-2에서 잠깐 힌트를 줬었다. 회귀분석은 "일반 선형 모델"을 좀 더 명확하게 표현하는 방법이며, 엑셀에서는 회귀분석을 대단히 훌륭하게 지원한다. 이 도구를 이용하여 불균등한 그룹 크기, 세 개 이상의 요인, 그리고 공변량의 사용 등으로 벌어지는 문제들을 어떻게 해결할 수 있는지 알게 될 것이다.

12장 "실험설계와 ANOVA"와 13장 "통계적 검정력"에서는 이 책에서 잠깐씩만 다룬 두 가지 이슈에 대해 설명하겠다. 혼합 모델(mixed model)을 사용하는 것과 F-검정의 검정력인데, 이 주제는 ANOVA를 수행하는 이유인 평균 차이를 검증하는데 관련되어 있다. 이 장의 마지막 절에서 이 두 가지 주제에 대해 간단히 살펴보겠다.

## ✚ 혼합 모델(Mixed Model)

요인 실험에서 한 요인은 고정요인으로 하고 다른 요인을 임의요인으로 삼을 수 있다. 한 요인을 고정요인으로 하면 여러분이 실험에서 알아낸 것을 해당 요인이 가질 수 있는 다른 가능한 수준으로 일반화하지 않겠다는 것을 의미한다. 예를 들어 두 개의 서로 다른 '치료'를 비교하는 실험에서, '치료'를 고정요인으로 삼은 다음 이 실험에서 알아낸 사실을 이 실험에서 다루지 않은 다른 '치료'로 일반화하지 않을 수 있다. 하지만 동일한 실험에서 '병원'이라는 임의요소를 가질 수 도 있다. 결과에서 '병원'으로 인한 변동성을 알아보고 싶으면, 그것을 추가한다. 하지만 여러분이 '치료'를 통해 알아낸 결론은 실험에 포함된 그 병원만으로 제한하고 싶지는 않을 것이다. 따라서 여러 병원들에서 실험을 할 병원을 임의로 선택한 다음 '병원'을 임의요인으로 삼는다. 동일한 실험 안에 임의요인과 고정요인이 모두 있으면, 이것을 혼합 모델(mixed model)이라고 한다.

실제 계산하는 측면에서 보면, 엑셀의 '분산분석 : 반복 있는 이원 배치법'에서 혼합 모델을 처리할 수 있다. 하지만 고정인자에 대한 F-검정의 분모를 그룹 내(잔차) 제곱평균에서 교호작용 제곱평균으로 바꿔야 한다. 혼합 모델을 사용하려면 분석을 계획하는 단계에서 고려해야 하는 몇 가지 이슈가 있는데 여기에 대해서는 12장에서 다루겠다.

## ✚ F-검정의 검정력

9장 "평균 간의 차이를 테스트하기 : 더 많은 이슈"에서는 t-검정의 검정력의 개념과 계산하는 법에 대해 자세하게 다뤘다. 분산분석의 F-검정 또한 검정력 측면에서 다룰 수 있다. 검정력은 모평균에서 가정한 차이에 의해 어떻게 영향을 받는지, 표본크기, 선택한 알파의 수준 그리고 관찰값의 바탕이 되는 변동성 등을 모두 포함한다. 엑셀에서는 t-검정의 경우 귀무가설이 잘못되었을 때 존재할 수 있는 대립분포(alternative distribution)를 매우 쉽게 그릴 수 있다. 대립분포는 귀무가설이 참일 때의 분포와 동일한 형태를 하고 있고, 보통 정규분포이거나 정규분포에 가까운 모양을 하고 있다. 하지만 F-분포에서는 그렇지 않다.

균등한 그룹 평균의 귀무가설이 거짓이면 t-분포는 분포 자체가 오른쪽이나 왼쪽으로 이동했지만 F-분포는 그렇지 않다. F-분포의 모양은 다른 형태로 변형돼서 비중심 F(noncentral F) 형태가 된다. 주어진 F-검정의 검정력을 측정하려면, 비중심 F-분포의 성질을 파악한 다음 이것을 중심 F-분포(central F distribution)와 비교해야 한다. 중심 F-분포는 귀무가설이 참 일 때 적용되는 분포이다. 두 분포를 비교해봐야 각 분포가 F기각치보다 위에 있는지 아래 있는지 알 수 있다. 이것을 통해 F-검정의 검정력을 결정할 수 있다.

 비중심 F-분포의 형태는 감마분포나 베타분포 같은 다른 분포들 그리고 자연 로그의 기반이 되는 상수 등으로 결정할 수 있다. 표본크기, 요인 수준 효과 그리고 잔차 등의 기본 숫자는 엑셀에서 구할 수 있다. 이 숫자를 모두 합하면 검정력 표(power table)에서 사용할 수 있는 비중심성 모수(noncentrality parameter)가 된다. 검정력 표는 보통 통계책 뒷장에 부록으로 실려 있다. 하지만 엑셀을 사용해서 비중심성 모수(noncentrality parameter)와 관련된 F-분포의 형태를 계산할 수 있으면, 표본크기나 제곱평균이 바뀜에 따라 바로 F-검정의 검정력을 계산할 수 있게 된다. 이 사항에 대한 것은 13장에서 다룬다.

# 12

# 실험 설계와
# ANOVA

대부분의 실험은 어느 정도는 완전히 보존되며 실험에서 조정할 수 없는 부분이 있다. 예를 들어, 어떤 의학 조사는 병원에서 수행하게 된다. 그리고 대부분의 경우 실험자는 병원이 환자를 관리하기 위해 수행하는 측면의 부분을 직접 조정할 수 없다.

## 1. 교차요인(Crossed Factors)과 중첩요인(Nested Factors)

실험자는 다음과 같은 실험을 하고자 한다. 심장병 전문의가 들고 다니는 전자기기를 이용해서 환자의 혈압을 관리한다면 효과가 있을까? 만약 의사가 전자기기를 이용해서 전체 환자 기록에 바로 접근하고, 처방을 고치고, 식이요법을 관리하고, 고혈압 환자의 혈압을 기존 전통적인 방법을 쓰는 병원보다 좀 더 효과적으로 관리할 수 있으면 어떻게 될까?

이 실험에서 실험자가 맞닥뜨릴 수 있는 어려움은, 병원에서 의사에게 이런 전자기기를 지급할 수도 있고 그렇지 않을 수도 있다는 점이다. 새로운 시도를 하는 병원에서는 이런 전자기기를 다루는 심장병 전문의가 있겠지만 어떤 병원에서는 기존의 종이 차트, 수동 처방, 수동 식이요법 등에 의존한다.

이 실험 디자인에서는 '디지털 기기 사용'이라는 요인이 필요한데 전자기술을 쓰고 있으며 이를 평가 중인 특정 병원이 있어야 한다. 실험자는 이런 디지털 기기를 사용하는 병원 2곳과 디지털 기기를 사용하지 않는 병원 2곳과 일을 해나가야 한다. 각각의 병원에는 임의로 뽑은 4명의 환자가 있고, 그들이 치료받은 지는 7~10일 정도 되면 좋을 것 같다(이런 실험 디자인은 문제가 있다. 병원에서는 이 환자들을 임의로 골라서 디지털 기기로 관리하느냐, 전통적인 차트로 관리하느냐로 임의로 나눴다. 하지만 이는 탐사 조사에서 전형적으로 일어나는 일이다). 이런 디자인은 어떻게 보일까? 그림 12-1에서 한 가지 방법을 보여주고 있다.

| ◢ A | B | C |
|---|---|---|
| 1 | 디지털 | 종이차트 |
| 2 | 환자 1 | 환자 9 |
| 3 | 환자 2 | 환자 10 |
| 4 | 환자 3 | 환자 11 |
| 5 | 환자 4 | 환자 12 |
| 6 | 환자 5 | 환자 13 |
| 7 | 환자 6 | 환자 14 |
| 8 | 환자 7 | 환자 15 |
| 9 | 환자 8 | 환자 16 |

▶▶ **그림 12-1** 이 배치에서는 실험에서 '병원'이라는 요인을 무시하고 있다.

어떤 면에서 그림 12-1도 실험 디자인이다. 총 16명의 환자가 있고, 각 '치료' 범주 안에 8명씩 들어가 있다. 의사는 디지털 기술을 사용해서 관리할 수도 있고, 기존의 종이와 연필로 된 차트를 이용해서 관리할 수도 있다. 하지만 그림 12-1의 레이아웃에서는 '병원' 효과를 고려하지 않았다. 앞에서도 말했듯, 병원은 총 4곳이다. 그림 12-1의 디자인만 보면 어떤 병원에서 치료를 받던 전혀 결과에 영향이 없는 것처럼 가정하고 있는 것 같다. 고려해보지도 않은 요인을 측정할 수는 없다. 그리고 그림 12-1에는 '병원'의 효과를 전혀 고려하지 않았다.

그림 12-2에서는 '병원'에 대한 정보를 추가했다.

| | A | B | C | D | E | F |
|---|---|---|---|---|---|---|
| 1 | | 디지털 | | | 종이차트 | |
| 2 | | 병원 1 | 병원 2 | | 병원 1 | 병원 2 |
| 3 | | 환자 1 | 환자 5 | | 환자 9 | 환자 13 |
| 4 | | 환자 2 | 환자 6 | | 환자 10 | 환자 14 |
| 5 | | 환자 3 | 환자 7 | | 환자 11 | 환자 15 |
| 6 | | 환자 4 | 환자 8 | | 환자 12 | 환자 16 |

▶▶ **그림 12-2** 이 배치는 실험에서 '병원'이라는 요인을 포함하고 있지만 정확하지는 않다.

그림 12-2의 디자인은 교차요인 디자인(crossed factorial design)이라고 한다. 여기서 요인(factorial)은 단지 두 개(혹은 그 이상)의 요인이 관련되어 있음을 말한다. 이 예에서는 '치료'와 '병원'이다. 교차(crossed)는 한 요인의 각 수준이 다른 요인의 각 수준에 나오는 것을 말한다. 예를 들어 병원 1에는 디지털 기기를 사용하는 의사에게 치료받는 환자가 있고 또 전통적인 종이 차트를 사용하는 의사에게 치료받는 환자도 있다. '치료'와 '병원'은 교차된다.

하지만 이는 실제 디자인이 의도하는 바와 다르다. 우선 병원은 2개가 아니고 4개이다. 그리고 한 병원에서 채택한 '치료' 방법은 '디지털'이나 '종이 차트' 둘 중 하나지 두 가지 방법을 모두 채택하고 있는 병원은 없다. 각 '치료' 수준에 대해 병원은 두 개가 있지만, 그들은 다른 병원이며 그림 12-2의 디자인은 잘못 되었다.

## ✚ 디자인을 정확하게 그리기

그림 12-3에서는 이 디자인에 대한 정확한 배치를 보여주고 있다.

| | A | B | C | D | E |
|---|---|---|---|---|---|
| 1 | | 디지털 | | 종이차트 | |
| 2 | | 환자 1 | | | |
| 3 | | 환자 2 | | | |
| 4 | 병원 1 | 환자 3 | | | |
| 5 | | 환자 4 | | | |
| 7 | | | 환자 5 | | |
| 8 | | | 환자 6 | | |
| 9 | 병원 2 | | 환자 7 | | |
| 10 | | | 환자 8 | | |
| 12 | | | | 환자 9 | |
| 13 | | | | 환자 10 | |
| 14 | 병원 3 | | | 환자 11 | |
| 15 | | | | 환자 12 | |
| 17 | | | | | 환자 13 |
| 18 | | | | | 환자 14 |
| 19 | | | | | 환자 15 |
| 20 | 병원 4 | | | | 환자 16 |

▶▶ **그림 12-3** 이 배치에서는 '치료' 요인 안에 '병원' 요인이 어떻게 중첩되어 있는지 분명하게 보여주고 있다.

그림 12-3의 디자인은 중첩요인 디자인(nested factorial design)이라고 한다. 한 요인의 각 수준은 다른 요인의 각 수준에 대해 한 번씩만 나온다. 여기서 병원 1과 병원 2는 '치료'에서 디지털에만 나오고, 병원 3과 병원 4는 '치료'에서 종이에만 나온다.

그럼 그림 12-1은 정말 정확하지 않은 것일까? 왜 '병원' 요인에 신경을 써야 할까? 그냥 '병원' 요인을 무시하면 안 될까? 주어진 병원에서 특정 환자의 심장상태에 영향을 주는 어떤 의료적인 처치가 있을 수 있는데, 이것은 단순히 의료진이 '디지털' 기기를 선택하던 '종이' 차트를 선택하던 이런 기술과 완전히 독립적인 이유가 있을 수 있기 때문에 병원 요인을 무시할 수 없다(사실 실험 디자인에서 병원에서 임의로 환자를 '디지털' 쪽과 '종이 차트' 쪽으로 나누도록 한 것도 실험에서 결함이 된다). 만약 그림 12-1에서처럼 우리가 '병원'이라는 요인을 완전히 무시하면 이 요인이 '치료'요인에 끼칠 수 있는 영향이나 오류분산에서 잃어버릴 수도 있는 영향에 대해 놓칠 수 있다.

우리는 그림 12-2와 같은 데이터 배치가 현실을 반영한다고 생각할 수 있다. 그림 12-2의 레이아웃에서는 병원 1과 병원 2, 병원 3과 병원 4를 두 개의 병원 범주로 나눠놓았다. 하지만 이렇게 하면 다시 그림 12-1의 레이아웃으로 돌아가게 된다. 따라서 우리는 통계 분석에 수정을 좀 가해서 그림 12-3의 중첩 디자인을 사용하려고 한다.


### ✚ 장애요인(Nuisance Factors)

이 예에서는 '병원' 요인을 일종의 '장애요인(nuisance factor)'으로 여겨왔다. 실험자는 병원 간의 환자 결과의 차이에는 관심이 없다. 단지 새로운 정보 기술의 사용이 환자 결과에 어떤 차이를 보일 지 거기에만 관심 있을 뿐이다. 하지만 '치료'가 보통 병원 안에서 행해진다는 사실을 생각해보면 실험자는 '병원'을 요인으로 주목해야 한다. 실험을 할 당시, 병원 중 일부만이 전자기기와 종이 차트를 동시에 사용하고 있었는데, 그 병원이 전환 중인 상태이기 때문이다. 따라서 실험자가 병원을 선택했으면 해당 병원은 '디지털'과 '종이 차트' 중 어느 한쪽으로 정해야 한다.

그리고 실험자는 가능한 '병원' 요인을 무시할 수 없다. 이 '병원' 요인은 해당 병원이 어떤 기술을 채택하는 가와는 전혀 상관없는 이유로 환자의 결과에 영향을 줄 수 있다. 물론 실험자는 병원이 끼칠 수 있는 영향에 대해서는 그다지 관심이 없다. 이것이 어떤 '요인'을 '장애요인(nuisance factor)'이라고 하는 원인이다. 어떤 효과에 대해 그다지 관심 있지는 않지만, 고려해야 하는 요인이 있다. 모든 중첩요인이 장애요인인 것은 아니다. 하지만 실제 실험에서 장애요인은 중첩요인이 되는 경우가 많다.

## 2. 고정요인(Fixed Factor)과 임의요인(Random Factor)

실험자는 이 실험에서 특정 주제에 대해 조사하려고 하고 있다. 즉 들고 다닐 수 있는 디지털 기기를 이용해서 심장병 환자를 관리하는 것이 종이 차트를 써서 환자의 정보를 저장하고 사용하는 것보다 효과가 있을지 그 영향을 알고자 한다. 실험자는 다른 정보 관리 방법에는 관심이 없다. 실험자는 여기에서 알아낸 사실을 다른 정보 관리 방법에도 일반화시키려고 하지는 않는다. 이 실험의 목적은 오직 '디지털 기기'와 '종이 차트' 두 가지에 관련된 결과를 비교하는 것에만 한정되어 있다. 따라서 이 예에서 '치료' 요인은 '고정요인(Fixed Factor)'이다. 실험자의 관심은 이 실험에서 채택한 '치료'에 고정되어 있다.

이와는 반대로 실험자는 여기서 알아낸 사실을 조사를 수행한 네 개의 특정 병원에만 한정시킬 생각은 없다. 이 병원 네 곳은 디지털 기기를 사용하는 병원들과 종이 차트를 사용하는 병원들 가운데서 임의로 선택한 병원일 뿐이다. 따라서 '병원' 요인은 '임의요인(Random Factor)'이다.
요인이 한 개밖에 없고 그 요인이 고정요소인 그런 디자인을 사례로 가장 많이 다룬다. 이 사례들은 시장 조사, 운영 조사, 의학 조사, 행동 양식 조사 등을 대부분 포함한다. 두 개 이상의 고정요인을 채택하고 그 요인들이 서로에 대해 전부 교차되어 있는 요인 디자인도 많이 사용되는데, 이 경우는 한 개의 요인을 사용하는 실험보다 더 검정력이 크다. 그리고 희소한 자원을 더욱 효과적으로 사용하는 경향이 있다. 또 다른 유용한 디자인으로 혼합 모델(mixed model)이 있다. 혼합 모델에서는 한 개 혹은 그 이상의 고정 요인이 있고, 동시에 한 개 혹은 그 이상의 임의요인이 있다. 이 장의 앞부분에서 다룬 예가 바로 혼합 모델인데, '치료' 요인은 고정요인이고, '병원' 요인은 임의요인이다.

혼합 모델과 중첩 모델 모두 두 개의 고정요인과 교차요인으로 되어 있는 디자인과는 다른 분산분석(ANOVA) 계산이 필요하다. F-비를 계산하기 전에는 별 차이를 못 느끼겠지만 F-비를 계산하는 식이 달라진다. 혼합 모델에 대한 계산을 하면서 고정 요인이 있는 교차 디자인에 대해 F-비를 사용한다면 실제로는 중요하지 않은 효과에 대해 중요하다고 착각을 할 수 있다. 각 디자인 칸에 대해 관찰값의 개수가 동일하다면 엑셀의 '분산분석 : 반복 있는 이원 배치법' 도구에서 혼합 모델을 처리할 수 있다. 하지만 좀 조정이 필요한데, 여기에 대해서는 이 장의 나중 절에서 설명하겠다. 정리하자면 다음과 같다.

- 중첩요인(nested factor)의 각 레벨들은 다른 요인의 모든 레벨에 나타나는 것은 아니다. 예를 들면 어떤 병원은 특정 치료를 수행하지만, 어떤 병원은 그 치료를 수행하지 않는다. '병원'은 '치료' 안에 중첩된다. 어떤 요인의 레벨이 다른 요인의 모든 레벨에 나타나면 이것을 교차요인(crossed factor)이라고 한다.

- 임의요인(random factor)의 레벨들은 큰 모집단에서 임의로 선택한 것으로 여긴다. 이 실험의 '병원' 요인을 보면, 실험자는 이 실험을 통해 알아낼 사실들을 이 실험에 포함되지 않은 병원에도 일반화해서 적용하려 할 것이다. 이 경우 '병원'은 임의요인이다. '남성' 환자 대 '여성' 환자처럼 이미 레벨의 내용이 정해져 있는 경우는 고정요인(fixed factor)이라고 한다.

- 중첩요인(nested factor)은 자주 임의요인(random factor)으로 취급된다. 이 요인들은 실험 결과를 바꿀 수도 있지만 대부분의 경우 이 효과를 그냥 추가적인 것으로 생각한다. 이 경우 이 요인을 비공식적으로 장애요인(nuisance factor)이라고 부른다.

중첩 대 교차냐, 임의 대 고정이냐, 이런 구분은 의미 없는 말장난은 아니다. 분산분석으로 측정하고자 하는 확률 가정에서 이 요인들은 영향을 끼친다.

## ✚ 데이터 분석 추가 기능의 ANOVA 도구

엑셀의 데이터 분석 추가 기능에는 ANOVA를 수행하는 세 가지 도구가 있다.

- 분산분석 : 일원 배치법
- 분산분석 : 반복 있는 이원 배치법
- 분산분석 : 반복 없는 이원 배치법

### ● 분산분석 : 일원 배치법

'분산분석 : 일원 배치법' 도구를 쓰면 쉽고 빠르게 일원 ANOVA를 수행할 수 있다. 특히 F-비와 확률수준에 대해서 알고 싶으면 굉장히 유용하다. 최소제곱부터 ANOVA까지 좀 더 많은 분석을 원하면, LINEST()나 데이터 분석 도구의 다중회귀 도구와 함께 효과 코딩(effect coding)을 쓰는 편이 더 좋다(14장 "다중회귀분석과 효과 코딩 : 기본"을 참고).

● 분산분석 : 반복 없는 이원 배치법

요인이 두 개이고 셀마다 관찰값이 한 개있으면 여러분은 추가 기능에서 바로 '분산분석 : 반복 없는 이원 배치법'을 사용하겠다고 생각할지 모른다. 이 도구는 사실 반복측정 디자인을 분석하는 도구일 뿐이다. 따라서 여러분의 데이터 집합이 복합대칭(compound symmetry) 가정을 만족해야 하는데, 그러면 분산과 공분산이 동질성의 성질을 가지고 있어야 한다. 이 가정은 만족시키기 매우 어려우므로 정말 반복측정 디자인을 쓰고 있거나 임의 블록 디자인의 종류이면 다변량 ANOVA를 사용하는 변이 낫다.

● 분산분석 : 반복 있는 이원 배치법

'분산분석 : 반복 있는 이원 배치법'은 정확히 요인이 두 개이며 각 디자인 칸에 관찰값의 개수가 동일하게 들어가 있는 경우 유용하게 사용할 수 있다.

> note_
>
> 각 디자인 칸 안에 관찰값의 개수가 다르게 들어가 있는 경우는 엑셀의 도구로 분석할 수 없다. 예를 들어 치료 1과 치료 2를 남성과 여성에게 적용하는 디자인이라면 치료 1을 받는 남성의 숫자와 치료 2를 받는 여성의 숫자가 동일해야 한다. 이것은 '데이터 분석' 도구의 한계 때문이며 요인 ANOVA가 원인은 아니다.

그리고 '분산분석 : 반복 있는 이원 배치법'에서는 두 요인이 모두 고정이고 중첩요인은 없는 것으로 가정한다. 하지만 도구를 수행한 결과를 고치기 쉬우므로 한 요인은 중첩으로 다루거나 혹은 고정요인이 있는 임의요인이나 교차 요인으로 다룰 수도 있다. 이 장의 다음 절에서는 어떻게 이렇게 고칠 수 있는지 보여준다. 하지만 우선 두 요인이 고정이고 교차요인일 때의 분석 결과를 보자(그림 12-4를 보자).

### ✚ 데이터 배치(Layout)

우선 입력 데이터를 보면 A열에서 C열까지 걸쳐있다. '치료' 요인에는 레벨이 두 개 있으며 각각 B1, C1에 이름표가 보인다('치료' 요인에 레벨이 더 있으면 D열, E열 등에 걸쳐서 보인다). 여기에서는 '성별' 요인에 두 개의 레벨이 있다. 만약 '성별' 대신 '인종'을 요인으로 써서 조사하면 더 많은 레벨들이 그 아래 행에 보인다.

A열이나 1행에 반드시 이름표를 달지 않아도 된다. 이 행과 열을 그냥 빈칸으로 둬도 된다. 하지만 데이터를 입력할 때는 빈칸이라고 반드시 이 부분을 포함해서 입력해야 한다(그림 12-5를 보자).

| | A | B | C | D | E | F | G | H | I | J | K |
|---|---|---|---|---|---|---|---|---|---|---|---|
| 1 | | 치료 1 | 치료 2 | | | | | | | | |
| 2 | 남성 | 5.9 | 5.8 | | 분산 분석 | | | | | | |
| 3 | | 6.6 | 6.2 | | 변동의 요인 | 제곱합 | 자유도 | 제곱 평균 | F 비 | P-값 | F 기각치 |
| 4 | | 8.6 | 13.3 | | 인자 A(행) | 0.8702 | 1 | 0.87 | 0.06 | 0.804852 | 4.113 |
| 5 | | 14.7 | 9.8 | | 인자 B(열) | 3.5402 | 1 | 3.54 | 0.25 | 0.618711 | 4.113 |
| 6 | | 14.0 | 13.2 | | 교호작용 | 4.1603 | 1 | 4.16 | 0.3 | 0.589655 | 4.113 |
| 7 | | 5.0 | 4.3 | | 잔차 | 505.7 | 36 | 14.05 | | | |
| 8 | | 9.8 | 7.3 | | | | | | | | |
| 9 | | 6.7 | 10.5 | | 계 | 514.27 | 39 | | | | |
| 10 | | 8.4 | 11.7 | | | | | | | | |
| 11 | | 10.2 | 8.3 | | | | | | | | |
| 12 | 여성 | 12.1 | 6.4 | | | | | | | | |
| 13 | | 7.5 | 8.6 | | | | | | | | |
| 14 | | 12.1 | 3.4 | | | | | | | | |
| 15 | | 14.2 | 4.6 | | | | | | | | |
| 16 | | 12.4 | 17.5 | | | | | | | | |
| 17 | | 3.4 | 4.4 | | | | | | | | |
| 18 | | 7.9 | 5.7 | | | | | | | | |
| 19 | | 14.3 | 11.7 | | | | | | | | |
| 20 | | 6.3 | 14.5 | | | | | | | | |
| 21 | | 9.1 | 10.1 | | | | | | | | |

▶▶ **그림 12-4** 여기서 주의할 점은 입력 데이터를 놓는 방법과 F-비의 분모이다.

▶▶ **그림 12-5** 대화 상자 안에 '이름표'를 체크할 수 있는 곳이 없다. 여기에서는 결과값의 이름표를 설명 부분에서만 사용한다.

'데이터 분석' 추가 기능에서 '분산분석 : 반복 있는 이원 배치법'을 선택하면 그림 12-5와 같은 대화상자가 보인다. 그림 12-4처럼 데이터가 있으면 입력 범위에 A1:C21을 입력한다. 이렇게 하면 따로 A열과 1행의 이름표를 따로 입력해주지 않아도 된다.

다음 그림 12-5의 '표본당 행수' 입력상자를 보자. 여기에서 보면 예를 들어 표본 1은 9개 행이 있고 표본 2는 11개의 행이 있는 식으로 표시할 수 없게 되어 있다. 즉 각 '표본'은 관찰값의 개수가 동일해야 한다. 이렇게 해서 이 도구를 쓰면 각 디자인 칸마다 관찰값의 개수가 다른 경우(이런 경우가 더 흔하지만)를 다루지 않게 된다.



> 디자인 칸 안에 관찰값의 개수가 서로 다르게 있는 불균형 디자인의 경우에서는 최소제곱 방법(least-squares approach)을 채택해야 한다. 엑셀의 워크시트 함수와 '데이터 분석' 추가 기능의 회귀분석 도구에서 이런 불균형 디자인을 다룰 수 있다. 14장과 15장에서 관련 정보를 볼 수 있다.

## 3. F-비 계산하기

그림 12-4에서는 고정요인을 사용하는 이원 ANOVA에서 주효과와 교호효과의 F-비에서 잔차 (그룹 내, $MS_w$)의 제곱평균을 분모로 사용하는 것을 보여주고 있다. 영역 I4:I6의 F-비는 각각 H4:H6의 제곱평균을 H7의 잔차 $MS_w$로 나눈 결과이다. 두 개의 교차요인과 고정요인이 있을 때 이렇게 하는 것이 옳다.

### ✚ 임의요인을 위해 데이터 분석 도구 조정하기

'분산분석 : 반복 있는 이원 배치법'에서는 두 요인이 모두 고정요인임을 가정하고 있지만, 이를 조정해서 한 요인은 임의요인으로 다른 한 요인은 고정요인으로 고려하도록 할 수 있다. 임의요인을 고정요인으로 다루면 실제로는 고정된 요인의 유의성을 잘못 알 수 있기 때문에 이렇게 조정하는 것이 중요하다. 그림 12-6에서는 어떤 일이 일어날 수 있는지 예를 보여주고 있다.

| | A | B | C | D | E | F | G | H | I | J | K |
|---|---|---|---|---|---|---|---|---|---|---|---|
| 1 | | 병원 1 | 병원 2 | 병원 3 | 병원 4 | 병원 5 | 병원 6 | 병원 7 | 병원 8 | 병원 9 | 병원 10 |
| 2 | 치료법 1 | 31.8 | 22.7 | 43.7 | 24.5 | 34.7 | 38.1 | 22.7 | 35.7 | 36.8 | 26.8 |
| 3 | | 27.7 | 27.6 | 42.7 | 29.5 | 27.7 | 35.1 | 22.6 | 38.7 | 41.7 | 28.7 |
| 4 | 치료법 2 | 40.6 | 30.4 | 45.4 | 30.6 | 42.2 | 37.2 | 24.1 | 29.0 | 41.5 | 26.8 |
| 5 | | 47.6 | 28.4 | 49.4 | 28.6 | 47.2 | 41.2 | 28.1 | 32.1 | 40.5 | 23.9 |
| 6 | 치료법 3 | 32.8 | 31.0 | 40.0 | 39.0 | 41.2 | 37.8 | 27.4 | 27.4 | 45.8 | 31.5 |
| 7 | | 25.8 | 25.0 | 37.0 | 41.0 | 37.1 | 37.8 | 25.4 | 29.4 | 41.8 | 26.5 |
| 8 | | | | | | | | | | | |
| 9 | 분산 분석:반복 있는 이원 배치법 | | | | | | | | | | |
| 10 | 분산 분석 | | | | | | | | | | |
| 11 | 변동의 요인 | 제곱합 | 자유도 | 제곱 평균 | F 비 | P-값 | F 기각치 | | | | |
| 12 | 인자 A(행) | 142.585 | 2 | 71.292 | 9.007 | 0.001 | 3.316 | | | | |
| 13 | 인자 B(열) | 2059.991 | 9 | 228.888 | 28.916 | 0.000 | 2.211 | | | | |
| 14 | 교호작용 | 755.323 | 18 | 41.962 | 5.301 | 0.000 | 1.960 | | | | |
| 15 | 잔차 | 237.466 | 30 | 7.916 | | | | | | | |
| 16 | 계 | 3195.365 | 59 | | | 잘못된 비 | | | | | |
| 17 | | | | | | | | | | | |
| 18 | 분산 분석 | | | | | | | | | | |
| 19 | 변동의 요인 | 제곱합 | 자유도 | 제곱 평균 | F 비 | P-값 | F 기각치 | | | | |
| 20 | 인자 A(행) | 142.585 | 2 | 71.292 | 1.699 | 0.211 | 3.316 | | | | |
| 21 | 인자 B(열) | 2059.991 | 9 | 228.888 | 28.916 | 0.000 | 2.211 | | | | |
| 22 | 교호작용 | 755.323 | 18 | 41.962 | 5.301 | 0.000 | 1.960 | | | | |
| 23 | 잔차 | 237.466 | 30 | 7.916 | | | | | | | |
| 24 | 계 | 3195.365 | 59 | | | 올바른 비 | | | | | |

▶▶ **그림 12-6** '병원' 요인은 임의요인이고, '치료법' 요인은 고정요인이다.

그림 12-6(그림 12-4와 같이)에서는 '반복 있는 이원 배치법' 도구가 '인자 A(행)', '인자 B(열)'을 이름표로 보여주고 있는데 이는 각각 입력 데이터에서 행과 열의 인자를 의미한다. 이런 사용법은 인자의 성격을 나타내는데 그다지 도움이 되지 않는다.[11] 하지만 만약 여러분이 '병원' 요인을 임의 요인으로 다루려고 한다고 가정해보자. 즉 여러분은 여기서 알아낸 사실을 이 실험을 수행한 특정 병원이 아닌 다른 병원들에 모두 일반화해서 적용하고자 한다. 그리고 특정 질병을 다루기 위해 세 병원에서 공통으로 사용하는 치료법 3가지를 고정요인으로 삼았다. 여기서는 분산분석을 수행 해서, 치료법이 신뢰할 만한 차이가 있는 결과를 내는지 알아내려 한다. 다른 말로 해보면 세 가지 치료법의 평균값에 통계적으로 유의한 차이가 있는지 측정하고자 한다.

## ✚ F-검정 디자인하기

10장 "평균 간의 차이 검증하기 : 분산분석"에서는 요인이 한 개인 경우의 분산분석에서 F-비를 계산하는 로직에 대해 다뤘다. 고정인자가 한 개밖에 없는 경우는 처리(Between)의 제곱평균



---

**11** 역자 주 : 영문 버전의 엑셀에서는 분산분석 후 만들어지는 리포트에서 '인자 A(행)'을 'Sample'로 보여준다. 이것은 '인자 A(행)'을 고정 요 인이 아니라 임의 요인으로 다루는 것처럼 보인다. 하지만 사실은 도구에서 두 요인을 모두 고정 요인으로 다루고 있다.

($MS_B$)을 $MS_W$로 나눈다.

모집단에서 각 그룹이 동일한 평균을 가진다고 가정하면(귀무가설), $MS_B$와 $MS_W$는 동일한 값(그룹 내의 각각의 관찰값 사이의 변동성. $\sigma^2$이라고 표시)을 추정한다. 이러한 가정하에서 F−비는 약 1.0정도가 된다.

다른 면을 보면 모집단에서 적어도 한 그룹의 평균은 다른 값을 가진다고 했을 때(대립가설), $MS_B$는 그룹 내 각각의 변동성보다 값이 커진다. 이 경우 $MS_B$는 그룹 평균 간의 차이로 인한 변동성을 포함하게 된다. 이러한 가정하에서 F−비는 1.0보다 커진다. 다른 말로 해보면 $MS_B$는 $MS_W$의 모든 변동성의 원인과 함께 추가로 다른 변동성의 가능성도 가지고 있다.

일원 ANOVA의 경우 이 추가의 변동성(만약 있다면)은 요인의 그룹평균의 차이 때문에 발생한다. 귀무가설이 참이라면 추가의 변동성은 없을 것이라고 기대할 수 있다. 만약 모집단 그룹 평균이 동일한데, 여기에 표본 그룹 평균 간의 차이로 인한 변동성이 있다면 이것은 단지 샘플링 오차 때문에 발생한 것으로 여길 수 있다. 따라서 똑같은 실험을 계속해서 되풀이하면, 다음과 같은 기대값을 얻게 될 것이다.

$$MS_B = \sigma^2$$
$$MS_W = \sigma^2$$
$$F = \frac{MS_B}{MS_W} = \frac{\sigma^2}{\sigma^2}$$

또는 1.0이다.

만약 귀무가설이 거짓이라면 모평균은 서로 다르게 되므로 $MS_B$에 추가의 변동성이 있을 것으로 기대하게 된다. 결국 실험을 되풀이하면 다음과 같은 기대값을 얻게 될 것이다.

$$MS_B = \sigma^2 + n\,\frac{\sum a_j^2}{(J-1)}$$
$$MS_W = \sigma^2$$
$$F = \frac{MS_B}{MS_W} = \frac{\sigma^2 + n\,\dfrac{\sum a_j^2}{(J-1)}}{\sigma^2}$$

$a_j$는 모집단에서 j번째의 평균과 총평균 간의 차이를 말한다. 이 경우 F-비는 1.0을 초과하게 된다.



제곱평균의 기대값은 단순히 가정상 장기간에 걸친 평균값이며 동일한 실험을 가상으로 여러 번 되풀이 했을 경우 구할 수 있다.

F-비의 기대값은 모평균이 서로 얼마나 다른가의 정도만큼 증가한다. 여러분이 어떤 디자인을 사용하던 상관없이, F-비를 조합하는 모든 변동의 요인을 F-비를 검증하려는 효과만 제외하고 모두 모아 놓으려는 것이 기본 아이디어이다. 여러분이 엑셀의 일원 배치 ANOVA 도구를 사용하는 것과 상관없이 일원 ANOVA에서 수행하는 일이 바로 이것이다.

두 요인이 모두 고정이고 중첩요인이 없을 경우 이원 ANOVA에서는 주어진 요인에 대한 $MS_B$를 $MS_W$로 나눈다. 두 요인 간의 교호작용에 대해서는, 교호작용의 제곱평균을 $MS_W$로 나눈다. 하지만 혼합 모델(예를 들어, 하나는 고정요인이고 다른 하나는 임의요인인 경우)에서는 이야기가 좀 달라진다. 다루기 어려운 건 아니지만 좀 다르다. 그리고 중첩 모델인 경우에는 또 달라진다.
혼합 모델에서는 고정요인에 대한 F-검정에서 분모를 바꿔야 한다. 그리고 중첩 모델에서는 통계 소프트웨어가 교호작용이라고 여길 수 있는 요소를 조정해야 한다(중복되어 있는 이원 배치법 도구가 이 작업을 수행한다). 중첩요인에 대한 F-비의 분모도 조정을 해야 한다.
다음 절에서는 어떻게 하는지 방법을 보여주겠다. 쉬우므로 염려하지 말자.

### ✚ 혼합 모델 : 분모를 선택하기

그림 12-6에서 보면 두 개의 ANOVA표가 있는데, 이 표는 모두 영역 A1:K7의 데이터에 기반한 것이다. A10:G16에 있는 첫 번째 ANOVA표는 '분산분석 : 중복 있는 이원 배치법' 엑셀 도구로 만든 표이다. 셀 E12의 '인자 A(행)' 요인에 해당하는 F-비는 9.007이다. 자유도가 2와 30일 때 이 비는 .001 수준(셀 F12)에서 유의하다. 이 F-비 9.007은 '인자 A(행)'의 제곱평균값인 71.292를 $MS_W$ 값 7.916(셀 D12, D15)로 나눈 값이다. 하지만 여기서 F-비의 분모로 사용한 $MS_W$는 잘못되었다. ANOVA에서 두 개의 요인이 있는데 하나는 고정, 다른 하나는 임의일 때 고정요인에 대한 F-비는 그 요인의 제곱평균 : 교호작용의 제곱평균의 비가 된다. 제곱평균의 기대값에 대한 이

론과 상관계수는 이 책의 범위를 벗어나므로 생략하지만, 다음 두 가지 관련된 사항을 알아두자.

- 이 경우 고정인자에 대한 제곱평균의 기대값은 교호작용에 대한 분산, 고정효과에 대한 분산 그리고 $\sigma^2$을 포함한다.
- 교호작용의 제곱평균의 기대값은 교호작용의 분산과 $\sigma^2$을 포함한다.

따라서 이원 혼합 모델에서 고정효과의 F-비에 대한 맞는 분모값은 $MS_W$가 아니라 교호작용의 제곱평균이다. 고정요인에 대한 제곱평균의 기대값은 고정요인 자체로 인한 변동성, 교호작용으로 인한 변동성 그리고 $\sigma^2$을 포함한다. 고정요인의 제곱평균을 교호작용으로 인한 변동성과 $\sigma^2$의 조합으로 나눈다. 이 예에서는 '치료법'의 제곱평균을 '치료법'과 '병원'의 교호작용의 제곱평균으로 나눈다.

여기에서 알아두어야 할 중요한 점은 혼합 모델에서 우리가 고정요인으로 인한 변동성을 말할 때는 고정요인 자체로 인한 변동성, 고정요인과 임의요인으로 인한 교호작용으로 인한 변동성을 모두 포함한다는 것이다. 따라서 고정효과에 대한 F-비를 구할 때 적절한 분모는 교호작용의 제곱평균이다. 고정요인만 있는 모델에서는, 고정요인에 대한 기대값으로 교호작용을 고려하지 않는다. 따라서 이때는 F-비에 대한 적절한 분모는 $MS_W$가 된다.

그림 12-6의 영역 A18:G24의 두 번째 ANOVA표를 보면 '인자 A(행)'에 F-비를 바꿔서 제곱평균을 교호작용에 대한 제곱평균으로 나눴다. 셀 E20의 결과값을 보면 1.699로 훨씬 작아졌다. 자유도가 2와 18일 때(교호작용에 대한 자유도는 18이고, $MS_W$에 대한 자유도는 30이므로) F-비는 0.2수준에서도 그다지 유의하지 않다. 이것만 보면 '치료법' 요인에 어떤 신뢰할 만한 효과가 있다고 말하기 어렵다.



관찰값의 독립성이나 셀에 걸친 분산의 동질성과 같은 ANOVA의 일반적인 가정에 추가해서 혼합 모델에서는 복합대칭(compound symmetry)이라는 가정이 더 있다. 11장 "분산분석 : 더 많은 이슈"에서는 임의 블록 디자인에서 이 가정에 대해 간단하게 논의했다(대부분의 임의 블록 디자인은 혼합 모델의 예이기도 하다). 이 가정을 위반하면 명목 수준 이하로 알파를 줄어들게 하지만, 그렇게 심각하게 여겨지지는 않는다.

ANOVA 도구에서 계산을 틀리게 한 것은 아니다. 단지 ANOVA 도구에서는 요인 중 한 개가 임의요인임에도 불구하고, 두 요인을 모두 고정요인으로 다룬 것뿐이다(그리고 엑셀 도움말에서는 여기에 대해서 경고하지 않는다). 셀 F20에 대한 식을 다음과 같이 수정했다.

    =F.DIST.RT(E20,C20,C22)

'데이터 분석' 도구는 식이 아니라 고정된 결과값만을 보여주며, 이원 ANOVA에서도 역시 그렇게 한다. 따라서 셀 E20에서 식을 바꿨다고 해서 F-비가 자동으로 바뀌지는 않는다. 셀 E20에는 F-비를 위해 다음 식을 입력한다.

    =D20/D22

셀 F20에는 F.DIST.RT() 함수를 입력해서 자유도 2, 18인 중심 F-분포의 오른쪽 꼬리의 면적을 구한다. 여기에서는 해당 F-비의 오른쪽으로 분포의 약 20%의 면적이 위치한다. 그림 12-6의 예에서 실제로는 그렇지 않음에도 불구하고 고정요인이 유의한 차이를 내도록 한다고 잘못 생각할 수 있다. 여기에서 잘못된 점은 디자인상에서 임의요인이 있지만 이를 고려하지 않고 고정요인으로 다룬 것이다. 이 예에서 '병원' 요인이 여기에 해당된다. ANOVA 도구는 '병원'을 고정요인으로 다루고 실제 고정요인인 '치료법'도 고정요인으로 다룬다.

하지만 이 효과는 다르게 나타나는데 실제로는 임의요인을 고정요인으로 다루면 이 고정요인에 대해 유의하지 않은 결론을 얻을 수 있기 때문이다. 그리고 이 예에서 실제로는 치료법마다 차이가 있음에도 불구하고 '치료법' 요인이 아무런 차이를 만들지 못한다고 결론을 낼 수도 있다. 이것은 교호작용과 $MS_W$의 제곱평균의 상대적인 크기에 따라 결정된다(선택된 분모에 대한 자유도 역시 F-비의 확률의 효과에 영향을 준다).

## ✚ 중첩 효과에 대해 데이터 분석 도구 조정하기

요인이 두 개인 디자인에서 중첩 요인을 다루려면 ANOVA 도구의 결과에 앞에서와 비슷하게 수정을 해야 한다. 그림 12-7에서는 관련된 배치 문제를 모여주고 있다.

| | B1 | B2 | B3 | B4 | B5 | B6 | B7 | B8 |
|---|---|---|---|---|---|---|---|---|
| **실제 배치** | | | | | | | | |
| A1 | 3.0 | 4.0 | 7.1 | 7.1 | | | | |
| | 6.0 | 5.0 | 8.1 | 8.1 | | | | |
| | 3.0 | 4.0 | 7.1 | 9.1 | | | | |
| | 3.0 | 3.0 | 6.0 | 8.1 | | | | |
| A2 | | | | | 1.0 | 2.0 | 5.0 | 9.9 |
| | | | | | 2.0 | 3.0 | 6.0 | 9.9 |
| | | | | | 2.0 | 4.0 | 5.0 | 8.9 |
| | | | | | 2.0 | 3.0 | 6.0 | 10.8 |

| | B1 | B2 | B3 | B4 |
|---|---|---|---|---|
| **분석을 위한 배치** | | | | |
| A1 | 3.0 | 4.0 | 7.1 | 7.1 |
| | 6.0 | 5.0 | 8.1 | 8.1 |
| | 3.0 | 4.0 | 7.1 | 9.1 |
| | 3.0 | 3.0 | 6.0 | 8.1 |
| A2 | 1.0 | 2.0 | 5.0 | 9.9 |
| | 2.0 | 3.0 | 6.0 | 9.9 |
| | 2.0 | 4.0 | 5.0 | 8.9 |
| | 2.0 | 3.0 | 6.0 | 10.8 |
| | ( B5 | B6 | B7 | B8 ) |

▶▶ **그림 12-7** C2:K10에서는 개념적인 레이아웃을 보여주고 있다. 영역 C12:G20에서는 동일한 데이터를 분석을 위해 배치한 형태를 보여주고 있다.

## ✚ 중첩 디자인을 위한 데이터 배치

그림 12-7에서는 한 요인이 다른 요인에 중첩되어 있을 때 이원 ANOVA를 위해 데이터를 어떻게 놓을 지 두 가지 방법을 보여주고 있다. C2:K10 영역은 실제 데이터를 보여주고 있다. 요인 B의 레벨은 B1부터 B8까지 있는데, 이 중 B1부터 B4까지는 요인 A의 레벨 A1에만 나온다. 요인 B의 레벨 B5부터 B8까지는 요인 A의 레벨 A2에만 보인다. 이것이 바로 중첩 디자인이다(때로는 계층 디자인(hierarchical design)이라고도 한다).

하지만 그림 12-7의 C2:K10의 배치가 개념적으로 정확하기는 하지만 엑셀의 이원 ANOVA 도구에서는 이를 분석할 수 없다. 대화상자의 입력 범위로(그림 12-2) C2:K10를 지정한 다음 '확인'을 누르면 엑셀은 숫자가 아닌 데이터가 있다며 에러메시지를 보여줄 것이다.

해결방법은 그림 12-7의 C12:G20처럼 데이터를 재배치하는 것이다. 여기서는 잠깐 완전한 교차 디자인인 것처럼 가정하며 요인 B는 네 개의 레벨만 있고 요인 A의 레벨과 모두 교차되는 것처럼 만들었다. 여기서 C12:G20에 대해 '분산분석 : 반복 있는 이원 배치법' 도구를 수행하면 결과값은 그림 12-8과 같이 보인다.

그림 12-7의 C2:K10과 같은 중첩 디자인은 전통적인 의미의 교호작용은 없다. 그림 12-7의 C12:G20과 같은 두 개 요인으로 된 완전한 교차 디자인에서는 교호작용은 '한 요인이 다른 요인의 여러 가지 레벨에서 완전히 다르게 움직일 것인가'와 같은 질문을 불러일으킨다. 하지만 중첩

디자인에서 이런 질문은 할 수 없다. 한 요인에 대해 다른 요인의 레벨이 모두 나오지 않으므로, 중첩된 요인의 한 레벨이 다른 요인의 특정 레벨에서는 다르게 동작할 것인지는 알 수 없다. 즉 필요한 데이터가 갖춰져 있지 않다. 대신 나온 데이터를 보고 변동성을 한 곳에 고립시키는 것이 최선이다. 그림 12-8의 영역 A21:G27에는 두 개의 요인으로 된 중첩 디자인을 올바로 분석한 결과를 보여주고 있다. 여기서 두 가지 점을 주의하자. 중첩 요인의 제곱합과 제곱평균을 구하는 것 그리고 다른 요인에 대한 적절한 F-비를 구하는 것.

| E23 | ▼ : × ✓ fx | =D23/D24 | | | | |
|---|---|---|---|---|---|---|
| | A | B | C | D | E | F | G |
| 1 | | B1 | B2 | B3 | B4 | | |
| 2 | A1 | 3.0 | 4.0 | 7.1 | 7.1 | | |
| 3 | | 6.0 | 5.0 | 8.1 | 8.1 | | |
| 4 | | 3.0 | 4.0 | 7.1 | 9.1 | | |
| 5 | | 3.0 | 3.0 | 6.0 | 8.1 | | |
| 6 | A2 | 1.0 | 2.0 | 5.0 | 9.9 | | |
| 7 | | 2.0 | 3.0 | 6.0 | 9.9 | | |
| 8 | | 2.0 | 4.0 | 5.0 | 8.9 | | |
| 9 | | 2.0 | 3.0 | 6.0 | 10.8 | | |
| 10 | | | | | | | |
| 11 | 분산 분석:반복 있는 이원 배치법 | | | | | | |
| 12 | 분산 분석 | | | | | | |
| 13 | 변동의 요인 | 제곱합 | 자유도 | 제곱 평균 | F 비 | P-값 | F 기각치 |
| 14 | 인자 A(행) | 4.102 | 1 | 4.102 | 5.270 | 0.031 | 4.260 |
| 15 | 인자 B(열) | 192.899 | 3 | 64.300 | 82.596 | 0.000 | 3.009 |
| 16 | 교호작용 | 17.773 | 3 | 5.924 | 7.610 | 0.001 | 3.009 |
| 17 | 잔차 | 18.684 | 24 | 0.778 | | | |
| 18 | | | | | | | |
| 19 | 계 | 233.459 | 31 | | | | |
| 20 | | | | | | | |
| 21 | 분산 분석 | | | | | | |
| 22 | 변동의 요인 | 제곱합 | 자유도 | 제곱 평균 | F 비 | P-값 | F 기각치 |
| 23 | A | 4.102 | 1 | 4.102 | 0.117 | 0.744 | 5.987 |
| 24 | A 내 B | 210.673 | 6 | 35.112 | 45.103 | 0.000 | 2.508 |
| 25 | 잔차 | 18.684 | 24 | 0.778 | | | |
| 26 | | | | | | | |
| 27 | 계 | 235.5 | 31 | | | | |

▶▶ **그림 12-8** 영역 A13:G19는 ANOVA 도구의 실제 결과물을 보여주고 있다.

## ✚ 제곱합 구하기

여기에서 다룬 것과 같은 상황에서는 요인이 두 개 있고 그 중 하나는 중첩요인이다. 중첩요인에 대한 제곱합을 구하려면 중첩요인에 대한 제곱합에 ANOVA 도구가 교호작용이라고 생각하는 제곱합을 더하면 된다. 따라서 그림 12-8에서 셀 B24의 'A 내 B'의 제곱합은 셀 B15와 B16의 값을 합했다.

'A 내 B' 요인의 자유도에 대해서도 마찬가지로 적용된다. 중첩요인과 교호작용의 자유도를 더해서 'A 내 B' 요인의 자유도를 구한다. 그림 12-8의 셀 C15와 C16의 값을 합하면 'A 내 B' 요인의 자유도가 된다. 다음 'A 내 B'의 제곱평균은 셀 B24를 셀 C24로 나누면 된다. 중첩요인에 대한 F-비는 해당 요인의 제곱평균을 $MS_w$로 나누면 된다.

## ✚ 중첩요인에 대한 F-비 계산하기

이 장 앞부분에서 다룬 혼합 모델은 교호작용의 제곱평균을 고정요인에 대한 F-비의 분모로 사용한다. 이와 유사하게 중첩 디자인에서 중첩요인의 F-비를 구할 때 알맞은 분모는 중첩요인의 제곱평균이다. 그림 12-8의 예에서 요인 B는 요인 A 안에 중첩되어 있다. 따라서 요인 A의 F-비는 요인 B의 제곱평균을 분모로 사용한다.

그림 12-8에서 셀 E23에 있는 요인A에 대한 F-비는 셀 D23을 D24로 나눠서 구한 값이다. 모든 요인이 완전히 교차되어 있다고 가정한 ANOVA 도구는 각 효과(요인과 교호작용에 모두)에 대한 F-비의 분모로 $MS_w$를 사용한다. 하지만 ANOVA 도구가 가정한 완전한 교차 디자인이라는 가정 자체가 틀렸기 때문에 중첩요인에 대한 분모는 잘못 되었다. 대신 중첩요인 A의 F-비를 구하기 위해 중첩요인 B에 대한 제곱평균을 분모로 사용해야 한다. 그리고 이 예에서의 결과는 그렇게 구한 F-비는 유의하지 않다. 만약 중첩요인을 교차요인으로 다뤘을 때의 F-비값은 5.27이며 자유도는 1과 24이다. 그리고 0.03 수준에서 이 결과값은 유의하다.



중첩요인이 있는 디자인에서는 고정요인이 있는 교차요인 분석에서 사용하지 않는 가정이 더 있다. 특히 셀 내 변동성은 중첩요인으로 인한 변동성을 모두 합해야 한다. 중급수준의 통계책에서는 이것과 비슷한 상황에서의 합동분산의 동질성을 검증하는 과정에 대해 설명하고 있다.

엑셀의 '데이터 분석' 추가 기능에는 '분산분석 : 반복 있는 이원 배치법'은 두 개의 요인이 있으며 요인이 모두 고정요인이고 모두 완전히 교차된 경우를 가정하고 있다. 그리고 추가로 모든 디자인 칸 안에 관찰값의 개수가 동일해야 한다. 이런 제한사항에도 불구하고 이 도구를 써서 '한 요인은 임의, 다른 요인은 고정인 디자인(혼합 모델)'이나 '한 요인이 다른 요인에 중첩되어 있는 디자인' 등을 쉽게 처리할 수 있다.

각각의 경우 고정요인에 대한 F-비를 조정하거나 혹은 중첩요인이 있는 경우 중첩요인에 대한 F-비를 조정해야 한다. 하지만 ANOVA 테이블을 보고 쉽게 결과를 조정할 수 있다. 중첩요인의 경우, 제곱합과 자유도를 구할 때 각각 교호작용의 값도 합해야 한다. 이렇게 값을 고쳐서 ANOVA도구의 기능을 확장할 수 있다. 그리고 이렇게 값을 고쳐서 유의한 효과를 유의하지 않다고 잘못 결론 내릴 가능성을 줄여줄 수 있다. 물론 반대로 유의하지 않은 효과를 유의하다고 잘못 결론 내릴 가능성도 줄여준다.

# 13

# 통계적
# 검정력

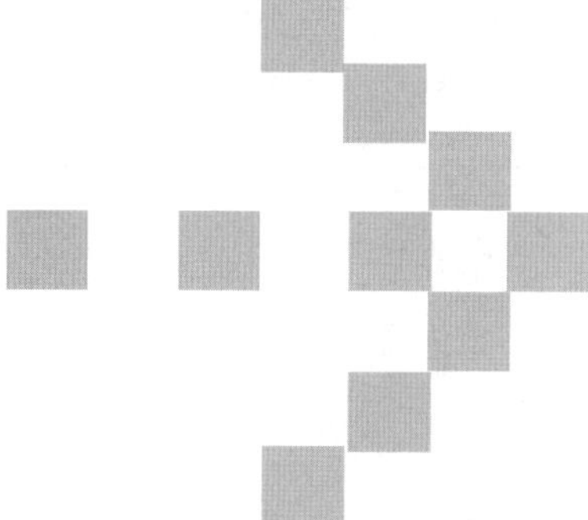

실제 실험을 수행할 때 여러분은 관심 있는 모집단에서 가능한 개체를 임의로 뽑은 다음 이것들을 하나이상의 그룹에 임의로 할당한다. 이런 그룹들은 처리군(treatment group)이나 대조군(control group)일 수도 있고, 혹은 두 개 이상의 처리군과 대조군일수도 있다. 어떤 종류의 오류(샘플링 오차나 측정 오차 등)로 인해 여러분의 처리가 실제로는 효과가 없음에도 불구하고, 이 처리가 모집단에 대해 신뢰할 만하고 재현 가능한 효과가 있다고 잘못 결론을 내릴 가능성을 제1종 오류(Type I error)라고 한다. 제1종 오류를 낼 확률을 측정할 수 있는데, 이런 확률을 "통계적 유의성" 혹은 알파라고 하고 $\alpha$로 표시한다.

제1종 오류와 유사한 오류가 또 있다. 실험을 통해서 여러분의 처리가 모집단에 아무 효과를 주지 못한다고 결론을 냈지만, 실제로는 효과가 있는 경우이다.

제2종 오류를 측정하고 이런 오류가 일어날 확률을 계산할 수 있는데 이런 확률을 보통 베타라고 하며 β로 표시한다.


# 1. 위험을 제어하기

몇 가지 요인으로 제1종 오류와 제2종 오류가 일어날 확률을 결정할 수 있도록 도울 수 있다. 이런 요인들은 표본의 크기일 수도 있고 그룹 평균 간 차이의 크기일 수도 있으며 그룹 평균 간 차이에 대한 결과의 표준편차의 크기 비일 수도 있다.

이런 정보들을 가지고 있으면 엑셀을 사용해서 제2종 오류를 일으키지 않을 확률을 계산할 수 있다. 이 확률을 '통계적 검정력(statistical power)'이라고 하며 1 - β와 동일하다. 별 대단한 것은 아니니 긴장하지 말자. 제2종 오류를 일으킬 확률은 β이다. 그리고 1 - β는 제2종 오류를 일으키지 않을 확률이다. 이것이 통계적 검정력이다(줄여서 검정력(power)이라고 한다).

검정력은 통계적 검정이 얼마나 민감한지를 나타내며 검정이 민감하면 처리군과 대조군 사이에 정말 신뢰할만한 차이가 있을 때 이것을 잘 감지해낼 수 있다. 여러분이 수행하고 있는 검정이 그다지 신뢰할 만하지 않으면, β의 확률로 제2종 오류를 일으키게 된다. β가 작아질수록 1 - β는 커지며 검정력도 커진다. 통계적 검정력은 실험을 설계할 때 여러 가지 이유로 고려해야 할 중요한 요소이다. 중요한 두 가지 이유를 다음에 설명해놓았다.


### ✚ 방향가설과 비방향가설

어떤 대립가설을 선택했는지 그 종류에 따라 검정력에 끼치는 영향도 달라진다. 차이의 방향이 문제되지 않는 경우 비방향가설(예를 들어 "우리 실험군의 평균은 대조군의 평균과 다를 것이라고 가정한다")을 선택할 수 있다. 아니면 차이의 방향이 중요한 경우는 방향가설(예를 들어 "처리군의 평균이 대조군의 평균보다 높다고 가정한다")을 선택할 수도 있다.

만약 방향가설 대신 비방향가설을 선택하면 실험자의 검정력이 쉽게 바뀔 수 있다. 즉 80%에서 40%와 같이 절반이 될 수 있다. 가상으로 동일한 실험을 계속 반복했을 때 80%에서 처리의 효과를 인식할 수 있었으면 그것이 40%로 바뀐다.

대립가설의 방향은 검정력과 제1종 오류(혹은 알파)와 밀접하게 관련되어 있다. 이 장 뒤에 나올 절에서 알파와 가설의 방향성에 대해 좀 더 자세히 다루겠다.

## ✚ 표본크기 바꾸기

 표본의 크기도 검정력에 영향을 끼친다. 검정력의 원하는 수준에 따라 최적으로 맞는 표본크기가 있으며 최적의 표본크기를 알아보기 위해 사전 연구를 해볼 수도 있다. 너무 작은 표본에 대해 계획을 할 때는 이런 분석이 필요하다(표본이 너무 작을 때는 검정력이 20%밖에 안돼서 너무 많은 처리 효과를 놓쳐버릴 수도 있다).

표본의 크기가 너무 많은 때도 마찬가지다. 그룹당 개체가 50개가 있을 때 검정력이 90%일 수 있다. 검정력 분석을 해보았더니 그룹당 개체가 25개 있을 때 검정력은 여전히 85%였다. 검정력을 겨우 5% 높이고자, 희소한 자원을 큰 그룹 크기에 할당할 것인지는 여러분의 결정에 달려있다.

## ✚ 검정력을 시각화하기

알파와 베타 모두 실수를 할 확률이다. 하지만 이들은 두 가지 다른 사실을 가정하고 있다.

- 실제로는 평균 사이에 차이가 없다. 하지만 모집단에서 그룹 평균 사이에 차이가 있다고 결정할 확률이 알파이다.
- 실제로는 평균 사이에 적어도 하나 이상의 차이가 있다. 하지만 모집단에서 그룹 평균 사이에 차이가 없다고 결정할 확률이 베타이다.

### − 기본 분석

검정력을 시각화하기 위해 그룹 간 평균의 차이가 없는 경우와 모집단의 그룹 사이에 적어도 하나 이상의 차이가 있는 경우에 대해 여러분의 검정 통계치의 분포를 보여주는 것이 도움이 된다. 우선 간단한 상황부터 시작해보자. 여러분이 나쁜 콜레스테롤 수치를 낮춰주는 신약을 개발했다고 가정해보자. 20명의 사람들을 임의로 선택해서 2개의 그룹에 할당했다. 한 그룹은 신약을 먹는 처리군이고, 다른 그룹은 플라세보 약을 먹는 대조군이다.

한 달 동안 약을 먹은 다음 40명의 환자들로부터 콜레스테롤 수치를 측정했다. 다음 각 그룹의 평균 콜레스테롤을 계산하고, 각 대조군의 평균에서 처리군의 평균을 뺀다.

이제 가설은 다음과 같다.

- 귀무가설은 "표본을 뽑는 모집단이 있을 때, 신약을 먹은 모집단의 평균 콜레스테롤 수치와 플라세보 약을 먹은 모집단의 평균 콜레스테롤 수치는 동일하다"가 된다.
- 대립가설은 "치료 모집단의 콜레스테롤 수치는 플라세보 모집단의 수치보다 낮다"이다.

이 두 상태는 그림 13-1을 참고하자. 신약(혹은 플라세보)을 먹은 다음 두 모집단의 평균 콜레스테롤 수준은 동일할 수 있다. 이 경우 똑같은 실험을 반복에 반복을 거듭했을 때, 평균의 차이는 0 이거나 0에 가깝게 될 것이다. 물론 샘플링 오차 때문에 어떤 실험 결과에서는 양수의 차이가 있을 수도 있고, 어떤 실험 결과에서는 음수의 차이가 있을 수 있다.

### – 모평균 사이에 차이가 없는 경우

모평균이 차이가 나지 않을 때 실험을 반복해서 그 결과를 점으로 찍어보면 그 결과는 그림 13-1 의 왼쪽 곡선과 같을 것이다. 이 곡선의 평균은 0인데 두 모집단의 평균 콜레스테롤이 같기 때문 이다. 하지만 샘플링 오차 때문에 어떤 실험 결과에서는 차이가 0보다 클 수도 있고, 어떤 실험 결 과에서는 차이가 0보다 작을 수도 있다.

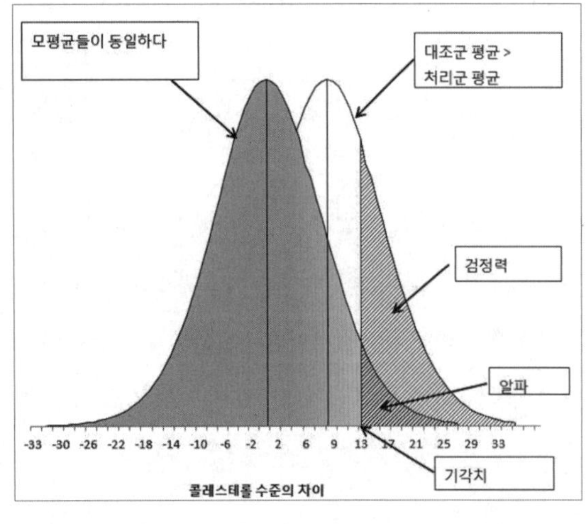



▶▶ **그림 13-1** 왼쪽의 곡선은 모평균이 차이가 없는 경우를 나타낸다. 오른쪽의 곡선은 모평균이 차이가 나는 경우를 나타낸다.

만약 알파수준으로 5%를 채택했으면 약 5%의 확률로 참인 귀무가설을 기각할 수 있다. 샘플링 오차 때문에 어떤 경우는 평균 차이가 너무 커져서(이 경우 알파와 관련된 기각치는 13이며, 13보다 커지면) 귀무가설이 참이라고 주장하기에는 적절하지 않을 수 있다. 모평균 간에 차이가 없는 경우일지라도 이런 일이 발생할 수 있으므로, 모평균 간에 차이가 있다고 결론을 내리는 것은 오류가 있을 수 있다. 전통적으로 이런 오류를 '제1종 오류'라고 한다. 그리고 이런 일이 발생할 확률을 알파라고 하며 $\alpha$로 표시한다.

### – 모평균 사이에 차이가 있는 경우

신약이나 플라세보 약을 먹은 후 두 모집단 사이에 정말로 콜레스테롤 수준의 차이가 생겼다면 어떻게 될까? 그렇다면 플라세보 약을 먹은 모집단의 콜레스테롤 수준은 신약을 먹은 모집단보다 약 8점 정도로 높을 것이다. 동일한 실험을 반복해서 되풀이한 결과를 보면, 표본평균 사이에 평균 차이는 8이나 이에 가까운 수가 될 것이다. 하지만 실험을 되풀이하다 보면, 모집단 사이에 차이가 8점이 나는데도 불구하고, 결과값이 8점 보다 더 차이가 나거나 덜 차이가 나는 경우들이 있다.

계속 실험을 되풀이하면서 이 결과를 차트에 찍다 보면 그림 13-1의 오른쪽과 같은 곡선을 얻게 된다. 모평균 간 차이가 8이기 때문에 평균값은 8이 된다. 어떤 실험에서는 평균 차이가 0보다 작은 경우도 있고, 어떤 경우는 13보다 클 수도 있다. 귀무가설이 거짓이고 따라서 대립가설이 참일 때 통계적 검정력은 의미 있다. 그림 13-1과 같은 상황에서는, 실험군의 콜레스테롤 수준이 대조군에 비해 최소 13 포인트 낮으면 귀무가설을 기각한다.

그림 13-1의 경우에서는 처리군의 모평균이 플라세보 그룹보다 12포인트나 낮아도, 이런 경우는 절반 이하의 경우에만 발생한다(관찰된 차이는 12이며 이는 기각치 13을 초과하지 않기 때문이다). 이 실험은 검정력이 상대적으로 높지 않도록 디자인되었다. 만약 미리 알았다면, 이런 실험을 진행하느라 비용과 노력을 들이지 않았을 것이다. 이 약이 실제로 효과가 있을 때 이 약으로 차이가 날 수 있다고 결론을 내릴 가능성은 반-반의 확률보다 낮다. 만약 모집단 값을 정말 알고 있었다면 다르게 결론을 냈을 것이다. 전통적으로 이런 오류를 '제2종 오류'라고 한다. 그리고 이런 일이 발생할 확률을 베타라고 하며 $\beta$로 표시한다.

## ✚ 검정력 측정하기

이 실험에서 정확하게 검정력은 무엇일까? 앞에서도 말했듯 β는 확률이고, 검정력은 $1-β$이다. 따라서 검정력을 측정하는 것도 가능하다. 이 장에서 말한 실험에서 쉽게 이 값을 구할 수 있다. 여기에 관련된 그룹은 두 개밖에 없으며 결과값을  측정하기 위해 실험자는 t-검정을 사용할 수 있다. 엑셀에서는 t-분포를 분석하기 위한 함수가 잘 갖춰져 있으므로, 이 경우 다음 정보를 가지고 t-검정의 검정력을 구할 수 있다.

### – 필요한 숫자

사전에 얻은 정보에 의하면 여러분의 시약은 콜레스테롤 수준을 평균 8.5포인트 낮춰줄 수 있고, 개체의 표준편차는 약 7.8포인트이다. 전체 실험에서는 각각 두 개의 그룹에 20명씩을 할당했으므로, t-검정에서 자유도는 $40-2=38$, 즉 38이다. 알파는 5%, 0.05를 채택했다. 따라서 만약 귀무가설이 참이라고 가정했을 때의 표본의 차이가 전체 5%에서 발생하면, 실제로는 모평균에 차이가 없음에도 불구하고 귀무가설을 기각할 가능성이 있다.

따라서 표본평균의 차이가 13.1이면 귀무가설을 기각한다. 이 숫자는 여러분의 기각치이다. 자유도가 38인 t-분포의 95%는 평균의 차이가 13.1이하이다. 이 기각치 13.1을 구하는 계산식은 다음과 같다. 엑셀의 T.INV() 함수를 써서 자유도 38인 t-분포에서 95%가 1.69 아래에 위치함을 알 수 있다.

    =T.INV(0.95,38)

위 함수 T.INV()는 t-값 1.69를 반환한다. 이 t-값을 여러분이 측정하고 있는 콜레스테롤 측정값으로 변환해보자. t-값 1.69를 표준편차 7.8을 곱해보자. 결과는 13.1이다.

### – 기각치에서 검정력까지

평균이 8.5이고 표준편차가 7.8인 분포에서, 다음 엑셀 식을 써서 기각치 13.1의 오른쪽으로 곡선 아래 면적이 얼마나 위치하는지 알 수 있다. 첫 번째 인자는 T.DIST()에서 t-값을 계산한다. 기각치 13.1에서 평균값 8.5를 뺀 다음, 표준편차 7.8로 나눈다.

    = 1 - T.DIST((13.1 - 8.5) / 7.8,38,TRUE)

여기에서 논의하고 있는 분포는 평균 차이의 분포이다. 즉 이 분포는 여러 번의 실험을 거쳐서 나온 결과 중에서, 처리군과 대조군 간의 평균의 차이를 가지고 만든 분포이다. 이 차이 자체는 표준편차를 가진다. 여기서 그 값은 7.8이다. 9장 "평균 간의 차이를 테스트하기 : 더 많은 이슈"와 이 장에서 나오는 다음 절에서는 '표본평균의 차이의 표준오차'를 계산하는 의미에 대해 다루고 있다.

엑셀 2010과 2013에서는 모두 통계 함수 T.DIST.RT()가 있다. 이 함수는 곡선 오른쪽 부분의 면적을 바로 구할 수 있도록 도와준다. 이 함수가 없으면 1에서 왼쪽 부분의 면적을 빼야 한다. 이 경우 다음과 같이 사용할 수 있다.

=T.DIST.RT((13.1 − 8.5) / 7.8,38)

1−T.DIST()이나 T.DIST.RT() 모두 0.28을 반환한다. 여기서 이 값이 t-검정의 검정력이다. t-분포 면적의 28%가 기각치 13.1의 오른쪽에 위치한다. 13.1값은 t-값 1.69에 표준오차 7.8을 곱한 값이다. 이 기각치는 귀무가설을 나타내는 분포의 상위 5%, 즉 알파만큼을 나누는 값이다. 하지만 기각치 13.1은 대립가설을 나타내는 분포의 28%도 나눈다. 만약 대립가설이 맞는다면(즉, 신약이 모집단의 콜레스테롤 수준에 영향을 준다면) 귀무가설을 기각하기 위해 여전히 표본에서 13.1포인트만큼 차이가 있게 된다. 대립가설이 정말 참이라면, 이런 일은 전 실험에서 28%에 걸쳐 발생한다.

다른 말로 하면 여기의 실험은 상대적으로 검정력이 낮다. 잘못된 귀무가설을 기각하는 것은 넷 중 한 번 정도에 불과하다. 다음 절에서는 검정력을 증가시킬 수 있는 방법에 대해 다루겠다.
다음 절에 들어가기 전에 지금까지 논의한 사항을 복습해보자.

- 이 간단한 실험에서는 두 가지 사실을 가정하고 있다. 하나는 표본에 나타난 사실을 보면 모집단에서 치료약으로 인한 효과가 없다(귀무가설)이고 하나는 차이가 있다(대립가설)는 것이다.
- 알파를 특정 값으로 설정해서, 참인 귀무가설을 기각하지 않도록 바라는 기각치를 만들었다. 만약 신약을 먹은 후 결과가 기각치 안에 있으면 귀무가설을 채택하고 대립가설을 기각한다.

- 신약을 적용한 결과가 기각치를 벗어나면, 귀무가설을 기각하고 대립가설을 채택한다.
- 대립가설을 나타내는 분포에서 기각치 위에 있는 부분은 귀무가설을 기각할 확률이다. 만약 대립가설이 참이면, 그 분포가 현실을 반영하는 것이 된다. 이것이 통계적 검정의 검정력이다. 즉 잘못된 귀무가설을 기각할 확률이다.

좀 더 간단하게 설명하면 귀무가설을 기각하게 위한 정책에 따라 기각치를 만들자. 대립가설을 나타내는 분포에서 이 기각치를 넘어가는 부분의 면적을 계산하자. 이 부분이 검정의 검정력이다.


## 2. t-검정의 검정력

이 장의 주요 목적은 F-검정을 분산분석(ANOVA)의 분포로 사용할 때 F-검정의 검정력을 계산하고 그 의미를 설명하는 것이다. 하지만 이 절에서는 t-검정의 검정력에 대해 초점을 두고 있다. 그 이유는 F-검정보다는 t-검정이 검정력을 시각화하거나 계산하기에 훨씬 쉽고 직관적이기 때문이다. 따라서 이 절에서는 F-검정의 검정력을 계산하기 위해 소개를 하는 장으로 하겠다. 앞서 말했듯 통계 검정의 검정력은 귀무가설이 실제로는 거짓일 때 거짓인 귀무가설을 기각할 확률이다.

t-검정은 보통 표본에 기반한 두 평균 사이의 차이를 비교할 때 사용한다. 이 표본은 모집단에서 뽑는다. 그럼 결국 t-검정의 검정력은 두 모평균이 정말 다를 때, 두 모평균이 다르다고 결론을 내릴 확률이다(이것은 다른 모평균이 다를 뿐 아니라 다른 한쪽보다 크거나 작다고 맞게 결론을 내릴 확률을 표현할 때도 사용할 수 있다). 같은 맥락에서 보면 t-검정의 검정력에 다음과 같은 상황들이 영향을 끼칠 수 있다.

- 대립가설이 비방향성이다.
- 대립가설이 방향성이다.
- 관찰값의 개수가 바뀐다.
- 디자인에서 종속그룹(혹은 대응) t-검정을 필요로 한다.

다음 네 개 절에서는 이 네 가지 상황이 t-검정의 검정력에 어떤 영향을 미치는지 살펴보겠다. F-검정의 검정력에 대한 영향도 이와 비슷하다.

## ✚ 비방향가설

t-검정을 이끌기 위해 비방향 대립가설을 만들었으면 '두 그룹의 모평균이 다르다'고 가설을 만든다. '어떤 평균이 다른 평균보다 크다'는 식으로는 가설을 만들지 않는다. 비방향 가설을 사용하면 알파값(참인 귀무가설을 기각할 확률)을 t-분포의 양쪽 꼬리로 나눠야 한다.

note_

> 분포의 양쪽 꼬리로 알파를 나누면 비방향 대립가설을 설명하기 위해 양측 검정을 사용해야 한다. 이 방법을 쓰면 F-검정과 다음에 나오는 다중 비교 검정에서 혼란이 있기 때문에 이를 사용하지 않으려 했다. t-검정과는 대조적으로 F-검정은 항상 꼬리가 한 개이며 방향 대립가설을 사용해도 마찬가지이다.

그림 13-2에서는 실험자가 비방향 가설을 만든 상황을 보여주고 있다.

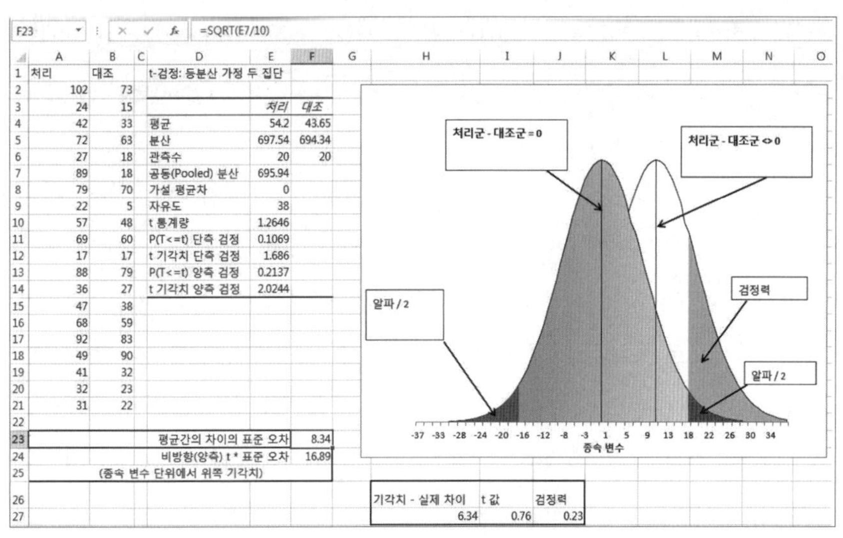



▶▶ **그림 13-2** 알파수준은 왼쪽의 곡선 양쪽 꼬리로 나뉘었다.

그림 13-2에서는 엑셀의 '데이터 분석' 추가 기능을 이용해서 셀 A2:B21의 데이터를 가지고 두 그룹 평균 간의 차이를 검증했다. 추가 기능에서 't-검정 : 등분산 가정 두 집단' 도구를 선택했다. 그림 13-2에서 왼쪽의 곡선은 귀무가설을 나타내며 두 모평균 사이에 차이가 없다고 주장한다. 만약 두 평균이 동일하면 표본을 반복해서 뽑았을 때 처리군 평균에서 대조군 평균을 빼면 장기적으로 평균값은 0이 된다. 어떤 표본에서는 차이가 0보다 작을 수 있고, 어떤 표본에서는 차이가 0보다 클 수 있다. 이 차이를 가지고 차트를 그려보면 표본이 많아졌을 때 결국 그림 13-2의 왼쪽 곡선과 같은 곡선을 볼 수 있다.

## – 알파를 나누기

알파를 5%로 채택하고 나서 곡선 아래 양쪽에 짙게 칠해진 부분을 보자. 각각 곡선의 2.5% 면적에 해당한다. 그림 13-2에서 이 짙은 부분은 알파/2이다. 사실 우리는 실험 한 개만 수행한다. 만약 귀무가설이 참이라고 가정해보자. 이때 운 나쁘게도 표본의 두 그룹의 평균 차이가 매우 컸다고 해보자. 18보다 크거나 혹은 -17보다 작았다. 만약 운이 나쁘면 뜻밖의 결론에 도달하게 된다. 표본평균 간의 차이가 지나치게 컸기 때문에 물론 모평균에는 이런 차이가 없었음에도 불구하고 모평균 사이에도 이런 큰 차이가 있다고 결론을 내릴 수 있다.

## – 차이가 있을 때 일을 바로 잡기

그림 13-2에서 보면 오른쪽에도 곡선이 있는데 처리군의 모평균이 대조군의 모평균과 다르다는 대립가설을 나타낸다. 여기에서는 처리군의 평균이 대조군의 평균 보다 10.55포인트 크다. 따라서 표본평균 간의 차이를 나타내는 분포는 평균값이 10.55이다. 가상의 표본 중 어떤 것은 평균값이 10.55보다 크고, 어떤 것은 평균값이 10.55보다 작다.

표본평균 차이가 -17과 17사이에 있을 때, 어떤 알파수준을 선택했는지에 따라 귀무가설을 채택할 수도 있고, 대립가설을 기각할 수도 있다. 이러한 기각치 값들은 왼쪽에 있는 곡선의 양쪽의 짙게 칠해진 부분의 경계선 값들이다. 하지만 만약 평균 차이가 17보다 크거나, -17보다 작으면, 귀무가설을 기각한다. 만약 실제로 모평균 차이가 0이 아니라면 일을 맞게 하고 있는 것이다. 즉 잘못된 귀무가설을 기각하고 있다. 만약 모집단 차이가 실제로 10.55라면 이 경우 t-검정의 검정력을 측정할 수 있다. 검정력 부분은 오른쪽 곡선에서 이 기각치 오른쪽에 해당하는 면적이다. 대립가설이 사실이라고 가정했을 때 만약 모집단 차이가 10.55라면, 이때 기각치 값보다 더 큰 표본 결과를 얻게 될 확률이며, 이것이 t-검정의 검정력이다.

### – 검정력을 측정하기

엑셀에서 검정력을 다음처럼 측정할 수도 있다.

기각치(그림 13–2의 셀 F24값, 16.89)와 오른쪽 곡선의 평균값(10.55, 셀 E4:F4에서 처리군 평균과 대조군 평균의 차이)의 차이를 구한다. 이 차이는 셀 H27의 값 6.34이다. 이 6.34를 평균값의 차이의 표준오차로 나눠보자. 이 경우 표준오차는 8.34이며 그림 13–2 셀 F23의 값이다. 나눈 결과값은 0.76이다. 이 값은 셀 I27에 보이며 이것이 t–값이다. 즉 평균과 기준 간의 차이를 표준오차로 나눈 값이다. 엑셀의 T.DIST.RT() 함수에서는 자유도 38인 t–분포에서 t–값인 0.76 오른쪽의 면적을 구한다.

$$T.DIST.RT(.76, 38) = 0.23$$

다른 말로 하면 이 t–검정의 검정력은 0.23, 즉 23%이다. 그다지 강력한 검정은 아니다. 다음 세 개 절에서 검정의 검정력을 어떻게 증가시킬 수 있는지 알아보겠다.

## ✚ 방향가설 만들기

비방향가설 대신 방향가설을 만들면 검정력을 증가시킬 수 있다(그림 13–3을 참고).

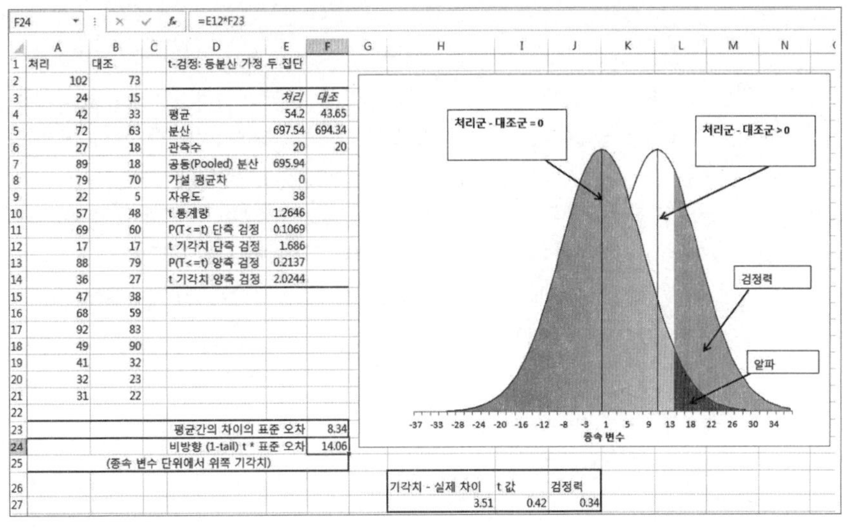


▶▶ **그림 13-3** 알파수준을 나누지 않고, 왼쪽 곡선의 오른쪽 꼬리 부분의 짙게 칠해진 부분에 전체 알파를 할당했다.

그림 13-2에서는 비방향 대립가설을 가정하고 있다. 즉 '처리군 평균은 대조군 평균과 다르다'라고 가정했다. 따라서 여기에서는 처리군의 평균이 대조군의 평균 보다 높을 수도 있고, 낮을 수도 있는 가능성이 있다. 이 경우 알파율을 귀무가설을 나타내는 분포에서 양쪽 꼬리로 나눠야 한다. 하지만 여기서 만약 처리군의 평균이 대조군의 평균보다 낮을 수도 있다는 가능성을 배제하면, 모든 알파값을 왼쪽 곡선의 오른쪽 꼬리에만 할당할 수 있다. 그림 13-3의 상황이 바로 이것이다. 여기서 알파는 '알파/2'가 아니라 그냥 '알파'이다. 전체 분포의 5% 영역이 오른쪽 꼬리 부분에 해당한다. 이렇게 하면 기각치가 더 낮아진다. 그래프를 보면 알파는 수직선상 14에서 곡선을 나눈다. 그림 13-2에서 보면 기각치는 거의 17이었다.

귀무가설을 기각하기 위해 비방향가설에서 필요했던 만큼의 평균 차이보다, 방향가설에서는 평균의 차이가 더 적어도 된다. 다른 말로 해보면 방향가설을 쓰면 t-검정의 검정력이 더 커진다. 이 경우 그림 13-3의 셀 J27에서 T.DIST.RT() 함수는 0.34, 즉 34%를 반환해준다. 이 값은 비방향가설의 23%보다 10% 더 큰 값이다. 이렇게 검정력이 더 커진 이유는 기각치가 수직선상에서 왼쪽으로 이동하기 때문이다. 이렇게 되면 기각치 오른쪽에 있는 오른쪽 곡선 아래의 면적이 더 커진다. 검정력을 더 늘리기는 했지만 34%로는 충분하지 않은 것 같다. 검정력을 증가시키는 또 다른 방법은 표본크기를 늘리는 방법인데, 다음 절에서 다루겠다.

`note_`

검정력을 늘리기 위한 방법 중 방향가설을 만드는 방법과 관련돼서 알파를 늘리는 방법이 있다. 여기에서는 0.05인데 이를 한 0.1로 늘려보자. 처음 알파를 설정할 때는 정책에 의해 제1종 오류를 범할 가능성을 5%로 제한하겠다고 정한 것이다. 물론 10%로 정할 수도 있다. 이렇게 하면 알파값도 바뀌지만 검정력도 바뀐다. 이 두 값은 올바른 결정을 할 이익과 제1종 오류, 제2종 오류를 일으킬 상대적인 비용에 기반해서 결정해야 한다. 만약 여러분이 새로운 골프채의 가격과 성능비를 평가해보고 있다고 생각해보면 이러한 손익분석은 매우 간단할 것이다. 반대로 심장병을 치료하기 위한 신약의 효과를 평가해보고 있다면 이런 손익분석은 지극히 어려울 것이다.

## ✚ 표본의 크기 증가시키기

그림 13-4에서는 표본의 크기를 20에서 40으로 두 배 늘렸다.

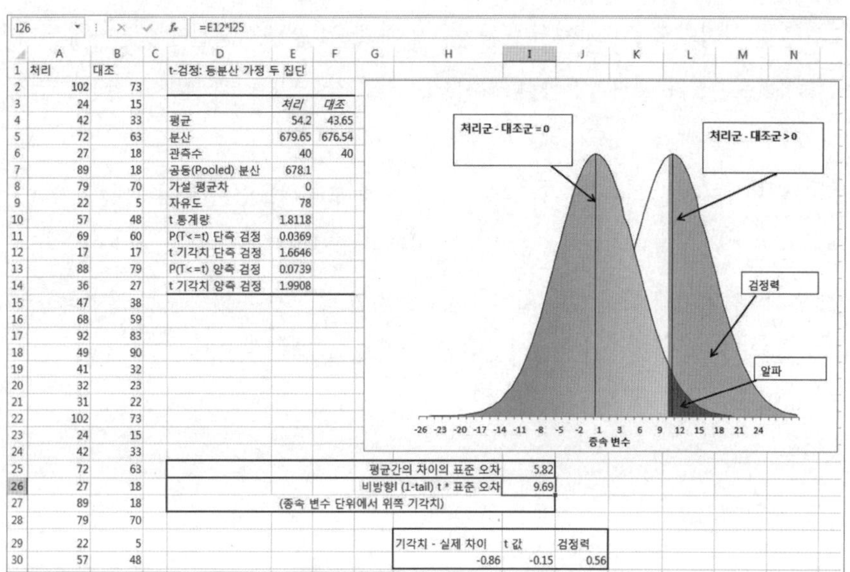


▶▶ **그림 13-4** t−검정의 자유도는 38에서 78로 증가했다.

그림 13-4와 같은 상황에서 t−검정의 검정력은 50%이상이다. 셀 I25의 평균 간 차이의 표준오차 값은 5.82이다. 그림 13-2에서는 13.3이었고 표준오차는 8.34이다. 기각치는 특정 확률(여기서는 1.64)에 대한 t−값을 평균 간 차이의 표준오차를 곱해서 구한다. 표본크기가 두 배가 되면서 표준오차가 줄어들었기 때문에(8.34에서 5.82로) 기각치는 낮아졌다. 그림 13-3에서처럼 기각치가 낮아지면 t−검정의 검정력이 증가한다.

그림 13-4의 검정의 검정력은 사실 55.8%이다. 차트상에서 확인해보자. 오른쪽 곡선의 검정력을 나타내는 영역은 곡선의 오른쪽 절반과 함께 곡선의 왼쪽도 약간 차지하고 있다. 검정력은 오른쪽 곡선의 평균에서 왼쪽방향으로 확장되고 있다. 처음 시작할 때 검정력은 23%였는데 현재 56%는 매우 증가한 값이다. 하지만 종속그룹 t−검정을 쓰면 더 나아질 수 있다.

## ✚ 종속그룹 t-검정

두 표본 그룹 '처리'와 '대조'의 각 관찰값이 사실은 짝을 이루고 있다고 가정해보자. 예를 들어 서로 형제관계라던가, 아니면 동일한 모델의 두 자동차라고 해보자. 이 경우 두 점수 사이에 상관을 계산할 수 있다. 만약 상관이 충분히 크면 점수에서 변동성의 많은 부분을 상관에 기여하도록 할 수 있다. 따라서 평균 간 차이의 표준오차에서 변동성을 없애고, 이 만큼을 상관에 할당하게 된다. 따라서 평균 간 차이의 표준오차는 작아진다. 따라서 기각치도 작아진다. 그 결과 t-검정의 검정력은 증가한다(그림 13-5를 참고).

그림 13-4에서처럼 그림 13-5에서는 평균 간 차이의 표준오차가 줄어들었는데 이번에는 4.24(셀 F23)이다. 다시 한 번 강조하지만 표준오차의 크기가 줄어들면 기각치를 낮추는 효과가 있고 이번에는 7.34이다(셀 F24를 참고). 왜 이런 일이 일어났는지 보려면 평균 간 차이의 표준오차 식을 보자. 표준오차 식은 평균들이 모두 독립적인 그룹에서 왔으며 각 그룹당 관찰값의 개수가 n으로 동일함을 가정하고 있다.

$$\sqrt{(s_1^2 + s_2^2)/n}$$

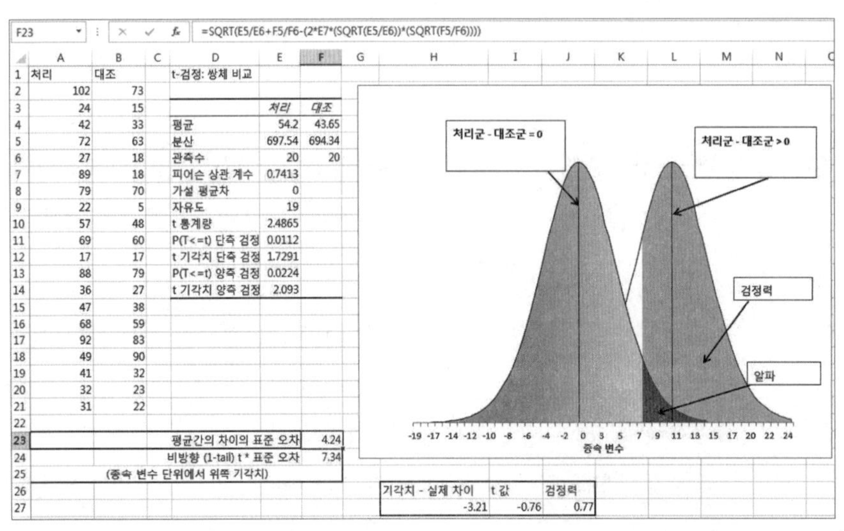



Excel 시트 내용:

| | A | B | C | D | E | F |
|---|---|---|---|---|---|---|
| 1 | 처리 | 대조 | | t-검정: 쌍체 비교 | | |
| 2 | 102 | 73 | | | 처리 | 대조 |
| 3 | 24 | 15 | | | | |
| 4 | 42 | 33 | | 평균 | 54.2 | 43.65 |
| 5 | 72 | 63 | | 분산 | 697.54 | 694.34 |
| 6 | 27 | 18 | | 관측수 | 20 | 20 |
| 7 | 89 | 18 | | 피어슨 상관 계수 | 0.7413 | |
| 8 | 79 | 70 | | 가설 평균차 | 0 | |
| 9 | 22 | 5 | | 자유도 | 19 | |
| 10 | 57 | 48 | | t 통계량 | 2.4865 | |
| 11 | 69 | 60 | | P(T<=t) 단측 검정 | 0.0112 | |
| 12 | 17 | 17 | | t 기각치 단측 검정 | 1.7291 | |
| 13 | 88 | 79 | | P(T<=t) 양측 검정 | 0.0224 | |
| 14 | 36 | 27 | | t 기각치 양측 검정 | 2.093 | |
| 15 | 47 | 38 | | | | |
| 16 | 68 | 59 | | | | |
| 17 | 92 | 83 | | | | |
| 18 | 49 | 90 | | | | |
| 19 | 41 | 32 | | | | |
| 20 | 32 | 23 | | | | |
| 21 | 31 | 22 | | | | |
| 22 | | | | | | |
| 23 | | | | 평균간의 차이의 표준 오차 | | 4.24 |
| 24 | | | | 비방향 (1-tail) t * 표준 오차 | | 7.34 |
| 25 | | | | (종속 변수 단위에서 위쪽 기각치) | | |

▶▶ **그림 13-5** 상관에 대해 고려하면 검정력이 늘어나며, ANCOVA가 ANOVA의 검정력을 높일 수 있는 것만큼 높일 수 있다.

다음 식은 평균들이 쌍으로 이루어진 관찰값으로 된 그룹, 즉 종속그룹의 평균에 대한 표준오차에 대한 식이다.

$$\sqrt{((s_1^2 + s_2^2)/n) + (2r\left(\frac{s_1}{\sqrt{n}}\right)\left(\frac{s_2}{\sqrt{n}}\right))}$$

바로 위에 나오는 두 번째 식은 첫 번째 식에서 두 그룹 간의 상관 $r$의 크기에 대한 식을 뺀다. 따라서 상관은 더 커지고 표준오차는 더 작아진다. 표준오차가 작아지면, 기각치는 작아진다(기각치는 표준오차와 알파의 크기와 관련된 t-값을 곱한 값이다).

이 절에서 논의한 각각의 방법과 그 결과값은 분산분석이나 공분산분석에서 사용하는 F-검정에서도 사용할 수 있다.

- 유의한 F-검정 다음 다중 비교 절차를 계획할 때, 방향가설을 선택해야 한다.
- 특정 조건하(이 장의 나머지 부분에서 다룰 것이다)에서 F-검정의 검정력을 계산한 다음, 계속 검정을 진행해도 될 만큼 검정력이 높은 것인지 결정할 수 있다. 이 경우 표본크기를 늘리면 검정력이 얼마나 늘어날 것인지 평가해볼 수 있다.
- 공분산분석을 수행할 것인지 결정해야 한다. 이 경우 다변량과 결과 사이의 관계에 오차분산을 할당하게 된다. 이 결과로 오차분산의 정도가 작아지며 상관이 어느 정도 강하면 결과값은 종속그룹 t-검정을 수행했을 때의 값과 동일해진다.

각각의 경우 서로 다른 조건하에 F-검정의 검정력을 알아볼 수 있다. 다음 절에서는 F-검정의 검정력을 측정할 때 발생할 수 있는 문제에 대해 알아보겠다.

## 3. F-분포에서 비중심성 모수(Noncentrality Parameter)

F-비는 두 분산의 비율이다. 분산분석의 면에서 사용하면 한 분산(분자)은 표본 그룹의 평균의 변동성에 기반하고 있다. 다른 분산(분모)은 그룹 내 각각의 관찰값의 변동성에 기반하고 있다. 그룹 평균이 다르면 분자는 비중심성 모수(Noncentrality Parameter)를 포함하는데, 이 모수는 F-비의

분포를 오른쪽으로 연장시킨다. 이 절에서는 분산분석의 측면에서, 비중심성 모수의 의미, 계산하는 방법 그리고 기호 표시 등을 다룬다. 마지막 절에서는 분산분석의 측면에서 비중심성 모수와 F-검정의 검정력 계산의 관계에 대해 다룬다.

## ✚ 분산 측정

분산분석에서 F-검정에서는 처리 결과를 측정할 때 분산을 측정하는 두 가지 방법을 제공한다.

- 그룹 간(처리)- 그룹 평균 간 차이와 그룹당 관찰값의 개수에만 의존하는 측정값이다. 측정값은 평균의 표준오차에 대한 식을 재정렬해서 수정한 식의 기반이 된다.
- 그룹 내(잔차) – 각 그룹 내 분산에만 의존하는 측정값이다. 이 측정값은 그룹 평균 간 차이는 포함하지는 않지만, 그룹 내 분산의 평균은 포함한다.

이 두 숫자는 동일한 값(각각의 결과 측정의 분산)을 추정한다. 두 분산 추정값을 가지고 처리(그룹 간)를 잔차(그룹 내)로 나눠서 F-비를 만들 수 있다. 따라서 다음과 같다.

- 그룹 내(잔차)는 개체를 표본으로 뽑은 모집단의 분산으로 구성된다.
- 그룹 간(처리)는 동일한 모집단의 분산과 그룹 평균 사이의 차이를 내는데 영향을 준 분산의 합으로 구성된다.

### – 중심 F-분포

따라서 F-비의 식은 다음과 같다.

$$F = (\sigma_\varepsilon^2 + \sigma_B^2)/\sigma_\varepsilon^2$$

여기서 각각의 값은 다음과 같다.

$\sigma_\varepsilon^2$ = 모분산의 추정값

$\sigma_B^2$ = 그룹 평균 간의 차이에 의한 변동성의 추정값

모집단에서 그룹 평균 간 차이가 없으면 $\sigma_B^2$은 0이며 F-비는 다음과 같다.

$$F = (\sigma_e^2 + 0)/\sigma_e^2 = 1.0$$

$\sigma_B^2$이 0이면 이 비는 중심 F-분포(central F distribution)를 따른다.

모집단들에서 처리군과 대조군이 될 개체를 표본으로 뽑는다. 즉 개체로 이루어진 모집단에서 '그룹 1'에 대한 표본을 뽑고, 개체로 이루어진 다른 모집단에서 '그룹 2'에 대한 표본을 뽑는다. 이러한 모집단들은 결과 측정값에 대해 평균값을 가지는데 이 값들은 만약 처리를 전체의 모집단에 수행했더라면 나왔을 값들이다. 모평균들 사이에 차이가 없으면 F-비가 1.0일 것이라고 기대할 수 있다. 물론 표본 데이터를 사용하면, F-비가 중심 F-분포에서 온 경우라고 하더라도, 계산한 F-비가 1.0이 아닐 수 있다. 우리의 표본이 완벽하게 모집단을 대표할 수는 없기 때문이다. 그림 13-6에서는 모집단들의 평균 사이에 차이가 없다고 가정했을 때, 표본에 기반한 서로 다른 F-비의 상대도수를 보여주고 있다.

중심 F-비의 분포의 형태는 분자의 자유도와 분자의 자유도에 의해서만 결정된다. 일반적으로 F-비가 샘플링 오차로 인해 관찰되면, F-비가 "통계적으로 유의하다"고 결정한다. 이때 모집단 값은 1.0이며 발생하는 경우가 5%이하이거나(즉 $p < .05$), 혹은 1% 이하($p < .01$), 혹은 0.1% 이하($p < .001$)의 경우에 해당한다. 그림 13-6에서는 이러한 표준오차가 일어날 두 가지 가능성에 대해 상대적인 가능성을 보여주고 있다. 이러한 가능성을 '알파수준'이라고 부른다. 실제로는 평균 사이에 차이가 없음에도 불구하고, 실수로 평균 사이에 차이가 있다고 결정할 가능성을 전체 실험의 5%로 제한하고 싶다. 이 때 알파를 .05로 설정한다.
이 경우 여러분이 계산한 F-비가 분포의 상위 5%를 나누는 F-비보다 크다면, 정말 차이가 있다고 결정할 수 있다. 만약 실제로는 모평균 사이에 차이가 없다면, 이런 결론을 내릴 가능성은 전체 중 5%정도일 것이다. 19대 1의 가능성으로 이런 샘플링 오차가 발생했다고 하는 것보다는 모평균 사이에 차이가 있다고 결정하는 편이 더 합리적일 것이다.

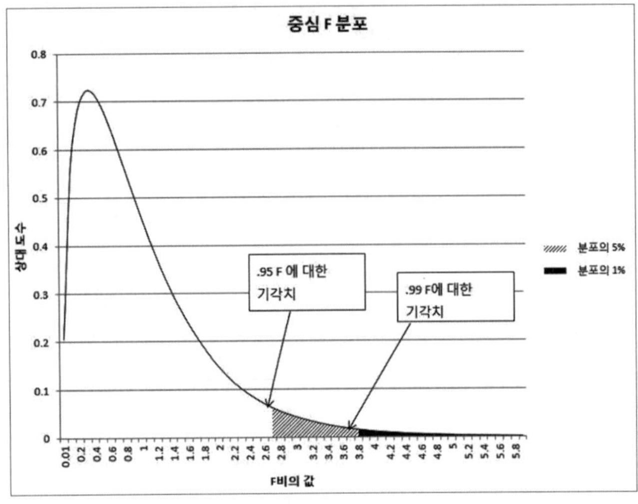



▶▶ **그림 13-6** 그룹 평균에서 모집단 차이가 없을 때, F-비의 분포를 중심 F-분포라고 한다.

## – 비중심 F–분포

하지만 모평균 사이에 차이가 있다면? 이 경우 F-비의 분포는 그림 13-6과 같은 중심 F-분포를 따르지 않는다. 대신 비중심 F를 따른다. 그림 13-7에서는 비중심 F-분포를 몇 개 보여주고 있다.

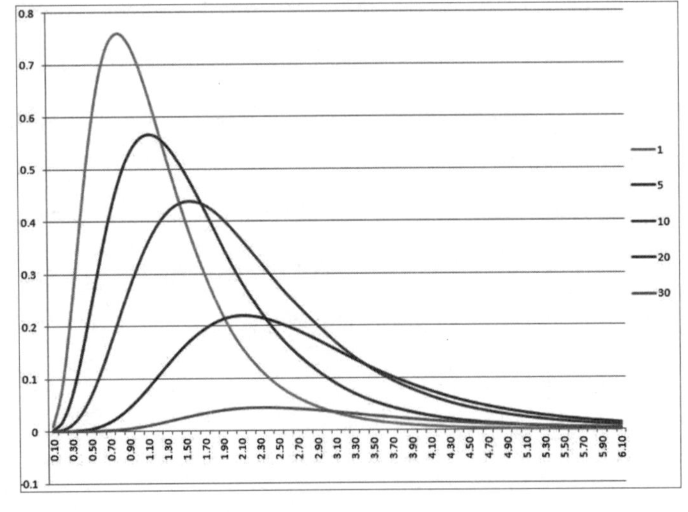



▶▶ **그림 13-7** 비중심 모수가 클수록 F-분포가 좀 더 연장된다.

앞서 보여준 식의 F-비의 기대값에서 비중심 모수는 항과 관련이 많다.

$$F = (\sigma_\varepsilon^2 + \sigma_B^2)/\sigma_\varepsilon^2$$

모집단에서 그룹 간 평균에 차이가 있을 때 $\sigma_B^2$ 는 0보다 클 것으로 기대된다. 이것은 그룹 평균의 분산이기 때문이다. 따라서 분모에서 항의 분산이 0 보다 크면 분자는 커진다. 이에 따라 F-비도 커지며 차트상 분포는 오른쪽으로 더 뻗어나가게 된다.

비중심 모수(noncentrality parameter)는 여러 가지로 정의되어 왔지만 여러 해 동안 이 정의들이 서로 달랐다. 하지만 통계책을 보면 모수에 대해 일반적으로 λ(그리스어로 람다)로 표기하며 식도 정의되어 가고 있는 것 같다. 예를 들어 1968년도에 널리 사용되던 책을 보면 비중심 모수를 표기할 때 δ 기호를 쓰며 식은 다음과 같았다.

$$\delta = \sqrt{\frac{\sum_{j=1}^{k} n\beta_j^2}{\sigma_\varepsilon^2}}$$

여기서 j는 그룹의 인덱스, n은 그룹당 관찰값의 개수 그리고 β는 그룹 평균과 총 평균 사이의 차이이다.  하지만 동일한 책의 2013년도 판을 보면 비중심 모수를 나타내는 기호로 λ를 쓰고 식은 다음과 같이 바뀌었다.

$$\lambda = \frac{\sum_{j=1}^{k} \beta_j^2}{\sigma_\varepsilon^2/n}$$

이 식은 1968년도 책의 식을 제곱했다는 점만 빼고는 동일한 식이다. 그룹당 관찰값의 개수는 동일하며 λ는 ANOVA표에서 처리의 제곱합과 잔차의 제곱평균의 비를 말한다.

이것 말고 30년 정도 된 유명한 책에서도 비중심 모수와 관련된 숫자 φ를 혼동하고 있는데 φ는 수십 년간 차트상에서 검정력 값을 표기하는데 사용해왔다.  φ을 사용하는 방법을 보려면(그리고 옛날 차트를 보는 게 얼마나 어려운지 알려면) 예를 들어 Journal of the American Statistical Association의 1957년도 판을 참고하기 바란다.

나는 다른 저자들이 틀렸다고 비난하는 것은 아니다. 하지만 여러분이 미리 이런 것을 알아놓고 있으면 옛날 책을 보면서 식과 심벌에서 혼동을 일으키지 않을 것이다.

## ✛ 비중심성 모수와 확률밀도함수

확률밀도함수를 계산하기 위해 비중심 모수를 써서 비중심 모수의 크기가 F–분포의 모양에 어떻게 영향을 주는지 감을 잡을 수 있다. 확률밀도함수(probability density function, PDF)는 통계치 값의 상대도수를 반환한다. 여러 가지 분포에 대해 PDF가 있는데 가장 많이 사용되는 분포는 정규분포, 카이제곱분포, t–분포, F–분포일 것이다. PDF를 써서 각 분포에 대해 X값과 관련된 Y좌표를 구할 수 있다.

### – PDF 결정하기

분포에서 PDF를 구하기 위해 엑셀을 사용하려면 우선 해당하는 .DIST 함수에서 누적값 인자를 FALSE로 결정해야 한다. 예를 들면 다음과 같다.

● 〈표준정규분포〉

정규분포에서 z–값 −0.5에 해당하는 높이를 구하려면 =NORM.S.DIST(−.5,FALSE)이며 이 식은 0.352를 반환한다. 이 값은 정규 분포에서 z–값 −0.5에 해당하는 위치의 곡선의 상대 높이이다. 두 번째 인자 누적값을 TRUE로 하면 이 값은 0.309가 되는데, 이 값은 z–값 −0.5의 왼쪽에 해당하는 곡선 아래 누적 면적이다.

● 〈t–분포〉

자유도 15인 t–분포에서 t–값이 1.45일 때 곡선의 높이를 구해보자.
=T.DIST(1.45,15,FALSE)는 0.137을 반환하며 이 값은 자유도 15인 t–분포에서 t–값 1.45에서의 곡선의 높이이다. 누적값은 TRUE로 바꾸면 이 값은 0.916을 반환하며, 이 값은 자유도 15인 t–분포에서 1.45까지의 곡선 아래 누적 면적이다.
비중심 t–분포와 중심 t–분포의 모양은 같지만 중심 t–분포의 평균값은 0이므로 비중심 t–분포는 평균값에 따라 중심 t–분포의 왼쪽이나 오른쪽으로 이동하게 된다.

● 〈카이제곱분포〉

자유도 4인 카이제곱분포에서 카이제곱값이 3인 경우의 높이를 구하려면 다음과 같다.
=CHISQ.DIST(3,4,FALSE)는 0.167을 반환한다. 세 번째 인자 누적값을 TRUE로 바꾸면 0.442
가 되는데 이 값은 자유도 4인 카이제곱분포에서 카이제곱 3까지의 누적 확률이 된다.  비중심 카
이제곱분포와 중심 카이제곱분포의 모양은 다르다.


● 〈F−분포〉

자유도 3(분자), 45(분모)의 중심 F−분포에서 F−값 2.00에서의 높이를 구하려면 다음과 같다.
 =F.DIST(2,3,45,FALSE)는 0.148을 반환한다. 누적값을 TRUE로 하면 0.872를 반환한다. 이 값
은 자유도 3, 45인 F−분포에서, F−값 2까지의 누적 확률이다. 카이제곱분포와 마찬가지로, 비중
심 F−분포와 중심 F−분포의 모양은 다르다.


### − 비중심 F−분포를 위해 PDF 결정하기

엑셀의 워크시트 함수는 중심 카이제곱분포와 중심 F−분포를 잘 지원하지만 비중심 카이제곱분
포와 비중심  F−분포는 바로 지원하지 못한다. 이 절 나머지 부분에서는 엑셀을 이용해서 비중심
F−분포에 대한 PDF를 결정하는 방법에 대해 다룬다. 이 장 마지막 절에서는 비중심 F−분포에
대해 누적밀도함수(cumulative density function, CDF)를 결정하는 방법을 보여주며 F−검정의 검
정력을 결정할 수 있다.

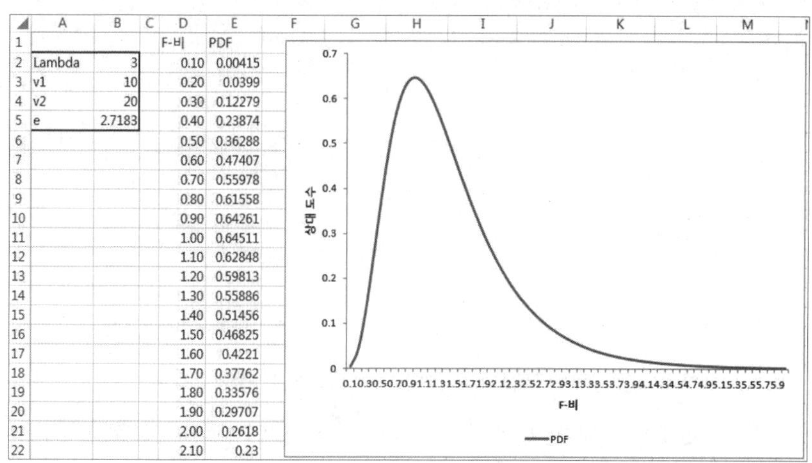


▶▶ 그림 **13-8** 셀 B2:B4에 있는 숫자를 바꿔서 비중심 F−분포에 어떤 영향이 있는지 볼 수 있다.

중심 F-분포의 형태는 F-비의 분모와 분자의 자유도로 결정된다. 비중심 F-분포의 형태는 여기에 비중심 모수도 영향을 준다. 엑셀 차트상에서 비중심 F-분포의 모양이 어떻게 바뀌는지 보려면 워크시트상에서 셀 B2:B4의 세 개 숫자를 바꿔보자. 여기 있는 세 숫자를 바꾸면 PDF식이 자동으로 계산돼서 차트를 다시 그린다. E열의 식은 배열 수식이며 Enter 대신 Ctrl+Shift+Enter 로 입력해야 한다. 셀 E2의 식은 다음과 같으며 이 식을 E61까지 복사해서 붙인다.

```
=SUM((E^(-Lambda/2)*((Lambda/2)^(ROW(A$1:A$111)-1)))/((EXP(GAMMALN(V_2
/2)+GAMMALN(V_1/2+(ROW(A$1:A$111)-1))-GAMMALN(V_2/2+(V_1/2+(ROW(
A$1:A$111)-1))))))*FACT((ROW(A$1:A$111)-1)))*(V_1/
V_2)^(V_1/2+(ROW(A$1:A$111)-1))*(V_2/(V_2+V_1*D2))^((V_1+V_2)/2+(ROW(A$
1:A$111)-1))*D2^(V_1/2-1+(ROW(A$1:A$111)-1)))
```

셀 B2의 값 람다(lambda), 비중심 모수를 설정할 때 양수이며 0에 가까운 값, 즉 0.001같은 값으로 설정해보자. 이 경우 지정한 자유도의 분자, 분모에 해당하는 중심 F-분포에 거의 근접한 분포가 된다. 앞에서 비중심 모수가 0일 때 그 결과는 중심 F-분포가 된다고 말했다. 그리고 비중심 모수가 0에서 멀어질수록 비중심 F-분포의 형태가 오른쪽으로 이동한다. 이 경우 알파에 해당하는 기각치의 오른쪽으로 더 많은 영역이 들어가게 된다. 따라서 F-검정의 검정력이 증가하게 된다.

이 장 마지막 절에서는 비중심 F-분포에 대해 다룬다. 하지만 초점은 PDF에서 CDF로 이동하며, 검정력을 측정하는 가장 좋은 방법은 CDF이다.


## 4. F-검정의 검정력 계산하기

여러분도 기대했듯이 비중심 모수는 F-분포의 CDF와 PDF식 둘 다에 사용한다. CDF는 F-비와 같은 변수가 지정한 값 이하의 값을 가질 확률이다. 예를 들어 중심 F-비의 값이 2.4이고 자유도는 5와 50일 때의 CDF는 95%이다. 다른 말로 하면 자유도가 5와 50인 중심 F-분포에서 95%의 관찰값이 F-비가 2.4이하가 된다. 엑셀의 F.DIST() 함수로 검증해보면 다음과 같다.

=F.DIST(2.4,5,50,TRUE)

이 함수는 0.95를 반환한다. 엑셀 2010 이전의 FDIST() 함수로 계산하면

=1-FDIST(2.4,5,50)

을 사용하자.

## ✚ 누적 밀도 함수(Cumulative Density Function) 계산하기

F-분포의 CDF에 대한 일반식은 매우 길고 복잡하다. 하지만 인터넷을 찾아보면 여러 가지 식을 찾아볼 수 있다. 다음은 엑셀에서 계산하는 식이다. 우선 엑셀에서 5개의 이름을 정의해보자. 이 값은 상수로 정의할 수 있거나 아니면 워크시트 셀에서 다음처럼 참조할 수 있다.

- Lambda – 앞에서도 정의했듯이 처리의 제곱합과 잔차의 제곱 평균의 비이다.
- V_1 – 처리 제곱평균의 자유도
- V_2 – 잔차제곱평균의 자유도
- e – 자연 로그의 밑. 자연 상수이며 2.7183. 이 값은 엑셀의 EXP() 함수로 쉽게 구할 수 있다. =EXP(1)을 입력해보자.
- F – 중심 F-분포에서 알파로 표현되는 영역을 나누는 기각치. 그림 13-9에서 이 값은 =F.INV(1-0.01,V_1,V_2) 식으로 구할 수 있다. 그림 13-9에서 알파는 .01이므로 F.INV() 함수의 문법에 맞게 하려면 1에서 알파를 빼야 한다.

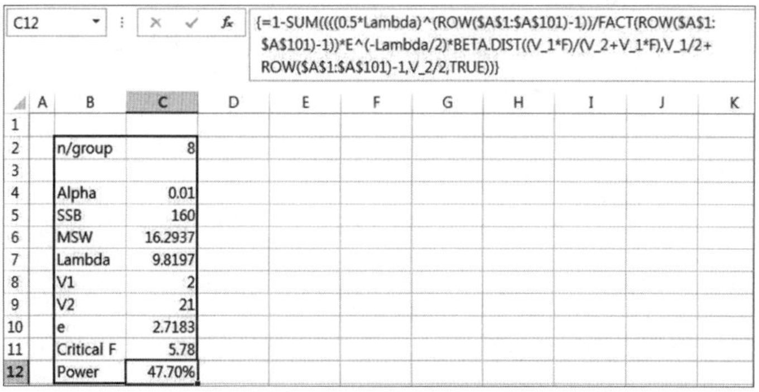

| | C12 | ▾ | : | ✕ | ✓ | $fx$ | {=1-SUM(((((0.5*Lambda)^(ROW($A$1:$A$101)-1))/FACT(ROW($A$1:$A$101)-1))*E^(-Lambda/2)*BETA.DIST((V_1*F)/(V_2+V_1*F),V_1/2+ROW($A$1:$A$101)-1,V_2/2,TRUE))} |

| ◢ | A | B | C | D | E | F | G | H | I | J | K |
|---|---|---|---|---|---|---|---|---|---|---|---|
| 1 | | | | | | | | | | | |
| 2 | | n/group | 8 | | | | | | | | |
| 3 | | | | | | | | | | | |
| 4 | | Alpha | 0.01 | | | | | | | | |
| 5 | | SSB | 160 | | | | | | | | |
| 6 | | MSW | 16.2937 | | | | | | | | |
| 7 | | Lambda | 9.8197 | | | | | | | | |
| 8 | | V1 | 2 | | | | | | | | |
| 9 | | V2 | 21 | | | | | | | | |
| 10 | | e | 2.7183 | | | | | | | | |
| 11 | | Critical F | 5.78 | | | | | | | | |
| 12 | | Power | 47.70% | | | | | | | | |

▶▶ **그림 13-9** 셀 C7:C11의 값은 B7:B11셀의 텍스트 값에 맞게 이름을 정의했다.

물론 위 식에서처럼 변수를 정의하는 대신 셀 참조를 사용할 수 있다. 그리고 배열 식에서 인자의 이름을 제대로 바꿔놓기만 하면 셀에 여러분이 원하는 이름을 붙일 수도 있다. 하지만 여기서 정의한 이름을 그냥 쓰는 편이 식을 비교하기 더 편할 것이다.

다음 배열 수식으로 입력하기 위해 우선 이 식을 모두 입력한 다음 Ctrl키와 Shift키를 눌러 놓은 다음 Enter를 누른다.

$$=1-SUM(((((0.5*Lambda)^{\wedge}(ROW(\$A\$1{:}\$A\$101)-1))/FACT(ROW(\$A\$1{:}\$A\$101)-1))*E^{\wedge}(-Lambda/2)*BETA.DIST((V\_1*F)/(V\_2+V\_1*F),V\_1/2+ROW(\$A\$1{:}\$A\$101)-1,V\_2/2,TRUE))$$

그림 13-9를 보면 이 식이 엑셀 워크시트에서 어떻게 동작하는지 알 수 있다. ROW($A$1:$A$101)-1을 참조하면 식에 0부터 100까지 돌려준다. 이렇게 하면 곡선 아래 영역을 100개의 부분으로 나눠서 각 영역을 계산한 다음 합한다. 식에서는 1에서 합을 빼는데, 이렇게 해서 곡선 아래에서 기각치 F-비의 오른쪽에 있는 면적을 구한다. 이 영역이 F-검정의 검정력이다.

## ✛ 표본크기를 결정하기 위해 검정력 사용하기

그림 13-9와 같은 배치를 보면 검정력 값이 여러분이 원하는 특정 값이 되기 위해서는 표본크기가 얼마가 되어야 할지 결정할 수 있다. 표본의 크기를 결정해야 하는 두 가지 중요한 이유는 다음과 같다.

- 표본의 크기가 너무 작으면 실제로 이런 효과가 있는지 결론 내리기 어렵다. 여러분 검증의 검정력이 너무 낮으면 그런 실험을 진행하는 것 자체가 시간 낭비고 잘못된 귀무가설을 기각하기 어려울 수 있다.
- 표본의 크기가 너무 큰 것도 시간 낭비이다. 예를 들어 표본의 크기가 35인 그룹이 있는데, 검정력이 90%라고 해보자. 만약 이때 표본의 크기를 70으로 늘리면 검정력이 2% 늘어난다고 해보자. 별로 늘려야 할 만한 가치는 없을 것 같다.

그림 13-8의 검정력 47.7%을 한 90%까지 늘리려고 한다고 해보자. 이렇게 하려면 대조군에 대해 치료의 효과를 늘리는 방법도 있고, 알파를 0.01에서 0.05로 좀 느슨하게 하는 방법도 있다. 하지만 치료의 효과를 늘리는 방법이 없을 수도 있고 검정력을 늘리기 위해 알파값을 느슨하게 하면 참인 귀무가설을 기각하게 될 확률이 높아진다. 어떻게 하느냐는 모두 상황에 달린 것이지만, 무조건 검정력에만 좌우될 수는 없다. 각각의 종류의 오류를 일으킬 경우 발생하게 될 장기적인 비용을 분석해서 결정을 내려야 한다.

### – 표본크기로 검정력 증가시키기

자, 이제 여러분은 실험 비용을 높이는 한이 있더라도 관찰값의 크기를 늘려서 표본의 크기를 늘리기로 결정했다. 그림 13-9와 같은 레이아웃에서 엑셀의 '해찾기' 기능을 이용해서 검정력의 크기가 90%가 되려면 표본의 크기가 얼마가 되어야 하는지 알아보도록 하자.

우선 엑셀에 '해찾기' 기능이 설치되어 있어야 한다('해찾기'는 엑셀의 추가 기능이며 엑셀의 설치 디스크나 설치 파일에서 찾을 수 있다). '해찾기' 기능을 설치하는 방법은 매우 쉽고 인터넷상에서 많이 찾아볼 수 있다(이 책의 2장 "값들은 어떻게 모여있을까"를 참고해도 된다).

'해찾기' 기능을 설치한 다음 아래의 과정을 따라가 보자.

1. 필요하다면 그림 13-9와 같이 식과 값이 있는 워크시트를 선택하자.
2. 엑셀의 리본에서 '데이터' 탭을 선택한다.
3. '분석' 그룹에서 '해찾기'를 클릭한다.
4. '해찾기'의 대화상자에서 '목표 설정'으로 셀 C12를 선택한다.
5. '대상'의 '지정값'으로 0.9를 입력한다.
6. '변수 셀 변경'에 C2를 입력한다.
7. '해찾기'를 클릭한다.

'해찾기'는 여러분의 조건인 90%의 검정력을 맞추기 위해 여러 가지의 표본크기를 가지고 시도해 본다. 이 경우에는 검정력 90.52%를 얻기 위해 그룹당 관찰값 16개가 필요하다(그림 13-10을 참고).

C12 형식 표시줄:
```
{=1-SUM(((((0.5*Lambda)^(ROW($B$1:$B$101)-1))/FACT(ROW($B$1:
$B$101)-1))*E^(-Lambda/2)*BETA.DIST((V_1*F)/(V_2+V_1*F),V_1/2+
ROW($B$1:$B$101)-1,V_2/2,TRUE))}
```

| | A | B | C |
|---|---|---|---|
| 1 | | | |
| 2 | | n/group | 16 |
| 3 | | | |
| 4 | | Alpha | 0.01 |
| 5 | | SSB | 320 |
| 6 | | MSW | 16.2937 |
| 7 | | Lambda | 19.6395 |
| 8 | | V1 | 2 |
| 9 | | V2 | 45 |
| 10 | | e | 2.7183 |
| 11 | | Critical F | 5.11 |
| 12 | | Power | 90.52% |

▶▶ **그림 13-10** 다른 모든 사항이 동일할 때 표본 크기를 8에서 16으로 두 배로 하면 검정력이 47%에서 90%로 거의 두 배가 되었다.



이 예를 엑셀의 '해찾기' 기능으로 수행해보면 이 예에 나오는 숫자와 같이 정확한 숫자로 나오지 않는 다. 예를 들어 C2의 값은 16이 아니라 15.8이다. '해찾기'의 옵션이 좀 다르게 설정되어 있으면 이렇 게 나올 수 있다. 그림 13-10에서 C2의 값은 정수로 나오게 하려면, 셀 C2를 제한조건으로 해서 정 수값을 가지도록 해야 한다. 그리고 소수점 아래로는 0.01자리까지 나오도록 했기 때문에 셀 C2의 값 은 16이 되고, 셀 C12의 값은 90.52%가 된다.

이 분석에 대해 몇 가지 요점을 집고 넘어가자.

### – 처리 제곱평균과 잔차제곱평균

$SS_B$는 160에서 320으로 바뀌었다. 바뀐 이유는 $SS_B$를 계산할 때 다음과 같은 식을 사용했기 때문 이다.

=20 * C2

그룹당 관찰값의 개수가 동일한 디자인에서는 $SS_B$에 대한 일반식은 다음과 같다.

$$n\sum_{j=1}^{k} \beta_j^2$$

위와 같은 데이터에서 그룹 평균과 총 평균 간 편차의 제곱은 20이 된다.

$$(2.42-4.66)^2 + (3.29-4.66)^2 + (8.28-4.66)^2 = 20$$

그룹당 표본크기가 8이면 $SS_B$는 8*20=160이고, 그룹당 표본이 16개 있으면 16*20=320이다. 그룹 안(잔차) 제곱평균, $MS_W$는 바뀌지 않는데 이 값은 그룹 안의 평균이고 따라서 그룹당 관찰값의 개수가 바뀌는 것에 영향을 받지 않기 때문이다.

### – V2, 잔차의 자유도

잔차(Within)의 자유도 값, $DF_W$는 그룹당 관찰값의 개수가 바뀜에 따라 바뀐다. $DF_W$를 결정하는 식은 다음과 같다.

=((C8+1)*C2)−C8−1

즉

1. 그룹의 개수를 구한다. 셀 C8의 처리(Between)의 자유도($DF_B$)에 1을 더한다.
2. 이 값에 C2의 값인 그룹당 관찰값의 개수를 곱한다. 결과값은 총 관찰값의 개수이다.
3. 결과값에서 $DF_B$와 1을 뺀다.

이 식의 결과는 N−k−1, 혹은 전체 관찰값의 개수 – $DF_B$ – 1, 혹은 $DF_W$이다. 이 값은 기각치 F를 계산할 때 필요하다.

### – 기각치 F값

기각치 F를 구하는 식은 다음과 같다.

=F.INV(1−C4,V_1,V_2)

C4의 값을 알파이며 참인 귀무가설을 기각할 확률이다. V_1은 $DF_B$이며 표본의 크기가 바뀌어도 영향을 받지 않는다. V_2는 $DF_W$이며 표본의 크기가 바뀌면 영향을 받는다. 따라서 표본의 관찰값의 개수가 바뀌면 기각치 F값도 보통 바뀌게 된다.

# 14

# 다중회귀분석과
# 효과 코딩 : 기본

10장 "평균 간의 차이 검증하기 : 분산분석", 11장 "분산분석 : 더 많은 이슈"에서는 분산분석, ANOVA에 초점을 두었다. 세 개 혹은 그 이상의 평균 간 차이에 대한 신뢰성을 분석하는데 분산분석을 많이 쓰기도 하고, 그리고 엑셀에서 ANOVA를 지원하기 위해 데이터 분석 도구나 함수도 많이 지원하기 때문이다. 그리고 그룹 간 제곱합과 같은 요소에 대한 정의식을 잘 보면 ANOVA가 어떻게 동작하는지 더 잘 이해할 수 있다.

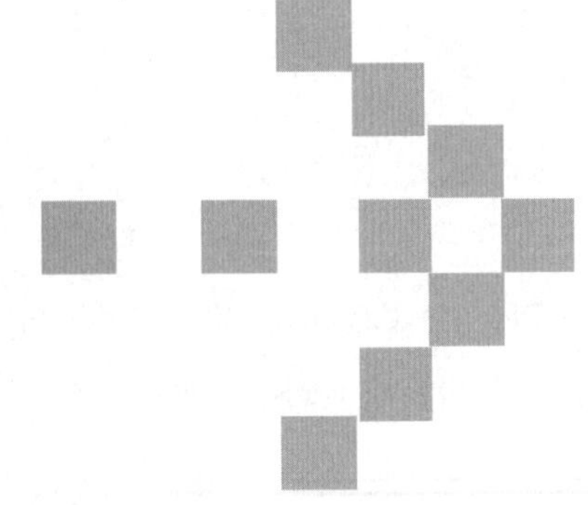

이것은 중요한 기초가 되며 더 복잡한 방법을 이해하는 바탕이 된다. ANOVA에서 변동성을 그룹 평균 간의 차이나 그룹 내 관찰값 사이의 차이와 같은 원인별로 할당하는 것을 알아야 한다. 물론 그룹의 크기가 동일할 때만(혹은 비례하는 그룹 크기의 경우, 12장 "실험설계와 ANOVA"에서 예외 상황에 다룬 것을 기억하자) 제곱합을 이렇게 나누는 것이 깔끔하게 떨어지는 방법이다. 하지만 ANOVA는 매우 전통적인 방법이며 매우 제한적이다. 관찰값을 디자인 칸으로 나눠야 하며, 디자인 칸으로 사용하는 실험 디자인의 성격을 확실히 할 수 있다(그림 11-1과 11-10의 예를 보자). 하지만 이것들이 분석을 수행하는데 그다지 유용한 것은 아니다.

더 좋은 방법이 있다. 같은 결론을 내지만 더 강력하고 유연한 방법이 있다. 바로 다중회귀(multiple regression)이며 ANOVA에서 사용한 것과 똑같은 기법으로 그룹 평균 간의 차이를 검증한다. ANOVA에서는 각 요소들의 평균의 편차제곱합을 각 관찰값 편차의 제곱합과 비교했다. 여전히 제곱평균과 자유도를 사용하고 F-검정을 사용한다. 하지만 방법은 매우 다르다. 다중회귀는 상관과 그리고 가까운 이웃 그리고 공분산의 비율에 따른다. 여기에서는 여러분의 데이터를 목록 형식으로 놓아서 엑셀(이 외에도 다른 데이터베이스 시스템에서 잘 다루는 방식)이 잘 다룰 수 있는 형태로 놓는다. 이런 배치는 ANOVA 방법에서 나온 불균형 디자인이나 다변량을 사용하는 문제 같은 여러 가지 결점들을 해결할 수 있다.

ANOVA와 다중회귀 모두 일반선 모델(General Linear Model)에 기반하고 있다. 이 장에서는 우선 여기에 대해 다룬다. 우선 동일한 데이터를 사용할 때 ANOVA와 다중회귀기법을 비교해보자.


## 1. 다중회귀(Multiple Regression)와 ANOVA

4장 "변수가 어떻게 함께 움직이는가 : 상관(correlation)"에서는 예측 변수를 주고 의존하는 변수의 값을 예상하기 위해 다중회귀를 사용하는 몇몇 예제를 보여줬다. 그런 예에서는 간격 범주로만 측정하는 변수를 사용했다(예를 들어 키와 나이로부터 몸무게를 예측하는 경우). '치료', '진단', '인종'같은 명목 변수를 가지고 다중회귀를 사용하려면 요인의 레벨을 구분하는 코딩 체계가 필요하다. 예를 들어 요인의 각 레벨을 1과 0으로 표현하는 식이다.

그림 14-1에서는 동일한 데이터를 ANOVA용으로 배치할 때와 다중회귀용으로 배치할 때의 차이를 보여주고 있다.

| | A | B | C | D | E | F | G | H | I | J | K | L | M | N |
|---|---|---|---|---|---|---|---|---|---|---|---|---|---|---|
| 1 | | 그룹 1 | 그룹 2 | 그룹 3 | | | | | | | | 점수 | 그룹1 | 그룹2 |
| 2 | | 55 | 48 | 50 | | | | | | | | 55 | 1 | 0 |
| 3 | | 50 | 45 | 54 | | | | | | | | 50 | 1 | 0 |
| 4 | | 54 | 45 | 49 | | | | 요약 출력 | | | | 54 | 1 | 0 |
| 5 | | | | | | | | | | | | 48 | 0 | 1 |
| 6 | 분산 분석: 일원 배치법 | | | | | | | 회귀분석 통계량 | | | | 45 | 0 | 1 |
| 7 | | | | | | | | 다중 상관계수 | | 0.8345 | | 45 | 0 | 1 |
| 8 | 요약표 | | | | | | | 결정계수 | | 0.6964 | | 50 | -1 | -1 |
| 9 | 인자의 수준 | 관측수 | 합 | 평균 | 분산 | | | 조정된 결정계수 | | 0.5952 | | 54 | -1 | -1 |
| 10 | 그룹 1 | 3 | 159 | 53 | 7 | | | 표준 오차 | | 2.38 | | 49 | -1 | -1 |
| 11 | 그룹 2 | 3 | 138 | 46 | 3 | | | 관측수 | | 9 | | | | |
| 12 | 그룹 3 | 3 | 153 | 51 | 7 | | | 분산 분석 | | | | | | |
| 13 | | | | | | | | | 자유도 | 제곱합 | 제곱 평균 | F 비 | | |
| 14 | | | | | | | | 회귀 | 2 | 78 | 39 | 6.88 | | |
| 15 | 분산 분석 | | | | | | | 잔차 | 6 | 34 | 5.67 | | | |
| 16 | 변동의 요인 | 제곱합 | 자유도 | 제곱 평균 | F 비 | P-값 | F 기각치 | 계 | 8 | 112 | | | | |
| 17 | 처리 | 78 | 2 | 39 | 6.88 | 0.028 | 5.143 | | 계수 | 표준 오차 | t 통계량 | P-값 | | |
| 18 | 잔차 | 34 | 6 | 5.67 | | | | Y 절편 | 50 | 0.79 | 63.01 | 0.00 | | |
| 19 | | | | | | | | 그룹1 | 3 | 1.12 | 2.67 | 0.04 | | |
| 20 | 계 | 112 | 8 | | | | | 그룹2 | -4 | 1.12 | -3.56 | 0.01 | | |

▶▶ **그림 14-1** ANOVA에서는 테이블 형태로 데이터를 입력해야 하지만 다중회귀에서는 목록의 형태로 데이터를 입력해야 한다.

그림 14-1에서 사용한 데이터는 그림 10-7에서 사용한 데이터와 동일하다. 그림 14-1에서는 두 개의 분석을 보여주고 있다. 하나는 엑셀의 '데이터 분석' 추가 기능에서 '분산분석 : 일원 배치법'을 사용한 결과이며 A6:G20에 결과가 보인다. 이 결과는 그림 10-7에서도 나왔었다. A1:C4의 데이터에 대해 ANOVA 도구를 수행했다.

다른 쪽 결과는 '데이터 분석' 도구에서 '회귀분석' 도구를 수행한 결과이며 결과값은 I4:M20 영역에 보인다(그림 14-1에서 이 결과와 상관없는 값들은 삭제해서 편집했다). 회귀분석 도구는 L1:N10의 데이터에 대해 수행했다. n이 동일한 경우에서 항상 두 분석이 왜 그리고 어떻게 같은지 알아보자. 우선 몇몇 숫자들을 보자.

- ANOVA 표 셀 B17:E18의 제곱합, 자유도, 제곱평균, F-비들은 회귀분석의 결과인 J14:M15와 동일하다 (두 표에서 보면 제곱합(SS)과 자유도(DF)의 순서가 바뀌어서 나와 있는데 별 상관없다. 프로그래머가 어떤 값을 보여줄지 단순히 선택한 결과일 뿐이다).
- D10:D12의 그룹 평균은 J18:J20의 회귀 상관계수와 밀접하게 관련되어 있다. J18의 회귀 절편은 50이며 이 값은 그룹 평균의 평균인 총평균과 일치한다. 셀 J19의 그룹 1에 대한 계수값과 절편을 더한 값은 그룹 1의 평균(셀 D10)의 값과 일치한다. 셀 J20의 그룹 2에 대한 계수값과 절편을 더한 값은 그룹 2의 평균(셀 D11)의 값과 일치한다. 그리고 식 J18 − (J19+J20)은 50 − (−1)이며 51이다. 이 값은 셀 D12의 그룹 3의 평균값과 동일하다.

- 셀 E17과 M14를 비교해보자. ANOVA에서는 그룹 간(처리) 제곱평균($MS_B$)을 그룹 안(잔차) 제곱평균($MS_W$)로 나눠서 F-비를 구한다. 회귀분석에서는 회귀 제곱평균을 잔차(residual) 제곱평균으로 나눠서 F-비를 구한다. 차이는 용어의 차이일 뿐이다.



기술적인 면과 설명에서 회귀분석과 ANOVA 모두 분산을 분석한다. 따라서 두 방법 모두 '분산분석'이라고 부를 수 있다. 하지만 이 용어는 10장에서 12장에 걸쳐 설명한 ANOVA와 같이 그룹 평균의 분산을 바로 계산하는 방법에 대해서만 사용한다. '다중회귀'라는 용어는 이 장에서 사용하는 방법에 대해 사용하며 분산의 비율을 사용하는 방법에 대해서 사용한다.

ANOVA에서는 전체 변동성을 그룹 평균 간의 차이로 인한 변동성과 각각의 관찰값의 차이로 인한 변동성으로 나눈다. 회귀분석에서는 결과로 나오는 변수, 여기에서는 '점수' 그리고 M2:N10의 두 예측 변수(predictor variable) '그룹 1', '그룹 2' 사이의 상관과 회귀계수에 대해 관심이 있다. 서로 다른 이 두 분석이 어떻게 동일한 추론통계 결과를 내는 것일까? 답은 회귀분석을 위해 예측 변수를 어떻게 설정하는지에 달려있다.

## ✚ 효과 코딩 사용하기

이 장의 초반에서 ANOVA 대신 회귀분석을 반드시 사용해야 하는 몇 가지 이유가 있다고 말했다. 회귀분석에 들어가는 비용은 거의 비용이라고 인식하지 못할 정도로 작다. 우선 데이터를 그림 14-1의 영역 L1:N10처럼 보이도록 재조정해야 한다. L1:N10처럼 헤더부분에 이름표를 반드시 붙일 필요는 없다. 하지만 이렇게 하는 게 도움이 된다.



그림 14-1의 M열과 N열의 두 숫자의 집합에 '그룹 1', '그룹 2'라고 이름 붙였다. 이 열의 숫자들은 각 개체가 어떤 그룹에 속할 것인지를 나타낸다.

L2:L10 영역은 '점수'를 포함하고 있으며 이 값을 분석한다. 이 값은 A2:C4의 값과 같다. M2:N10은 효과 코딩(effect coding)이라고 하는 코딩 방법의 결과이다. 숫자를 사용해서 그룹이 어디에 속해있는지 정보를 나타낸다. 그리고 그 숫자를 회귀분석에서 사용한다. 영역 L2:L10에 대해 M2:M10, N2:N10을 벡터(vector)라고 한다.

그림 14-1의 데이터에서 '그룹 1'의 값은 코드번호 01을 받으며 M2:M10의 '그룹 1' 벡터에 1을 기록한다. '그룹 2'는 코드번호 0을 받으며 '그룹 1' 벡터에 기록하고 '그룹 3'의 값은 −1을 받으며 이 값을 벡터에 기록한다. 이 코드는 '그룹 2' 벡터 N2:N10에서 좀 바뀐다. '그룹 1'의 값은 코드번호가 0이 되고, '그룹 2'의 값은 코드 번호 1, '그룹 3'의 코드번호는 또 −1이다.

한 번 이런 벡터를 만들면(벡터로 엑셀이 어떻게 작업하는지는 곧 다루겠다) 다음에는 4장에서도 다뤘던 '데이터 분석' 도구의 회귀분석 도구를 수행하면 된다. 'Y축 입력 범위'에 '점수'의 범위를 입력하고 'X축 입력 범위'로 '그룹 1', '그룹 2' 벡터 영역을 입력한다. 결과는 그림 14-1의 I4:J11과 I12:M20에 보인다.

## ✚ 효과 코딩 : 일반적인 규칙

그림 14-1의 효과 코딩은 단순히 ANOVA와 동일한 결과를 보여주기 위해 그냥 만든 것이 아니다. 예제에서는 다른 상황에서도 적용할 수 있는 효과 코딩의 몇 가지 일반적인 규칙 등을 사용했다. 효과 코딩은 두 개의 그룹, 혹은 세 개 이상의 그룹이나, 한 개 이상의 인자(이것 때문에 '그룹 벡터' 뿐만 아니라 '상호작용벡터'도 필요하다) 그리고 불균등한 n, 한 개 이상의 공변량(16장 "공분산분석 : 기본"을 참고) 등을 모두 다룰 수 있다. 효과 코딩과 회귀분석을 함께 사용하면 이런 상황들을 모두 처리할 수 있다.

이와는 대조적으로 전통적인 ANOVA 접근 방법을 사용하면, 엑셀 도구 2개에서 분석을 자동화할 수 있다. 요인이 한 개이면 '분산분석 : 일원 배치법'을, 요인이 두 개 이면 '분산분석 : 반복 있는 이원 배치법'을 사용한다. 앞에서도 말했듯 ANOVA 도구는 세 개 이상의 요인을 다룰 수 없고, 두 개의 요인이라고 하더라도 n의 개수가 다르면 분석을 수행할 수 없다.

다음 절에서 효과 코딩에서 사용하는 일반적인 규칙을 다루겠다.

### − 벡터의 개수

한 개의 요인에 대해서는 그 요인의 자유도 개수만큼 벡터가 존재한다(즉 해당 요인 레벨의 개수 −1). 그림 14-1에서는 요인이 한 개 있고 레벨이 세 개 있다. 벡터가 두 개 일 때 그룹에 개체가 포함되는지 효과 코딩을 통해 구분하려면 1, 0, −1만 있으면 충분하다. 각각의 코드로 세 개의 처리 그룹에서 개체들이 상대적으로 어떤 위치에 있는지 알 수 있다(그룹이 더 있는 경우에 대해서는 이 장 나중에 다루겠다).

**– 그룹 코드**

한 그룹에 속해있는 구성원('한 요인의 레벨 중에서 한 레벨에 속하는 구성원'이라고 해도 된다)이라면 주어진 벡터에서 1을 코드로 갖는다. 그 그룹에 속하지 않는 그룹이라면 0을 코드로 갖는다. 다른 그룹에 속하는 구성원은 코드로 −1을 갖는다.

- '그룹 1' 벡터 – '그룹 1'의 멤버는 '그룹 1' 벡터에서 코드로 1을 갖는다. '그룹 2'의 구성원은 코드로 0을 갖는데 '그룹 2'의 구성원은 '그룹 1'의 구성원도 아니고 '그룹 3'의 구성원도 아니기 때문이다. '그룹 3'의 구성원은 −1을 갖는데 효과 코딩에서 한 그룹은 모든 벡터에 걸쳐 −1을 가져야 한다.
- '그룹 2' 벡터 – '그룹 2'의 멤버는 '그룹 2' 벡터에서 코드로 1을 갖는다. '그룹 1'의 구성원은 코드로 0을 갖는데 '그룹 1'의 구성원은 '그룹 2'의 구성원도 아니고 '그룹 3'의 구성원도 아니기 때문이다. 그리고 '그룹 3'의 구성원은 −1을 갖는다.

그림 14-2에 보면 요인의 레벨로 '그룹 4'가 더 추가되었다. 해당하는 관찰값은 영역 D2:D4에 추가했다. 추가된 레벨을 다루기 위해 I열에 코딩 벡터를 추가했다. 이 요인의 효과에 대한 자유도만큼 코딩 벡터가 있는 것에 주의하자(제대로 코딩을 했으면 항상 성립한다). '그룹 3'이라는 벡터에서는 '그룹 1'과 '그룹 2'의 멤버들은 코드가 0이고 '그룹 3'의 멤버는 코드 1 그리고 '그룹 4'의 멤버는 '그룹 1'과 '그룹 2' 벡터에서처럼 −1을 값으로 갖는다.

그림 14-2에서보면 효과 코딩의 일반적인 규칙을 따랐음을 알 수 있다. 자유도 개수만큼 벡터가 있어야 하는 것 외에 다음과 같은 규칙을 따랐다.

- 각각의 벡터에서 서로 다른 그룹은 코드 1을 갖는다.
- 한 개의 예외 그룹을 제외하고 다른 모든 그룹은 주어진 벡터에서 0을 값으로 갖는다.
- 한 개의 그룹은 전체 코딩 벡터에서 −1을 값으로 갖는다.

## ✚ 다른 코딩 종류들

다중회귀에서 코딩을 쓰는 경우 일반적으로 사용하는 두 가지 방법이 있다. 하나는 직교 코딩 (orthogonal coding)이고 다른 하나는 더미 코딩(dummy coding)이다. 더미 코딩은 −1을 주는 경우가 없다는 것만 빼고는 효과 코딩(effect coding)과 동일하다. 주어진 벡터에서 한 그룹은 1을 코드로 갖고, 나머지 그룹은 모두 0을 갖는다.

| | A | B | C | D | E | F | G | H | I |
|---|---|---|---|---|---|---|---|---|---|
| 1 | | 그룹 1 | 그룹 2 | 그룹 3 | 그룹 4 | | 점수 | 그룹1 | 그룹2 | 그룹3 |
| 2 | | 55 | 48 | 50 | 44 | | 55 | 1 | 0 | 0 |
| 3 | | 50 | 45 | 54 | 46 | | 50 | 1 | 0 | 0 |
| 4 | | 54 | 45 | 49 | 47 | | 54 | 1 | 0 | 0 |
| 5 | | | | | | | 48 | 0 | 1 | 0 |
| 6 | | | | | | | 45 | 0 | 1 | 0 |
| 7 | | | | | | | 45 | 0 | 1 | 0 |
| 8 | | | | | | | 50 | 0 | 0 | 1 |
| 9 | | | | | | | 54 | 0 | 0 | 1 |
| 10 | | | | | | | 49 | 0 | 0 | 1 |
| 11 | | | | | | | 44 | -1 | -1 | -1 |
| 12 | | | | | | | 46 | -1 | -1 | -1 |
| 13 | | | | | | | 47 | -1 | -1 | -1 |

▶▶ 그림 14-2 요인의 레벨이 추가되면 벡터도 추가돼야 한다.

더미 코딩(Dummy coding)은 효과 코딩과 동일하게 작동하며 동일한 추론 결과(제곱합, 제곱평균 등)를 내놓을 수 있다. 하지만 효과 코딩의 장점보다 더 나은 장점은 특별히 없다. 효과 코딩을 사용할 때와 더미 코딩을 사용할 때 회귀식의 계수는 서로 달라진다. 더미 코딩을 사용할 때 그룹 평균과 코드가 0인 그룹의 평균 간 차이에서 회귀계수가 달라진다. 따라서 몇 개의 그룹 평균을 다른 비교 그룹의 평균과 비교할 때 더미 코딩이 유용할 수 있다. Dunnett의 다중 비교 기법은 이러한 상황을 위해 디자인되었다(더미 코딩은 로지스틱 회귀(logistic regression)에서도 유용한데 여기에서 회귀계수를 승산비(odds ratio)와 일치하도록 한다).

직교 코딩(Orthogonal coding)은 10장 끝 부분에서 다룬 계획직교대비(planned orthogonal contrasts)와 거의 비슷하다. 직교 코딩의 장점은 만약 여러분이 다중회귀를 종이와 연필로 풀어도 할 수 있을 만큼 간단하다는 점이다. 직교 코딩을 하면 행렬이 되는데 이것은 쉽게 역행렬로 만들 수 있다. 코드가 직교가 안 되면 역행렬을 만들기 어렵다. 하지만 컴퓨터와 엑셀을 쓰면서부터는, 직교 코딩을 쓰면 역행렬을 쉽게 만들 수 있다는 장점이 사라진 셈이다(엑셀에는 MINVERSE()

라는 함수로 이 작업을 할 수 있다).

이제 여러분은 더미 코딩이라는 게 있다는 사실을 알았으므로 이 책에서는 더 이상 그것에 대해 언급하지 않는다. 직교 코딩에 대해서는 15장 "다중회귀분석과 효과 코딩 : 더 많은 이슈"에서 다시 다룬다.


## 2. 다중회귀와 분산의 비율

4장에서는 상관의 성질에 대해 자세하게 다뤘다. 한 가지 중요한 점은 상관계수의 제곱은 두 변수 간의 공분산에서 비율을 나타낸다는 것이다. 예를 들어 '칼로리'와 '몸무게' 간의 상관계수가 0.5라면 0.5의 제곱은 0.25이다. 이 값으로 두 변수가 공통으로 가지는 분산의 비율을 알 수 있다.

이 관계를 규정하는 여러 가지 방법이 있다. 보통 한 변수가 다른 한 변수에 선행하므로 이 경우 한 변수가 다른 변수에 영향을 주었다고 생각할 수 있다. 이 경우 뒤에 발생한 변수의 변동성 중 25%가 영향을 준 부분이라고 볼 수 있다. 따라서 선행하는 변수 '칼로리'에 의해 몸무게가 영향을 받는다.


한 변수가 다른 변수의 원인이 되는지 혹은 어떤 변수가 원인이고 어떤 변수가 결과인지 그 방향도 확실하지 않을 때는 예를 들어 '빈곤'과 '범죄'의 관계처럼, 그냥 '범죄'와 '빈곤'은 '공통으로 분산의 25%를 가진다'라고 말할 수 있다. 인과관계의 방향이 있던, 없던 간에 한 변수가 바뀔 때 다른 변수의 값을 바꾸면 공통된 분산(혹은 예측된 분산)이 있다고 말할 수 있다. 그림 14-1이나 그림 14-2와 같은 코드 벡터를 만들면, 여러분은 상관이 있는 숫자 변수를 만든 게 되고 결과 변수에 공통된 분산도 만들게 된다. 여기서 여러분은 결과 변수에 변동성(제곱합)이 얼마나 있는지 결정해야 한다.

그리고 이것이 여러분이 일반적인 ANOVA를 수행할 때 그룹 간(처리) 분산을 계산할 때 수행하는 것과 동일하다. 1장 "변수(Variable)와 값(Value)에 대해"에서 필자는 명목 변수(nominal variable)에 대해 다뤘다. 명목 변수들은 그냥 이름만 붙어있으므로 평균, 표준편차, 상관 같은 숫자 분석에는 어울리지 않는다. 하지만 명목 변수에 관련된 평균값으로 작업을 해서 '신약 A'와 '신약 B', '플라세보' 약의 평균 콜레스테롤 수준을 구할 수 있었다. 그리고 이 평균들의 분산을 계산해서 총 제곱평균에서 얼마나 많은 부분이 평균 간의 차이 때문에 발생한 것인지 알 수 있다.

효과 코딩을 사용하면 다른 방법으로 동일한 결과를 얻을 수 있다. 효과 코딩에서는 '신약 A'같은 명목 변수를 숫자값(−1, 0, 1등)으로 바꿔서 결과 변수에서 상관을 계산할 수 있다. 그림 14−3에서는 그림 14−1의 데이터에 대해 이런 방법을 적용하고 있다.

| L14 | | | $f_x$ | =L12*L13 | | | | | | | |
|---|---|---|---|---|---|---|---|---|---|---|---|
| | A | B | C | D | E | F | G | H | I | J | K | L |
| 1 | | 그룹 1 | 그룹 2 | 그룹 3 | | | | 점수 | 그룹1 | 그룹2 | | 요약 출력 | |
| 2 | | 55 | 48 | 50 | | | | 55 | 1 | 0 | | | |
| 3 | | 50 | 45 | 54 | | | | 50 | 1 | 0 | | 회귀분석 통계량 | |
| 4 | | 54 | 45 | 49 | | | | 54 | 1 | 0 | | 다중 상관계수 | 0.834523 |
| 5 | | | | | | | | 48 | 0 | 1 | | 결정계수 | 0.696429 |
| 6 | 분산 분석: 일원 배치법 | | | | | | | 45 | 0 | 1 | | | |
| 7 | 변동의 요인 | 제곱합 | 자유도 | 제곱 평균 | F비 | | | 45 | 0 | 1 | | | Coefficients |
| 8 | 처리 | 78 | 2 | 39 | 6.88 | | | 50 | −1 | −1 | | Y절편 | 50 |
| 9 | 잔차 | 34 | 6 | 5.67 | | | | 54 | −1 | −1 | | 그룹1 | 3 |
| 10 | | | | | | | | 49 | −1 | −1 | | 그룹2 | −4 |
| 11 | 계 | 112 | 8 | | | | | | | | | | |
| 12 | | | | | | | | | | | | 결정계수 | 0.696429 |
| 13 | | | | | | | | | | | | 총 제곱합 | 112 |
| 14 | | | | | | | | | | | | 회귀의 총 제곱합 | 78 |

▶▶ **그림 14-3** 그룹 간의 제곱평균을 계산하는 두 가지 방법

그림 14−3에서는 ANOVA와 회귀분석 도구에서 나온 여러 가지 필요 없는 정보는 삭제해서 제곱합에만 집중하도록 했다. A6:E11의 ANOVA 결과에서는 그룹 간(처리) 제곱합($SS_B$)으로 78이 나왔다. 이 숫자가 나온 방식은 10장과 11장에서 다뤘다.

K1:L5의 회귀분석 결과에서 보면 $R^2$, 즉 결정계수는 0.696이다(셀 L12를 참고). 4장에서도 다뤘듯 결정계수는 분산의 비율이며 (a)결과 변수와 (b)강한 상관 결과를 보이는 예측 변수의 조합 사이에 나눠진다.

$R^2$(결정계수) 0.696과 셀 B11의 총 제곱합 값 112를 곱하면 78이 되는데 이 값은 셀 B8의 값 $SS_B$와 동일하다. 예측 변수의 최적의 조합은 그림 14−4의 G열에 보인다.

| | A | B | C | D | E | F | G |
|---|---|---|---|---|---|---|---|
| 1 | 점수 | 그룹1 | 그룹2 | 3 X 그룹1 | -4 X 그룹2 | Y절편 | 최적의 조합 |
| 2 | 55 | 1 | 0 | 3 | 0 | 50 | 53 |
| 3 | 50 | 1 | 0 | 3 | 0 | 50 | 53 |
| 4 | 54 | 1 | 0 | 3 | 0 | 50 | 53 |
| 5 | 48 | 0 | 1 | 0 | -4 | 50 | 46 |
| 6 | 45 | 0 | 1 | 0 | -4 | 50 | 46 |
| 7 | 45 | 0 | 1 | 0 | -4 | 50 | 46 |
| 8 | 50 | -1 | -1 | -3 | 4 | 50 | 51 |
| 9 | 54 | -1 | -1 | -3 | 4 | 50 | 51 |
| 10 | 49 | -1 | -1 | -3 | 4 | 50 | 51 |
| 11 | | | | | | | |
| 12 | | | | | 점수와 최적의 조합의 다중 상관 | | 0.834523 |
| 13 | | | | | 다중 상관계수 | | 0.696429 |

▶▶ **그림 14-4** 다중상관계수 구하기

최적의 조합을 직접 보면서 찾아내려면 다음 세 단계가 필요하다(곧 나오겠지만 사실 TREND() 함수를 사용하는 편이 더 빠르다). 그림 14-3의 셀 L8:L10에 나오는 회귀계수가 필요하다.

1. '그룹 1'의 각각의 값에 '그룹 1'의 계수를 곱한다. 결과값을 열 D에 놓는다.
2. '그룹 2'의 각각의 값에 '그룹 2'의 계수를 곱한다. 결과값을 열 E에 놓는다.
3. F열의 Y절편을 D열과 E열의 값에 더한 다음 그 결과를 G열에 놓는다.

note_

G열의 결과는 TREND() 함수를 배열 수식으로 입력해도 구할 수 있다. 입력할 때는 TREND (A2:A10,B2:C10)와 같이 입력한다. 이 방법은 이 장 나중에 사용한다. 회귀식을 직접 적용한 것과 결과가 같으므로 유용하게 사용할 수 있다.

확인하는 차원에서 다음 식을 셀 G12에 입력했다.

=CORREL(A2:A10,G2:G10)

그리고 다음 식을 셀 G13에 입력했다.

=G12^2

이 식은 각각 (a) 예측 변수의 최적의 조합과 결과 변수 간의 상관 그리고 (b)상관의 제곱 $R^2$을 반환한다. 셀 G12, G13의 값을 그림 14-3의 셀 L4, L5의 값과 비교해보자. 그림 14-3의 셀 L4, L5의 값은 데이터 분석 추가 기능의 회귀분석도구에서 만든 값이다.

물론 그림 14-4의 셀 G13의 값 $R^2$에 그림 14-3의 셀 B11의 값 총 제곱합을 곱해도 $SS_B$, 78을 구할 수 있다. 요인이 한 개인 분석에서 ANOVA의 그룹 간(처리) 제곱합은 회귀분석에서 나온 회귀의 총 제곱합과 일치한다.

## ✚ ANOVA에서 회귀분석으로 넘어가기

여기서 잠깐 ANOVA와 회귀분석 모두에서 사용하는 수학으로 돌아가서 관련된 개념을 리뷰 해보도록 하자. 이 두 가지 분석의 목적은 데이터 집합의 변동성(각 관찰값과 총 평균 사이의 편차의 제곱으로 측정한다)을 두 개의 구성요소로 나누는 것이다.

- 구성원들이 속하는 그룹의 평균들의 차이로 인한 변동성
- 그룹 안에 남아있는 변동성. 이 변동성은 각각의 관찰값과 그들의 그룹 평균과의 편차를 제곱해서 측정한다.

### — ANOVA를 통한 분산 측정

ANOVA에서는 분석을 완료하기 위해 일부는 그룹 평균과 총 평균 편차의 제곱의 합을 구하고, 일부는 각각의 관찰값과 그들이 속한 각 그룹 평균 간 편차의 제곱의 합을 구한다. 이 두 제곱합은 각각의 자유도로 나눠서 분산으로 변환한다.

### ● 〈그룹 내(잔차)의 제곱의 합〉

각각의 그룹 안의 편차의 제곱합을 계산한 다음, 그룹별로 합해서 그룹 내 제곱합($SS_W$)을 구한다. 계산할 때 그룹 평균을 가지고 각 관찰값과의 편차를 구하기 위해 사용한다. 그룹 간 차이는 여기에 포함되지 않는다.

### ● 〈그룹 간(처리)의 제곱의 합〉

그룹 간 분산은 평균의 분산오차(그룹 평균의 분산에 그룹의 개수를 곱한다)에 기반한다. 이 값은 평균의 분산오차 식을 다시 고쳐 써서 모분산의 추정값으로 변환할 수 있다.

$$s_{\bar{x}}^2 = s^2/n$$

즉, 위 식을 다음 식으로 변환한다.

$$s^2 = ns_{\bar{x}}^2$$

이 식은 추정값을 의미한다. 즉 모평균 사이에 차이가 없다고 기대할 때 나올 수 있는 값이다. 말로 풀어보면 모든 관찰값의 분산은 그룹 평균의 분산에 각 그룹 관찰값의 개수를 곱한 값으로 추정할 수 있다고 할 수 있다. 다른 말로 하면 모평균 사이에 차이가 없다고 가정한 귀무가설 하에서, $MS_B$의 기대값은 모분산이다(평균의 분산오차의 개념은 8장 "평균 사이에서 검증하기 : 기본 사항"의 "평균 검정 : 이유"절에서 소개했다).

방금 언급한 추정값과는 대조적으로 그룹 간의 제곱합은 그룹 평균의 편차의 제곱합에 각 그룹의 관찰값의 개수를 곱해서 구할 수 있다.

$$SS_B = \sum_{j=1}^{J} n(\bar{X}_{j.} - \bar{X}_{..})^2$$

● 〈분산 측정을 비교하기〉

분산 추정값의 상대적인 크기(F-비, 그룹 간의 변동성을 그룹 내 변동성의 추정값으로 나눠서 구할 수 있다)로 그룹 평균이 모집단에서 정말 다를 것인지, 아니면 다른 이유는 그냥 표본오차인지 가능성을 알 수 있다. 여기서 주의할 점은 비록 제곱평균은 분산이지만 그룹 간 제곱평균은 그룹 평균의 분산을 의미하지 않는다는 것이다. 이것은 모든 관찰값의 총 분산의 추정값이며 그룹 평균들의 변동성에 기반하고 있다. 같은 방법으로, 그룹 내 제곱평균은 각 그룹 내에서 각 관찰값의 분산을 의미하지는 않는다. 결국 각 그룹의 제곱합을 모두 합하게 된다. 모든 관찰값의 총 분산의 추정값이며 각 그룹 내의 변동성에 기반하고 있다.

따라서 여러분은 총 분산의 추정값을 가지고 있으며 이 값은 서로 독립적이다. 즉 처리(그룹 간, between groups)는 그룹 평균 사이의 차이에 기반하고 있으며, 잔차(그룹 내, within groups)는 각 관찰값과 그들의 그룹 평균 간의 차이에 기반하고 있다. 그룹 평균에 기반한 추정값이 셀 내 변동성에 기반한 추정값을 심각하게 초과하면 귀무가설이 참이라는 가정하에 그룹 평균의 차이가 심각하게 다른 것이 있다는 의미이다.

### – 회귀분석을 통한 분산 측정

 회귀분석은 다른 노선을 택한다. 우선 서로 다른 그룹에 개체가 속하는지 나타내는 새로운 변수를 만든다. 이것이 그림 14-1에서 그림 14-4까지 나왔던 효과 코딩의 벡터들이다. 다음 다중회귀분석에서는 "결과" 변수나 "예측" 변수(이 변수는 그룹에 속하는지와 관련 있으며 효과 코딩으로 표현된다)에서 분산의 비율을 결정한다. 이것이 그룹 간(처리, between groups) 분산이다. 나머지 나오지 않은 부분의 분산이 그룹 내(잔차, within groups) 분산이다. 회귀분석 용어로도 잔차(residual) 분산이라고 한다. F-검정을 수행하기 위해 그룹 간 분산을 그룹 내 분산으로 나눈다. 여러분이 직접 F-검정을 계산해보려고 하면, 회귀분선을 사용할 때 제곱합의 실제값과 분산은 필요하지 않다는 것을 알 수 있다(그림 14-5를 참고).

| | A | B | C | D | E | F | G | H | I | J | K | L | M | N | O |
|---|---|---|---|---|---|---|---|---|---|---|---|---|---|---|---|
| 1 | | 그룹 1 | 그룹 2 | 그룹 3 | | | 점수 | 그룹1 | 그룹2 | | 요약 출력 | | | | |
| 2 | | 55 | 48 | 50 | | | 55 | 1 | 0 | | 회귀분석 통계량 | | | | |
| 3 | | 50 | 45 | 54 | | | 50 | 1 | 0 | | 다중 상관계수 | 0.8345 | | | |
| 4 | | 54 | 45 | 49 | | | 54 | 1 | 0 | | 결정계수 | 0.6964 | | | |
| 5 | | | | | | | 48 | 0 | 1 | | 조정된 결정계수 | 0.5952 | | | |
| 6 | 분산 분석 | | | | | | 45 | 0 | 1 | | 분산 분석 | | | | |
| 7 | 변동의 요인 | 제곱합 | 자유도 | 제곱 평균 | F비 | | 45 | 0 | 1 | | | 분산의 비율 | 자유도 | 제곱평균 | F비 |
| 8 | 처리 | 78 | 2 | 39 | 6.88 | | 50 | -1 | -1 | | 회귀 | 0.6964 | 2 | 0.348 | 6.88 |
| 9 | 잔차 | 34 | 6 | 5.67 | | | 54 | -1 | -1 | | 잔차 | 0.3036 | 6 | 0.051 | |
| 10 | 계 | 112 | 8 | | | | 49 | -1 | -1 | | 계 | 1.0000 | 8 | | |

▶▶ **그림 14-5** 분산의 비율만으로 F-검정을 수행할 수 있다.

그림 14-5의 셀 A7:E10은 A1:C4의 데이터에 대해 전통적인 ANOVA 분석을 적용한 결과 리포트를 보여주고 있다. 여기에서는 제곱합, 자유도, 제곱합을 자유도로 나눠서 구한 제곱평균 등을 보여주고 있다. 최종 F-비는 6.88이며 셀 E8에 보인다. 하지만 F-비를 구할 때 제곱합은 필요하지 않다. 중요한 점은 결과 변수에서 결과 변수에서 총 분산의 비율이며, 결과 변수는 그룹에 속해 있는지 여부를 나타내는 벡터에 기여한다. 셀 L8은 분산의 비율 .6964를 포함하며 이것은 벡터상 회귀 때문에 발생한다. 셀 L9는 분산의 나머지 부분을 포함하며 .3036이다. 각 비율을 각각의 자유도로 나누면 각각의 제곱평균이 나온다. 아니면 총제곱합 112(셀 B10)로 곱하면 ANOVA의 제곱평균을 구할 수 있다.

마지막으로 셀 N8을 N9로 나누면 셀 O8의 F-비 값이 나오는데, 이 값은 셀 E8의 값과 동일하다. 결국 제곱합은 단순한 상수이며 F-비를 계산할 때 반드시 필요한 건 아니다. 분산의 비율만으로 계산하는 것에 대해서는 17장 "공분산분석 : 더 많은 이슈"에서 더 자세하게 다룬다. 17장에서는 평균들 간 대중 비교에 대해서 더 자세하게 다룬다.

## ✚ 효과 코딩의 의미

이 장 앞부분에서 가끔 일반선형모델(General Linear Model)이라는 용어를 언급했는데, 이제 회귀분석을 언급하면서 좀 더 정식으로 다룰 때가 된 것 같다. 효과 코딩(Effect coding)은 일반선형모델(General Linear Model)과 밀접하게 관련되어 있다. 각각의 관찰값을 몇 가지 구성요소의 합으로 이루어졌다고 여기는 게 편리하다.


- 총평균
- 그룹 평균이 총 평균과 다르기 때문에 얼마나 다른지를 반영하는 효과
- 각 관찰값이 각각의 그룹 평균과 얼마나 다른지를 측정하는 '오차' 효과


수학적으로 이 개념은 모수로 표현하면 다음과 같다.


$$X_{ij} = \mu + \beta_j + \varepsilon_{ij}$$


그리스 문자대신 로마자를 써서 통계치로 표현하면 다음과 같다.

$$X_{ij} = \bar{X} + b_j + e_{ij}$$


각각의 관찰값은 X로 표현하며 이때 $X_{ij}$는 j번째 그룹의 i번째 관찰값임을 뜻한다. 각 관찰값은 다음 값들의 조합이다.


- 총 평균 $\bar{X}$
- j번째 그룹에 존재하는 효과 $b_j$. 일반 선형모델하에서 특정 그룹에 속한 것만으로 만약 그 그룹 평균이 총평균보다 크다면 각각의 관찰값도 커지는 효과가 발생하게 된다. 혹은 그룹 평균이 총평균보다 작다면 각각의 관찰값도 작아지는 효과가 발생한다.

- j번째 그룹의 i번째 관찰값에 존재하는 효과 $e_{ij}$. 이것은 관찰값과 그룹 평균 사이의 거리이다. 그다지 좋은 뜻은 아니지만 이 값은 e로 표현하는데 e는 error, 오차를 의미한다. 제곱평균오차나 오차분산과 같은 용어에서 사용하는 것과 같은 의미이다. 여기에 대한 값은 관찰값들 사이의 남아있는 나머지 변동성이며, 이것도 그룹 평균($b_j$)과 상호작용하는 효과 같은 변동성의 한 요인으로 고려한다.

일반 선형모델을 적용할 때 여러 가지 가정과 제한 사항들이 있으며 여러분이 한 통계 분석이 실제 의미를 가지려면 어떤 가정들은 반드시 지켜야 한다. 예를 들어 $e_{ij}$ 오차값은 서로 독립적인 것으로 가정한다. 즉 한 관찰값이 그룹 평균보다 크다고 해서 이 값이 다른 관찰값들이 그룹 평균보다 큰지 작은지에 대해서는 영향을 주지 않는다. 다른 예로 $e_{ij}$ 오차값을 모두 합하면 0이 되듯, $b_j$ 효과도 합하면 0이 되는 제한이 있다. 기대하듯이, 각 $b_j$ 효과는 총 평균으로부터의 편차이며, 각 $e_{ij}$ 오차값은 그룹 평균으로부터의 편차이다. 이런 편차를 모두 합하면 0이 된다.

여기서 $b_j$값을 효과라고 한 것에 주목하자. 이것은 표준 용어이며 효과 코딩에서도 사용하고 있다. 이전 절에서 사용했듯이 그룹에 속하는지 여부를 나타내기 위해 효과 코딩을 사용하면, 결과 변수와 코딩 벡터를 연결 짓는 회귀식에서 계수는 $b_j$값이다. 즉 총평균과 그룹 평균의 편차이다.

그림 14-1을 보자. 셀 L2:L10(이 값은 A2:C4와 동일하다)의 총평균은 50이다. '그룹 1'의 평균값은 53이므로, '그룹 1'에 속하는 효과(즉 b1)는 3이다. '그룹 1'에 속하는지 여부를 나타내는 벡터 M2:M10에서 '그룹 1'에 해당하는 값에 대해서는 1을 할당했다. 그리고 셀 J19의 '그룹 1' 벡터에 대한 회귀계수는 3이다. 즉 이 값이 '그룹 1'에 속하는 효과이다. 따라서 효과 코딩이 된다. '그룹 2'에 대해서도 마찬가지이다. 총 평균은 50이며 '그룹 2'의 평균은 46이고 '그룹 2'에 속함으로 얻는 효과는 −4이다. '그룹 2' 벡터는 구성원이 '그룹 2'에 속하면 1을 할당하는데 여기서 회귀계수는 −4이다(셀 J20). 그리고 Y 절편은 총평균과 동일하다. 따라서 이 데이터 집합에서 관찰값에 일반선형모델을 적용하면 여러분은 회귀식을 적용하고 있는 게 된다. 예를 들어 '그룹 2'의 첫 번째 관측값은, 일반선형모델에서 보면 이 값은 다음과 같다.

$$X_{ij} = \bar{X}_{..} + b_j + e_{ij}$$

실제 숫자로 대입하면 다음과 같다.

$$48 = 50 + (-4) + 2$$

그리고 회귀식에 따르면 어떤 그룹의 값이던 다음과 같이 표현할 수 있다.

Y절편 + (그룹 1 계수* '그룹 1'의 값) + (그룹 2 계수* '그룹 2'의 값)

그룹 2의 관측값에 대해 실제값을 넣어 적용해보면 다음과 같다.

$$50 + (3 * 0) + (-4 * 1)$$

이 값은 46이며 '그룹 2'의 평균값이다. 회귀식에서는 총 평균+특정 그룹에 속하는 효과 이상으로는 추정하지 않는다. 남아있는 변동성(예를 들어 '그룹 2'의 평균 46 대신 실제 점수값은 48이다)은 잔차(residual)나 오차 변동성으로 다룬다. 코드를 −1로 할당 받은 그룹의 평균은 계수의 합을 음수로 해서 구할 수 있다. 이 경우 −(3 + −4)을 음수로 하면 1이다. '그룹 3'의 평균은 51이며 총 평균값보다 1크다.

> 임격이 밀하면 효과 코딩을 사용했을 때 Y절편은 그룹 평균의 평균과 동일하다. 식으로 쓰면(53 + 46 + 51) / 3. 즉 50이다. 그룹마다 관찰값의 개수가 동일하면 모든 관찰값의 평균이나 그룹 평균의 평균은 동일하다. 하지만 그룹 간에 관찰값의 개수가 다르면 동일하지 않을 수 있다. 이 경우 Y절편은 모든 관찰값의 평균과 동일하지 않을 수 있다. 하지만 불균형 n 디자인에서도 Y절편은 그룹 평균의 평균과는 일치한다.

## 3. 엑셀에서 효과 코드할당하기

엑셀을 쓰면 효과 코딩 벡터를 쉽게 만들 수 있다. 가장 빠른 방법은 엑셀의 VLOOKUP() 함수를 사용하는 방법이다. 어떻게 사용하는지는 곧 보여주겠다. 우선 그림 14-6을 보자. 영역 A1:B10

의 데이터는 그림 14-1과 동일하며 목록 형태로 바꾼 것뿐이다. 사실 이런 형태로 데이터를 배치하는 것이 그림 14-1의 A1:C4 같이 배치하는 것보다 더 유용하다. 그림 14-1의 A1:C4 와 같은 배치는 ANOVA 도구를 사용할 때만을 위해서만 사용한다,

그림 14-6의 F1:H4는 또 다른 목록이며 그룹에 속해있는지 결정하기 위해 사용할 효과 코딩과 관련 있다. F2:F4에서는 A1:A10에서 사용한 그룹의 이름을 놓는다. G2:G4에서는 '그룹 1' 벡터에서 사용할 효과 코드를 놓는다. '그룹 1'에 속하는 값은 1을 할당한다. 마지막으로 H2:H4에는 '그룹 2' 벡터에서 사용할 효과 코드를 놓는다.

| C2 | | | $f_x$ | =VLOOKUP($A2,$F$2:$H$4,2,0) | | | |
|---|---|---|---|---|---|---|---|

| | A | B | C | D | E | F | G | H | I |
|---|---|---|---|---|---|---|---|---|---|
| 1 | 그룹 | 점수 | 그룹1 | 그룹2 | | 그룹 | 그룹1 | 그룹2 | |
| 2 | 그룹 1 | 55 | 1 | 0 | | 그룹 1 | 1 | 0 | |
| 3 | 그룹 1 | 50 | 1 | 0 | | 그룹 2 | 0 | 1 | |
| 4 | 그룹 1 | 54 | 1 | 0 | | 그룹 3 | -1 | -1 | |
| 5 | 그룹 2 | 48 | 0 | 1 | | | | | |
| 6 | 그룹 2 | 45 | 0 | 1 | | | | | |
| 7 | 그룹 2 | 45 | 0 | 1 | | | | | |
| 8 | 그룹 3 | 50 | -1 | -1 | | | | | |
| 9 | 그룹 3 | 54 | -1 | -1 | | | | | |
| 10 | 그룹 3 | 49 | -1 | -1 | | | | | |

▶▶ **그림 14-6** C열과 D열의 효과 코딩 벡터는 VLOOKUP()으로 생성했다.

효과 벡터는 원래 데이터인 A1:B10 목록 옆 C열, D열에 만들었다. C1, D1에는 벡터의 이름을 붙였는데 이 이름은 나한테 편리한 이름으로 붙였다. 여러분은 여러분 편한 이름으로 붙여도 된다 (회귀분석 결과에 이 이름이 나오는 것을 고려하고 이름을 붙이자).

C열과 D열에 들어갈 벡터값을 만들려면 다음과 같은 과정을 따라야 한다.

1. 다음 식을 셀 C2에 입력한다.

   =VLOOKUP(A2,$F$2:$H$4,2,0)

2. 다음 식을 셀 D2에 입력한다.

   =VLOOKUP(A2,$F$2:$H$4,3,0)

3. C2:D2를 한꺼번에 선택한다.

4. 선택한 영역에서 D2 아래에 보이는 핸들을 선택한다.

5. 마우스를 클릭해서 핸들을 잡고 10행까지 죽 끌어서 내린다. 이제 워크시트는 그림 14-6

의 B1:D10처럼 보일 것이다.

만약 VLOOKUP() 함수에 익숙하지 않으면 몇 가지 주의해야 할 점이 있다. 우선 VLOOKUP()은 A2같은 특정 워크시트 셀의 값을 받는다. 그리고 해당하는 값을 워크시트상 첫 번째 열에서 찾는다. 여기에서는 그림 14-6의 F2:H4에 해당한다. 다음 VLOOKUP()은 관련된 값을 반환하는데 이 예 같은 경우는 1, 0, −1에 해당한다. 따라서 다음 식을 보자.

    =VLOOKUP(A2,$F$2:$H$4,2,0)

VLOOKUP() 함수는 셀 A2의 값(첫 번째 인자)를 찾는다. '그룹 1'이라는 값을 영역 F2:H4(두 번째 인자)의 첫 번째 열에서 찾는다. 다음 VLOOKUP()은 두 번째 인자의 두 번째 열(세 번째 인자)에서 찾은 값을 반환한다. 네 번째 인자 0의 역할은 찾아보는 영역이 첫 번째 열로 정렬되어 있지 않아도 된다고 알려주고 있다. 그리고 네 번째 인자가 0이면 엑셀은 정확히 일치하는 값을 찾아서 반환해야 한다.

따라서 말로 풀어보면 다음 식

    =VLOOKUP(A2,$F$2:$H$4,2,0)

에서는 A2에 있는 값을 알아낸다. 그리고 F2:H4의 첫 번째 열에 해낭 값을 찾는다. 이 예에서는 '그룹 1'이라는 값이 영역의 첫 번째 행에 있었다. VLOOKUP()의 세 번째 인자는 어떤 열을 찾아야 할 지 알려준다. 따라서 F2:H4의 두 번째 열을 찾는다. 여기서 해당하는 값은 1이다. 따라서 VLOOKUP()은 1을 반환한다. 유사한 다음 식을 보자.

    =VLOOKUP(A2,$F$2:$H$4,3,0)

이 식은 F2:H4의 첫 번째 열에서 '그룹 1'을 찾는다. 이 값은 셀 F2에 있다. 따라서 VLOOKUP()은 찾은 영역에서 해당 행에 있는 값을 반환한다. 여기서 세 번째 인자는 3이다. 따라서 찾은 영역의 세 번째 열, 즉 H열에 있는 값을 반환한다. 따라서 VLOOKUP()은 첫 번째 행의 세 번째 열의 값, 즉 셀 H2의 값 0을 반환한다.

셀 E7의 식에서는 VLOOKUP의 첫 번째 인자로 $A7을 사용한다. 이렇게 하면 인자를 A열에 고정시키기 때문에, 이 식을 C, D, E열로 복사해도 A열에 대한 참조가 변하지 않는다(세 번째 인자 4를 조정해야 한다). 그림 14-7에서는 그룹이 네 개 있는 경우 어떻게 이 방법을 사용할 수 있는지 보여주고 있다.

| E7 | ▾ | × ✓ $f_x$ | =VLOOKUP($A7,$G$2:$J$5,4,0) | | | | | |
|---|---|---|---|---|---|---|---|---|---|
|  | **A** | **B** | **C** | **D** | **E** | **F** | **G** | **H** | **I** | **J** |
| **1** | **그룹** | **점수** | **그룹1** | **그룹2** | **그룹3** | | **그룹** | **그룹1** | **그룹2** | **그룹3** |
| **2** | 그룹 1 | 55 | 1 | 0 | 0 | | 그룹 1 | 1 | 0 | 0 |
| **3** | 그룹 1 | 50 | 1 | 0 | 0 | | 그룹 2 | 0 | 1 | 0 |
| **4** | 그룹 1 | 54 | 1 | 0 | 0 | | 그룹 3 | 0 | 0 | 1 |
| **5** | 그룹 2 | 48 | 0 | 1 | 0 | | 그룹 4 | -1 | -1 | -1 |
| **6** | 그룹 2 | 45 | 0 | 1 | 0 | | | | | |
| **7** | 그룹 2 | 45 | 0 | 1 | 0 | | | | | |
| **8** | 그룹 3 | 50 | 0 | 0 | 1 | | | | | |
| **9** | 그룹 3 | 54 | 0 | 0 | 1 | | | | | |
| **10** | 그룹 3 | 49 | 0 | 0 | 1 | | | | | |
| **11** | 그룹 4 | 48 | -1 | -1 | -1 | | | | | |
| **12** | 그룹 4 | 52 | -1 | -1 | -1 | | | | | |
| **13** | 그룹 4 | 55 | -1 | -1 | -1 | | | | | |

▶▶ **그림 14-7** 그룹을 추가하면 벡터도 추가한다. 그리고 찾아봐야 하는 영역에서 열도 늘어난다.

찾아보는 영역(그림 14-6의 F2:H4와 그림 14-7의 G2:J5)은 효과 코딩의 일반적 규칙을 만족한다.

- 요인의 수준보다 벡터의 개수는 한 개 적다.
- 각각의 벡터에서, 한 그룹은 1을 가지고 마지막 그룹을 제외하고는 다른 그룹은 모두 0을 가진다.
- 가장 마지막 그룹은 -1을 가진다.

여기서 여러분은 참고하는 영역이 이런 규칙에 맞는지 확인해야 한다. 다음 VLOOKUP() 함수가 각 그룹에 속해있는지 여부를 각각의 벡터에 맞는 코드를 할당해 줄 것이다.

## 4. 불균형 그룹 크기인 경우 엑셀 회귀분석 도구 사용하기

10장에서는 요인이 한 개인 ANOVA에서 그룹의 크기가 균등하지 않을 때의 문제를 다뤘다. 논의는 분산분석의 바탕이 되는 가정의 문제에 초점을 두었다. 10장에서는 서로 다른 그룹에서 동일한 분산이라는 가정이 표본의 크기가 동일할 때는 문제되지 않는다고 말했다. 하지만 n의 크기가 균일하지 않고 더 큰 그룹이 더 작은 분산을 가질 때 F-검정은 여러분이 기대하는 것보다 후하게 (liberal) 된다. 따라서 실제로 기각해야 하는 경우보다 좀 더 많이 귀무가설을 기각하게 된다. '좀 더 많이'의 정도는 그룹의 표본크기와 분산의 차이의 정도에 따라 다르다.

유사하게 더 큰 그룹이 더 큰 분산을 가지면 F-검정은 명목적으로 지정해 놓은 수준보다 더 보수적(conservative)이 된다. 만약 여러분이 알파수준을 .05로 정했으면 실제적으로 알파값은 .03이 되는 효과이다. 실제적으로는 이런 일이 일어나지 않게 하려면 할 수 있는 일은 그룹 크기를 동일하게 하기 위해 관찰값 몇 개를 임의로 제거하는 것 밖에 없다. 그리고 여러분이 채택한 알파 수준에 어떤 일이 벌어지는지 인식하고 있는 것도 중요하다.

전통적인 분산분석을 수행하는 관점에서 그룹의 크기가 달라도 일원 ANOVA의 결과에 영향을 주지 않는다. 처리의 제곱합은 여전히 그룹 크기에 각 효과의 제곱을 곱한 다음 그룹별로 더하면 된다. 잔차의 제곱합은 여전히 각 그룹 평균과 각 관찰값 차이의 제곱합이다. 만약 엑셀의 '분산분석 : 일원 배치법' 도구를 쓰고 있으면, n이 균등하지 않은 경우에서도 제곱합, 제곱평균, F-비 모두 올바르게 계산한다. 그림 14-8은 예를 보여준다.

| | A | B | C | D |
|---|---|---|---|---|
| 1 | 치료 A | 치료 B | 플라시보 | |
| 2 | 59.2 | 63.5 | 53.1 | |
| 3 | 57.2 | 59.4 | 57.8 | |
| 4 | 55.9 | 60.3 | 51 | |
| 5 | | 56.2 | 50.6 | |
| 6 | | | 47.2 | |
| 7 | | | | |
| 8 | 분산 분석 | | | |
| 9 | 변동의 요인 | 제곱합 | 자유도 | 제곱 평균 |
| 10 | 처리 | 147.84 | 2 | 73.92 |
| 11 | 잔차 | 93.41 | 9 | 10.38 |
| 12 | | | | |
| 13 | 계 | 241.25 | 11 | |

▶▶ **그림 14-8** 그룹의 크기가 균등하지 않은 경우 일원 ANOVA에서 제곱합이 어떻게 나눠지는지에 대해 혼란이 없다.

그림 14-8과 그림 14-9의 ANOVA 결과값을 비교해보자. 그림 14-9에서는 동일한 데이터를 분석했으며 효과 코딩과 다중회귀를 사용했다.

| | A | B | C | D | E | F | G | H | I |
|---|---|---|---|---|---|---|---|---|---|
| 1 | 그룹 | Score | 그룹A | 그룹B | | | 그룹A | 그룹B | |
| 2 | 치료 A | 59.2 | 1 | 0 | | 치료 A | 1 | 0 | |
| 3 | 치료 A | 57.2 | 1 | 0 | | 치료 B | 0 | 1 | |
| 4 | 치료 A | 55.9 | 1 | 0 | | 플라시보 | -1 | -1 | |
| 5 | 치료 B | 63.5 | 0 | 1 | | 요약 출력 | | | |
| 6 | 치료 B | 59.4 | 0 | 1 | | 회귀분석 통계량 | | | |
| 7 | 치료 B | 60.3 | 0 | 1 | | 결정계수 | 0.612814 | | |
| 8 | 치료 B | 56.2 | 0 | 1 | | | | | |
| 9 | 플라시보 | 53.1 | -1 | -1 | | 분산 분석 | | | |
| 10 | 플라시보 | 57.8 | -1 | -1 | | | 자유도 | 제곱합 | 제곱 평균 |
| 11 | 플라시보 | 51 | -1 | -1 | | 회귀 | 2 | 147.84 | 73.92 |
| 12 | 플라시보 | 50.6 | -1 | -1 | | 잔차 | 9 | 93.41 | 10.38 |
| 13 | 플라시보 | 47.2 | -1 | -1 | | 계 | 11 | 241.25 | |
| 14 | | | | | | | | | |
| 15 | | 평균 | | | | | 계수 | | |
| 16 | 치료 A | 57.43 | | | | Y절편 | 56.41 | | |
| 17 | 치료 B | 59.85 | | | | 그룹A | 1.03 | | |
| 18 | 플라시보 | 51.94 | | | | 그룹B | 3.44 | | |

▶▶ **그림 14-9** 분산의 총 비율은 그림 14-8 처리의 제곱합과 동일하다.

그림 14-8과 그림 14-9에는 몇 가지 주목해야 할 중요한 점이 있다. 우선 처리와 잔차값이 ANOVA와 회귀 분석에서 동일하다. 그림 14-8의 셀 B10:B11의 값과 그림 14-9의 셀 H11:H12 값을 비교해보자. n이 균등하지 않은 경우 다중회귀와 효과 코딩을 함께 사용했을 때 결과는 표준 ANOVA와 동일하다. 그리고 그림 14-9의 셀 G16의 값 회귀식의 절편을 보자. 이 값은 56.41이다. 이 값은 각 그룹에 동일한 개수의 관찰값이 있는 균등한 n의 경우처럼 총 평균이 아니고 모든 관찰값의 평균이다.

n이 균등하지 않은 경우 회귀식의 Y절편은 그룹 평균의 평균이다. 즉 57.43, 59.85, 51.94의 평균이다. 사실 n이 균등한 경우에도 마찬가지인데 이것은 단지 그룹의 크기가 같아서 어떤 일이 일어나고 있는지를 감춰버린 것에 불과하다. 각 평균은 표본크기 상수만큼 가중치를 두어야 한다.

따라서 그룹당 n의 크기가 균등하지 않은 경우 전통적인 방법의 분산분석을 사용하건 혹은 효과 코딩을 사용해서 다중회귀를 하던 계산하는데 아무 어려움이 없다. 이 절 시작 부분에서 언급했듯이 그룹 크기와 그룹 분산의 관계를 염두에 두어야 하며 이것이 지정한 알파율에 영향을 줄 수 있기 때문이다. 요인이 두 개 이상이고 그룹 크기도 균등하지 않을 때 비로소 계산의 성질이 문제가 된다. 다음 절에서는 요인이 두 개 이상인 디자인에서 회귀분석에 대해 다뤄보겠다.

## 5. 엑셀에서 효과 코딩, 회귀 그리고 요인 디자인

효과 코딩은 요인이 한 개인 디자인에만 한정되어 있지 않다. 사실 효과 코딩은 셀 크기가 다를 때 요인 디자인에서 가장 쓸모가 있다. 이 장 나머지 부분에서는 요인 디자인의 회귀분석에 대해 다루겠다. 15장에서는 요인 디자인에서 n이 균등하지 않을 때 발생할 수 있는 문제들과 회귀분석이 이를 어떻게 도와줄 수 있을지 다루겠다.

다중회귀방법과 함께 효과 코딩을 쓰면 두 개 이상의 요인 디자인도 처리할 수 있다. '데이터 분석' 추가 기능의 ANOVA 도구에서는 이 상황을 다룰 수 없었다(16장에서도 곧 나오겠지만, 효과 코딩은 공분산분석에서도 매우 도움이 된다). 요인 디자인의 측면에서 회귀 접근방법이 왜 유용한지 알려면 상관과 그들의 제곱 그리고 분산의 비율에서부터 시작하는 것이 제일 좋겠다. 그림 14-10에서는 균형 디자인(그룹 크기가 동일한 경우)에서 전통적인 ANOVA를 보여주고 있다.

그림 14-11에서는 그림 14-10과 동일한 데이터 집합을 보여주고 있는데 그림 14-11에서는 회귀 분석용으로 데이터를 배치했다. 특히 데이터를 엑셀 목록 형식으로 놓았고, 효과 코드 벡터를 추가했다. 열 D, E, F에는 주효과인 '치료'와 '환자'의 효과 코드가 있다. 열 G, H에서는 상호작용 효과가 있는데 주효과 열의 값을 곱해서 만들었다.

그림 4-11에서는 'r 행렬'이라고 이름 붙인 영역 J8:P13의 상관행렬을 보여준다. 이 값은 C1:H19의 데이터를 기반으로 하고 있다(이와 같은 상관행렬은 '데이터 분석' 추가 기능의 '상관분석' 도구를 쓰면 쉽게 만들 수 있다). 상관행렬 아래에 보면 '$R^2$ 행렬' 이름의 다른 행렬이 있는데, 이 행렬은 상관행렬의 값을 제곱한 값을 가지고 있다. $R^2$ 행렬은 두 변수 사이에 공유되는 분산의 양을 보여준다.

| B17 | | ▾ | ⋮ | ✕ | ✓ | $f_x$ | =SUM(B13:B15) |

| | A | B | C | D | E | F | G |
|---|---|---|---|---|---|---|---|
| 1 | | | | 환자 | | | |
| 2 | | | 입원 | 외래 | 단기 입원 | | |
| 3 | | | 89 | 123 | 84 | | |
| 4 | | 내과 | 84 | 99 | 109 | | |
| 5 | | | 86 | 117 | 87 | | |
| 6 | 치료 | | 103 | 100 | 126 | | |
| 7 | | 외과 | 100 | 92 | 127 | | |
| 8 | | | 112 | 93 | 117 | | |
| 9 | | | | | | | |
| 10 | 분산 분석: 반복 있는 이원 배치법 | | | | | | |
| 11 | 분산 분석 | | | | | | |
| 12 | 변동의 요인 | 제곱합 | 자유도 | 제곱 평균 | F 비 | P-값 | F 기각치 |
| 13 | 인자 A(행) | 470.2222 | 1 | 470.222222 | 6.4561404 | 0.0259 | 4.7472 |
| 14 | 인자 B(열) | 497.3333 | 2 | 248.666667 | 3.4141876 | 0.06702 | 3.8853 |
| 15 | 교호작용 | 1888.444 | 2 | 944.222222 | 12.96415 | 0.001 | 3.8853 |
| 16 | | | | | | | |
| 17 | 효과의 분석 | 2856.000 | 5 | 571.200 | | | |
| 18 | | | | | | | |
| 19 | 잔차 | 874 | 12 | 72.8333333 | | | |
| 20 | | | | | | | |
| 21 | Total | 3730 | 17 | | | | |

▶▶ **그림 14-10** 이 디자인은 균형이 잡혀있다. 제곱합을 어떻게 할당할 것인지에 대해 모호함이 없다.

| | A | B | C | D | E | F | G | H | I | J | K | L | M | N | O | P |
|---|---|---|---|---|---|---|---|---|---|---|---|---|---|---|---|---|
| 1 | 치료(T) | 환자(P) | 점수 | Tx | Pt1 | Pt2 | Tx Pt1 | Tx Pt2 | | 분산 분석 | | | | | | |
| 2 | 내과 | 입원 | 89 | 1 | 1 | 0 | 1 | 0 | | | 자유도 | 제곱합 | 제곱 평균 | F 비 | 유의한 F | |
| 3 | 내과 | 입원 | 84 | 1 | 1 | 0 | 1 | 0 | | 회귀 | 5 | 2856 | 571.2 | 7.84256 | 0.001735 | |
| 4 | 내과 | 입원 | 86 | 1 | 1 | 0 | 1 | 0 | | 잔차 | 12 | 874 | 72.83333 | | | |
| 5 | 내과 | 외래 | 123 | 1 | 0 | 1 | 0 | 1 | | 계 | 17 | 3730 | | | | |
| 6 | 내과 | 외래 | 99 | 1 | 0 | 1 | 0 | 1 | | | | | r 행렬 | | | |
| 7 | 내과 | 외래 | 117 | 1 | 0 | 1 | 0 | 1 | | | 점수 | Treat1 | Pt1 | Pt2 | T1 P1 | T1 P2 |
| 8 | 내과 | 단기 입원 | 84 | 1 | -1 | -1 | -1 | -1 | | 점수 | 1 | | | | | |
| 9 | 내과 | 단기 입원 | 109 | 1 | -1 | -1 | -1 | -1 | | Tx | -0.3551 | 1 | | | | |
| 10 | 내과 | 단기 입원 | 87 | 1 | -1 | -1 | -1 | -1 | | Pt1 | -0.3592 | 0 | 1 | | | |
| 11 | 외과 | 입원 | 103 | 0 | 1 | 0 | 0 | 0 | | Pt2 | -0.1229 | 0 | 0.500 | 1 | | |
| 12 | 외과 | 입원 | 100 | 0 | 1 | 0 | 0 | 0 | | Tx Pt1 | -0.1404 | 0 | 0.707 | 0.354 | 1 | |
| 13 | 외과 | 입원 | 112 | 0 | 1 | 0 | 0 | 0 | | Tx Pt2 | 0.3944 | 0 | 0.354 | 0.707 | 0.500 | 1 |
| 14 | 외과 | 외래 | 100 | 0 | 0 | 1 | 0 | 0 | | | | | $R^2$ 행렬 | | | |
| 15 | 외과 | 외래 | 92 | 0 | 0 | 1 | 0 | 0 | | | 점수 | Treat1 | Pt1 | Pt2 | T1 P1 | T1 P2 |
| 16 | 외과 | 외래 | 93 | 0 | 0 | 1 | 0 | 0 | | 점수 | 1 | | | | | |
| 17 | 외과 | 단기 입원 | 126 | 0 | -1 | -1 | 0 | 0 | | Tx | 0.12606 | 1 | | | | |
| 18 | 외과 | 단기 입원 | 127 | 0 | -1 | -1 | 0 | 0 | | Pt1 | 0.12904 | 0 | 1 | | | |
| 19 | 외과 | 단기 입원 | 117 | 0 | -1 | -1 | 0 | 0 | | Pt2 | 0.01510 | 0 | 0.25000 | 1 | | |
| 20 | | | | | | | | | | Tx Pt1 | 0.01971 | 0 | 0.50000 | 0.12500 | 1 | |
| 21 | | | | | | | | | | Tx Pt2 | 0.15554 | 0 | 0.12500 | 0.50000 | 0.25000 | 1 |

▶▶ **그림 14-11** 셀 J3:O3의 회귀를 위한 ANOVA와 그림 14-10의 셀 A17:D17의 총 효과 분석과 비교해보자.



이 장 "회귀분석을 통한 분산 측정"에서도 언급했듯이 $R^2$(두 변수 사이에 공유되는 분산의 비율)를 사용해서 코드 벡터에 기여하는 결과 변수에서 제곱합을 구할 수 있다. 예를 들어 그림 14-11 셀 K18:K19에서 두 환자 벡터 Pt1과 Pt2는 '점수' 변수와 분산을 각각 12.90%, 1.51% 공유한다. 합쳐보면 '환자' 요인 분산의 14.41%를 '점수' 변수와 공유한다. 총 제곱합은 3730이며 그림 14-11의 셀 L5와 같다(이 값은 그림 14-10의 셀 B21과도 같다). 그리고 3730의 14.41%는 537.67이며 이 값은 '환자' 요인에 기여하는 총 제곱합과 일치한다.

이것뿐만은 아니다. 그림 14-10을 보면 셀 B14의 값은 497.33인데 이 값은 환자 요인에 대한 제곱합이다(ANOVA 도구에서는 자동으로 '인자 B(열)'이라고 이름 붙이는데 별로 도움이 안된다). 여기서는 디자인 셀마다 관찰값이 동일하게 세 개씩 있으므로 균형 디자인이다. 따라서 요인 디자인에서 불균등한 n때문에 발생하는 모호함의 문제는 발생하지 않는다. 그런데 그림 14-11의 분산의 비율의 합을 보면 제곱합은 537.67이 되는데 왜 그림 14-10의 ANOVA 결과에서 '환자' 요인의 제곱합은 497.33이 될까?

이유는 '환자' 요인을 나타내는 두 벡터가 서로 상관관계에 있기 때문이다. 그림 14-11의 셀 M11을 보면 벡터 Pt1과 벡터 Pt2 사이에 .5의 상관이 있다. 이 두 벡터는 레벨이 세 개인 '환자' 요인의 그룹 포함 여부를 나타낸다. 그리고 셀 M19를 보면 두 개의 벡터가 분산의 25%를 공유하는 것을 알 수 있다. 이런 경우에는 그냥 단순히 12.90%('점수'와 Pt1의 $R^2$값)와 1.51%('점수'와 Pt2의 $R^2$값)를 더한 다음 그 합에 총 제곱합을 곱할 수 없다. 두 '환자' 벡터는 그들 분산의 25%를 공유하며, Pt1과 '점수'가 공유하는 12.90% 또한 Pt2가 공유하게 된다. 분산을 두 번 세고 있기 때문에, 결국 원래 '환자'의 총 제곱합(497.33)에 비해 537.67로 값이 커지게 된다.

### ✚ 준부분상관(Semipartial Correlation)으로 통계적 제어 발휘하기

가끔 뉴스에서 "수입을 일정하게 유지한다(hold constant)" 혹은 "교육을 비교에서 제거했다(remove)"와 같은 통계적인 용어들을 듣곤 한다. 이 용어들은 그림 14-11의 Pt1과 Pt2처럼 두 개의 코드 벡터가 서로 상관이 있는 경우 나올 수 있다. 여기서는 한 변수를 "일정하게 유지"하고 그것을 어떻게 사용하는지 알아보기로 하자.

만약 여러분이 '교육'과 앞으로 선거에서의 '투표 성향' 관계를 알아보고 싶다고 하자. 여러분은 '교육'과 '수입'이 관련 있다는 것을 알고 있다. 그러면 아마도 '수입'과 '투표 성향'에도 관련이 있을 것이다. 그런데 여러분은 '수입' 변수에 영향을 받지 않은 채로 '교육'과 '투표 성향'의 관계를 조사해 보고 싶을 수 있다. 이런 조사를 하면 어떤 텔레비전 프로그램을 보는 시청자의 교육수준이 알려져 있을 때 이 텔레비전 프로그램에 광고를 실을 것인지 아닌지 알 수 있을 것이다. 등록된 유권자에서 임의로 표본을 뽑아 데이터를 모은 다음 다음과 같은 상관행렬을 만들었다.

| | 성향 | 교육 | 수입 |
|---|---|---|---|
| 성향 | 1.0 | | |
| 교육 | 0.55 | 1.0 | |
| 수입 | 0.45 | 0.35 | 1.0 |

'교육' 변수에서 '수입'의 효과를 제거하면서 동시에 '성향'에는 '수입'의 효과를 남겨놓고 싶을 것이다. 다음은 이를 위한 엑셀식이다.

$$= (.55 - (.45 * .35)) / SQRT(1 - .35^2)$$

좀 더 일반적인 형태로 쓰면 다음과 같다.

$$r_{1(2.3)} = \frac{r_{12} - r_{13}r_{23}}{\sqrt{1 - r_{23}^2}}$$

여기서 $r_{1(2,3)}$은 준부분상관(semipartial correlation)이라고 한다. 이것은 변수 1과 변수의 상관이지만 변수 2에서 변수 3의 효과를 제거한 것이다. 앞서 나온 상관행렬에 나온 데이터에 따르면, '교육'에서 '수입'을 제거한 '성향'과 '교육'의 준부분상관은 .42이다. 원래의 '교육'과 '성향'의 상관값보다 .13 작다. 다음 식을 쓰면 첫 번째 변수와 두 번째 변수 모두에서 세 번째 변수의 영향을 모두 제거할 수 있다.

$$r_{12.3} = \frac{r_{12} - r_{13}r_{23}}{\sqrt{1 - r_{13}^2}\sqrt{1 - r_{23}^2}}$$

주어진 데이터에서 결과값은 .47이다. 두 변수 모두에서 세 번째 변수의 효과를 제거한 상관을 부분상관(partial correlation)이라고 한다. 앞에서도 말했듯 두 개의 변수 중 한 변수에서만 세 번째 변수의 효과를 제거했으면 이것은 준부분상관(semipartial correlation)이라고 한다.

앞 절에서는 상관 벡터와 그들의 상관이 결과 변수에서 분산이 어떻게 할당되는지에 대한 효과에 대해 다뤘다. 한 벡터에 대한 다른 벡터의 효과를 제거하려면(앞 절에서 논의한 Pt1과 Pt2), 여기서 주어진 준부분상관에 대한 식을 이용할 수 있다. 그림 14-11의 데이터를 이용해서 어떻게 이용할 수 있는지 보여주겠다. 그리고 엑셀의 TREND() 함수를 사용해서 너무나 쉽고 우아하게 할 수 있는 방법을 보여주겠다.

### ✚ 준부분제곱(Squared Semipartial)을 사용하여 올바른 제곱합 구하기

그림 14-11에서도 보았듯이 원래의 상관은 다음과 같다.

|  | 점수 | Pt1 | Pt2 |
|---|---|---|---|
| 점수 | 1.0 | | |
| Pt1 | −0.3592 | 1.0 | |
| Pt2 | −0.1229 | .5000 | 1.0 |

준부분상관의 식을 적용하면 Pt2에서 Pt1 효과를 제거한 다음 '점수'와 Pt2 사이의 상관에 대해 다음과 같은 식을 얻을 수 있다.

$$=(-0.1229-(-0.3592*0.5))/SQRT(1-0.5\hat{}2)$$

이 값은 .0655가 되고, 상관을 제곱하면 .0043이 된다. 이 값은 Pt2에서 Pt1 효과를 제거한 다음 '점수'와 Pt2가 공통으로 가지는 분산의 비율이다. '점수'와 Pt2 사이의 상관을 제곱하면 .129이다 (그림 14-11의 셀 K18을 보자). .129 에 .0043 을 더하면 .1333이 되고, 이 값은 두 환자 벡터와

‘점수’ 변수 사이의 공유된 분산의 결합 비율이다. 이것은 ‘점수’와 두 환자 벡터 사이에 공유된 분산 비율이 13.3%라고 할 수 있으며 Pt1과 Pt2사이에 중복된 분산을 제거한 결과이다.

이제 .1333에 3730(그림 14-11의 셀 L5)을 곱하면 두 환자 벡터에 기여하는 총 제곱합의 비율, 즉 ‘환자’ 요인을 구할 수 있다. 결과값은 497.33이며 그림 14-10의 셀 B14에 나온 전통적인 ANOVA에서 계산한 제곱합과 정확히 일치한다. 여러분에게 다음 개념을 알려주기 위해 위와 같은 길고 긴 과정을 돌아왔다.

두 예측 변수(predictor variable)가 상관관계에 있을 때 결과 변수와 분산이 일부 공유돼서 겹치는 부분이 있다. 겹치는 분산을 두 번 더할 수 있기 때문에 단순히 $R^2$끼리 더하면 안된다. 결과 변수와 한 예측 변수의 상관에서 다른 예측 변수의 효과를 제거할 수 있다. 따라서 다른 예측 변수와 공유되는 부분의 분산을 제거할 수 있다. 이렇게 값을 조정하고 나면 공유 분산의 비율은 독립적이 되므로 그냥 더해도 상관없게 된다.


약 25년 전에는 컴퓨터로 다중회귀를 수행하려면 이 절에서 언급한 이 과정을 그대로 수행했었다. 만약 엑셀에서 똑같이 수행한다고 해보자. 예측 변수가 한 8~9개 정도 있다고 가정하자(요인의 상호작용을 생각해보면, 8~9개 정도는 금방 만들 수 있다). 준부분상관과 그 제곱 그리고 각 식에서 상관을 짝지으면서 아마 올바른 식을 만드는 데에만 너무나 많은 노력이 필요할 것이다. 하지만 엑셀에서는 TREND()라는 멋진 도구가 있다. 다음 절에서 TREND()를 어떻게 쓸 수 있는지 보여주겠다.


## 6. 준부분상관제곱(Squared Semipartial Correlations) 대신 Trend() 사용하기

우선 앞에 나왔던 사항을 다시 보면 준부분상관제곱(Squared Semipartial Correlations)을 써서 예측 변수와 결과 변수 사이에서 공유되는 분산이 겹치지 않도록 할 수 있다. 즉 결과 변수와 예측 변수 사이에서 공유되는 분산이 두 번 더해지지 않도록 한다.

그림 14-11의 예에서 나온 변수를 사용하면 절차는 다음과 같다.

1. 예측 변수 Tx와 '점수' 간의 공유 분산의 비율 $R^2$를 계산한다.

2. Tx는 다음 예측 변수 Pt1과 아무 상관관계가 없다. 따라서 Tx와 Pt1은 공유 분산이 없으므로 Pt1에서 Tx의 효과를 없애지 않아도 된다.

3. Pt1과 Pt2는 상관관계가 있다. Pt2에서 Pt1의 효과를 제거해서 공유 분산의 값이 겹치지 않도록 하여 Pt2와 '점수'간의 준부분상관제곱(Squared Semipartial Correlations)을 계산하자.

엑셀에서는 한 변수에서 다른 변수의 효과를 제거할 수 있는 다른 방법인 TREND() 함수를 제공하고 있다. 이 함수는 4장 "예측값 얻어내기"절에서 다뤘는데, 다시 한 번 기억을 되살려보자. 회귀분석의 목적 중 하나는 다른 변수들의 알려진 값을 이용해서 알고자 하는 변수의 값을 예상하는 것이다. 보통 알려진 예측 변수의 값과 결과 변수의 값을 LINEST() 함수에 입력하거나 아니면 회귀분석 도구에 입력한다. 결과로 식을 얻을 수 있고 이 결과를 가지고 새 예측값에 기반한 결과 변수의 값을 예상할 수 있다.

예를 들어 내일의 평균주가지수를 예측하고 싶다면 예측 변수로는 오늘의 증권거래량과 오늘의 주식 등락비율을 사용할 수 있다. 그리고 기존의 주식 등락비율, 주가지수, 거래량의 몇 년간에 걸친 누적 데이터가 필요하다. 누적 데이터를 LINEST() 함수에 넘긴 다음 결과로 거래량과 등락비율에 대한 회귀식을 구할 수 있다. 이 회귀식으로 내일의 평균주가지수를 예측할 수 있다.



무슨 소리인지 이해하기 어려운가? 너무 신경 쓰지 말자. 이것은 그저 예제일 뿐이다. 주가를 예측하려는 방법은 계속 있어왔지만 잘 되지는 않는다.

문제는 LINEST()도 회귀분석 도구도 모두 실제 예측값을 구해주지 못한다는 점이다. 여러분이 직접 회귀식을 적용해야 하는데 만약 예측 변수가 많거나 예측해야 할 값들이 많으면 매우 힘든 작업이 될 것이다. 이제 TREND()를 사용할 차례이다. LINEST()에게 주는 인자값을 똑같이 TREND()에게 주면 TREND()는 회귀식과 함께 결과값까지 구해준다. 그림 14-12에서는 예를 보여주고 있다(TREND()로부터 결과를 배열로 얻으려면 Ctrl+Shift+Enter로 입력하도록 하자).

D2 | {=TREND(B2:B19,A2:A19)}

| | A | B | | D | | F | G | | I |
|---|---|---|---|---|---|---|---|---|---|
| | Pt1 | Pt2 | | TREND() | | LINEST() | | | LINEST()의 회귀식으로 예상한 값 |
| 2 | 1 | 0 | | 0.5 | | 0.5 | 0 | | 0.5 |
| 3 | 1 | 0 | | 0.5 | | 0.217 | 0.177 | | 0.5 |
| 4 | 1 | 0 | | 0.5 | | 0.25 | 0.75 | | 0.5 |
| 5 | 0 | 1 | | 0 | | 5.333 | 16 | | 0 |
| 6 | 0 | 1 | | 0 | | 3 | 9 | | 0 |
| 7 | 0 | 1 | | 0 | | | | | 0 |
| 8 | -1 | -1 | | -0.5 | | | | | -0.5 |
| 9 | -1 | -1 | | -0.5 | | | | | -0.5 |
| 10 | -1 | -1 | | -0.5 | | | | | -0.5 |
| 11 | 1 | 0 | | 0.5 | | | | | 0.5 |
| 12 | 1 | 0 | | 0.5 | | | | | 0.5 |
| 13 | 1 | 0 | | 0.5 | | | | | 0.5 |
| 14 | 0 | 1 | | 0 | | | | | 0 |
| 15 | 0 | 1 | | 0 | | | | | 0 |
| 16 | 0 | 1 | | 0 | | | | | 0 |
| 17 | -1 | -1 | | -0.5 | | | | | -0.5 |
| 18 | -1 | -1 | | -0.5 | | | | | -0.5 |
| 19 | -1 | -1 | | -0.5 | | | | | -0.5 |

▶▶ **그림 14-12** TREND()를 쓰면 회귀식을 건너뛰고 바로 값을 구할 수 있다.

그림 14–12에서는 그림 14–11의 두 환자 벡터의 값을 볼 수 있다. A열, B열을 보자. D열은 Pt1과 Pt2의 값에 TREND()를 사용한 결과를 보여주고 있다. TREND()는 우선 회귀식을 계산한 다음, 이 식은 여러분이 준 변수에 적용한다. 이 경우 D열은 A열 Pt1의 값에 회귀식을 적용해서 예측한 Pt2의 값을 보여주고 있다. Pt1과 Pt2의 상관이 완전한 1.0이나 −1.0이 아니므로 Pt2의 예상 값은 실제 값과 맞지 않는다.

그림 14–12의 F열에서 I열까지는 다른 방법을 사용해서 동일한 결과에 다다르는 것을 보여주고 있다. F열과 G열은 다음 배열 수식을 포함한다.

=LINEST(B2:B19,A2:A19,,TRUE)

여기서 A2:A19의 예측 변수와 예상할 값인 B2:B19의 관계를 분석한다. 결과의 첫 번째 행은 .5와 0인데, 이것은 각각 회귀계수와 절편이다. 회귀식은 '절편 + 회귀계수 * 관련된 예측 변수의 값'이 된다. 이 예에서는 예측 변수가 한 개 밖에 없으므로 셀 I2의 회귀식은 다음과 같다.

=$G$2+$F$2*A2

다음 이 식을 I3:I19로 복사해서 붙여넣기 하면 예측 변수의 값만 A3, A4하는 식으로 바뀐다. D 열과 I열의 값은 동일하다. 만약 식은 필요 없고 값만 필요하면 D열의 TREND()만 있으면 된다. 좀 더 간단히 정리해보자. 그림 14-12의 예에서 예측 변수를 한 개만 사용했다. 하지만 LINEST()의 경우처럼 TREND()도 여러 예측 변수를 다룰 수 있다.

문법은 다음과 같다.

=TREND(A1:A101,B1:N101)

여기서 A열은 예상하려는 값이고, 나머지 B열부터 N열은 예측 변수이다. 마지막으로 다음을 기억하자. 만약 워크시트상에서 TREND() 함수의 결과를 보려고 하면(항상 그런 건 아니겠지만) 결과값이 보일 영역을 선택하고 Ctrl+Shift+Enter를 이용해서 배열 수식으로 입력해야 한다.

### ✚ 잔차(Residual)로 작업하기

그림 14-13에서는 다중회귀분석에서 어떻게 TREND()를 사용할 수 있을지 보여준다. 그림 14-13의 A, B, C열의 데이터는 그림 14-11에서 가져왔다. E열은 TREND() 함수의 결과를 보여준다. 즉 Pt1과 Pt2사이의 회귀식에서 예측한 Pt2의 값을 보여준다. E2:E19의 식은 다음과 같다.

=TREND(C2:C19,B2:B19)

F열은 회귀의 잔차(residual)를 보여준다. 이것은 Pt1의 영향을 제거한 다음 Pt2의 남아있는 값이다. Pt2에 대한 Pt1의 영향은 E2:E19에 보이며, 따라서 Pt2의 남아있는 값인 잔차는 C열에서 E열을 빼기만하면 된다. F2의 식은 다음과 같다.

=C2 - E2

| | A | B | C | D | E | F | G | H | I |
|---|---|---|---|---|---|---|---|---|---|
| | | | | | TREND()를 통한 Pt2 | 잔차 Pt2 | | | '점수'와의 $R^2$ |
| 1 | 점수 | Pt1 | Pt2 | | | | | | |
| 2 | 89 | 1 | 0 | | 0.5 | -0.5 | | Pt1 | 0.12904 |
| 3 | 84 | 1 | 0 | | 0.5 | -0.5 | | Pt2 | 0.00429 |
| 4 | 86 | 1 | 0 | | 0.5 | -0.5 | | | |
| 5 | 123 | 0 | 1 | | 0 | 1.0 | | 계 | 0.13333 |
| 6 | 99 | 0 | 1 | | 0 | 1.0 | | | |
| 7 | 117 | 0 | 1 | | 0 | 1.0 | | 총 제곱합 | 3730 |
| 8 | 84 | -1 | -1 | | -0.5 | -0.5 | | 환자'로 인한 총 제 | 497.33333 |
| 9 | 109 | -1 | -1 | | -0.5 | -0.5 | | | |
| 10 | 87 | -1 | -1 | | -0.5 | -0.5 | | | |
| 11 | 103 | 1 | 0 | | 0.5 | -0.5 | | | |
| 12 | 100 | 1 | 0 | | 0.5 | -0.5 | | | |
| 13 | 112 | 1 | 0 | | 0.5 | -0.5 | | | |
| 14 | 100 | 0 | 1 | | 0 | 1.0 | | | |
| 15 | 92 | 0 | 1 | | 0 | 1.0 | | | |
| 16 | 93 | 0 | 1 | | 0 | 1.0 | | | |
| 17 | 126 | -1 | -1 | | -0.5 | -0.5 | | | |
| 18 | 127 | -1 | -1 | | -0.5 | -0.5 | | | |
| 19 | 117 | -1 | -1 | | -0.5 | -0.5 | | | |

셀 참조: E2 — 수식: `{=TREND(C2:C19,B2:B19)}`

▶▶ **그림 14-13** TREND()의 결과를 보여주고 있다. 일일이 이렇게 할 필요는 없다.

이 식을 F3:F19로 복사해서 붙여 넣었다. 이제 최종결과가 I열에 보인다(염려할 것이 없다. 필자는 단지 이 과정을 이론적인 측면과 엑셀의 워크시트 함수 측면에서 두 가지 모두 어떻게 작용하는지 보여주고자 할 뿐이다. 조금 있다가 식으로 어떻게 구하는지 보여주겠다).

Pt1과 '점수' 간의 $R^2$이 있는 셀 I2부터 시작해보자. 이 값은 다음 식으로 구한다.

=RSQ(B2:B19,A2:A19)

RSQ() 워크시트 함수(이 이름은 'R-제곱(r-squared)'에서 가져왔다)는 꽤 유용하지만 두 개의 변수밖에 다룰 수밖에 없기 때문에 제한이 있다. 셀 I2의 $R^2$에 대해 적용해보자. 왜냐하면 그림 14-11에서 Tx가 처음 방정식에 들어가지만 Tx와 Pt1은 공유하는 변수가 없다(그림 14-11의 셀 L18을 참고). 따라서 Tx와 Pt1 사이에는 겹치지 않지만, Pt1과 Pt2는 겹친다.

셀 I3의 식은 다음과 같다.

=RSQ(A2:A19,F2:F19)

이 식은 Pt2의 잔차와 겹치는 '점수'에서 분산의 비율을 반환한다. 우리는 TREND()를 사용하여 E열에서 Pt1으로부터 Pt2를 예상했다. 그리고 Pt1과 겹치는 부분을 제거한 다음 Pt2의 잔차를 계산했다. 이제 '점수'와 잔차의 $R^2$로부터 Pt1의 효과를 제거하고 난 후의 '점수'와 Pt2사이의 공유 분산을 알 수 있다. 다른 말로 하면 셀 I3은 '점수'와 Pt2 사이의 준부분제곱(Squared Semipartial) 이며 Pt1의 효과를 제거했다. 그리고 여기까지 오면서 앞 절에서 논의한 식에 대해서는 다루지 않 았다.

$$r_{1(2.3)} = \frac{r_{12} - r_{13}r_{23}}{\sqrt{1 - r_{23}^2}}$$

예제를 모두 설명하기 위해 우선 그림 14-13의 셀 I5를 보면 이 값은 I2와 I3, 두 개의 $R^2$의 합이 다. 이것은 '점수'에서 Pt1과 Pt2를 함께 적용할 수 있는 총 분산의 비율이다. 셀 I7의 값은 총 제곱 합이다. 그림 14-11의 셀 L5와 비교해보자. 셀 I8의 값은 I5와 I7의 곱이다. 이것은 총 제곱합에 서 두 환자 벡터가 적용할 수 있는 비율에 총 제곱합을 곱한 값이다. 결과 497.33은 '환자' 요인으 로 인한 제곱합이다. 이 값을 그림 14-10의 셀 B14와 비교해보자. 두 값은 동일하다.

지금까지 해온 작업은 회귀로 인한 제곱합(그림 14-11의 셀 L3)을 나눠서 '환자' 요인에 해당하는 부분으로 할당하는 것이었다. 같은 작업을 '치료' 요인 그리고 '환자'와 '치료'의 상호작용에도 나눠 서 수행할 수 있다. 피실험자의 '치료' 상태 혹은 '환자'의 상태 아니면 둘 다의 이유로 결과에서 유 의한 차이가 날 수 있는지 알아볼 수 있기 때문에 이 작업을 해보는 것이 중요하다. 그냥 단순히 회귀로 인해 전체 제곱합만 보고 유의한 차이가 난다고 말할 수 없다. 좀 더 자세한 수준으로 나눠 봐야 한다.

물론 ANOVA를 쓰면 자동으로 세분해서 나눠준다. 이에 비해 회귀분석에서는 그렇지 않다. 하지 만 회귀분석에서 사용하는 방법이 좀 더 유연하고 좀 더 여러 가지 상황을 다룰 수 있다. 따라서 가장 좋은 방법은 우선은 회귀분석을 사용한 다음, 여기에서 설명한 여러 가지 좀 더 자세한 수준 의 분석을 수행하는 것이다. 다음에는 몇 가지 식을 가지고 좀 더 자세한 분석을 하는 방법을 다루 겠다.

### ✛ 엑셀의 절대주소와 상대주소를 사용하여 준부분(Semipartials) 확장하기

여기에서는 준부분제곱(준부분제곱이 값을 구하면 각 주요 효과와 상호작용 효과에 적용할 수 있 는 제곱합도 구할 수 있다)을 거의 자동으로 구하는 방법에 대해 다루겠다. 그림 14-14에서는 방 법이 나온다. 그림 14-14에서는 그림 14-11의 A1:H19 데이터를 또 사용한다. 회귀분석 결과는

J3:O7에 보인다. 열 A:H의 데이터는 준부분제곱을 구하기 위해 필요하다.
셀 K11의 식은 다음과 같다.

=RSQ(C2:C19,D2:D19)

<table>
<tr><td>M12</td><td>▾</td><td>:</td><td>✕</td><td>✓</td><td>f<sub>x</sub></td><td colspan="10">=(L11+M11)*L7</td></tr>
</table>

| ◢ | A | B | C | D | E | F | G | H | I | J | K | L | M | N | O |
|---|---|---|---|---|---|---|---|---|---|---|---|---|---|---|---|
| 1 | 치료 | 환자 | 점수 | Tx | Pt1 | Pt2 | Tx Pt1 | Tx Pt2 | | 요약 출력 | | | | | |
| 2 | 내과 | 입원 | 89 | 1 | 1 | 0 | 1 | 0 | | | | | | | |
| 3 | 내과 | 입원 | 84 | 1 | 1 | 0 | 1 | 0 | | 분산 분석 | | | | | |
| 4 | 내과 | 입원 | 86 | 1 | 1 | 0 | 1 | 0 | | | 자유도 | 제곱합 | 제곱 평균 | F 비 | 유의한 F |
| 5 | 내과 | 외래 | 123 | 1 | 0 | 1 | 0 | 1 | | 회귀 | 5 | 2856 | 571.2 | 7.84 | 0.00173 |
| 6 | 내과 | 외래 | 99 | 1 | 0 | 1 | 0 | 1 | | 잔차 | 12 | 874 | 72.833333 | | |
| 7 | 내과 | 외래 | 117 | 1 | 0 | 1 | 0 | 1 | | 계 | 17 | 3730 | | | |
| 8 | 내과 | 단기 입원 | 84 | 1 | -1 | -1 | -1 | -1 | | | | | | | |
| 9 | 내과 | 단기 입원 | 109 | 1 | -1 | -1 | -1 | -1 | | | | | 주효과 | 교호작용 | |
| 10 | 내과 | 단기 입원 | 87 | 1 | -1 | -1 | -1 | -1 | | | Tx | Pt1 | Pt2 | Tx Pt1 | Tx Pt2 |
| 11 | 외과 | 입원 | 103 | 0 | 1 | 0 | 0 | 0 | | 분산의 비율 | 0.12606 | 0.12904 | 0.00429 | 0.02583 | 0.48046 |
| 12 | 외과 | 입원 | 100 | 0 | 1 | 0 | 0 | 0 | | 제곱합 | 470.222 | | 497.333 | | 1888.444 |
| 13 | 외과 | 입원 | 112 | 0 | 1 | 0 | 0 | 0 | | | | | | | |
| 14 | 외과 | 외래 | 100 | 0 | 0 | 1 | 0 | 0 | | | | | | | |
| 15 | 외과 | 외래 | 92 | 0 | 0 | 1 | 0 | 0 | | | | | | | |
| 16 | 외과 | 외래 | 93 | 0 | 0 | 1 | 0 | 0 | | | | | | | |
| 17 | 외과 | 단기 입원 | 126 | 0 | -1 | -1 | 0 | 0 | | | | | | | |
| 18 | 외과 | 단기 입원 | 127 | 0 | -1 | -1 | 0 | 0 | | | | | | | |
| 19 | 외과 | 단기 입원 | 117 | 0 | -1 | -1 | 0 | 0 | | | | | | | |

▶▶ **그림 14-14** 균형 요인 디자인을 위한 효과 코딩과 다중회귀분석

이것은 C열의 '점수' 변수와 D열의 '치료' 벡터 Tx간의 $R^2$를 반환한다. 이 변수에 대해서는 다른 변수의 효과를 제거하지 않았다. 회귀분석에 들어가는 첫 번째 변수이므로, Tx에 영향을 주므로 제거해야 하는 이전 변수가 없다. Tx에 기여할 수 있는 분산은 모두 적용된다. Tx와 '점수'는 분산의 12.6%를 공유한다.

### – 주 공식 만들기

셀 L11의 식은 다음과 같으며 전체 분석을 위해 한 번만 입력하면 된다.

=RSQ($C$2:$C$19,E2:E19 – TREND(E2:E19,$D2:D19))

이 식에서는 TREND() 함수를 쓰고 있지만 배열 수식으로 입력하지 않아도 된다. 사실 여러분이 어떤 수식을 배열 수식으로 입력하는 이유는 그 식이 결과값을 반환할 때 한 개 이상의 셀이 필요하기 때문이다. 예를 들어 LINEST() 함수는 첫 번째 행에 회귀계수, 두 번째 행에 회귀계수의 표준오차를 반환한다. 관련된 셀을 선택한 다음, Ctrl+Shift+Enter로 입력해야 한다. 하지만 이 경우 TREND() 함수의 결과(비록 결과가 18개 나오지만)는 여러 셀을 점유하는 게 아니라, 전체 식 안에 가둬진다. 따라서 배열 수식으로 입력하지 않아도 된다(하지만 식의 결과가 셀 한 개만 사용한다고 해서 배열 수식이 필요하지 않다고 하는 건 아니다. 올바른 결과값을 내기 위해 셀이 한 개인 식임에도 불구하고 배열 수식으로 입력해야 하는 경우가 있다. 필자는 엑셀에서 배열 수식을 20여년 정도 사용해왔지만 가끔은 어떤 새로운 식을 보았을 때 이 식을 배열 수식으로 입력해야 하는지 여부는 테스트해보기 전에는 모르는 경우가 있다).

셀 L11에서는 RSQ()를 사용했는데 좀 복잡하다. 복잡한 엑셀식을 하나하나 풀어가는 방법은 식 안쪽에서부터 풀어나가는 것이다. 아니면 '수식 계산' 도구('수식' 탭의 '수식 분석' 그룹)를 사용할 수도 있지만 여기의 경우에서는 그다지 도움 되지 않는다. 식의 오른쪽부터 찬찬히 보자.

TREND(E2:E19,$D2:D19)

이 부분은 Tx와의 관계에서 계산한 Pt1의 값을 반환한다. Tx와 Pt1의 상관은 0이므로 이 결과값은 0으로 된 배열, Pt1의 평균이다. 계산된 결과는 여기에 바로 보이지 않고 그대로 식에 남아있다. 식의 부분에서 좀 더 나가보면

E2:E19 − TREND(E2:E19,$D2:D19)

이 식은 잔차를 반환한다. E2:E19의 값은 D2:D19의 값과의 관계를 고려한 후 남아있는 값이다. 이 경우 잔차값은 E2:E19의 실제값과 일치한다. Tx와 Pt1의 상관이 0이므로 TREND() 함수의 결과는 모두 0이다. 따라서 Tx값과의 관계에 기반해서 Pt1의 값을 조정할 필요가 없다.

마지막으로 셀 L11의 전체 식을 보자.

=RSQ($C$2:$C$19,E2:E19 − TREND(E2:E19,$D2:D19))

이 식은 C2:C19의 '점수' 변수와 E2:E19의 잔차값과의 $R^2$를 계산한다. 이 값은 '점수'와 'Pt1'간의 준부분상관제곱(squared semipartial correlation)을 구하며 Pt1에서 Tx의 효과를 제거했다. 셀 L11의 결과값은 0.129이며 이 값은 '점수'와 'Pt1'의 상관제곱값(의 셀 K18)과 일치한다. 여기같이 효과 코딩을 사용한 균형 디자인에서 서로 다른 주 효과에 대한 벡터와 교호작용은 상호간에 독립적이기 때문이다. Tx벡터는 Pt1벡터와 독립적이므로 서로 상관이 없고, Pt2와 다른 교호작용 벡터와도 마찬가지이다(하지만 Pt1과 Pt2같이 동일한 요인에 속해있는 벡터는 상관관계에 있다). 두 벡터가 서로 상관관계에 있지 않으면, 서로의 상관에서 제거할 효과가 없다. 따라서 이론적으로 셀 L11의 식은 다음과 같아도 된다.

    =RSQ(C2:C19,E2:E19)

이 식은 준부분상관과 동일한 값을 반환한다. 하지만 실제로는 주어진 대로 식을 입력하는 게 좋다. 이유는 곧 나온다.


### – 식을 자동으로 확장하기

그림 14-14의 셀 L11을 선택했으면 다음 선택 핸들을 잡고 오른쪽 셀 O11까지 끌어보자. 혼합주소와 상대주소는 바뀌고 고정주소는 그대로 남아있을 것이다.




> 활성화한 셀의 오른쪽 아래에 검정색 작은 사각형이 선택 핸들이다.


이렇게 하면 셀 L11의 식이 M11에서는 다음과 같이 보인다.

    =RSQ($C$2:$C$19,F2:F19 – TREND(F2:F19,$D2:E19))

이 식에서 반환하는 $R^2$값은 C2:C19의 '점수'와 F2:F19의 Pt2 사이의 값이며 Pt2에서 Pt1과 Tx의 효과를 제거했다. L11에서 M11로 식을 복사해서 붙이면 참조하는 셀이 다음 절에서 설명하는 것처럼 바뀐다.

● 〈절대참조〉

'점수'값이 있는 $C$2:$C$1 영역은 바뀌지 않는다. 이 영역은 절대참조이며 M11에 복사해서 붙여넣어도 아무 영향이 없다. 모든 식에서 결과 변수 '점수'에 대해 절대참조하며 '점수'와 다른 코딩벡터 사이에 준부분상관제곱을 구한다.

● 〈상대참조〉

셀 L11에서 참조한 E2:E19 영역은 M11에서는 F2:F19가 된다. 이 참조는 상대참조이며 복사하는 위치에 따라 조정된다. M11은 L11에서 오른쪽으로 한 열 옆이므로 참조는 열 E에서 열 F가 된다. 따라서 식은 열 E의 Pt1에서 열 F의 Pt2를 참조한다.

● 〈혼합참조〉

열 L11에서 참조하는 영역 $D2:D19는 M11에서는 $D2:E19가 된다. 이것은 혼합참조이다. 첫 번째 열 $D2의 D는 $ 기호로 인해 고정된다. 두 번째 열 D19의 D는 상대참조인데 여기에는 $기호가 없기 때문이다. 따라서 식을 열 L에서 열 M으로 복사해서 붙이면, $D2:D19는 $D2:E19이 된다. 이렇게 하면 Tx(열 D)와 Pt1(열 E)으로부터 Pt2(열 F)를 예상하는 결과가 된다.

이것이 여기서 하려는 결과이다. 한 열의 식을 복사해서 오른쪽에 붙이면 새 예측 변수를 한 개씩 이동하는 결과가 된다. 그리고 새 예측변수에서 제거하고자 하는 예측변수의 영역도 계속 늘리게 된다. 14장에 대한 엑셀 워크북을 다운받아서 보면 열 O에서는 식을 확장한 결과를 볼 수 있다. 셀 O11의 식은 다음과 같다.

$$=RSQ(\$C\$2:\$C\$19, H2:H19 - TREND(H2:H19, \$D2:G19))$$

열 H의 마지막 교호작용 벡터까지 모두 잡아내도록 확장했다. 14장의 마지막 절에서는 TREND() 함수와 잔차값으로 다른 변수의 효과가 제거된 공분산을 계산하는 상대적으로 쉬운 방법을 보여주었다. 이제 이 방법을 불균형 n 디자인에도 적용해보자. 불균등한 n의 경우에서는 때때로 요인들 간에 혹은 기존 상관의 결과 사이에 뜻하지 않은 상관이 생길 수 있다. 두 경우 모두 이 장에서 소개한 종류의 회귀분석으로 상관을 관리할 수 있다. 그리고 결과 측정 사이의 변동성을 나누는 것이 모호해질 수 있다. 다음 장에서 이 주제에 대해 다뤄보자.

# 15

# 다중회귀분석과 효과 코딩 : 더 많은 이슈

14장 "다중회귀분석과 효과 코딩 : 기본"에서는 그룹 평균이 다른 이유가 단지 우연이었다고 하기에는 너무 차이가 나는 것에 대한 질문을 다루기 위해 사용할 다중회귀분석의 개념에 대해 설명했다. 기본 개념은 치료 형태나 성별, 인종 같은 명목형 변수(nominal variable)를 코드화하여 숫자 변수로 표시하는 것이다. 이런 식으로 변환된 명목 변수는 다중회귀분석을 위한 데이터로 사용할 수 있다. 예측 변수와 예측되는 변수 사이의 상관을 계산할 수 있고 그리고 더 중요하게는 예측 변수들 자체끼리 상관을 계산할 수 있다. 여기서부터 예측되는 변수에서 관찰된 차이가 단지 우연 때문인지 검증해볼 수 있는 단계이다.

분산을 분석하기 위해 다중회귀를 사용했을 때 기본적인 사항을 넘어가는 어려운 문제들이 생길 수 있다. 이 장에서는 그러한 문제들에 대해 다룬다. 특히 디자인 셀당 관찰값의 개수가 다른 '불균형 요인 디자인'이 가장 큰 문제일 것이다. 그리고 마지막으로 이 장에서는 데이터 분석 추가 기능의 고정된 회귀분석도구의 바탕이 되는 LINEST()나 TREND()같은 워크시트 함수를 어떻게 더 잘 사용할 수 있을지 다룬다.


## 1. 다중회귀를 사용하여 불균형 요인 디자인 해결하기

여러 가지 이유로 불균형 디자인이 발생할 수 있는데 이렇게 된 이유가 여러분이 알고자 하는 요인에 의한 것인지 아니면 표본을 뽑은 모집단에 의한 것인지 구분해놓는 것이 좋다. 이유를 알아야 이런 불균형을 해소할 수 있는 가장 좋은 방법을 알 수 있기 때문이다. 이 장 마지막 절에서 더 자세하게 다룬다. 우선 불균형의 결과부터 보자. 그림 15-1에서는 그림 14-10과 그림 14-11에서 나왔던 데이터를 그대로 사용하고 있다.

| | A | B | C | D | E | F | G | H | I | | | | | | |
|---|---|---|---|---|---|---|---|---|---|---|---|---|---|---|---|
| | | | | | | | | | | J | K | L | M | N | O | P |
| 1 | 치료 | 환자 | 점수 | Tx | Pt1 | Pt2 | Tx Pt1 | Tx Pt2 | | r 행렬, 균형 디자인 | | | | | | |
| 2 | 내과 | 입원 | 89 | 1 | 1 | 0 | 1 | 0 | | | 점수 | Tx | Pt1 | Pt2 | Tx Pt1 | Tx Pt2 |
| 3 | 내과 | 입원 | 84 | 1 | 1 | 0 | 1 | 0 | 점수 | 1 | | | | | |
| 4 | 내과 | 입원 | 86 | 1 | 1 | 0 | 1 | 0 | Tx | -0.3551 | 1 | | | | |
| 5 | 내과 | 외래 | 123 | 1 | 0 | 1 | 0 | 1 | Pt1 | -0.3592 | 0 | 1 | | | |
| 6 | 내과 | 외래 | 99 | 1 | 0 | 1 | 0 | 1 | Pt2 | -0.1229 | 0 | 0.5 | 1 | | |
| 7 | 내과 | 외래 | 117 | 1 | 0 | 1 | 0 | 1 | Tx Pt1 | 0.1607 | 0 | 0 | 0 | 1 | |
| 8 | 내과 | 단기 입원 | 84 | 1 | -1 | -1 | -1 | -1 | Tx Pt2 | 0.6806 | 0 | 0 | 0 | 0.5 | 1 |
| 9 | 내과 | 단기 입원 | 109 | 1 | -1 | -1 | -1 | -1 | | | | | | | |
| 10 | 내과 | 단기 입원 | 87 | 1 | -1 | -1 | -1 | -1 | | | | | | | |
| 11 | 외과 | 입원 | 103 | -1 | 1 | 0 | -1 | 0 | | | | | | | |
| 12 | 외과 | 입원 | 100 | -1 | 1 | 0 | -1 | 0 | | | | | | | |
| 13 | 외과 | 입원 | 112 | -1 | 1 | 0 | -1 | 0 | | | | | | | |
| 14 | 외과 | 외래 | 100 | -1 | 0 | 1 | 0 | -1 | | | | | | | |
| 15 | 외과 | 외래 | 92 | -1 | 0 | 1 | 0 | -1 | | | | | | | |
| 16 | 외과 | 외래 | 93 | -1 | 0 | 1 | 0 | -1 | | | | | | | |
| 17 | 외과 | 단기 입원 | 126 | -1 | -1 | -1 | 1 | 1 | | | | | | | |
| 18 | 외과 | 단기 입원 | 127 | -1 | -1 | -1 | 1 | 1 | | | | | | | |
| 19 | 외과 | 단기 입원 | 117 | -1 | -1 | -1 | 1 | 1 | | | | | | | |

▶▶ **그림 15-1** 이 디자인은 균형 디자인이다. 각 그룹에 관찰값의 개수가 동일하다.


그림 15-1에서 데이터는 균형 요인 디자인으로 보인다. 즉 두 개 이상의 요인이 있고 각 셀당 관찰값의 개수가 동일하다. 그림 15-2에서는 이 예에서 한 그룹에서 다른 그룹으로 관찰값 한 개를 옮겼다. 그림 15-1의 '외과'와 '외래'에 해당되는 점수 93인 값을 그림 15-2에서는 '단기 입원' 환

자 그룹으로 옮겼다. 그림 15-1과 그림 15-2에서는 두 상관행렬도 보여준다. 결과 측정 '점수'와 효과 벡터 Tx, Pt1, Pt2 그리고 교호작용간의 상관을 보여준다. 그림 15-1에서는 영역 J2:P8의 균형 디자인에서 데이터에 대한 상관행렬을 보여준다. 그림 15-2에서는 역시 영역 J2:P8의 불균형 디자인에서 데이터에 대한 상관행렬을 보여준다.

## ✚ 균형 디자인에서 상관관계에 있지 않은 변수

그림 15-1과 그림 15-2의 두 상관을 비교해보자. 그림 15-1의 균형 디자인에서 대부분의 상관은 0이다. 하지만 그림 15-2의 불균형 디자인에서 대부분의 상관은 0이 아니다. 모든 상관행렬에는 주대각선(main diagonal)이라는 것이 있다. 이것은 각 변수들이 자기 자신과의 상관을 나타내는 셀들이며 자신과의 상관이므로 모든 값이 1이다. 그림 15-1과 그림 15-2에서 각 상관행렬의 주대각선이 되는 셀은 K3, L4, M5, N6, O7, P8이다. 디자인이 균형 디자인이건 불균형 디자인이건 간에, 상관행렬에서 주대각선의 값은 항상 1이다. 주대각선의 정의상, 주대각선의 상관값은 항상 각각의 변수 자기 자신과의 상관이므로 항상 1이다.

| | A | B | C | D | E | F | G | H | I | J | K | L | M | N | O | P |
|---|---|---|---|---|---|---|---|---|---|---|---|---|---|---|---|---|
| 1 | 치료 | 환자 | 점수 | Tx | Pt1 | Pt2 | Tx Pt1 | Tx Pt2 | | r 행렬, 불균형 디자인 | | | | | | |
| 2 | 내과 | 입원 | 89 | 1 | 1 | 0 | 1 | 0 | | | 점수 | Tx | Pt1 | Pt2 | Tx Pt1 | Tx Pt2 |
| 3 | 내과 | 입원 | 84 | 1 | 1 | 0 | 1 | 0 | | 점수 | 1 | | | | | |
| 4 | 내과 | 입원 | 86 | 1 | 1 | 0 | 1 | 0 | | Tx | -0.3551 | 1 | | | | |
| 5 | 내과 | 외래 | 123 | 1 | 0 | 1 | 0 | 1 | | Pt1 | -0.3019 | 0.0655 | 1 | | | |
| 6 | 내과 | 외래 | 99 | 1 | 0 | 1 | 0 | 1 | | Pt2 | -0.0318 | 0.1374 | 0.5579 | 1 | | |
| 7 | 내과 | 외래 | 117 | 1 | 0 | 1 | 0 | 1 | | Tx Pt1 | 0.1107 | -0.0655 | -0.0730 | -0.0720 | 1 | |
| 8 | 내과 | 단기 입원 | 84 | 1 | -1 | -1 | -1 | -1 | | Tx Pt2 | 0.5948 | -0.1374 | -0.0720 | 0.0189 | 0.5579 | 1 |
| 9 | 내과 | 단기 입원 | 109 | 1 | -1 | -1 | -1 | -1 | | | | | | | | |
| 10 | 내과 | 단기 입원 | 87 | 1 | -1 | -1 | -1 | -1 | | | | | | | | |
| 11 | 외과 | 입원 | 103 | -1 | 1 | 0 | -1 | 0 | | | | | | | | |
| 12 | 외과 | 입원 | 100 | -1 | 1 | 0 | -1 | 0 | | | | | | | | |
| 13 | 외과 | 입원 | 112 | -1 | 1 | 0 | -1 | 0 | | | | | | | | |
| 14 | 외과 | 외래 | 100 | -1 | 0 | 1 | 0 | -1 | | | | | | | | |
| 15 | 외과 | 외래 | 92 | -1 | 0 | 1 | 0 | -1 | | | | | | | | |
| 16 | 외과 | 단기 입원 | 93 | -1 | -1 | -1 | 1 | 1 | | | | | | | | |
| 17 | 외과 | 단기 입원 | 126 | -1 | -1 | -1 | 1 | 1 | | | | | | | | |
| 18 | 외과 | 단기 입원 | 127 | -1 | -1 | -1 | 1 | 1 | | | | | | | | |
| 19 | 외과 | 단기 입원 | 117 | -1 | -1 | -1 | 1 | 1 | | | | | | | | |

▶▶ **그림 15-2** 한 그룹에서 다른 그룹으로 변수를 옮기면 그룹 크기가 달라지고 결국 불균형 디자인이 된다.



그림 15-1에서는 '점수' 오른쪽의 열에 대해서 주대각선 아래의 대부분의 상관값은 0이다. 효과 코딩을 사용하는 균형 디자인에서 상관행렬에 대해 대부분 이렇게 0이 나오게 된다.

- 주효과와의 상관은 0이다. 그림 15-1의 셀 L5, L6을 보자.

- 주효과와 교호작용간의 상관은 0이다. 그림 15-1의 셀 L7:N8을 보자.

- 두 개 이상의 벡터가 필요한 주효과는 벡터간의 상관이 0이 아니다. 이것은 불균형 디자인에서도 성립한다. 그림 15-1과 그림 15-2의 셀 M6을 보자(14장에서 주효과는 자유도만큼의 벡터를 가진다고 했다. 효과 코딩을 사용했을 때 레벨이 2개인 요인은 각 관찰값의 레벨을 정의하기 위해 벡터가 한 개 필요하다. 레벨이 세 개인 요인은 각 관찰값의 레벨을 정의하기 위해 벡터가 두 개 필요하다).

- 동일한 요인을 포함하는 교호작용 벡터는 상관이 0이 아니다. 불균형 디자인에서도 성립한다. 그림 15-1과 그림 15-2의 셀 O8을 보자.

그림 15-1에서 0인 상관은 매우 유용하다. 두 변수가 상관관계에 있지 않다면 그 변수는 공유하는 분산이 없다는 말이다. 그림 15-1에서 '치료'와 '환자' 상태는 상관관계가 없다. 여기에서 Tx 벡터('치료' 요인을 나타낸다. 레벨은 두 개있다)는 Pt1 벡터, Pt2 벡터('환자'의 상태를 나타낸다. 레벨은 세 개가 있다) 모두와 상관이 없다는 것을 알 수 있다. 따라서 '치료'와 '점수'가 공유하는 분산은 각각 '치료'와 '점수'에 고유하며 '환자' 상태 변수와 공유되지 않는다. 따라서 '점수'의 분산이 예측 변수 '치료'와 '환자'에 어떻게 할당될지에 대해 모호함이 없다. 따라서 균형 디자인에서는 모든 요인과 교호작용, 그룹 내 분산에 대한 제곱합을 모두 더해서 총 제곱합을 만들 수 있다. 그리고 모든 결과 변수의 분산을 나누어 놓는 데에 모호함이 없으며 따라서 총 평균과 각 관찰값과의 편차를 제곱해서 합한 값과 총 제곱합은 일치한다.

## ✚ 불균형 디자인에서 상관관계에 있는 변수

만약 불균형 디자인이고 각 디자인 셀에 동일한 개수의 관찰값이 들어있는 게 아니라면 그 이전에는 상관관계가 없었던 벡터들 간에 상관관계가 발생한다. 그림 15-2에서 Tx는 Pt1과 0.0655, Pt2와 0.1374로 상관관계에 있는 것을 알 수 있다(셀L5:L6). 그림 15-1에서는 동일한 벡터들의 상관관계가 0이었는데, 균형 디자인에서는 관찰값의 개수가 동일했기 때문이다. 하지만 그림 15-2에서는 '치료'와 '환자' 상태가 0이 아닌 상관관계를 갖고 '치료'와 '환자' 상태는 분산을 공유한다(더 정확히 말하자면 Tx, Pt1, Pt2 벡터는 이제 서로서로 상관관계가 있으며 공통으로 가지는 분산이 있다). 따라서 '치료'와 '점수'가 공유하는 분산은 오직 '치료'에만 적용할 수 없게 되었다. 세 주효과 예측 벡터는 상관관계에 있고 따라서 분산을 공유한다. 그리고 '점수'와 서로서로 분산을 공유한다.

다른 예측 변수에 대해서도 마찬가지이다. 단순히 관찰값 한 개의 '환자' 상태를 '외래'에서 '단기 입원'으로 옮겼을 뿐인데 이전에는 0이었던 상관이 모두 0이 아닌 값이 되어버렸다. 그 결과로 분산도 공유하게 되었다. 공통분산(common variance)에서 결과 변수와 공유할 수 있는 부분이 있기 때문에, 이제는 또 다시 모호성에 대해 다뤄야 한다. '치료'와 '환자' 상태 간 결과 변수에서 분산을 어떻게 나눠야 할까? '치료'와 '환자' 상태 교호작용의 '치료' 간에는? 분산의 비율을 각 예측 변수에 할당해주는 일은 데이터를 모은 연구의 디자인에 크게 의존한다. 물론 이 작업을 완료할 방법은 있으며 곧 이 방법에 대해 다룬다. 우선 모호함이 없기 깔끔한 균형 디자인으로 돌아가서 동일한 그룹 크기가 왜 유용한지 관련된 이유부터 알아보자.

## ✚ 균형 디자인에서 진입 순서는 상관없다

그림 15-3과 그림 15-4에서는 그림 15-1의 균형 디자인 데이터에 대한 분석을 계속한다. 그림 15-3과 그림 15-4에서는 좀 복잡해 보이기는 하지만, 정말 중요한 점은 몇 가지밖에 안된다. 두 그림에서 영역 J1:O21은 회귀분석 결과를 나타내며 전통적인 분산분석의 결과는 C2:H19에 보인다. 각 셀마다 관찰값은 세 개 있으며 디자인은 균형 디자인이다. 그리고 두 그림 모두에서 J3:O7 영역은 '데이터 분석' 추가 기능의 회귀분석 도구를 사용한 결과의 일부를 보여주고 있다. 이 장 앞 부분에서 말했듯이 균형 디자인에서 주효과 벡터간의 상관은 0이다. 하지만 동일한 요인을 나타내는 벡터들 간의 상관은 0이 아니다. 이 경우 '환자' 상태 요인에 대한 벡터 Pt1과 Pt2 간에는 상관은 0이 아니다. 그림 15-3과 그림 15-4의 영역 L11:O11의 준부분제곱상관은 각 벡터에서 이미 분석할 때 벡터 간에 공유된 분산을 제거한다.

M12   fx =(L11+M11)*L7

| ▲ | A | B | C | D | E | F | G | H | I | J | K | L | M | N | O |
|---|---|---|---|---|---|---|---|---|---|---|---|---|---|---|---|
| 1 | 치료 | 환자 | 점수 | Tx | Pt1 | Pt2 | Tx Pt1 | Tx Pt2 | | 요약 출력 | | | | | |
| 2 | 내과 | 입원 | 89 | 1 | 1 | 0 | 1 | 0 | | | | | | | |
| 3 | 내과 | 입원 | 84 | 1 | 1 | 0 | 1 | 0 | | 분산 분석 | | | | | |
| 4 | 내과 | 입원 | 86 | 1 | 1 | 0 | 1 | 0 | | | 자유도 | 제곱합 | 제곱 평균 | F비 | 유의한 F |
| 5 | 내과 | 외래 | 123 | 1 | 0 | 1 | 0 | 1 | | 회귀 | 5 | 2856 | 571.2 | 7.84 | 0.002 |
| 6 | 내과 | 외래 | 99 | 1 | 0 | 1 | 0 | 1 | | 잔차 | 12 | 874 | 72.8 | | |
| 7 | 내과 | 외래 | 117 | 1 | 0 | 1 | 0 | 1 | | 계 | 17 | 3730 | | | |
| 8 | 내과 | 단기 입원 | 84 | 1 | -1 | -1 | -1 | -1 | | | | | | | |
| 9 | 내과 | 단기 입원 | 109 | 1 | -1 | -1 | -1 | -1 | | | | 주효과 | | 교호작용 | |
| 10 | 내과 | 단기 입원 | 87 | 1 | -1 | -1 | -1 | -1 | | | Tx | Pt1 | Pt2 | Tx Pt1 | Tx Pt2 |
| 11 | 외과 | 입원 | 103 | -1 | 1 | 0 | -1 | 0 | | 분산의 비율 | 0.126 | 0.129 | 0.004 | 0.026 | 0.480 |
| 12 | 외과 | 입원 | 100 | -1 | 1 | 0 | -1 | 0 | | 제곱합 | 470.222 | | 497.333 | | 1888.444 |
| 13 | 외과 | 입원 | 112 | -1 | 1 | 0 | -1 | 0 | | | | | | | |
| 14 | 외과 | 외래 | 100 | -1 | 0 | 1 | 0 | -1 | | 분산 분석 | | | | | |
| 15 | 외과 | 외래 | 92 | -1 | 0 | 1 | 0 | -1 | | 변동의 요인 | 제곱합 | 자유도 | 제곱 평균 | F비 | P-값 |
| 16 | 외과 | 외래 | 93 | -1 | 0 | 1 | 0 | -1 | | 치료 | 470.222 | 1 | 470.222 | 6.456 | 0.026 |
| 17 | 외과 | 단기 입원 | 126 | -1 | -1 | -1 | 1 | 1 | | 환자 | 497.333 | 2 | 248.667 | 3.414 | 0.067 |
| 18 | 외과 | 단기 입원 | 127 | -1 | -1 | -1 | 1 | 1 | | 교호작용 | 1888.444 | 2 | 944.222 | 12.964 | 0.001 |
| 19 | 외과 | 단기 입원 | 117 | -1 | -1 | -1 | 1 | 1 | | 효과 | 2385.778 | 4 | 596.444 | | |
| 20 | | | | | | | | | | 잔차 | 874 | 12 | 72.833 | | |
| 21 | | | | | | | | | | 계 | 3730 | 17 | | | |

▶▶ **그림 15-3** 분석에서 '환자' 상태보다 '치료'가 먼저 회귀식에 들어간다.

각 요인과 교호작용에 기여하는 제곱합(그림 15-3의 셀 K12, M12, O12 그리고 그림 15-4의 셀 L12, M12, O12)은 유일하며 모호함이 없다. 그림 15-3과 그림 15-4의 J14:O21의 전통적인 분산분석 결과의 제곱합과 일치한다. 이제 그림 15-3의 셀 K11:O11의 분산의 비율과 그림 15-4의 동일한 셀을 비교해보자.

셀 J9:O12의 분석결과를 보면 그림 15-3과 그림 15-4에서는 예측 변수의 순서가 다르다. 그림 15-3에서는 '치료'가 Tx 벡터를 통해 회귀식에 처음으로 들어간다. '치료' 변수는 '점수' 결과와 0.126만큼 분산을 공유한다. '치료'가 식에 처음 들어갔기 때문에 '점수'와 공유하는 모든 분산을 '치료'에 기여하게 된다. 처음 들어간 변수에게 가능한 모든 분산을 준다고 결정한 적은 없다. 그 이전에 들어간 변수가 X와 분산을 나눌 수 있는 경우가 없었는데 변수 X가 식에 처음으로 들어간 거라면 여러분이 조정할 수 있다. '치료'가 식에 처음으로 들어갔다고 하더라도 '환자' 상태에 대한 '치료'를 조정할 수 있다. 이 장 나중 절 "실제 실험에서 불균등한 그룹 크기를 관리하기"에서 이렇게 할 수 있는 방법을 다룬다.

다음 계속 그림 15-3을 보면 두 환자 상태 벡터 Pt1과 Pt2가 순서대로 회귀식에 들어간다. 각각 '점수'와 분산을 0.129 와 0.004만큼 공유한다. 변수 Pt1과 Pt2는 상관관계에 있으므로 Pt1에 이미 들어간 분산 중 Pt2에 기여하는 만큼의 분산을 빼야 한다(준부분제곱상관을 이용하여 빼는 법에 대해서는 14장 "준부분상관제곱(Squared Semipartial Correlations) 대신 Trend() 사용하기"절에서 다뤘다).

| M12 | ▼ | : | ✕ | ✓ | $f_x$ | =M11*L7 |
|---|---|---|---|---|---|---|

| | A | B | C | D | E | F | G | H | I | J | K | L | M | N | O |
|---|---|---|---|---|---|---|---|---|---|---|---|---|---|---|---|
| 1 | 치료 | 환자 | 점수 | Pt1 | Pt2 | Tx | Tx Pt1 | Tx Pt2 | | 요약 출력 | | | | | |
| 2 | 내과 | 입원 | 89 | 1 | 0 | 1 | 1 | 0 | | | | | | | |
| 3 | 내과 | 입원 | 84 | 1 | 0 | 1 | 1 | 0 | | 분산 분석 | | | | | |
| 4 | 내과 | 입원 | 86 | 1 | 0 | 1 | 1 | 0 | | | 자유도 | 제곱합 | 제곱 평균 | F비 | 유의한 F |
| 5 | 내과 | 외래 | 123 | 0 | 1 | 1 | 0 | 1 | | 회귀 | 5 | 2856 | 571.2 | 7.84 | 0.002 |
| 6 | 내과 | 외래 | 99 | 0 | 1 | 1 | 0 | 1 | | 잔차 | 12 | 874 | 72.8 | | |
| 7 | 내과 | 외래 | 117 | 0 | 1 | 1 | 0 | 1 | | 계 | 17 | 3730 | | | |
| 8 | 내과 | 단기 입원 | 84 | -1 | -1 | 1 | -1 | -1 | | | | | | | |
| 9 | 내과 | 단기 입원 | 109 | -1 | -1 | 1 | -1 | -1 | | | | 주효과 | | 교호작용 | |
| 10 | 내과 | 단기 입원 | 87 | -1 | -1 | 1 | -1 | -1 | | | Pt1 | Pt2 | Tx | Tx Pt1 | Tx Pt2 |
| 11 | 외과 | 입원 | 103 | 1 | 0 | -1 | -1 | 0 | | 분산의 비율 | 0.129 | 0.004 | 0.126 | 0.026 | 0.480 |
| 12 | 외과 | 입원 | 100 | 1 | 0 | -1 | -1 | 0 | | 제곱합 | | 497.333 | 470.222 | | 1888.444 |
| 13 | 외과 | 입원 | 112 | 1 | 0 | -1 | -1 | 0 | | | | | | | |
| 14 | 외과 | 외래 | 100 | 0 | 1 | -1 | 0 | -1 | | 분산 분석 | | | | | |
| 15 | 외과 | 외래 | 92 | 0 | 1 | -1 | 0 | -1 | | 변동의 요인 | 제곱합 | 자유도 | 제곱 평균 | F비 | P-값 |
| 16 | 외과 | 외래 | 93 | 0 | 1 | -1 | 0 | -1 | | 환자 | 497.333 | 2 | 248.667 | 3.414 | 0.067 |
| 17 | 외과 | 단기 입원 | 126 | -1 | -1 | -1 | 1 | 1 | | 치료 | 470.222 | 1 | 470.222 | 6.456 | 0.026 |
| 18 | 외과 | 단기 입원 | 127 | -1 | -1 | -1 | 1 | 1 | | 교호작용 | 1888.444 | 2 | 944.222 | 12.964 | 0.001 |
| 19 | 외과 | 단기 입원 | 117 | -1 | -1 | -1 | 1 | 1 | | 효과 | 2856.000 | 5 | 571.200 | | |
| 20 | | | | | | | | | | 잔차 | 874 | 12 | 72.833 | | |
| 21 | | | | | | | | | | 계 | 3730 | 17 | | | |

▶▶ **그림 15-4** 분석에서 '환자' 상태가 회귀식에 처음으로 들어간다.

그림 15-3의 '환자' 상태의 비율 0.129, 0.004를 그림 15-4의 셀 K11:L11과 비교해보자. 그림 15-4에서는 회귀식에 '치료'가 아니라 '환자' 상태가 먼저 들어간다. 'Pt1'과 '점수'가 공유하는 분산은 Pt1에 기여한다. 이것은 그림 15-4에 보이는 분산의 비율값과 일치하는데 Pt1과 '치료'는 상관관계가 없기 때문이다. 즉 각 그룹에서 표본의 크기가 동일하다. 따라서 '점수'에서 분산을 어떻게 할당할지 모호함이 없으므로 '치료'나 '환자' 중 어느 쪽이 식에 먼저 들어가도 상관없다. 두 예측 변수가 상관관계가 없을 때 각각 결과 변수와 공유하는 분산은 각각의 예측 변수에 유일하다.

셀 J3:O7의 회귀분석 결과와 셀 J14:O21 전통적인 분산분석이 결과적으로 동일한 결과를 만드는 것을 보자. 특히 셀 K5:M5의 회귀에 대한 제곱합, 자유도, 제곱평균은 셀 K19:M19의 값과 일치한다. K6:M6과 K20:M20의 잔차분산에 대해서도 마찬가지이다(ANOVA 결과에서 '잔차'(Within)라고 되어있는 항목).

표준회귀분석 결과에 따라오는 ANOVA 결과와 전통적인 ANOVA를 수행한 결과의 차이는 회귀분석에서는 예측 변수를 '회귀'라는 항목으로 모두 묶어버린다는 것이다. 14장에서도 약간 다루기는 했지만 각 요인으로 분산을 잘 할당하려면 작업을 추가로 더 해야 한다. 하지만 알아낸 결과는 동일하다. K16:K18의 '치료', '환자' 그리고 교호작용에 대한 제곱합을 모두 합하면 L5의 회귀제곱합과 동일한 결과를 얻을 수 있다. 다음 절에서는 불균형 디자인에서 이런 결과가 어떻게 달라지는지 보겠다.

## ✚ 불균형 디자인에서 진입 순서는 매우 중요하다

그림 15-5와 그림 15-6을 비교해 보자. 분석한 방법은 그림 15-3, 그림 15-4와 동일하다. 하지만 그림 15-5, 그림 15-6에서는 그림 15-2의 불균형 디자인을 사용하고 있다(그림 15-3과 그림 15-4는 그림 15-1의 균형 디자인을 사용하고 있다).

| | A | B | C | D | E | F | G | H | I | J | K | L | M | N | O |
|---|---|---|---|---|---|---|---|---|---|---|---|---|---|---|---|
| 1 | 치료 | 환자 | 점수 | Tx | Pt1 | Pt2 | Tx Pt1 | Tx Pt2 | | 요약 출력 | | | | | |
| 2 | 내과 | 입원 | 89 | 1 | 1 | 0 | 1 | 0 | | | | | | | |
| 3 | 내과 | 입원 | 84 | 1 | 1 | 0 | 1 | 0 | | 분산 분석 | | | | | |
| 4 | 내과 | 입원 | 86 | 1 | 1 | 0 | 1 | 0 | | | 자유도 | 제곱합 | 제곱 평균 | F비 | 유의한 F |
| 5 | 내과 | 외래 | 123 | 1 | 0 | 1 | 0 | 1 | | 회귀 | 5 | 2171.917 | 434.3833 | 3.34552 | 0.040162 |
| 6 | 내과 | 외래 | 99 | 1 | 0 | 1 | 0 | 1 | | 잔차 | 12 | 1558.083 | 129.8403 | | |
| 7 | 내과 | 외래 | 117 | 1 | 0 | 1 | 0 | 1 | | 계 | 17 | 3730 | | | |
| 8 | 내과 | 단기 입원 | 84 | 1 | -1 | -1 | -1 | -1 | | | | | | | |
| 9 | 내과 | 단기 입원 | 109 | 1 | -1 | -1 | -1 | -1 | | | | 주효과 | | 교호작용 | |
| 10 | 내과 | 단기 입원 | 87 | 1 | -1 | -1 | -1 | -1 | | | Tx | Pt1 | Pt2 | Tx Pt1 | Tx Pt2 |
| 11 | 외과 | 입원 | 103 | -1 | 1 | 0 | -1 | 0 | | 분산의 비율 | 0.126 | 0.078 | 0.04288 | 0.006 | 0.330 |
| 12 | 외과 | 입원 | 100 | -1 | 1 | 0 | -1 | 0 | | 제곱합 | 470.222 | | 450.736 | | 1250.959 |
| 13 | 외과 | 입원 | 112 | -1 | 1 | 0 | -1 | 0 | | | | | | | |
| 14 | 외과 | 외래 | 100 | -1 | 0 | 1 | 0 | -1 | | 분산 분석 | | | | | |
| 15 | 외과 | 외래 | 92 | -1 | 0 | 1 | 0 | -1 | | 변동의 요인 | 제곱합 | 자유도 | 제곱 평균 | F비 | P-값 |
| 16 | 외과 | 단기 입원 | 93 | -1 | -1 | -1 | 1 | 1 | | 치료 | 470.222 | 1 | 470.222 | 3.622 | 0.081 |
| 17 | 외과 | 단기 입원 | 126 | -1 | -1 | -1 | 1 | 1 | | 환자 | 450.736 | 2 | 225.368 | 1.736 | 0.218 |
| 18 | 외과 | 단기 입원 | 127 | -1 | -1 | -1 | 1 | 1 | | 교호작용 | 1250.959 | 2 | 625.479 | 4.817 | 0.022 |
| 19 | 외과 | 단기 입원 | 117 | -1 | -1 | -1 | 1 | 1 | | 효과 | 2171.917 | 5 | 434.383 | | |
| 20 | | | | | | | | | | 잔차 | 1558.083 | 12 | 129.840 | | |
| 21 | | | | | | | | | | 계 | 3730 | 17 | | | |

▶▶ **그림 15-5** '치료' 변수는 회귀식에 처음 들어가며 그림 15–3과 그림 15–4에서처럼 '점수'와 분산을 공유한다.

| | A | B | C | D | E | F | G | H | I | J | K | L | M | N | O |
|---|---|---|---|---|---|---|---|---|---|---|---|---|---|---|---|
| 1 | 치료 | 환자 | 점수 | Pt1 | Pt2 | Tx | Tx Pt1 | Tx Pt2 | | 요약 출력 | | | | | |
| 2 | 내과 | 입원 | 89 | 1 | 0 | 1 | 1 | 0 | | | | | | | |
| 3 | 내과 | 입원 | 84 | 1 | 0 | 1 | 1 | 0 | | 분산 분석 | | | | | |
| 4 | 내과 | 입원 | 86 | 1 | 0 | 1 | 1 | 0 | | | 자유도 | 제곱합 | 제곱 평균 | F비 | 유의한 F |
| 5 | 내과 | 외래 | 123 | 0 | 1 | 1 | 0 | 1 | | 회귀 | 5 | 2171.917 | 434.38333 | 3.34552 | 0.040162 |
| 6 | 내과 | 외래 | 99 | 0 | 1 | 1 | 0 | 1 | | 잔차 | 12 | 1558.083 | 129.84028 | | |
| 7 | 내과 | 외래 | 117 | 0 | 1 | 1 | 0 | 1 | | 계 | 17 | 3730 | | | |
| 8 | 내과 | 단기 입원 | 84 | -1 | -1 | 1 | -1 | -1 | | | | | | | |
| 9 | 내과 | 단기 입원 | 109 | -1 | -1 | 1 | -1 | -1 | | | | 주효과 | | 교호작용 | |
| 10 | 내과 | 단기 입원 | 87 | -1 | -1 | 1 | -1 | -1 | | | Pt1 | Pt2 | Tx | Tx Pt1 | Tx Pt2 |
| 11 | 외과 | 입원 | 103 | 1 | 0 | -1 | -1 | 0 | | 분산의 비율 | 0.091 | 0.027 | 0.129 | 0.006 | 0.330 |
| 12 | 외과 | 입원 | 100 | 1 | 0 | -1 | -1 | 0 | | 제곱합 | | 441.010 | 479.948 | | 1250.959 |
| 13 | 외과 | 입원 | 112 | 1 | 0 | -1 | -1 | 0 | | | | | | | |
| 14 | 외과 | 외래 | 100 | 0 | 1 | -1 | 0 | -1 | | 분산 분석 | | | | | |
| 15 | 외과 | 외래 | 92 | 0 | 1 | -1 | 0 | -1 | | 변동의 요인 | 제곱합 | 자유도 | 제곱 평균 | F비 | P-값 |
| 16 | 외과 | 단기 입원 | 93 | -1 | -1 | -1 | 1 | 1 | | 환자 | 441.010 | 2 | 220.505 | 1.698 | 0.224 |
| 17 | 외과 | 단기 입원 | 126 | -1 | -1 | -1 | 1 | 1 | | 치료 | 479.948 | 1 | 479.948 | 3.696 | 0.079 |
| 18 | 외과 | 단기 입원 | 127 | -1 | -1 | -1 | 1 | 1 | | 교호작용 | 1250.959 | 2 | 625.479 | 4.817 | 0.023 |
| 19 | 외과 | 단기 입원 | 117 | -1 | -1 | -1 | 1 | 1 | | 효과 | 2171.917 | 5 | 434.383 | | |
| 20 | | | | | | | | | | 잔차 | 1558.083 | 12 | 129.840 | | |
| 21 | | | | | | | | | | 계 | 3730 | 16 | | | |

▶▶ **그림 15-6** 모든 효과에 대한 분산의 비율은 그림 15–3과 그림 15–5에서 나왔던 값과 다르다.

그림 15–5와 그림 15–6에서 사용한 데이터 집합은 더 이상 균형 디자인이 아니다. 그림 15–2에서 사용한 데이터와 동일하지만 관찰값 한 개는 '환자'의 상태가 '외래'에서 '단기 입원'으로 바뀌었다. 이 장 앞부분에서도 다뤘듯이 이렇게 값이 한 개만 이동했지만 '점수'와 '환자' 상태의 상관 그리고 '교호작용' 변수들의 상관이 균형 디자인의 경우(그림 15–1)에서 바뀌었다. 그리고 모든 효과 벡터 사이의 상관도 바뀌는데 이렇게 되면 공유하는 분산도 바뀐다. 따라서 상관은 더 이상 0이

아니다.

균형 디자인과 불균형 디자인의 경우 모두에서 바뀌지 않는 상관은 '치료'와 '점수'의 상관이다. '점수'에서 '치료'에 기여하는 분산의 비율은 그림 15-3(셀 K11)과 같이 Tx가 처음 들어간 경우 그리고 그림 15-4(셀 M11)과 같이 Tx가 세 번째로 들어간 경우 모두 0.126이다. 균형 디자인이 불균형 디자인이 되어도 '치료'와 '점수'사이의 상관이 −0.3551이고 공통분산은 0.126으로 남아있는 이유는 두 가지이다.

- '외래'에서 '단기 입원'으로 한 개체를 옮겨도 개체의 '점수'나 '치료'값은 바뀌지 않는다. 어떤 변수도 값이 바뀌지 않았으므로 상관은 동일하다.
- 그림 15-5에서 '치료'는 회귀식에 여전히 첫 번째로 들어가며 공유 분산의 비율은 여전히 0.126이다. 비록 '치료'와 '환자' 상태(그림 15-2의 셀 L5, L6)사이에 상관관계가 생겼지만 '치료'는 '환자' 상태와 공유하는 분산 중 잃어버리는 부분이 없다. 왜냐하면 식에 첫 번째로 들어갔기 때문에 자신에게 해당하는 공유 분산을 그대로 가진다.

그림 15-6에서는 불균형 디자인에서 '환자'상태가 '치료'보다 먼저 식에 들어갔을 때 어떤 일이 발생하는지 보여주고 있다. 균형 디자인에서는 벡터 Pt1과 '점수'의 상관은 −0.3592이다(그림 15-1의 셀 K5를 보자). 불균형 디자인에서 개체 하나가 '외래'에서 '단기 입원'으로 이동했기 때문에 Pt1의 값 한 개가 바뀌었다. 따라서 Pt1과 '점수'의 상관도 바뀐다(Pt2와 '점수'의 상관도 바뀐다). 그림 15-1과 그림 15-2에서 디자인이 불균형으로 바뀌면서 Pt1과 '점수'와의 상관이 −0.3592에서 −0.3019로 바뀐 것을 알 수 있다.

상관의 제곱은 두 변수 사이에 공유되는 분산의 비율이다. 그리고 −0.3019의 제곱은 0.0911이다. 하지만 그림 15-5의 불균형 디자인 분석에서 '점수'와 Pt1에서 공유되는 분산의 비율은 0.078(셀 L11)이다. 이런 차이가 발생하는 이유는 Tx와 Pt1이 분산을 공유하기 때문인데 '치료'가 먼저 식에 들어갔으므로 '점수'와 공유하는 모든 분산을 자기 것으로 삼기 때문이다. 따라서 Pt1이 식에 들어가면 '점수'와 공유하는 분산의 비율은 .0911에서 .078이 된다. 하지만 그림 15-6에서 Pt1이 식에 처음 들어갔을 때 Pt1 벡터는 '점수' 결과 변수의 분산 중 0.091(셀 K11)만을 고려한다. 여기에서 두 가지에 주의하자.

- 두 변수 사이의 상관의 제곱은 −0.3019이다.

- 그림 15-5처럼 Tx 다음에 Pt1이 식에 들어가면 Pt1에 할당된 분산의 비율과 같지 않다.

Pt1 벡터가 회귀식에 처음 들어가면 결과 변수 '점수'와 공유하는 모든 분산이 자기에게 속한 것이라고 주장한다. 그리고 이것이 Pt1과 '점수' 간 상관의 제곱이다. Pt1이 식에 처음 들어갔을 때 '치료'에게 공유 분산을 전혀 주지 않기 때문에 '치료' 다음에 식에 들어갔을 때와 '점수'와의 분산 비율이 달라진다.

### ✛ 분산의 비율이 바뀌는 것에 대해

예측 변수와의 상관이 0이 아닌 불균형 디자인에서 어떤 변수의 진입순서를 위로 올리면 예측 변수에 할당되는 결과 변수에서의 분산이 올라갈 것이라고 직관적으로 알 수 있다. 예를 들어 그림 15-5와 그림 15-6에서 Pt1 벡터가 Tx 벡터 다음에 들어갔을 때 '점수'에서 분산의 0.078만큼을 할당받았다. 하지만 Pt1벡터가 처음 들어갔을 때에는 '점수' 분산의 0.091만큼을 할당받았다. 반드시 그런 건 아니지만 대부분의 경우 이런 상황이 성립한다. 그림 15-5와 그림 15-6을 다시 보자. Tx 벡터가 처음으로 들어갔을 때는 '점수' 분산에서 0.126만큼을 할당받았지만 세 번째로 들어갔을 때는 분산의 0.129를 할당받았다. 따라서 그림 15-6에서 '점수'와 공유하는 분산이 Pt1과 Pt2에 할당되어도 Tx는 오히려 첫 번째로 들어갔을 때보다 세 번째로 들어갔을 때 더 할당을 많이 받는다.

사실 여기에 적용되는 일반 규칙은 없다. 진입순서가 바뀌면 공통분산의 양과 방향은 관련된 변수들 간의 상관의 양과 방향에 따라 요동치게 된다. 경험적인 측면에서 이건 좋은 일이다. 어떤 사실이 내가 알고 있는 상식과 다르게 움직인다고 하더라도 여러분은 여러분이 끌어내고자 하는 결론을 낼 수 있는 숫자를 원하는 게 아닌가? 특히 그룹의 크기가 동일하면 더욱 더 좋은 일이다. 내가 몇 번이나 지적했지만 서로 다른 요인을 나타내는 벡터 간의 상관은 0이다. 따라서 요인 간에 고려해야 할 공통분산은 없다. 따라서 그림 15-3과 그림 15-4와 같이 진입순서가 요인에 대한 분산 할당에 전혀 영향을 주지 않으며 깔끔한 결론을 얻을 수 있다(그림 15-3의 셀 K11:M11과 그림 15-4의 동일한 영역을 비교해보자).

하지만 그룹의 크기가 다르고 불균형 디자인일 때는 걱정스럽다. 균형 디자인에서는 상관관계에 있지 않았던 벡터들이 상관관계가 생긴다. 여러분 자신을 이런 혼란 속에 밀어 넣고 싶지는 않을 것이다. 만약 여러분이 '환자' 상태를 '치료'보다 먼저 회귀식에 넣기로 했다고 하자. 그리고 이렇게 하면 '환자' 상태에 기여하는 분산의 비율이 증가한다. 그러면 예를 들어 '입원'과 '외래' 간의 차이가 여러분이 미리 정한 알파를 만족할 수도 있을 것이다. 여러분은 임의로 여러분이 순서를 바꿔서(예를 들어 여기에서 '환자' 상태를 먼저 넣은 것) '입원'과 '외래'에 샘플링 오차보다 더 차이가 나도록 하여 결정의 결과를 바꾸고 싶지는 않을 것이다.

여러분의 결정이 임의로 내린 결정이 되지 않도록 몇 가지 규칙을 채택할 수 있다. 이런 규칙을 논의하기 위해, 우선 예측상관(predictor correlation)과 그룹 크기의 관계를 다른 시각에서 보도록 하자.


## 2. 실험 디자인, 관찰 연구 그리고 상관

4장 "변수가 어떻게 함께 움직이는가 : 상관(correlation)"에서는 현재 벌어지고 있는 일들이 상관관계에 있을 때 인과관계가 있는지 추론하고자 할 때 발생할 수 있는 문제들에 대해 다뤘다. 이런 문제 중 하나는 방향성(directionality)과 관련된 문제이다. 어떤 사회적 문제에 대해 특정인이 가지고 있는 태도 때문에 지지하는 정당이 달라질까? 아니면 특정 정당을 선호하기 때문에 취하는 태도가 달라질까? 이 경우 그룹의 크기와 벡터 간의 상관에 대한 인과관계가 발생할 수 도 있다. 하지만 항상 어떤 방향으로 일어날지 분명하게 알 수 있는 것은 아니다.

만약 여러분이 어떤 실험을 진행하고 있다고 해보자. 여러분이 관심 있는 모집단에서 참가자를 임의로 선택해서 그들을 동일한 크기의 그룹에 임의로 할당한다. 다음 그룹들에게 하나, 혹은 그 이상의 처리를 적용한다. 이때 피실험자나 실험을 관리하는 쪽 모두에게 비밀로 해서 피실험자는 어떤 처리를 적용 받고 있는지 모르도록 할 수 있다. 이것이 진정한 실험이며 연구의 황금률이라고 한다. 하지만 실험이 몇 달씩 걸린다면 미처 계획하지 않았던 일들이 벌어지게 된다. 처음 시작할 때는 임의로 선택해서 할당했다고 생각했는데 나중에 보니 남매가 같은 처리 그룹에 들어있다거나 해서 관찰값들이 서로 독립적이어야 한다는 가정이 무산되기도 한다. 실험 조교가 실수로 피실험자에게 잘못된 약을 줘서, 피실험자는 한 처리 그룹에서 다른 처리 그룹으로 바뀌어 버릴 수도 있다. 어떤 피실험자 세 명은 약이 너무 안 받아서 실험을 한꺼번에 그만둘 수도 있다. 실험 장비가 고장 날 수도 있고 이런 일들은 수없이 벌어진다.

이런 일들의 반복된 결과 처음에는 균형 요인 디자인으로 시작했어도 실험이 어느 정도 진행된 다음에는 불균형 디자인이 되었을 것이다. 만약 요인 한 개만 검증하고 있으면, 통계적 분석의 측면에서 그다지 걱정할 필요는 없다. 10장 "평균 간의 차이 검증하기 : 분산분석"에서 설명한 Behrens—Fisher 문제를 다시 생각해보자. 만약 그룹 분산이 일치하면 통계 분석에서 심각하게 걱정할 필요는 없다.

요인이 두 개 이상이라면 예측 벡터와 분산의 할당에 대한 문제들을 다뤄야 한다. 이 장에서 다뤘듯이 분산을 어떻게 배분할 것인지 모호하기 때문이다. 가능한 방법 중 하나는 그룹 크기가 동일해지도록 피실험자를 임의로 그룹에서 골라내서 버리는 것이다. 하지만 이런 방법을 항상 쓸 수 있는 것은 아니다. 만약 특정 그룹에서 탈락자가 특히 많았다면, 그룹 크기를 동일하게 만들다가 실험결과를 거의 다 없애버릴 수도 있기 때문이다.

그리고 이렇게 그룹 크기가 불균형이 되어버린 이 상황에서 문제는 실험 자체와 실험이 수행된 방법이다. 수학적으로 불균등한 그룹 크기를 다룰 수 있는 방법은 여러 가지가 있다. 하나는 14장에서 다뤘으며, 준부분제곱상관(squared semipartial correlation)을 사용해서 공통분산을 유일하게 만드는 것을 보여주었다. 하지만 이런 방법은 여러분이 모집합이 아닌 실험 자체가 그룹 크기를 다르게 만들었을 때 사용할 수 있다. 왜 그런지 알기 위해 실제 실험과는 매우 다르기는 하지만 다음의 경우를 보자.

여러분이 의회에서 논의되고 있는 특정 법안에 대해 '성별'과 '정치적인 성향'이 함께 어떤 태도를 가지는지 관심이 있다고 가정해보자. 여러분은 전화로 설문조사를 하기로 했고, 임의로 전화번호를 돌린 다음 누군가 전화를 받으면 우선 유권자인지 물어본다. 다음 성별, 선호 정당 그리고 법안에 찬성하는지 여부를 묻는다. 이렇게 해서 자료를 모은 다음표로 만들어서 그림 15—7과 같이 성별과 정당별로 나눠져 있는 것을 알았다.

| | A | B | C | D |
|---|---|---|---|---|
| 1 | | 남성 | 여성 | |
| 2 | 공화당 | 15 | 13 | |
| 3 | 민주당 | 17 | 22 | |
| 4 | 무관 | 18 | 13 | |
| 5 | | | | |
| 6 | | *성별* | *정당1* | *정당2* |
| 7 | 성별 | 1 | | |
| 8 | 정당1 | -0.03869 | 1 | |
| 9 | 정당2 | -0.12331 | 0.488852 | 1 |

▶▶ **그림 15-7** 그룹 크기에서 차이가 나는 이유는 모집단의 성질 때문이지 연구 때문은 아니다.

모집단에서 보면 성별과 정치적인 성향 사이에 뭔가 관계가 있어 보인다. 사실 아마 이런 관계는 금세기초반 한 20년 동안만 적용되었을 것이다. 여성들은 남성보다 자신을 민주당이라고 밝히는 성향이 높다. 남성들은 자신이 공화당이라고 밝히거나 정당에 무관하다고 말하는 경향이 높다. 물론 여러분은 피실험자를 처리그룹에 할당할 때, 성별이나 정치 성향을 조작할 수 없다. 여러분은 그냥 듣는 대로 데이터를 받아들여야 한다.

여러분이 만든 여섯 개의 그룹이 있고 각각의 개체는 서로 다르다. 따라서 예측 변수 간에 상관에 따라 회귀분석 결과가 달라진다. 그림 15-7의 영역 A6:D9는 성별과 정당에 대한 효과 코드 벡터 간의 상관을 보여준다. 이들은 상관관계에 있으며 예측 변수에서 분산을 할당할 때 성별과 정당 간의 상관을 처리해야 한다 (이 과정은 이 문제와 관련이 없으므로 그림 15-7에서는 보여주지 않는다).

그룹 크기를 동일하게 만들기 위해 응답자를 임의로 삭제할 수도 있다. 그러면 그룹마다 13명씩 남겨두기 위해서 20명의 응답자를 없애야 하는데 이는 여러분의 표본의 20%이며 이는 상당히 크다. 하지만 더 심각한 문제는 이렇게 하는 것은 여러분이 모집단에서 성별과 정치 성향 간에 아무 관련이 없다고 생각하고 행동하는 것이나 마찬가지라는 것이다. 통계적인 해결을 위해 현실을 조작하는 것과 마찬가지이며 이렇게 하면 안된다. 다음 두 가지 상황을 살펴보자.

- 피실험자가 탈락하는 실제 실험에서는 불균등한 그룹 크기가 처리의 측면에 기여한다. 실험의 성질상 그룹 크기가 달라지므로 예측 변수들 사이의 상관이 발생하게 된다.
- 모집단 자체를 분류하는 방법에서 관찰 연구(observational study)는 결국 그룹 크기를 달라지게 만든다. 변수들이 상관관계에 있기 때문에 그룹 크기가 불균형하게 된다.

인과관계가 있지만 그 방향은 상황에 따라 달라진다. 처음의 경우 그룹 크기를 동일하게 만들기 위해 피실험체를 생략하면 현실을 조작하게 되므로 이렇게 하면 안된다. 하지만 14장과 이 장에서 다룬 준부분제곱상관(squared semipartial correlation)을 이용하면 데이터를 지우지 않고도 동등하게 처리할 수 있다. 각 변수를 유일한 분산에 기여하도록 함으로써, 기존의 전통적인 분산분석에서는 할 수 없었던 방법으로 불균등한 그룹 크기를 다룰 수 있다. 이 경우, 회귀식에 진입하는 순서를 바꾸면 유일한 분산값을 볼 수 있다. 곧 예제로 보여주겠다. 두 번째 경우에서는 모집단의 상관에 대한 관찰 연구가 그룹 크기를 다르게 만든 경우, 그룹 크기를 동일하게 만들기 위해 관찰값을 없애면 안된다. 하지만 예측 변수 간의 결과로 나온 상관에 의한 혼동을 제거하려고 할 수도 있다. 여러 가지 방법을 제시해서 사용했고 성공 여부도 모두 다르다.



전진적 도입(forward inclusion), 후진적 제거(backward elimination), 단계적 회귀(stepwise regression)와 같은 방법들이 있는데 여러분의 상황에 맞춰서 사용하면 된다. 이 방법들은 어떤 변수를 회귀식에 넣을 것인지, 어떤 변수를 회귀식에서 제거할 것인지 반복적으로 그 순서를 바꿔본다. 그리고 맞는 값에 도달했는지 결정 규칙으로는 $R^2$를 최대화시키는 것으로 결정한다. 엑셀에서는 이런 방법을 쓰려면 반복적인 과정을 처리하기 위해 반드시 VBA를 사용해야 한다. 이 책에서는 최대한 VBA를 사용하지 않고자 했으므로(이 책은 프로그래밍에 대한 책이 아니다) 이런 방법을 사용하려면 다른 전용 통계 소프트웨어를 알아보는 편이 좋을 것 같다.

불균등한 그룹 크기에 관한 관찰 연구에서 주목할 만한 방법은 Kerlinger and Pedhazur의 연구이며 연역적 순서 방법(priori ordering approach)이라고 한다(Behavioral Research, 1973의 Multiple Regression을 참고). 예측 변수의 성질을 고려하며 어느 한쪽이 다른 쪽의 원인이 되거나 한 변수가 다른 변수에 선행하는지 결정한다. 이 경우 회귀식을 만들 때 변수의 순서에 대한 여러 가지 논쟁이 있을 수 있다.

성별과 정치 성향의 예에서 성별이 정치 성향에 어느 정도 영향을 주었을 수는 있지만 그 정도는 매우 미약할 것이다. 하지만 정치 성향이 성별을 결정하지는 않는다. 따라서 정치 성향 벡터 이전에 성별 벡터가 회귀식에 들어가도록 해야 하는지에 대해 여러 가지 좋은 논쟁을 할 수 있다. 아니면 그냥 엑셀 워크시트상에서 왼쪽에서 오른쪽의 순서로 그냥 변수를 입력할 수도 있다. '데이터

분석' 도구의 회귀분석 도구나 LINEST()나 TREND()같은 회귀분석 관련된 워크시트 함수 모두,
가장 왼쪽에 있는 예측 변수를 처음 집어넣고 오른쪽으로 하나씩 이동하면서 넣는다.

어떻게 하는지 알아보기 전에 우선 LINEST() 워크시트 함수에 대해 자세히 알아보도록 하자.

## 3. LINEST() 통계치 모두 사용하기

이 장과 이전 장에서 LINEST() 워크시트 함수를 여러 번 언급했지만 자세하게 다루지는 않았다.
이제 LINEST() 함수가 할 수 있는 기능에 대해 좀 더 자세하게 다루도록 하자. 그림 15-8에서는
그림 15-6영역 C1:H19에서 나왔던 데이터에 대해 LINEST() 워크시트 함수로 작업하는 것을 보
여주고 있다. 데이터 집합은 그림 15-8에서 그대로 사용하고 있다.

| M10 | | × ✓ fx | =(J7/5)/(K7/K6) | | | | | | | | | | |
|---|---|---|---|---|---|---|---|---|---|---|---|---|---|
| | A | B | C | D | E | F | G | H I | J | K | L | M | N | O |
| 1 | 치료 | 환자 | 점수 | Pt1 | Pt2 | Tx | Tx Pt1 | Tx Pt2 | | | | | | |
| 2 | 내과 | 입원 | 89 | 1 | 0 | 1 | 1 | 0 | 주효과와 교호작용에 의한 점수의 LINEST | | | | | |
| 3 | 내과 | 입원 | 84 | 1 | 0 | 1 | 1 | 0 | 12.514 | -5.319 | -4.014 | 2.931 | -5.903 | 101.569 |
| 4 | 내과 | 입원 | 86 | 1 | 0 | 1 | 1 | 0 | 4.066 | 3.838 | 2.741 | 4.066 | 3.838 | 2.741 |
| 5 | 내과 | 외래 | 123 | 0 | 1 | 1 | 0 | 1 | 0.582 | 11.395 | #N/A | #N/A | #N/A | #N/A |
| 6 | 내과 | 외래 | 99 | 0 | 1 | 1 | 0 | 1 | 3.346 | 12.000 | #N/A | #N/A | #N/A | #N/A |
| 7 | 내과 | 외래 | 117 | 0 | 1 | 1 | 0 | 1 | 2171.917 | 1558.083 | #N/A | #N/A | #N/A | #N/A |
| 8 | 내과 | 단기 입원 | 84 | -1 | -1 | 1 | -1 | -1 | | | | | | |
| 9 | 내과 | 단기 입원 | 109 | -1 | -1 | 1 | -1 | -1 | | | | | | |
| 10 | 내과 | 단기 입원 | 87 | -1 | -1 | 1 | -1 | -1 | SS를 통한 F비 | | | 3.346 | | |
| 11 | 외과 | 입원 | 103 | 1 | 0 | -1 | -1 | 0 | | | | | | |
| 12 | 외과 | 입원 | 100 | 1 | 0 | -1 | -1 | 0 | R²을 통한 F비 | | | 3.346 | | |
| 13 | 외과 | 입원 | 112 | 1 | 0 | -1 | -1 | 0 | | | | | | |
| 14 | 외과 | 외래 | 100 | 0 | 1 | -1 | 0 | -1 | SS를 통한 R² | | | 0.582 | | |
| 15 | 외과 | 외래 | 92 | 0 | 1 | -1 | 0 | -1 | | | | | | |
| 16 | 외과 | 단기 입원 | 93 | -1 | -1 | -1 | 1 | 1 | | | | | | |
| 17 | 외과 | 단기 입원 | 126 | -1 | -1 | -1 | 1 | 1 | | | | | | |
| 18 | 외과 | 단기 입원 | 127 | -1 | -1 | -1 | 1 | 1 | | | | | | |
| 19 | 외과 | 단기 입원 | 117 | -1 | -1 | -1 | 1 | 1 | | | | | | |

▶▶ **그림 15-8** LINEST()는 항상 두 번째 행 아래와 두 번째 열 오른쪽으로 #N/A 에러값을 반환한다.

만약 회귀계수만 구하려고 하면 데이터 안의 행 하나와 모든 열로 된 영역을 선택한 다음 아래와
같은 식을 입력하자.

=LINEST(A2:A20,B2:E20)

그리고 Ctrl+Shift+Enter를 눌러서 배열 수식을 입력하자. 만약 가능한 모든 결과를 원하면, 행한 개가 아니라 다섯 개 행을 모두 선택한 다음 LINEST()의 인자를 TRUE로 설정한다. 그림 15-8과 같은 결과가 되며 식은 다음과 같다.

=LINEST(C2:C19,D2:H19,,TRUE)

세 번째 인자(여기서는 사용하지 않음)의 의미와 네 번째 인자에 대해서는 이 절 나중에 다루겠다.

## ✚ 회귀계수 사용하기

그림 15-8의 영역 J3:O7에 있는 내용을 자세히 보자. 영역 J3:O7에는 주효과 '치료'와 '환자' 그리고 교호작용에 대한 분석이 있다. 4장에서 LINEST() 결과의 첫 번째 두 개 행의 데이터에 대해서 다뤘지만, 다시 보자. 첫 번째 행에서는 회귀식에 대한 계수를 가지고 있고, 두 번째 행에서는 계수의 표준오차를 가지고 있다.

LINEST()의 가장 큰 문제점은 워크시트상 존재하는 예측 변수의 순서를 거꾸로 해서 계수를 반환해준다는 점이다. 그림 15-8같은 워크시트에서는 열 D에 첫 번째 '환자' 벡터 Pt1이 나오고, 열 E에 두 번째 '환자' 벡터 Pt2가 나온다. 그리고 열 F에서는 '치료' 벡터 Tx가 나온다. 열 G와 열 H에서는 '환자'와 '치료' 간의 교호작용을 나타내며 세 주효과 벡터를 교차곱해서 얻을 수 있는 벡터이다. 따라서 왼쪽에서 오른쪽으로 읽어보면 데이터는 순서대로 두 '환자' 상태 벡터, '치료' 벡터, 그리고 두 교호작용 벡터가 나온다. 하지만 LINEST()의 결과는 반대로 되어 있다. PT1에 대한 회귀계수는 셀 N3에 나오고, Pt2에 대한 계수는 M3, Tx에 대한 계수는 L3에 나온다. K3는 첫 번째 교호작용 벡터에 대한 계수, J3는 두 번째 교호작용 벡터에 대한 계수이다. 절편은 항상 LINEST()결과의 가장 오른쪽에 나온다(결과값을 포함할 영역에 충분한 열이 모두 있다고 가정한다).

이 회귀계수와 예측 변수의 값을 이용하여 '점수'의 예측값을 얻을 수 있다. 예를 들어 J3:O3의 계수를 가지고 회귀식을 사용하여 2행의 개체에 대한 '점수'값을 예상할 수 있다(O3는 절편값이며 다음에 각 예측변수값과 계수를 곱한 값이 나온다).

=O3+N3*D2+M3*E2+L3*F2+K3*G2+J3*H2

주어진 식에서 예측 변수값은 왼쪽에서 오른쪽으로 읽고 계수는 오른쪽에서 왼쪽으로 읽는 게 헷갈린다면 차라리 TREND()를 사용하는 편이 더 나을 수도 있다. TREND()는 여러분을 대신해서 더하기와 곱하기 작업을 해주므로, 어떤 예측 변수와 계수를 곱할 것인지 여러분이 염려할 필요가 없다. 이 문제에 대해서는 이 장 뒷부분 "LINEST()가 결과를 계산하는 방법"에서 더 자세하게 다루겠다.

### ✚ 표준오차 사용하기

LINEST()의 두 번째 열은 회귀계수의 표준오차를 가지고 있다. 모집단에서 회귀계수가 실제 0일 가능성을 알려주므로 매우 유용하다. 예를 들어 이 경우, 두 번째 '환자' 상태 벡터 Pt2에 대한 계수는 2.931인데 표준오차는 4.066이다(그림 15-8의 셀 M3:M4). 계수에 대한 95% 신뢰구간은 0으로 생성된다(7장 "정규분포로 엑셀 사용하기"의 "신뢰구간(Confidence Interval) 만들기"절을 참고). 사실 계수가 0에서 1 표준오차 안에 들어있으면, 모집단의 계수가 0이 아니라고 확신할 수 있는 방법이 없다. 그래서 만약 계수가 정말 0이면 회귀식에서 빠지는 게 맞다. 다시 한 번 식을 보자.

=O3+N3*D2+M3*E2+L3*F2+K3*G2+J3*H2

Pt2의 계수는 셀 M3이다. 만약 이 값이 0이면 M3*E2 또한 0이 되며 식에 이 값을 더해도 아무 변화가 없다. 따라서 분석에서 생략하는 게 낫다. 만약 이렇게 하면, 예측 변수의 제곱합과 자유도는 잔차분산으로 합쳐진다. 이렇게 하면 잔차 제곱평균을 줄이게 되는데, 만약 약간만 줄인 거라면, 검정의 검정력이 좀 더 높아지게 된다(자유도가 약간 증가하면 분자에서 제곱평균이 늘어나는 것보다, 제곱평균의 분모가 약간 더 늘어나기 때문이다).

통계학자에 따라 "절대로 합치지 말기" 규칙을 지켜야 한다고 주장하는 사람도 있다. 만약 모집단에서 계수가 0일 것 같은 예측 변수를 제거해서 합치기로 했으면, 결과에는 식에 예측 변수가 있는 경우와 없는 경우를 모두 표시해야 한다. 읽는 사람이 알아서 판단할 수 있도록 도와주자.

## ✚ 절편 다루기

회귀선을 그래프로 그렸을 때 선이 수직선과 만나는 지점을 절편(intercept)이라고 한다. 보통의 경우, 절편은 예측 변수(여기서는 '점수')의 평균과 일치한다. 효과 코딩을 사용했을 때 절편은 그룹 평균의 평균과 일치한다. 14장에서 각각 평균이 53, 46, 51인 세 그룹이 있었는데, 여기서 효과 코딩을 한 회귀식의 절편은 50이었다(셀의 크기가 동일할 때 각 관찰값을 모두 가지고 낸 총평균은 40이다. 14장의 "다중회귀(Multiple Regression)와 ANOVA"절을 참고).

LINEST()의 세 번째 인자는 엑셀에서 상수값이라고 하는 TRUE나 FALSE값만을 가질 수 있다. 그림 15–8에서처럼 세 번째 인자를 생략하면 디폴트 값인 TRUE를 사용한다. TRUE면 엑셀은 절편을 계산하고, FALSE이면 엑셀은 회귀식에서 절편이 0이라고 가정한다.

2장에서 편차를 계산할 때 다른 숫자가 아닌 평균과 계산하면 편차 제곱의 합은 가장 작아진다. 엑셀에서 무조건 절편이 0이라고 하면 편차의 제곱은 평균이 아니라 0부터 계산하게 된다. 따라서 편차의 제곱의 합은 커진다. 따라서 회귀식 제곱의 합은 정상적으로 절편을 계산했을 때보다 더 커진다(그리고 잔차의 제곱합은 자유도가 늘어나므로 잔차 제곱평균은 작아진다). 이렇게 하면 정상적으로 절편을 계산했을 때보다 $R^2$과 F–비가 정상보다 더 커져 버린다. 절편을 0으로 고정하면 제곱합이 음수가 되는 더 안 좋은 결과가 발생할 수도 있다. 사실 제곱합은 이론적으로 음수가 될 수 없는데 제곱은 항상 0보다 크므로 제곱합은 당연히 0보다 크다.

note_

제곱합이 음수가 되는 경우는 관련된 수학을 제대로 이해하고 코딩을 한 게 아닌 경우 발생한다. 이 장 나중에 엑셀 2002 버전에서 이런 에러가 발생하는 것을 보여주겠다.

특히 물리학 같은 분야를 다루는 회귀분석 소프트웨어에서는 예측 변수가 범주 변수를 코딩한 게 아니라 연속적인 변수인 경우가 많다. 이런 경우는 총 평균이 0이 되기를 기대하는 경우가 많은데, 이때는 절편을 0으로 맞추는 게 맞다. 하지만 어떻게 보면 굉장히 생각이 없다고 볼 수 있다. 만약 여러분이 결과 변수의 평균이 어떻게든 0이 될 것이라고 기대하고 있으면 엑셀이 반드시 참견하지 않더라도 표본에서는 절편으로 0(또는 0에 가까운 값)을 반환하게 된다. 따라서 LINEST()의 세 번째 인자를 억지로 FALSE로 했을 때는 잃을 것은 많고, 얻을 것은 없는 상황이 되어 버린다.

변명하자면 아마 이것은 통계학자들 간에 합의되지 않는 점 때문에 그럴 것이라고 생각한다. 여기서 더 들어가지는 않겠지만 이 장의 나중에 나올 "0 상수로 강제하기"에서 좀 더 자세하게 다루도록 하겠다.

## ✚ LINEST()의 세 번째, 네 번째, 다섯 번째 열 이해하기

LINEST()가 회귀식에 대한 계수 대신 통계치를 반환하기를 원하면 LINEST()의 네 번째(이것이 마지막 인자이다) 인자를 TRUE로 설정해야 한다. FALSE가 디폴트 값이고 네 번째 인자를 TRUE로 하지 않으면 LINEST()는 계수만을 반환한다.

네 번째 인자를 TRUE로 하면 LINEST()는 계수와 앞서 말한 표준오차를 반환한다. 그리고 이 외 6개 통계치를 추가로 더 반환한다. 이 숫자들은 LINEST() 결과의 처음 두 열에서 세 번째 행부터 다섯 번째 행에 나온다. 따라서 시작할 때 다섯 개 행이 있을만한 공간을 선택해야 한다(그림 15-8에서 보듯이 LINEST() 결과에서 두 번째 열 오른쪽으로 세 번째에서부터 다섯 번째 행에는 #N/A라는 값들이 보인다. LINEST()의 네 번째 인자를 TRUE로 설정했을 때만 나오며 처음에 적어도 행이 다섯 개, 열이 세 개는 있어야 한다).

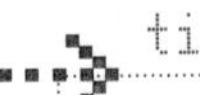

> **tip**
>
> LINEST()의 결과값을 출력할 영역을 선택할 때 입력 영역의 열 수만큼 선택해도 된다. 입력 영역은 각 예측 변수에 대해 열이 하나씩 이어야 하고, 예상할 변수에 대해서 하나가 있다. LINEST()는 예상할 변수에 대해서는 상관계수를 반환하지는 않지만, 절편값을 반환한다. 따라서 여러분의 입력 데이터가 A열부터 F열까지 걸쳐있을 때 통계치를 더 구하려면 LINEST() 함수를 배열 수식 입력하기 전에 우선 G1:L5처럼 열이 여섯 개, 행 다섯 개짜리 영역을 선택해야 한다.

LINEST() 결과의 첫 번째, 두 번째 열, 세 번째 행에서 다섯 번째 행에 나오는 통계치는 다음 절에서 설명하겠다.

### ─ 1열, 3행 : 다중 $R^2$

$R^2$은 매우 유용한 통계치이며 여러 가지 방법으로 정의하고 해석할 수 있다. $R^2$은 결과 변수 사이의 상관의 제곱이며 예측 변수들의 최적의 조합이다. 최적의 조합과 결과 변수 간에 공유되는 분

산의 비율을 나타낸다. 이 값이 1.0에 가까울수록 회귀식이 결과 변수를 더 잘 표현한다. 따라서 회귀식으로 예측한 값이 얼마나 정확한지 측정하는 척도가 된다. 이 값은 F-검정에 반드시 필요하며 회귀의 신뢰성을 평가한다. $R^2$에서 차이로 회귀식에서 변수를 가지고 있어도 되는지 판단할 수 있다.

$R^2$값을 우선 봐야 전체 회귀분석을 수행하는 이유를 알 수 있다. $R^2$을 보지 않고 회귀분석을 수행하는 것은, 서울에서 부산을 가면서 우선 남쪽으로 방향을 잡지 않는 것과 마찬가지이다.

### – 2열, 3행 : 추정의 표준오차

$R^2$ 외에 추정의 표준오차(standard error of estimate)로 회귀식의 정확함을 추정할 수 있다. 잔차(residual)에 얼마나 확산(dispersion)이 되어 있는지 나타내며 실제값과 예상값 사이에 얼마나 차이가 있는지 나타낸다. 추정의 표준오차는 잔차의 표준편차이며 이 값이 상대적으로 작을수록 추정이 정확한 것이다. 즉 추정값이 실제값에 가깝게 된다.

사실은 좀 더 복잡하다. 여러 책 등에서 추정의 표준오차를 잔차(residual)의 표준편차로 정의하고 있지만, 이것이 여러분이 이미 알고 있는 N–1로 나누는 그런 표준편차가 아니다. 잔차의 자유도는 더 작은데, 평균 한 개만 가지고 제한을 받는 게 아니라, 예측 변수의 개수로도 제한을 받기 때문이다. 다음 식은 추정의 표준오차를 위한 식이다.

$$\sqrt{\frac{SS_{res}}{N\ k\ 1}}$$

이것은 잔차의 제곱의 합을 관찰값의 개수(N)에서 예측 변수의 값(k)을 빼고 1을 또 뺀 것으로 나눈 다음 제곱근을 취했다. 나중에 나오겠지만 이 숫자들은 모두 LINEST()의 결과로 나온다. LINEST()의 세 번째 행에서 다섯 번째 행에 걸쳐 나오는 통계치는 모두 깊은 관련이 있다. 예를 들어 방금 나온 추정의 표준오차에 대한 식은 2열, 5행의 값(잔차의 제곱합)과 2열, 4행의 값(잔차의 자유도)을 사용한다. 다음은 추정의 표준오차에 대한 또 다른 식이다.

$$\sqrt{(1 - R^2)\, ss_Y / (N - k - 1)}$$

나중에 나온 식은 앞서 나온 식과 달리 잔차가 아니라 원래 점수의 제곱합을 사용한다. 잔차(예측값과 실제 점수의 차이)는 예측이 얼마나 부정확한지를 측정하는 값이다. 이런 부정확함은 나중에 나온 식에서 $(1-R^2)$으로 고려하게 된다. 이 값은 결과 변수에서 분산의 비율이며 회귀식에서 예상하지 못하는 부분이다.

$$\sqrt{1 - R^2}\ s_Y$$

어떤 책에서는 이 식을 추정의 표준오차라고 소개한다. 개념을 잡을 때 나중에 나온 식을 사용할수 있지만 추정의 표준오차를 계산할 때는 사용하지 말자. 개념적으로는 예상할 수 없는 을 측정하여 여기에 예상할 변수(Y)의 표준편차를 곱해서 예상되는 값의 변동성(즉 예상에서 확신할 수없는 부분)을 측정한다. 하지만 Y의 제곱합은 표본 표준편차를 구할 때처럼 (N-1)로 나누는 게아니라 (N - k - 1)로 나눈다. 예측 변수가 k개가 있으므로 k개만큼의 주가 제한사항을 고려해야 한다. 만약 k에 비해 N이 상대적으로 매우 크면 큰 차이가 없으므로, 이것을 추정의 표준오차라고 생각해도 된다.

### - 1열, 4행 : F-비

회귀에 대한 F-비는 LINEST() 결과에서 1열, 4행에 있다. 모집단에서 예측 변수와 예상값 간에아무 관계가 없을 때 이 값을 사용하여 LINEST()의 결과만큼의 $R^2$값을 우연히 얻을 가능성이 얼마나 되는지 검증할 수 있다. 이런 검정을 하려면 우선 LINEST()에서 나온 F-비의 값과 예측 변수의 개수(분자에 대한 자유도) 그리고 N-k-1(분모의 자유도)을 사용해야 한다. 이 숫자들을 10장에서 다뤘던 F.DIST()나 F.DIST.RT()의 함수의 인자로 사용해서 정확한 확률을 구할 수 있다. LINEST()는 (N - k - 1)도 반환하는데, 이것은 분모의 자유도이다(나중에 다시 다룬다). LINEST() 통계치 간 많은 관계들은 F-비를 포함한다. LINEST()에서 반환한 숫자를 가지고 F-비를 계산하는 두 가지 방법이 있다. 다음 식을 사용할 수 있다.

$$\frac{SS_{reg}/df_1}{SS_{res}/df_2}$$

여기서 $SS_{reg}$는 회귀의 제곱합이고, $SS_{res}$는 잔차의 제곱합이다(이 둘을 합하면 총 제곱합이 된다). LINEST()의 결과에서 총 제곱합은 다섯 번째 행에 있다. $SS_{reg}$는 첫 번째 열에 있고 $SS_{res}$는 두 번째 열에 있다. $df_1$은 단순히 예측 변수의 개수이다. $df_2$는 (N - k - 1)이며 LINEST()의 결과에서 2열, 4행 즉 전체 회귀에 대한 F-비의 오른쪽에 있다.

그림 15-8의 영역 J3:O7을 가지고, 다음 식으로 F-비를 구할 수 있다.

    =(J7/5)/(K7/K6)

LINEST()에서 이미 F-비 값을 계산했는데 왜 또 계산할까? 물론 해야 하는 이유는 없다. 하지만 숫자를 보고 이것이 어떻게 연관되어 있는지 직접 해보는 것이 좀 더 이해에 도움이 되고, 추상적인 식을 더 쉽게 받아들일 수 있게 된다. 또 다른 멋진 예로 제곱합 없이도 F-비를 계산할 수 있는 것을 보여주겠다. 그림 15-8의 영역 J3:O7의 LINEST() 결과를 사용하여 $R^2$과 자유도만 가지고 F를 계산했다.

    =(J5/5)/((1-J5)/K6)

이 식은 다음과 같다.

1. $R^2$을 5(분자의 자유도이며, 예측 변수의 개수이다)로 나눈다.
2. $(1-R^2)$를 분모의 자유도인 $(N - k - 1)$로 나눈다.
3. (1)의 결과를 (2)의 결과로 나눈다.

좀 더 일반적으로 이 식은 다음과 같이 적용된다.

$$F = \frac{R^2/k}{(1 - R^2)/(N - k - 1)}$$

F와 $R^2$의 관계를 조사해보고, 그리고 $R^2$을 계산할 때 $SS_{reg}$와 $SS_{reg} + SS_{res}$의 비율로 어떻게 계산하는지 알게 되면 회귀에 대한 F-비가 회귀식이 얼마나 잘 예측하는지 측정할 수 있는 기준이 됨을 알 수 있다.

### – 회귀에서 F–검정에 대한 자유도

LINEST()는 2열, 4행에서 회귀식의 F–검정의 분모에 대한 자유도를 보여준다. 전통적인 분산분석에서 분모의 자유도는 $(N - k - 1)$인데 전통적인 분산분석에서는 요인을 코드 벡터로 변환하지 않으므로 이 숫자를 얻는 방법은 좀 다르다. 분자에 대한 자유도는 예측 벡터의 개수이다.

### – LINEST()를 자세히 들여다보기

마이크로소프트 엑셀의 LINEST() 워크시트 함수는 길고 파란만장한 역사를 가지고 있다. 최대 64개의 예측 변수로 다중회귀분석을 수행할 수 있고 결과 변수 혹은 '예상할' 변수는 한 개이다(이전 버전에서는 예측 변수를 최대 16개까지 사용할 수 있었다).

LINEST()는 대부분의 경우 잘 동작한다. LINEST()는 정확한 회귀계수와 절편, 계수의 표준오차, 절편의 표준오차 그리고 회귀와 관련된 6개의 통계치를 반환한다. 6개의 통계치는 $R^2$, 추정의 표준오차, 전체 회귀의 F-비, 잔차의 자유도 그리고 회귀에 대한 제곱합과 잔차에 대한 제곱합이다. 하지만 LINEST()에는 몇 가지 사소한 것에서부터 심각한 문제점이 있다.

현재 절 "LINEST()를 자세히 들여다보기"는 내용의 대부분이 엑셀에서 LINEST() 함수가 어떻게 구현되었는지에 대해 설명하는 내용이다. 만약 여러분이 통계 이론이나 분석에만 관심이 있으면 이 절은 넘어가고 "실제 실험에서 불균등한 그룹 크기를 관리하기"부터 읽기 바란다.

만약 다중회귀식을 풀기 위한 전통적인 방법과 최신 방법을 모두 알고 싶고 다중공선성 (multicollinearity)이나 절편을 다루는 문제에 대해 알고 싶다면 이 절에서 여러 가지 유용한 정보를 찾을 수 있을 것이다.

### ● 〈LINEST()가 결과를 계산하는 방법〉

우선 회귀계수와 표준오차가 워크시트상 관련된 변수의 순서와는 반대로 나온다(그림 15-9). 그림 15-9에서 예측 변수는 교육받은 기간(단위 : 년)과 나이이다. '교육'은 A열에 나오고, '나이'는 B열에 나온다. 예상해야 하는 변수는 '수입'이며 C열에 나온다.

LINEST() 함수가 사용하는 식은 배열 수식(Ctrl+Shift+Enter로 입력)으로 영역 E5:G9에 입력한다. 이 예의 식은 다음과 같다.

    =LINEST(C2:C21,A2:B21,TRUE,TRUE)

문제는 '나이'에 대한 회귀계수는 셀 E5에 나오고 '교육'에 대한 회귀계수는 셀 F5에 나온다. 왼쪽부터 오른쪽으로 보면 '교육'에 대한 계수가 나오기 전에 '나이'에 대한 계수가 나온다. 하지만 기반이 되는 데이터에서는 '교육'(A열)이 '나이'(B열)보다 먼저 나온다.

| E5 | | fx | {=LINEST(C2:C21,A2:B21,TRUE,TRUE)} | | | |
|---|---|---|---|---|---|---|
| | A | B | C | D | E | F | G | H |
|---|---|---|---|---|---|---|---|---|
| 1 | 교육 | 나이 | 수입 | | | | | |
| 2 | 13 | 26 | 35905 | | | | | |
| 3 | 10 | 27 | 32386 | | 각각에 대한 계수 | | 절편 | |
| 4 | 16 | 29 | 20440 | | 나이 | 교육 | | |
| 5 | 15 | 31 | 25333 | | -469.719 | -1184.206 | 59562.91 | |
| 6 | 11 | 30 | 34512 | | 225.4751 | 460.08428 | 7187.702 | |
| 7 | 12 | 21 | 27883 | | 0.499993 | 4596.4419 | #N/A | |
| 8 | 14 | 28 | 24252 | | 8.499747 | 17 | #N/A | |
| 9 | 9 | 20 | 39579 | | 3.59E+08 | 359163734 | #N/A | |
| 10 | 16 | 31 | 31061 | | | | | |
| 11 | 12 | 31 | 25064 | | | | | |
| 12 | 14 | 23 | 28593 | | | | | |
| 13 | 13 | 22 | 37829 | | | | | |
| 14 | 12 | 31 | 36621 | | | | | |
| 15 | 19 | 38 | 17535 | | | | | |
| 16 | 15 | 33 | 29017 | | | | | |
| 17 | 16 | 28 | 29914 | | | | | |
| 18 | 10 | 38 | 28164 | | | | | |
| 19 | 14 | 32 | 28345 | | | | | |
| 20 | 12 | 26 | 39232 | | | | | |
| 21 | 14 | 24 | 36140 | | | | | |

▶▶ **그림 15-9** LINEST()는 워크시트상에 나온 것과 반대의 순서로 계수를 반환한다.

그림 15-9에서 셀 G5의 절편은 LINEST() 결과에서 항상 가장 오른쪽에 나온다. 2행의 첫 번째 사람의 수입을 추정하기 위해 회귀식을 쓰려고 하면 다음 식을 사용해야 한다(괄호는 구분하기 위해 사용했다).

    =(E5*B2)+(F5*A2)+G5

대신 좀 더 자연스러운 방법으로 하면 다음과 같은 식이 된다.

    =(E5*A2)+(F5*B2)+G5

변수가 두 개밖에 없을 때는 별 문제가 아니지만 변수가 다섯 개, 열 개 아니면 한 스무 개쯤 된다고 하면 상황은 매우 복잡해진다. 회귀식을 만들기 위해 변수는 왼쪽부터 오른쪽으로 세고, 계수는 오른쪽부터 왼쪽으로 세야 한다. 변수가 스무 개쯤 되면 실수할 가능성이 매우 높아진다.
사실 이렇게 해야 할 이유는 통계적으로든, 이론적으로든, 프로그래밍 관점에서든 아무 이유가 없다. 물론 이렇게 변수와 계수를 번갈아 조합해서 회귀식을 만드는 대신 TREND() 함수를 써도 된다. 하지만 변수나 계수 하나를 고쳐서 그 영향을 보고 싶다고 하면 회귀식을 만드는 것밖에 방법이 없다. 그럼에도 불구하고 사실 이것은 불편함을 감수하느냐의 문제에 불과하다. 앞으로 다룰 문제들은 좀 더 심각한 문제들인데 특히 여러분이 엑셀 2003 이전 버전을 쓰고 있다면 심각하게 문제될 것이다.

이 절에서는 LINEST()의 결과를 전통적인 방법으로 계산할 수 있는지 다루고, 엑셀의 워크시트 함수로 동일한 결과를 만들 수 있는지 다룬다. 이제부터는 행렬대수(matrix algebra)가 좀 필요하고, 여러분이 MMULT(), MINVERSE(), TRANSPOSE()와 같은 워크시트 함수의 바탕이 되는 개념을 좀 알고 있어야 한다. 이제 행렬대수로 어떻게 LINEST()의 결과를 만들어 낼 수 있는지 알게 되면 마이크로소프트에서 LINEST()의 세 번째 인자 옵션을 만들 때 얼마나 엉망으로 했는지 알 수 있을 것이다. 이 옵션은 회귀 통계치를 만들 때 '상수가 없는' 상태로 만드는데, 즉 '절편을 0으로 강제'하고 있다. 관련된 문제는 수정했지만 만약 누구라도 엑셀 2003 버전 이전 것을 사용하고 있다면 이 옵션을 사용했을 때 문제가 된다. 이 문제는 LINEST(), TREND(), '데이터 분석' 도구의 회귀분석 도구 모두에게 해당한다.



공정을 기하자면 사실 마이크로소프트 혼자만의 문제는 아니다. 1986년 LINEST()이 등장하기 전에 Leland Wilkinson은 Systat에 대한 도움말을 쓰면서 MGLH 프로그램에 대해 다음과 같이 썼다.
"회귀 모델에서 절편이 0인 경우에 대한 총 제곱합을 다시 정의해야 한다. 의존 변수의 평균에 관해 더 이상 중앙에 오지 않는다. 이런 제곱합의 정의는 다중제곱상관이 음수가 되는 이상한 결론에 도달하게 할 수 있다."
하지만 슬프게도 마이크로소프트의 코드 개발자들도 Wilkinson이 언급하던 개발자들만큼이나 통계 이론에 대해 잘 몰랐던 것임에 분명하다.

곧 마이크로소프트가 어떻게 알고리즘을 고쳐서 음수의 $R^2$이 나오지 않도록 했는지 보여줄 것이다. 만약 엑셀 2002에서 엑셀 2013으로 회귀분석을 이동시키려는 사람이 있다면, 이 정보가 꼭 필요하다. 아니면 엑셀 2002의 결과와 엑셀 2013의 결과가 왜 다른지 궁금한 사람에게도 도움이 될 것이다.

마이크로소프트는 LINEST() 코드에 X 행렬에서 심각한 다중공선성(multicollinearity)을 다루는 방법을 포함했다(다중공선성은 용어는 거창하지만, 그냥 두 개 이상의 예측 변수가 완벽하게 혹은 거의 완벽에 가깝게 상관되어 있는 경우를 가리키는 용어이다). 마이크로소프트는 이런 문제가 있다는 것을 알아낸 것에는 박수를 받을 만하지만, 엑셀 2003 이후로 LINEST()의 결과에서 보여준 해결방법은 잠재적으로 재앙에 가깝다. 이 절에서 나오는 정보를 보면 여러분은 이런 함정을 피할 수 있을 것이다.

다음 절에서는 LINEST()에서 나온 정보와 다른 워크시트 함수를 어떻게 함께 사용할 수 있을지 보여준다. 이런 방법 중 어떤 방법은 매우 분명하고 알기 쉽다. 하지만 어떤 방법은 불명확하고 개념적으로 와 닿지 않을 것이다. 하지만 따로 떼놓고 생각해보면 어떻게 작동하는지 더 쉽게 이해할 수 있을 것이다.

### ✚ 회귀계수 얻기

첫 번째 단계는 그림 15-10과 같이 데이터를 배치하는 것이다. 그림 15-10에서는 1만을 포함하는 열이 다른 예측 변수 X들과 함께 보인다. 이 열(그림 15-10에서는 B열에 해당한다)을 이용하여 다음에 다룬 행렬 계산으로 절편과 표준오차를 계산한다. 여러분이 LINEST()로 바로 계산할 때는 이렇게 1만 있는 열이 없지만 엑셀이 안보이게 추가한다.

O9    $f_x$   {=MMULT(H2:AA5,B3:E22)}

**X 행렬**

| Y | X0 | X1 | X2 | X3 |
|---|---|---|---|---|
| 66 | 1 | 76 | 44 | 19 |
| 99 | 1 | 41 | -4 | 85 |
| 96 | 1 | 29 | 20 | 105 |
| 74 | 1 | 27 | -1 | 58 |
| 38 | 1 | 76 | 74 | 41 |
| 26 | 1 | 10 | 14 | 9 |
| 20 | 1 | 10 | 92 | 58 |
| 90 | 1 | 31 | 46 | 100 |
| 13 | 1 | 45 | 83 | 31 |
| 13 | 1 | 36 | 34 | 51 |
| 21 | 1 | 16 | 72 | 54 |
| 91 | 1 | 32 | -3 | 28 |
| 40 | 1 | 75 | 44 | 82 |
| 8 | 1 | 87 | 77 | 44 |
| 54 | 1 | 67 | 46 | 72 |
| 4 | 1 | 29 | 86 | 4 |
| 11 | 1 | 78 | 35 | 49 |
| 50 | 1 | 94 | 57 | 83 |
| 60 | 1 | 62 | 75 | 93 |
| 97 | 1 | 49 | 57 | 86 |

**X 전치행렬 (X')**

| | | | | | | | | | | | | | | | | | | | |
|---|---|---|---|---|---|---|---|---|---|---|---|---|---|---|---|---|---|---|---|
| X0 | 1 | 1 | 1 | 1 | 1 | 1 | 1 | 1 | 1 | 1 | 1 | 1 | 1 | 1 | 1 | 1 | 1 | 1 | 1 |
| X1 | 76 | 41 | 29 | 27 | 76 | 10 | 10 | 31 | 45 | 36 | 16 | 32 | 75 | 87 | 67 | 29 | 78 | 94 | 62 | 49 |
| X2 | 44 | -4 | 20 | -1 | 74 | 14 | 92 | 46 | 83 | 34 | 72 | -3 | 44 | 77 | 46 | 86 | 35 | 57 | 75 | 57 |
| X3 | 19 | 85 | 105 | 58 | 41 | 9 | 58 | 100 | 31 | 51 | 54 | 28 | 82 | 44 | 72 | 4 | 49 | 83 | 93 | 86 |

**SSCP 행렬**

| 20 | 970 | 948 | 1152 |
|---|---|---|---|
| 970 | 60254 | 48964 | 57939 |
| 948 | 48964 | 62568 | 52720 |
| 1152 | 57939 | 52720 | 83558 |

▶▶ **그림 15-10** 1만 있는 열을 예측 변수의 영역에 더한다.

데이터의 전치행렬은 B3:E22에 있다. 전치행렬이란 원래의 행렬에서 열을 행으로, 행을 열로 바꾼 것이다. 엑셀의 TRANSPOSE() 함수를 사용할 수 있다. 그림 15-10에서 H2:AA5 영역은 다음과 같은 배열수식을 포함한다.

=TRANSPOSE(B3:E22)

다시 한 번 강조하지만 배열 수식을 입력할 때는 Enter 대신 Ctrl+Shift+Enter를 사용해야 함을 잊지 말자.  이렇게 두 행렬을 모두 설정하고 나면 제곱합과 교차곱 행렬, 흔히 SSCP(sum of squares and cross-products) 행렬이라고 부르는 것을 구할 수 있다. 다음을 배열 수식으로 사용하자.

=MMULT(H2:AA5,B3:E22)

> note_
>
> 행렬 대수에서 행렬 "$\mathbf{X}$"는 굵은 글씨로 표현한다. 호환행렬은 아포스트로피를 찍어서 $\mathbf{X}'$라고 하며 이것은 $\mathbf{X}$의 호환행렬(혹은 전치행렬)이라고 한다. 역행렬은 "-1"을 붙여서 표시하며, $\mathbf{Y}$행렬의 역행렬은 $\mathbf{Y}^{-1}$이다.

워크 시트상에 $\mathbf{X}$의 전치행렬을 일일이 입력하고 싶지 않으면, SSCP 행렬을 구할 때 다음 배열 수식을 이용해도 된다.

=MMULT(TRANSPOSE(B3:E22),B3:E22)

엑셀의 MMULT() 함수는 행렬 곱셈을 수행한다. 여기에서 $\mathbf{X}$ 행렬(B3:E22)의 전치행렬과 원래 행렬을 곱했다. 행렬 대수의 방식으로 표시하면 $\mathbf{X}'\mathbf{X}$가 된다.

note_

다른 일반적인 대수와는 달리 행렬 곱셈은 교환성(commutative)이 성립하지 않는다. **X**와 **Y**가 모두 행렬일 때, 특별한 경우가 아니라면 **XY**와 **YX**의 결과는 서로 다르다.

### – SSCP 행렬의 역행렬 구하기

다음으로 SSCP 행렬의 역행렬을 구해보자. 역행렬은 일반 계산에서의 역과 비슷하다. 예를 들어 4의 역은 1/4이다. 어떤 숫자에 그 역을 곱하면 1이 된다. 비슷하게 어떤 행렬에 역행렬을 곱하면 주대각선은 1이고 나머지 원소는 0인 행렬이 된다. 그림 15-11에서는 G3:J6에 SSCP 행렬 그리고 G10:J13의 그 역 그리고 두 함수를 곱한 결과를 L10:O13에 보여주고 있다.

| L10 | ▾ : × ✓ *fx* | {=MMULT(G3:J6,G10:J13)} | | | | | | | | | |
|---|---|---|---|---|---|---|---|---|---|---|---|
| | A | B | C | D | E | F | G | H | I | J | K |
| 1 | | | X 행렬 | | | | | | | | |
| 2 | Y | X0 | X1 | X2 | X3 | | | SSCP 행렬 | | | |
| 3 | 66 | 1 | 76 | 44 | 19 | | 20 | 970 | 948 | 1152 | |
| 4 | 99 | 1 | 41 | -4 | 85 | | 970 | 60254 | 48964 | 57939 | |
| 5 | 96 | 1 | 29 | 20 | 105 | | 948 | 48964 | 62568 | 52720 | |
| 6 | 74 | 1 | 27 | -1 | 58 | | 1152 | 57939 | 52720 | 83558 | |
| 7 | 38 | 1 | 76 | 74 | 41 | | | | | | |
| 8 | 26 | 1 | 10 | 14 | 9 | | | | | | |
| 9 | 20 | 1 | 10 | 92 | 58 | | | SSCP의 역행렬 | | | |
| 10 | 90 | 1 | 31 | 46 | 100 | | 0.48954 | -0.0025612 | -0.00261003 | -0.00332652 | |
| 11 | 13 | 1 | 45 | 83 | 31 | | -0.00256 | 8.0851E-05 | -1.4905E-05 | -1.1348E-05 | |
| 12 | 13 | 1 | 36 | 34 | 51 | | -0.00261 | -1.49E-05 | 6.01321E-05 | 8.37915E-06 | |
| 13 | 21 | 1 | 16 | 72 | 54 | | 0.00333 | 1.135E 05 | 8.37915E 06 | 6.04116E 05 | |
| 14 | 91 | 1 | 32 | -3 | 28 | | | | | | |
| 15 | 40 | 1 | 75 | 44 | 82 | | | | | | |
| 16 | 8 | 1 | 87 | 77 | 44 | | | | | | |
| 17 | 54 | 1 | 67 | 46 | 72 | | | | | | |
| 18 | 4 | 1 | 29 | 86 | 4 | | | | | | |
| 19 | 11 | 1 | 78 | 35 | 49 | | | | | | |
| 20 | 50 | 1 | 94 | 57 | 83 | | | | | | |
| 21 | 60 | 1 | 62 | 75 | 93 | | | | | | |
| 22 | 97 | 1 | 49 | 57 | 86 | | | | | | |

L10:O13 영역의 값:

| L | M | N | O |
|---|---|---|---|
| 1.0 | 0.0 | 0.0 | 0.0 |
| 0.0 | 1.0 | 0.0 | 0.0 |
| 0.0 | 0.0 | 1.0 | 0.0 |
| 0.0 | 0.0 | 0.0 | 1.0 |

▶▶ **그림 15-11** 영역 L10:O13 과 같은 행렬을 항등행렬(identity matrix) 혹은 단위행렬이라고 한다.

### – 회귀계수와 절편 계산하기

LINEST()에서 반환하는 중간값이 매우 직관적이라고 언급했다. SSCP 행렬의 역도 그 중의 하나이다. 역행렬에는 많은 정보가 담겨있지만, 그것을 알아채기는 쉽지 않다. 예를 들어 그림 15-12을 보자. 그림 15-12에서 영역 G18:J18를 보자. 배열 수식은 다음과 같다.

=TRANSPOSE(MMULT(G10:J13,MMULT(TRANSPOSE(B3:E22),A3:A22)))

말로 풀어보면 이 식은 MMULT() 함수를 이용한 행렬 곱셈으로 행렬 **X**(B3:E22)의 전치행렬과 **Y** 행렬(A3:A22)을 곱하고, SSCP 행렬(G10:J13)의 역으로 곱한다. 결과값 G18:J18은 절편(G18)과 회귀계수(H18:J18)이다. 회귀계수는 워크시트의 변수와 동일한 순서로 나온다. 즉 열 C, D, E 순으로 각각 변수 X1, X2, X3이다. 셀 H18, I18, J18은 관련된 회귀계수를 가지고 있다.

그림 영역:

| G18 | | | | fx | {=TRANSPOSE(MMULT(G10:J13,MMULT(TRANSPOSE(B3:E22),A3:A22)))} |

| | A | B | C | D | E | F | G | H | I | J | K | L | M |
|---|---|---|---|---|---|---|---|---|---|---|---|---|---|
| 1 | | | | X 행렬 | | | | | | | | | |
| 2 | Y | X0 | X1 | X2 | X3 | | | SSCP 행렬 | | | | | |
| 3 | 66 | 1 | 76 | 44 | 19 | | 20 | 970 | 948 | 1152 | | | |
| 4 | 99 | 1 | 41 | -4 | 85 | | 970 | 60254 | 48964 | 57939 | | | |
| 5 | 96 | 1 | 29 | 20 | 105 | | 948 | 48964 | 62568 | 52720 | | | |
| 6 | 74 | 1 | 27 | -1 | 58 | | 1152 | 57939 | 52720 | 83558 | | | |
| 7 | 38 | 1 | 76 | 74 | 41 | | | | | | | | |
| 8 | 26 | 1 | 10 | 14 | 9 | | | | | | | | |
| 9 | 20 | 1 | 10 | 92 | 58 | | | SSCP의 역행렬 | | | | | |
| 10 | 90 | 1 | 31 | 46 | 100 | | 0.4895399 | -0.002561 | -0.00261 | -0.0033265 | | | |
| 11 | 13 | 1 | 45 | 83 | 31 | | -0.002561 | 8.085E-05 | -1.49E-05 | -1.135E-05 | | | |
| 12 | 13 | 1 | 36 | 34 | 51 | | -0.00261 | -1.49E-05 | 6.013E-05 | 8.3791E-06 | | | |
| 13 | 21 | 1 | 16 | 72 | 54 | | -0.003327 | -1.13E-05 | 8.379E-06 | 6.0412E-05 | | | |
| 14 | 91 | 1 | 32 | -3 | 28 | | | | | | | | |
| 15 | 40 | 1 | 75 | 44 | 82 | | | | | | | | |
| 16 | 8 | 1 | 87 | 77 | 44 | | | 회귀 계수 | | | | | |
| 17 | 54 | 1 | 67 | 46 | 72 | | 절편 | X1 | X2 | X3 | | | |
| 18 | 4 | 1 | 29 | 86 | 4 | | 44.980 | -0.064 | -0.567 | 0.583 | ← MMULT()로 구한 값 | | |
| 19 | 11 | 1 | 78 | 35 | 49 | | | | | | | | |
| 20 | 50 | 1 | 94 | 57 | 83 | | | | | | | | |
| 21 | 60 | 1 | 62 | 75 | 93 | | 0.583 | -0.567 | -0.064 | 44.980 | ← LINEST()로 구한 값 | | |
| 22 | 97 | 1 | 49 | 57 | 86 | | X3 | X2 | X1 | 절편 | | | |

▶▶ **그림 15-12** SSCP 행렬과 그 역은 X, Y 행렬과 함께 계수와 절편을 구할 수 있다.

셀 G21:J21은 동일한 데이터(LINEST()의 인자로 열 B의 1만 있는 데이터는 제외하는데 LINEST()가 직접 추가하기 때문이다)에 대해 LINEST() 결과의 첫 번째 행을 보여주고 있다. 절편과 회귀계수의 값이 18행과 동일하다. 차이는 LINEST()에서 반환하는 순서가 다른 것뿐이다. 요약하면 LINEST()를 사용하지 않고 행렬 대수를 사용해서 절편과 회귀계수를 구할 수 있는데, 다음과 같은 과정을 따라야 한다.

1. **X'X**으로 SSCP 행렬을 구한다. MMULT()와 TRANSPOSE()를 사용해서 **X**의 전치행렬과 **X**를 곱한다.

2. MINVERSE()를 사용해서 SSCP 행렬의 역을 구한다.

3. 다음 배열 수식을 이용하여 절편과 계수를 구한다.

   =TRANSPOSE(MMULT(G10:J13,MMULT(TRANSPOSE(B3:E22),A3:A22)))

## ✚ 회귀제곱합과 잔차제곱합 구하기

표준오차, $R^2$, F-검정 등을 모두 빼먹고 회귀계수에서 제곱합을 계산하는 게 좀 이상하게 느껴질 것이다. 하지만 다른 통계치를 계산하기 위해 제곱합이 필요하다. 제곱합을 계산하기 전에 회귀제곱합(sum of squares regression)과 잔차제곱합(sum of squares residual)의 의미를 살펴보자.

제곱합은 대부분의 통계적 의미에서 각 관찰값과 그 값들의 평균 사이의 차이(편차)를 제곱한 다음 합한 것을 의미한다. 따라서 우리가 가진 값들이 2와 4이고, 평균이 3이다. 2-3은 −1이며 이 편차를 제곱하면 +1이다. 그리고 4-3은 1이며 편차를 제곱하면 +1이다. 따라서 제곱의 합은 1+1 즉 2이다.

note_

'제곱합'이라는 용어는 20세기 초반으로 거슬러 올라가며 좀 부적절할 수 있는 용어이다. 용어 자체로만 보면 제곱한 값을 합하는 것이지, 평균으로부터 편차를 구해서 제곱해서 더하라는 것이 아니다. 이 경우 엑셀의 함수 이름이 통계 용어보다는 좀 더 설명을 잘 해 놓았다고 할 수 있다. 엑셀에서는 제곱한 편차의 합을 구하기 위해서는 DEVSQ()를 사용하고, 그냥 값을 제곱해서 합할 때는 SUMSQ()를 사용하도록 한다.

이런 두 제곱합을 구하는 목적은 총 제곱합을 두 부분으로 나누기 위해서이다.

- 회귀제곱합(sum of squares regression)은 Y값과 예측한 값들의 평균 사이의 편차의 제곱의 합을 구한다. Y값은 회귀계수와 절편으로 예측되는 값이다.
- 잔차제곱합(sum of squares residual)은 각각의 편차의 평균으로부터 실제 Y값과 예측한 Y값 간의 차이를 빼서 편차를 구한 다음 제곱해서 합한다.

**– 예측값 계산하기**

이 두 제곱합의 정의를 말로 풀어보면 굉장히 복잡하다. 엑셀 워크시트(그림 15-13)을 보면서 이해하는 것이 더 쉬울 것이다.

| L3 | | | $f_x$ | =$G$3+SUMPRODUCT(C3:E3,$H$3:$J$3) | | | | | |

| | A | B | C | D | E | F | G | H | I | J | K | L | M | N | O |
|---|---|---|---|---|---|---|---|---|---|---|---|---|---|---|---|
| 1 | | | X 행렬 | | | | 회귀 계수 | | | | | 예측값 | | | 예측의 오차 |
| 2 | Y | X0 | X1 | X2 | X3 | | 절편 | X1 | X2 | X3 | | SUMPRODUCT()로 구함 | TREND()로 구함 | | |
| 3 | 66 | 1 | 76 | 44 | 19 | | 44.980 | -0.064 | -0.567 | 0.583 | | 26.225 | 26.225 | | 39.775 |
| 4 | 99 | 1 | 41 | -4 | 85 | | | | | | | 94.138 | 94.138 | | 4.862 |
| 5 | 96 | 1 | 29 | 20 | 105 | | | | | | | 92.952 | 92.952 | | 3.048 |
| 6 | 74 | 1 | 27 | -1 | 58 | | | | | | | 77.605 | 77.605 | | -3.605 |
| 7 | 38 | 1 | 76 | 74 | 41 | | | | | | | 22.032 | 22.032 | | 15.968 |
| 8 | 26 | 1 | 10 | 14 | 9 | | | | | | | 41.644 | 41.644 | | -15.644 |
| 9 | 20 | 1 | 10 | 92 | 58 | | | | | | | 25.966 | 25.966 | | -5.966 |
| 10 | 90 | 1 | 31 | 46 | 100 | | | | | | | 75.169 | 75.169 | | 14.831 |
| 11 | 13 | 1 | 45 | 83 | 31 | | | | | | | 13.092 | 13.092 | | -0.092 |
| 12 | 13 | 1 | 36 | 34 | 51 | | | | | | | 53.105 | 53.105 | | -40.105 |
| 13 | 21 | 1 | 16 | 72 | 54 | | | | | | | 34.590 | 34.590 | | -13.590 |
| 14 | 91 | 1 | 32 | -3 | 28 | | | | | | | 60.940 | 60.940 | | 30.060 |
| 15 | 40 | 1 | 75 | 44 | 82 | | | | | | | 62.993 | 62.993 | | -22.993 |
| 16 | 8 | 1 | 87 | 77 | 44 | | | | | | | 21.373 | 21.373 | | -13.373 |
| 17 | 54 | 1 | 67 | 46 | 72 | | LINEST() | | | | | 56.546 | 56.546 | | -2.546 |
| 18 | 4 | 1 | 29 | 86 | 4 | | 0.583 | -0.567 | -0.064 | 44.980 | | -3.312 | -3.312 | | 7.312 |
| 19 | 11 | 1 | 78 | 35 | 49 | | 0.182 | 0.181 | 0.210 | 16.355 | | 48.677 | 48.677 | | -37.677 |
| 20 | 50 | 1 | 94 | 57 | 83 | | 0.595 | 23.376 | #N/A | #N/A | | 54.985 | 54.985 | | -4.985 |
| 21 | 60 | 1 | 62 | 75 | 93 | | 7.851 | 16.000 | #N/A | #N/A | | 52.659 | 52.659 | | 7.341 |
| 22 | 97 | 1 | 49 | 57 | 86 | | 12870.037 | 8742.913 | #N/A | #N/A | | 59.621 | 59.621 | | 37.379 |
| 23 | | | | | | | | | | | | | | | |
| 24 | | | | SS 회귀 | 12870.037 | | 8742.913 | SS 잔차 | | | | | | | |
| 25 | | | | | | | | | | | | | | | |
| 26 | | | 총 SS | 21612.95 | | | | | | | | | | | |

▶▶ **그림 15-13** 제곱합 계산하기

그림 15-13 G3:J3에서는 이전에 행렬 대수를 사용해서 계산한 회귀계수와 절편을 보여주고 있다. 이 순서가 올바르기 때문에 이 값을 사용하여 Y의 예측값을 계산할 수 있다. L3:L22에 나타나 있다. 셀 L3의 식은 다음과 같다.

=$G$3+SUMPRODUCT(C3:E3,$H$3:$J$3)

G3:J3의 절편과 상관계수는 $ 기호를 쓰고 있으며 절대참조이다. C3:E3의 X값은 상대주소를 사용하고 있다. 따라서 이 L3의 식을 L4:L22로 복사해서 붙이면 된다. 검사하기 위해 그림 15-13의 M3:M22에서는 Y의 예측값을 또 보여주고 있는데, 이 값은 다음 배열 수식을 사용한 결과이다.

=TREND(A3:A22,C3:E22)

행렬 대수를 사용해서 계산한 예측값과 TREND()를 사용하여 계산한 값은 일치한다. 사실 좀 차이는 있지만 소수점 열넷째 자리까지 가야 보인다(예를 들어 셀 L8과 M8의 차이는 0.000000000000057이다).

### – 예측 오차 계산하기

그림 15-13에서 영역 O3:O22의 값은 예측되는 값의 오차이다. 이 값은 A3:A22의 실제 Y값과 L3:L22의 예측값과의 차이이다. 예를 들어 셀 O3의 식은 단순히 =A3 – L3이다.

### – 제곱합 계산하기

예측값과 예측의 오차가 있으므로 이제 제곱합을 계산할 수 있다. 셀 G24에서 제곱합의 식은 다음과 같다.

=DEVSQ(L3:L22)

잔차제곱합의 식은 비슷하게 보이며 셀 H24를 보자.

=DEVSQ(O3:O22)

주 제곱합을 합하면 21612.905이 되는데 이 값은 셀 G26의 값과 동일하다. G26의 식은 다음과 같다.

=DEVSQ(A3:A22)

이 값은 원래 Y값의 편차의 제곱의 합이다. 따라서 이 절에서 설명한 절차는 다음과 같다.

- Y의 예측값은 X값, 계수, 절편의 조합에 기반한다.
- Y 예측값의 편차의 제곱의 합을 구한다(회귀제곱합).

- 실제 Y값에서 Y의 예측값을 빼서 예측의 오차를 계산한다.

- 예측의 오차의 편차를 구해서 제곱합을 구한다(잔차제곱합).

- 실제 Y값의 제곱합을 두 부분(회귀제곱합과 잔차제곱합)으로 나눌 수 있음을 보여준다.

## ✚ 회귀 진단값 계산하기

이제 회귀제곱합(sum of squares regression)과 잔차제곱합(sum of squares residual)을 구했으므로 회귀식이 얼마나 정확한지 판단할 수 있는 값을 쉽게 구할 수 있다.

### – $R^2$ 계산하기

$R^2$은 Y값에서 X변수를 최적으로 조합했을 때 기여할 수 있는 변동성의 비율이다. 최적의 조합은 X변수에 회귀식을 적용했을 때 얻을 수 있으며 따라서 최적의 조합은 Y의 예측값으로 표현된다. 따라서 $R^2$은 다음과 같이 비로 계산한다.

(회귀제곱합) / (총 제곱합)

총 제곱합은 회귀제곱합과 잔차제곱합을 합한 값이기 때문에 그림 15–14의 워크시트상에서 $R^2$를 쉽게 계산할 수 있다.

| N3 | | | | | | $f_x$ | =A3-L3 | | | | | | |
|---|---|---|---|---|---|---|---|---|---|---|---|---|---|
| | A | B | C | D | E | F | G | H | I | J | K | L | M/N |
| 1 | | | X 행렬 | | | | | 회귀 계수 | | | | | 예측값 | 편차 |
| 2 | Y | X0 | X1 | X2 | X3 | | 절편 | X1 | X2 | X3 | | SUMPRODUCT()로 구함 | |
| 3 | 66 | 1 | 76 | 44 | 19 | | 44.980 | -0.064 | -0.567 | 0.583 | | 26.225 | 39.775 |
| 4 | 99 | 1 | 41 | -4 | 85 | | | | | | | 94.138 | 4.862 |
| 5 | 96 | 1 | 29 | 20 | 105 | | | LINEST() | | | | 92.952 | 3.048 |
| 6 | 74 | 1 | 27 | -1 | 58 | | 0.583 | -0.567 | -0.064 | 44.980 | | 77.605 | -3.605 |
| 7 | 38 | 1 | 76 | 74 | 41 | | 0.182 | 0.181 | 0.210 | 16.355 | | 22.032 | 15.968 |
| 8 | 26 | 1 | 10 | 14 | 9 | | 0.595 | 23.376 | #N/A | #N/A | | 41.644 | -15.644 |
| 9 | 20 | 1 | 10 | 92 | 58 | | 7.851 | 16 | #N/A | #N/A | | 25.966 | -5.966 |
| 10 | 90 | 1 | 31 | 46 | 100 | | 12870.037 | 8742.913 | #N/A | #N/A | | 75.169 | 14.831 |
| 11 | 13 | 1 | 45 | 83 | 31 | | | | | | | 13.092 | -0.092 |
| 12 | 13 | 1 | 36 | 34 | 51 | SS Regression | 12870.037 | 8742.913 | SS Residual | | | 53.105 | -40.105 |
| 13 | 21 | 1 | 16 | 72 | 54 | | | | | | | 34.590 | -13.590 |
| 14 | 91 | 1 | 32 | -3 | 28 | $R^2$ | 0.595 | | | | | 60.940 | 30.060 |
| 15 | 40 | 1 | 75 | 44 | 82 | 추정의 표준 오차 | 23.376 | | | | | 62.993 | -22.993 |
| 16 | 8 | 1 | 87 | 77 | 44 | | | | | | | 21.373 | -13.373 |
| 17 | 54 | 1 | 67 | 46 | 72 | $R^2$으로 구한 F비 | 7.851 | | | | | 56.546 | -2.546 |
| 18 | 4 | 1 | 29 | 86 | 4 | SS로 구한 F비 | 7.851 | | | | | -3.312 | 7.312 |
| 19 | 11 | 1 | 78 | 35 | 49 | | | | | | | 48.677 | -37.677 |
| 20 | 50 | 1 | 94 | 57 | 83 | | | | | | | 54.985 | -4.985 |
| 21 | 60 | 1 | 62 | 75 | 93 | | | | | | | 52.659 | 7.341 |
| 22 | 97 | 1 | 49 | 57 | 86 | | | | | | | 59.621 | 37.379 |

▶▶ **그림 15-14** 적합한 통계치 계산하기

그림 15-14에서 셀 G14의 식은 다음과 같다.


    =G12/(G12+H12)


이 식은 회귀제곱합 : 총 제곱합의 비율을 반환한다.


### – 추정의 표준오차 계산하기

그림 15-14의 예에서 관찰값의 개수는 20이며 3열에서 22열까지 걸쳐있다. 예측 변수의 개수는 3 개이며 열 C에서 열 D까지 나와 있다. 따라서 잔차제곱합의 자유도 개수는 20-3-1로 16이다. 이 값은 그림 15-14의 셀 G6:J10에서 LINEST()의 결과로도 알 수 있다. 잔차의 자유도는 셀 H9에 나온다. 따라서 추정의 표준오차를 구하기 위해 잔차제곱합을 잔차의 자유도로 나눈 다음 결과의 제곱근을 구한다. 그림 15-14의 셀 G15의 식은 다음과 같다.


    =SQRT(H12/16)


결과값은 LINEST() 결과의 셀 H8의 값과 동일하다.


### – 회귀에 대한 F-비 계산하기

전체 회귀를 위해 F-비를 계산하는 몇 가지 방법이 있다. 모두 잔차의 자유도와 회귀의 자유도를 이용해야 한다. 앞 절에서는 잔차의 자유도를 어떻게 구할 수 있는지 다뤘다. 회귀의 자유도는 X 벡터의 개수이다. 따라서 그림 15-14에서는 X 벡터가 세 개 있으므로 회귀의 자유도는 3이다. F-비를 계산하기 위한 또 다른 방법으로는 $R^2$값을 이용하는 방법이 있다. 그림 15-14의 셀 G17 에서 이 방법을 사용하고 있는데 식은 다음과 같다.


    =(G14/3)/((1 – G14)/16)


말로 풀어보면 분자값은 $R^2$값을 회귀 자유도로 나눴고 분모값은 $(1 – R^2)$을 잔차 자유도로 나눴 다. $R^2$ 대신 제곱합을 사용하는 방법도 있다. $R^2$값을 구하기 위해 제곱합을 사용하므로 수학적으 로 동등하다. 그림 14의 셀 G18에서 사용한 식은 다음과 같다.

$$=(G12/3)/(H12/16)$$

분자는 회귀제곱합을 자유도로 나눴다. 분모는 잔차제곱합을 자유도로 나눈 값이다. 편차의 제곱합을 자유도로 나누면 분산, 즉 제곱평균이 된다고 알고 있다. 셀 G18에서는 분산을 다른 분산으로 나누고 있다. 두 분산의 비가 F-비이다. 여기에서 Y점수의 분산을 회귀식에서 예측하는데 예측에서 오차의 분산으로 나누게 된다. 만약 결과로 나온 비가 1.0보다 충분히 크다면 우리는 회귀를 신뢰할 만하다고 여긴다. 즉 관찰값에서 이와 비슷한 표본을 계속 꺼내서 실험을 반복해도 이와 비슷한 결과가 나올 것이다. 그리고 관찰된 F-비의 신뢰성을 엑셀의 F.DIST() 함수로 검증할 수 있다.

### – 표준오차 구하기

LINEST() 함수를 철저히 조사해보는 마지막 작업은 절편과 회귀계수의 표준오차를 계산하는 것이다. 이 값들은 LINEST() 결과의 두 번째 행에 나온다. 그림 15-15에서는 필요한 계산을 보여주고 있다.

| G24 | | fx | =SQRT(G18) | | | | | | | | | | | |
|---|---|---|---|---|---|---|---|---|---|---|---|---|---|---|
| | A | B | C | D | E | F | G | H | I | J | K | L | M | N | O |
| 1 | | X 행렬 | | | | | 회귀 계수 | | | | | | | | |
| 2 | Y | X0 | X1 | X2 | X3 | | 절편 | X1 | X2 | X3 | | | | | |
| 3 | 66 | 1 | 76 | 44 | 19 | | 44.980 | -0.064 | -0.567 | 0.583 | | | | | |
| 4 | 99 | 1 | 41 | -4 | 85 | | | | | | | | | | |
| 5 | 96 | 1 | 29 | 20 | 105 | | SSCP 행렬 | | | | | | | | |
| 6 | 74 | 1 | 27 | -1 | 58 | | 20 | 970 | 948 | 1152 | | | | | |
| 7 | 38 | 1 | 76 | 74 | 41 | | 970 | 60254 | 48964 | 57939 | | | | | |
| 8 | 26 | 1 | 10 | 14 | 9 | | 948 | 48964 | 62568 | 52720 | | | | | |
| 9 | 20 | 1 | 10 | 92 | 58 | | 1152 | 57939 | 52720 | 83558 | | | | | |
| 10 | 90 | 1 | 31 | 46 | 100 | | | | | | | | | | |
| 11 | 13 | 1 | 45 | 83 | 31 | | SSCP의 역행렬 | | | | | | | | |
| 12 | 13 | 1 | 36 | 34 | 51 | | 0.48954 | -0.0025612 | -0.00261003 | -0.00332652 | | | | | |
| 13 | 21 | 1 | 16 | 72 | 54 | | -0.00256 | 8.0851E-05 | -1.4905E-05 | -1.1348E-05 | | SS 잔차 | MS 잔차 | | |
| 14 | 91 | 1 | 32 | -3 | 28 | | -0.00261 | -1.49E-05 | 6.01321E-05 | 8.37915E-06 | | 8742.913 | 546.432 | | |
| 15 | 40 | 1 | 75 | 44 | 82 | | -0.00333 | -1.135E-05 | 8.37915E-06 | 6.04116E-05 | | | | | |
| 16 | 8 | 1 | 87 | 77 | 44 | | | | | | | | | | |
| 17 | 54 | 1 | 67 | 46 | 72 | | SSCP 역행렬 * MS 잔차 | | | | | | | | |
| 18 | 4 | 1 | 29 | 86 | 4 | | 267.5 | -1.399507 | -1.42620487 | -1.81771675 | | | | | |
| 19 | 11 | 1 | 78 | 35 | 49 | | -1.39951 | 0.0441796 | -0.00814433 | -0.00620071 | | | | | |
| 20 | 50 | 1 | 94 | 57 | 83 | | -1.4262 | -0.0081443 | 0.0328581 | 0.004578634 | | | | | |
| 21 | 60 | 1 | 62 | 75 | 93 | | -1.81772 | -0.0062007 | 0.004578634 | 0.0330108 | | | | | |
| 22 | 97 | 1 | 49 | 57 | 86 | | | | | | | | LINEST() | | |
| 23 | | | | | | | 표준 오차 | | | | | 0.583 | -0.567 | -0.064 | 44.980 |
| 24 | | | | | | | 16.355 | 0.210 | 0.181 | 0.182 | | 0.182 | 0.181 | 0.210 | 16.355 |

▶▶ **그림 15-15** 표준오차 계산하기

그림 15–15에서는 그림 15–12에서 나왔던 SSCP 행렬과 역행렬을 보여주고 있다. 회귀계수와 절편의 표준오차를 구하려면 SSCP의 역행렬과 잔차의 제곱평균을 구해야 한다. 그림 15–15의 셀 G12:J15에서 SSCP 행렬의 역행렬을 보여주고 있다. 앞 절에서는 잔차제곱평균을 구하는 방법을 보여주었다. 잔차제곱합을 잔차 자유도로 나누면 된다. 그림 15–15의 셀 M14에서는 다음과 같은 식을 사용해서 계산하고 있다.

    =L14/16

L14는 잔차제곱합이고 16은 잔차의 자유도이다.



그림 15–15의 셀 L14에서는 잔차제곱합을 구하는데 그림 15–13이나 그림 15–14에서 구했던 방법보다는 좀 더 간단한 방법을 사용하고 있다. 그림 15–13, 14에서는 예측의 오차(잔차)를 명확하게 보여주었고 DEVSQ()를 써서 제곱합을 구했다. 그림 15–15의 셀 L14에서는 대신 아래의 배열 수식을 사용했다.

    =SUM(((A3:A22)-(MMULT(B3:E22,TRANSPOSE(G3:J3))))^2)

이 식은 워크시트상에서 중간 결과를 보여주지 않고 식 내에서 모두 계산하여 동일한 결과만 보여준다.

그림 15–15에서 보이는 행렬 G18:J21은 SSCP의 역행렬과 잔차제곱평균을 곱한 결과이다. 배열 수식은 다음과 같다.

    =G12:J15*M14

G18:J21의 행렬에서 주대각선에 있는 원소를 제곱근을 구하면 이것이 회귀식의 표준오차이다. 그림 15–15에서 보면 셀 G24:J24에서 식은 다음과 같다.

    G24: =SQRT(G18)

H24: =SQRT(H19)

I24: =SQRT(I20)

J24: =SQRT(J21)

LINEST() 결과에서 관련된 부분은 그림 15-15의 셀 L24:O24에 보인다. 이 영역의 값들은 G24:J24와 동일하지만 LINEST()는 워크시트상에 나온 원래의 변수와 반대 방향으로 값을 반환한다.

## ✚ LINEST( )이 다중공선성(Multicollinearity)을 어떻게 다룰까

다중회귀식에서 두 예측 변수가 서로 상관관계에 있는 경우는 흔하게 일어나는 일이다. '수입'을 결과 변수로 하고 '교육기간'과 '나이'를 예측 변수로 해서 관계를 조사하고 있다고 가정해보자. '나이'와 '교육기간'이 양의 상관관계가 있다고 예상할 수 있다. 물론 두 변수 사이에 완전히 1.0의 상관이 있지는 않겠지만 꽤 강한 상관관계로 한 0.7정도로 나와도 놀라지는 않을 것이다. 일반적인 다중회귀분석(엑셀의 LINEST() 함수는 특별한 경우)은 상관관계에 있는 예측 변수(엑셀에서는 이 변수를 X-값이라고 하며, 예측되는 변수 Y-값과 구분한다)를 완벽히 다룰 수 있다.

사실 다중회귀분석의 목표가 예측되는 변수의 변동성을 기여하는 각각의 예측 변수로 할당하는 것이다. 그리고 분산의 각각의 비율을 계산하기 위해서는 예측 변수들 간에 얽혀있는 관계를 해결해야 한다. 하지만 한 예상 변수가 하나 이상의 다른 예측 변수에 완전히 의존하고 있으면 문제가 된다. 이 경우 다중회귀식을 만들어서 문제를 해결하는 방식(그리고 $R^2$같은 적합도)으로는 잘못 해석하거나 처음부터 그냥 잘못 될 수 있다. 그림 15-16에서 예를 보여주고 있다.

그림 15-16에서 보이는 결과는 엑셀 2002(혹은 그 이전 버전)와 입력 데이터 때문이다. 여기서 X(2)는 X(1)의 선형함수이며 따라서 두 변수는 완벽하게 상관관계에 있고 공선성(collinearity)이 존재한다.

| | A | B | C | D | E |
|---|---|---|---|---|---|
| | Y | X(1) | X(2) | | |
| 1 | | | | | |
| 2 | 10 | 1 | 11 | | X(2) = X(1) * 3 + 8 |
| 3 | 20 | 4 | 20 | | |
| 4 | 30 | 8 | 32 | | |
| 5 | 40 | 7 | 29 | | |
| 6 | 50 | 9 | 35 | | |
| 7 | | | | | |
| 8 | Excel 2002의 LINEST() | | | | |
| 9 | -1.000 | 7.439 | 12.252 | | |
| 10 | 0 | 0 | 0 | | |
| 11 | 0.843 | 8.847 | #N/A | | |
| 12 | 5.388 | 2 | #N/A | | |
| 13 | 843.458 | 156.542 | #N/A | | |

▶▶ **그림 15-16** 엑셀 2002에서 각 회귀계수 표준오차에 대한 값을 0으로 계산해서 보여준다.

X(1)과 X(2)의 벡터의 왼쪽에 1로 된 벡터를 포함하면, 입력값은 SSCP 행렬에서 **X**로 표시된다. 행렬 곱 **X'X**는 역행렬도 만들 수 있지만, 역행렬은 주대각선에 음수값이 나오고 따라서 음수로 된 표준오차를 반환한다. 따라서 엑셀 2002에서는 LINEST()결과에서 음수로 된 계수의 표준오차를 0으로 변환한다. 그림 15-17에서는 엑셀 2002의 LINEST()와 관련된 또 다른 문제를 보여준다.

| | A | B | C | D | E |
|---|---|---|---|---|---|
| | Y | X(1) | X(2) | | |
| 1 | | | | | |
| 2 | 1 | 2 | 1 | | X(2) = X(1) -1 |
| 3 | 2 | 4 | 3 | | |
| 4 | 3 | 5 | 4 | | |
| 5 | 4 | 7 | 6 | | |
| 6 | 5 | 8 | 7 | | |
| 7 | | | | | |
| 8 | Excel 2002의 LINEST() | | | | |
| 9 | #NUM! | #NUM! | #NUM! | | |
| 10 | #NUM! | #NUM! | #NUM! | | |
| 11 | #NUM! | #NUM! | #NUM! | | |
| 12 | #NUM! | #NUM! | #NUM! | | |
| 13 | #NUM! | #NUM! | #NUM! | | |

▶▶ **그림 15-17** 엑셀 2002에서 LINEST()는 이 입력값에 대해 #NUM! 오류값만을 보여준다.

그림 15-17에서는 공선성 때문에 **X'X** 행렬곱이 계수가 0이 나와서 역행렬을 만들 수 없다. 이 경우 전통적인 방법으로는 회귀 통계치를 계산할 수 없다.

### - QR 분해

앞 절에서 언급한 '전통적인 방법'은 행렬 대수를 이용한 간단한 방법과 관계있다. 행렬 대수에서는 행렬 전치, 곱셈, 역 등을 이용한다(만약 변수가 세 개 이상 나오면, 행렬의 역을 구하는 방법은 더 이상 간단하다고 말하기 어렵다). 엑셀 2003부터 2013에서는 다중회귀문제를 풀기 위해 다른 방법인 QR 분해(QR decomposition)를 채택했다. 이 방법은 크게 장점 두 가지가 있다.

- QR 분해는 역행렬을 만들 때 공선성 때문에 발생했던 문제에 의해 영향을 받지 않는다. 다중회귀계산을 수행한 다음 예측 변수에서 선형 의존성을 제거한 다른 결과를 보여준다.
- QR 분해는 행렬 곱셈이나 역행렬로 값을 구하지 않는다. 행렬 곱셈이나 역행렬을 구할 경우 컴퓨터 계산을 많이 해야 하는데, 이때 컴퓨터에 과부하가 걸리거나 계산 결과가 부정확할 수 있다. QR 분해는 행렬 연산이 들어있지만 입력값을 조절해서 부정확한 결과를 초래할 수 있는 오버플로우를 거의 제거한다.

이것은 상대적으로 간단한 논의를 위한 것인데 여기서는 QR 분해에 대해 더 이상 깊게 들어가지는 않겠다. 하지만 QR 분해에서 관찰값 X를 0이나 제곱합으로 대체할 수도 있다는 것을 기억하자. 행렬 계산도 들어가기는 하지만 이전보다는 너무 많은 계산으로 인한 오버플로우가 발생한 가능성은 훨씬 낮다. 따라서 계산 결과는 훨씬 정확하고 계산 과정의 부담은 중간 정도이며 음수인 제곱합이나 계수가 0이 나와서 문제가 생기는 일도 없다.

그림 15-18과 그림 15-19에서는 그림 15-16과 그림 15-17에서 사용한 데이터를 다시 사용하고 있다. 결과는 엑셀 2003에서 엑셀 2013 버전까지 나오는 LINEST() 결과이다.

| | A | B | C | D | E |
|---|---|---|---|---|---|
| 1 | Y | X(1) | X(2) | | |
| 2 | 10 | 1 | 11 | | X(2) = X(1) * 3 + 8 |
| 3 | 20 | 4 | 20 | | |
| 4 | 30 | 8 | 32 | | |
| 5 | 40 | 7 | 29 | | |
| 6 | 50 | 9 | 35 | | |
| 7 | | | | | |
| 8 | Excel 2010의 LINEST() | | | | |
| 9 | 1.480 | 0.000 | -7.586 | | |
| 10 | 0.368 | 0.000 | 9.891 | | |
| 11 | 0.843 | 7.224 | #N/A | | |
| 12 | 16.164 | 3 | #N/A | | |
| 13 | 843.458 | 156.542 | #N/A | | |

▶▶ **그림 15-18** LINEST() 회귀식은 0이 아닌 표준오차를 반환한다. 물론 예외도 있다.

| | A | B | C | D | E |
|---|---|---|---|---|---|
| 1 | Y | X(1) | X(2) | | |
| 2 | 1 | 2 | 1 | | X(2) = X(1) -1 |
| 3 | 2 | 4 | 3 | | |
| 4 | 3 | 5 | 4 | | |
| 5 | 4 | 7 | 6 | | |
| 6 | 5 | 8 | 7 | | |
| 7 | | | | | |
| 8 | Excel 2010의 LINEST() | | | | |
| 9 | 0.658 | 0.000 | 0.237 | | |
| 10 | 0.044 | 0.000 | 0.207 | | |
| 11 | 0.987 | 0.209 | #N/A | | |
| 12 | 225.000 | 3 | #N/A | | |
| 13 | 9.868 | 0.132 | #N/A | | |

▶▶ **그림 15-19** LINEST()는 오류값이 아니라 숫자로 된 결과를 반환한다.

두 그림 15-18, 19에서 변수 중 한 개가 회귀계수(두 그림에서 셀 B9)와 표준오차(두 그림에서 셀 B10) 모두에 대해 0을 가진다. 이것은 엑셀이 나름대로 사용자에게 X(1)변수가 두 경우 모두에서 Y를 추정할 때 아무 정보도 기여하고 있지 않다고 알려주는 것이다. 따라서 LINEST()는 X(1)에게 회귀계수 0.0을 지정하는데, 결국 회귀식에서 X(1)을 지워도 된다.

$$\hat{Y} = \text{-}7.586 + 0.0 * X(1) + 1.480 * X(2)$$

X(1)에 0을 곱하면 X(1)은 식에서 자동으로 사라진다. 만약 X(1)이 완전히 X(2)에 의존하거나 혹은 그 반대라면, 그 중 한 변수에 있는 정보는 완전히 중복되고 따라서 중복되는 정보는 식에서 제거해야 한다.

변수 X(1)과 X(2)는 서로 완전히 의존관계에 있다. X(2)는 그냥 X(1)에서 1을 뺀 값이다. 반대로 X(1)은 그냥 X(2)에 1을 더한 것이다. 따라서 X(2)의 정보가 Y에 이미 고려되었으면 X(1)은 Y에 아무 새로운 정보를 더해주지 못한다.

X(1)과 X(2)가 서로 완전히 의존관계에 있으면 회귀식에서 사실 어떤 변수를 삭제해도 상관없다. 여기서 엑셀의 알고리즘은 X(1)을 삭제하기로 했다. 결과를 해석할 때 보면 아마 이 선택이 임의로 한 것이라고 여기지 않을 수도 있다.

X 변수 하나를 제거한 것은 잔차의 자유도에 반영되었다. 그림 15-18과 그림 15-19의 셀 B12를

보자. 잔차 자유도는 총 경우의 수에서 예측 변수와 1을 빼면 된다. 여기에는 2행부터 6행에 걸쳐 총 5개의 가짓수가 있다. 선형 상관관계에 있는 X변수 하나를 빼면 워크시트상에는 X변수가 한 개만 남는다. 따라서 5에서 워크시트상 남아 있는 X변수 1개를 빼고 또 1을 빼면 LINEST()에 나온 것처럼 3이 자유도가 된다.

### – 진단의 어려움

앞에서 X1에 상수를 곱해서 X2를 구하는 것을 보여줬지만 X 변수에서 의존관계는 두 변수 사이에로만 제한될 필요는 없다. 이런 경우 간단하게 상관분석을 해보면 의존관계가 드러난다. 하지만 그림 15–20을 보자.

| G23 | ▾ : × ✓ $f_x$ | =CORREL(B16:B20+C16:C20,D16:D20) | | | | | |
|---|---|---|---|---|---|---|---|
| | A | B | C | D | E | F | G |
| 1 | Y | X(1) | X(2) | X(3) | | | |
| 2 | 1 | 2 | 4 | 6 | | X(2) = X(1) * 2 | |
| 3 | 2 | 4 | 8 | 48 | | | |
| 4 | 3 | 5 | 10 | 13 | | | |
| 5 | 4 | 7 | 14 | 27 | | | |
| 6 | 5 | 8 | 16 | 14 | | | |
| 7 | | | | | | | |
| 8 | | X(1) | X(2) | X(3) | | | |
| 9 | X(1) | 1 | | | | | |
| 10 | X(2) | 1 | 1 | | | | |
| 11 | X(3) | 0.053013 | 0.053013 | 1 | | | |
| 12 | | | | | | | |
| 13 | | | | | | | |
| 14 | | | | | | | |
| 15 | Y | X(1) | X(2) | X(3) | | | |
| 16 | 10 | 1 | 6 | 7 | | X(3) = X(1) + X(2) | |
| 17 | 20 | 4 | 48 | 52 | | | |
| 18 | 30 | 8 | 13 | 21 | | | |
| 19 | 40 | 7 | 27 | 34 | | | |
| 20 | 50 | 9 | 14 | 23 | | | |
| 21 | | | | | | | |
| 22 | | X(1) | X(2) | X(3) | | | |
| 23 | X(1) | 1 | | | | =CORREL(B16:B20+C16:C20,D16:D20) | 1 |
| 24 | X(2) | -0.0433 | 1 | | | | |
| 25 | X(3) | 0.152198 | 0.980833 | 1 | | =CORREL(C16:C20,D16:D20-B16:B20) | 1 |

▶▶ **그림 15-20** B9:D11의 상관행렬에서 B10에 의존관계가 확실히 있는 것을 알 수 있다. 하지만 B23:D25에서는 그렇지 않다.

그림 15–20에서 B2:B6과 C2:C6간 완벽한 상관관계가 있으며, B9:D11의 상관행렬로 확실히 알 수 있다. X2는 그냥 X1의 두 배이다.

B16:D20의 데이터에서는 직접적인 1.0이 나오는 상관이 없다. 상관행렬에서 셀 B24, B25, C25

에 1.0이라고 나오는 상관이 없다. 여기서 X3은 X1과 X2의 합이다. 각 변수 사이에 완벽한 상관은 없지만, 셀 G23, G25에서 보는 것처럼 X3과 (X1 + X2)사이에 완전한 선형 의존관계가 있다. LINEST()를 수행하지 않고도 의존관계가 있는지 결정하려면, 직접 SSCP 행렬에서 값을 검사해보아야 한다.

### – 경고 없음

이것은 모두 합리적인 접근 방법이며 주요 통계 소프트웨어 프로그램인 SAS, SPSS, R 등에서 모두 취하고 있는 접근 방법이다. 하지만 이런 통계 패키지들은 한발 더 나가서 사용자들에게 데이터상에 완전한 선형 의존관계가 있음을 알려주고 한 개 이상의 변수를 회귀식에서 지워도 된다고 미리 알려준다. 매우 사용자를 배려하는 기능이다. 엑셀이 이런 선형 의존관계에 있는 데이터를 어떻게 다루는지 모르면 사용자들은 왜 변수의 회귀계수가 0.0이 나오고 표준오차도 0.0이 나오는지 이해하지 못할 것이다. 그리고 이 결과로 잔차의 자유도는 1 증가한다.

물론 LINEST()는 그냥 워크시트 함수이며 값을 반환하도록 되어 있지, 경고를 반환하도록 되어 있지 않다. 하지만 LINEST()가 QR 분해를 통해 X변수들 사이에 선형 의존관계가 있는 것을 알았을 때 결과에서 1행, 2행의 알맞은 자리에 #NUM!이나 #N/A! 같은 값을 반환하는 것은, 엑셀의 다른 워크시트 함수의 행동과 일관성을 유지하는 방법이다.

게다가 TREND()도 LINEST()와 동일한 방법으로 회귀식을 계산한다. 하지만 TREND()의 결과만 보고는 회귀식에서 어떤 변수를 생략했는지 알 수 없다. 사용자들은 그냥 단순히 TREND()의 결과를 그냥 그대로 쓰기 전에, LINEST()의 결과를 보고 값을 검사해보아야 한다. TREND()에서는 기대하지 않았던 일이 발생했을 때 그냥 경고 없이 처리해버리기 때문이다.

## ✚ 0 상수로 강제하기

엑셀의 LINEST() 워크시트 함수에서 가능한 옵션 중 하나는 const인자, 즉 상수 인자이다. LINEST() 함수의 문법을 다시 살펴보자.

　=LINEST(Y값, X값, const, stats)

에서

- Y값 – 결과 변수를 나타내는 영역(회귀식으로 예측할 변수)

- X값 – 예측 변수로 사용하는 변수들, 혹은 그 변수들을 포함하는 영역

- const – TRUE나 FALSE의 값을 가질 수 있다. 이 값은 LINEST()가 상수('절편'을 말한다)를 식에 포함해야 할지 아니면 포함하지 말아야 할지 결정한다. 만약 const가 FALSE이면 절편을 회귀식에서 삭제한다.

- stats – 이 값이 TRUE면 LINEST()의 결과에 회귀식을 평가하는데 관련된 통계치들을 포함하도록 한다. 특히 이런 통계치들로 Y값과 X값 간에 얼마나 강한 관계가 있는지 측정할 수 있다.

const 인자를 FALSE로 하면 LINEST()의 결과의 성격이 내포하는 의미를 쉽게 파악할 수 있다. 그리고 const 옵션이 정말 유용한가, 아닌가에 대한 근본적인 질문이 있을 수 있다. 사실 이 질문은 LINEST()나 엑셀에만 한정된 질문은 아니다. 분석에 어떤 소프트웨어를 쓰는 것과 상관없이 이 질문은 회귀의 전 영역에 확대될 수 있다.

어떤 사람들은 실질적인 이유로 어떤 경우에서는 이 상수(즉 절편)를 0으로 강제하는 것이 매우 중요하다고 생각하는데 대부분 회귀 불연속 디자인(regression discontinuity design)의 측면에서 발생한다. 또 다른 사람들은(나도 포함해서) 만약 상수를 0으로 강제하는 것이 필요하고 많은 정보를 줄 수 있다고 한다면, 선형회귀 자체, 좀 더 넓게 이야기하면 일반 선형모델 그 자체가 데이터를 분석하는데 부적절한 게 아닌가하고 생각하고 있다.



이야기를 하다 보면 상수를 0으로 강제하는 것이 좀 더 정확한 결과를 낸다는 주장에 도달하기 쉽다. 하지만 그렇지 않다. 이런 생각은 $R^2$값이 높게 나오고, 따라서 F-비도 높아져서 X와 Y변수 사이에 아무 관계도 없다는 귀무가설을 기각하기 쉽기 때문이라는 데 기반한다. 하지만 상수를 0으로 강제했을 때 수학적으로 어떤 일이 일어나는지에 대해 오해해서 발생하는 오류이다. 이 절에서는 이 효과에 대해 상당히 길게 다루겠다.



### ✚ 엑셀 2007 버전

그림 15-21에서는 상수를 정상적으로 계산했을 때와 0으로 강제했을 때의 LINEST() 결과의 차이를 보여주고 있다.

F3 | {=LINEST(A2:A21,B2:D21,TRUE,TRUE)}

| | A | B | C | D | E | F | G | H | I |
|---|---|---|---|---|---|---|---|---|---|
| 1 | Y | X1 | X2 | X3 | | | | | |
| 2 | 66 | 76 | 44 | 19 | | =LINEST(A2:A21,B2:D21,TRUE,TRUE) | | | |
| 3 | 99 | 41 | -4 | 85 | | 0.583 | -0.567 | -0.064 | 44.980 |
| 4 | 96 | 29 | 20 | 105 | | 0.182 | 0.181 | 0.210 | 16.355 |
| 5 | 74 | 27 | -1 | 58 | | 0.595 | 23.376 | #N/A | #N/A |
| 6 | 38 | 76 | 74 | 41 | | 7.851 | 16 | #N/A | #N/A |
| 7 | 26 | 10 | 14 | 9 | | 12870.037 | 8742.913 | #N/A | #N/A |
| 8 | 20 | 10 | 92 | 58 | | | | | |
| 9 | 90 | 31 | 46 | 100 | | =LINEST(A2:A21,B2:D21,FALSE,TRUE) | | | |
| 10 | 13 | 45 | 83 | 31 | | 0.888 | -0.327 | 0.171 | 0.000 |
| 11 | 13 | 36 | 34 | 51 | | 0.169 | 0.187 | 0.226 | #N/A |
| 12 | 21 | 16 | 72 | 54 | | 0.813 | 27.521 | #N/A | #N/A |
| 13 | 91 | 32 | -3 | 28 | | 24.593 | 17 | #N/A | #N/A |
| 14 | 40 | 75 | 44 | 82 | | 55879.198 | 12875.802 | #N/A | #N/A |
| 15 | 8 | 87 | 77 | 44 | | | | | |
| 16 | 54 | 67 | 46 | 72 | | | | | |
| 17 | 4 | 29 | 86 | 4 | | | | | |
| 18 | 11 | 78 | 35 | 49 | | | | | |
| 19 | 50 | 94 | 57 | 83 | | | | | |
| 20 | 60 | 62 | 75 | 93 | | | | | |
| 21 | 97 | 49 | 57 | 86 | | | | | |

▶▶ **그림 15-21** LINEST() 는 엑셀 2007, 2010, 2013 모두에서 동일한 결과를 보여준다.

그림 15-21에서는 동일한 데이터에 대해 두 가지 다른 결과를 보여주고 있다. Y값은 A2:A21에 있고, X값은 B2:D21에 있다. 첫 번째 결과는 F3:I7에 있으며 정상적으로 상수를 계산한 결과이다(const 인자를 TRUE로 설정했다). 두 번째 결과는 F10:I14에 있으며 상수를 0으로 강제했다(const 인자를 FALSE로 설정했다). 상수를 0으로 강제한 결과와 정상적으로 상수를 계산한 결과에서 일치하는 숫자가 하나도 없다.

그림 15-22는 이런 결과가 어떻게 나왔는지 보여주고 있다. 그림 15-22의 셀 G15:H15 는 각각의 회귀와 잔차에 대한 제곱합을 포함하고 있다. 이 값들은 L21:L40의 예측값 Y와 M21:M40의 예측값과 실제값의 편차에 기반한다.

H22 | =CORREL(A2:A21,L21:L40)

| | A | B | C | D | E | F | G | H | I | J | K | L | M | N | O |
|---|---|---|---|---|---|---|---|---|---|---|---|---|---|---|---|
| 1 | Y | X0 | X1 | X2 | X3 | | | | | | | SSCP (X'X) | | | |
| 2 | 66 | 1 | 76 | 44 | 19 | | =LINEST(A2:A21,C2:D21,TRUE,TRUE) | | | | | 20 | 970 | 948 | 1152 |
| 3 | 99 | 1 | 41 | -4 | 85 | | 0.583 | -0.567 | -0.064 | 44.980 | | 970 | 60254 | 48964 | 57939 |
| 4 | 96 | 1 | 29 | 20 | 105 | | 0.182 | 0.181 | 0.210 | 16.355 | | 948 | 48964 | 62568 | 52720 |
| 5 | 74 | 1 | 27 | -1 | 58 | | 0.595 | 23.376 | #N/A | #N/A | | 1152 | 57939 | 52720 | 83558 |
| 6 | 38 | 1 | 76 | 74 | 41 | | 7.851 | 16 | #N/A | #N/A | | | | | |
| 7 | 26 | 1 | 10 | 14 | 9 | | 12870.037 | 8742.913 | #N/A | #N/A | | MINVERSE(SSCP) | | | |
| 8 | 20 | 1 | 10 | 92 | 58 | | | | | | | 0.490 | -0.003 | -0.003 | -0.003 |
| 9 | 90 | 1 | 31 | 46 | 100 | | | | | | | -0.003 | 0.000 | 0.000 | 0.000 |
| 10 | 13 | 1 | 45 | 83 | 31 | | 행렬 함수 사용 | | | | | -0.003 | 0.000 | 0.000 | 0.000 |
| 11 | 13 | 1 | 36 | 34 | 51 | | 44.980 | -0.064 | -0.567 | 0.583 | | -0.003 | 0.000 | 0.000 | 0.000 |
| 12 | 21 | 1 | 16 | 72 | 54 | | 16.355 | 0.210 | 0.181 | 0.182 | | | | | |
| 13 | 91 | 1 | 32 | -3 | 28 | | 0.595 | 23.376 | | | | MINVERSE(SSCP)*MSE | | | |
| 14 | 40 | 1 | 75 | 44 | 82 | | 7.851 | 16 | | | | 267.500 | -1.400 | -1.426 | -1.818 |
| 15 | 8 | 1 | 87 | 77 | 44 | | 12870.037 | 8742.913 | | | | -1.400 | 0.044 | -0.008 | -0.006 |
| 16 | 54 | 1 | 67 | 46 | 72 | | | | | | | -1.426 | -0.008 | 0.033 | 0.005 |
| 17 | 4 | 1 | 29 | 86 | 4 | | | | | | | -1.818 | -0.006 | 0.005 | 0.033 |
| 18 | 11 | 1 | 78 | 35 | 49 | | =DEVSQ(L21:L40) | =DEVSQ(M21:M40) | | | | | | | |
| 19 | 50 | 1 | 94 | 57 | 83 | | | | | | | | | | |
| 20 | 60 | 1 | 62 | 75 | 93 | | | | | | | 예측값 | 편차 | | |
| 21 | 97 | 1 | 49 | 57 | 86 | | =CORREL(A2:A21,L21:L40) | | | | | 26.225 | 39.775 | | |
| 22 | | | | | | | Multiple R: | 0.772 | | | | 94.138 | 4.862 | | |
| 23 | 21612.950 ← | =DEVSQ(A2:A21) | | | | | $R^2$ | 0.595 | | | | 92.952 | 3.048 | | |
| 24 | | | | | | | | | | | | 77.605 | -3.605 | | |
| 25 | | | | | | | | | | | | 22.032 | 15.968 | | |

▶▶ **그림 15-22** 편차는 평균을 중심으로 모여있다.

제곱합은 DEVSQ()으로 계산하며 이 함수는 인자로 준 영역의 모든값에서 그 값들의 평균을 뺀 다음 결과값을 제곱하고 모두 합한다. 셀 G13의 값은 0.595이며 회귀에 대한 $R^2$이다. 이 숫자를 계산하는 또 다른 방법은 다음과 같다.

    =G15/(G15+H15)

여기서 $R^2$은 회귀제곱합 : Y값의 총 제곱합의 비율이다. 결과값 0.595는 Y의 변동성의 59.5%가 X값의 조합의 변동성에 기여한다고 알려주고 있다. 그림 15-22 영역 G11:J15의 통계치는 영역 G3:J7의 값과 동일하다(LINEST() 는 회귀계수와 표준오차를 워크시트 순서에 내온 변수와 역순으로 보여주는데 이 점만 빼고는 동일하다). G11:J15의 결과는 엑셀의 행렬함수로 계산했고, G3:J7의 결과는 LINEST() 함수로 계산했다.

그림 15-22에서는 실제값과 Y예측값 간의 상관이 셀 H22에 있으며, 값은 0.772이다. 상관의 제곱은 셀 H23에 있고 값은 0.595이다. 이 값은 $R^2$이며 회귀제곱합 : 총 제곱합의 비를 계산해서 얻을 수 있는 값과 동일하다.

여기에서 신기하거나 이상한 점은 없다. 회귀분석에 따른 수학으로 계산하면 충분히 예상할 수 있는 값들이다. 이제 그림 15-23과 같은 분석을 살펴보자. 그림 15-23에서 회귀제곱합과 잔차제곱합의 값을 보자. 이 값 모두 그림 15-22에 나온 제곱합보다 크다. 그림 15-23에서 제곱해서 합한 편차는 값과 평균 간의 편차가 아닌, 값과 0 간의 편차이기 때문이다.

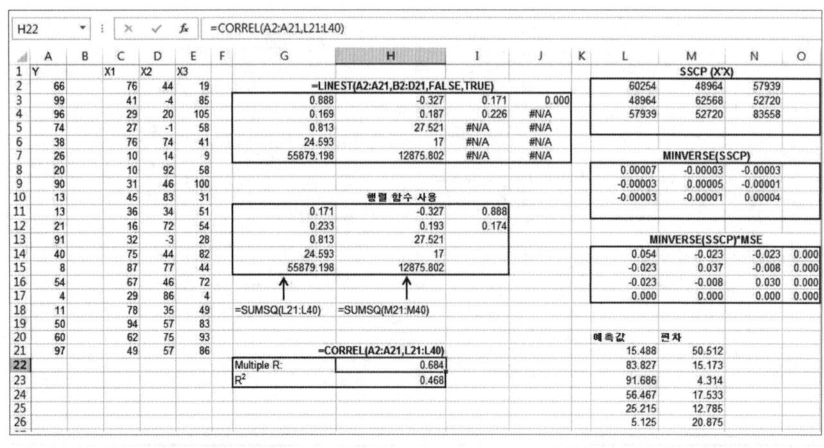

▶▶ **그림 15-23** 편차는 0을 중심으로 모여있다.

이렇게 하면 편차의 성질상 총 제곱합을 항상 크게 만들게 된다(여기에 대한 이유는 2장에서 다뤘다). 원래는 예측값들은 평균을 중심으로 모여있고, 예측의 오차도 오차의 평균을 중심으로 모여있었는데, 이렇게 바뀌면 제곱합의 상대적인 크기를 바꾸게 된다. 회귀의 제곱합이 잔차제곱합보다 상대적으로 커지므로 겉으로는 $R^2$의 값도 커진다(반대의 경우가 발생하면, 겉으로는 $R^2$값이 작아진다).

그림 15-22와 그림 15-23의 제곱합을 사용해서 다음 두 가지 결과를 얻을 수 있다.

그림 15-22 :

12870.037 / (12870.037 + 8742.913) = .595(셀 G5와 셀 G13을 비교해보기 바란다)

그림 15-23 :

55879.198 / (55879.198 + 12875.802) = .813(셀 G5와 셀 G13을 비교해보기 바란다.)

그림 15-23에서 상수를 0으로 강제했을 때 $R^2$값이 .595에서 .813로 증가했고 이는 상당히 큰 값이다. 그러면 정말 그림 15-23에서 반환한 회귀식이 그림 15-22의 회귀식보다 더 정확한가? 결국 $R^2$의 제곱근은 실제 Y값과 Y의 예측값 간의 다중상관이다. 상관이 클수록 예측이 정확하다. 상관을 계산해서 이를 검증해볼 수 있다. 상수가 있는 경우와 없는 경우 각각의 조건에서 반환한 $R^2$을 제곱해서 이를 비교해보자.

우선 그림 15-22를 보자. 여기서 다중 R(multiple R)은 .772로, 다중 $R^2$은 .595로 계산되었다(셀 H22와 H23). 값 .595는 LINEST()에서 반환한 값 셀 G5의 값과 일치하고, 셀 G13의 값 제곱합의 비와도 일치한다. 이제 그림 15-23으로 가보자. 여기서 다중 R(multiple R)은 .684로, 다중 $R^2$은 .468로 계산되었다(셀 H22와 H23). 하지만 .468은 LINEST()에서 반환한 값 셀 G5의 값과 일치하지 않고, 셀 G13의 값 제곱합의 비와도 일치하지 않는다.

그림 15-22와 그림 15-23과 같은 데이터에 대해 LINEST()를 수행하면 겉보기로 예측의 정확성에 다음과 같은 영향을 주게 된다.

- 상수가 없는 경우 LINEST()를 수행했을 때의 $R^2$값은 상수가 있는 경우 LINEST()보다 크다.

- 실제 Y값과 Y예측값 간의 상관을 가지고 회귀식의 정확성을 평가해보면, 회귀식에서 상수가 없을 때 정확성이 낮아진다.

이것은 자기모순처럼 들린다. 제곱합의 비로 보면 상수값이 없을 때 $R^2$이 더 높다. 실제값과 Y예측값 간의 상관의 제곱에서 보면, 상수값이 없을 때 $R^2$이 더 낮다. 물론 이 문제는 상수를 생략했기 때문에 발생하는데, 여기서 제곱합이 의미하는 바를 다시 정의해야 한다. 결과적으로 우리는 $R^2$의 의미를 훼손하고 있는 셈이다.

예측값이 만약 굉장히 튀는 값이었으면 이 값은 평균에서의 차이보다 0과의 차이값이 더 커질 것이다. 따라서 회귀제곱합은 상수가 있는 경우의 회귀에 비해서 더 값이 부풀려진다. 이 경우 상수가 없는 경우의 $R^2$값은 회귀식에서 예측의 정확성과는 관계없이 더 크게 부풀려진다.

## ✚ 음수의 $R^2$?

마지막으로 여러분이 여전히 엑셀 2002를 사용하고 있다고 가정해보자. 여러분은 그림 15-24와 같은 데이터에 대해 상수 없이 LINEST()를 수행하고자 한다. 음수로 된 $R^2$이 나올 수 있다는 경우는 좀 우습게 들린다. 실수가 아닌 경우라면 제곱해서 음수가 나올 수 없다. 그리고 보통의 최소제곱분석에서는 허수를 포함시키지 않는다. 그러면 어떻게 그림 15-24에서 셀 F4에 $R^2$값으로 −0.09122가 나올 수 있을까?

이 문제 관련해서는 어떻게 엑셀 2002에서 음수의 회귀제곱합과 음수의 F−비(각각 그림 15-24에서 셀 F6과 F5)를 낼 수 있는지 알아야 한다. 만약 어떤 숫자의 제곱이 양수이면, 이 값을 합한 값도 양수이다. 그리고 F−비는 두 분산의 비이다. 분산은 제곱합 편차의 평균이며 따라서 양수이다. 그리고 두 양수의 비는 역시 양수이다.

| | A | B | C | D | E | F | G | H | I | J | K | L | M | N |
|---|---|---|---|---|---|---|---|---|---|---|---|---|---|---|
| | | | | | | G16 | | | $f_x$ | =F23/A23 | | | | |
| 1 | Y | X1 | X2 | X3 | | =LINEST(A2:A21,B2:D21,FALSE,TRUE) | | | | | | | 예측값 | 잔차 |
| 2 | 75 | 74 | 48 | 9 | | 0.68995702 | -0.145991 | 0.1992564 | 0 | | | | 13.947 | 61.053 |
| 3 | 95 | 40 | -3 | 83 | | 0.218612 | 0.241772 | 0.2946844 | #N/A | | | | 65.675 | 29.325 |
| 4 | 90 | 29 | 20 | 104 | | -0.09122164 | 35.89888 | #N/A | #N/A | | Excel 2002 | | 74.614 | 15.386 |
| 5 | 74 | 27 | 0 | 54 | | -0.4731004 | 17 | #N/A | #N/A | | | | 42.638 | 31.362 |
| 6 | 42 | 76 | 75 | 39 | | -1831.4524 | 21908.402 | #N/A | #N/A | | | | 31.102 | 10.898 |
| 7 | 33 | 9 | 16 | 5 | | | | | | | | | 2.907 | 30.093 |
| 8 | 23 | 10 | 92 | 58 | | =LINEST(A2:A21,B2:D21,FALSE,TRUE) | | | | | | | 28.579 | -5.579 |
| 9 | 86 | 30 | 47 | 98 | | 0.68995702 | -0.145991 | 0.1992564 | 0 | | | | 66.732 | 19.268 |
| 10 | 18 | 45 | 83 | 30 | | 0.218612 | 0.241772 | 0.2946844 | #N/A | | | | 17.548 | 0.452 |
| 11 | 11 | 37 | 31 | 57 | | 0.67873888 | 35.89888 | #N/A | #N/A | | Excel 2010 | | 42.174 | -31.174 |
| 12 | 23 | 16 | 72 | 55 | | 11.9721518 | 17 | #N/A | #N/A | | | | 30.624 | -7.624 |
| 13 | 98 | 30 | 1 | 16 | | 46286.5976 | 21908.402 | #N/A | #N/A | | | | 16.871 | 81.129 |
| 14 | 33 | 76 | 42 | 88 | | | | | | | | | 69.728 | -36.728 |
| 15 | 8 | 88 | 76 | 48 | | | | | | | | | 39.557 | -31.557 |
| 16 | 51 | 68 | 46 | 73 | | "$R^2$" | -0.0912216 | | | | | | 57.201 | -6.201 |
| 17 | 15 | 28 | 88 | 0 | | | | | | | | | -7.268 | 22.268 |
| 18 | 8 | 79 | 32 | 56 | | | | | | | | | 49.707 | -41.707 |
| 19 | 45 | 94 | 56 | 87 | | | | | | | | | 70.581 | -25.581 |
| 20 | 56 | 62 | 75 | 95 | | | | | | | | | 66.950 | -10.950 |
| 21 | 97 | 48 | 59 | 80 | | | | | | | | | 56.147 | 40.853 |
| 22 | | | | | | | | | | | | | | |
| 23 | 20076.95 ← | | =DEVSQ(A2:A21) | | | -1831.452 ← | | =A23-N23 | | | | | 46286.598 | 21908.402 |
| 24 | | | | | | | | | | | | | | |
| 25 | 68195 ← | | =SUMSQ(A2:A21) | | | 46286.598 ← | | =A25-N23 | | | | | | |
| 26 | | | | | | | | | | | | | =SUMSQ(M2:M21) | =SUMSQ(N2:N21) |

▶▶ **그림 15-24** 누군가 실수를 했으면 음수의 $R^2$도 나올 수 있다.

음수의 $R^2$이 나오게 된 원인은 코드를 잘 못 짰기 때문이다. 상수를 정상적으로 계산했을 때, 실제 Y의 제곱합은 회귀제곱합과 잔차제곱합을 합한 총 제곱합과 일치해야 한다. 예를 들어 그림 15-22에서 총 제곱합은 셀 A23의 21612.950이다. 이 값은 엑셀의 DEVSQ() 함수로 구한 값이며, 각 값에 대해 평균과의 편차를 계산한 다음 제곱해서 합한다.

또한 그림 15-22에서 회귀제곱합과 잔차제곱합은 셀 G15:H15에 보인다. 두 숫자를 합하면 21612.950이고 A23의 총 제곱합과 일치한다. 따라서 회귀제곱합을 계산하는 방법은 총 제곱합에서 잔차제곱합을 빼는 방법이 있다. 또 다른 방법으로는 회귀제곱합을 예측값으로부터 직접 구할 수도 있다. 하지만 여러분이 프로그래머라면 더 빠른 방법을 선택할 것이다. 즉 예측값으로부터 직접 회귀제곱합을 구하지 않고, 총 제곱합에서 잔차제곱합을 빼는 방법을 선택할 것이다.

엑셀의 모든 버전에서 0 상수로 강제할 경우 잔차값에 대해서 반환하는 잔차제곱합은 DEVSQ()가 아니라 SUMSQ()의 값과 일치한다. 만약 상수를 0으로 강제할 경우에는 이렇게 하는 것이 맞다. 상수를 정상적으로 계산할 경우 잔차제곱합은 다음과 같이 계산한다.

잔차 = 실제 − 예측

$$SS(잔차) = \sum_{1}^{N}(Y - \hat{Y} - \overline{y})^2$$

즉 각각의 N 잔차값(실제 Y값에서 Y 예측값($\hat{Y}$)을 뺀다)을 찾는다. 각각의 잔차에서 잔차의 평균

$(\overline{y})$을 빼고, 그 차이를 제곱한 다음 더한다. 엑셀의 DEVSQ()에서 정확하게 그 기능을 수행한다. 상수를 0으로 강제했을 때 잔차제곱합은 다음과 같다.

$$SS(잔차) = \sum\nolimits_{1}^{N} (Y - \hat{Y} - 0)^2$$

좀 더 줄여보면 다음과 같다.

$$SS(잔차) = \sum\nolimits_{1}^{N} (Y - \hat{Y})^2$$

엑셀의 SUMSQ() 함수에서 정확하게 이 식과 같은 기능을 수행한다.

이제 엑셀 2002(그 이전 버전 포함)에서 LINEST()는 잔차제곱합을 구하기 위해서는 SUMSQ()를 사용하고, 총 제곱합을 구할 때는 DEVSQ()를 사용했다. 만약 SUMSQ(예측값)과 SUMSQ(잔차값)을 더하면 SUMSQ(실제값)을 구할 수 있다. 하지만 실제값의 평균이 0일 때만 SUMSQ(예측값)과 SUMSQ(잔차값)을 더했을 때 DEVSQ(실제값)과 일치한다.

이런 상황은 각 값에서 변수의 평균을 빼서 이미 변환했을 때 일어날 수 있다.

이 문제는 엑셀 2003에서 수정했고 그 이후 버전에서 유지되고 있다. 하지만 최근 엑셀 2010을 보면 엑셀 차트상에 이 문제가 여전히 보인다. 만약 차트상에 선형 추세선을 추가하면서 상수를 0으로 강제하고 $R^2$값을 차트상에 보여달라고 하면 여전히 음수(그림 15-25)를 보여준다.

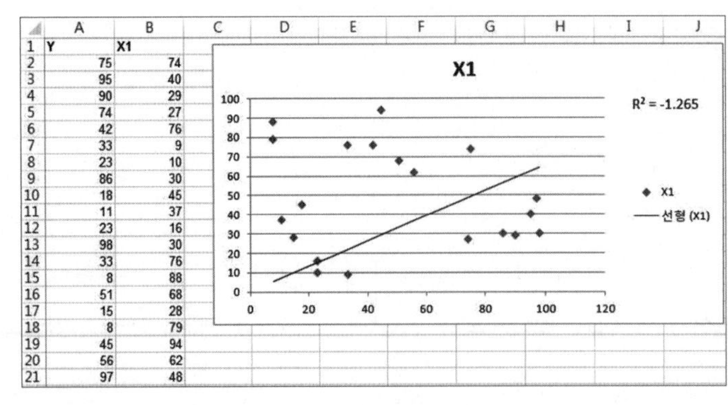


▶▶ **그림 15-25** 차트의 추세선상에서도 음수의 $R^2$이 나타날 수 있다.

엑셀 2013에서는 차트상 선형 추세선에서 $R^2$값을 잘못 계산하는 버그를 수정했다.

그림 15-25에서는 엑셀 2010을 사용해서 차트를 만들었는데 선형 추세선은 음수의 $R^2$ 값을 포함하고 있다(식 자체는 올바르지만 $R^2$과 함께 보여 달라고 하면 이렇게 보인다).

## 4. 실제 실험에서 불균등한 그룹 크기를 관리하기

그림 15-26에서는 이전 장에서 사용한 데이터를 분석하는 몇 가지 방법을 보여주고 있다. 그림 15-5와 그림 15-6에 나왔던 것 같은 불균형 디자인이며 분산의 비율을 각 변수에 유일한 분산으로 할당하는 방법을 보여주겠다.

셀 K23 수식 입력줄: `=J11-M18`

| | A 치료 | B 환자 | C 상태 | D Pt1 | E Pt2 | F Tx | G Tx Pt1 | H Tx Pt2 |
|---|---|---|---|---|---|---|---|---|
| 2 | 내과 | 입원 | 89 | 1 | 0 | 1 | 1 | 0 |
| 3 | 내과 | 입원 | 84 | 1 | 0 | 1 | 1 | 0 |
| 4 | 내과 | 입원 | 86 | 1 | 0 | 1 | 1 | 0 |
| 5 | 내과 | 외래 | 123 | 0 | 1 | 1 | 0 | 1 |
| 6 | 내과 | 외래 | 99 | 0 | 1 | 1 | 0 | 1 |
| 7 | 내과 | 외래 | 117 | 0 | 1 | 1 | 0 | 1 |
| 8 | 내과 | 단기 입원 | 84 | -1 | -1 | 1 | -1 | -1 |
| 9 | 내과 | 단기 입원 | 109 | -1 | -1 | 1 | -1 | -1 |
| 10 | 내과 | 단기 입원 | 87 | -1 | -1 | 1 | -1 | -1 |
| 11 | 외과 | 입원 | 103 | 1 | 0 | -1 | -1 | 0 |
| 12 | 외과 | 입원 | 100 | 1 | 0 | -1 | -1 | 0 |
| 13 | 외과 | 입원 | 112 | 1 | 0 | -1 | -1 | 0 |
| 14 | 외과 | 외래 | 100 | 0 | 1 | -1 | 0 | -1 |
| 15 | 외과 | 외래 | 92 | 0 | 1 | -1 | 0 | -1 |
| 16 | 외과 | 단기 입원 | 93 | -1 | -1 | -1 | 1 | 1 |
| 17 | 외과 | 단기 입원 | 126 | -1 | -1 | -1 | 1 | 1 |
| 18 | 외과 | 단기 입원 | 127 | -1 | -1 | -1 | 1 | 1 |
| 19 | 외과 | 단기 입원 | 117 | -1 | -1 | -1 | 1 | 1 |

주효과와 교호작용에 의한 전수의 LINEST

| J | K | L | M | N | O |
|---|---|---|---|---|---|
| 12.514 | -5.319 | -4.014 | 2.931 | -5.903 | 101.569 |
| 4.066 | 3.838 | 2.741 | 4.066 | 3.838 | 2.741 |
| 0.582 | 11.395 | #N/A | #N/A | #N/A | #N/A |
| 3.346 | 12.000 | #N/A | #N/A | #N/A | #N/A |
| 2171.917 | 1558.083 | #N/A | #N/A | #N/A | #N/A |

주효과에 대한 LINEST

| J | K | L | M |
|---|---|---|---|
| -5.214 | 4.474 | -7.102 | 102.769 |
| 3.371 | 5.011 | 4.745 | 3.371 |
| 0.247 | 14.165 | #N/A | #N/A |
| 1.530 | 14.000 | #N/A | #N/A |
| 920.958 | 2809.042 | #N/A | #N/A |

'치료'에 대한 LINEST

| J | K |
|---|---|
| -5.111 | 102.667 |
| 3.364 | 3.364 |
| 0.126 | 14.274 |
| 2.308 | 16.000 |
| 470.222 | 3259.778 |

'환자'상태에 대한 LINEST

| M | N | O |
|---|---|---|
| 3.530 | -7.003 | 102.670 |
| 5.199 | 4.959 | 3.523 |
| 0.118 | 14.808 | #N/A |
| 1.006 | 15.000 | #N/A |
| 441.010 | 3288.990 | #N/A |

| 변동의 요인 | $R^2$의 비율 | 제곱합 | 자유도 | 제곱 평균 | F 비 |
|---|---|---|---|---|---|
| 치료 | 0.129 | 479.948 | 1 | 479.948 | 3.696 |
| 환자 | 0.121 | 450.736 | 2 | 225.368 | 1.736 |
| 교호작용 | 0.335 | 1250.959 | 2 | 625.479 | 4.817 |
| 잔차 | 0.418 | 1558.083 | 12 | 129.840 | |

▶▶ **그림 15-26** 값을 빼서 유일한 분산 비율을 결정할 수 있다.

그림 15-26의 LINEST()의 각 결과는 '점수'를 예측되는 변수 혹은 결과 변수로 사용한다. 네 개의 결과는 어떤 벡터를 예측 변수로 사용하는지에 따라 다르다.

- 영역 J2:O6은 예측 변수로 다섯 개의 벡터를 모두 사용한다. 이 결과값을 반환하기 위한 배열 수식은 다음과 같다.
  =LINEST(C2:C19,D2:H19,,TRUE)
- 영역 J9:M13은 주효과만을 사용하며 교호작용은 사용하지 않는다. 사용하는 배열 수식은 다음과 같다.
  =LINEST(C2:C19,D2:F19,,TRUE)
- 영역 J16:K20은 '치료' 벡터만을 사용한다. 사용하는 배열 수식은 다음과 같다.
  =LINEST(C2:C19,F2:F19,,TRUE)
- 영역 M16:O20은 '환자' 상태 벡터 두 개만 사용한다. 사용하는 배열 수식은 다음과 같다.
  =LINEST(C2:C19,D2:E19,,TRUE)

그림 15-26의 데이터와 디자인을 실제 실험이라고 가정해보자. 이 경우 각 주효과와 교호작용에 분산의 비율을 유일하게 할당하는데 논쟁이 있을 수 있다. 그리고 앞의 "불균형 디자인에서 진입 순서는 매우 중요하다"에서도 다뤘듯 회귀식에 변수들을 어떤 순서로 넣을 것인지도 문제이다. 각 변수에 기여할 만한 분산을 조정해서 해결할 수 있다. 그림 15-26에서 이 분석이 어떻게 동작하는지 보여준다. 각각의 요인에 대해 유일하게 기여하는 분산만을 할당한다. 따라서 어떤 요인부터 시작하는지는 문제가 안 되므로 이 예에서는 '치료'부터 시작한다('환자' 상태부터 시작해도 동일한 결과가 나오며, 이해를 돕는 차원에서 여러분이 직접 확인해보자).

그림 15-26의 영역 J9:M13은 주효과 '치료'와 '환자' 상태로 '점수'를 분석한 LINEST() 회귀분석 결과를 보여주고 있다. 교호작용은 고려하지 않고, 주효과에만 적용한 '점수'의 모든 분산은 셀 J11에 나온다. $R^2$값은 0.247이다. 영역 M16:O20은 '환자' 상태에 대해서만 '점수'를 구한 회귀분석 결과를 보여준다. $R^2$값은 0.118(셀 M18)이다.

'치료'와 '환자' 상태의 주효과에 적용되는 분산에서 '환자' 상태에 적용되는 분산을 빼면 '치료'로 인한 분산만을 독립시켜서 구할 수 있다. 그림 15-26의 셀 K23을 보자. 식은 =J11−M18이며 결과는 0.129이다. 유사한 방법으로 주효과에 적용되는 분산에서 '치료'에 적용되는 분산을 빼서, '환자' 상태에 적용되는 분산의 양을 결정할 수 있다. 셀 K24의 식은 =J11－J18이며 값은 0.121이다. 마지막으로 '환자' 상태에 의한 '치료' 교호작용에 적용되는 분산의 비율은 셀 K25에 있다. 식은 =J4－J11이다. 이 값은 주효과와 교호작용으로 회귀되는 '점수'에 대한 $R^2$에서 주효과에만 적용되는 $R^2$를 뺀 값이다. 이 절에서 설명한 방법은 결과 변수와 한 예측 변수 간에 공유되는 분산을 다른 예측 변수에서 제거하는 효과가 있다. 하지만 이 방법도 약점이 있다. 예를 들어 그림 15-26에서 영역 L23:L26의 총 제곱합은 3739.73인데 데이터 집합에 대한 총 제곱합은 3730이다(그림 15-26의 LINEST() 결과에서 5번째 행에 있는 $SS_{res}$에 $SS_{reg}$를 더해보자). 두 계산 결과가 차이 나는 이유는 뺄셈으로 분산의 비율을 조정했기 때문이다.

이것은 완벽한 상황은 아니며 불균형 디자인에서 총 제곱합을 할당하는 다른 방법들이 있다. 여기서 설명한 방법은 보수적인 방법이지만, 곤란한 문제가 있다. 불균형 디자인에서 상관된 예측 변수들 간에 제곱합을 어떻게 할당할 것인지에 대해서는 완전한 합의가 이루어지지 않을 것 같다.

## 5. 관찰 연구에서 불균등한 그룹 크기를 관리하기

이 문제에 대한 또 다른 접근 방법은 관찰연구에 좀 더 적절한 방법이며 한 예측 변수가 다른 예측 변수를 야기하거나 적어도 한 변수가 다른 변수에 선행한다고 가정할 수 있다. 이 경우 예측 변수들 간에 공유되는 분산을 먼저 선행하는 변수에게 할당하는 것을 정당화 할 수 있다. 그림 15-27에서는 이 장 이전 그림에서 사용한 데이터로 어떻게 상황을 해결할 수 있는지 보여준다. 하지만 데이터는 서로 다른 변수를 나타낸다고 가정한다.

| 치료 | 환자 | 점수 | PA1 | PA2 | Sex | Sex PA1 | Sex PA2 | | 주효과와 교호작용에 의한 점수의 LINEST | | | | | |
|---|---|---|---|---|---|---|---|---|---|---|---|---|---|---|
| 내과 | 입원 | 89 | 1 | 0 | 1 | 1 | 0 | | 12.514 | -5.319 | -4.014 | 2.931 | -5.903 | 101.569 |
| 내과 | 입원 | 84 | 1 | 0 | 1 | 1 | 0 | | 4.066 | 3.838 | 2.741 | 4.066 | 3.838 | 2.741 |
| 내과 | 입원 | 86 | 1 | 0 | 1 | 1 | 0 | | 0.582 | 11.395 | #N/A | #N/A | #N/A | #N/A |
| 내과 | 외래 | 123 | 0 | 1 | 1 | 0 | 1 | | 3.346 | 12.000 | #N/A | #N/A | #N/A | #N/A |
| 내과 | 외래 | 99 | 0 | 1 | 1 | 0 | 1 | | 2171.917 | 1558.083 | #N/A | #N/A | #N/A | #N/A |
| 내과 | 외래 | 117 | 0 | 1 | 1 | 0 | 1 | | | | | | | |
| 내과 | 단기 입원 | 84 | -1 | -1 | 1 | -1 | -1 | | 주효과에 대한 LINEST | | | | | |
| 내과 | 단기 입원 | 109 | -1 | -1 | 1 | -1 | -1 | | -5.214 | 4.474 | -7.102 | 102.769 | | |
| 내과 | 단기 입원 | 87 | -1 | -1 | 1 | -1 | -1 | | 3.371 | 5.011 | 4.745 | 3.371 | | |
| 외과 | 입원 | 103 | 1 | 0 | -1 | -1 | 0 | | 0.247 | 14.165 | #N/A | #N/A | | |
| 외과 | 입원 | 100 | 1 | 0 | -1 | -1 | 0 | | 1.530 | 14.000 | #N/A | #N/A | | |
| 외과 | 입원 | 112 | 1 | 0 | -1 | -1 | 0 | | 920.958 | 2809.042 | #N/A | #N/A | | |
| 외과 | 외래 | 100 | 0 | 1 | -1 | 0 | -1 | | | | | | | |
| 외과 | 외래 | 92 | 0 | 1 | -1 | 0 | -1 | | '성별'에 대한 LINEST | | | '정치적 성향'에 대한 LINEST | | |
| 외과 | 단기 입원 | 93 | -1 | -1 | -1 | 1 | 1 | | -5.111 | 102.667 | | 3.530 | -7.003 | 102.670 |
| 외과 | 단기 입원 | 126 | -1 | -1 | -1 | 1 | 1 | | 3.364 | 3.364 | | 5.199 | 4.959 | 3.523 |
| 외과 | 단기 입원 | 127 | -1 | -1 | -1 | 1 | 1 | | 0.126 | 14.274 | | 0.118 | 14.808 | #N/A |
| 외과 | 단기 입원 | 117 | -1 | -1 | -1 | 1 | 1 | | 2.308 | 16.000 | | 1.006 | 15.000 | #N/A |
| | | | | | | | | | 470.222 | 3259.778 | | 441.010 | 3288.990 | #N/A |

| 변동의 요인 | $R^2$의 비율 | 제곱합 | 자유도 | 제곱 평균 | F 비 |
|---|---|---|---|---|---|
| 성별 | 0.126 | 470.222 | 1 | 470.222 | 3.622 |
| 정치적 성향 | 0.121 | 450.736 | 2 | 225.368 | 1.736 |
| 교호작용 | 0.335 | 1250.959 | 2 | 625.479 | 4.817 |
| 잔차 | 0.418 | 1558.083 | 12 | 129.840 | |

▶▶ **그림 15-27** 이런 접근 방법에서 분산의 비율을 모두 합하면 1.00이 된다.

그림 15-26과 그림 15-27에서의 다른 점은 제곱합을 어떻게 할당하는가 하는 것이다. 그림 15-27에서는 첫 번째 변수 '성별'을 두 번째 변수 '정치적 성향'을 위해 조정하지 않았다. 하지만 '정치적 성향'을 조정해서 '점수'와 함께 공유하는 분산이 '성별'과 독립적이도록 했다. 그리고 '성별'과 '정치적 성향'의 교호작용을 주효과를 위해 조정했다(그림 15-26에서도 수행했다). 그림 15-26에서 셀 J4의 모든 예측 변수들로 설명되는 분산에서 셀 K11의 주효과로 설명되는 모든 분산을 빼서 조정했다. 여기에는 예외도 있는데 교호작용에서 주효과와 교호작용에서 공유되는 분산을 제거해서 그냥 주효과에 남아있도록 하는 것이 일반적이다.

'성별' 변수에 직접 적용한 분산을 사용해서 주효과와 교호작용에 대한 제곱합에 잔차의 제곱합을 더해서 총 제곱합이 된다. 그림 15-27의 셀 L23:L26의 총 제곱합은 3730이며 그림 15-26과는 다르다. 따라서 그림 15-27의 셀 K23:K26에서 설명한 분산의 비율은 합해서 1.000이며 그림 15-26 분산의 비율은 1.003이다. 그림 15-27의 분산의 비율과 제곱합을 그림 15-5와 비교해보자. 변수에 대한 이름표는 다르지만, 데이터는 동일하다(따라서 분산의 비율과 제곱합도 동일하다). 그림 15-5의 영역 K11:O12에서는 그림 15-27처럼 첫 번째 변수는 두 번째 변수를 위해 조정하지 않았고, 따라서 제곱합은 동일하다. 그림 15-5에서 두 번째 변수는 '환자' 상태이고, 그림 15-27에서는 '정치적 성향'이다. 이 변수들은 첫 번째 변수와 분산을 공유하지 않도록 할당되게 조정했다. 따라서 제곱합은 동일하다. 두 변수의 교호작용에 대해서도 동일하다.

두 숫자간의 차이는 두 번째 변수와 그 이후 나오는 변수를 조정하는 방법에서 왔다. 그림 15-27에서 '정치적 성향'에 대한 분산의 비율과 교호작용에 대한 분산의 비율은 식에 이미 있는 변수의 분산을 빼서 구했다. 다음 제곱합은 분산의 비율에 총 제곱합을 곱해서 구했다.

그림 15-28에서는 편의상 그림 15-5에서 보여줬던 ANOVA 결과와 관련된 분산의 비율을 보여 주고 있다.

| | K24 | | $f_x$ | =RSQ($C$2:$C$19,E2:E19-TREND(E2:E19,$D2:D19))+<br>RSQ($C$2:$C$19,F2:F19-TREND(F2:F19,$D2:E19)) |

| I | J | K | L | M | N | O | P | Q |
|---|---|---|---|---|---|---|---|---|
| 21 | | | | | | | | |
| 22 | 변동의 요인 | $R^2$ 의 비율 | 제곱합 | 자유도 | 제곱 평균 | F 비 | | |
| 23 | 성별 | 0.126 | 470.222 | 1 | 470.222 | 3.622 | | |
| 24 | 정치적 성향 | 0.121 | 450.736 | 2 | 225.368 | 1.736 | | |
| 25 | 교호작용 | 0.335 | 1250.959 | 2 | 625.479 | 4.817 | | |
| 26 | 잔차 | 0.418 | 1558.083 | 12 | 129.840 | | | |

▶▶ **그림 15-28** 준부분제곱상관을 사용해도 분산의 비율의 합이 1.0이 된다.

그림 15-27과 비교하기 위해 그림 15-28에서 보여준 분산의 비율은 준부분제곱상관으로 구했다. 준부분제곱상관은 회귀식에서 이미 공유한 분산을 예측 변수에서 제거한 다음 결과 변수를 각각의 연속되는 예측 변수와 상관시켜서 구한다. 두 방법은 수학적으로 동일하다. 각 방법에 대해 잠시 생각해보면 논리적으로 동등하며(모두 회귀식에 들어갈 때 예측 변수들 사이에 공유한 분산을 제거하는 것을 포함한다) 이 장에서 두 방법을 동시에 보여준 이유이기도 하다.

그림 15-5와 그림 15-27에서 사용한 방법도 동일하므로 쉽게 알아낼 수 있을 것이다. 하지만 그림 15-26에서는 그렇지 않은데 여기서는 '환자' 상태 변수를 위해 '치료'를 조정했기 때문이다. 좀 미묘하긴 하지만 엑셀의 RSQ() 함수로 준부분제곱상관을 계산할 수 있다. 앞에서도 말했듯이 RSQ() 함수는 여러 예측 변수를 다룰 수 없다. 따라서 우선 RSQ()에 대한 인자로 TREND()를 사용하여 여러 예측 변수를 결합해야 한다. 자세한 사항은 14장을 보자. 하지만 만약 Pt2 벡터를 Tx나 Pt1을 위해 조정하는 경우처럼 TREND()는 워크시트상에서 연속되어 있지 않은 예측 변수를 다룰 수 없다.

셀의 함수 인자의 요구사항 때문에 제약을 둘 수밖에 없는 상황이면 그림 15-26처럼 LINEST()

를 여러 번 수행하는 게 이런 제약사항에 대해 처리하는 것보다 더 간단하다. 그럼에도 불구하고, 많은 사람들이 가능하면 준부분제곱상관을 사용하는 간단한 방법을 선호하며 분석의 디자인 때문에 방법이 없을 때는 다중 LINEST() 방법을 사용한다.

14장과 15장에서 다룬 개념에 대해 잘 따라왔고 엑셀 워크시트 함수로 이런 개념을 관리하는 방법을 이해했으면 16장 "공분산분석 : 기본"과 17장 "공분산분석 : 더 많은 이슈"의 주제를 이해할 준비가 되었다. 공분산분석은 명목척도 요인을 사용한 다중회귀를 좀 더 확장해서 명목 요인에 간격척도 공변량을 사용한 다중회귀까지 확장한다.

# 16

# 공분산분석 : 기본

공분산분석(analysis of covariance)이라는 용어 자체는 굉장히 신비하면서도 무시무시하게 들린다. 그리고 이 책에서는 이미 두 장에 걸쳐 t-검정, ANOVA, 다중회귀 등 이 방법(보통 공분산분석을 ANCOVA라고 한다)을 위한 기법들을 다뤘다. 이 장에서는 ANCOVA의 기초를 다루고, 17장 "공분산분석 : 더 많은 이슈"에서는 이 방법에서 요구하는 특별한 접근법과 발생할 수 있는 문제들에 대해 다룬다.

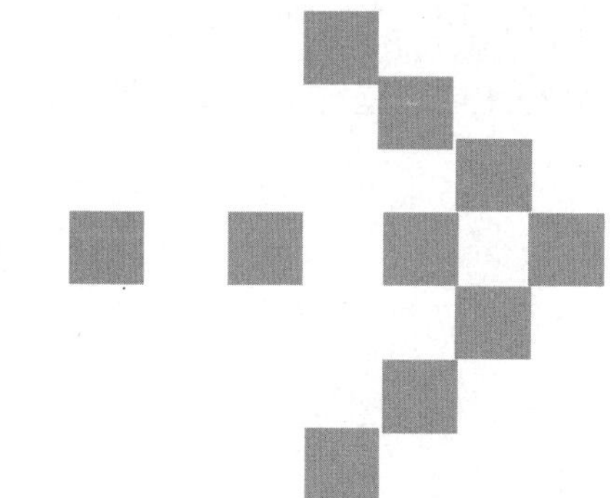

여기서 ANCOVA를 설명하기 위해 이미 두 장을 할애해서 설명했지만 ANCOVA는 단순히 여러분이 여태까지 읽어오고 엑셀 워크시트 함수로 테스트해 본 기법들을 합한 것에 불과하다. ANCOVA를 수행하려면 ANOVA에 필요한 요소나 이와 동등한 효과 코딩과 다중회귀분석에 필요한 요소를 주어야 한다. 즉 결과변수와 여러분이 관심 있는 레벨로 된 한 개 이상의 요인이 필요하다. 그리고 공변량(covariate)을 주어야 한다. 공변량은 추가로 사용하는 수학 변수로 보통 간격 척도로 측정하며, 결과 변수와 함께 변화한다(따라서 상관관계에 있다). 이것은 단순한 회귀이며, 두 변수 간의 상관에 기반하여 회귀식을 만든다.

다른 말로 하면 ANCOVA는 4장 "변수가 어떻게 함께 움직이는가 : 상관(correlation)"에서 논의한 선형회귀와 TREND()와 LINEST() 그리고 14장 "다중회귀분석과 효과 코딩 : 기본", 15장 "다중회귀분석과 효과 코딩 : 더 많은 이슈"에서 다룬 효과 코딩 벡터를 합한 것이다. 가장 간단히 말하면 ANCOVA는 14장, 15에서 다룬 범주를 표현하는 효과 코딩 벡터에 숫자 변수를 더한 것이라고 할 수 있다.


# 1. ANCOVA의 목적

t-검정이나 ANOVA대신 ANCOVA를 쓰면 검정력이 더 높아지고, 편향(bias)을 줄일 수 있다.

### ✚ 더 큰 검정력

ANOVA 대신 ANCOVA를 쓰면 F-검정에서 오차항의 크기를 줄일 수 있다. 11장 "분산분석 : 더 많은 이슈"의 "요인 ANOVA(Factorial ANOVA)" 절에서는 일원 ANOVA에 두 번째 요인을 추가하면 오차항에서 변동성의 일부가 제거되고 대신 두 번째 요인에 변동성이 기여가 되었다. F-비에서 오차항을 분모로 사용하므로 오차항이 작아지면 F-비가 커진다. F-비가 커지면 샘플링 오차 때문에 예상하지 못한 결과가 일어나서 우연히 일어난 결과라는 가능성이 작아진다.

ANCOVA에서도 동일한 효과가 발생한다. 오차항(전통적인 ANOVA대신 다중회귀를 사용할 때 잔차 에러라고도 한다)에 할당되었을 변동성이 공변량과 결과 측정의 관계로 할당된다. 오차 제곱합은 줄어들고, 따라서 잔차제곱평균도 줄어든다. 따라서 F-비가 커진다. 그룹 평균의 차이에 대한 검정이 좀 더 민감해지고 검정력이 커진다.

공분산분석이라는 용어 때문에 단순히 분산분석에서 분산의 자리에 공분산을 대체하는 것이라고 착각할 수 있다. 가설을 검정하는 방법은 ANOVA나 ANCOVA 모두 동일하다. 모두 F-검정을 사용하고, F-검정은 두 분산의 비이다. 하지만 공분산분석에서는 결과변수의 공변량에 대한 관계를 측정한다. 그리고 이 값을 이용하여 검정력을 높이고 편향을 줄인다. 따라서 ANCOVA는 ANOVA와 구분된다.

### ✚ 편향 축소

ANCOVA는 편향 축소(bias reduction)라는 기능이 있다. 실험개체 그룹이 두 개 이상 있을 때 각 그룹은 서로 다른 처리(신약투여, 혹은 수업이던 간에 여러분이 원하는 처리)를 받는다고 했을 때, 처음 시작할 때는 이 그룹들이 동등하기를 원한다. 그러면 처리가 종료된 후 발생한 차이는 모두 처리 때문에 발생했을 것이다(물론 우연에 의해 발생한 것도 있다). 이렇게 동등하게 그룹을 만들려면 가장 좋은 방법은 각 그룹에 개체를 임의로 할당하는 것이다. 하지만 임의 할당은 특히 그룹 크기가 작으면 모든 그룹이 동등하게 되기 어렵다. 개체를 그룹에 임의로 할당하는 것을 가정했을 때 ANCOVA는 임의로 할당하는 것을 도와주며 그룹을 동등하게 만들어준다. ANCOVA를 적용한 결과 신뢰수준이 증가해서 평균에 차이가 나면 이것이 실제로 처리에 의한 것인지 아니면 그 이전에 존재하던 조건에 의한 것인지 알기 쉽게 해준다.

통계적으로 그룹 평균을 동등하게 만들기 위한 목적으로 편향 축소를 위해 ANCOVA를 사용하면 잘못된 방향으로 결론을 내릴 수 있다. 수학적인 문제가 아니라, 연구가 제대로 디자인되어 제대로 수행되었기 때문이다. 17장에서 이 문제에 대해 더 자세히 다루도록 하겠다. 우선 예제를 몇 개 보자.


## 2. 검정력을 증가시키기 위해 ANCOVA 사용하기

그림 16-1은 매우 작은 의료 실험 데이터를 보여주고 있다. 여기서 두 가지 다른 방법으로 데이터를 분석해서 동일한 결과를 보여주고 있다. 두 가지 분석(다중회귀와 전통적인 분산분석)을 사용해서 균형 디자인에서 두 방법을 사용했을 때 동일한 결과를 내는 것을 보여주고 있다.

H18 | {=LINEST(B2:B21,C2:C21,,TRUE)}

| | A 그룹 | B Y | C 코드 그룹 | D | E 그룹 1 | F 그룹 2 | G | H 요약 | I | J | K | L | M |
|---|---|---|---|---|---|---|---|---|---|---|---|---|---|
| 2 | 약물 투여 | 41.46 | 1 | | 41.46 | 39.97 | | 그룹 | 관측수 | 합 | 평균 | 분산 | |
| 3 | 약물 투여 | 62.32 | 1 | | 62.32 | 42.00 | | 그룹 1 | 10 | 737.11 | 73.711 | 227.34 | |
| 4 | 약물 투여 | 69.00 | 1 | | 69.00 | 49.93 | | 그룹 2 | 10 | 630.95 | 63.095 | 250.88 | |
| 5 | 약물 투여 | 69.89 | 1 | | 69.89 | 59.15 | | | | | | | |
| 6 | 약물 투여 | 71.03 | 1 | | 71.03 | 60.97 | | ANOVA | | | | | |
| 7 | 약물 투여 | 72.27 | 1 | | 72.27 | 61.69 | | 변동의 요인 | 제곱합 | 자유도 | 제곱 평균 | F | P-값 |
| 8 | 약물 투여 | 82.95 | 1 | | 82.95 | 76.33 | | 처리 | 563.50 | 1 | 563.50 | 2.36 | 0.14 |
| 9 | 약물 투여 | 87.95 | 1 | | 87.95 | 77.14 | | 잔차 | 4304.02 | 18 | 239.11 | | |
| 10 | 약물 투여 | 88.79 | 1 | | 88.79 | 80.43 | | | | | | | |
| 11 | 약물 투여 | 91.45 | 1 | | 91.45 | 83.34 | | 계 | 4867.52 | 19 | | | |
| 12 | 조절 | 39.97 | -1 | | | | | | | | | | |
| 13 | 조절 | 42.00 | -1 | | | | | LINEST() | | | | | |
| 14 | 조절 | 49.93 | -1 | | | | | 5.31 | 68.40 | | | | |
| 15 | 조절 | 59.15 | -1 | | | | | 3.46 | 3.46 | | | | |
| 16 | 조절 | 60.97 | -1 | | | | | 0.12 | 15.46 | | | | |
| 17 | 조절 | 61.69 | -1 | | | | | 2.36 | 18 | | | | |
| 18 | 조절 | 76.33 | -1 | | | | | 563.50 | 4304.02 | | | | |
| 19 | 조절 | 77.14 | -1 | | | | | | | | | | |
| 20 | 조절 | 80.43 | -1 | | 변동의 요인 | 제곱합 | 자유도 | 제곱 평균 | F | F의 확률 | | | |
| 21 | 조절 | 83.34 | -1 | | 처리 | 563.50 | 1 | 563.50 | 2.36 | 0.14 | | | |
| 22 | | | | | 잔차 | 4304.02 | 18 | 239.11 | | | | | |

▶▶ **그림 16-1** 이 분석은 그룹 평균에서의 차이가 샘플링 오차 때문에 발생했을 것이라고 알려주고 있다.

그림 16-1에서는 14장과 15장에서 여러 번 나왔던 것과 비슷한 배치를 보여주고 있다.

- A열의 '그룹' 이름표는 피실험 개체들에게 적용할 처리의 종류를 보여주고 있다.
- B열에는 결과 변수값을 보여주고 있다.
- C열에는 코드 벡터가 있으며 결과 변수에서 측정하는 그룹 평균 차이를 검증하기 위해 다중회귀를 사용할 수 있도록 한다.

## ✚ ANOVA가 유의한 평균 차이를 찾지 못 한다

이 경우 서로 독립적인 변수는 두 개의 값('약물투여'와 '조절')만을 가지고 있으므로 코드 벡터는 한 개만 필요하다. 영역 H14:I18는 다음 배열 수식을 적용한 결과이다.

=LINEST(B2:B21,C2:C21,,TRUE)

14장과 15장에서도 다뤘듯 C열의 효과 코딩과 일반선형모델을 함께 사용하면 LINEST()는 분산 분석에 필요한 데이터 요약을 제공한다. 이 분석을 그림 16-1의 영역 E20:J22와 함께 조합해보

자. 셀 F21:F22의 제곱합은 LINEST() 결과 셀 H18:I18로부터 왔다. 셀 G21의 자유도는 코드 벡터가 한 개밖에 없기 때문이고, 셀 G22의 값은 셀 I17로부터 왔다. 그리고 H21:H22의 제곱 평균은 제곱합을 자유도로 나눠서 구했다.

I21의 F−비는 처리에 대한 제곱평균을 잔차제곱평균으로 나눠서 구한다('처리(Between)'나 '잔차(Within)'같은 전통적인 용어를 썼음에도 불구하고, 이 숫자는 I8:K9의 값과도 일치한다). 모평균이 그룹 평균과 일치할 때, 샘플링 오차에 의해 이렇게 큰 F−비를 구할 확률은 J21에 있다. I21에서 계산한 F−비는 LINEST()에서 계산한 셀 H17의 값과 동일하다. 그리고 '데이터 분석' 추가 기능에서 계산한 값 L8과도 일치한다. 셀 J21의 확률은 다음 식으로 구했다.

    =F.DIST.RT(I21,G21,G22)

이 식은 비 자체와 비에서 분모, 분자의 자유도를 이용한다. 더 자세한 정보는 10장 "평균 간의 차이 검증하기 : 분산분석"의 "F.DIST()와 F.DIST.RT() 사용하기"절을 참고하자. 처리그룹의 평균과 대조그룹 평균의 모집단 값이 같을 때, 셀 J21의 p값은 자유도가 1과 18인 경우 2.36의 F−비를 얻을 확률은 14%라고 알려주고 있다.

그림 16−1에서 영역 H7:M11은 엑셀의 '데이터 분석' 추가 기능의 '분산분석 : 일원 배치법' 도구로 구한 전통적인 분산분석의 결과를 보여주고 있다. '분산분석 : 일원 배치법' 도구는 입력 데이터로 각 그룹이 서로 다른 열에 배치되어 있어야 한다(서로 다른 행에 있어도 된다). 이 데이터 영역은 E1:F11이다. 제곱합, 자유도, 제곱평균, F−비, F−비를 구할 확률 등이 모두 LINEST() 결과와 동일하다.

'분산분석 : 일원 배치법'에서는 LINEST()에서 직접적으로 보여주지 않는 결과를 좀 더 보여준다. 기술통계치 값이 영역 I3:L4에 추가로 보인다. 그 중 특히 그룹 평균값이 있는데 ANOVA와 달리 ANCOVA에서는 자동으로 이 값을 조정한다(그룹이 공변량에 대해 동일한 평균값을 가질 때에는, ANCOVA는 결과 변수에 대해 평균을 조정하지 못한다).

효과 코딩을 사용하고 있으면 LINEST() 워크시트 함수도 직접은 아니지만 그룹 평균을 반환한다. 효과 벡터의 회귀계수에 절편을 더하면 그룹의 평균이 되며 벡터의 첫 번째에 할당된다. 따라서 그림 16-1에서, 계수에 H14:I14의 절편을 더하면 73.71이 되는데 이 값은 '약물 투여' 그룹의 평균이다. 효과 코딩의 이런 결과는 14장 "다중회귀(Multiple Regression)와 ANOVA"절에서 다뤘다.

그림 16-1에서 기억해두어야 할 중요한 점은 표준 ANOVA로 그룹 평균이 73.7과 63.1로 차이 나는 이유는 샘플링 오차일 가능성이 매우 높다는 것이다.

## ✚ 분석에 공변량 추가하기

그림 16-2에서는 또 다른 정보원, 공변량(covariate)을 추가했다.

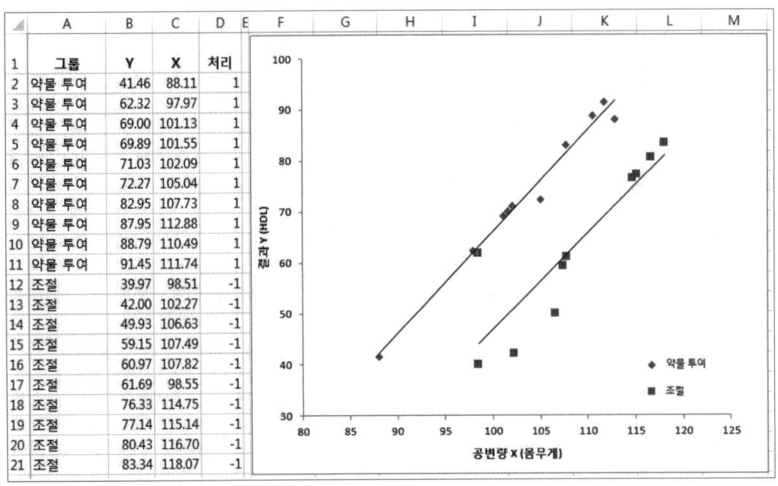


▶▶ **그림 16-2** ANCOVA에서는 전통적으로 결과 변수를 Y, 공변량을 X라고 한다.

그림 16-2에서는 C열에 공변량이 데이터로 추가되었다. 공변량에 대한 이름표를 'X'라고 붙였는데 ANCOVA에 대해 다루는 대부분의 문서에서는 X를 공변량이라고 하기 때문이다. 이 장 후반부에서 공변량 교호작용에 의한 처리를 검증하는 것이 중요하다는 내용이 나온다. 이때 이것을 'X에 의한 그룹 1'이나 'X에 의한 그룹 2'라고 부른다. 이런 경우 교호작용의 이름표에서 공변량의

실제 이름으로 X를 사용하는 편이 편리하다. ANCOVA를 사용해서 결과 변수(보통 Y로 표시한다)에 대한 공변량의 모든 효과를 고려한 후 결과 변수에서 그룹 평균의 차이를 검증한다.

그림 16-2의 차트에서는 결과 변수(10대의 HDL 콜레스테롤 수준이라고 가정하자)와 공변량(몸무게라고 가정하자. 단위는 파운드)의 관계를 보여준다. 각 그룹에 대해 차트를 각각 그린 다음 각 그룹에서 비슷한 관계가 있는 것을 알 수 있다. 즉 추세선이 거의 평행이다. 이것이 왜 중요하고 통계적으로 어떻게 검증할지는 곧 나온다. 우선 평행한 추세선에 대한 의문점은, 이 절 앞에서 언급한 공변량 교호작용에 의한 처리에 대한 의문점과 동일하다는 것을 알아두자. 추세선이 평행하자면 처리와 공변량 간에 교호작용이 없다.

다음 공변량에 대해 그룹이 다른 평균을 가지는지 검사해야 한다. 하지만 차트에서 가로축을 보면 공변량 X(몸무게)에 대해 측정했을 때 두 그룹 사이에 차이는 그다지 많이 나지 않는 것 같다. 약물을 투여한 그룹의 평균 몸무게는 103.9이고 조절그룹의 평균 몸무게는 108.6이었다. 상대적으로 작은 숫자의 피실험자를 각 그룹에 임의로 할당했을 때 발생할 수 있는 차이일 뿐이다.

이것은 이전에 존재하는 그룹(예를 들어 몸무게를 줄이는 운동 프로그램에 등록한 그룹과 그렇지 않은 그룹)으로부터 얻을 수 있는 아주 큰 차이는 아니다. 그런가하면 수천 명의 사람들을 임의로 그룹에 할당했을 때 나올 수 있는 아주 작은 차이도 아니다. 이 차이는 그냥 보통으로 작은 차이이며, 이것은 피실험자의 숫자가 너무 작아서 임의 할당이 제대로 이루어지지 않아서 발생할 수 있는 그런 차이이다.

그림 16-1이나 그림 16-2와 같은 상황은 ANCOVA에게 아주 이상적으로 잘 맞는 상황이다. ANCOVA를 이용하여 공변량(몸무게)에 대해 그룹을 동등하게 만들어서 결과 변수(HDL 수준)의 평균을 약간 조정할 수 있다. 이렇게 해서 그룹에 임의로 할당하는 문제를 도와줄 수 있다(이상적으로는 임의 할당을 해서 그룹이 동등해지지만 이상이 항상 현실과 맞는 것은 아니다).

ANCOVA를 사용하여 검정의 민감도, 즉 F-검정의 검정력을 증가시킬 수 있다. ANOVA를 사용한 그림 16-1을 보면(여기서는 공변량을 사용하지 않았다) 두 그룹 간에 신뢰할 만한 차이가 보이지 않는다. 그림 16-3에서는 분석을 강화하기 위해 공변량을 사용하면 어떤 일이 벌어지는지 보여주고 있다. 그림 16-3에서는 LINEST()의 두 결과를 보여주고 있다. 영역 H2:I6의 결과는 다음 식을 사용했다.

=LINEST(B2:B21,C2:C21,,TRUE)

여기에서는 Y(HDL 수준)와 X(몸무게) 간의 관계를 분석했다. 편의를 위해 $R^2$값을 따로 빼서 보여주고 있다. 셀 H4의 값은 0.52이며 이것은 Y에서 분산의 52%가 X와 공유된다는 의미이다. 다른 말로 하면 몸무게의 변동성으로 HDL에서의 변동성의 52%를 설명할 수 있다는 뜻이다.

LINEST()의 다른 결과는 L2:N6에 있는데, 이것은 Y와 공변량과 코드 벡터의 최적의 조합 간의 관계를 분석한다(여기서 '최적의 조합'은 공변량과 코드벡터의 조합 중 Y와 가장 높은 상관이 있는 조합을 찾아내어 계산한 결과이다. 4장에서 이에 대해 다뤘다).

| | A | B | C | D | E | F | G | H | I | J | K | L | M | N |
|---|---|---|---|---|---|---|---|---|---|---|---|---|---|---|
| 1 | 그룹 | Y | X | 처리 | | | | X에 대한 Y, 전체 | | | | X에 대한 Y와 처리 | | |
| 2 | 약물 투여 | 41.46 | 88.11 | 1 | | | | 1.52 | -93.30 | | | 9.90 | 1.95 | -138.52 |
| 3 | 약물 투여 | 62.32 | 97.97 | 1 | | | | 0.34 | 36.51 | | | 1.35 | 0.18 | 19.46 |
| 4 | 약물 투여 | 69.00 | 101.13 | 1 | | | $R^2$ | 0.52 | 11.36 | | $R^2$ | 0.88 | 5.74 | #N/A |
| 5 | 약물 투여 | 69.89 | 101.55 | 1 | | | | 19.71 | 18 | | | 65.32 | 17 | #N/A |
| 6 | 약물 투여 | 71.03 | 102.09 | 1 | | | | 2544.15028 | 2323.37 | | | 4307.07 | 560.45 | #N/A |
| 7 | 약물 투여 | 72.27 | 105.04 | 1 | | | | | | | | | | |
| 8 | 약물 투여 | 82.95 | 107.73 | 1 | | | | $R^2$의 증가분 | 0.36218 | | | | | |
| 9 | 약물 투여 | 87.95 | 112.88 | 1 | | | | | | | | | | |
| 10 | 약물 투여 | 88.79 | 110.49 | 1 | | | | | | | | | | |
| 11 | 약물 투여 | 91.45 | 111.74 | 1 | | | | 총 제곱합 | | | 4867.52 | | | |
| 12 | 조절 | 39.97 | 98.51 | -1 | | | | | | | | | | |
| 13 | 조절 | 42.00 | 102.27 | -1 | | | | 변동의 요인 | 제곱합 | 자유도 | 제곱 평균 | F | p | |
| 14 | 조절 | 49.93 | 106.63 | -1 | | | | 공변량 | 2544.15 | 1 | 2544.15 | 77.17 | 1E-07 | |
| 15 | 조절 | 59.15 | 107.49 | -1 | | | | 치료 | 1762.92 | 1 | 1762.92 | 53.47 | 1E-06 | |
| 16 | 조절 | 60.97 | 107.82 | -1 | | | | 잔차 | 560.45 | 17 | 32.97 | | | |
| 17 | 조절 | 61.69 | 98.55 | -1 | | | | | | | | | | |
| 18 | 조절 | 76.33 | 114.75 | -1 | | | | | | | | | | |
| 19 | 조절 | 77.14 | 115.14 | -1 | | | | | | | | | | |
| 20 | 조절 | 80.43 | 116.70 | -1 | | | | | | | | | | |
| 21 | 조절 | 83.34 | 118.07 | -1 | | | | | | | | | | |

▶▶ **그림 16-3** 이 분석에서 $R^2$이 증가한 이유는 15장에서 논의했듯이 예측 변수를 추가했기 때문이다.

셀 L4의 $R^2$값은 0.88이다. 회귀식에 예측 변수로 코드 벡터를 추가하고 공변량 X를 추가하면 Y의 분산의 0.88, 88%를 차지하게 된다. Y의 분산에서 36%가 증가한 결과이며, 공변량 하나로만 원인이 되었던 52%를 넘는다.

이 책에서는 이미 이전에 회귀식에 예측 변수를 추가하기 전과 추가하고 난 후의 분산을 비교하는 방법에 대해 많이 다뤘다. 15장에서는 특히 이 방법을 많이 사용했는데, 특히 불균형 디자인에서 매우 유용하기 때문이다. 통계학자들은 용어의 선정에 관심이 많으므로 여기서 사용한 여러 가지 방법들에 대한 용어로 "모델 비교 접근 방법(models comparison approach)", "설명된 증가 분산 (incremental variance explained)", "회귀 접근방법(regression approach)"등을 만들어냈다.

방법의 이름이 뭐건 간에 여러분은 이 예에서 두 그룹의 평균 HDL 수준의 차이의 신뢰성을 재평가해야 한다. ANOVA만 사용했을 때 이 장의 앞 절에서 보여주었듯이 차이는 전체 중 14% 정도의 수준으로 샘플링 오차 때문에 발생했다고 볼 수 있다. 하지만 그림 16-3의 ANCOVA에서 영역 H13:M16을 보면 이런 결론은 바뀌어야 한다. H15:M15의 셀을 보자. 결과 변수의 총 제곱합은 셀 K11에 보이며 다음 식을 사용했다.

    =DEVSQ(B2:B21)

LINEST()의 두 결과에서 $R^2$값을 비교해보면 X가 식에 들어간 다음 처리 벡터가 Y의 변동성의 36%의 원인이 되었다. 이 값은 셀 K8에 나오며 셀 I15의 식은 다음과 같다.

    =K8*K11

이 식은 처리로 인한 제곱합을 구한다. 제곱평균으로 변환한 후 셀 L15의 F-비에서 문자가 된다. 이 결과는 샘플링 오차로 인한 결과가 아닐 확률이 높으며 실험자는 결과 변수에서 공변량(몸무게)의 효과를 제거한 다음 이 처리가 HDL에 신뢰할 만한 효과가 있는 것으로 결론을 내릴 수 있다. 그림 16-3에서 F-비의 분모는 32.97(셀 K16)인데 그림 16-1에서는 239.11(셀 H22)이다. 그림 16-1에서 잔차분산에 할당된 변동성의 대부분이 그림 16-3에서는 공변량으로 할당되었다. 따라서 분모가 줄어들고 그 결과 F-비가 증가하여 검정이 훨씬 더 민감하게 된다.

### - 그룹 평균을 조정한다

그림 16-4에서는 ANOVA는 그룹 평균에서 신뢰할만한 차이를 구하지 못하는 반면, 어떻게 ANCOVA는 구할 수 있는지 보여주고 있다.

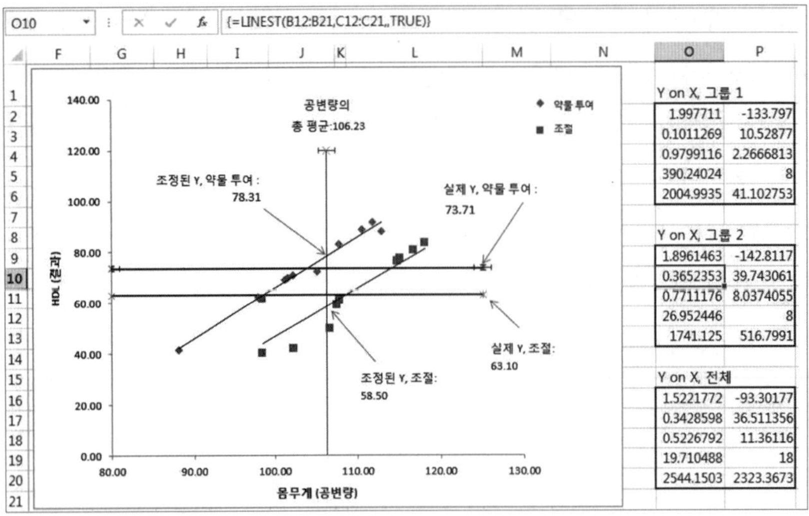



▶▶ **그림 16-4** 평균을 조정하고 잔차 오차가 작아져서 F—검정의 검정력이 높아진다.

그림 16-4에서 차트상 "공변량의 평균"이라고 되어 있는 수직선을 보자. 이 값은 X축상 106.23 값에 위치한다. 106.23은 공변량 몸무게에 대한 모든 실험 개체의 총 평균이다. 수직선에서 보면 공변량의 평균을 나타내는 선은 두 회귀선과 교차한다. 각 회귀선(엑셀 용어로는 추세선)은 '약물 투여'와 '조절' 각각의 그룹에서 공변량 몸무게와 결과 변수 HDL간의 관계를 나타낸다.

공변량 평균 수직선과 회귀선이 만나는 지점은 두 그룹이 동일한 평균 몸무게로 출발했으면 되었을 그룹의 HDL 평균값이다. 이렇게 해서 ANCOVA는 결과 변수상에서 공분산에 대해 동일한 평균값으로 출발했다는 가정으로 그룹 평균을 조정한다. 일반적으로 ANCOVA를 사용하여 공변량과 결과 측정의 관계를 시작점으로 삼는다. 그림 16-4에서 각 그룹에 대해 회귀선을 그리듯, 관계를 나타내는 선을 그린다. 각 회귀선이 공변량의 평균을 나타내는 선과 만나는 점이 있다. 이 점은 공변량에 대한 그룹 평균이 공변량(여기서는 몸무게)에 대한 총 평균과 일치한다면, 결과 변수(여기서는 HDL)에 대한 그룹 평균이 된다.

따라서 그림 16-4에서 조절그룹의 실제 Y평균은 63.1이다. 이 값은 차트상에서 두 평행선 중 아래 평행선에 보인다. 하지만 회귀선에서는 만약 조절그룹의 공변량 평균이 좀 더 낮으면(실제값 108.59대신 106.23), 조절그룹의 Y에 대한 평균, 즉 HDL 결과 측정값이 관찰되는 63.1 대신 58.5이가 될 것이라고 하고 있다.

유사하게 약물 투여 그룹의 회귀선은 공변량의 총 평균 78.31을 지난다. 만약 약물 투여 그룹의 공변량에 대한 평균이 실제값인 103.87이 아니라 106.23이라면, HDL 평균이 78.31이라고 기대할 수 있다(실제값인 관찰되는 73.71 대신). 이 경우 각 그룹의 회귀선과 몸무게 공변량에 대한 실제 평균값이 합쳐져서 그룹 HDL 평균을 멀리 밀어내고 있다. HDL 평균의 차이는 실제 73.71 – 63.10=10.61 에서 조정된 78.31 – 58.50=19.81 로 증가한다. 그룹 평균이 멀리 떨어지면 평균 간의 차이에 기여하는 제곱합은 더욱 커진다. 따라서 F-검정의 분모가 훨씬 커지므로 검정력이 증가한다.

사실, 그룹 평균을 조정하는 과정 자체를 말로 풀어보면 다음과 같다. "두 그룹이 동일한 시작점에서 출발한 것이 아니므로, 처리 효과의 일부분이 이것 때문에 가려져 있는 셈이다. 몸무게와 HDL 사이에는 어떤 관계가 있는데, '약물 투여' 그룹은 평균 몸무게가 낮은 상태에서 시작한다. 이것은 이 그룹의 약점이 되며 이로 인해 처리 효과가 가려질 수 있다. 몸무게에 대한 HDL의 회귀를 통해, 두 그룹이 처리 전에 동일한 시작점에서 시작한 것처럼 두 그룹의 차이를 볼 수 있게 해준다. '약물 투여' 그룹의 실제 평균 몸무게는 103.87이고 '조절' 그룹의 실제 평균 몸무게는 108.59이지만, 두 그룹 모두 평균 몸무게가 106.23에서 시작한 것처럼 행동할 수 있다."


### – 조정된 평균 계산하기

여러분이 어떤 종류의 분석을 하고 있는지에 상관없이 엑셀에서 데이터로 차트를 그려보는 것은 도움이 많이 된다. 하지만 다른 변수에 대해서 한 변수의 회귀분석을 하고 있을 때는 특히 중요하다(4장에서도 다뤘듯이 상관과 관련된 문제가 있을 때 특히 해당된다). ANCOVA처럼 한 개 이상의 그룹에서 결과 변수와 공변량간의 관계에 대해 작업할 때는 그림 16-4와 같은 차트를 만들어보면 분석에서 어떤 일이 일어나고 있는지 쉽게 파악할 수 있다. 예를 들어 앞 절에서 논의한 그룹 평균을 조정하는 것도 차트로 쉽게 이해할 수 있다. 하지만 조정된 평균을 직접 계산할 수도 있어야 한다. 다행히도 식은 매우 간단하다. 주어진 그룹에서, 여러분은 다음의 값만 있으면 된다(이 값들은 그림 16-4에는 보이지 않는다. 화면상 차트를 담도록 데이터 부분은 안 보이게 잘랐다).


- 결과 변수에 대해 그룹의 관찰 평균 값. 그림 16-4에서 '조절' 그룹에 대한 값은 63.1이다.
- 공변량에 대한 회귀계수. 그림 16-4에서 이 값은 1.947이다(회귀계수를 구하는 방법은 쉽지만, 어떻게 하는지는 직접 나와 있지 않다. 더 자세한 사항은 좀 있다가 다루겠다).
- 공변량에 대한 그룹 평균. 이 예에서 '조절' 그룹에 대한 값은 108.59이다.

- 공변량에 대한 총 평균. 그림 16-4에서 이 값은 106.23이다.

이 네 개 숫자가 있으면 다음의 공식으로 '조절' 그룹의 조정된 평균을 구할 수 있다(어떤 그룹이라도 결과에 대한 실제 평균값과 공분산값을 바꿔주면 조정된 평균을 구할 수 있다).

$$\hat{Y}_j = \overline{Y}_j - b(\overline{X}_j - \overline{X})$$

식에서 사용하는 기호는 다음과 같다.

- $\hat{Y}_j$ – j번째 그룹의 결과 변수에 대해 조정한 평균값. 여러분이 구하고자 하는 값
- $\overline{Y}_j$ – j번째 그룹의 결과 변수에 대해 구한 실제, 관찰된 평균
- b – 공변량에 대한 공통 회귀계수
- $\overline{X}_j$ – j번째 그룹에 대한 공변량의 평균
- $\overline{X}$ – 공변량의 총 평균

그림 16-4의 '조절' 그룹에 대한 실제값을 대입해보면 다음과 같다.

$$58.5 = 63.1 - 1.947 * (108.59 - 106.23)$$

공통 회귀계수 1.947이라는 숫자는 어디서 나온 것일까? 이 값은 각각의 그룹에 대한 두 회귀계수의 평균이다. 합동 회귀계수라고도 하고 공통 회귀계수라고도 한다. 그림 16-4에서는 셀 O2와 O9의 평균값이다. 조정된 그룹 평균 외에 각각의 조정된 점수를 얻는데도 관심 있으면, 위의 식을 좀 고쳐서 다음과 같은 식을 사용할 수도 있다.

$$\hat{Y}_{ij} = Y_{ij} - b(X_{ij} - \overline{X})$$

각 기호의 의미는 다음과 같다.

- $\hat{Y}_{ij}$ – j번째 그룹, i번째 개체의 결과 변수에 대해 조정한 값. 여러분이 구하고자 하는 값

- $Y_{ij}$ – j번째 그룹, i번째 개체의 결과 변수에 대해 구한 실제, 관찰된 값
- b – 공변량에 대한 공통 회귀계수
- $X_{ij}$ – j번째 그룹, i번째 개체에 대한 공변량값
- $\bar{X}$ – 공변량의 총 평균

### – 공통 회귀 기울기

이 책을 준비하면서 필자는 책장에 놓여있는 11권의 통계책을 들여다보았다. 이 책들은 학생 때 본 책도 있고, 선생일 때 본 책도 있으며, 둘 다의 입장에서 본 책도 있다. 이 책들 중 여러 곳에서 그룹 평균을 조정하기 위해 공통 회귀계수(common regression coefficient)를 사용한다는 말이 나오는데, 어디에서도 왜 그래야 하는지는 나오지 않는다. 게다가 참고문헌도 없다. 따라서 여기서 필자가 직접 다루기로 했다.

그림 16-4의 LINEST() 결과 두 개를 보자. 셀 O2는 '약물 투여' 그룹의 데이터에 기반한 공변량에 대해서 회귀계수값을 가지고 있으며 그 값은 1.998이다. 셀 O9는 '조절' 그룹의 데이터에 기반한 공변량에 대해서 회귀계수값을 가지고 있으며 그 값은 1.896이다. 두 값은 비슷하기는 하지만 일치하지는 않는다.

ANCOVA의 기본 가정은 각 그룹의 회귀 기울기(regression slope)(즉 계수)가 모집단에서 동일하며 관찰되는 기울기의 차이는 샘플링 오차 때문에 발생한다는 것이다. 사실 이 장에서 여태까지 사용한 예제를 보면, 두 계수 1.998과 1.896의 차이는 0.102밖에 안된다. 이 장 나중에서, 계수 간의 차이가 실제로 있는지, 신뢰할 만한 수준인지, 아니면 그냥 샘플링 오차인지 검증하는 것에 대해 보여주겠다. 아마 여러분은 직관적으로, 공통 회귀선(common regression line)을 구하려면 그룹 포함 여부에 관한 정보는 무시하고 모든 개체에 대한 공변량의 결과 변수를 회귀시키면 될 것이라고 생각할 수 있다. 그림 16-5에서는 그런 방법으로는 해결이 안 됨을 보여주고 있다.

그림 16-5의 결과 변수와 공변량은 그림 16-4의 데이터와 동일하다. 하지만 그림에서 봤을 때 두 변수 간의 관계는 모든 데이터를 결합했을 때에 비해 그다지 뚜렷하게 보이지 않는다. 그래프 상의 점은 각각의 관찰값을 나타내며 그림 16-4의 경우보다 그림 16-5에서는 회귀선에서 더 멀리 떨어져서 보인다. 이유는 두 개의 그룹 '약물 투여'와 '조절'이 결과 변수상에서 거의 겹치지 않기 때문이다(수직선상에서 점을 보자). 그림 16-5에서 결과 변수상에서 평균이 더 높은 '약물 투여' 그룹의 10개의 관찰값에 기반한 동일한 회귀식은 반드시 또한 결과 변수상에서 평균이 더 낮은

'조절' 그룹의 10개의 관찰값에 기반해야 한다.

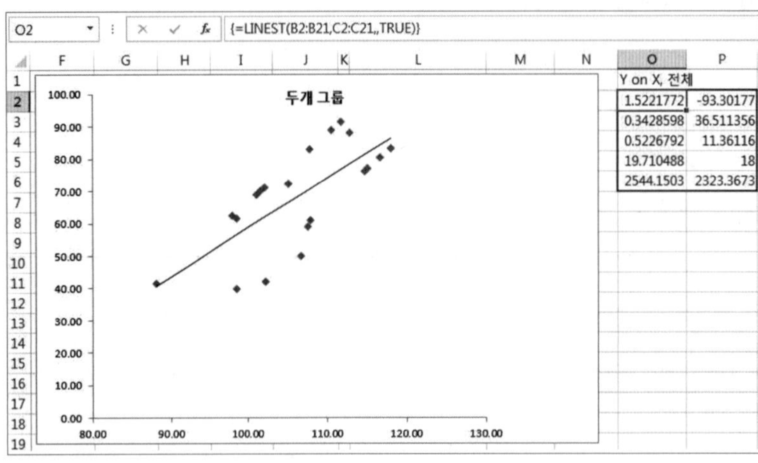


▶▶ **그림 16-5** 그룹 평균이 결과 변수상에서나 공변량에서 둘 다 차이 날 때 회귀는 부정확해진다.

이 데이터로 나타나는 상황에서 공통 회귀선이 각 그룹에 대해 계산한 회귀선보다 특별히 계수가 차이 나게 다르지 않다. 계수들은 상당히 비슷하다. 그림 16-4에서는 '약물 투여' 그룹의 계수는 1.998(셀 O2)이고 '조절' 그룹의 계수는 1.896(셀 O9)이다. 그림 16-6의 H10에서 보면, 식에 그룹 포함 여부가 들어가면 계수는 1.948이 된다. 중요한 점은 여러분이 그림 16-5에서처럼 계산한 회귀선을 한 개만 사용하면, 각 관찰값의 편차는 회귀선 두 개—그림 16-4에서처럼 기울기는 같고 절편만 다른 경우—를 사용했을 때보다 더 커진다.

따라서 모든 데이터에 기반한 회귀선 한 개만 사용하는 경우 정확성이 떨어진다. 해결 방법은 공통 회귀 기울기를 사용하는 것이다. 각 그룹의 공변량에 대해 회귀계수의 평균을 계산한다. 그림 16-4에서 셀 O2와 O9에 해당한다. 처음 보면 그냥 아무렇게나 계산한 것 같지만, 사실 이 방법이 공통 회귀선을 추정하는 가장 좋은 방법이다.

각 관찰값을 z-점수로 변환한다고 가정해보자. 즉 각 관찰값의 점수로부터 각 그룹의 평균값을 뺀 다음 결과를 그룹의 표준편차로 나눈다. 이렇게 하면 점수를 공변량과 결과 변수에 대해 크기를 조정해서 평균은 0, 표준편차는 1이 되도록 바꿀 수 있다. 데이터를 재조정한 다음, 그림 16-5에서 총 회귀를 계산하면 공변량에 대한 계수는 단일 그룹 분석에서 계수의 평균과 동일하게 될 것이다

(이것은 각각의 그룹의 관찰값의 개수가 동일할 때만 성립한다. 즉 균형 디자인이어야만 한다).

## 3. 공통 회귀선 검증하기

공통 회귀선을 가지는 게 왜 중요할까? 보통 결과를 해석하는 질문 때문이다. 각각의 그룹에 대해 동일한 계수를 사용하는 것이 편리하다. 이렇게 하면 결과 측정에서 한 그룹의 평균과 공변량만 바꿔서 각 그룹의 조정된 평균을 구할 수 있기 때문이다.

서로 다른 그룹에서 공변량과 결과 변수 간의 회귀 계수가 서로 다른 데이터를 처리해야 할 때 여러 가지 방법이 있을 수 있다. 이 책에서는 그런 방법에 대해 다루지 않는다.

공통 회귀계수를 가정할 수 있는지 결정하는 것에 대한 의문은 여전히 남아있다(이 주제를 ANCOVA에 대한 다른 참고자료에서 회귀계수의 동질성(homogeneity)에 대한 것으로 찾아볼 수 있다). 그림 16-6에서는 회귀식에 추가된 변수에 적용할 수 있는 증가된 분산의 유의성을 평가할지에 대한 상황으로부터 인식할 수 있는 방법을 보여주고 있다.

| H17 | | | | =G5-G12 | | | | | | | |
|---|---|---|---|---|---|---|---|---|---|---|---|
| | B | C | D | E | F | G | H | I | J | K | L | M |
| 1 | Y | X | 처리 | 처리에 의한 X | | | | | | | | |
| 2 | 41.46 | 88.11 | 1 | 88.11 | | Y on X, 처리와 처리 교호작용에 의한 X | | | | | | |
| 3 | 62.32 | 97.97 | 1 | 97.974 | | 0.0508 | 4.507 | 1.947 | -138.304 | | | |
| 4 | 69.00 | 101.13 | 1 | 101.132 | | 0.1880 | 20.031 | 0.18802 | 20.031 | | | |
| 5 | 69.89 | 101.55 | 1 | 101.551 | | 0.8854 | 5.905 | #N/A | #N/A | | | |
| 6 | 71.03 | 102.09 | 1 | 102.087 | | 41.1983 | 16 | #N/A | #N/A | | | |
| 7 | 72.27 | 105.04 | 1 | 105.039 | | 4309.6158 | 557.902 | #N/A | #N/A | | | |
| 8 | 82.95 | 107.73 | 1 | 107.725 | | | | | | | | |
| 9 | 87.95 | 112.88 | 1 | 112.884 | | Y on X 그리고 처리 | | | | | | |
| 10 | 88.79 | 110.49 | 1 | 110.486 | | 9.9043 | 1.948 | -138.52 | | | | |
| 11 | 91.45 | 111.74 | 1 | 111.741 | | 1.3544 | 0.183 | 19.4609 | | | | |
| 12 | 39.97 | 98.51 | -1 | -98.514 | | 0.8849 | 5.742 | #N/A | | | | |
| 13 | 42.00 | 102.27 | -1 | -102.267 | | 65.3232 | 17 | #N/A | | | | |
| 14 | 49.93 | 106.63 | -1 | -106.626 | | 4307.0722 | 560.445 | #N/A | | | | |
| 15 | 59.15 | 107.49 | -1 | -107.485 | | | | | | | | |
| 16 | 60.97 | 107.82 | -1 | -107.824 | | 변동의 원인 | 분산의 비율 | 제곱합 | 자유도 | 제곱 평균 | F | p |
| 17 | 61.69 | 98.55 | -1 | -98.554 | | $R^2$ 증가 | 0.0005 | 2.54 | 1 | 2.54 | 0.07 | 0.79 |
| 18 | 76.33 | 114.75 | -1 | -114.75 | | 잔차 | 0.1146 | 557.902 | 16 | 34.87 | | |
| 19 | 77.14 | 115.14 | -1 | -115.136 | | | | | | | | |
| 20 | 80.43 | 116.70 | -1 | -116.695 | | | | | | | | |
| 21 | 83.34 | 118.07 | -1 | -118.071 | | | | | | | | |

▶▶ **그림 16-6** 추가된 분산이 샘플링 오류에 기여한다면, 공통 회귀계수를 가정하는 것이 합리적이다.

그림 16-6은 E열에 새 벡터를 가지고 있다. 이것은 처리 벡터('약물 투여'나 '조절')와 공변량 간의 교호작용을 나타낸다. 이 벡터는 쉽게 만들 수 있는데 '처리' 벡터와 공변량의 벡터에서 관련된 값을 곱하면 된다. 만약 E열의 교호작용 벡터가 줄 수 있는 추가정보가 있으면 처리 그룹의 포함 여부에 대한 정보와 공변량, 몸무게로 설명되는 분산의 비율에 추가돼서 나타낸다.

교호작용 벡터로 설명할 수 있는 결과 측정 HDL에 유의한 수준의 분산이 추가되었으면 Johnson-Neyman 기법과 Huitema의 책에서 설명된 방법을 써보자. 이 두 방법은 앞에서 언급했다. 그림 16-6의 분석을 보면 이 경우 요인-공변량 교호작용을 포함한 것이 결과 측정에 의미 있는 만큼의 분산을 추가했는지 설명할 수 있는 이유가 없다. 이 경우, 공변량과 결과 변수 간에 회귀의 기울기가 두 그룹에서 동일하다고 결론을 내리는 것이 합리적이다.


영역 G16:M18에서 모델의 비교는 분산의 증가를 다음처럼 검증한다. G3:J7에서 LINEST()를 사용하여 모든가능한 예측 변수(몸무게 공변량, 처리, 처리 교호작용에 의한 몸무게)에 대해 HDL 결과 변수의 회귀를 분석했다. LINEST()는 1열, 3행에서 $R^2$값을 반환하며 결과 측정에서 이 세 예측 변수로 설명되는 총 분산의 비율은 0.8854이다.

G10:I14에서 LINEST()를 또다시 사용해서 공변량과 처리요인에 대해서만 HDL 회귀를 검증했다. 여기에서는 처리 교호작용에 의한 몸무게를 제외했다. 결과에서 셀 G12의 $R^2$값은 0.8849이다. 두 $R^2$값의 차이는 그림 16-6의 셀 H17에 보이는 것처럼 0.0005이다. 이것은 분산에서 1000분의 0.5 정도에 해당하는 값이므로 이 값을 의미 있다고 볼 수는 없다. 하지만 정식 검정은 G16:M18이다.

셀 H17의 값은 G5의 $R^2$값에서 G12의 $R^2$값을 뺐다. 잔차 항에 남아있는 분산의 비율도 뺄셈으로 구할 수 있다. 1.0에서 전체 모델에서 설명되는 분산의 비율, G5의 $R^2$값을 1.0에서 뺀다. 분석에서 제곱합 열을 포함시킬 필요는 없다. 하지만 그냥 제곱합 결과를 I17:I18에서 보여주고 있다. 두 값은 모두 H열에서 설명한 분산의 비율과 제곱합을 곱한 값이다. 다른 방법은 다음을 보자.


- =DEVSQ(B2:B21)으로 총 제곱합을 구할 수 있다. 이 식에서 B2:B21은 여러분이 원하는 결과 측정값 영역으로 바꾸면 된다. 제곱합(회귀)에 제곱합(잔차)를 더해서 총 제곱합을 구할 수도 있다. 이 값은 G7:H7 와 G14:H14에 있다.
- 두 모델에 대한 제곱합(회귀)의 차이에서 제곱합의 증가분을 구할 수 있다. 예를 들어 그림 16-6에서, 셀 G7에서 G14를 빼면 제곱합의 증가분을 구할 수 있다.

$R^2$ 증가분에 대한 제곱합은 각 분석에서 예측 변수의 개수의 차이이다. 이 경우 전체 모델에서는 벡터가 공변량, 처리, 처리 교호작용에 의한 공변량 이렇게 세 개가 있다. 제한된 모델에서는 벡터가 공변량과 처리, 이렇게 두 개가 있다. 따라서 3−2=1이므로, $R^2$ 증가의 자유도는 1이 된다. 총 평균에 대한 분모의 자유도는 관찰값의 개수(전체 모델의 벡터 개수) 1이다. 이 경우 20−3−1=16이 된다. 그리고 제곱평균은 제곱합 : 자유도의 비율이다. 마지막으로 F−비는 $R^2$ 증가분에 대한 제곱평균을 잔차의 제곱평균으로 나눈 값이다. 이 경우 p값은 .79인데, 즉 자유도가 1, 16인 F−분포의 영역에서 79%가 F−비의 오른쪽에 위치하게 된다. 따라서 요인 교호작용에 의한 공변량은 그냥 샘플링 오차로 인한 것이라는 명백한 증거가 된다.

각 분산의 비율을 관련된 자유도로 나눈 다음 제곱합을 구해서 결과로 F−비를 구할 수도 있다.


$$0.07 = (0.0005 / 1) / (0.1146 / 16)$$


이것은 단지 공변량 교호작용에 의한 요인으로 검증하는 경우 외에도 일반적으로도 성립한다. 제곱합을 통해 F−검정을 하는 이유는 20세기 초 기계를 추가하는 것에 대한 신뢰성 연구에서 왔다. 그런 방법들이 매우 지루하고 오류투성이였지만, 결과로 설명되는 분산의 비율의 차이를 결정하기 위해 전체 회귀분석을 반복해서 계산하는 것보다 좀 더 추적하기 쉬웠다. 1970년대 후반 들어서, 회귀분석에 대한 책들은 절편과 계수를 조합한 전반적인 분석에서 다른 회귀식을 얻을 수 있는 방법에 대해 다뤘다. 이 방법은 시간도 절약되고, 매우 체계적이었다. 하지만 40년이 지난 지금은 서로 다른 예측 변수를 가지고 LINEST() 함수를 여러 번 수행해서 결과 $R^2$의 차이를 검정하는 것이 더 낫다.


## 4. 편향 삭제 : 다른 결과


이전 예에서 그룹 평균을 조정하면 F−검정의 민감성을 증가시키는 결과가 되었다. 이유는 잔차분산 대신 공변량에 분산을 할당하기 때문이다. 결과적으로 처음에는 유의하지 않다고 생각했던 그룹 평균 간의 차이가 신뢰할 만한 수준이 되고 샘플링 오차로 인한 것이 아닌 게 되어 버렸다.
반대의 경우도 있다. ANOVA에서 유의하다고 판단한 그룹 평균 간의 차이가 ANCOVA에서는 공변량으로 인해 민감도가 높아졌는데도 불구하고 신뢰할 만하지 않음으로 결론이 날 수도 있다. 그림 16-7의 예를 보자.

그림 16-7과 그림 16-1을 비교해보자. 두 그림에서 차이는 분명하다. 그림 16-1에서는 한 개의 요인에 두 개의 레벨이 있었고, 그림 16-7에서는 한 개의 요인에 세 개의 레벨이 있다. '조절' 그룹은 이전과 동일하고 약물을 투여하는 그룹이 한 개에서 두 개가 되었다. 요인의 레벨이 늘어났기 때문에, 벡터를 추가하며, 검증할 회귀선도 늘어난다.

| H15 | | | $f_x$ | {=LINEST(B2:B19,C2:D19,,TRUE)} | | | | | | | | | |
|---|---|---|---|---|---|---|---|---|---|---|---|---|---|
| | A | B | C | D | E | F | G | H | I | J | K | L | M | N | O |
| 1 | 그룹 | Y | 처리 벡터 1 | 처리 벡터 2 | | 약품 1 | 약품 2 | 조절 | | 요약 | | | | |
| 2 | 약품 1 | 51.6 | 1 | 0 | | 51.6 | 54.8 | 54.4 | | 그룹 | 관측수 | 합 | 평균 | 분산 |
| 3 | 약품 1 | 25.6 | 1 | 0 | | 25.6 | 52 | 65.2 | | 약품 1 | 6 | 278.4 | 46.4 | 218.56 |
| 4 | 약품 1 | 40.8 | 1 | 0 | | 40.8 | 43.2 | 72 | | 약품 2 | 6 | 339.2 | 56.53 | 85.74 |
| 5 | 약품 1 | 45.6 | 1 | 0 | | 45.6 | 64 | 59.2 | | 조절 | 6 | 393.2 | 65.53 | 136.99 |
| 6 | 약품 1 | 44 | 1 | 0 | | 44 | 69.6 | 56.8 | | | | | | |
| 7 | 약품 1 | 70.8 | 1 | 0 | | 70.8 | 55.6 | 85.6 | | 분산 분석 | | | | |
| 8 | 약품 2 | 54.8 | 0 | 1 | | | | | | 변동의 요인 | 제곱합 | 자유도 | 제곱 평균 | F | P-값 |
| 9 | 약품 2 | 52 | 0 | 1 | | | | | | 처리 | 1099.5 | 2 | 549.77 | 3.74 | 0.048 |
| 10 | 약품 2 | 43.2 | 0 | 1 | | | | | | 잔차 | 2206.4 | 15 | 147.10 | |
| 11 | 약품 2 | 64 | 0 | 1 | | | | | | | | | | |
| 12 | 약품 2 | 69.6 | 0 | 1 | | | | | | 계 | 3306 | 17 | | |
| 13 | 약품 2 | 55.6 | 0 | 1 | | | | | | | | | | |
| 14 | 조절 | 54.4 | -1 | -1 | | | | LINEST() | | | | | | |
| 15 | 조절 | 65.2 | -1 | -1 | | | 0.38 | -9.76 | 56.16 | | | | | |
| 16 | 조절 | 72 | -1 | -1 | | | 4.04 | 4.04 | 2.86 | | | | | |
| 17 | 조절 | 59.2 | -1 | -1 | | | 0.33 | 12.13 | #N/A | | | | | |
| 18 | 조절 | 56.8 | -1 | -1 | | | 3.74 | 15 | #N/A | | | | | |
| 19 | 조절 | 85.6 | -1 | -1 | | | 1099.54 | 2206.43 | #N/A | | | | | |
| 20 | | | | | | | | | | | | | | |
| 21 | | | | | | 변동의 요인 | 제곱합 | 자유도 | 제곱 평균 | F | | F의 확률 | | |
| 22 | | | | | | 처리 | 1099.54 | 2 | 549.77 | 3.74 | | 0.048 | | |
| 23 | | | | | | 잔차 | 2206.43 | 15 | 147.10 | | | | | |

▶▶ **그림 16-7** 요인에 레벨이 추가되면 코드 벡터도 추가해야 한다.

그림 16-1과 그림 16-7에는 또 다른 차이가 있는데 그림 16-1의 처음 ANOVA에서는 각 피실험체의 HDL을 측정하는 결과 변수 Y에 대해 '약물 투여'와 '조절' 그룹 평균 간에 유의한 차이가 없다고 했다. 그림 16-2의 ANCOVA에서는 평균이 좀 더 멀리 나가도록 조정하면 잔차제곱평균은 줄어들어서 두 평균 간의 차이가 유의하게 되었다. 하지만 그림 16-7에서 ANOVA는 실험자가 알파를 .05로 설정하면 그룹 평균 어딘가에 유의한 차이가 있다고 알려주고 있다(ANOVA던 ANCOVA던 그 자체로는 신뢰할 만한 차이가 어디에서 오는지 콕 잡아낼 수는 없다. 유의한 F-비로 알 수 있는 것은 그룹 평균 어딘가에 신뢰할 만한 차이가 있다는 것뿐이다. 하지만 그림 16-1처럼 두 개의 그룹밖에 없으면, 그 가능성은 제한된다). 그림 16-7에서는 영역 J8:O12의 전

통적인 ANOVA 결과와 H15:J19, F21:K23의 회귀분석 모두 그룹 평균에 적어도 한 개 이상의 유의한 차이가 있다고 알려주고 있다. F−비의 p값은 0.48이며 알파 수준 .05보다 작다.

그럼 이 상황에서 왜 ANCOVA를 사용할까? 이 답은 그림 16−8의 분석을 보자. 여기에서는 그림 16−7의 데이터에 추가해서 C열에 공변량을 추가했다. 그림 16−8의 분석은 이어서 나오는 숫자들에 필요한 사전 분석을 하고 있다. 여기서는 모델 비교 접근 방법을 사용하여 각 그룹 내에 몸무게에 대한 HDL 회귀 기울기에 신뢰할만한 차이가 있는지 검증하고 있다. 영역 A21:B25에서는 LINEST() 분석 결과의 첫 번째 두 열을 보여주며, 영역 C2:G19의 모든 예측 벡터에 대해 회귀시킨 HDL을 분석하고 있다. 이 벡터들로 예측한 총 HDL 비율은 A23에 있다. HDL의 분산의 63.46%는 공변량, 두 처리 벡터 그리고 F, G열의 공변량 교호작용에 의한 요인과 관련되어 있다.

| H22 | | | | ▾ | : | × | ✓ | $f_x$ | =A23-D23 | | |
|---|---|---|---|---|---|---|---|---|---|---|---|

| ◢ | A | B | C | D | E | F | G | H | I | J | K | L |
|---|---|---|---|---|---|---|---|---|---|---|---|---|
| | | | | 처리 벡터 | 처리 벡터 | X by | | | | | | |
| 1 | 그룹 | Y | X | 1 | 2 | T1 | X by T2 | | | | | |
| 2 | 약품 1 | 51.6 | 94.8 | 1 | 0 | 94.8 | 0 | | | | | |
| 3 | 약품 1 | 25.6 | 52.8 | 1 | 0 | 52.8 | 0 | | | | | |
| 4 | 약품 1 | 40.8 | 134.4 | 1 | 0 | 134.4 | 0 | | | | | |
| 5 | 약품 1 | 45.6 | 163.2 | 1 | 0 | 163.2 | 0 | | | | | |
| 6 | 약품 1 | 44 | 86.4 | 1 | 0 | 86.4 | 0 | | | | | |
| 7 | 약품 1 | 70.8 | 189.6 | 1 | 0 | 189.6 | 0 | | | | | |
| 8 | 약품 2 | 54.8 | 115.2 | 0 | 1 | 0 | 115.2 | | | | | |
| 9 | 약품 2 | 52 | 151.2 | 0 | 1 | 0 | 151.2 | | | | | |
| 10 | 약품 2 | 43.2 | 138 | 0 | 1 | 0 | 138 | | | | | |
| 11 | 약품 2 | 64 | 176.4 | 0 | 1 | 0 | 176.4 | | | | | |
| 12 | 약품 2 | 69.6 | 166.8 | 0 | 1 | 0 | 166.8 | | | | | |
| 13 | 약품 2 | 55.6 | 123.6 | 0 | 1 | 0 | 123.6 | | | | | |
| 14 | 조절 | 54.4 | 111.6 | -1 | -1 | -112 | -111.6 | | | | | |
| 15 | 조절 | 65.2 | 87.6 | -1 | -1 | -87.6 | -87.6 | | | | | |
| 16 | 조절 | 72 | 175.2 | -1 | -1 | -175 | -175.2 | | | | | |
| 17 | 조절 | 59.2 | 133.2 | -1 | -1 | -133 | -133.2 | | | | | |
| 18 | 조절 | 56.8 | 201.6 | -1 | -1 | -202 | -201.6 | | | | | |
| 19 | 조절 | 85.6 | 218.4 | -1 | -1 | -218 | -218.4 | | | | | |
| 20 | | | | | | | | | | | | |
| 21 | 0.036634 | 0.03 | | -0.540595 | -6.258676 | 변동의 요인 | 분산의 비율 | 자유도 | 비율 / 자유도 | F | F의 확률 | |
| 22 | 0.130888 | 0.09 | | 3.2046459 | 3.3764652 | $R^2$ 증가 | 0.023 | 2 | 0.011 | 0.375 | 0.69 | |
| 23 | 0.634642 | 10 | | 0.6117822 | 9.5746475 | 잔차 | 0.365 | 12 | 0.030 | | | |
| 24 | 4.168901 | 12 | | 7.3540769 | 14 | | | | | | | |
| 25 | 2098.104 | 1208 | | 2022.5302 | 1283.4343 | | | | | | | |

▶▶ **그림 16-8** 공변량 교호작용에 의한 요인을 더 추가해도 의미 있는 공유 분산에 기여하지 못한다.

LINEST의 또 다른 결과는 D21:E25에 있는데 여기서 HDL은 공변량과 두 개의 처리 벡터에 대해서만 회귀시켰다. 분석에서 공변량 교호작용에 의한 요인은 제외했다. 이 경우 셀 D23의 값은 61.18%인데, HDL의 분산의 61.18%가 공변량과 처리요인과 관련되어 있다. 회귀식에 요인의 교호작용으로 인한 공변량을 넣었을 때 분산의 증가분($R^2$)는 63.46% - 61.18% 즉 2.3% 이며 이 값은 셀 H22에 보인다. 모델 비교에서 남아있는 값은 다음과 같다.

- 셀 H23에서 설명되지 않는 분산의 비율(즉 잔차)을 구하려면 1.0에서 A23의 값을 뺀다. A23은 전체 모델에서 설명된 분산의 비율이다.
- $R^2$ 증가분에 대한 자유도는 전체 모델의 예측 벡터 개수(5)에서 제한 모델에서의 예측 벡터 개수(3)를 뺀 값이다. 결과값 2는 비교의 분자에 사용한다.
- 분모의 자유도는 관찰값의 개수(18)에서 전체 모델의 벡터 개수(5)를 뺀 다음 총 평균에 대한 값(1)을 뺀 것이다. 결과값 12는 비교의 분모에 사용한다.
- '비율/자유도'(H21:H23)라고 되어 있는 열은 제곱평균이 아닌데, 이 분석에서는 총 제곱합 값을 곱하고 나눌 일이 없기 때문이다. 그냥 $R^2$ 증가분을 자유도로 나누고, 잔차 비율을 자유도로 나눈다. 각각에 총 제곱합을 곱하면, 두 개의 제곱평균값을 구할 수 있다. 하지만 어떻게 해도 셀 K22의 F-비값은 동일하다.
- 셀 K22의 F-비는 1보다 작으므로 유의하지 않다. 하지만 분석을 완료하기 위해 셀 L22에서 공변량 교호작용에 의한 요인이 샘플링 오차 때문이 아니라 정말 모집단에 차이가 있어서 발생했을 F-비의 확률을 보여주고 있다.

여기서 몇 가지 이유로 수고롭게도 평행 회귀 기울기(공통 회귀계수라고 해도 된다)의 분석을 수행했다. 한 가지 이유는 매우 중요하기도 하고 엑셀로 하면 쉽게 할 수 있기 때문이다. 여러분은 그냥 LINEST()를 몇 번 수행한 다음 $R^2$값에서 다른 $R^2$값을 빼고 자유도를 계산한 다음 $R^2$의 차이에 대해 F-검정을 수행하면 된다.

두 번째 이유는 이 장의 첫 번째 예제에서 회귀계수의 동질성에 대한 검증을 수행하는 것을 미뤄 왔기 때문이다. ANCOVA를 수행하는 이유와 과정 그리고 엑셀을 사용해서 분석하는 방법을 보여줄 때까지 미루겠다고 했었다. 사실, 조정된 평균을 계산하는 작업을 하기 전에 동질성 검증부터 수행해야 한다. 만약 잔차 회귀계수가 유의한 수준으로 다르다면, 공통 계수로 평균을 조정해야 할 이유가 없다. 따라서 공통 기울기에 대한 검증을 여기서 보여주면서 분석의 순서에서 언제 수행해야 하는지 알려주겠다.

회귀계수에 대해 우리가 다루고 있는 예제는 그룹마다 유의한 수준으로 다르지 않으므로, 회귀선을 우선 검사해보도록 하자(그림 16-9).

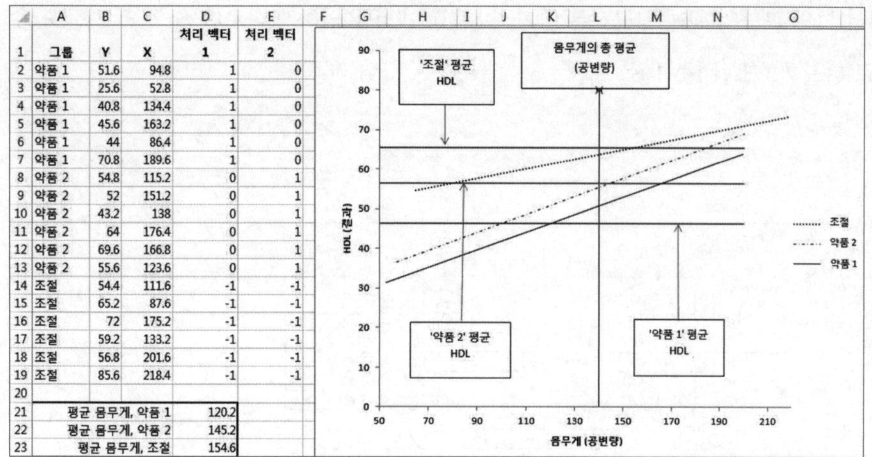



▶▶ **그림 16-9** 회귀 기울기는 관찰된 평균을 조정해서 각 그룹이 동일한 평균 몸무게에서 출발했을 때의 HDL 예측값을 보여준다.

그림 16-9의 영역 A21:D23의 표를 보자. 여기에서는 시작할 때의 세 개 그룹에 대한 평균 몸무게(공변량 X)를 보여주고 있다. 피실험체를 서로 다른 그룹에 임의로 할당했지만 평균 몸무게를 동일하게 맞추는 데는 실패했다. 그룹 평균이 공변량에 대해 다르고 공변량이 결과 측정과 상관이 있으면 공변량에 대해 그룹들이 동등하다고 하더라도 결과 측정에 대한 그룹 평균은 조정해야 한다.

그림 16-4에서처럼 그림 16-9에서도 이런 효과를 볼 수 있다. 그림 16-4에서 '약물 투여' 그룹은 '조절' 그룹보다 몸무게가 작았지만 HDL 수준은 더 높았다. 조정으로 인해 평균을 더 멀리 밀어내는 효과가 있다. 그림 16-9에서 '약품 1' 그룹은 공변량에 대해 120.2로 더 평균이 낮고 HDL 결과 측정에 대해 조정된 평균이 46으로 가장 낮다(차트상 가장 아래에 있는 수평선을 보자). 그리고 '조절' 그룹의 공변량에 대한 평균은 가장 높은 154.6이고 HDL 결과 측정에 대한 조정된 평균도 66으로 가장 높다(차트상 가장 위에 있는 수평선을 보자).

서로 다른 그룹이 공변량에 대해 서로 다른 평균을 가지고 그룹 내에서 공변량과 결과 변수가 양의 상관관계가 있으면 효과는 그룹 평균 간의 차이에 근접하게 된다. 공변량의 총 평균을 나타내는 수직선을 교차하는 회귀선이 서로 가까워진다. 몸무게가 동등한 위치에서 출발했다면 그룹의 HDL 값이 되었을 것이다. 따라서 조정한 그룹 평균은 원래의 평균에 비해서 가까워지게 된다.

그림 16-7에서 보면 그룹의 원래 평균값은 알파 수준 .05에서 유의하게 다르다. 조정된 평균도 유의한 수준으로 다를까? 그림 16-10을 보자.

| 셀 | I15 | | | | | $f_x$ | =K8*K11 | | | | | | | |
|---|---|---|---|---|---|---|---|---|---|---|---|---|---|---|
| | A | B | C | D | E | F | G | H | I | J | K | L | M | N | O |
| 1 | 그룹 | Y | X | 처리 벡터 1 | 처리 벡터 2 | | | Y on X, 전체 | | | | Y on X 그리고 처리 | | | |
| 2 | 약품 1 | 51.6 | 94.8 | 1 | 0 | | | 0.22 | 25.89 | | | -0.54 | -6.26 | 0.18 | 31.43 |
| 3 | 약품 1 | 25.6 | 52.8 | 1 | 0 | | | 0.06 | 8.37 | | | 3.20 | 3.38 | 0.06 | 8.11 |
| 4 | 약품 1 | 40.8 | 134 | 1 | 0 | | $R^2$ | 0.47 | 10.44 | | $R^2$ | 0.61 | 9.57 | #N/A | #N/A |
| 5 | 약품 1 | 45.6 | 163 | 1 | 0 | | | 14.31 | 16 | | | 7.35 | 14 | #N/A | #N/A |
| 6 | 약품 1 | 44 | 86.4 | 1 | 0 | | | 1560.74168 | 1745.22 | | | 2022.53 | 1283.43 | #N/A | #N/A |
| 7 | 약품 1 | 70.8 | 190 | 1 | 0 | | | | | | | | | | |
| 8 | 약품 2 | 54.8 | 115 | 0 | 1 | | | $R^2$에서의 증가분 | 0.14 | | | | | | |
| 9 | 약품 2 | 52 | 151 | 0 | 1 | | | | | | | | | | |
| 10 | 약품 2 | 43.2 | 138 | 0 | 1 | | | | | | | | | | |
| 11 | 약품 2 | 64 | 176 | 0 | 1 | | | 총 제곱합: | 3305.96 | | | | | | |
| 12 | 약품 2 | 69.6 | 167 | 0 | 1 | | | | | | | | | | |
| 13 | 약품 2 | 55.6 | 124 | 0 | 1 | | | 변동의 요인 | 제곱합 | 자유도 | 제곱 평균 | F | p | | |
| 14 | 조절 | 54.4 | 112 | -1 | -1 | | | 공변량 | 1560.74 | 1 | 1560.74 | 17.02 | 0.001 | | |
| 15 | 조절 | 65.2 | 87.6 | -1 | -1 | | | 처리 | 461.79 | 2 | 230.89 | 2.52 | 0.116 | | |
| 16 | 조절 | 72 | 175 | -1 | -1 | | | 잔차 | 1283.43 | 14 | 91.67 | | | | |
| 17 | 조절 | 59.2 | 133 | -1 | -1 | | | | | | | | | | |
| 18 | 조절 | 56.8 | 202 | -1 | -1 | | | | | | | | | | |
| 19 | 조절 | 85.6 | 218 | -1 | -1 | | | | | | | | | | |

▶▶ **그림 16-10** 그룹 평균을 가깝게 조정하면 유의한 차이가 없어진다.

그림 16-3과 그림 16-10을 비교해보자. 구조적으로 두 분석은 유사하지만 그림 16-10에는 처리 벡터가 두 개 있고 그림 16-3에서는 처리 벡터가 한 개 있다는 점이 다르다. 하지만 둘 다 입력 데이터가 다르고 결과도 다르다. 모두 공변량 X에 대해 결과 측정 Y를 회귀시키며 다른 분석에서는 공변량과 처리를 더해서 Y를 회귀시킨다. 그림 16-3의 결과값에서는 결과 측정에 대한 그룹 평균은 부분적으로 유의한 수준으로 다르다. 조정하기 전의 값의 평균을 회귀 조정으로 멀리 이동시켰기 때문이다.

대조적으로 그림 16-10의 결과에서는 ANOVA에서 유의한 수준으로 다르다고 한 원래 평균의 값에서의 차이는 회귀로 조정하고 나면, 다르다고 한 이유는 샘플링 오차일 가능성이 있다고 보여주고 있다. H11:M16의 ANOVA 결과는 일부 공유 분산을 공변량에 할당한다(47%, 제곱합의 측면에서는 1560.74). 하지만 처리요인에 대한 F-비가 의미 있다고 받아들여질 만큼 잔차가 줄어들지는 않는다.

그림 16-10의 H11:M16에서 분석에 제곱합이나 제곱평균 열을 빼고 그림 16-8의 G21:L23처럼 분산 비율의 방법을 따랐을 수도 있다. 그림 16-10에서 이 값을 포함시킨 이유는 어떤 걸 사용해

도 상관없다는 것을 보여주기 위해서이다. 제곱합과 제곱평균을 포함해서 전통적인 배치를 따르건, 생략한 배치를 따르건 여러분의 마음대로이다.

17장에서는 공분산분석에 관련하여 특히 고려해야 할 사항들을 살펴본다. 여기에는 공분산분석이 적절해 보이지만 실제로는 그렇지 않은 경우, ANCOVA에서 유의한 발견 후 다중 비교, 다중 공변량 그리고 요인 디자인 등이 있다.

# 17

# 공분산분석 : 더 많은 이슈

이 책의 마지막 장은 16장 "공분산분석 : 기본"을 기반으로 하고 있다. 이 장에서는 공분산 관련된 여러 가지 고려사항들을 살펴본다. 그리고 공변량을 사용하여 평균을 조정하기, ANCOVA에서 유의한 발견 후 다중 비교, 다중공변량, 요인 디자인도 다룬다.

## 1. LINEST()와 효과 코딩으로 평균 조정하기

ANCOVA를 수행할 때 효과 코딩과 LINEST()를 함께 사용하면 얻는 추가 혜택이 있다. 이렇게 하면 전통적인 계산 방식보다 조정된 평균을 더 쉽게 구할 수 있다. 물론 내재된 이해관계에 따라 조정된 평균이 필요할 수 있다. 즉 "모든 그룹이 공변량에 대해 동일한

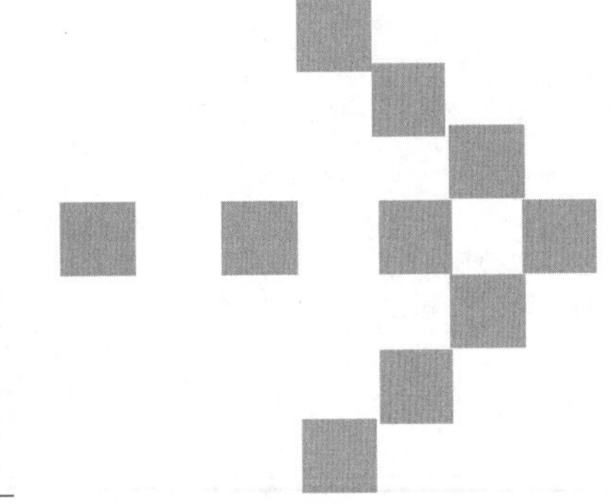

평균을 가지고 시작하면 내 결과가 어떻게 보일까?"

ANCOVA로 구한 F-비가 조정된 그룹 평균 사이에서 하나 이상의 신뢰할만한 차이를 보이기 때문에 필요할 수도 있다. 만약 그렇다면 다중 비교 절차를 수행해서 어떤 조정된 평균이 신뢰할 만한 차이인지 알아볼 수 있다(ANOVA 후 다중 비교에 대해서는 10장 "평균 간의 차이 검증하기 : 분산분석"을 참고).

그림 17-1은 자동차 타이어에 대한 데이터와 사전 분석을 보여주고 있다. 타이어는 창고에 그냥 두었어도 연한이 지나면 품질이 떨어진다고 알려져 있다. 이런 품질 저하를 알아보는 방법 중 하나는 타이어 외관상 균열 개수를 세보는 것이 있다. 타이어의 수명 외에도 타이어를 판매하는 곳에 따라 이런 타이어 품질의 정도가 차이 나는지 알아보고자 한다. 여러분은 타이어 12개를 골라서 외관의 균열 개수를 세보고 상태를 조사하기로 했다. 그리고 타이어 전문점, 부속과 타이어도 파는 자동차 판매상 그리고 자동차 수리점 이렇게 임의로 세 종류의 가게를 선택했다. 그림 17-1은 수집한 데이터이다.

| ◢ | A | B | C | D | E | F | G | H | I | J | K | L |
|---|---|---|---|---|---|---|---|---|---|---|---|---|
| 1 | | 타이어 전문점 | | | 자동차 판매상 | | | 자동차 수리점 | | | 총합 | |
| 2 | | 균열의 정도 | 타이어 연한 | | 균열의 정도 | 타이어 연한 | | 균열의 정도 | 타이어 연한 | | 균열의 정도 | 타이어 연한 |
| 3 | | 41 | 23 | | 53 | 56 | | 63 | 91 | | | |
| 4 | | 59 | 30 | | 66 | 65 | | 71 | 98 | | | |
| 5 | | 63 | 52 | | 75 | 70 | | 84 | 102 | | | |
| 6 | | 81 | 60 | | 88 | 83 | | 94 | 119 | | | |
| 7 | | | | | | | | | | | | |
| 8 | 평균 | 61 | 41.25 | | 70.5 | 68.5 | | 78 | 102.5 | | 69.83 | 70.75 |

▶▶ **그림 17-1** 일단 데이터를 보면 ANCOVA를 사용하는 것이 적절해 보인다.

각 가게에서 평균 '균열의 정도'와 '타이어 연한'의 관계를 보면 타이어 연한이 증가할수록 균열의 정도도 증가함을 알 수 있다. '타이어 연한'을 공변량으로 해서 가게 간 평균 균열의 정도를 검증해 보기로 했다. 우선 16장에서 논의한대로 세 개의 다른 그룹에서 균열과 나이간의 회귀계수가 동질성이 있는지 검사해야 한다. 이 검증을 그림 17-2에 보인다.

그림 17-2의 데이터 관련해서 몇 가지 사항을 알아보자. 그림 17-2에서 관찰값을 다시 배치해서 B열과 C열에 오도록 했다. 하나는 타이어 표면 균열의 정도이고 다른 하나는 타이어의 나이이다. 그림 17-1에서는 이 데이터를 세 개의 가게 별로 2열짜리 다른 영역에 보여줬다(B, C, E, F, H,

I열).



> 그림 17-1에서는 데이터 분석 목적이 아니라 시각적으로 보고서 형태로 보이도록 했다. 그림 17-2에서는 데이터를 목록 형태로 만들어서 엑셀에서 사용 가능한 분석이나 차트를 그리는데 적당하도록 바꿨다. 목록 형태의 데이터에서도 그림 17-1과 같은 분석 결과를 얻으려면 피벗 테이블을 사용할 수 있다. 그림 17-2의 LINEST() 분석을 사용하려면 목록 형태의 데이터를 사용할 수 있다.

그림 17-2에서는 네 개의 벡터를 D열부터 G열까지 추가했다. D열과 E열은 각 타이어와 관련된 가게의 종류를 알려주는 효과 코드를 가지고 있다. F열과 G열의 벡터는 각 요인의 벡터값과 공변량을 곱했다. 따라서 예를 들어 셀 F2의 값은 셀 C2와 D2를 곱한 값이며 셀 G2의 값은 셀 C2와 E2를 곱한 값이다.

| | A | B | C | D | E | F | G | H | I | J | K | L |
|---|---|---|---|---|---|---|---|---|---|---|---|---|
| C16 | | | | | =B16*(J6+K6) | | | | | | | |

| | A | B | C | D | E | F | G | H | I | J | K | L |
|---|---|---|---|---|---|---|---|---|---|---|---|---|
| 1 | 가게 종류 | 균열의 정도 | 타이어 연한 | 가게 벡터 1 | 가게 벡터 2 | 공변량에 의한 요인 1 | 공변량에 의한 요인 2 | | LINEST(), 모든 벡터 | | | |
| 2 | 타이어 전문점 | 41 | 23 | 1 | 0 | 23 | 0 | | | 0.22 | -0.23 | |
| 3 | 타이어 전문점 | 59 | 30 | 1 | 0 | 30 | 0 | | | 0.23 | 0.19 | |
| 4 | 타이어 전문점 | 63 | 52 | 1 | 0 | 52 | 0 | | $R^2$ | 0.92 | 5.94 | |
| 5 | 타이어 전문점 | 81 | 60 | 1 | 0 | 60 | 0 | | | 13.57 | 6 | |
| 6 | 자동차 판매상 | 53 | 56 | 0 | 1 | 0 | 56 | | | 2395.78 | 211.89 | |
| 7 | 자동차 판매상 | 66 | 65 | 0 | 1 | 0 | 65 | | | | | |
| 8 | 자동차 판매상 | 75 | 70 | 0 | 1 | 0 | 70 | | LINEST(), 교호작용 벡터 제외 | | | |
| 9 | 자동차 판매상 | 88 | 83 | 0 | 1 | 0 | 83 | | | 2.93 | 20.86 | |
| 10 | 자동차 수리점 | 63 | 91 | -1 | -1 | -91 | -91 | | | 2.40 | 4.77 | |
| 11 | 자동차 수리점 | 71 | 98 | -1 | -1 | -98 | -98 | | $R^2$ | 0.90 | 5.83 | |
| 12 | 자동차 수리점 | 84 | 102 | -1 | -1 | -102 | -102 | | | 22.93 | 8 | |
| 13 | 자동차 수리점 | 94 | 119 | -1 | -1 | -119 | -119 | | | 2335.99 | 271.68 | |
| 14 | | | | | | | | | | | | |
| 15 | 변동의 요인 | 분산의 비율 | 제곱합 | 자유도 | 제곱 평균 | F | F의 확률 | | | | | |
| 16 | 공변량에 의한 요인 | 0.02 | 59.79 | 2 | 29.90 | 0.85 | 0.47 | | | | | |
| 17 | 잔차 | 0.08 | 211.89 | 6 | 35.31 | | | | | | | |

▶▶ **그림 17-2** LINEST()로 분석하려면 이것과 유사한 데이터 배치가 필요하다.

F열과 G열의 벡터는 '가게' 종류인 요인과 공변량 '타이어 연한' 간의 교호작용을 나타낸다. 교호작용 벡터가 설명하는 결과 측정의 어떤 변동성도 샘플링 오차 때문에 발생하거나 혹은 서로 다른

가게에서 균열과 연한 간 회귀 기울기에서의 실제 차이 때문에 발생한다. ANCOVA는 보통 회귀선이 요인의 서로 다른 레벨에서도 다른지 검증하면서 시작한다.

검정을 하기 위해 LINEST()를 두 번 사용한다. 각 결과는 결과 측정 $R^2$에서의 변동성의 양을 반환하는데 설명하면 다음과 같다.

- 전체 모델(full model)(공변량, 요인 그리고 요인-공변량 교호작용)
- 제한된 모델(restricted model)(공변량과 요인만)

설명된 분산의 두 측정값의 차이는 요인-공변량 교호작용에 적용된다. 그림 17-2에서 전체 모델에 대한 LINEST() 결과는 J2:K6에 있다. $R^2$이라고 이름표가 붙어있는 셀의 값은 0.92, 즉 92%이다. 결과 측정의 분산 중 92%가 예측 벡터 다섯 개로 설명된다.

비교를 위해 영역 J9:K13에 LINEST() 결과를 더 보여주고 있다. 여기에서는 제한된 모델을 보여주며 분석에서 F열과 G열의 교호작용 벡터를 제외했다. 셀 J11의 $R^2$값은 0.90이므로 공변량과 요인 벡터는 결과 측정의 분산의 90%의 원인이 된다. 전체 모델에서는 92%이고 제한된 모델에서는 90%이므로, 따라서 공변량과 요인 간의 교호작용은 결과 분산의 2%의 원인이 된다.

교호작용이 분산에 적용되는 부분이 매우 작기는 하지만 우선 분산을 완료해보자. 그림 17-2의 영역 A16:G17을 보자. 여기에서 전통적인 ANOVA 결과를 볼 수 있는데 요인-공변량 교호작용으로 설명되는 분산의 2%를 잔차분산에 대해 검증하고 있다(1에서 셀 J4의 $R^2$값을 빼면 잔차분산 비율을 구할 수 있다. 같은 방법으로 잔차 제곱합은 셀 K6에서 구할 수 있다).

셀 G16의 p-값을 보면 자유도 2와 6인 F-비는 약 0.5의 확률로 기대할 수 있다. 따라서 공변량에 대한 결과 변수의 회귀 기울기는 모집단에서 각 가게 종류에 대해 동일하다는 가정을 유지한다. 그리고 세 회귀계수 사이의 차이는 단순히 샘플링 오차 때문이다.

여러분은 그림 17-2의 LINEST() 결과가 왜 열 2개밖에 되지 않는지 궁금할 것이다. LINEST()는 예측 변수 더하기 절편만큼 해서 해당하는 열만큼으로 결과를 보여준다. 따라서 J2:K6에 보이는 결과는 원래는 6개 열로 J2:O6에 보여야 한다. C:G에 걸쳐 벡터가 다섯 개 있고 절편을 한 개 더하므로 따라서 열은 여섯 개가 된다. 이 그림에서 공간을 좀 줄여보고자, J2:K6만큼의 공간을 선택한 다음 LINEST() 함수를 배열 수식으로 입력했다. 여기서는 우선 $R^2$에 초점을 두었고, 두 번째는 제곱합 그리고 LINEST() 결과에서 첫 번째 두 개의 열에 나오는 결과들에 대해서만 초점을 맞췄다. 나머지 열들은 각각의 회귀계수, 표준오차 등이며 현재 여기에서는 필요하지 않은 값이다(하지만 그림 17-5에서는 중요해진다).



아마 이 팁을 항상 간직하고 싶을지도 모르겠다. 여러분은 LINEST()의 모든 결과를 항상 보여주지 않아도 된다. 식을 배열 수식으로 입력하기 전에 영역을 전부 선택하지 않으면, 열을 몇 개 안 보여줄 수도 있다. 하지만 일단 LINEST()의 결과를 보여주고 나면 전체 결과 영역을 지우지 않는 한 일부만 지울 수는 없다. 만약 지우려고 하면 엑셀에서 "배열의 일부분을 변경할 수 없습니다."와 같은 에러 메시지를 보여주게 된다.

다음에는 '타이어 연한' 공변량과 '가게 종류' 요인에 대해 ANCOVA를 수행한다. 그림 17-3에서 분석을 보여주고 있다. 그림 17-3에서는 LINEST()의 결과 2개로 공변량과 결과 변수 간의 관계 그리고 요인과 공변량, 결과 변수 간의 관계를 검증하고 있다.

영역 H2:I6은 공변량과 두 요인 벡터에 대한 결과 변수의 회귀 결과로 LINEST()의 첫 번째 두 개 열을 보여주고 있다. 셀 H4의 값은 0.90이며 결과 변수에서 분산의 90%를 공변량과 요인으로 설명할 수 있다(이 분석은 그림 17-2의 영역 J9:K13의 결과와 동일하다).

그림 17-3의 두 번째 LINEST()의 결과는 H9:I13에 있으며 공변량에 대한 결과 변수의 회귀 결과를 보여준다. 공변량은 결과 변수의 변동성 중 60%만을 설명할 수 있으며 그 값은 H11에 보인다. 이 숫자 0.60, 60%는 전체 ANCOVA 결과에서 셀 B16에도 보인다.

| | A | B | C | D | E | F | G | H | I |
|---|---|---|---|---|---|---|---|---|---|
| 1 | 가게 종류 | 균열의 정도 | 타이어 연한 | 가게 벡터 1 | 가게 벡터 2 | | | LINEST(), 모든 벡터 | |
| 2 | 타이어 전문점 | 41 | 23 | 1 | 0 | | | 2.93 | 20.86 |
| 3 | 타이어 전문점 | 59 | 30 | 1 | 0 | | | 2.40 | 4.77 |
| 4 | 타이어 전문점 | 63 | 52 | 1 | 0 | | $R^2$ | 0.90 | 5.83 |
| 5 | 타이어 전문점 | 81 | 60 | 1 | 0 | | | 22.93 | 8 |
| 6 | 자동차 판매상 | 53 | 56 | 0 | 1 | | | 2335.99 | 271.68 |
| 7 | 자동차 판매상 | 66 | 65 | 0 | 1 | | | | |
| 8 | 자동차 판매상 | 75 | 70 | 0 | 1 | | | LINEST(), 공변량 | |
| 9 | 자동차 판매상 | 88 | 83 | 0 | 1 | | | 0.41 | 40.69 |
| 10 | 자동차 수리점 | 63 | 91 | -1 | -1 | | | 0.11 | 8.03 |
| 11 | 자동차 수리점 | 71 | 98 | -1 | -1 | | $R^2$ | 0.60 | 10.17 |
| 12 | 자동차 수리점 | 84 | 102 | -1 | -1 | | | 15.20 | 10 |
| 13 | 자동차 수리점 | 94 | 119 | -1 | -1 | | | 1572.73 | 1034.94 |
| 14 | | | | | | | | | |
| 15 | 변동의 요인 | 분산의 비율 | 제곱합 | 자유도 | 제곱 평균 | F | F의 확률 | | |
| 16 | 공변량 | 0.60 | 1572.73 | 1 | 1572.730 | 46.3 | 0.00 | | |
| 17 | 그룹 | 0.29 | 763.26 | 2 | 381.630 | 11.2 | 0.01 | | |
| 18 | 잔차 | 0.10 | 271.677 | 8 | 33.960 | | | | |

▶▶ **그림 17-3** 공변량과 결과 변수 간의 관계 그리고 요인과 결과 변수 간의 관계 모두 신뢰할만한 수준이다.

공변량과 요인에 대한 $R^2$과 공변량에만 대한 $R^2$ 간의 차이는 0.29이며 결과 측정에서 분산의 29%에 해당한다. 이 차이는 요인 '가게 종류'에 적용할 수 있다(그림 17-3의 셀 B17). 영역 C16:C18에서 제곱합은 분석에 거의 기여하지 않는다. F-비를 계산할 때 곱하고 나누는 정도로 사용할 뿐이지만 포함시키는 것이 전통이다.

자유도는 16장에서 여러 번 다뤘다. 공변량의 자유도는 1이고, 요인의 자유도는 레벨의 개수에서 1을 뺀 수이다(따라서 각 변동의 요인의 벡터 개수와 변동의 요인에 대한 자유도의 개수가 동일하다). 잔차 자유도는 총 관찰값의 개수에서 공변량과 요인 벡터의 개수 그리고 1을 뺀 값이다. 따라서 12-3-1, 즉 8이 된다.

정의상 제곱합을 자유도로 나누면 제곱평균이 된다. 공변량에 대한 제곱평균을 잔차제곱평균으로 나눈 비는 공변량에 대한 F-비이다. 유사하게 요인에 대한 F-비는 요인에 대한 제곱평균을 잔차제곱평균으로 나눈 값이다(물론 제곱합이 없어도 F-비를 구할 수 있다. 설명되는 분산의 비율을 관련된 자유도로 나누면 동일한 F-비를 구할 수 있다. 이 방법은 16장 "공통 회귀선 검증하기" 절에서 설명했다).

'가게' 요인으로 인한 F-비는 자유도 2와 8일 때 11.2(그림 17-3의 셀 F17)이며 샘플링 오차에 의해 우연히 발생했다. 발생할 확률은 1%(셀 G17)이며 가게 타입은 모집단에서 균열의 정도에 영향을 주지 않는다. 따라서 조정된 평균 어딘가에 신뢰할만한 차이가 있다. 두 개의 평균값만 있는 경우 유의한 차이를 어디에서 찾아야 할지는 분명하다. 평균이 세 개 이상인 경우는 좀 더 복잡해진다. 예를 들어 한 개의 평균은 두 개의 평균과 유의한 수준으로 다르고, 두 개의 평균은 유의한 수준으로 다르지 않을 수 있다. 아니면 세 개의 평균이 모두 유의한 수준으로 다를 수 있다. 그룹이 네 개 이상이 되면 상황은 점점 더 복잡해지면서 '두 그룹의 평균은 다른 두 그룹의 평균값과 유의하게 다른가?'와 같은 질문도 포함되어야 한다. 이런 고려사항과 해결방안은 10장 "다중 비교 절차(Multiple Comparison Procedures)" 절에서 다뤘다. 하지만 요인에 대해 유의한 수준으로 큰 $F$-비를 반환하는 ANCOVA를 따르고 있으면 여러분이 관심 있는 것은 조정된 평균을 비교하는 것이다. 다중 비교는 잔차('셀 내'라고도 한다) 분산을 비교하는 것을 포함하며 공변량과 관련된 분산을 고려하기 위해 약간의 조정이 필요하다.

16장에서는 엑셀에서 조정된 그룹 평균을 구하는 방법에 대해 다뤘다. 16장에서 다룬 방법은 절차에 대한 개념적 배경지식을 위해 보여줬다. 하지만 LINEST()와 각 그룹에 속해있는지 여부를 나타내는 효과 코딩이 있으면 더 쉬운 방법이 있다(이 전 3장에 걸쳐서 이 주제를 다뤘다). 다음 절에서 이 방법에 대해 다뤄보자.


## 2. 효과 코딩과 조정된 그룹 평균

그림 17-4에서는 전통적인 방법인 ANCOVA의 유의한 $F$-비로 조정된 그룹 평균을 구하는 방법을 보여주고 있다.

| | 타이어 전문점 | | | 자동차 판매상 | | | 자동차 수리점 | | | | |
|---|---|---|---|---|---|---|---|---|---|---|---|
| | 균열의 정도 | 타이어 연한 | | 균열의 정도 | 타이어 연한 | | 균열의 정도 | 타이어 연한 | | | |
| | 41 | 23 | | 53 | 56 | | 63 | 91 | | | |
| | 59 | 30 | | 66 | 65 | | 71 | 98 | | | |
| | 63 | 52 | | 75 | 70 | | 84 | 102 | | | |
| | 81 | 60 | | 88 | 83 | | 94 | 119 | | 총 계 | |
| | | | | | | | | | | | |
| 평균 | 61 | 41.25 | | 70.5 | 68.5 | | 78 | 102.5 | | 69.83 | 70.75 |
| | | | | | | | | | | | |
| $\Sigma X^2$ | | 7733 | | | 19150 | | | 42450 | | 69333 | |
| $(\Sigma x)^2/N$ | | 6806.25 | | | 18769 | | | 42025 | | 67600.25 | |
| | | | | | | | | | $\Sigma x^2_w$ | 1732.75 | |
| | | | | | | | | | | | |
| $\Sigma xy$ | 10849 | | | 19812 | | | 32445 | | | 63106 | |
| $\Sigma X \Sigma Y/N$ | 10065 | | | 19317 | | | 31980 | | | 61362 | |
| | | | | | | | | | $\Sigma xy_w$ | 1744 | |

| | 그룹 평균, Y | 공통 베타 | 그룹 평균, X | 총 평균, X | 조정된 그룹 평균, Y | | | |
|---|---|---|---|---|---|---|---|---|
| | 61 | 1.0065 | 41.25 | 70.75 | 90.69 | | $b_w$ | 1.0065 |
| | 70.5 | 1.0065 | 68.5 | 70.75 | 72.76 | | | |
| | 78 | 1.0065 | 102.5 | 70.75 | 46.04 | | | |

셀 F18의 수식: =B18-C18*(D18-E18)

▶▶ **그림 17-4** 이 숫자들은 전통적인 ANCOVA의 공변량을 사용하여 그룹 평균을 조정하기 위해 추천하는 계산들을 나타내고 있다.

공변량분석을 위해 전통적인 접근방법을 취하면 우선 해야 할 일들이 많다. 그림 17–4에서는 해야 할 일들을 보여주고 있다.

- 결과 변수(타이어 균열의 정도)에 대해 조정하지 않은 그룹 평균과 공변량(타이어 연한) 그리고 두 변수의 총 평균도 모두 계산해서 8행에 보여준다.
- 각 그룹에 대해 공변량의 제곱합을 찾는다(10행). 이 합은 셀 K10에 누적한다.
- 각 그룹에 대해 공변량의 합을 구해서 제곱한 다음 각 그룹의 관찰값의 개수로 나눈다. 이 값은 셀 C11, F11, I11에 있고 K11에는 누적값이 있다.
- K10과 K11의 값의 차이를 계산해서 K12에 저장한다. 이 값은 공변량 총 제곱합이라고도 한다.
- 공변량과 결과 측정을 교차곱해서 계산한 다음 각 그룹에 대해 합했다. 값은 B14, E14, H14에 있고 누적값은 K14에 있다.
- 각 그룹 내(잔차) 총 공변량에 총 결과 변수를 곱한 다음 그 결과를 각 그룹의 개체 수로 나누자. K15에는 누적 결과가 있다.
- K14와 K15의 값의 차이를 계산한 다음 K16에 저장하자. 이 값을 총 교차곱(total cross-product)이라고 한다.
- K16의 총 교차곱을 K12의 공변량 총 제곱합으로 나눈다. 결과값은 K18에 있으며 이 값은

공변량에 대한 결과 측정의 공통 회귀계수라고 한다. $b_w$라고 표시한다.

- 마지막으로 16장 끝 부분에서 주어진 식을 이용하여 조정된 그룹 평균을 구한다. 그림 17-4에서 이 숫자를 B18:F20에 정리했다. D18:D20의 공변량의 그룹 평균 간의 차이에서 E18:E20의 값인 공변량의 총 평균을 뺀 다음 이 값을 셀 C18:C20의 공통 회귀계수로 곱했다. 다음 결과값을 B18:B20의 조정하지 않은 평균에서 빼서 조정된 평균을 구한다. 이 값은 셀 F18:F20에 있다.

상당히 많은 작업이다. 그림 17-5에서는 좀 더 빠른 방법을 보여준다. 그림 17-5의 셀 C16:C18의 조정한 평균값을 그림 17-4의 셀 F18:F20의 값과 비교해보자. 이들은 동일하다. 하지만 그림 17-5에서는 이 값을 계산할 때 LINEST() 분석에서 구한 회귀계수에 결과 변수의 총 평균을 더해서 계산했다. 그림 17-5에서 사용한 계산 방법을 보자. 결과 측정의 총 평균은 B16:B18에 있으며 사용한 식은 =AVERAGE($B$2:$B$13)이다. ANOVA를 써서(ANCOVA가 아니다) 효과 코딩을 사용한 LINEST()에서 반환한 절편은 결과 측정의 총 평균이다.

ANCOVA에서 일반적인 결과는 아니다. 하지만 공변량이 있기 때문에 회귀식의 성질을 바꾼다. 따라서 총 평균을 명시적으로 계산한 다음 그 결과를 B16:B18에 넣는다.

| C16 | ▾ : | × ✓ $f_x$ | =B16+H2 | | | | | | |

| | A | B | C | D | E | F | G | H | I | J |
|---|---|---|---|---|---|---|---|---|---|---|
| 1 | 가게 종류 | 균열의 정도 | 타이어 연한 | 가게 벡터 1 | 가게 벡터 2 | | | LINEST(), 모든 벡터 | | |
| 2 | 타이어 전문점 | 41 | 23 | 1 | 0 | | 2.931275 | 20.8582 | 1.006493 | -1.37602 |
| 3 | 타이어 전문점 | 59 | 30 | 1 | 0 | | 2.399824 | 4.766098 | 0.139995 | 10.04651 |
| 4 | 타이어 전문점 | 63 | 52 | 1 | 0 | | 0.895816 | 5.827488 | #N/A | #N/A |
| 5 | 타이어 전문점 | 81 | 60 | 1 | 0 | | 22.92909 | 8 | #N/A | #N/A |
| 6 | 자동차 판매상 | 53 | 56 | 0 | 1 | | 2335.99 | 271.677 | #N/A | #N/A |
| 7 | 자동차 판매상 | 66 | 65 | 0 | 1 | | | | | |
| 8 | 자동차 판매상 | 75 | 70 | 0 | 1 | | | | | |
| 9 | 자동차 판매상 | 88 | 83 | 0 | 1 | | | | | |
| 10 | 자동차 수리점 | 63 | 91 | -1 | -1 | | | | | |
| 11 | 자동차 수리점 | 71 | 98 | -1 | -1 | | | | | |
| 12 | 자동차 수리점 | 84 | 102 | -1 | -1 | | | | | |
| 13 | 자동차 수리점 | 94 | 119 | -1 | -1 | | | | | |
| 14 | | | | | | | | | | |
| 15 | | 총 평균, Y | 조정된 그룹 평균, Y | | | | | | | |
| 16 | 타이어 전문점 | 69.8333333 | 90.69 | | | | | | | |
| 17 | 자동차 판매상 | 69.8333333 | 72.76 | | | | | | | |
| 18 | 자동차 수리점 | 69.8333333 | 46.04 | | | | | | | |

▶▶ **그림 17-5** 표본의 크기가 동일할 때 효과 코딩을 쓰면 조정이 동일한 회귀계수가 된다.

효과 코딩을 사용할 때 LINEST()에서 결과로 반환한 회귀계수는 특정 그룹에서의 효과를 나타낸다. 즉 총 평균과의 편차이며 주어진 벡터에서 첫 번째로 할당된 그룹과 연관되어 있다. 사실 매우 간단한 개념이지만 말로 설명하기는 어렵다. 설명하는 상황이 좀 복잡하게 되어 있고, LINEST()에서 반환하는 결과도 순서가 반대로 되어있어서 좀 복잡하다. 상황을 분명히 하기 위해, 두 가지 예를 보자. 하지만 첫 번째 예는 배경지식이 필요하다.

4장 "변수가 어떻게 함께 움직이는가 : 상관(correlation)"의 별도 사각형에 "LINEST()는 거꾸로 수행된다" 부분을 기억하는가. 거기에서 LINEST()가 입력 순서의 반대로 값을 반환한다고 지적했었다. 그림 17−5에 보면 워크시트상에 왼쪽에서 오른쪽으로 벡터가 보인다. 우선 C열에는 공변량이 나오고 요인 벡터 1은 D열, 요인 벡터 2는 E열에 나온다. 하지만 G2:J6의 LINEST() 결과는 왼쪽에서 오른쪽으로 다음처럼 보인다. 우선 요인 벡터 2(G2의 계수), 요인 벡터 1(H2의 계수) 그리고 공변량(I2의 계수)이 온다. 식의 절편은 항상 LINEST() 결과의 첫 번째 행에서 가장 오른쪽에 나오며 결과는 셀 J2에 있다.

그림 17−5에서 '타이어 전문점' 가게 타입에 속하는 관찰값은 '가게 벡터 1'의 벡터에서 값1을 가진다. 벡터의 회귀계수는 셀 H2에 있으며 '타이어 전문점'에 해당하는 조정된 평균은 셀 C16 안의 식에서 찾을 수 있다.


    =B16+H2


유사하게 '가게 벡터 2'에 대한 회귀계수(그림 17−5에서 가장 오른쪽에 있는 벡터)는 셀 G2에 있으며 LINEST() 결과의 가장 왼쪽에 있는 계수이다. 따라서 '자동차 판매상' 가게 타입에 대한 조정된 평균(이 타입에 대해서는 '가게 벡터 2' 열에서 1로 할당되어 있다)은 셀 C17에 있으며 식은 다음과 같다.


    =B17+G2


그림 17−5의 세 번째 그룹은 '자동차 수리점'이다. 해당 그룹의 관찰값은 어떤 가게 벡터에서도 1의 값을 가지지 않는다. 효과 코딩에서는, 그룹이 세 개 이상이면 그 중 한 그룹에는 −1을 할당받

는 그룹이 있다. 여기서는 '가게 벡터'에 대해 '자동차 수리점'이 −1을 할당받는다. 이 그룹의 처리는 좀 다르다. 이 그룹의 조정된 평균을 구하려면 총 평균에서 다른 회귀계수의 합을 뺀다. 따라서 그림 17−5의 셀 C18의 식은 다음과 같다.

=B18−(G2+H2)

LINEST()의 결과인 회귀계수와 예측 변수를 연결시키는 과정은 조금 복잡하다. 하지만 그림 17−4에서 조정된 평균을 구하기 위해 사용한 온갖 전통적인 방법에 비하면 그림 17−5에서 사용한 방법은 아주 단순하다. 우선 결과 변수의 총 평균을 구하고 LINEST()를 수행한 다음 총 평균을 적절한 회귀계수에 대하면 된다. 이 방법이 훨씬 더 간단하다.

note_

'데이터 분석' 도구의 회귀분석 도구를 사용하면 회귀계수를 올바른 순서로 구할 수 있다. 그리고 4장에서 이미 회귀계수를 올바른 순서로 반환할 수 있도록 해주는 배열 수식도 다뤘다.


## 3. ANCOVA 후 다중 비교

ANCOVA에서 요인에 대한 F−비를 구해서 조정된 그룹 평균 간에 유의한 차이가 있는지 보려면 후속 검정을 통해 어떤 평균이나 어떤 평균의 조합이 신뢰할만한 수준으로 다른지 결정해야 한다. 이런 검정을 다중 비교(multiple comparison)라고 하며 10장 "다중 비교 절차(Multiple Comparison Procedures)" 절에서 다뤘다. 이 절을 계속 읽기 전에 다시 10장의 해당 절을 복습하는 편이 좋겠다. 여기에서 두 가지 이유로 다중 비교를 좀 더 깊게 다루도록 하겠다.

- 여기에서 개념은 그룹 간의 평균을 공변량에 대한 회귀로 조정해서 그 차이를 검정하는 것이다. 이 장 앞 절에서 어떻게 조정하는지에 대해 살펴봤고 이제 다중 비교 절차에 이 조정 절차를 끼워 넣으면 된다.
- 다중 비교 절차는 일부 제곱평균 오차에 기반하는데 ANOVA나 ANCOVA를 수행하기 위해 다중회귀를 사용할 때는 잔차 오차(residual error)라고 한다. ANOVA에서 잔차 오차라

고 하던 일부가 ANCOVA의 공변량으로 할당되기 때문이다. 따라서 다중 비교식을 저장해서 잔차 오차에 대해 적절한 값을 사용하도록 해야 한다.

## ✚ Scheffé법 사용하기

10장에서는 분산분석을 소개하면서, 다중 비교 절차를 사용해서 그룹 평균 간에 어떤 대비(contrast)가 유의한 전체 F-비를 만들게 되는지 결정했다. 예를 들어 세 개의 그룹이 있을 때, 그룹 1과 그룹 2의 평균 간의 차이 때문에 발생하기 어려울 만큼 큰 F-비가 발생할 수 있다. 그룹 3의 평균은 다른 두 평균의 중간 정도에 위치하며 어느 쪽과도 유의하게 차이 나지는 않는다.

분산분석으로 계산한 F-비로는 적어도 신뢰할 만한 차이가 나는 곳이 한 곳 있다는 것은 알 수 있지만, 어디에서 차이가 나는지는 알 수 없다. 다중 비교 절차로 신뢰할 만한 차이가 어디에서 발생하는지 찾아낼 수 있다. 물론 그룹이 두 개밖에 없을 때는 다중 비교를 수행할 필요가 없다. 그룹이 두 개이며 차이는 한 개밖에 없기 때문이다.

그림 10-9에서는 다중 비교를 위해 Scheffé법을 사용했다. Scheffé법은 이후에 수행하는 다중 비교법 중 하나이다. 즉 F-비로 그룹 평균 간에 적어도 하나 신뢰할 만한 차이가 있다는 것을 F-비로 알아낸 다음 Scheffé법을 수행할 수 있다. 처음부터 어떤 다중 비교를 수행할 것인지 정해놓고 하는 것은 아니다. 사전에 정해놓는 다중 비교법이 있는데 이것은 이후에 수행하는 법보다 훨씬 강력하다. 하지만 결과 데이터를 보기 전에 어떤 비교를 수행할 것인지 미리 계획해야 한다(사전 비교법 중 하나는 그림 10-11에서 예로 보여주었다).

그림 17-6에서는 ANCOVA 다음 Scheffé법을 사용하는 것을 보여주고 있다. 앞 절에서도 말했듯 원래 평균이 아니라 조정된 평균에 대해 다중 비교를 수행하고 있고 공변량 때문에 오차항이 줄어들었기 때문에 조정을 해야 한다.

그림 10-9에서는 다중 비교 절차 전에 관련된 기술 통계치 값과 전통적인 분산분석을 완료해서 결과를 보여주었다. 원한다면 엑셀의 '데이터 분석' 추가 기능에서 '분산분석 : 일원 배치법'과 '분산분석 : 반복 있는 이원 배치법'을 써서 사전 분석을 완료할 수 있다. 물론 F-비가 충분히 크지 않으면 어딘가에 의미 있는 평균 차이가 없으므로 여기에서 분석을 멈춘다. ANOVA나 ANCOVA가 적어도 하나라도 의미 있는 차이를 찾아주지 않으면 평균에 의미 있는 차이가 있는지 검사할 필요가 없다.

```
F19    =($C$9*B19+$C$10*C19+$C$11*D19)/E19
```

| | A | B | C | D | E | F | G |
|---|---|---|---|---|---|---|---|
| 1 | **LINEST(), 요인에 대한 공변량** | | | **LINEST(), 모든 백터** | | | |
| 2 | | -2.25 | -29.5 | | 2.93 | 20.86 | |
| 3 | | 5.66 | 5.66 | | 2.40 | 4.77 | |
| 4 | | 0.81 | 13.88 | | 0.90 | 5.83 | |
| 5 | | 19.56 | 9 | | 22.93 | 8 | |
| 6 | | 7533.5 | 1732.75 | | 2335.99 | 271.68 | |
| 7 | | | | | | | |
| 8 | | 총 평균, Y | 조정된 평균, Y | 개체수 | | | |
| 9 | 타이어 전문점 | 69.83 | 90.69 | 4 | | | |
| 10 | 자동차 판매상 | 69.83 | 72.76 | 4 | | | |
| 11 | 자동차 수리점 | 69.83 | 46.04 | 4 | | | |
| 12 | | | | | | | |
| 13 | 제곱 평균 잔차 | 33.96 | | | | | |
| 14 | 공변량에 대한 조정 | 3.17 | | | | | |
| 15 | 조정된 제곱 평균 잔차 | 107.78 | | 자유도 회귀 | 2 | | |
| 16 | | | | | | | |
| 17 | **Scheffé 법** | | 대조 계수 | | s$\psi$ | $\psi$ / s$\psi$ | 임계치 |
| 18 | | 평균 1 | 평균 2 | 평균 3 | | | |
| 19 | 타이어 전문점 - 자동차 판매상 | 1 | -1 | 0 | 7.341 | 2.442 | 2.986 |
| 20 | 타이어 전문점 - 자동차 수리점 | 1 | 0 | -1 | 7.341 | 6.082 | 2.986 |
| 21 | 자동차 판매상 - 자동차 수리점 | 0 | 1 | -1 | 7.341 | 3.640 | 2.986 |

▶▶ **그림 17-6** LINEST() 분석으로 그림 10-9의 ANOVA 결과를 대체할 수 있다.

그림 17-6에서는 '데이터 분석' 추가 기능을 사용할 결과는 보여주지 않는데 데이터 분석 추가 기능이 공변량을 처리할 수 없기 때문이다. 여태까지 보았듯이 LINEST() 워크시트 함수는 요인과 공변량을 모두 처리할 수 있으며 그림 17-6에서 두 번 사용했다.

- 공변량 '타이어 연한'과 요인 '가게 종류'로 결과 변수 '균열의 정도'를 분석하기(영역 D1:E6)
- '가게 종류' 요인으로 공변량분석하기(영역 A1:B6)

요인에 의한 공변량을 분석하는 영역 A1:B6의 LINEST() 결과를 다중 비교에 어떻게 이용하는지 곧 보여주겠다. 효과 코딩과 함께 동일한 그룹 크기인 그림 17-5에서 보았듯이 조정된 그룹 평균의 값은 결과 변수의 총 평균에 각 벡터의 회귀계수를 더한 값과 같다. 그림 17-6에서는 이 분석을 B9:C11에서 반복하는데 다중 비교에서도 조정된 평균이 필요하기 때문이다. 그룹 크기는 D9:D11에 나와있다.

### – 잔차제곱평균 조정하기

그림 17-6의 영역 B13:B15에서는 잔차제곱평균을 조정한 결과를 보여주고 있다. 그림 10-9(그림 10-10도 포함해서)에서 보면 잔차제곱평균을 다중 비교에서 분모로 사용했다. ANCOVA의

총괄 F-검정에서는 따로 조정이 필요하지 않다. 결과 측정의 변동성의 일부분을 공변량에 할당하고 줄어든 잔차제곱평균을 F-비의 분모로 사용한다. 하지만 다중 비교 절차를 수행할 때는 ANCOVA의 잔차제곱평균을 조정해야 한다. ANCOVA에서처럼 모든 평균에 대해 검증하는 것이 아니라 다중 비교를 위해 잔차제곱평균을 사용하는 경우라면 잔차제곱평균을 조정해서 공변량에 대한 그룹 간의 차이를 반영해야 한다.

이렇게 하기 위해 공변량과 요인에 대한 결과 변수의 회귀로부터 잔차제곱평균을 구해보자. 영역 D2:E6의 LINEST() 결과로부터 구할 수 있다. 셀 B13에서는 다음 식을 사용하여 잔차제곱합 : 잔차 자유도의 비를 계산했다.

    =E6/E5

그리고 셀 B14에서 다음 식을 이용해서 계산했다.

    =1+(A6/(E15*B6))

요인에 대한 공변량의 회귀제곱합(셀 A6)을 회귀에 대한 자유도(셀 E15)와 요인에 대한 공변량의 잔차제곱합(셀 B6)을 곱한 값으로 나눈다. 아래 노트에서는 결과에 왜 1을 더하는지 이유를 설명한다.



여기서 보면 만약 공변량에 대한 그룹 평균 사이에 차이가 없으면 조정값은 잔차제곱평균에 1.0을 곱한 값과 동일할 것이다. 그룹들이 공변량에 대해 동일한 평균을 가지면 요인에 대한 공변량의 회귀제곱합은 0.0이 되고 따라서 셀 B14의 계산값은 1.0이 되어야 한다. 이 경우 조정된 잔차제곱평균은 ANCOVA의 잔차제곱평균과 일치한다. 즉 공변량에 대한 그룹 간의 차이 때문에 잔차제곱평균에 더할 값이 없다.

다음 결과 변수의 분석에 보이는 잔차제곱평균에 조정 요인을 곱한다. 셀 B15의 식은 다음과 같다.

=B13*B14

**– 다른 필요한 값들**

회귀에 대한 자유도의 개수는 그림 17-6의 셀 E15에 있다. 이 값은 그룹의 개수-1과 일치한다. 앞에서도 이야기했듯이 잔차제곱평균을 조정하는데 사용하고, 셀 G19:G21의 다중 비교를 위한 임계치를 결정하는데도 사용한다.

대비의 성질을 결정하는 계수는 셀 B19:D21에 있다. 이 값들은 대부분 1, −1, 0들이며 주어진 대비에서 어떤 평균을 포함할지 결정하고 어떤 자유도를 포함할지 결정한다. 따라서 B19:D19의 1, −1, 0은 그룹 1의 평균에서 그룹 2의 평균을 빼고 그룹 3은 포함시키지 않음을 의미한다. 만약 그룹 1과 그룹 2의 계수가 둘 다 1/2이고 그룹3의 계수가 −1이라면 대비는 그룹 1과 그룹 2의 평균을 내서 그룹 3과 비교하려는 것이 된다.

대비의 표준편차는 셀 E19:E21에 있다. 이 값은 그림 10-9에서 보여준 것처럼 ANOVA 후에 계산한다. 한 가지 예외는 잔차제곱평균을 조정해서 사용하는데 ANOVA에는 조정할 공변량이 없기 때문이다. 대비의 표준편차는 각 그룹의 관찰값의 개수에 따라 잔차제곱평균을 줄이고 대비계수를 줄인다. 제곱평균은 분산이며 결과의 제곱근은 대비의 표준오차를 나타낸다. 예를 들어 셀 E19의 표준오차식은 다음과 같다.

=SQRT(B15*(B19^2/D9+C19^2/D10+D19^2/D11))

이 식을 좀 더 일반적인 형태로 보여주면 다음과 같다.

$$\sqrt{MS_{resid}\sum\frac{c_i^2}{n_i}}$$

대비계수를 제곱한 합을 각 그룹 크기로 나눈다. 여기에 (조정한)잔차제곱평균을 곱한 다음 제곱근을 구한다. 이렇게 하면 대비의 표준오차를 구할 수 있다. 이 경우 모든 표본크기는 동일하고 각 대비에서 계수의 제곱합은 2이다. 따라서 E19:E21의 표준오차는 모두 동일하다(하지만 그림 10-9에서 네 번째 대비에 대한 대비계수는 1, −1, 0이 아니었다. 따라서 표준오차는 다른 세 개의 대비와 다르다).

그림 17-6의 영역 F19:F21은 대비와 표준오차에 대한 비를 포함하고 있다(사실 이 값들은 t-비이다). 대비는 단순히 계수의 합에 관련된 조정한 평균을 곱한 값이며 셀 F19의 식은 다음과 같다.

=($C$9*B19+$C$10*C19+$C$11*D19)/E19

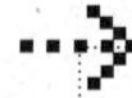



식에서 절대참조를 사용했으며 이 식을 F20:F21에 복사해도 C9:C11의 조정한 그룹 평균값에 대한 주소는 바뀌지 않는다.

### – 비교 완료하기

F19:F21의 비 값과 비교할 임계값은 G19:G21에 있다. 그림 10-9에서처럼 각 임계값은 임계치 F 값에 회귀의 자유도를 곱한 다음 제곱근을 구한 값이다. Scheffé법에서 임계값은 대비에 따라 바뀌지 않는다. G19의 식은 다음과 같다.

=SQRT(E15*(F.INV.RT(0.05,E15,E5)))

E15의 값은 회귀 자유도이며 E5의 값은 잔차에 대한 자유도이다. F.INV.RT 함수는 위 예에서 자유도 2와  8인 F-분포의 값을 반환하며 여기에서는 곡선 아래 0.05 오른쪽의 면적을 반환한다. 따라서 F19는 임계값을 포함하며 95% 신뢰수준에서 유의하기 위해 초과해야 하는 t-비의 값을 반환한다.

note

그림 10-9에서는 F.INV()에 0.95를 인자로 사용했다. 여기에서는 F.INV.RT()를 사용하면서 0.05를 인자로 사용하고 있다. 단순히 두 함수가 동일하다는 것을 보여주기 위해 사용했다. 전자는 곡선 아래 값의 왼쪽으로 95%의 면적이 위치하고 후자는 곡선 아래 값의 오른쪽으로 면적의 5%가 위치한다. 선택은 전적으로 여러분의 자유이며 해당하는 모집단의 95%에 대해 고려할지, 해당하지 않는 모집단의 5%에 대해 고려할지는 여러분의 선택이다.

F20과 F21의 두 비는 모두 임계치를 초과한다. 하지만 F19의 비는 그렇지 않다. 따라서 Scheffé 다중 비교 절차에서는 두 대비('타이어 전문점' 대 '자동차 수리점' 그리고 '자동차 판매상' 대 '자동차 수리점')로 타이어 균열에 대한 그룹 평균에서 적어도 한 개 의미 있는 차이가 있다는 결과를 보여주는 ANCOVA비가 나온다. 그리고 이 값은 공변량 '타이어 연한'으로 수정이 되었다. '타이어 전문점' 대 '자동차 판매상' 간에는 의미 있는 차이가 없다.

10장에서 Scheffé 절차에 대해서 ANCOVA나 ANOVA 후 모두 비교 가능하다고 했다. Scheffé는 가장 유연한 다중 비교 절차이다. 여러분이 생각하기에 의미 있는 대비를 여러분 마음대로 지정할 수 있다. 그리고 실험의 결과나 다른 연구 결과를 보고 난 후에 비교를 해도 된다. 하지만 이렇게 유연한 대신 검정력이 낮다. Scheffé에서 놓친 의미 있는 차이를, 다른 다중 비교에서는 찾아 낼 수 있다. 하지만 ANOVA 대신 ANCOVA를 사용함으로써 검정력이 높아지므로 계획 대비 (planned contrasts)같은 방법 대신 Scheffé법을 사용함으로써 잃어버리는 검정력을 보충하는 셈이 된다.

### ✚ 계획 대비(Planned Contrasts) 사용하기

10장의 다중 비교 절에서 언급했듯이 데이터를 보기 전에 비교를 미리 계획하면, 검정력이 더 높아진다. 이 방법은 Scheffé법보다 좀 더 민감한 검정을 사용할 수 있다(하지만 반대급부로 유연성은 낮아진다).

그림 17-6의 Scheffé법에서는 '타이어 전문점'과 '자동차 판매상'에 대한 결과 측정을 조정한 평균에서 그 차이를 신뢰할 만한 것으로 여기고 있지 않다. 셀 F19의 계산한 대비를 표준오차로 나눈 값은 셀 G19의 임계치보다 작다. 따라서 전체 ANCOVA의 결과에서 유의한 F에 기여하는 의미 있는 차이는 F20:G21만 해당한다고 결론을 내릴 수 있다. 하지만 그림 17-7의 분석은 '타이어 전문점'과 '자동차 판매상'에 대해 다른 그림을 보여준다.

| | C18 | | | $f_x$ | =SQRT(B13*((1/E9+1/E10)+(D9-D10)^2/B14)) |

| | A | B | C | D | E |
|---|---|---|---|---|---|
| 1 | **LINEST(), 요인에 대한 공변량** | | | **LINEST(), 모든 벡터** | |
| 2 | -2.25 | -29.5 | | 2.93 | 20.86 |
| 3 | 5.66 | 5.66 | | 2.40 | 4.77 |
| 4 | 0.81 | 13.88 | | 0.90 | 5.83 |
| 5 | 19.56 | 9 | | 22.93 | 8 |
| 6 | 7533.5 | 1732.75 | | 2335.99 | 271.68 |
| 7 | | | | | |
| 8 | | 총 평균, Y | 조정된 평균, Y | 원래 평균, X | 개체수 |
| 9 | 타이어 전문점 | 69.83 | 90.69 | 41.25 | 4 |
| 10 | 자동차 판매상 | 69.83 | 72.76 | 68.5 | 4 |
| 11 | 자동차 수리점 | 69.83 | 46.04 | 102.5 | 4 |
| 12 | | | | | |
| 13 | 제곱 평균 잔차 | 33.96 | | | |
| 14 | 제곱 합 잔차, 공변량 | 1732.75 | | | |
| 15 | | | | | |
| 16 | | | | | |
| 17 | | 평균 차이 | 분모 | t 비 | 임계치 t |
| 18 | 타이어 전문점 - 자동차 판매상 | 17.93 | 5.62 | 3.19 | 1.86 |

▶▶ **그림 17-7** 계획 대비에서는 나중에 처리하는 대비보다 검정력이 더 크다.

그림 17-7의 계획 대비(planned contrast)는 그림 17-6의 Scheffé 검증에서 보이는 것보다는 정보가 적게 필요하다. 추가된 정보로는 공변량(X, 여기에서는 '타이어 연한')에 대한 실제 그룹 평균이 더 필요하다.

그림 17-7에서는 A2:B6와 D2:E6의 LINEST() 분석과 B9:E11의 기술 통계치에서 필요한 정보를 얻는다. 셀 B13의 잔차제곱평균은 공변량과 요인의 결과 측정에 대한 잔차제곱합(셀 E6) 대 잔차 자유도(셀 E5)의 비율이다. 이 값은 그림 17-6의 셀 B13의 값과 동일하다. 셀 B14는 요인에 대한 공변량의 잔차제곱합을 가지고 있으며 셀 B6에서 바로 가져왔다.

'타이어 전문점'과 '자동차 판매상'의 비교는 사실 18행에서 수행하고 있다. 셀 B18은 '타이어 전문점'과 '자동차 판매상'의 결과 측정의 조정된 평균 간의 차이를 보여준다. 이 값은 t-비에서 분자로 사용된다. 좀 더 형식적으로 하면 이 값은 대비계수의 합(1과 −1)에 관련된 그룹 평균(90.69과 72.76)을 곱한 값이다. 따라서 (1 × 90.69) + (−1 × 72.76)은 17.93이다.

셀 C18의 t−비의 분자는 다음처럼 계산한다.

```
=SQRT(B13*((1/E9+1/E10)+(D9−D10)^2/B14))
```

좀 더 형식적으로 이 식은 다음과 같다.

$$\sqrt{MS_{resid}\left[\frac{2}{n} + \frac{(\overline{X}_1 + \overline{X}_2)^2}{SS_{resid(x)}}\right]}$$

t-비는 셀 D18에 있으며 이 값은 셀 B18의 조정된 평균 간의 차이를 셀 C18의 분모로 나눈 값이다. 이 값은 3.19이며 셀 E18의 임계치값 1.86보다 크다. 주어진 알파 값은 .05이며 임계치는 아래 식으로 쉽게 구할 수 있다. 그리고 자유도는 8이다.

=T.INV(0.95,E5)

셀 E5의 값은 8이며 공변량과 요인에 대해 결과 측정을 회귀시켜서 구한 잔차 자유도이다. 따라서 셀 E5의 T.INV()는 자유도 8인 t-분포의 값을 구한다. 이때 함수에서 반환한 값의 왼쪽에 곡선 아래 면적의 95%가 위치한다.

셀 D18의 계산한 t-비는 셀 E18의 임계치 t-값보다 크기 때문에, 타이어 균열 정도의 평균값을 타이어 연한의 공변량에 대해 조정했을 때 이 값은 '자동차 판매상'의 모집단에서보다 '타이어 전문점'의 모집단에서 더 크다고 결론을 내릴 수 있다. T.INV()에서 사용한 인자 때문에 여러분은 95%의 신뢰수준으로 결론을 내릴 수 있다.

이런 비교를 하기 전에 미리 계획하고 시작했기 때문에 이 방법은 Scheffé와 같이 나중에 비교 계획을 만드는 방법에 비해 좀 더 검정력이 높고 비교가 신뢰할만하다고 결론을 내릴 수 있다. 좀 더 강력한 절차를 사용할 때는 물론 제한사항이 따른다. 가장 중요한 제한사항은 여러분이 데이터를 보고 난 후에 어떤 비교만을 수행할 것인지 편리한 대로 선택할 수는 없고, 사전에 계획한 비교를 모두 수행해야 한다.

# 4. 다중공변량 분석

이 절의 제목은 굉장히 거창하게 들린다. 하지만 내용은 이미 16장에서 다룬 내용을 기반으로 하고 있다. 다중공변량의 개념은 단순히 ANCOVA에서 한 개의 공변량 대신 두 개 이상의 공변량을 사용하는 것이다. 공변량을 한 개만 사용하는 예는 16장에서 이미 다뤘으므로 여기에서는 다루지 않는다.

## ✚ 다중공변량을 사용할지 결정

몇 가지 절차상 고려해야 할 사항이 있고, 이것들은 다음 절에서 다루겠다. 우선 ANCOVA를 수행하기 위해 왜 ANOVA에 공변량을 더 추가하는 것이 중요한지 알아보자.

가장 중요한 이유는 공변량을 쓰면 결과 변수에 변동성을 재배치할 수 있기 때문이다. ANOVA에서 변동성은 오차분산으로 다루어지며 F-비의 분모의 크기에 기여한다. 분자는 커지지 않은 채 분모만 늘어나면, 전체 비의 크기는 줄어든다. 이렇게 되면 그룹 평균에서 신뢰할 만한 차이가 있는지 나타낼 F-비를 구할 확률이 떨어진다.

분석에 공변량을 추가하면 오차분산을 대신 공변량에 할당하게 된다. 이렇게 되면 F-비의 분모를 줄어들게 하는 효과가 있으며 따라서 F-비 자체가 증가한다. 하지만 결과 변수와의 상관이 약하면 공변량을 추가하는 것이 그다지 도움이 되지 않는다. 즉 결과 변수와 공유하는 분산의 비율이 작으면 공변량과 결과 변수 간의 $R^2$값 또한 작다. 만약 $R^2$값이 작으면 결과 변수의 분산에서 오차 분산에서 공변량으로 재배치할 수 있는 분량이 별로 없게 된다. 이런 경우 별로 도움이 되지 않는다.

여러분의 결과 변수가 공변량과 밀접하게 관련 있다고 가정해보자. 하지만 여러분은 분석에 공변량을 더 추가하려고 생각하고 있다. 이렇게 하면 오차분산이 더 줄어들고, 따라서 F-검정의 검정력이 더 늘어날 수 있다. 두 번째 공변량의 성질은 어떠해야 할까?

이미 첫 번째 공변량이 있으면 두 번째 공변량을 추가하는 이유도 있어야 한다. 어떤 공변량을 추가하건 간에 이를 설명할 수 있는 이유가 있어야 한다. 콜레스테롤의 수준에 대한 연구에서는 공변량으로 몸무게를 추가하는 이유를 충분히 설명할 수 있다. 환자의 집 주소 번지를 두 번째 공변량으로 추가한다고 하면 사실 여기에는 왜 그래야 하는지 이유를 설명할 수 없을 것이다. 우연이라도 집 주소와 콜레스테롤 사이에 상관관계가 보인다 해도 말이다. 만약 두 번째 공변량이 결과 변수와 공유하는 분산이 별로 없으면, F-비의 오차항에서 분산을 끌어낼 수 없을 것이다. 그리고 두 번째 공변량이 첫 번째 공변량과 상관관계가 별로 없는 게 가장 좋다. 이유는 만약 두 번째 공변량이 강한 상관관계에 있으면, 첫 번째 공변량은 결과 변수와 분산을 많이 공유하게 되고, 두 번째 공변량을 위해 남아있는 분산이 별로 없기 때문이다.

이런 이유로 많은 실험에서 공변량을 한 개를 사용하는 경우는 많지만 다중공변량을 사용하는 경우는 많지 않다. 차라리 좋은 공변량을 한 개 사용하는 편이 낫다. 결과 측정과 상관관계에 있으면서도 첫 번째 공변량과 상관관계가 별로 없는 두 번째 공변량을 또 찾기는 쉽지 않다.

그리고 추가로 공변량을 더 추가하는 데는 자잘한 문제들이 있다. 잔차에 대한 추가 자유도를 잃을 수 있다. 표본의 크기가 작을 때 공변량을 추가하면 회귀식이 불안정해진다. 다른 사항이 모두 동일할 때 식에서 변수의 개수에 대한 잔차 자유도가 커질수록 좋다. 공변량을 추가하면 이것과 정확히 반대의 동작을 한다. 공변량을 추가하면 변수를 추가하고, 잔차 변동량에서 자유도를 제거한다. 따라서 공변량을 추가할 때는 이를 상쇄할 만한 충분한 이유가 있어야 한다.


## ✚ 두 공변량 : 예제

그림 17-8은 그림 16-10의 데이터를 확장했다. 이미 사용하고 있던 데이터에 공변량을 추가했다.

| 셀 | L8 | | =M4-I4 |

| | A | B | C | D | E | F | G H | I | J | K | L | M | N | O | P | Q |
|---|---|---|---|---|---|---|---|---|---|---|---|---|---|---|---|---|
| 1 | 그룹 | Y | $X_1$ | $X_2$ | 처리 벡터 1 | 처리 벡터 2 | | Y on $X_1$ 그리고 $X_2$ | | | | Y on $X_1$ $X_2$ 그리고 처리 | | | | |
| 2 | 약품 1 | 51.6 | 94.8 | 99.4 | 1 | 0 | | 0.29 | 0.13 | | | 1.26 | -7.17 | 0.30 | 0.08 | 20.39 |
| 3 | 약품 1 | 25.6 | 52.8 | 32.4 | 1 | 0 | | 0.11 | 0.06 | | | 2.51 | 2.60 | 0.09 | 0.05 | 7.04 |
| 4 | 약품 1 | 40.8 | 134 | 53.3 | 1 | 0 | $R^2$ | 0.6476 | 8.81 | | $R^2$ | 0.79 | 7.32 | #N/A | #N/A | #N/A |
| 5 | 약품 1 | 45.6 | 163 | 73.8 | 1 | 0 | | 13.78 | 15 | | | 12.17 | 13 | #N/A | #N/A | #N/A |
| 6 | 약품 1 | 44 | 86.4 | 68.3 | 1 | 0 | | 2141.03441 | 1164.93 | | | 2609.25 | 696.71 | #N/A | #N/A | #N/A |
| 7 | 약품 1 | 70.8 | 190 | 131 | 1 | 0 | | | | | | | | | | |
| 8 | 약품 2 | 54.8 | 115 | 76.7 | 0 | 1 | | $R^2$의 증가분 | | 0.14 | | | | | | |
| 9 | 약품 2 | 52 | 151 | 57.5 | 0 | 1 | | | | | | | | | | |
| 10 | 약품 2 | 43.2 | 138 | 76.8 | 0 | 1 | | | | | | | | | | |
| 11 | 약품 2 | 64 | 176 | 81.1 | 0 | 1 | | 총 제곱합: | 3305.96 | | | | | | | |
| 12 | 약품 2 | 69.6 | 167 | 92.9 | 0 | 1 | | | | | | | | | | |
| 13 | 약품 2 | 55.6 | 124 | 65.5 | 0 | 1 | | 변동의 요인 | 제곱합 | 자유도 | 제곱 평균 | F | p | | | |
| 14 | 조절 | 54.4 | 112 | 58 | -1 | -1 | | 공변량 | 2141.03 | 2 | 1070.52 | 19.97 | 0.000 | | | |
| 15 | 조절 | 65.2 | 87.6 | 75.4 | -1 | -1 | | 처리 | 468.22 | 2 | 234.11 | 4.37 | 0.035 | | | |
| 16 | 조절 | 72 | 175 | 121.8 | -1 | -1 | | 잔차 | 696.71 | 13 | 53.59 | | | | | |
| 17 | 조절 | 59.2 | 133 | 95.5 | -1 | -1 | | | | | | | | | | |
| 18 | 조절 | 56.8 | 202 | 78 | -1 | -1 | | | | | | | | | | |
| 19 | 조절 | 85.6 | 218 | 92.3 | -1 | -1 | | | | | | | | | | |

▶▶ **그림 17-8** 새 공변량 $X_2$를 D열에 추가했다.



그림 17-8과 그림 16-10을 비교해보면 공변량 $X_2$를 기존 공변량 $X_1$(그림 16-10에서는 그냥 X라고 표시했었다) 오른쪽에 추가했다는 것을 알 수 있다. $X_2$를 두 번째 처리 벡터 오른쪽에 추가

하면 안된다. 여러분은 LINEST()를 수행해서 두 공변량에 대해 결과 변수 Y를 회귀시키고자 한다. 만약 공변량이 서로 붙어서 위치하고 있지 않으면(예를 들어 C열에 $X_1$, F열에 $X_2$와 같이 배치하면) LINEST() 함수의 인자 known-xs로 참조할 수 없다. LINEST()에서 known-xs 인자는 인접한 영역을 차지해야 한다. 따라서 $X_1$과 $X_2$를 예측 변수로 사용하려면 이 두 변수는 C열, D열 식으로 붙어있어야 하고 C열, F열 이렇게 떨어져 있으면 안 된다.

공변량을 C열, D열같이 인접시켜서 그림 17-8과 같이 데이터를 배치하면 다음 배열 수식을 써서 I2:J6에 LINEST() 결과를 얻을 수 있다.

=LINEST(B2:B19,C2:D19,,TRUE)

이 LINEST() 결과는 그림 16-10의 H2:I6와 동일한 목적으로 사용한다. 즉 공변량으로 고려되는 결과 변수에서 분산의 비율 $R^2$를 구한다. 그림 16-10에서 공변량이 한 개일 때는 이 비율이 0.47이었다. 그림 17-8에서 공변량이 두 개인 경우는 이 비율이 0.65이다. 두 번째 공변량을 추가함으로써 0.65 - 0.47 = 0.18, 즉 18%의 분산만큼 증가가 되었다. 공변량을 추가함으로써 의미 있는 증가가 되었다.

두 번째 벡터 C2:D19를 LINEST()의 known-xs 인자로 사용하면 두 번째 공변량을 사용하기 위해 조정하는 두 번째 단계이다. 첫 번째 단계는 물론 두 번째 공변량 값을 워크시트상에서 첫 번째 공변량 오른쪽에 추가하는 것이다. 그림 17-8의 영역 M2:Q6는 결과 측정 Y를 공변량과 효과 코드 처리 벡터에 대해 회귀시킨 전체 LINEST() 결과이다. $R^2$ 두 값을 비교해서 처리 요인 벡터를 사용한 것이 공변량으로 설명되는 분산을 의미 있게 증가시켰는지 알 수 있다. 처리 벡터를 더하면 $R^2$값이 0.65 에서 0.79, 즉 14% 늘어나게 된다(셀 L8).

마지막으로(그림 16-10과 동일하지만 여기에서는 공변량이 두 개이다) 회귀에서 공변량의 효과를 제거한 다음 처리 그룹 평균간의 유의성을 검정할 수 있다. 이 분석은 그림 17-8의 영역 I14:N16에서 분석 결과를 볼 수 있다. 그림 17-8과 그림 16-10 과 쉽게 비교하기 위해, 그림 17-8에 제곱합을 추가했다. 총 제곱합은 셀 L11에 보이고, 결과 측정에 대해 DEVSQ() 함수를 써서 계산했다.

=DEVSQ(B2:B19)

공변량에 대한 제곱합은 공변량에 대한 $R^2$값 0.65에 총 제곱합을 곱한다(LINEST()는 셀 I6에 직접 결과를 계산한다). 이와 비슷하게 공변량을 고려한 처리의 제곱합은 셀 L8의 $R^2$ 증가분에 총 제곱합을 곱해서 구한다. 잔차제곱합은 LINEST() 결과에서 바로 가져오면 되고 셀 N6에 있다. 모든 사전 작업은 그림 16-10과 동일하지만 자유도는 좀 다르다. 공변량이 하나 더 있으므로, 공변량에 대한 자유도는 그림 16-10에서는 1이었지만 그림 17-8에서는 2가 된다. 같은 이유로 잔차의 자유도가 줄어든다. 잔차에서 자유도가 줄어들면 잔차제곱평균이 약간 커진다. 하지만 잔차제곱합에서 줄어드는 값이 더 크다. 결과적으로 F-검정의 검정력이 늘어난다.

그림 16-10의 처리에 대한 F-비(셀 L15의 2.52)를 그림 17-8의 값(M15의 4.37)과 비교해보자. 관련된 자유도에서 이 값이 훨씬 크다. 두 공변량에 대해 그룹 평균을 조정했을 때 95% 신뢰 수준에서 모집단에서 차이가 난다고 결론을 낼 수 있다(100% - 3.5% = 96.5%).